Droit constitutionnel

HyperCours Dalloz

sous la direction de

- Dominique **Chagnollaud de Sabouret**
  Professeur à l'Université Panthéon-Assas (Paris-II)
- Serge **Guinchard**
  Professeur émérite de l'Université Panthéon-Assas (Paris-II)

Droit constitutionnel

15e édition 2023

Hugues Portelli
Professeur émérite à l'Université Panthéon-Assas (Paris II)

Thomas Ehrhard
Maître de conférences à l'Université Panthéon-Assas (Paris II)

Lefebvre Dalloz

DALLOZ

Éditions DALLOZ
Tour Lefebvre Dalloz
10, place des Vosges
CS90358
92072 Paris La Défense Cedex

ISBN 978-2-247-22345-9

En un seul ouvrage, l'Hypercours de Droit constitutionnel met à la portée des étudiants des moyens d'acquisition, de révision et d'entraînement performants. Il fournit les connaissances théoriques indispensables et propose les références, exemples, exercices et thèmes de réflexion qui permettent d'appréhender correctement la mise en application de ces connaissances.

Ce manuel est composé de plusieurs types de contenu afin de proposer une lecture dynamique. Chaque rubrique répond à des objectifs pédagogiques spécifiques et complémentaires des autres.

L'objectif de ce manuel est de favoriser l'apprentissage de connaissances précises et illustrées de façon stimulante, notamment, grâce à de nombreux exemples et à l'utilisation de sources variées (documents, encadrés, synthèses). Il permet également d'évaluer et de vérifier sa compréhension de manière didactique grâce à des sujets corrigés, des mémos et des tests de connaissances.

• Le cours, complet, est décomposé en titres et en chapitres thématiques correspondant aux séances de travaux dirigés. La structure de chacun d'eux est annoncée en début de chapitre par un plan analytique.

– Parallèlement au cours, sur la même page, l'ensemble du texte est découpé en blocs d'idées homogènes, selon une numérotation située dans la marge. Cette numérotation permet d'accéder à des définitions (voir ci-dessous la rubrique « Quid »).

– Des mots ou expressions clés sont signalés par la lettre « Q » en exposant. S'ils ne sont pas définis dans le cours même, il faut là encore se reporter à la rubrique « Quid » pour en connaître la signification précise.

• Des rubriques pédagogiques (pages signalées par un bandeau de couleur) complètent chaque chapitre. Elles ont une double fonction : mieux faire comprendre et assimiler le cours, mais aussi préparer efficacement les étudiants aux épreuves des travaux dirigés et des examens.

– La rubrique « *Mémo* » permet de synthétiser rapidement l'ensemble d'un cours.

– La rubrique « *Quid* » permet de disposer immédiatement de définitions extensives des mots clés du cours (signalés dans le cours par la lettre « Q » – pour « Quid » – en exposant). À chaque mot clé est accolé un ou des numéros(s) correspondant au découpage signalé en marge dans le cours afin de les repérer plus rapidement, le tout à la façon des liens hypertexte.

– La rubrique « *Document* » présente les textes de référence.

– La rubrique « *Biblio* » donne accès à une bibliographie sélective.

– La rubrique « *Quiz* » délivre des épreuves corrigées de commentaires d'arrêt, d'articles, de dissertations, de consultations juridiques, de cas pratiques et des questions, des tests...

• Une synthèse de la matière comportant des éléments de pratique et de documentation à la suite du cours et des compléments pédagogiques.

– Le *sujet terminal* propose un sujet d'examen corrigé correspondant à une épreuve type donnée en fin de semestre ou d'année et faisant appel à l'ensemble des connaissances acquises.

– La *bibliographie générale* présente les ouvrages essentiels de la matière.

• Pour s'orienter à l'intérieur du manuel :

– Au début de l'ouvrage, après le *plan général* de celui-ci, le *sommaire des Quiz* répertorie les sujets corrigés par genre (tests de connaissances ou de compréhension, dissertations, commentaires d'arrêts, cas pratiques).

– Situé en fin d'ouvrage, l'*index alphabétique* des termes utilisés prend pour repères les blocs d'idées homogènes numérotés en marge du cours et permet de trouver une notion rapidement. Les mots *Quid* y sont intégrés pour faciliter la lecture des définitions.
– La *table des matières* en fin d'ouvrage permet d'accéder facilement au cours et à sa structure.

Principales abréviations

al.	alinéa
art.	article
C. élect.	Code électoral
C. pr. pén.	Code de procédure pénale
c/	contre
CE	Conseil d'État
CEDH	Cour européenne des droits de l'homme
cep.	cependant
Circ.	circulaire
CJUE	Cour de justice de l'Union européenne
CNCCFP	Commission nationale des comptes de campagne et des financements politiques
Cons. const.	Conseil constitutionnel
Const.	Constitution
Conv. EDH	Convention européenne de sauvegarde des droits de l'homme et des libertés fondamentales
Crim.	Chambre criminelle de la Cour de cassation
CSM	Conseil supérieur de la magistrature
DDHC	Déclaration des Droits de l'Homme et du Citoyen
Décr.	décret
Dir.	directive
Doc. fr.	La documentation française
égal.	également
ex.	exemple
JO	*Journal officiel*
JO AN	*Journal officiel, Assemblée nationale*
L.	loi
L. const.	loi constitutionnelle
L. org.	loi organique
Ord.	ordonnance
Pan.	panorama
préc.	précité
QPC	question prioritaire de constitutionnalité
Règl.	règlement
req.	requête
s.	et suivants
Sté	Société
ss	sous
TUE	Traité sur l'Union européenne
v.	voir

Plan général de l'ouvrage

Sommaire des Quiz

Les chiffres envoient aux numéros des pages. Tous les sujets sont corrigés en fin de la rubrique pédagogique sauf ceux indiqués en italiques.

Test de connaissances

Tests de compréhension

Commentaire d'articles ou d'arrêts

Dissertations

Introduction

Le droit constitutionnel est l'ensemble des règles juridiques qui encadrent la compétition pour la conquête et l'exercice du pouvoir politique dans l'État. 1

Dans les États démocratiques modernes, où le droit réglemente l'ensemble des activités des citoyens, de leurs représentants et des gouvernants, le droit constitutionnel a pris une importance fondamentale. Le droit constitutionnel comprend trois dimensions juridiques principales :

Droit de l'État, il ne concerne qu'une des branches du droit public, se différenciant du droit des agents de l'État et des rapports entre l'administration étatique et les citoyens (droit administratif) mais aussi le droit de l'État dans ses rapports avec les autres États (droit international).

Droit des activités internes de l'État qui relèvent de la sphère politique, il comprend l'étude de la Constitution, statut juridique de l'État qui fixe l'organisation des pouvoirs publics, la hiérarchie des normes juridiques et les droits fondamentaux des citoyens, mais aussi ses dérivés, tels que le droit parlementaire, qui régit la vie et l'activité des assemblées, et le droit électoral, qui fixe les règles du jeu pour la désignation des représentants.

Droit politique, enfin, il réglemente l'activité des partis, le financement de la vie politique, le statut des élus et des candidats aux élections. Ce domaine, apparu récemment, connaît un développement dynamique.

L'ensemble de ces règles juridiques témoigne de la vitalité nouvelle de la discipline après un long déclin consécutif à la crise des catégories juridiques nées au début du XXe siècle, à l'apogée du régime parlementaire classique, et à la concurrence d'une approche purement politique des institutions.

Ce manuel est consacré à l'étude du droit constitutionnel contemporain mais cette étude n'a de sens que si elle est remise en perspective historique et comparative, ce qui est l'objet de la première Partie. Celle-ci traite successivement des concepts fondamentaux du droit constitutionnel : l'État (chap. I), la Constitution (chap. II), et la représentation (chap. III) puis des systèmes constitutionnels et politiques aux États-Unis d'Amérique (chap. IV), dans les démocraties européennes (chap. V et VI) et dans le cadre de la France contemporaine avant 1958 (chap. VII).

La seconde Partie analyse les institutions de la Ve République. Après avoir rappelé l'élaboration de la constitution de 1958 et ses révisions successives (chap. VIII), son ancrage territorial (chap. IX) et sa légitimité démocratique (chap. X), elle traite des différents organes constitutionnels (le président de la République (chap. XI), le gouvernement (chap. XII), le parlement (chap. XIII ; l'autorité judiciaire (chap. XIV), le Conseil constitutionnel (chap. XV) et le droit de la vie politique (chap. XVI).

partie 1

Droit constitutionnel comparé

chapitre 1

L'État

Plan analytique

section 1

La genèse de l'État moderne

§ 1 L'État européen

Le droit constitutionnel est né avec l'État moderne européen. Celui-ci apparaît au XIIIe siècle en France et en Angleterre en se différenciant de la société religieuse et de son droit, et de la société féodale et de son droit. Cette double différenciation est réalisée au cours d'un processus long et difficile. Il se traduit, d'une part, par la laïcisation progressive de l'État et, d'autre part, par la construction d'une allégeance à la couronne qui brise les liens traditionnels de la féodalité. À la veille de la Révolution française, l'imbrication entre le monde féodal, la société religieuse et l'État moderne est encore étroite. Mais la Révolution en France marque une rupture nette en faisant émerger l'État moderne de l'ancienne société civile et religieuse. 1789 marque l'ultime étape de cette évolution en transférant l'allégeance du souverain à la nation et en inventant la citoyenneté. Cette évolution sera plus lente dans la plupart des États européens. 2

Parallèlement à cette autonomisation progressive de l'État, celui-ci voit ses institutions se diversifier selon les fonctions qu'elles assurent. La première séparation affecte la sphère du militaire, celle du politique et celle de l'administratif. Dans le domaine politique et administratif, le droit devient l'instrument indispensable, encadrant les fonctions de l'État : élaborer les normes (fonction législative), les exécuter (fonction exécutive) et les appliquer aux litiges (fonction judiciaire). De nouveaux pouvoirs apparaissent : en France, des légistes, conseillers juridiques et politiques du Prince, aux Parlements locaux, organes judiciaires et avocats de la résistance au pouvoir central ; en Angleterre, très vite la noblesse et le haut clergé, puis la bourgeoisie se constituent en assemblée politique (Parlement), qui partagera avec le roi la fonction législative.

Au XVIIIe siècle, les révolutions libérales théorisent une séparation entre le droit de l'État (droit public) et le droit de la société civile (droit privé), et surtout une « séparation des pouvoirs » où la séparation des *fonctions* (législative, exécutive, voire judiciaire) correspondrait à une séparation des *pouvoirs* institutionnels (Parlement, monarque, tribunaux). En fait, cette coïncidence parfaite entre fonction et pouvoir ne sera réalisée dans aucun régime.

§ 2 L'uniformisation étatique

3 Ce modèle d'évolution vers la modernité étatique est loin d'être uniforme. Si certains États y parviennent rapidement du fait des conditions de leur fondation, comme les États-Unis avec une société de colons émancipés de la Couronne britannique, d'autres gardent des traits de la société féodale, notamment en Europe orientale. Un premier processus d'uniformisation des sociétés politiques par l'acceptation formelle du modèle de l'État occidental se produit en Europe au XIXe siècle et dans les sociétés américaines émancipées de la tutelle coloniale. Le processus général de décolonisation au XXe siècle étendra cette uniformisation à l'ensemble des pays.

Mais cette uniformisation est loin de correspondre à une homogénéisation politique et juridique. En effet, c'est le droit international, tel que les États occidentaux l'ont construit, qui fournit la définition communément acceptée de l'*État*. Celui-ci comprend trois éléments constitutifs :

– un territoire à l'intérieur duquel l'État exerce un pouvoir exclusif ;
– une population soumise à sa seule autorité ;
– une organisation politique qui exerce cette autorité.

Cette autorité exclusive est qualifiée de « souveraineté » ; cette souveraineté est à la fois :

– interne, la puissance publique exerce ses compétences sur le territoire et les personnes qui y habitent et détient pour cela le monopole de la force publique et de l'édiction des normes juridiques

– et externe, aucune autorité n'est supérieure à l'État dans la sphère internationale et l'État détient le monopole des relations avec les autres États et les organisations inter-étatiques.

Dans ses rapports avec les autres États, mais aussi dans son espace territorial et humain, l'État est doté de la personnalité juridique. Cette personnalité juridique abstraite – d'où son qualificatif de « personne morale » par distinction des personnes physiques-individus – permet, dans l'ordre international, de justifier l'égalité juridique entre les États et dans l'ordre interne, de doter l'État d'un patrimoine, de droits et de responsabilités.

La définition de l'État en droit international doit être distinguée de celle du « régime politique » car elle ne prend pas en compte les différents types de structures étatiques et leur nature politique, alors que cette double typologie a une importance essentielle pour le droit constitutionnel.

section 2

Les typologies d'États

§ 1 L'État-nation et ses avatars

4 Au XIXe siècle, deux conceptions vont justifier l'identification de l'État et de sa population.

La première met l'accent sur la dimension politique de la nation, ensemble indivisible de citoyens participant ensemble à la communauté politique à travers leurs représentants. Cette conception rejette toute approche ethnique, religieuse ou idéologique de la communauté pour privilégier l'approche volontariste. C'est elle qui s'impose en France à partir de la Révolution.

La seconde, forgée par les philosophes nationalistes allemands au XIXe siècle, privilégie au contraire la dimension ethnique et ses composantes (l'espace, la langue, la religion, voire la race) pour proposer une vision déterministe de la nation qui sera utilisée par les courants nationalistes les plus radicaux et invoquée pour justifier un nationalisme expansionniste ou d'exclusion, conduisant aux génocides du XXe siècle.

En Europe occidentale, la constitution d'États-nations à travers les guerres successives, d'une part, l'uniformisation culturelle et administrative réalisée par l'État, d'autre part, ont conduit au postulat selon lequel il ne pouvait y avoir d'État que national. Ce postulat conduit au principe des nationalités selon lequel toute nation a vocation à se constituer en État. Apparu avec la Révolution française, il connaît une première expansion lors des révolutions du XIXe siècle (surtout 1848) puis au lendemain de la guerre de 1914-1918, avec le traité de Versailles, qui démantèle les Empires (allemand, austro-hongrois, russe et ottoman) pour constituer des États-nations plus ou moins cohérents. En effet, le découpage arbitraire des frontières multiplie les problèmes de minorités qui seront le prétexte de conflits et de revendications qui conduiront à la Seconde Guerre mondiale. L'effondrement de l'Europe qui en résulte accélère le démembrement des empires coloniaux qui trouve, avec le principe du droit des peuples à disposer d'eux-mêmes affirmé par la charte des Nations unies, sa justification. Ce mouvement conduit à la constitution d'États sur l'ensemble du globe (192 au lieu des 51 de 1945). Ces États, aux frontières souvent héritées des découpages administratifs réalisés par les puissances coloniales, ne s'enracinent souvent sur aucune réalité nationale ou ethnique. Cela explique que les détenteurs du pouvoir aient souvent tenté de substituer à la nation défaillante l'unanimisme forcé des régimes militaires ou de parti unique.

Dans la société internationale contemporaine, l'État-nation est donc loin de correspondre à un modèle communément répandu. L'affaiblissement, dans les États les plus anciens, des liens d'allégeance et de solidarité conduit même à la résurgence de phénomènes identitaires, que l'uniformisation étatique avait enfouis : les mouvements nationalistes ou régionalistes qui affectent la Belgique (en Flandre), l'Espagne (nationalismes catalan et basque), l'Italie (aggravation de la fracture Nord-Sud) en Europe occidentale, et l'éclatement des États tchécoslovaque et yougoslave en Europe centrale et balkanique en sont autant d'exemples.

§ 2 État unitaire et État fédéral

Les États se différencient selon leur organisation interne. Traditionnellement, le droit 5
constitutionnel distingue deux formes d'organisation : l'État unitaire et l'État fédéral.

L'*État unitaire* se caractérise par l'existence d'un seul ordre juridique à l'intérieur de l'État, même si celui-ci connaît une autonomie administrative plus ou moins grande des collectivités territoriales. À l'inverse, l'*État fédéral* se caractérise par la coexistence d'ordres juridiques propres aux États fédérés et d'un ordre juridique supérieur qui est celui de l'État fédéral.

A. L'État unitaire

6 L'*État unitaire*[Q] est le type d'État le plus répandu. Il dispose d'une unité constitutionnelle. Mais son organisation administrative peut varier considérablement.

1. *L'État centralisé*

7 L'État centralisé connaît une unité de décision non seulement dans le domaine politique mais également dans le domaine administratif. Celui-ci est en général organisé selon le modèle de la *déconcentration*[Q], l'administration centrale de l'État se prolongeant, au niveau local, par des services extérieurs soumis à son autorité hiérarchique. Ce système a été jusqu'en 1982 le modèle politico-administratif classique de la France, symbolisé par le rôle-clé du préfet, relais de l'État dans le département.

2. *L'État décentralisé*

8 L'État décentralisé se caractérise par le transfert d'une partie de ses compétences règlementaires vers d'autres structures administratives, qui peuvent être des collectivités territoriales (décentralisation territoriale) ou des établissements publics (décentralisation fonctionnelle). Les collectivités territoriales décentralisées s'administrent de façon autonome, mais elles sont soumises à la tutelle de l'État, sous la forme soit du contrôle préalable, soit du contrôle *a posteriori* (contrôle de légalité). L'État garde le monopole constitutionnel et législatif et même le pouvoir réglementaire d'exécution des lois qui appartient au gouvernement, les collectivités territoriales ne détenant qu'un pouvoir réglementaire dérivé de celui-ci.

Les lois de décentralisation de 1982 en France ont ainsi développé la *décentralisation*[Q] amorcée à la fin du XIXe siècle en créant, aux côtés des communes et des départements (dotés désormais d'un exécutif autonome au lieu et place du préfet, cantonné dans sa fonction de représentant de l'État), les régions, dont les instances sont également élues au suffrage universel direct ; et en accroissant leurs compétences propres et surtout en supprimant la tutelle préalable du préfet sur leurs actes au profit d'un contrôle de légalité *a posteriori* (le préfet pouvant déférer les actes litigieux au juge administratif). La révision constitutionnelle de 2003 a donné un statut constitutionnel à la décentralisation et a garanti le pouvoir réglementaire dérivé et l'autonomie financière des collectivités territoriales.

3. *L'État régional*

9 L'État régional constitue une forme d'État évolutive où le cadre constitutionnel reste celui d'un État unitaire mais où l'autonomie des collectivités territoriales n'est plus seulement administrative mais aussi politique et institutionnelle, ce qui se traduit par des compétences propres, constitutionnellement garanties et de nature législative.

En Espagne, le régionalisme est très poussé : sur le vieux socle hérité de la tradition administrative française (communes et provinces), la Constitution de 1978 a érigé les communautés autonomes. Distinguant les communautés historiques au fort particularisme (Catalogne, Pays basque, Galice) et les communautés autonomes ordinaires, la Constitution sépare les compétences de l'État, celles des communautés et un domaine mixte, les communautés disposant d'un large pouvoir financier, législatif et réglementaire. Ce pouvoir a fait l'objet de transferts par vagues successives : au lendemain de l'entrée en vigueur de la Constitution, puis à la suite de la loi du 29 décembre 1992 et lors des années 2000. Les statuts adoptés ou modifiés par les parlements régionaux doivent être validés par le parlement espagnol (Cortes) puis soumis à référendum local : le nouveau statut catalan de 2005 a été ainsi modifié par les Cortes afin de le rendre compatible avec la Constitution avant qu'il soit ratifié par référendum local en 2006. Il n'a pas freiné pour autant la revendication indépendantiste relayée par le gouvernement local. Celui-ci a organisé un référendum sur l'indépendance, jugé inconstitutionnel par le gouvernement espagnol et par le Tribunal constitutionnel, le 1er octobre 2017. Organisé dans un climat de violence, il a abouti à la victoire du « oui » à 90 % des suffrages mais 43 % seulement des électeurs ont pris part au vote. La proclamation d'indépendance par le Parlement espagnol le 27 octobre a entraîné la mise sous tutelle de la communauté autonome par le gouvernement espagnol en vertu de l'article 155 de la Constitution et la destitution du gouvernement local. L'arrestation ou l'exil des membres du gouvernement local destitué n'a pas arrêté la crise : les élections de décembre 2018 ont donné une courte majorité en sièges aux indépendantistes au Parlement régional et c'est l'un des leurs qui a été investi chef du gouvernement. La question n'est donc pas tranchée même si les autorités espagnoles ont montré qu'elles n'accepteraient pas que l'unité de l'État soit transgressée.

Au Pays basque, le statut voté par le Parlement local en 2004, qui prônait l'association avec l'Espagne dans le cadre d'une transition vers l'indépendance, a été rejeté par les Cortes.

La Constitution italienne de 1948 a instauré un double régionalisme, celui des régions à statut spécial disposant d'une forte autonomie et de larges transferts de compétences et celui des régions à statut ordinaire. La révision constitutionnelle de 2001 a transformé ce régionalisme en système quasi-fédéral sur le modèle espagnol : les compétences de l'État sont désormais limitativement énumérées (compétences régaliennes et de solidarité nationale) et les régions détiennent la compétence législative de principe, un domaine concurrentiel laissant à l'État la détermination des principes fondamentaux et aux régions la législation de mise en œuvre. Quant aux fonctions administratives, elles appartiennent d'abord aux régions et aux communes. L'autonomie des régions a été également renforcée sur le plan fiscal, en accroissant les ressources propres des régions au risque d'affaiblir la solidarité territoriale mais la crise financière de 2012 a conduit à réduire drastiquement les dotations de l'État aux collectivités territoriales.

Le projet de révision constitutionnelle promu par la majorité de droite de Silvio Berlusconi en 2005 visait à accroître encore les pouvoirs des régions en leur transférant de nouvelles compétences exclusives en matière de santé, d'éducation et de police mais supprimait les mécanismes de péréquation entre régions riches et régions pauvres. Il a été largement rejeté par référendum les 25 et 26 juin 2006. De même, le référendum du 4 décembre 2016 a rejeté le projet de réduire drastiquement les pouvoirs du Sénat pour tenir compte du transfert d'une grande partie du pouvoir législatif aux régions.

Au Royaume-Uni, les réformes conduites en 1998 s'inspirent des mêmes tendances mais de façon originale. Le *Scotland Act* et le *Government of Wales Act* ont créé des parlements régionaux en Écosse et au pays de Galles, le premier doté d'un pouvoir législatif originaire dans une série de domaines et le second d'un pouvoir législatif délégué. Le courant indépendantiste au pouvoir en Écosse qui a obtenu l'organisation d'un référendum d'autodétermination, le 18 septembre 2014 qui s'est soldé par le rejet de l'indépendance, 55,4 % des électeurs votant « non » à la sécession.

Les États régionaux présentent comme caractéristique commune d'avoir construit une organisation territoriale inégalitaire pour tenter de répondre aux tensions nationalistes qui remettent en cause leur unité. Ainsi au Royaume-Uni, l'Écosse dispose d'une autonomie plus forte, tant législative qu'institutionnelle, que le pays de Galles ; de même la Catalogne, le Pays basque et la Galice bénéficient d'un statut plus autonome que les autres communautés espagnoles, même si cette autonomie est insuffisante pour les dirigeants nationalistes des communautés basque et catalane. Enfin le statut spécial octroyé aux régions périphériques italiennes (les Îles et les régions frontalières à minorités linguistiques) en 1948 ne correspond plus aux nouvelles revendications territoriales : c'est le nord de la péninsule, plus riche, qui réclame plus d'autonomie, notamment fiscale et refuse la péréquation entre les territoires. Toutes ces régions ont pour point commun de vouloir dialoguer directement avec l'État et de contester l'existence d'une Chambre représentant les collectivités territoriales alors qu'elles-mêmes détiennent un pouvoir législatif.

L'évolution des États régionaux démontre que si les États unitaires gardent en commun le fait de n'avoir qu'un seul ordre constitutionnel, il n'y a plus guère de ressemblance entre les États unitaires où les régions détiennent un pouvoir législatif souvent étendu (même si formellement elles n'ont pas de constitution mais un statut approuvé par le parlement national) et ceux où les régions n'ont qu'un pouvoir réglementaire dérivé de celui de l'exécutif national, comme en France.

Il reste que, dans la pratique, l'exercice des compétences de chaque niveau est un frein réel à cette évolution : en Espagne, l'endettement des communautés autonomes et la garantie internationale par l'État espagnol fixe la ligne infranchissable de l'autonomie. En Italie, la gestion catastrophique de la pandémie de la Covid-19 a entraîné des rivalités et inégalités entre Régions qui a contraint l'État à reprendre la direction centralisée de la politique de santé.

B. L'État fédéral

■ 10 L'*État fédéral*[Q] se distingue de l'État unitaire par la coexistence de deux ordres juridiques : celui des États membres, qui disposent de leur Constitution et de leurs institutions politiques, et celui de l'État fédéral.

1. *La naissance d'un État fédéral*

■ 11 L'État fédéral est le résultat d'une agrégation d'États indépendants qui décident d'abandonner leur souveraineté internationale au profit d'une nouvelle entité politique. Cette décision est parfois forcée comme lors de l'unification allemande 1871 sous la tutelle de la Prusse, ou lors de la transformation de la confédération en État fédéral en Suisse en 1848. Elle peut être aussi un libre choix comme lors de la création des États-Unis d'Amérique du Nord en 1787 à partir des 13 États qui s'étaient associés en Confédération en 1776.

Mais le fédéralisme peut aussi résulter d'une dislocation de l'État unitaire : la Belgique s'est ainsi transformée, par étapes successives de 1970 à 1993, d'État centralisé en État fédéral, afin de tenter de réduire l'antagonisme entre Flamands et francophones. Le fédéralisme belge est caractérisé par la coexistence d'un fédéralisme économique entre trois régions (Flandre, Wallonie et Bruxelles) et d'un fédéralisme linguistique entre trois communautés (néerlandophone, francophone et germanophone) mais ces deux fédéralismes tendent à fusionner : la zone flamande a regroupé la représentation de la Flandre et celle de la minorité flamande de Bruxelles en un seul Parlement depuis 2004 tandis que les francophones wallons et bruxellois ont constitué en 2011 une Fédération Wallonie-Bruxelles dotée d'un Parlement commun.

2. *L'organisation constitutionnelle des deux ordres juridiques*

L'État fédéral est organisé constitutionnellement à partir de deux principes : le 12 ■
principe d'autonomie, qui garantit la libre organisation des États fédérés, et le principe de participation, qui associe les États fédérés à la décision fédérale.

Le principe d'autonomie correspond à la libre organisation des États fédérés qui disposent du pouvoir d'établir leur propre ordre juridique et, souvent, leur propre Constitution ; ce n'est cependant le cas ni en Belgique, ni au Canada. Ils disposent de compétences propres, garanties par la Constitution et par une juridiction constitutionnelle (qui tranche les conflits de compétences), qui peuvent être très étendues – au point d'exercer une grande partie de la souveraineté interne – mais excluent au minimum la diplomatie, la défense et la monnaie – ce qui laisse à l'État fédéral l'exercice de la souveraineté externe.

Le principe de participation implique une représentation des États fédérés à la décision fédérale. Le système le plus souvent retenu est l'organisation bicamérale de l'État fédéral, avec une Chambre représentant le peuple et une autre les États fédérés. Il existe toutefois plusieurs variations dans la mise en œuvre de ce système.

La Chambre des États fédérés peut être fondée sur le principe de la représentation (modèle du Sénat américain) et dans le cas les représentants des États sont élus par les assemblées locales ou par les électeurs des États. Elle peut aussi être fondée sur le modèle du conseil (*Rat*), comme en Allemagne (depuis 1871) où ce sont les membres des gouvernements des États qui constituent la Chambre et votent sur la base de mandats impératifs.

La Chambre représentant les États fédérés est généralement composée sur le principe d'égale représentation de chacun d'eux (ex. : deux sénateurs par État au Sénat américain ou deux conseillers des États au Conseil des États suisse), mais le principe peut être écarté si la disproportion démographique est trop grande : ainsi l'Allemagne prévoit-elle une représentation inégale au Bundesrat afin de ne pas pénaliser les grands États (de 3 voix pour les petits États à 6 voix pour les plus peuplés).

Le bicamérisme est le plus souvent égalitaire ; lorsque ce n'est pas le cas, la Chambre des États dispose au moins (comme le Bundesrat allemand) d'un droit de *veto* sur les questions qui intéressent les États.

Le système bicaméral peut aussi être fortement inégalitaire. Ainsi, le parlement canadien compte deux Chambres, la Chambres des communes (338 membres élus chacun dans une circonscription) qui détient l'essentiel du pouvoir législatif, et le Sénat, qui représente les provinces mais dont les pouvoirs sont consultatifs (calqué sur la Chambre des lords britannique). Ses membres sont désignés par le représentant de la Reine, le gouverneur, sur proposition du Premier ministre canadien, et sont répartis géographiquement : sur ses 105 membres, 24 représentent le Québec, 24 l'Ontario, 24 les provinces maritimes, 24 les provinces de l'Ouest, 6 Terre-Neuve et 3 les territoires). De même, en Belgique, le Sénat – qui représente les territoires – a perdu la plupart de ses pouvoirs au profit des Parlements régionaux depuis l'introduction du fédéralisme.

Les États fédérés peuvent également participer à la désignation de l'exécutif : les assemblées des *Länder* constituent ainsi la moitié du collège électoral qui désigne le président de la République fédérale allemande tandis qu'aux États-Unis c'est dans le cadre de chaque État que sont élus les grands électeurs qui éliront à leur tour le président des États-Unis. Les États fédérés peuvent même être représentés au sein de l'exécutif fédéral comme dans l'ex-Union Soviétique, où les républiques fédérées étaient représentées au sein du Présidium du Soviet suprême, présidence collective de l'Union.

13 La coexistence entre les principes d'autonomie et de participation n'empêche pas la suprématie du droit fédéral en cas de conflit. Par exemple, selon l'adage allemand, « *Bundesrecht bricht Landesrecht* », le droit fédéral l'emporte sur le droit des États membres. L'équilibre est en tout cas difficile à bâtir : les guerres civiles consécutives au refus du fédéralisme sont nombreuses, de la guerre civile américaine de 1861-1865 (guerre de Sécession), à celle du Nigéria en 1967-1970 (guerre du Biafra) ou de l'ex-Yougoslavie (1992-1996). Le fédéralisme a cédé le pas à l'État unitaire, au Cameroun et en Afrique du Sud. Certains États fédéraux ont aussi éclaté, laissant la place à des États indépendants comme en République arabe unie (Égypte, Syrie), en Tchécoslovaquie (République tchèque et Slovaquie) ou en Yougoslavie (Bosnie-Herzégovine, Croatie, Kosovo, Macédoine, Monténégro, Serbie, Slovénie). Il est menacé de tendances séparatistes en Belgique (Flandre) ou au Canada (Québec). En Belgique, il n'existe aucune hiérarchie entre les normes fédérales et celles des entités fédérées, ce qui rend l'arbitrage par la Cour constitutionnelle très complexe en cas de conflit.

La tendance générale est à la centralisation dans les États fédéraux du Sud de la planète, mais aussi du Nord (États-Unis, Suisse), l'État fédéral s'étant approprié de nombreuses compétences nouvelles, notamment en matière économique et financière. Néanmoins, certains ont réussi à préserver l'équilibre entre autonomie et participation. C'est le cas notamment en Allemagne, où le fédéralisme coopératif a permis de réussir la réunification allemande dans le cadre fédéral, par la coordination des politiques des Länder dans leurs domaines propres et la coordination verticale entre État fédéral et Länder en matière économique et financière. De même, la révision constitutionnelle du 28 août 2006 – dite de réforme du fédéralisme – a réajusté les compétences réciproques de l'État fédéral et des Länder en tentant de simplifier l'enchevêtrement croissant dû aux modifications successives de la Constitution et, particulièrement, en limitant les compétences législatives concurrentes ou croisées (lois-cadres).

La gestion de la pandémie de la Covid-19 en Allemagne a toutefois mis en lumière des tensions concernant le fédéralisme entre la Chancelière Angela Merkel et les *Länder*. La mise en œuvre de restrictions sanitaires souhaitée par le gouvernement fédéral a été contestée par certains « ministres-présidents » (les dirigeants des Länder) et Angela Merkel a déploré les nombreuses exceptions à l'échelle des *Länder* et a imposé un certain cadre national aux mesures prises pour gérer la pandémie. Cet épisode révèle un renforcement du gouvernement fédéral au détriment des Länder, qui entendaient être associés directement aux décisions de la Chancelière.

3. *Le fédéralisme se distingue de la confédération*

14 Le fédéralisme se distingue de la *confédération*ᵠ, association d'États souverains qui mettent en commun certaines compétences et se dotent d'organismes qui les gèrent.

Les relations entre les États sont régies par un traité international, les institutions communes sont sommaires et les décisions y sont prises à l'unanimité. Le plus souvent, les compétences transférées concernent la défense et la diplomatie. La confédération peut être une étape vers le fédéralisme comme en Amérique du Nord ou en Suisse.

La question est posée à propos de l'Union européenne, « cadre institutionnel unique » dans lequel convergent les trois Communautés mises en place à partir de 1951 par une série de traités (Communauté européenne du charbon et de l'acier en 1951, Communauté économique européenne et Communauté de l'énergie atomique en 1957), et complétées par les aménagements successifs (Acte Unique en 1986, Traité de Maastricht en 1992, Traité d'Amsterdam en 1997, Traité de Nice en 2001, Traité de Lisbonne en 2009).

Les institutions de l'Union européenne combinent des organes qui se rapprochent du modèle fédéral (Parlement européen élu au suffrage universel direct depuis 1979, Commission – organe exécutif – et Cour de Justice, juridiction suprême imposant la supériorité du droit de l'Union sur le droit national, Banque centrale européenne gérant la monnaie unique mais dans une partie seulement – zone euro – de l'Union) d'autres qui relèvent d'une logique confédérale (Conseil européen des chefs d'État et de gouvernement, Conseil des ministres).

On retrouve la même ambivalence en matière de compétences. D'une part, le transfert croissant de compétences des États vers l'Union européenne en matière économique et commerciale, le développement dans ces domaines d'une législation européenne directement (règlements) ou indirectement (directives) applicable dans l'ordre interne, supérieure au droit des États et garantie par un système judiciaire intégrant les juridictions nationales sous l'autorité de la Cour de justice de l'Union européenne présentent les traits d'un système fédéral. D'autre part, le maintien d'un système confédéral dans les domaines de souveraineté (monnaie unique refusée par 10 États sur 27, défense et diplomatie réservée aux États sauf accord unanime et ponctuel) et dans les domaines non transférés (décisions des États membres réunis au sein du Conseil prises à l'unanimité) montre que les institutions de l'Union européenne constituent un système politique et juridique hybride dont la nature future reste incertaine.

En dépit de ces ambivalences, l'Union européenne n'est pas un État car elle ne détient pas « la compétence de sa compétence ». Elle est une organisation *sui generis*, y compris dans la version que proposait le traité établissant une constitution pour l'Europe signé en 2004 mais abandonné après les rejets par référendum en France et aux Pays-Bas en 2005. Le traité de Lisbonne entré en vigueur en 2009, qui propose une version assouplie du traité de 2004, ne remet pas en cause cette ambivalence et a même renforcé la nature confédérale de l'Union en introduisant pour la première fois le droit de sécession des États membres (TUE, art. 50), dont le Royaume-Uni a fait usage en 2016.

Le juge constitutionnel français considère d'ailleurs que les institutions de l'Union européenne appartiennent à la catégorie juridique des organisations internationales. L'Union européenne est « une organisation européenne permanente, dotée de la personnalité juridique et investie de pouvoirs de décision par l'effet de transferts de compétences consentis par les États membres » (Cons. const. 19 nov. 2004, n° 2004-505 DC, *Traité constitutionnel européen*). L'ordre juridique européen constitue un « ordre juridique propre » distinct de l'ordre juridique international et intégré à l'ordre juridique interne et le Parlement européen « ne constitue pas une assemblée souveraine dotée d'une compétence générale et ayant vocation à concourir à l'exercice de la souveraineté nationale» (id.). L'Union européenne n'a pas encore, pour le Conseil constitutionnel, dépassé le niveau des organisations internationales traditionnelles, y compris dans la version du traité de Lisbonne, dont il estime qu'elle reste du domaine du droit international, décis. du 20 déc. 2007).

La question s'est également posée en 1958 à propos de la Communauté créée par la Constitution entre la France et les territoires africains d'outre-mer en marche vers leur émancipation. Entre 1958 et 1960, la Communauté, structure inégalitaire dotée de compétences et d'institutions propres, où coexistaient en un État souverain – la République française – et des États autonomes pouvant accéder à l'indépendance, ne constituait ni une fédération (du fait de l'inégalité entre ses composantes) ni une confédération (faute de souveraineté de la plupart de ses membres). L'indépendance des États africains en 1960 a entraîné la transformation de la Communauté en une association libre d'États souverains qui s'est progressivement dissoute.

L'évolution récente montre que la distinction entre État unitaire et État fédéral, comme celle entre Confédération et Fédération, devient de plus en plus floue dans la pratique, les constructions politiques et juridiques tendant à mêler les concepts traditionnels dans un contexte de remise en cause des fonctions classiques de l'État.

§ 3 État et régime politique

15 Les institutions de l'État sont largement influencées par la nature du *régime politique*[Q] qui s'y établit. La forme de gouvernement et d'organisation politique ainsi que les principes qui les fondent ont, depuis l'Antiquité grecque jusqu'à Montesquieu et Rousseau, inspiré les théoriciens politiques qui ont proposé une typologie des régimes politiques combinant une appréciation subjective – la recherche du «bon gouvernement» – et un critère objectif – le nombre des gouvernants. Ces théories politiques ont ainsi distingué les formes positives des différents régimes – par exemple démocratie, aristocratie, royauté pour Rousseau – et leur forme dégénérée – ochlocratie, oligarchie, tyrannie chez le même auteur – dans une approche essentiellement moraliste.

Avec la généralisation du suffrage universel, ce type de classification n'a plus de signification. Les grandes révolutions politiques du XIXe et du XXe siècles permettent de dégager un nouveau type de classification qui tient compte du degré de participation des citoyens et du pluralisme politique. La typologie contemporaine des régimes politiques distingue ainsi les démocraties pluralistes, les régimes autoritaires et les régimes totalitaires.

A. Les démocraties pluralistes

16 La démocratie pluraliste se caractérise par la désignation par le peuple de ses représentants dans le cadre d'élections libres et concurrentielles qui se déroulent à intervalles réguliers. Ces régimes démocratiques peuvent connaître plusieurs formes d'organisation constitutionnelle suivant le degré de séparation des fonctions et des pouvoirs. La séparation des fonctions se traduit par la distinction constitutionnelle entre les trois fonctions traditionnelles de l'État : élaborer et voter les lois (fonction législative), les exécuter (fonction exécutive) et les appliquer aux litiges entre les personnes (fonction judiciaire). La séparation des pouvoirs signifie que les organes

chargés de remplir ces différentes fonctions sont, pour l'essentiel et d'un point de vue politique (composition, recrutement, liberté d'action), différents et autonomes. Le parlement délibère et vote la loi, le gouvernement l'exécute et la magistrature juge.

Ces traits sont communs aux régimes démocratiques. Parmi eux, on distingue traditionnellement deux types de régime, selon le degré de séparation des pouvoirs.

– Le *régime parlementaire*[Q] est celui où le gouvernement est l'émanation du parle- 17 ■
ment devant lequel il est responsable politiquement mais qu'il peut dissoudre. Cette séparation des pouvoirs est souvent qualifiée de « souple ». Le chef de l'État représente l'unité nationale et exerce un pouvoir de régulation politique.

Le régime parlementaire peut connaître des formes diverses selon la nature de la vie politique. Il peut être marqué par un équilibre entre des organes interdépendants (gouvernement et parlement) mais il peut connaître un déséquilibre en faveur de l'exécutif dans les régimes de parlementarisme majoritaire (où le leader du parti majoritaire au parlement est le chef du gouvernement comme au Royaume-Uni) ou en faveur du parlement si l'exécutif n'a pas d'autorité politique ou juridique pour s'imposer à lui dans les régimes d'assemblée (comme en France avant 1958).

– Le régime de séparation des pouvoirs, dit *régime présidentiel*[Q], est celui où 18 ■
l'exécutif (généralement monocéphale et élu au suffrage universel) ne peut dissoudre le parlement et où le parlement ne peut renverser l'exécutif. Il n'y a donc pas de mise en jeu de la responsabilité politique entre les institutions des pouvoirs exécutif et législatif. Ce régime de séparation (souvent dite « stricte ») des pouvoirs a été inventé aux États-Unis. Il peut connaître, suivant le contexte politique, une inflexion présidentialiste lorsque l'exécutif domine juridiquement et politiquement le parlement (régimes présidentiels latino-américains) ou congressuelle si le parlement s'impose face à un pouvoir présidentiel affaibli (gouvernement du Congrès aux États-Unis à la fin du XIXe siècle).

B. Les régimes autoritaires

Les *régimes autoritaires*[Q] se caractérisent par le refus des gouvernants de soumettre 19 ■
au contrôle démocratique (élections libres, compétition politique) leur pouvoir et leur gestion (liberté d'opinion). Mais, le refus de la démocratie ne signifie pas pour autant la recherche d'une mobilisation idéologique de la population pour soutenir le pouvoir.

Les régimes autoritaires peuvent prendre la forme de dictatures interdisant toute vie politique (régimes militaires) ou de pouvoirs reposant sur des pseudo-consensus, soit du fait de l'encadrement partisan (parti unique de façade) ou du soutien organisé à un chef charismatique (dictatures populistes). Ils peuvent tolérer l'existence d'une assez large autonomie de la société civile (au profit des Églises, des loisirs, des entreprises, etc.).

C. Les régimes totalitaires

Les *régimes totalitaires*[Q] sont une invention politique du XXe siècle. 20 ■

Apparus sous la forme de projets politiques violemment antagonistes (le fascisme et le communisme), ils ont conduit à l'édification de systèmes de barbarie assez voisins. Leurs caractéristiques sont les mêmes : l'ensemble du corps social est mobilisé et endoctriné au service d'une idéologie totalisante qui ne tolère aucune dissidence. La primauté de l'idéologie – raciste en Allemagne, communiste en Union soviétique, religieuse en Iran – se traduit par un parti unique tentaculaire qui encadre toute la population et contrôle l'appareil étatique ainsi que par l'hypertrophie de la propagande. Le refus de toute dissidence a pour effet la terreur (allant jusqu'à l'élimination de masse) sur les opposants ou les boucs émissaires, l'édification d'un État policier et concentrationnaire qui double et supplante l'État traditionnel. Celui-ci tend d'ailleurs à disparaître au profit de corps séparés (parti unique, État policier) tout comme les pouvoirs fusionnent dans un même culte du chef charismatique (Hitler, Staline, Mao, Kim-Il-Sung, Khomeini). La nature para-étatique des régimes totalitaires apparaît d'ailleurs lors de leur écroulement : il faut alors non seulement libérer les individus des comportements hérités du totalitarisme, mais aussi reconstruire l'État et l'intégralité du système juridique. Le totalitarisme est donc bien aux antipodes de l'esprit du constitutionnalisme.

1

Compléments pédagogiques

Mémo

L'État moderne naît au XIIIe siècle en Angleterre et en France. Il se diffuse ensuite progressivement sur le continent européen et sur l'ensemble de la planète. Si ces caractéristiques (*territoire*, *population*, *organisation politique*, *monopole de la souveraineté*) sont communes et reconnues notamment par le droit international, ses structures internes varient. L'*organisation étatique* est tantôt caractérisée par un seul ordre juridique (*État unitaire*, qui peut être déconcentré, décentralisé, ou régional) ou par la coexistence de deux ordres juridiques (*État fédéral*, où principe d'autonomie et principe de participation des États membres s'équilibrent de façon variable). Par ailleurs, la classification des *régimes politiques* de l'État distingue les régimes démocratiques, de type pluraliste (*parlementaire* avec interaction des pouvoirs ou *présidentiel* avec séparation des pouvoirs), et les *régimes non démocratiques*, de type autoritaire (refus du contrôle démocratique) ou totalitaire (État idéologique et policier).

Quid

■ Confédération n° 14

Association de deux ou plusieurs États qui demeurent totalement souverains. Ex. : Autriche-Hongrie (de 1867 à 1918), Confédération des États-Unis d'Amérique (1777-1789). La Confédération helvétique est en fait une fédération.

■ Décentralisation n° 8

Transfert de compétences de l'État vers une autre personne morale administrative, en général les collectivités territoriales.

■ Déconcentration n° 7

Transfert de compétences à l'intérieur d'une même personne administrative, d'un niveau d'administration à un autre.

■ État n° 3

Institution dotée de la personnalité morale de droit public et exerçant son autorité souveraine sur une population et un territoire donnés.

■ État fédéral nos 5, 10

État composé dans lequel deux ordres constitutionnels sont juxtaposés, celui de l'État fédéral et celui des États fédérés. Ces derniers détiennent l'autonomie législative dans leur domaine de compétence et participent au fonctionnement de l'État fédéral à travers une chambre haute.

■ État unitaire nos 5, 6

État dans lequel ne règne qu'un seul ordre politique et juridique (à la différence de l'État fédéral).

■ Régime autoritaire n° 19

Régime dans lequel les gouvernants refusent de se soumettre au contrôle démocratique (élections libres, compétition politique).

■ Régime parlementaire n° 17

Régime représentatif reposant sur la collaboration et la dépendance réciproque des pouvoirs publics, le gouvernement étant responsable devant un parlement pouvant être dissous.

■ Régime politique n° 15

Mode d'organisation des pouvoirs publics tant en ce qui concerne leur mode désignation que leurs compétences ou les rapports juridiques et politiques qui s'établissent entre eux.

■ Régime présidentiel n° 18

Régime représentatif reposant sur la séparation des pouvoirs publics, le parlement ne pouvant renverser le pouvoir exécutif concentré entre les mains d'un président élu au suffrage universel direct, celui-ci ne pouvant dissoudre le parlement.

■ Régime totalitaire n° 20

Régime reposant sur la dissolution de la société dans un État où le pouvoir est concentré entre les mains d'un parti unique ou d'un leader s'appuyant sur l'endoctrinement idéologique et la terreur policière.

Documents

1) Sur les notions d'« État » et de « souveraineté »

Décision du 9 avril 1992 du Conseil constitutionnel, Maastricht 1 (extraits)

Considérant que le traité sur l'Union européenne n'a pas pour conséquence de modifier la nature juridique du Parlement européen ; que ce dernier ne constitue pas une assemblée souveraine dotée d'une compétence générale et qui aurait pour vocation de concourir à l'exercice de la souveraineté nationale ; que le Parlement européen appartient à un ordre juridique propre qui, bien que se trouvant intégré au système juridique des différents États membres des Communautés, n'appartient pas à l'ordre institutionnel de la République française.

2) Sur la notion constitutionnelle de « peuple français »

Décision du 9 mai 1991 du Conseil constitutionnel sur le statut de la Corse (extraits)

Considérant qu'aux termes du premier alinéa du préambule de la Constitution de 1958 « le peuple français proclame solennellement son attachement aux droits de l'homme et aux principes de la souveraineté nationale tels qu'ils ont été définis par la déclaration de 1789, confirmée et complétée par le préambule de la Constitution de 1946 » ; que la Déclaration des droits de l'homme et du citoyen à laquelle il est ainsi fait référence émanait des représentants « du peuple français » ; que le préambule de la Constitution de 1946, réaffirmé par le préambule de la Constitution de 1958, énonce que « le peuple français proclame à nouveau que tout être humain, sans distinction de race, de religion ni de croyance, possède des droits inaliénables et sacrés » ; que la Constitution de 1958 distingue le peuple français des peuples d'outre-mer auxquels est reconnu le droit à la libre détermination ; que la référence faite au « peuple français » figure d'ailleurs depuis deux siècles dans de nombreux textes constitutionnels ; qu'ainsi le concept juridique de « peuple français » a valeur constitutionnelle ;
Considérant que la France est, ainsi que le proclame l'article 2 de la Constitution de 1958, une République indivisible, laïque, démocratique et sociale qui assure l'égalité devant la loi de tous les citoyens quelle que soit leur origine ; que dès lors la mention faite par le législateur du « peuple corse, composante du peuple français » est contraire à la Constitution, laquelle ne connaît que le peuple français, composé de tous les citoyens français sans distinction d'origine, de race ou de religion ;
Considérant en conséquence que l'article 1er de la loi n'est pas conforme à la Constitution.

Biblio

- O. Beaud, *La puissance de l'État*, Paris, PUF, 1994.
- O. Beaud, *Théorie de la fédération*, Paris, PUF, 2007.
- J.M. Blanquer et M. Milet, *L'invention de l'État*, Odile Jacob, 2015.
- Ch. Bidegaray (dir.), *L'État autonomique : forme nouvelle ou transition en Europe*, Économica, 1994.
- R. Carré de Malberg, *Contribution à la théorie générale de l'État*, Paris, CNRS, 2 vol. 1962 et 1985.
- J. Chevallier, *L'État*, Paris, Dalloz, 1999 ; *L'État post-moderne*, Paris, LGDJ, 2003.
- M. Croizat, *Le fédéralisme dans les démocraties contemporaines*, Paris, Montchrestien, 1995.
- M. Croizat et J.-L. Quermonne, *L'Europe et le fédéralisme*, Paris, Montchrestien, 1996.
- *Pouvoirs* 1993, n° 67, *La souveraineté*.
- S. Rials, *Destin du fédéralisme*, Paris, LGDJ, 1986.
- M. Troper, *Pour une théorie juridique de l'État*, Paris, PUF, 1994.

Quiz

1) Sujets corrigés

A) Tests de compréhension

1. Quelle est la différence entre État unitaire et État fédéral ?

2. Quelle est la différence entre État décentralisé et État fédéral ?

3. Quelle est la différence entre confédération et fédération ?

4. Quelle est la différence entre régime autoritaire et régime totalitaire ?

5. Quelle est la dénomination de la Chambre représentant le peuple et de celle représentant les collectivités territoriales en Allemagne, en Belgique, aux États-Unis, au Royaume-Uni et en France ?

Voir le corrigé en fin de rubrique.

B) Dissertations

Énoncé n° 1

L'État fédéral.

Voir le corrigé en fin de rubrique.

Énoncé n° 2

État décentralisé et État régional.

Voir le corrigé en fin de rubrique.

2) Corrigés

Tests de compréhension

1. L'État unitaire ne connaît qu'un seul ordre juridique alors que deux ordres juridiques coexistent dans l'État fédéral.

2. L'État décentralisé est un État unitaire où les collectivités territoriales ont une autonomie qui ne va pas jusqu'à constituer un ordre juridique différent de celui de l'État.

3. La confédération est une association d'États qui restent souverains, ce qui n'est pas le cas des États fédérés membres d'un État fédéral.

4. Le régime autoritaire se caractérise par le refus des gouvernants de se soumettre au contrôle démocratique, alors que le régime totalitaire se caractérise de surcroît par une mobilisation idéologique totale au profit du pouvoir et la disparition de toute opposition.

5. Les chambres représentant le peuple et celle représentant les collectivités territoriales sont respectivement :

- en Allemagne : le *Bundestag* et le *Bundesrat ;*
- en Belgique : la Chambre des représentants et le Sénat ;

- aux États-Unis : la Chambre des représentants et le Sénat ;
- au Royaume-Uni : la Chambre des Communes et la Chambre des Lords ;
- en France : la Chambre des députés et le Sénat.

Dissertation n° 1

Introduire en soulignant la diversité des États fédéraux, ceux qui naissent par démembrement d'État unitaire (Belgique) et ceux qui agrègent des États jadis souverains (URSS), la double tendance au fédéralisme (Union européenne) et à la crise de l'État fédéral (URSS, Yougoslavie, Tchécoslovaquie), la contradiction entre le fédéralisme juridique et la centralisation politique (Mexique).

I. Le principe d'autonomie des États fédérés

A. Dualité des ordres juridiques

B. Répartition des compétences

II. Le principe de participation de ces mêmes États

A. Participation à la décision (Sénat, Bundesrat)

B. Participation à la représentation (élection du président de l'Union)

Dissertation n° 2

Introduire en soulignant l'évolution des États unitaires vers l'autonomie des collectivités territoriales, qui rapproche les États régionaux du fédéralisme (Espagne, Italie) mais avec une limite : un seul ordre juridique à l'intérieur de l'État.

I. Une différence de nature

A. L'État régional comme réponse au particularisme (Espagne, Italie)

B. L'État décentralisé comme réponse à la réorganisation fonctionnelle de l'État (France)

II. Une différence d'organisation

A. Autonomie statutaire (État régional) ou contrôle administratif (décentralisation)

B. Pouvoir législatif autonome (État régional) ou autonomie réglementaire (décentralisation)

chapitre 2

La Constitution

Plan analytique

section 1

La Constitution, acte fondateur

§ 1 Constitutions coutumières et constitutionnalisme

§ 2 Les modifications de la Constitution

section 2

L'État de droit

§ 1 Les deux dimensions de l'État de droit

§ 2 La Constitution élargie et la hiérarchie des normes

§ 3 Le contrôle de constitutionnalité

- **A.** Le contrôle par voie d'exception aux États-Unis
- **B.** Le modèle européen
- **C.** Le contrôle de conventionnalité

Compléments pédagogiques

La Constitution

Dès lors qu'un État existe, il se trouve doté, comme toute personne morale, d'un statut juridique, c'est-à-dire d'une *Constitution*[Q]. La Constitution de l'État a cependant, dès la création de l'État, un double sens. D'une part, elle caractérise le statut juridique de l'État, son organisation interne ; de l'autre, elle marque ses limites dans la mesure où l'État doit être soumis au droit, afin de protéger l'individu contre l'arbitraire. 21

Dès l'apparition de l'État moderne, cette double dimension de la Constitution est apparue : l'État est à l'origine confondu avec le monarque, la personne morale étatique se confondant avec la personne du roi. L'autonomisation de la personne juridique du souverain par rapport à la personne physique du roi est une première étape qui se construit au Moyen Âge (v. l'œuvre magistrale d'H. Kantorowicz, *Les deux corps du roi*, 1957) avant que la couronne soit soumise à son tour à des règles supérieures (les lois fondamentales du Royaume en France) qui sont en quelque sorte les ébauches des Constitutions modernes. Avec les révolutions libérales du XVIIIe siècle, la dissociation de l'État-personne morale de la Couronne est menée à son terme et la notion moderne de « Constitution » apparaît. Les titulaires conjoncturels du pouvoir politique sont désormais soumis au droit de l'État.

La Constitution traduit donc la juridisation du pouvoir politique. Elle marque les limites juridiques du pouvoir de l'État face à l'individu et à la société – se traduisant par un régime de garantie des droits – mais aussi les limites au sein de l'État entre ses différents organes. L'arbitraire est contenu par cette double protection contre un État qui pourrait devenir tout puissant du fait de sa structure interne (absence de séparation des pouvoirs) et de son autorité sur les citoyens (absence de droits de l'individu). Cette double protection explique la conception de la Constitution retenue par la Déclaration des droits de l'homme et du citoyen de 1789 : « Toute société dans laquelle la garantie des droits n'est pas assurée ni la séparation des pouvoirs déterminée n'a point de Constitution » (Const., art. 16).

La Constitution est donc un acte fondateur d'un État ou d'un régime (1) ; mais elle enserre également l'État dans un ensemble de règles tout en étant elle-même source de règles juridiques (2).

section 1

La Constitution, acte fondateur

La fondation de l'État donne à ceux qui le créent et créent son statut le *pouvoir constituant*[Q] originaire. Le phénomène est apparu d'abord en Europe, lors du transfert du pouvoir royal à la souveraineté étatique au Moyen Âge. Lors des différents mouvements de décolonisation (dans les colonies américaines au XIXe siècle, 22 puis africaines et asiatiques au XXe siècle des États européens), l'accession à l'indépendance s'est traduite, sur le plan interne, par l'élaboration d'une Constitution. De même, les Constitutions ont accompagné la création d'États nouveaux par fusion d'États (ex. : États-Unis en 1787) ou démembrement d'État (États succédant à l'Union Soviétique en 1991).

Il en va de même en cas de chute d'un régime politique : les responsables du nouveau régime élaborent alors une nouvelle Constitution qui « refonde » l'État en tout ou partie. Entre 1814 et 1875, la France s'est trouvée à plusieurs reprises (1814, 1830, 1848, 1870) dans cette situation.

§ 1 Constitutions coutumières et constitutionnalisme

23 Les modalités d'élaboration de la Constitution sont très variables : elle peut être octroyée par le souverain dans les États monarchiques, élaborée par les détenteurs effectifs du pouvoir (armée, partis politiques, etc.) qui la feront ou non plébisciter par le peuple (Constitutions napoléoniennes). La Constitution peut également associer étroitement le peuple, détenteur, dans les États démocratiques, du pouvoir constituant originaire. La rédaction du projet est alors confiée à une *assemblée constituante*[Q] élue par le peuple. Celui-ci peut aussi être appelé à se prononcer sur le texte. Cela est le cas, par exemple, de la Constitution de la IVe République en France dont le premier projet a été refusé en mai 1946, avant qu'une seconde assemblée constituante élabore un nouveau projet, approuvé par référendum le 13 octobre 1946.

24 Ces différentes formes de Constitution ont toutes pour point commun d'être des documents écrits, souvent solennels. Ils se distinguent des règles coutumières qui tinrent lieu de constitutions jusqu'au XVIIIe siècle dans les monarchies européennes, période où apparaissent dans les anciennes colonies anglaises d'Amérique les premières Constitutions écrites, à commencer par celle de la Virginie en juin 1776. Ces « constitutions » coutumières étaient un ensemble disparate de documents écrits et de règles coutumières à l'exemple des Lois fondamentales du royaume en France ou de la « Constitution anglaise ». De nos jours, celle-ci reste la seule Constitution coutumière où, à côté de grands textes symboliques (la Grande Charte de 1215, la Pétition des droits de 1628, *l'Habeas Corpus* de 1679, le « *Bill* » des droits de 1689, « *l'Act* » d'établissement de 1701) et de textes plus « constitutionnels » récents (les *Parliament Acts* de 1911, 1949 ou 2011, le *Constitutionnal Reform Act* de 2005, le *Human Rights Act* de 1998), une série de règles coutumières et de conventions politiques régit l'essentiel de la vie politique et institutionnelle.

Le passage des constitutions coutumières aux constitutions écrites s'est produit au XVIIIe siècle. Les philosophes des Lumières conçoivent les constitutions comme un des moyens de lutter contre l'arbitraire royal. La doctrine du contrat social (dans les interprétations qu'en proposent Hobbes, Locke ou Rousseau), qui fonde la société politique sur un pacte librement consenti entre des hommes libres, implique une constitution qui définira l'exercice du pouvoir et la garantie des droits naturels de l'homme. Le constitutionnalisme caractérise le mouvement qui fait de la constitution écrite le fondement du pouvoir politique. Il prend deux formes différentes en Amérique du Nord et en France.

En Amérique du Nord, le constitutionnalisme débute avec la Déclaration d'indépendance des treize colonies (4 juill. 1776). Les constitutions adoptées par ces colonies devenues Républiques sont les premières constitutions écrites de l'histoire moderne. Le mouvement connaît son apogée avec la rédaction de la Constitution fédérale de 1787, accompagnée du débat théorique entre constituants que reflètent les *Federalist Papers* écrits par trois des principaux leaders de la convention de Philadelphie, où les délégués des treize États rédigèrent la Constitution fédérale.

Si, en Amérique du Nord, le mouvement constitutionnaliste forme un ensemble homogène qui se prolongera dans la jurisprudence fédéraliste de la Cour suprême des États-Unis, en France le constitutionnalisme ne parvient pas à développer toutes ses potentialités. La Déclaration des droits de l'homme et du citoyen de 1789 et la Constitution de 1791 réussissent la synthèse des doctrines des Lumières en affirmant la garantie des droits naturels de l'individu, la séparation des pouvoirs et leur exercice sous une forme représentative. Mais, contrairement aux États-Unis, les grands textes de 1789-91 ne parviennent pas à s'imposer et à durer : ils sont abrogés dès 1792. La succession rapide des régimes défendant des doctrines constitutionnelles et imposant des constitutions d'inspirations opposées tout comme l'écart entre principes et pratique, conduisent à l'incapacité d'imposer la suprématie de la Constitution. C'est pourquoi, en moins d'un siècle, dix constitutions et quatre déclarations des droits seront élaborées. Les constitutions successives subissent la concurrence de la loi, « expression de la volonté générale » de la nation, telle que ses représentants la traduisent. Il faudra attendre la seconde moitié du XXe siècle et la reconstruction des démocraties européennes pour que le constitutionnalisme y reprenne vigueur en s'appuyant sur son inspiration originelle : la défense des droits de l'homme.

Il reste de ce constitutionnalisme originaire la victoire définitive des constitutions écrites sur les coutumes, qui ne survivront qu'au Royaume-Uni, en Nouvelle-Zélande et, à un degré moindre, en Israël.

Le cas des institutions israéliennes est particulier dans la mesure où cet État n'a pas de constitution écrite et où les institutions s'appuient sur des conventions aussi longtemps qu'un consensus général les soutient. Le régime parlementaire est monocaméral : la *Knesset* compte 120 députés élus à la représentation proportionnelle intégrale, ce qui entraîne un émiettement de la vie politique et une difficulté croissante à constituer des coalitions stables. L'État de droit repose sur l'équilibre entre le parlement et un système judiciaire indépendant avec au sommet une Cour suprême qui contrôle son recrutement. La période de crise que traversent les institutions israéliennes depuis quelques années est la conséquence de l'affrontement entre la majorité conservatrice qui soutient le Premier ministre Benjamin Netanyahou, revenu au pouvoir en novembre 2022 avec le projet de réduire drastiquement les pouvoirs de la Cour suprême, et les partisans de celle-ci, avec le risque de voir disparaître la séparation relative des pouvoirs qui règne depuis la fondation de cet État en 1948.

§ 2 Les modifications de la Constitution

La Constitution peut être révisée après son entrée en vigueur. Le pouvoir constituant 25
dérivé – ou de révision – peut suivre des procédures très variables.

La Constitution est modifiée *de facto* par la pratique des acteurs politiques (*conventions de la Constitution*[Q]), qui imprime aux textes une interprétation souvent inattendue. Par exemple, la « Constitution Grévy » (du nom du successeur du maréchal Mac-Mahon à la présidence de la République en 1879 qui décida d'amoindrir la fonction présidentielle et de transformer la IIIe République en régime d'assemblée) a été entérinée de manière coutumière au point de devenir l'interprétation authentique de la Constitution. Elle peut l'être également par la *coutume constitutionnelle*^Q, suite de précédents concordants admis par les pouvoirs constitutionnels, qui pallie silence des textes (coutume *praeter legem*, qui a complété les dispositions succinctes des lois constitutionnelles de 1875 ou des Chartes) ou leur donne une interprétation. Elle peut l'être enfin par la jurisprudence du juge constitutionnel dans le cadre du contrôle de constitutionnalité des lois, qui va interpréter ou compléter la Constitution.

■ 26 Mais, la *révision*^Q peut aussi être le résultat d'une procédure de révision formelle.

Celle-ci peut être souple, lorsqu'aucune règle n'est imposée par la Constitution (Chartes de 1814 et 1830) ou que les règles ne diffèrent guère de celles prévues pour une loi ordinaire (lois constitutionnelles de 1875).

Elle peut aussi être rigide, lorsque la Constitution prévoit des procédures spécifiques pour la révision. Ces procédures ont évolué depuis le XIXe siècle : l'initiative était à l'origine réservée au pouvoir exécutif (roi ou empereur en France) avant qu'elle ne soit étendue au gouvernement et au parlement, voire au peuple (Suisse). L'élaboration de la révision est, en général, réservée au parlement car elle implique un débat politique et technique qui ne peut être le fait que de la représentation. L'adoption de la révision est souvent le fait soit d'une assemblée *ad hoc* (réunion des Chambres en Congrès en France – Const., art. 89 – ou assemblée nouvellement élue comme en Belgique), soit du peuple par référendum (en France, il s'agit d'une procédure alternative à celle du Congrès).

■ 27 Enfin, la Constitution peut prévoir que certaines de ses dispositions ne peuvent faire l'objet de révision. Par exemple, en Allemagne, la Loi fondamentale de 1949 interdit la remise en cause de la forme fédérale de l'État ; aux États-Unis, la Constitution américaine interdit de porter atteinte à l'égale représentation des États membres de l'Union au Sénat. En France, depuis 1884, et en Italie, la forme républicaine du gouvernement ne peut faire l'objet d'une révision. De telles limitations sont formelles car il suffit que le pouvoir constituant supprime ces dispositions pour s'en affranchir. À défaut d'interdire la révision, la Constitution peut prévoir des conditions spécifiques pour rendre la révision possible. Ainsi les Constitutions françaises de 1946 et de 1958, par allusion au précédent de 1940 lorsque le parlement donna tous pouvoirs constituants au maréchal Pétain à la suite de la défaite, interdisent de procéder à une révision en cas d'occupation du territoire. De même, les Constitutions peuvent fixer des délais afin d'éviter que l'édifice constitutionnel soit trop rapidement dénaturé.

Mais, là encore, les limites peuvent être insuffisantes et le résultat parfois inverse, comme pour la Constitution de 1791 en France qui fixait un délai de trois législatures pour que les décrets sanctionnés par le roi deviennent des lois (art. 6) ; avant d'être abrogée au bout d'un an.

■ 28 La distinction entre adoption d'une nouvelle Constitution et révision est en grande partie formelle, dans la mesure où la révision peut être totale. La révision totale pourra consister en l'utilisation de la procédure de révision habituelle pour adopter une nouvelle Constitution : ce fut le cas en France en 1940 et en 1958. Dans ce dernier cas, le parlement utilisa la procédure de révision en cours pour donner (après révision de l'art. 90 Const. relatif à la révision qui confiait le pouvoir constituant au parlement) au gouvernement de Gaulle le pouvoir d'élaborer le projet de Constitution. Cette révision-abrogation se distingue des révisions totales telles que les Constitutions autrichienne ou espagnole le prévoient. La révision globale se différencie de la révision partielle par le fait qu'elle touche aux dispositions fondamentales de la Constitution (droits fondamentaux, nature de l'État, statut de la Couronne dans le cas espagnol).

section 2

L'État de droit

La Constitution impose à l'État, à ses agents et aux gouvernants le respect de règles de droit. 29

§ 1 Les deux dimensions de l'État de droit

La doctrine allemande de l'État de droit (*Rechtsstaat*), qui s'est édifiée au XIXe siècle, distinguait l'*État de droit*Q de l'État de police dans la mesure où le second édicte certes des règles de droit qui s'imposent aux administrés, mais sans que l'État lui-même soit soumis à des règles supérieures, alors que l'État de droit implique que l'État est lui aussi soumis au respect de règles juridiques. Ces règles juridiques peuvent être d'ailleurs spécifiques (la doctrine du *Rechtsstaat* a été en grande partie élaborée pour justifier la constitution d'un droit public consacré à l'État et à ses rapports avec les administrés), ce qui donne à l'État de droit la double dimension d'une protection des citoyens contre l'arbitraire mais aussi de la délimitation d'un droit administratif propre, celui de l'exécution des lois ou de l'organisation de l'État. Cette doctrine a été introduite dans le droit français en subissant une adaptation due à l'absence, dans le droit constitutionnel républicain, de véritable suprématie de la Constitution du fait de la toute puissance de la loi, « expression de la volonté générale » (Déclaration de 1789). L'État républicain est en fait en un État légal puisque la loi est, *de facto*, supérieure à la Constitution, ainsi que Carré de Malberg en fera la démonstration (*La loi, expression de la volonté générale, 1931*). Non seulement aucune procédure ne garantit le respect de la Constitution par le législateur mais, surtout, ce dernier est aussi le détenteur du pouvoir constituant. Il faudra attendre la Constitution de 1958, et la suprématie de la Constitution sur la loi qu'elle garantit, pour que l'État de droit supplante l'État légal. 30

Entre-temps, la conception de l'État de droit aura subi une importante mutation sur deux dimensions essentielles, sous l'influence du constitutionnalisme américain.

§ 2 La Constitution élargie et la hiérarchie des normes

L'élargissement de la notion de « Constitution » s'est opéré par l'intégration dans le droit constitutionnel positif des *déclarations des droits*Q (ou Préambules) énumérant 31 les droits fondamentaux et leur garantie. Apparues au XVIIe siècle dans les Constitutions américaines (la première en Virginie en 1776), les déclarations des droits ont été initialement conçues comme l'énumération des droits de l'individu à garantir contre l'arbitraire de l'État. C'est le sens de la Déclaration française de 1789. Par la suite, elles intégreront les droits sociaux (droit au travail) et les droits collectifs (droit de grève), puis le droit de l'environnement, imposant même des obligations à l'État dont le rôle sera revalorisé (État providence d'après 1945). Ces textes solennels ont été longtemps considérés en droit français, aussi bien par le juge judiciaire que par le juge administratif, comme purement déclaratifs et non susceptibles d'effets juridiques alors que la jurisprudence de la Cour suprême américaine a immédiatement opté pour leur intégration au droit constitutionnel positif.

Cette attitude française s'explique historiquement par le fait que, de 1789 à 1848, les déclarations des droits – aux inspirations contradictoires selon les régimes – se sont succédé et que les lois constitutionnelles de 1875 – qui sont les seules à avoir duré 65 ans – n'avaient ni Préambule ni Déclaration des droits. Les grands textes reconnaissant des droits fondamentaux adoptés sous la Troisième République étaient tous de nature législative. La disparition de la Troisième République a posé la question de la protection durable de ces droits fondamentaux (remis en cause sous le régime de Vichy), aussi bien de nature législative (lois de la Troisième République) que para-constitutionnelle (déclarations des droits). Le débat n'a pas été tranché en 1946 et il a fallu attendre la Constitution de 1958 pour que la supériorité de la Constitution soit garantie et que les juges constitutionnels français s'alignent sur les juridictions constitutionnelles des autres États démocratiques, en intégrant des droits fondamentaux dans le droit constitutionnel positif. Par ailleurs, il a été donné rétroactivement par le juge constitutionnel une valeur constitutionnelle aux droits proclamés en 1789 par la Déclaration des droits de l'homme et du citoyen et en 1946 par le Préambule de la Constitution de la IVe République qui lui-même fait référence à ceux reconnus par les lois de la Troisième République.

Au sein des Constitutions, les droits fondamentaux jouissent même désormais d'une place privilégiée : à la différence des dispositions techniques, fréquemment remaniées, les droits fondamentaux nécessitent souvent des mécanismes de révision particuliers, plus rigides. Surtout, leur supériorité, comme celle de l'ensemble de la Constitution, sur la loi est garantie par une procédure juridictionnelle, le contrôle de constitutionnalité, qui donne à la hiérarchie des normes, dont la Constitution est le sommet, son effectivité.

§ 3 Le contrôle de constitutionnalité

32 Le développement du *contrôle de constitutionnalité*[Q] a été le second élément décisif de développement de l'État de droit, dans la mesure où la garantie des droits fondamentaux nécessitait la sanction juridique de leur violation.

Ce contrôle est apparu pour les actes administratifs. Effectué par le juge judiciaire (dans les États anglo-saxons) ou par le juge administratif (dans la tradition française), il prend la forme d'un contrôle de légalité, mais ce contrôle de légalité est en fait un contrôle de constitutionnalité. Le Conseil d'État examine ainsi la conformité des actes administratifs non seulement par rapport à la loi mais également par rapport aux *principes généraux du droit*[Q].

Mais c'est le contrôle de constitutionnalité des lois qui a présenté le plus de difficultés.

La question qui s'est, d'abord, posée a été celle de la nature – politique ou juridictionnelle – des organes chargés de ce contrôle. Le contrôle politique, tel que les Constitutions impériales de l'an VIII et de 1852 l'avaient envisagé, en créant des Sénats sous la tutelle de l'exécutif n'a guère eu de suite, ces institutions n'ayant aucune espèce d'autonomie. Le choix de juridictions l'a emporté, y compris en France, même si le recrutement politique de ces organes en fait des juridictions de nature particulière. Ensuite, deux formules ont été élaborées pour le système de contrôle : le contrôle par voie d'exception, aux États-Unis, et celui par voie d'action en Europe.

A. Le contrôle par voie d'exception aux États-Unis

Ce système permet à tout justiciable, à l'occasion d'un procès intenté devant une 33 ■
juridiction ordinaire, de soulever l'*exception d'inconstitutionnalité*[Q] d'une loi. Il s'agit donc d'un incident de procédure qui contraint le juge à se prononcer sur la conformité de la loi à la Constitution (*judicial review*).

Ce système a plusieurs conséquences : d'une part le juge statue sur cette question préalable avant de statuer au fond (le juge de l'action est juge de l'exception), d'autre part, si le juge accepte l'argumentation du justiciable, la loi controversée ne sera pas annulée mais non appliquée au seul litige. Cette *autorité relative de la chose jugée*[Q] peut risquer d'aboutir à des contrariétés de jurisprudence. Seules les décisions de la Cour suprême, juridiction fédérale de dernière instance, s'imposent aux autres juridictions et bénéficient donc de l'*autorité absolue de la chose jugée*[Q].

Ce système, validé dès 1803 par la Cour suprême (décision *Marbury c/ Madison*), était déjà pratiqué par les juridictions d'États. Il est aussi appliqué au Canada, en Australie et dans la plupart des États où le système juridique s'inspire de la *common law*.

B. Le modèle européen

La première caractéristique du contrôle européen de constitutionnalité des lois, tel 34 ■
qu'il est apparu d'abord en Autriche (dans la Constitution de 1920) au lendemain de la Première Guerre mondiale, est de confier ce contrôle à une juridiction spécialisée.

Cette juridiction se caractérise d'abord par la politisation de son recrutement, ce qui est aussi le cas des Cours suprêmes fédérales (celle des États-Unis est formée de juges nommés par le président des USA avec l'accord du Sénat).

Les juges allemands (16) sont élus par moitié par chacune des Chambres à la majorité des deux tiers.

Les juges belges sont nommés par le roi qui choisit les 12 juges sur une liste établie par le Sénat à la majorité des deux tiers. Les juges autrichiens sont nommés par le parlement (6) et le gouvernement (8). Les conseillers français (9) sont désignés par le président de la République (3) et les présidents des assemblées (3 chacun). En Italie, sur 15 juges, 5 sont désignés par le parlement (à la majorité des deux tiers) et 5 par le président de la République, les magistrats en désignant 5. En Espagne, chaque assemblée désigne 4 des douze juges et le gouvernement 2, les magistrats n'en désignant que 2. Au Portugal l'Assemblée élit 10 juges qui en comptent ensuite 3.

La seconde caractéristique est la contrepartie de ce recrutement politique avec l'obligation pour les membres désignés d'avoir une formation juridique, à l'exception de la France.

C'est en Allemagne que le modèle européen a pris sa forme la plus achevée, avant de se diffuser dans d'autres États, y compris ceux qui, comme la France, l'avaient longtemps récusé.

1. *La Cour constitutionnelle allemande*

■ 35 L'importance de la juridiction constitutionnelle allemande tient à l'étendue des compétences qui lui sont dévolues :

– Les premières concernent le fonctionnement des institutions : soit un conflit portant sur l'interprétation de la Constitution à propos des pouvoirs respectifs des différents organes fédéraux (ceux-ci peuvent saisir la Cour dans les six mois qui suivent l'origine du conflit) soit un conflit lié au fonctionnement du fédéralisme (litiges entre fédération et États fédérés, les Länder, seuls le gouvernement fédéral ou ceux des Länder pouvant être parties au litige).

– D'autres concernent la défense de l'ordre constitutionnel, ce qui inclut notamment le contrôle du respect de l'ordre constitutionnel par les partis politiques et surtout le « recours constitutionnel ». Celui-ci consiste en la saisine directe de la Cour par des citoyens qui lui défèrent un acte (législatif, administratif ou juridictionnel) dont ils estiment qu'il porte directement atteinte à l'un de leurs droits fondamentaux. Ce recours constitue l'immense majorité des saisines. Il est d'autant plus utilisé qu'il est gratuit et a donc nécessité un filtrage draconien par les services de la Cour (qui en écartent la moitié) puis par les formations restreintes de la Cour (celle-ci est organisée en deux Chambres de 8 juges et chaque Chambre est divisée en sections, ces dernières faisant le tri des recours).

– Enfin, la Cour exerce exclusivement le contrôle de constitutionnalité des lois.

Ce contrôle peut être abstrait, c'est-à-dire porter sur la compatibilité formelle et matérielle d'une norme avec la norme supérieure : par exemple, à propos de la compatibilité d'une règle juridique d'un Land ou de la fédération avec la Constitution, d'une règle juridique d'un Land avec une règle juridique fédérale. Dans ce cas, le contrôle peut être *a priori*, avant l'entrée en vigueur d'un texte, ou *a posteriori*, sur les textes en vigueur. La saisine est réservée au gouvernement fédéral, au gouvernement d'un Land ou à un tiers des membres du Bundestag.

Le contrôle peut être concret, c'est-à-dire consécutif à une question préjudicielle d'un tribunal à l'occasion d'un litige où l'exception d'inconstitutionnalité a été soulevée par une des parties ou par le juge. Le système allemand permet donc une gamme très large de saisines mais il centralise, sur le plan juridictionnel, la jurisprudence ; le juge ordinaire ne saisissant pas la *Cour constitutionnelle*[Q] en cas de *question préjudicielle*[Q] s'il estime que la loi contestée n'est pas contraire à la Constitution.

2. *La diffusion du système allemand en Europe*

■ 36 Seule l'Irlande a repris le modèle américain de contrôle de constitutionnalité confié au juge ordinaire.

La saisine abstraite est prévue par les Constitutions autrichienne, belge, française, italienne, portugaise et espagnole.

Elle peut prendre la forme d'un contrôle préventif, un *contrôle a priori*[Q] qui s'applique avant la promulgation de la loi : c'est le cas en France, sur saisine des autorités (président de la République, présidents des assemblées, Premier ministre, 60 députés ou sénateurs), au Portugal, à l'initiative du président de la République, en Espagne (et Allemagne) pour les traités, en Autriche et en Italie pour les conflits de compétences entre État et collectivités territoriales.

Elle peut prendre la forme d'un *contrôle a posteriori*[Q] en Espagne à l'initiative du Premier ministre, de 50 députés ou sénateurs, des exécutifs régionaux ou du Défenseur du peuple (médiateur), ainsi qu'au Portugal (Const., art. 281, al. 1er) et en Belgique (où tout citoyen justifiant un intérêt peut saisir la Cour).

Le contrôle concret sous forme de question préjudicielle est déclenché par le juge du fond (qui sursoit à statuer en attendant la réponse de la cour constitutionnelle) en Autriche, Belgique, Italie, Espagne et en France (depuis la révision constitutionnelle de 2008 qui a introduit la question prioritaire de constitutionnalité), et il l'est également par les parties au procès en Italie.

C. Le *contrôle de conventionnalité*[Q]

Le contrôle de conformité de la loi avec les engagements internationaux de l'État 37 ■
(auxquels la loi est subordonnée) a pris une importance considérable ces dernières années. Dans l'Union européenne, ce contrôle est obligatoire pour vérifier la conformité des normes nationales (loi, règlement) avec les normes de l'Union européenne (traités et droit dérivé) qui leur sont supérieures dans tous les cas. Ce contrôle est effectué par tous les niveaux de juridiction des États membres sous l'autorité de la Cour de justice de l'Union européenne (CJUE) qui statue sur les questions préjudicielles que les juridictions nationales lui adressent aux fins d'interprétation du droit communautaire : la Cour vérifie si la norme nationale est conforme à la norme communautaire et son interprétation s'impose à toutes les juridictions nationales.

Le contrôle de conventionnalité est aussi largement utilisé par les juridictions nationales pour vérifier la conformité des lois et autres normes nationales aux traités garantissant des droits fondamentaux. En France, c'est le juge ordinaire (judiciaire ou administratif) qui vérifie la conformité de la loi française avec les dispositions de la Convention européenne de sauvegarde des droits de l'homme ou des conventions de droit du travail (dans le cadre de l'Organisation internationale du travail) et écarte la loi française en cas de conflit. Les principes internationaux en matière de droits de l'homme étant très proches des principes constitutionnels nationaux, les procédures de contrôle de constitutionnalité et de contrôle de conventionnalité sont donc concurrentes et leur articulation complexe.

2

Compléments pédagogiques

Mémo

La *Constitution* est à la fois le *statut juridique de l'État* et de son organisation interne et le *régime de garantie des droits du citoyen* face à ce même État. Le *pouvoir constituant originaire* est variable suivant les conditions de fondation ou refondation de l'État (référendum, assemblée, octroi). Le *pouvoir constituant dérivé* (de révision de la Constitution) dépend de la nature de la Constitution, souple ou rigide. Le respect des règles de droit par l'État (*État de droit*) se traduit souvent par un contrôle de constitutionnalité qui fait référence à la Constitution élargie à la garantie des droits (déclaration, préambule). Ce contrôle peut être opéré par voie d'exception devant tout tribunal (modèle américain) ou être confié à une juridiction constitutionnelle spécifique (modèle européen) saisie selon des procédures qui varient d'un État à l'autre (question préjudicielle ou saisine directe, contrôle abstrait ou concret) mais tendent à se rapprocher.

La hiérarchie des normes en France sous la Cinquième République

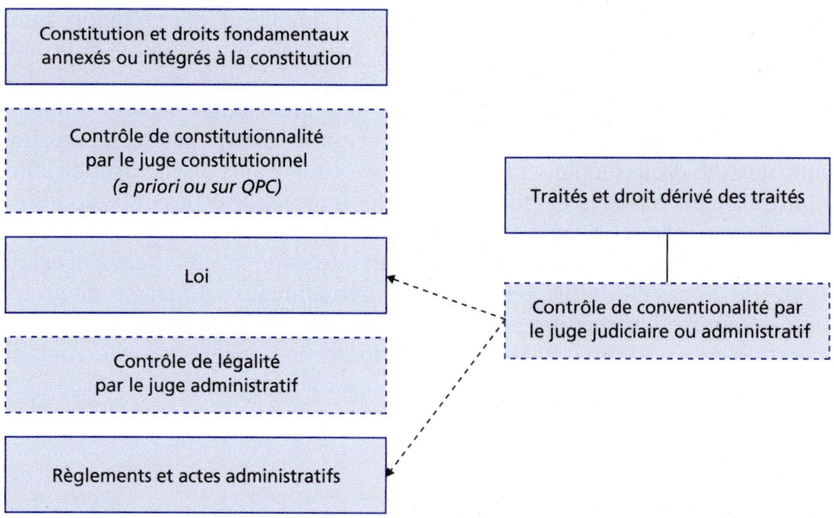

Quid

■ Assemblée constituante n° 23

Assemblée disposant du pouvoir constituant originaire à la suite d'une élection *ad hoc* (ex. : constituantes de 1945 et 1946) ou d'une décision souveraine (États généraux de 1789).

■ Autorité relative de la chose jugée n° 33

La décision du juge n'a d'effet que pour le litige jugé (ex. : la loi inconstitutionnelle n'est pas appliquée au litige).

■ Autorité absolue de la chose jugée n° 33

La décision du juge s'applique *erga omnes* (ex. : la loi inconstitutionnelle est abrogée).

■ Constitution n° 21

Loi fondamentale de l'État, fixant son statut juridique, l'organisation des pouvoirs publics et les rapports qui s'établissent entre eux. Elle peut également comprendre le régime des libertés publiques (dans une déclaration des droits ou un Préambule).

■ Contrôle de constitutionnalité n° 32

Procédures garantissant la supériorité de la Constitution sur les autres normes (traité, loi, règlement) par l'intervention d'un organe politique (Sénats impériaux) ou d'une juridiction ordinaire (modèle américain) ou *ad hoc* (modèle européen).

■ Contrôle de conventionnalité n° 37

Procédure garantissant la supériorité des engagements internationaux (traités, droit dérivé des traités) sur les normes nationales par l'intervention d'une juridiction ordinaire ou *ad hoc* (CJUE dans l'Union européenne).

■ Contrôle préventif *a priori* n° 36

Contrôle avant la promulgation de la loi.

■ Contrôle *a posteriori* n° 36

Contrôle après la promulgation de la loi.

■ Conventions de la Constitution n° 25

Règle politique coutumière donnant aux dispositions constitutionnelles une interprétation validée par le personnel politique ou pouvant même conduire à une révision *de facto* de la Constitution (ex. : « Constitution Grevy »).

■ Cours constitutionnelles n° 35

Juridictions spécifiques, n'appartenant pas à l'ordre juridictionnel ordinaire, chargées du contentieux constitutionnel, c'est-à-dire au minimum du contrôle de constitutionnalité des lois et des traités. Elles se sont développées en Europe à partir du modèle autrichien (1920).

■ Coutume constitutionnelle n° 25

Suite de précédents concordants admis par les pouvoirs constitutionnels et remédiant au silence des textes (coutume *praeter legem*) ou leur donnant une interprétation (coutume *secundum legem*). Ce fut notamment le cas en France pour les Chartes de 1814 et 1830.

■ Déclaration des droits n° 31

Document solennel, placé en tête de la Constitution, qui énonce les droits et libertés fondamentales reconnus aux citoyens et leurs garanties (ex. : Déclarations des droits des 13 premiers États américains, Déclaration des droits de l'homme et du citoyen de 1789).

■ État de droit n° 30

État dans lequel les pouvoirs publics et l'administration sont soumis aux règles de droit, à la différence de l'État de police caractérisé par le pouvoir discrétionnaire de l'administration.

■ Exception d'inconstitutionnalité n° 33

Technique de procédure juridictionnelle pratiquée aux États-Unis (depuis l'arrêt *Marbury c/ Madison* de la Cour suprême de 1803) permettant au juge ordinaire de déclarer (ou non) une loi inapplicable à l'espèce (autorité relative de la chose jugée) au motif de sa non-conformité à la Constitution lorsqu'une partie à un procès argue de l'inconstitutionnalité de la loi qui lui est opposée.

■ Pouvoir constituant n° 22

Il est soit originaire (pouvoir d'élaboration et d'adoption de la Constitution), soit dérivé (pouvoir de révision de la Constitution) et confié à des organes très variables suivant les conditions dans lesquelles le régime se constitue et évolue.

■ Principes généraux du droit n° 32

Ensemble de principes dégagés par la jurisprudence administrative à partir des déclarations des droits et des grands textes fondateurs des libertés publiques

■ Révision n° 26

Modification de la Constitution par l'adoption d'une loi constitutionnelle conformément aux dispositions de la Constitution prévues à cet effet.

■ Question préjudicielle de constitutionnalité (QPC) n° 35

Procédure par laquelle le juge constitutionnel est saisi par le juge du fond à l'occasion d'un procès, de la constitutionnalité de la loi applicable au litige. Le juge du fond doit alors saisir le juge constitutionnel.

Documents

La loi constitutionnelle du 3 juin 1958

Par dérogation aux dispositions de son article 90, la Constitution sera révisée par le gouvernement investi le 1er juin 1958 et ce dans les formes suivantes :

– le gouvernement de la République établit un projet de loi constitutionnelle mettant en œuvre les principes ci-après.
1. Seul le suffrage universel est la source du pouvoir. C'est du suffrage universel ou des instances élues par lui que dérivent le pouvoir législatif et le pouvoir exécutif.
2. Le pouvoir exécutif et le pouvoir législatif doivent être effectivement séparés de façon que le gouvernement et le Parlement assument chacun pour sa part et sous sa responsabilité la plénitude de leurs attributions.
3. Le gouvernement doit être responsable devant le Parlement.
4. L'autorité judiciaire doit demeurer indépendante pour être à même d'assurer le respect des libertés essentielles telles qu'elles sont définies par le préambule de la Constitution de 1946 et par la Déclaration des droits de l'homme à laquelle il se réfère.
5. La Constitution doit permettre d'organiser les rapports de la République avec les peuples qui lui sont associés.
Pour établir le projet, le gouvernement recueille l'avis d'un Comité consultatif où siègent notamment des membres du Parlement désignés par les commissions compétentes de l'Assemblée nationale et du Conseil de la République. Le nombre des membres du Comité consultatif désigné par chacune des commissions est au moins égal au tiers du nombre des membres de ces commissions ; le nombre total des membres du Comité consultatif désignés par les commissions est égal aux deux tiers des membres du Comité.
Le projet de loi arrêté en Conseil des ministres, après avis du Conseil d'État, est soumis au référendum. La loi constitutionnelle portant révision de la Constitution est promulguée par le président de la République dans les huit jours de son adoption.
La présente loi sera exécutée comme loi de l'État.

L'article 79 de la Loi fondamentale de la République fédérale allemande

1. La Loi fondamentale ne peut être révisée que par une loi qui en modifie et en complète expressément le texte. En ce qui concerne les traités internationaux ayant pour objet un règlement de paix, la préparation d'un règlement de paix ou l'abolition d'un régime d'occupation, ou qui sont destinés à servir la défense de la République fédérale, il suffit, pour mettre au clair que les dispositions de la Loi fondamentale ne font pas obstacle à la conclusion et à la mise en vigueur des traités, d'un supplément au texte de la Loi fondamentale qui se limite à cette clarification.
2. Une telle loi doit être approuvée par les deux tiers des membres du Bundestag et les deux tiers des voix du Bundesrat.
Toute révision de la présente Loi fondamentale qui toucherait à l'organisation de la Fédération en Länder, au principe de la participation des Länder à la législation ou aux principes énoncés aux articles 1 et 20 est interdite.

Biblio

1) Sur la Constitution

- P. Avril, *Les conventions de la Constitution*, Paris, PUF, coll. « Léviathan », 1997.
- O. Beaud, *La puissance de l'État*, Paris, PUF, coll. « Léviathan », 1994.
- J. Chevallier, *L'État de droit*, Paris, Montchrestien, coll. « Clefs Politique », 1994.

- *Jus Politicum* 2009, n° 3, Autour de la notion de Constitution.
- C. Schmitt, *Théorie de la Constitution*, Paris, PUF, coll. « Léviathan », 1993.

2) Sur la justice constitutionnelle

- O. Beaud, C. Guérin-Bargues, *L'état d'urgence : Une étude constitutionnelle, historique et critique*, Paris, LGDJ, 2016.
- P. Blacher, J.-E. Gicquel, P. Jan, *Droits et libertés Constitutionnels*, Paris, Hachette, 2012.
- R. Cabrillac (dir.), *Libertés et droits fondamentaux*, 26e éd., Paris, Dalloz, 2020.
- X. Dupre de Boulois (coord.), *Grands arrêts du droit des libertés fondamentales*, LGDJ, 2017.
- L. Favoreu, *Les cours constitutionnelles*, 3e éd., Paris, PUF, coll. « Que sais-je ? », 1996.
- D. Rousseau, *La justice constitutionnelle en Europe*, 4e éd., Paris, Montchrestien, 2020.

Quiz

1) Sujets corrigés

A) Tests de compréhension

1. Dans quel État de l'Union européenne fonctionne le contrôle de constitutionnalité de type américain ?

2. Quels États de l'Union européenne ignorent le contrôle de constitutionnalité des lois ?

3. Quelle est la première Déclaration des droits adoptée dans l'histoire constitutionnelle ?

4. Quelle décision du Conseil constitutionnel a fait pour la première fois référence à la déclaration des droits de 1789, l'intégrant dans le droit constitutionnel positif ?

Voir le corrigé en fin de rubrique.

B) Dissertations

Énoncé n° 1

L'État de droit.

Voir le corrigé en fin de rubrique.

Énoncé n° 2

Le contrôle de constitutionnalité aux États-Unis et en Europe.

Voir le corrigé en fin de rubrique.

2) Corrigés

Test de compréhension

1. L'Irlande.
2. Royaume-Uni, Pays-Bas, Luxembourg, Suède, Danemark, Finlande.

3. Celle de la Virginie le 12 juin 1776.

4. La décision du 27 décembre 1973, Taxation d'office, à propos du principe d'égalité.

Dissertation n° 1

Introduction : Rappeler la théorie allemande du *Rechtsstaat* et la conception française de l'État légal.

I. L'État dans l'État de droit

A. L'État régi par le droit : l'ordre juridique hiérarchisé

B. L'État assujetti au droit : la suprématie des droits fondamentaux

II. L'effectivité de la Constitution et du droit

A. La suprématie de la Constitution : contrôle de constitutionnalité de la loi et du règlement

B. La juridicisation des rapports politiques

Dissertation n° 2

Introduction : Rappeler la différence des cultures juridiques : ordre judiciaire unique et protection de l'individu contre l'État (USA) et pluralité des ordres de juridictions et hiérarchie des normes juridiques (Europe, Kelsen).

I. Des juridictions différentes aux pouvoirs différents

A. Juge ordinaire ou juridiction « *ad hoc* »

B. Autorité relative ou autorité absolue de la chose jugée

II. Des procédures différentes

A. L'exception d'inconstitutionnalité

B. La question préjudicielle

Conclusion : des conceptions et des procédures qui se rapprochent

chapitre 3

La représentation

Plan analytique

Le mouvement constitutionnel qui s'étend de la fin du XVIIIe siècle au XIXe siècle ne repose pas simplement sur la création d'institutions correspondant aux différentes fonctions de l'État et sur un cadre constitutionnel qui les régit. Il nécessite également l'émergence d'un personnel politique dont le recrutement va être conçu selon la théorie de la représentation qui est élaborée à la même époque. Celle-ci récuse l'idée d'une démocratie directe pour des raisons tant idéologiques (le choix des représentants doit être réservé à ceux qui en ont les capacités) que pratique (la démocratie directe est incompatible avec des États de grande taille) et prône de transférer l'exercice des fonctions politiques à des représentants de la société (peuple ou nation). 38

Au XIXe et au XXe siècles, le débat s'est développé sur les modalités de fonctionnement du corps représentatif. La désignation des représentants a d'abord été une fonction réservée à une élite sociale (suffrage censitaire), puis un droit ouvert à une fraction croissante de la population avant de devenir universel au XXe siècle. Le choix des représentants et donc des gouvernants par des élections libres, c'est-à-dire pluralistes, disputées et permettant le libre choix personnel des électeurs, a alors posé la question du mode d'élection des représentants. Le débat a également concerné l'organisation de la représentation avec la reconnaissance du rôle des groupes parlementaires et des partis politique et, plus largement, du droit de la vie politique.

section 1

Le pluralisme politique

§ 1 Les principes politiques

Le pluralisme politique est un élément constitutif des démocraties occidentales. Il repose sur l'application effective de droits fondamentaux permettant et garantissant à tous la liberté d'opinion et la liberté de réunion, la liberté d'association et notamment de constitution des partis politiques, ainsi que la liberté de vote et la liberté de candidature. 39

Ces trois séries de principe ont été reconnues successivement.

Les libertés d'opinion et de réunion ont été admises par les déclarations des droits dès la fin du XVIIIe siècle, tout en n'ayant d'application concrète que bien plus tard, la liberté de réunion ne sera définitivement garantie en France qu'en 1881. Il en a été différemment de la liberté d'association, qui a été tolérée beaucoup plus tardivement (en 1901 en France), tout comme la liberté de constitution des partis politiques.

Quant au droit de vote, il s'est heurté à des oppositions de principe pour la majorité de la population jusqu'à la fin du XIXe siècle et n'est devenu universel qu'au cours du XXe siècle.

§ 2 La libre constitution des partis

■ 40 Le pluralisme politique implique non seulement la liberté de choix des électeurs, mais aussi que « l'offre politique » soit effectivement pluraliste. La libre constitution et le libre fonctionnement des *partis politiques*^Q en est la condition préalable : afin que les électeurs puissent voter librement, encore faut-il qu'ils aient le choix. Ces principes n'ont été reconnus que tardivement car la compétition politique était limitée à une oligarchie de notables, regroupés en réseaux politiques assez lâches et, au surplus, le droit de vote n'était pas universel.

Les partis politiques naissent au Royaume-Uni au XIXe siècle dans le cadre de la vie parlementaire et se structureront lorsqu'il leur faudra séduire un nombre croissant d'électeurs. Les partis continentaux se constituent autour de formations de notables puis de partis de masse avec le suffrage universel.

Ce n'est qu'à la fin du XIXe siècle que la législation sur les partis apparaît, autant pour les interdire (lois antisocialistes de Bismark en Allemagne) que pour les réglementer (dans le cadre du droit associatif). Les Constitutions ne reconnaîtront les partis qu'après la Seconde Guerre mondiale (Constitution italienne de 1948, Loi fondamentale allemande de 1949, Constitution française de 1958, etc.), pour leur reconnaître des fonctions plus ou moins étendues (uniquement électorale en France, de formation de la volonté politique des citoyens en Italie et en Allemagne) mais aussi leur imposer le respect de l'État de droit (Loi fondamentale allemande). Cette reconnaissance institutionnelle a même conduit à leur intégration dans l'ordre juridique au point de constituer une *partitocratie*^Q (le « *Parteienstaat* » allemand).

En échange de cette reconnaissance, les partis disposeront de moyens financiers et de propagande reconnus par l'État qui garantissent leur fonctionnement et la libre compétition entre eux.

section 2

La démocratisation du vote

■ 41 Le processus qui conduit au suffrage universel a été long et chaotique. Amorcé à l'aube du XIXe siècle, il ne s'achève que dans le dernier tiers du XXe siècle.

§ 1 Le suffrage censitaire

■ 42 Le *suffrage censitaire*^Q repose sur une double justification. La première est de nature sociale, elle considère que tous les citoyens ne sont pas aptes à désigner leurs représentants, faute des capacités financières et culturelles qui leur permettraient de discerner l'intérêt général. Cette vision élitiste du suffrage considère que la représentation doit être réservée aux « classes disponibles », « celles où une sorte d'aisance permet aux hommes de recevoir une éducation libérale, de cultiver leur raison, enfin de s'intéresser aux affaires publiques » (Sieyès). La seconde justification est de nature idéologique, elle est fondée sur la conception de l'électorat-fonction qui considère que l'élection n'est pas une manifestation de la souveraineté de l'ensemble des citoyens-électeurs mais une simple fonction exercée au nom de la nation, qui ne rend donc pas nécessaire le suffrage universel mais permet que le vote soit réservé à une élite. Cette théorie sera inventée lors de la Révolution française par les tenants de la souveraineté nationale, qui feront de l'électorat-fonction le mode oligarchique de désignation des représentants de la nation.

Durant une bonne partie du XIXe siècle, la nature oligarchique de l'élection n'a guère été remise en cause. Tous les régimes issus des révolutions libérales reposent sur l'élection des représentants par une oligarchie, celle ayant été sélectionnée par ses revenus et ses capacités. Le système censitaire, établi dès le XVe siècle en Angleterre, est institué en France par la Constitution de 1791. À l'origine, seuls les propriétaires fonciers détiennent le droit de vote, qui sera ensuite élargi à tous les détenteurs de revenus.

À ce cens économique s'ajoute le cens culturel qui, dans de nombreux États, apparaît avec l'exigence de diplômes (monarchie de Juillet) ou, au minimum, la connaissance de l'écriture et de la lecture (qui écarte, dans l'Italie d'avant 1913, la grande majorité de la population).

Si certains États optent pour un régime censitaire simple qui écarte l'essentiel de la population du suffrage, d'autres adaptent le système médiéval du vote par corporation, en divisant le vote par classe. Ainsi, en Autriche, en Prusse et dans les États scandinaves, l'électorat est partagé en trois, quatre ou cinq classes dont la représentation est identique, malgré les distorsions d'effectifs. La Prusse conserva jusqu'à la Première Guerre mondiale un système à trois collèges où le collège aristocratique, avec 3 % de la population, avait autant de représentants que le collège populaire avec 85 %.

À ces restrictions censitaires et *capacitaires*[Q] s'ajoutent d'autres liées à l'âge, au sexe et à la race. Le droit de vote est conditionné. Par exemple, il faut avoir au moins 25 ans pour voter dans la plupart des pays européens au XIXe siècle et le droit de vote n'est pas accordé aux femmes avant 1945 en France. Aux États-Unis, des tests d'alphabétisation ou la taxe exigée pour se rendre aux urnes ont écarté la plupart des Afro-Américains du vote dans les États du Sud-Est des États-Unis jusqu'en 1965 et l'adoption du *Voting Rights Act*.

§ 2 Le suffrage universel

43 Aux tenants du régime représentatif et du régime censitaire s'opposent d'emblée les partisans de la souveraineté populaire, qui trouvent à la veille de la Révolution française en Jean-Jacques Rousseau (Du Contrat social) leur meilleur avocat. Selon cette conception la souveraineté appartient au peuple, dont chaque membre (citoyen) détient une part égale. Au nom de cette théorie de la souveraineté partagée, l'électorat est un droit dont tous les citoyens sont titulaires, ce qui implique le *suffrage universel*[Q]. Poussée au bout de sa logique (comme dans le *Contrat social*), la théorie de la souveraineté populaire implique la démocratie directe ou du moins, si celle-ci est impraticable, le mandat impératif pour les délégués des électeurs.

Dans la pratique, cette conception va souffrir de nombreux accommodements.

La bataille pour l'universalité du suffrage masculin commence dès la Révolution française. La Constitution montagnarde de 1793 l'instaure mais elle ne sera pas appliquée. Il faudra attendre 1848 pour qu'il soit établi définitivement, malgré la tentative de le restreindre en 1850 par l'obligation de résidence stable durant trois ans, qui visait les classes populaires. Au Danemark, il est introduit en 1849 tout en excluant ceux qui ne disposent pas d'une résidence. Dans les autres États, on l'institue au tournant du siècle : en Espagne en 1869, en Allemagne en 1871 au niveau fédéral, en Grèce en 1877. La Belgique l'instaure en 1893, suivie de la Norvège (1897), de la Finlande (1906), de l'Autriche et de la Suède (1907), du Portugal (1911) et de l'Italie (1912). Si le Royaume-Uni ferme la marche en 1918, c'est que l'élargissement du suffrage s'est effectué par étapes (1832, 1867, 1884), intégrant progressivement les différentes classes urbaines.

Le vote ne sera octroyé aux femmes que près d'un demi-siècle plus tard. Les États scandinaves l'établissent dès le lendemain de la Première Guerre mondiale (Finlande dès 1906) tout comme les États-Unis (1920 : 19e amendement), et le Royaume-Uni en 1928 (après une intense bataille des « suffragettes »). Les États latins sont plus lents : l'Espagne républicaine l'instaure en 1931 et les autres au lendemain de la Seconde Guerre mondiale, la France en 1944, suivie de la Belgique et de l'Italie. La Suisse ne l'a introduit qu'en 1971 et le Portugal en 1974, à la chute de la dictature salazariste.

Quant à l'abaissement de la majorité électorale, il s'opère de manière progressive et variable selon les États pour s'achever dans les années 1970 à 18 ans.

■ 44 Le suffrage universel est partout entendu comme un suffrage national. Le vote est réservé aux ressortissants de l'État et exclut les étrangers. Ceux-ci, dans certains États comme la France où la nationalité était jusqu'en 1993 octroyée de façon très libérale, se sont trouvés progressivement intégrés à la communauté des citoyens-électeurs. Mais le principe du vote des seuls nationaux n'a connu que de rares entorses : certains États ont accordé le droit de vote aux étrangers aux élections locales : la Suède (1975), la Norvège (1982), le Danemark (1981), les Pays-Bas (1985). Surtout, le traité d'Union européenne de 1992 a accordé le droit de vote aux élections européennes et municipales aux « citoyens » de l'Union dans l'État où ils sont domiciliés (même s'ils n'en sont pas nationaux).

L'universalisation du suffrage n'est pas la seule dimension de la démocratisation du vote. D'autres réformes concernent la recherche d'une égalité réelle entre les électeurs (égalité entre les circonscriptions électorales dans les États à système électoral majoritaire), l'extension du vote à des catégories de citoyens qui en étaient exclus (les militaires, les domestiques), ou la définition de critères d'interdiction plus restrictifs pour d'autres (les personnes condamnées par décision de justice ou les aliénés).

§ 3 Le matériel électoral et le secret du vote

■ 45 L'Histoire des élections est façonnée par le développement du matériel électoral qui a accompagné le développement du suffrage universel. Le processus de transformation du matériel des élections va de pair avec le changement des pratiques électives, orienté vers l'application des principes des élections modernes. En France, les différents dispositifs de vote concourent, aujourd'hui, à respecter l'article 3 de la Constitution de 1958 selon lequel le vote est « toujours [...] secret ».

Dans la grande diversité de pratiques électives antérieures au XIXe siècle, la genèse du vote secret se trouve plus sensiblement en Angleterre et en France. Le processus d'institutionnalisation de la pratique du vote secret s'opère sur un temps long. La généralisation de l'utilisation du bulletin de vote écrit a été le prérequis nécessaire à la technologie électorale moderne du vote secret qui repose sur la combinaison de plusieurs éléments. Le vote secret requiert l'utilisation de bulletins uniformes et imprimés (afin de ne pas pouvoir identifier les votes en fonction des bulletins), la présence des bulletins dans les bureaux de vote (pour assurer l'effectivité du choix), la possibilité de faire son choix caché (dans un isoloir) et de le maintenir caché (dans une enveloppe), avant de le déposer dans une urne.

Le vote secret n'a pas connu une propagation exactement simultanée et immédiatement identique selon les pays. En ce sens, le cas français s'inscrit plus dans une histoire de réticences et de résistances au scrutin secret que dans une franche adhésion, ce qui aboutira à l'obligation tardive d'utiliser des isoloirs, en 1913. L'adoption généralisée des principes du vote secret connaît, enfin, des différences matérielles. Les bulletins de vote et même les isoloirs ne sont pas identiques, et ne le sont toujours pas aujourd'hui. L'ergonomie et le contenu des bulletins varient, d'un seul nom par candidat ou par liste dans la tradition française, à un bulletin à cocher, contenant tous les candidats. Les isoloirs sont munis de rideaux en France, comme c'est encore le cas, alors qu'ils sont des compartiments alignés, non fermés, dans les isoloirs anglo-saxons (*polling booth*).

Depuis une cinquantaine d'années, la principale évolution du matériel électoral est le vote électronique, qui désigne deux pratiques distinctes : l'utilisation de machines à voter, dans le bureau de vote, et le vote par Internet, à distance. Les deux ont pour conséquence une dématérialisation du matériel électoral et sont une alternative au bulletin papier et à l'urne physique. 46 ■

L'introduction de ce nouveau matériel électoral s'avère limitée, particulièrement en France, où l'introduction des machines à voter date de la loi du 10 mai 1969 mais n'a pas été généralisée pour ne concerner qu'environ une soixantaine de communes et moins de 2 % du corps électoral.

Après une diffusion différente selon les pays, l'introduction de ce matériel électoral est toujours dans une phase d'expérimentation en Europe, en raison de doute sur la fiabilité du système informatique et de critiques sur son adéquation aux principes des élections « papier ». Actuellement, la tendance est plutôt à une suspension de l'utilisation des machines à voter.

Le vote par Internet, ou vote par correspondance électronique, également appelé *e-voting*, donne une autre dimension à la dématérialisation du vote. Plus que l'introduction d'un nouveau matériel, cette innovation s'apparente à une modernisation du vote à distance. 47 ■

Son utilisation en France n'est que très limitée puisque le vote par Internet n'est autorisé que pour les élections des conseillers des Français de l'étranger et pour les élections parlementaires représentants les Français établis hors de France, à l'Assemblée nationale et au Sénat, depuis 2012.

Après une vingtaine d'années d'expérimentation locales, on peut constater dans une comparaison internationale, que la dématérialisation du vote dans ses deux formes (machines à voter et vote par Internet) connaît une introduction difficile et différenciée selon les pays. Les élections ont été saisies par la modernité technologique qui n'a toutefois pas supplanté les pratiques traditionnelles, loin de là.

Le recours plus avancé aux machines à voter peut s'expliquer par une origine plus ancienne mais, surtout, par son utilisation dans le cadre du bureau de vote. Il n'en reste pas moins très restreint dans la plupart des pays. Le vote par Internet n'est, quant à lui, à quelques exceptions près, qu'une pratique supplétive destinée à des cas spécifiques.

Récemment, le renoncement au vote par Internet s'est inscrit dans un contexte international de tensions autour des tentatives de perturbation et d'altération des campagnes électorales, comme en Allemagne en mai 2017, et du déroulement des scrutins, comme aux États-Unis en décembre 2016.

section 3

Les systèmes électoraux

§ 1 L'évolution des modes de scrutin

48 Le passage d'un régime représentatif censitaire à un régime représentatif démocratique, d'une oligarchie libérale à une démocratie de masse, ne pouvait que se traduire dans le mode de désignation des représentants. Aussi longtemps que l'élection restait une fonction, confiée à une élite sociale homogène qui choisissait les représentants en son sein, les débats sur les mécanismes du vote ont été limités et le scrutin majoritaire s'est imposé partout.

Le débat a changé de nature à partir de la démocratisation du vote. D'une manière générale, il s'est circonscrit entre deux options : le scrutin majoritaire, qui met l'accent sur la première fonction du vote, le choix des gouvernants, et la *représentation proportionnelle*[Q]. Le scrutin proportionnel permet, en attribuant à chaque parti un nombre de sièges proportionnel aux voix obtenues, de rendre la représentation politique la plus proche possible de l'opinion des électeurs.

Dans la logique du système censitaire, le scrutin majoritaire avait, au XIXe siècle, prévalu dans tous les États européens. Au Royaume-Uni, où le passage du suffrage censitaire au suffrage universel a été très progressif, le scrutin majoritaire a été maintenu par les partis dominants et a résisté à l'offensive menée contre lui au lendemain de la Première Guerre mondiale. En France, le maintien du système majoritaire était souhaité par un personnel politique composé de notables, qui voyait comme principal avantage à ce système d'être uninominal et de permettre un lien direct entre l'élu et un électorat à dominante rurale.

La faiblesse des partis rendait minoritaire la revendication de la représentation proportionnelle, mais elle est devenue irrésistible à la fin du XIXe siècle. La démocratisation du suffrage s'accompagnait de l'apparition et de l'essor de grands partis de militants, structurant des milieux sociaux (monde ouvrier pour les socialistes) ou confessionnels (les partis catholiques). Ces partis ont placé au premier rang de leur programme l'introduction de la représentation proportionnelle et celle-ci a été introduite d'autant plus rapidement que les partis traditionnels (libéraux notamment) l'exigèrent à leur tour pour survivre à la menace des partis de masse.

La proportionnelle est apparue en Belgique en 1899, le suffrage universel combiné au scrutin majoritaire ayant conduit à la victoire absolue du parti catholique aux élections de 1894. Elle sera ensuite introduite en Suède en 1907, puis dans presque tous les États européens au lendemain de la Première Guerre mondiale, à l'exception du Royaume-Uni et de la France (malgré une brève tentative de scrutin mixte, à dominante majoritaire, de 1919 à 1927). Malgré les désillusions de l'entre-deux-guerres où, dans de nombreux États, la proportionnelle a accompagné la montée des partis fascistes et communistes, la tendance s'est poursuivie au lendemain de la Seconde Guerre mondiale. La France introduit la proportionnelle et l'Italie la restaure, tandis que l'Allemagne fédérale opte finalement pour un système à dominante proportionnelle, tout comme les États qui se libèrent des dictatures en 1974-1975 (l'Espagne, la Grèce et le Portugal) et de nombreux États post-communistes (Pologne, Bulgarie, République Tchèque, Lettonie, Roumanie, Slovaquie). Même le Royaume-Uni a introduit la proportionnelle pour les élections régionales (Écosse, Pays de Galles) et européennes.

La représentation proportionnelle reste donc le système électoral dominant, même si la France y a renoncé pour ses principales élections en 1958 (la tentative pour rétablir cette représentation en 1986 aux législatives n'a pas eu de suite) et si l'Italie y a renoncé de 1993 à 2005, optant pour un système majoritaire à un tour pour l'élection des 3/4 des parlementaires (le dernier quart étant élu à la proportionnelle) avant de revenir depuis à un système proportionnel avec prime à la majorité.

Pour autant, le ralliement quasi général à ce système s'est accompagné d'une multiplication de ses modalités.

§ 2 Les différentes variantes de la représentation proportionnelle

La généralisation de la proportionnelle a conduit à l'invention de diverses variantes destinées soit à favoriser certains partis, soit à modifier la nature même du mode de scrutin. 49 ■

Plusieurs techniques de proportionnelle ont été inventées et mises en œuvre. Si la proportionnelle implique, sauf construction complexe, un scrutin de liste et de vastes circonscriptions, trois formules sont possibles.

A. La formule du quotient électoral

La première est celle du *quotient électoral*[Q], qui correspond au rapport entre suffrages exprimés et nombre de sièges à pourvoir. 50 ■

Le quotient peut être « naturel », c'est-à-dire Q = suffrages/sièges.

Ex. : pour 100 000 d'électeurs et 5 sièges, le quotient sera 20 000.

Mais il est possible de changer le dénominateur en l'augmentant de 1 unité (système dit « Hagenbach-Bischoff »), de 2 (système dit « Imperiali »), de 3, etc.

Ex. : pour 100 000 électeurs et 5 sièges, le quotient Hagenbach-Bischoff sera 100 000/5 + 1 = 16 666, le quotient Imperiali sera 100 000/5 + 2 = 14 285, etc.

Les lois électorales grecque et hollandaise (et la France sous la IVe République) utilisent le quotient « naturel », la Suisse, le Luxembourg et l'Autriche le système Hagenbach-Bischoff, l'Italie recourut jusqu'en 1993 pour l'élection des députés au système Imperiali.

Le système du quotient implique des restes non attribués.

Ceux-ci peuvent être distribués dans la circonscription où ils sont répartis selon la méthode des *plus forts restes*[Q] ou de la *plus forte moyenne*[Q].

Ex. : circonscription de 100 000 suffrages exprimés et 5 sièges, le quotient est de 100 000/5 = 20 000.

Liste A : 45 000 ; première attribution : 2 sièges ; reste : 5 000 suffrages.

Liste B : 35 000 ; première attribution : 1 siège ; reste : 15 000 suffrages.

Liste C : 14 000 ; première attribution : 0 siège ; reste : 14 000 suffrages.

Liste D : 6 000 ; première attribution : 0 siège ; reste : 6 000 suffrages.

Répartition aux plus forts restes : liste B : 15 000 1 siège, liste C : 14 000 1 siège.

Total : liste A : 2 sièges, liste B : 2 sièges, liste C : 1 siège.

Répartition à la plus forte moyenne (on rajoute 1 siège à chaque liste) :

Liste A : 2 + 1 sièges ; moyenne = 45 000/3 = 15 000.

Liste B : 1 + 1 sièges ; moyenne = 35 000/2 = 17 500.

Liste C : 0 + 1 siège ; moyenne = 14 000/1 = 14 000.

Liste D : 0 + 1 siège ; moyenne = 6 000/1 = 6 000.

Le 1er siège non pourvu ira à la liste B et le second à la liste A ; Total : liste A : 3 sièges, liste B : 2 sièges.

La répartition à la plus forte moyenne favorise les grands partis et celle aux plus forts restes les petites formations.

Les restes peuvent être aussi transférés dans un collège national où ils seront répartis selon la formule du quotient (système italien) ou du diviseur comme en France en 1946.

B. La formule du diviseur

51 La seconde est celle du *diviseur*[Q] : les suffrages obtenus par chaque liste dans la circonscription sont divisés par les chiffres successifs. La principale variante est celle d'Hondt (division par 1, 2, 3, 4, 5, etc.).

Ex. : Partis12345

A5000050 00025 00016 66612 50010 000

B3500035 00017 50011 666 8 750 7 000

C2500025 00012 500 8 333 6 250 5 000

D1500015 000 7 500 5 000 3 750 3 000

Si 5 sièges sont à pourvoir, la liste A aura donc 2 sièges, la liste B 2 sièges et la liste C 1 siège.

D'autres variantes se sont ajoutées au système d'Hondt : la variante Nohlen (division par 2, 3, 4, 5, etc.), la variante St Laguë (1, 3, 5, 7, 9, etc.), la variante St Laguë corrigée (1, 4, 3, 5, 7, 10, 13, etc.), la variante d'Huntington (1, 41, 2, 45, 3, 46, 4, 47, etc.) ainsi que d'autres formules de ce type.

La méthode d'Hondt est utilisée en Belgique depuis 1899, aux Pays-Bas depuis 1933, en Finlande depuis 1906, en Allemagne depuis 1949 (pour les députés élus sur les sièges nationaux), en Espagne depuis 1977, au Portugal depuis 1974 et au

Royaume-Uni pour les élections européennes depuis 1999. Le Danemark y a eu recours de 1920 à 1953, la Suède de 1907 à 1952, la Norvège de 1919 à 1953 et l'Italie l'utilisa pour le Sénat jusqu'en 1993.

Les États scandinaves recourent depuis 1950 à la variante St Laguë corrigée afin de favoriser les petites formations, la variante d'Hondt favorisant les grands partis.

C. La formule du mécanisme automatique

La troisième formule est celle du mécanisme automatique, les sièges étant répartis en fonction d'un nombre de suffrages préétabli à l'avance. Sous la république de Weimar, un siège était ainsi attribué tous les 60 000 suffrages. 52 ■

D. Les corrections à la proportionnelle

Outre ces différentes techniques de proportionnelle, des corrections ont été introduites afin de limiter les effets du fractionnement de la représentation, notamment en vue de faciliter la formation du gouvernement. 53 ■

– La première, le *vote de préférence*Q, consiste à pouvoir modifier l'ordre de présentation des candidats sur la liste. Le vote de préférence a été un des aspects les plus spectaculaires du système électoral italien de 1946 à 1992, la préférence étant l'instrument électoral du clientélisme. Son effet était renforcé par la possibilité d'être tête de liste dans plusieurs circonscriptions et de servir de « locomotive électorale » au parti ou à un courant du parti.

– La deuxième, le panachage, permet de choisir entre les candidats de toutes les listes. Il a été introduit dans le système électoral finlandais mais son utilisation est surtout fréquente pour les élections locales.

– Une troisième correction permet de personnaliser davantage le choix des candidats. Le système allemand repose sur un double vote : le premier permet à l'électeur de choisir son candidat dans la circonscription locale, le second le fait voter en faveur d'une liste de parti au niveau du Land. Si les députés élus au scrutin uninominal sont aussi nombreux que ceux élus à la proportionnelle, la répartition des sièges se fait de façon à ce que chaque parti dispose du nombre de sièges (directs et indirects) auxquels il aurait droit en se fondant uniquement sur le second vote à la proportionnelle.

– Une quatrième correction consiste à introduire une véritable dimension majoritaire dans le système. C'est le cas des apparentements, imposés en 1951 sous la IVe République, qui permettait aux listes apparentées dans le cadre d'une circonscription électorale de s'emparer du total des sièges si leur coalition (dite de « troisième force ») obtenait plus de 50 % des suffrages, les sièges étant répartis ensuite entre les listes apparentées en fonction de la proportionnelle

Le système fut vivement combattu par les oppositions (communiste et gaulliste), car il n'était prévu que dans les départements où elles étaient faibles mais ne concernait pas la région parisienne où la « troisième force » était moins influente que le PC et les gaullistes et où la proportionnelle intégrale continuait à s'appliquer.

La loi italienne de 1953 avait également introduit une correction majoritaire, accordant aux élections législatives 64,5 % des sièges à la coalition de partis ayant dépassé 50 % des suffrages au niveau national, les autres sièges étant répartis à la proportionnelle entre les partis d'opposition. En fait, la coalition de centre droit au pouvoir manqua de peu les 50 % des suffrages aux législatives de 1954 et la loi ne put s'appliquer. La loi électorale de 2005 qui a rétabli le système proportionnel accorde à la liste (ou coalition) arrivée en tête 55 % des sièges à la Chambre, la prime étant calculée à l'échelle régionale pour le Sénat. Elle a permis au centre gauche qui n'avait obtenu que 0,1 % de suffrages de plus que la droite (49,8 % contre 49,7 %) de remporter les élections de 2006.

Dans de nombreux États, la représentation proportionnelle est limitée par un seuil en deçà duquel un parti n'est pas représenté. En Allemagne la barre est fixée à 5 % tout comme en France pour les scrutins à la proportionnelle (élections régionales et européennes).

Dans de nombreux États d'Europe centrale et orientale, l'ancien système uninominal majoritaire de l'époque communiste a été remplacé par un système mixte (une part des sièges attribués au scrutin majoritaire et une part à la proportionnelle en Albanie, Croatie, Estonie, Lituanie, Hongrie, Russie).

§ 3 Les systèmes majoritaires

54 Le système majoritaire permet des variantes plus limitées. Le recours au scrutin de liste est peu fréquent, il a été utilisé en France sous la Seconde République et aux élections de 1885 sous la Troisième République.

Le scrutin à un tour, comme celui à deux tours, pose la question de l'égalité démographique entre les circonscriptions électorales, afin de ne pas ajouter à l'effet démultiplicateur du scrutin majoritaire de réelles injustices. Au Royaume-Uni, des commissions placées sous l'autorité d'un haut magistrat doivent proposer tous les quinze ans une révision destinée à tenir compte des évolutions démographiques. La Chambre des communes et le gouvernement ont le dernier mot. La dernière refonte des circonscriptions devrait être conduite en 2011 par le gouvernement Cameron pour tenir compte de la réduction du nombre des députés de 650 à 600 mais, suite à l'opposition répétée de la Chambre des communes, le processus de redécoupage n'est toujours pas achevé. En France, il a fallu attendre 1986, avec le retour du scrutin majoritaire (après l'abandon de la proportionnelle, introduite aux législatives de mars 1986) pour que le découpage des circonscriptions opérées en 1958 (avant la croissance des banlieues) soit refondu sous le double contrôle du Conseil constitutionnel et d'une commission de hauts magistrats. La révision constitutionnelle de 2008 a créé une commission indépendante chargée de contrôler le nombre de sièges et le découpage des circonscriptions (Const., art. 25) qui a été opérée en 2010 et s'est appliquée aux élections de 2012. En Italie, la loi du 4 août 1993 avait prévu des critères contraignants pour le découpage des circonscriptions à la suite de l'introduction du système majoritaire : une commission d'experts et d'universitaires devant faire des propositions au gouvernement qui soumettait ensuite le projet de carte électorale au parlement. Au début de chaque législature, la commission devait fournir des indications pour une révision éventuelle des circonscriptions.

Le *scrutin majoritaire à un tour*[Q] est utilisé au Royaume-Uni pour l'élection à la Chambre des communes et a été confirmé par le référendum du 9 mai 2011 où 67,87 % des électeurs britanniques se sont prononcés pour son maintien. Il l'a été de 1993 à 2005 en Italie (où un quart de chacune des Chambres était élu à la proportionnelle).

En France, le *scrutin majoritaire à deux tours*[Q] instauré sous la Ve République repose sur des règles de ballottage plus strictes que sous la IIIe République car un seuil de suffrages est exigé pour être présent au second tour (12,5 % des inscrits) ce qui limite singulièrement la compétition au second tour et conduit les partis à se coaliser dès le premier tour.

§ 4 Les effets des modes de scrutin

Il est communément admis que la représentation proportionnelle, destinée à répartir la représentation en fonction du poids effectif de chaque parti, présente l'avantage de l'équité, mais l'inconvénient d'une fragmentation de la représentation, empêchant souvent la constitution de majorités. Celles-ci ne sont alors pas le résultat du vote, mais des tractations entre partis au lendemain de celui-ci. Comme il s'agit de surcroît d'un scrutin de liste, elle renforce le poids des appareils partisans qui constituent les listes. 55 ■

En fait, le phénomène de fragmentation de la représentation n'est pas automatique car d'autres éléments entrent en ligne de compte. Les grands partis peuvent contrecarrer cette tendance s'ils sont bien organisés, et ont la capacité de rassembler, malgré la proportionnelle, de larges secteurs de l'électorat. La variante de représentation proportionnelle peut elle-même limiter le facteur de fragmentation. C'est ainsi qu'en Allemagne, au Portugal, en Grèce, en Suède ou en Espagne le système partisan est, malgré la proportionnelle, dominé par des grands partis qui alternent au pouvoir.

Le scrutin majoritaire, qui a pour avantage de permettre la constitution de majorités claires, soit sous la forme du bipartisme (majoritaire à un tour), soit sous la forme de la bipolarisation (majoritaire à deux tours) n'a pas non plus d'effets automatiques.

Il présente lui aussi des défauts. Le scrutin majoritaire à un tour peut permettre la victoire en sièges d'un parti ayant eu moins de voix qu'autre, mais mieux réparties que son adversaire. Ce fut le cas des conservateurs en 1951 au Royaume-Uni. Quant au scrutin à deux tours, il peut aussi favoriser exagérément une coalition par son effet démultiplicateur (la gauche en 1981, la droite en 1993 en France, La République en Marche et le MoDem en 2017). Le système majoritaire à deux tours ne suffit pas à lui seul à assurer des majorités stables comme la IIIe République l'a montré. Il a fallu d'autres éléments, tels que le poids structurant de l'élection présidentielle ou le seuil des 12,5 % des inscrits exigé pour le second tour pour que ce soit le cas en France, malgré la faiblesse des partis.

§ 5 Les nouvelles réglementations

Depuis les années 1960, de nouvelles règles ont été introduites pour renforcer l'égalité entre les candidats : elles concernent le financement des campagnes électorales et la propagande électorale. 56 ■

A. Le financement des campagnes électorales

C'est en Allemagne que la réglementation du financement des campagnes a été introduite en Europe. La loi de 1967 a fait suite à une décision de la Cour constitutionnelle qui a déclaré inconstitutionnelle la décision des partis, via leurs groupes 57 ■

parlementaires, de s'attribuer des dotations publiques pour leur fonctionnement, mais a autorisé le financement des campagnes électorales. La loi de 1967 a donc officialisé et réglementé le financement public, de façon suffisamment généreuse pour contribuer indirectement au financement des partis, ainsi que le financement privé en plafonnant les dons des personnes physiques et morales. Des dispositions de même nature ont été introduites en Italie par une loi de 1974, mais les abus auxquels elle a donné lieu et qui n'ont pas empêché les financements illégaux et les détournements de fonds publics ont abouti à l'abrogation du financement public par un référendum d'initiative populaire d'avril 1990 (approuvé par 90 % des votants). Après une réglementation (L. de 1993 et 1997) qui prévoyait le seul financement volontaire des citoyens et le remboursement des dépenses électorales, une nouvelle loi a réintroduit en 1999 le financement public proportionnel aux voix obtenues aux élections législatives (pour la fraction qui se déroule à la proportionnelle). Au Royaume-Uni, la législation instituée en 1983 a surtout voulu limiter les dépenses, en fixant un plafond strict et en limitant la durée de la campagne officielle, mais également en obligeant les candidats à gérer leur campagne via un mandataire électoral. La nouvelle loi de 2000 ne rompt pas avec cette tendance, puisqu'elle ne prévoit pas de financement public et autorise le financement par les entreprises et les groupes de pression (dans certaines limites) : son dispositif le plus contraignant reste le plafonnement des dépenses. Quant au financement public, il est réservé à l'opposition parlementaire. En France, il a fallu attendre une vague de scandales pour que le législateur réglemente le financement des campagnes et des partis par une série de lois (1988, 1990, 1993, 1995) qui ont limité les dépenses, introduit le mode de gestion britannique des campagnes (mandataire financier) et fini par interdire le financement par les entreprises au profit du financement public (dominant) et du financement individuel (limité).

Cette réglementation est l'objet dans tous les États de révisions régulières pour s'adapter à l'évolution des phénomènes de corruption.

B. La propagande électorale

58 Le développement de moyens de communication et de propagande de plus en plus sophistiqués et coûteux a conduit le législateur à réglementer également ce domaine, devenu essentiel et central lors des campagnes électorales.

Le recours aux sondages a pris une place démesurée dans le débat public au risque de fausser le choix des électeurs ; le législateur français, suivi par le législateur italien, a ainsi interdit les sondages dans la semaine qui précède le scrutin avant que cette limitation ne soit supprimée en France car contraire à la liberté de communication reconnue par la Convention européenne des droits de l'homme. De même, l'usage de la publicité politique a été réglementé. Il est interdit presque partout à la télévision (l'Italie s'y est ralliée en 1993) et réglementé pour l'affichage et la publicité commerciale (en France, leur interdiction est totale dans les six mois qui précèdent l'élection). Dans ce domaine également, la législation doit s'adapter en permanence afin de tenir compte des tentatives pour contourner la réglementation.

C. La lutte contre la fraude électorale

La fraude électorale a toujours accompagné les élections et ce dès les débuts de 59 ■
l'introduction du suffrage universel. Au Royaume-Uni, le découpage inégalitaire criant des circonscriptions (les fameux « bourgs pourris ») et le clientélisme systématique ont longtemps faussé la représentation.

D'autres systèmes de fraude à la base se sont développés ailleurs : en France, la fraude sur le vote par correspondance ou l'absence de révision des listes électorales qui permettaient dans certaines régions de faire voter les morts ou d'augmenter fictivement l'abstention ont conduit à supprimer le vote par correspondance (L. 31 décembre 1975) et à introduire la révision annuelle des listes (pour en supprimer les personnes décédées ou ayant changé de domicile). Aux États-Unis, le changement le plus important a été l'introduction dans une majorité d'États des pièces d'identité obligatoires (carte d'identité, carte d'électeur) et de leur présentation pour avoir le droit de voter. Lors de l'élection présidentielle de 2020, le développement considérable du vote par correspondance pour limiter l'absentéisme dû à la pandémie de Covid-19 a été utilisé par le président sortant républicain Donald Trump pour accuser son adversaire de fraude électorale massive sans qu'il ait pu administrer la preuve de ses allégations.

3

Compléments pédagogiques

Mémo

Le développement de la démocratie politique en Europe est lié à l'extension du *pluralisme politique*, liberté de choix des électeurs et compétition politique ouverte grâce à un statut des partis. La démocratisation du *droit de suffrage* est un processus continu (passage du suffrage censitaire au suffrage restreint puis au suffrage universel – ouvert aux hommes puis aux femmes, voire aux non nationaux –) qui s'étend sur deux siècles. Les *techniques électorales* évoluent parallèlement, du scrutin majoritaire (à un ou deux tours) à la représentation proportionnelle. Celle-ci est aujourd'hui dominante sous ses différentes modalités (quotient électoral ou diviseur) mais tend à évoluer vers des systèmes mixtes combinant proportionnelle et majoritaire. La deuxième moitié du XXe siècle est marquée par le développement de la *réglementation des campagnes électorales*, notamment en matière de financement (des campagnes et des partis), de communication et de propagande politique.

Quid

■ Diviseur n° 51

Méthode de répartition des sièges dans un scrutin de liste à la proportionnelle consistant à diviser successivement le nombre de voix obtenu par chaque liste en compétition par une suite de chiffres, appelés diviseurs. Les sièges sont attribués aux différentes listes suivant les nombres les plus élevés obtenus après ces divisions.

■ Majoritaire à un tour (scrutin) n° 54

Mode de scrutin uninominal (en vigueur notamment au Royaume-Uni et aux États-Unis) attribuant les sièges à pourvoir à ceux qui parviennent en tête à l'issue du tour unique.

■ Majoritaire à deux tours (scrutin) n° 54

Mode de scrutin – généralement uninominal – attribuant les sièges à pourvoir aux candidats ayant obtenu la majorité absolue au premier tour, ou, s'il y a ballottage, à ceux qui ont obtenu la majorité – même relative – au second.

■ Parti politique n° 40

Association (de droit ou de fait) de citoyens qui participe à la compétition politique et électorale, en présentant notamment des candidats aux élections.

■ Partitocratie n° 40

Régime politique caractérisé par la domination des oligarchies partisanes sur les institutions, mais aussi l'administration et l'État en général.

■ Plus forte moyenne n° 50

Méthode de répartition des restes dans un scrutin à la proportionnelle avec quotient, par laquelle chaque siège restant est attribué successivement à chaque liste en plus de ceux déjà acquis : le siège est attribué à la liste obtenant la plus forte moyenne de voix par siège.

■ Plus forts restes n° 50

Méthode de répartition des restes dans un scrutin à la proportionnelle avec quotient, par laquelle on attribue les sièges restant aux listes ayant les plus forts restes de voix après attribution des sièges au quotient.

■ Préférence (vote de) n° 53

Possibilité donnée à l'électeur dans un scrutin de liste de modifier l'ordre de présentation des candidats (système en vigueur notamment en Italie de 1946 à 1992).

■ Quotient électoral n° 50

Mode de calcul des sièges dans un scrutin à la représentation proportionnelle qui correspond au rapport entre suffrages exprimés et nombre de sièges à pourvoir : le quotient peut être « naturel » (Q = suffrages/sièges) ou corrigé (en augmentant le dénominateur d'une ou plusieurs unités).

■ Représentation proportionnelle n° 48

Mode de scrutin dominant en Europe qui répartit la représentation d'une assemblée au prorata des suffrages obtenus par chaque liste en compétition. La représentation proportionnelle connaît plusieurs variantes selon le mode de division des suffrages (quotient, diviseur) et des restes (plus forts restes, plus forte moyenne).

■ Suffrage capacitaire n° 42

Régime électoral restreignant le droit de vote aux citoyens disposant d'un certain niveau d'instruction (ex. : suffrage restreint instauré en Italie avant 1912 ou dans les États du Sud des États-Unis – avant l'interdiction par le XVe amendement – exigeant de savoir lire et écrire).

■ Suffrage censitaire n° 42

Régime électoral restreignant le droit de vote aux citoyens acquittant un montant minimal d'imposition (ou cens) : il fut appliqué en France sous la Constitution de 1791 et les Restaurations.

■ Suffrage universel n° 43

Régime électoral dans lequel la totalité des citoyens a la qualité d'électeurs. En France, le suffrage « universel » sera consacré en 1848 pour les hommes et en 1944 pour les femmes, puis étendu à d'autres catégories de population (militaires en 1945, jeunes de 18 ans au lieu de 21 en 1974).

Document

Code électoral relatif à l'élection des députés à l'Assemblée nationale française

Article L. 123. Les députés sont élus au scrutin uninominal majoritaire à deux tours.

Article L. 124. Le vote a lieu par circonscription.

Article L. 125. Les circonscriptions sont déterminées conformément au tableau n° 1 annexé au présent code (loi n° 86-1197 du 24 novembre 1986). Il est procédé à la révision des limites des circonscriptions en fonction de l'évolution démographique, après le deuxième recensement général de la population suivant la dernière délimitation.

Article L. 126. Nul n'est élu au premier tour de scrutin s'il n'a réuni :

1. la majorité absolue des suffrages exprimés ;
2. un nombre de suffrages égal au quart du nombre des électeurs inscrits.

Au deuxième tour, la majorité relative suffit. En cas d'égalité de suffrages, le plus âgé des candidats est élu.

Article 162. [...] Nul ne peut être candidat au deuxième tour s'il ne s'est présenté au premier tour et s'il n'a obtenu un nombre de suffrages au moins égal à 12,5 % du nombre des électeurs inscrits. Dans le cas où un seul candidat remplit ces conditions, le candidat ayant obtenu après lui le plus grand nombre de suffrages au premier tour peut se maintenir au second. Dans le cas où aucun candidat ne remplit ces conditions, les deux candidats ayant obtenu le plus grand nombre de suffrages au premier tour peuvent se maintenir au second.

Biblio

- P. Avril, *Essais sur les partis politiques*, Paris, Payot, 1986.
- J.-M. Cotteret, Claude Émeri, *Les systèmes électoraux*, 6e éd., Paris, PUF, coll. « Que sais-je », 1994.
- Y. Deloye, O. Ihl, *L'acte de vote*, Paris, Presses de Sciences, 2008.
- J.-Ph. Derosier (dir.), *Les partis politiques*, LGDJ, 2019.
- M. Duverger, *Les partis politiques*, Paris, Armand Colin, 1951.
- T. Ehrhard, *Le Découpage électoral sous la Ve République*, Paris, Classiques Garnier, 2017.
- A. François, E. Phélippeau, *Le financement de la vie politique*, Paris, Armand Colin, 2015.
- Ph. Lauvaux, J. Massot, *La loi électorale en Europe*, Paris, LGDJ, 2018.
- B. Manin, *Principes du gouvernement représentatif*, Paris, Flammarion, 2012 (1995).
- P. Martin, *Les systèmes électoraux et les modes de scrutin*, 3e éd., Paris, Montchrestien, coll. « Clefs Politique » 2006.
- P. Perrineau, D. Reynié (dir.), *Dictionnaire du vote*, Paris, PUF, 2001.
- R. Rambaud, *Droit des élections et des référendums politiques*, Paris, LGDJ, 2019.

Quiz

1) Sujets corrigés

A) Test de connaissances

1. Quel État a introduit le premier le suffrage universel masculin et lequel a instauré le premier le suffrage féminin ?

2. Quels États autorisent le droit de vote des étrangers (non citoyens de l'Union européenne) aux élections locales ?

3. Quels États européens pratiquent le scrutin majoritaire aux élections législatives ?

Voir le corrigé en fin de rubrique.

B) Dissertations

Énoncé n° 1

Le suffrage universel.

Voir le corrigé en fin de rubrique.

Énoncé n° 2

Les effets de la représentation proportionnelle.

Voir le corrigé en fin de rubrique.

2) Corrigés

Test de connaissances

1. La France introduit le suffrage universel masculin en 1848 et la Finlande le suffrage féminin en 1906.

2. La Suède depuis 1975, la Norvège (1982), le Danemark (1981) et les Pays-Bas (1985).

3. La France (majoritaire à deux tours) et le Royaume-Uni (majoritaire à un tour).

Dissertation n° 1

Introduction : le suffrage universel est un principe politique récent (auparavant, suffrage censitaire ou capacitaire) qui n'épuise pas le droit de suffrage – vote personnel, égal et secret.

I. Le suffrage universel toujours restreint dans son droit

A. Les exclus progressivement intégrés : femmes, jeunes, domestiques, militaires

B. Les exclus : étrangers, aliénés, condamnés

II. Le suffrage universel toujours restreint dans son exercice : l'exclusion volontaire

A. L'inscription sur les listes électorales

B. L'abstention

Conclusion : un concept en mouvement (ex. : le vote des citoyens de l'Union européenne).

Dissertation n° 2

Introduction : le mode de scrutin dominant en Europe depuis le suffrage universel.

I. Les effets apparents de la représentation proportionnelle

A. La partitocratie

B. L'éparpillement du vote

II. La représentation proportionnelle face aux autres facteurs du vote

A. Les correctifs à la représentation proportionnelle par la combinaison d'éléments majoritaires (seuil, répartition des restes, vote de préférence, prime majoritaire)

B. La représentation proportionnelle atténuée par les institutions, dominé par un système de partis (ex. : Allemagne, Espagne).

chapitre 4

Les institutions des États-Unis

Plan analytique

section 1

La Constitution et ses évolutions

§ 1 La Constitution de 1787

§ 2 Les révisions de la Constitution

§ 3 L'évolution des institutions

section 2

L'État fédéral

§ 1 La répartition des compétences

§ 2 L'organisation des États

section 3

Les pouvoirs fédéraux

§ 1 Le Congrès

- **A.** Le statut
- **B.** L'organisation
- **C.** Les compétences

§ 2 Le président

- **A.** Le statut
- **B.** Les organes de l'exécutif
- **C.** Les pouvoirs présidentiels

§ 3 Le pouvoir judiciaire

- **A.** Le système judiciaire
- **B.** La Cour suprême

Compléments pédagogiques

Les institutions des États-Unis

Les institutions des États-Unis sont régies par la Constitution de 1787 qui crée un État fédéral reposant sur une séparation des pouvoirs. Les institutions des États-Unis sont l'une des grandes références du droit constitutionnel. Celui-ci y apparaît pour la première fois en 1787 sous sa forme moderne : le concept de « Constitution » a été inventé par les 13 États d'Amérique du Nord qui se rassemblent pour créer un État unique qui prend là une dimension nouvelle. Par ailleurs, la Constitution de 1787 invente la forme de l'État fédéral, compromis entre l'ordre juridique des États membres qui demeure, bien qu'amoindri, et celui, supérieur, de la fédération. Invention, enfin, de pouvoirs séparés (exécutif, législatif et judiciaire) et d'une souveraineté du peuple dont émane tout pouvoir. C'est donc l'ensemble du constitutionnalisme moderne qui apparaît pour la première fois, avec la Constitution de 1787, à la veille de la Révolution française dont il sera l'une des sources majeures d'inspiration. 60

section 1

La Constitution et ses évolutions

La Constitution de 1787 est le point d'aboutissement d'un processus d'unification mais aussi le point de départ d'une série d'adaptations qui ne remettront pas en cause le schéma initial. 61

§ 1 La Constitution de 1787

La guerre d'indépendance des colonies anglaises d'Amérique éclate en 1775 et se termine par la reconnaissance de l'émancipation des 13 États par l'Angleterre, avec le traité de Paris et de Versailles du 3 sept. 1783. Elle a conduit, avant son terme, à la Constitution d'une Confédération dès le 14 novembre 1777. Cette Confédération ne fut ratifiée qu'en 1781 par tous les États et laissera ses associés mécontents, faute d'efficacité. Aussi, une convention constitutionnelle est-elle réunie à Philadelphie le 14 mai 1787 pour « réviser » les articles de la Confédération en vue d'élaborer une « Constitution fédérale ». 62

Les travaux de la convention ne sont pas publics mais les notes de Madison permettront d'en connaître la teneur, tout comme les articles (les *Federalist papers*) de trois des principaux acteurs de la convention, Hamilton, Jay et Madison, publiés en 1787 pour convaincre les citoyens de l'État de New York de ratifier la constitution. Ils s'appuient sur plusieurs projets successifs : celui de la Virginie, qui favorise les grands États, celui du New Jersey, moins ambitieux et celui du Connecticut qui propose le compromis qui sera accepté sur la représentation en introduisant un bicamérisme (une Chambre représentant la population et une Chambre représentant égalitairement les États). Mais le débat le plus vif porte sur l'esclavage. Les États esclavagistes du Sud veulent que les esclaves (qui représentent jusqu'à 30 % de leur population) soient comptabilisés pour le calcul démographique des sièges de la Chambre représentant la population. En fin de compte, afin d'éviter la rupture, les États du Nord accepteront le « compromis des 3/5e » (cinq esclaves équivalent à trois personnes) qui sera inscrit dans la Constitution jusqu'à la fin de la guerre de Sécession (XIVe amendement). Les négociations aboutissent le 17 septembre 1787.

Écartant les articles de la Confédération, les constituants élaborent un texte totalement nouveau où l'inspiration de Locke et de Montesquieu est déterminante. Elle se traduit par la référence à la théorie de la séparation des pouvoirs entre le pouvoir législatif (bicaméral chez Montesquieu) et le pouvoir exécutif, mais cette séparation est surtout conçue comme un équilibre entre les différents pouvoirs selon la conception des *checks and balances*: pouvoir politique et pouvoir judiciaire, exécutif et législatif, pouvoir fédéral et pouvoir des États, etc., afin que cet équilibre préserve le citoyen de tout risque d'arbitraire. La séparation des pouvoirs est, avec le fédéralisme et la protection des droits individuels, l'un des trois principes qui constituent la conception américaine de l'État libéral.

Le texte de la Constitution est assez bref: sept articles divisés en sections qui traitent des différents organes fédéraux et des compétences que la Constitution leur attribue ou leur interdit: le législatif (Congrès), l'exécutif (président) et le judiciaire (Cour suprême). La Constitution traite sobrement des relations entre États et entre ceux-ci et la Fédération, ainsi que des procédures de révision (amendements) et de ratification. Sa brièveté et sa technicité laissent une large place à l'interprétation par les organes politiques et judiciaires.

La Constitution devait être ratifiée par les conventions des 13 États. Elle était considérée comme adoptée dès que 9 États l'auraient ratifiée, ce qui fut fait en juin 1788 avec l'approbation du New Hampshire. L'ensemble des États votèrent en faveur du texte qui entra en vigueur en janvier 1789.

■ 63 La supériorité de la Constitution sur le droit des États est proclamée assez rapidement sous l'influence de la Cour suprême fédérale dès son arrêt de principe *Marbury c/ Madison* en 1803. Cette interprétation sera contestée jusqu'à la guerre de Sécession par les États du Sud, qui considèrent que seuls les États ont le droit d'établir la nullité d'une loi contraire à la Constitution et donc de contrôler sa constitutionnalité. La théorie de la « nullification » cède alors définitivement la place au contrôle juridictionnel de la constitutionnalité des lois sous l'autorité de la Cour suprême.

§ 2 Les révisions de la Constitution

■ 64 Texte de compromis, notamment sur la question délicate du fédéralisme, la Constitution américaine est une Constitution rigide dont la révision est complexe afin de dissuader toute remise en cause conjoncturelle.

La révision peut être à l'initiative soit du Congrès fédéral, soit des parlements des États. Si le Congrès fédéral est à l'origine de la révision, celle-ci doit être approuvée à la majorité des deux tiers par les deux Chambres (Chambre des représentants et

Sénat). Si les parlements des États ont pris l'initiative, les deux tiers de ceux-ci doivent voter la proposition de révision avant qu'une convention fédérale soit élue pour rédiger le texte.

Celui-ci doit ensuite être ratifié par les trois quarts au moins des États. Le Congrès décide si cette ratification sera l'œuvre des parlements des États (ce qui est presque toujours le cas) ou de conventions d'États (ce ne fut le cas que pour le XXIe amendement).

La Constitution ne fixe pas de délai pour la ratification. Mais le Congrès a prévu à propos du XVIIIe amendement un délai de 7 ans, validé par la Cour suprême. Ce même délai fut prévu pour la ratification de l'amendement relatif à l'égalité entre les sexes (*Equal Rights Amendment*) voté en 1972. Ce délai fut prorogé de 3 ans en 1979 puis à nouveau en 1983, en vain. À l'inverse, si le Congrès ne fixe pas de délai, la ratification peut intervenir à tout moment : le XXVIIe amendement, proposé en 1789, fut ratifié en 1992.

Depuis 1787, 27 amendements ont été adoptés sur les 33 approuvés par le Congrès. 65 ■

Une première série concerne les droits fondamentaux. Les dix premiers amendements, votés dès 1789 et qualifiés de *Bill of Rights*, font partie du bloc constitutionnel d'origine, qu'ils complètent. Ils concernent les droits de l'individu. Le premier amendement limite les pouvoirs du Congrès. Les deuxième, troisième et quatrième limitent les pouvoirs de l'exécutif, les cinquième, sixième, septième et huitième limitent les pouvoirs du juge (par les droits procéduraux et le jury populaire) et les neuvième et dixième les pouvoirs de l'État fédéral.

Plus précisément, le premier amendement interdit au Congrès de porter atteinte aux libertés religieuses (ni religion d'État comme en Angleterre ni limite à l'exercice de la religion), de parole, de presse, de réunion, de pétition et d'association. Le second permet aux citoyens de détenir et de porter des armes. Le troisième interdit le cantonnement arbitraire des soldats chez l'habitant en temps de paix. Le quatrième protège le citoyen de toute perquisition ou saisie arbitraire. Le cinquième introduit le *due process of lawv. ss 100* (tout individu privé de la vie, de ses biens ou de la liberté a droit à une procédure légale régulière). Le sixième permet à l'accusé en cas de poursuite criminelle de disposer d'un avocat et d'être jugé rapidement. Le septième instaure le jury pour les affaires civiles importantes. Le huitième interdit les amendes excessives et les peines « cruelles ou inhabituelles ». Le neuvième déclare que les droits des citoyens énumérés par les amendements ne sont pas limitatifs. Le dixième précise que les pouvoirs qui n'ont pas été expressément attribués au pouvoir fédéral appartiennent aux États ou au peuple.

À ces amendements, il faut ajouter ceux consécutifs à la fin de la Guerre de Sécession : le treizième qui abolit l'esclavage (1865), le quatorzième qui étend le *due process of law*[Q] à tous les citoyens (1868), et le XVe amendement, qui donne le droit de vote aux anciens esclaves (1870).

Les autres amendements ont des objets plus divers.

Certains concernent les droits des citoyens : le XIXe étend le droit de vote aux femmes (1920) et le XXVIe abaisse la majorité électorale à 18 ans (1971). Le XXIIIe amendement autorise les citoyens du district fédéral de Washington à participer à l'élection présidentielle, le XXIVe amendement interdit les taxes électorales (1961).

Une deuxième série d'amendements concerne le fonctionnement des institutions. Le XIIe différencie l'élection du président des États-Unis et celle du vice-président (1804), le XVIIe prévoit que les sénateurs seront élus au suffrage universel, alors qu'ils étaient auparavant élus par les législatures de chaque État (1913), le XXe déplace la date de l'entrée en fonction du président nouvellement élu (1933), le XXIIe interdit au président d'être réélu plus d'une fois (1951), le XXVe organise la suppléance du président en cas d'empêchement et le remplacement du vice-président (1967) tandis que le XXVIIe concerne l'indemnité des membres du Congrès (1992).

Le XVIe amendement introduit l'impôt sur le revenu (1913). Le XVIIIe amendement qui prohibait l'alcool (1919) a été abrogé par le XXIe en 1933.

§ 3 L'évolution des institutions

66 La Constitution de 1787 n'avait pas prévu le droit de sécession des États membres, mais l'unité de la Fédération était compromise par l'extension à l'Ouest des États-Unis. Les nouveaux territoires devenus États de l'Union devaient-ils être esclavagistes ou non ? La volonté des États esclavagistes du Sud de pas être marginalisés prend un tour dramatique en 1860 : l'élection à la présidence du candidat républicain Abraham Lincoln, hostile à l'esclavage, entraîne la sécession de la Caroline du Sud (24 déc. 1860), suivie de celle des autres États esclavagistes du Sud, qui créent les États confédérés d'Amérique. La sécession de onze États (sur les 33 qui constituent alors la Fédération) se prolonge par une guerre civile sanglante qui fera 600 000 morts et s'achève le 9 avril 1865 par la capitulation du Sud. La guerre civile américaine marquera durablement la société américaine (même si la suppression de l'esclavage n'empêchera pas la ségrégation raciale de lui succéder durant un siècle) et entraîne un renforcement de l'État fédéral. Désormais, le fédéralisme est irréversible et l'État fédéral prend le pas sur les États fédérés. L'interventionnisme social et économique de l'entre-deux-guerres pour faire face à la crise économique (*New Deal* rooseveltien), l'économie de guerre des années 1940-1945 et le *Welfare State* des années 1950-1960 renforceront considérablement cette tendance.

La suprématie du niveau fédéral établie, l'équilibre au sein des institutions fédérales évoluera en fonction des contextes historiques et politiques. Le Congrès apparaît à la fin du XIXe siècle comme le pouvoir moteur au point qu'un futur président, Woodrow Wilson, parlera de régime congressuel. Puis, la Cour suprême affirme son autorité contre les présidents progressistes durant le premier tiers du XXe siècle, on parle alors de « gouvernement des juges », avant que ne s'affirme un leadership présidentiel à partir de la Seconde Guerre mondiale. Celui-ci est contesté depuis le scandale du *Watergate* et la démission forcée du président Nixon en 1973, mais est réapparu selon les présidences, à partir de 1992.

La vie politique américaine est caractérisée par une participation électorale relativement faible : l'élection présidentielle, la plus populaire, dépasse rarement 55 % de participation et celles au Congrès ne mobilisent, en moyenne, que le tiers du corps électoral lors des *midterm elections*. Si les discriminations les plus criantes (destinées notamment à écarter la communauté afro-américaine dans les États du Sud) ont été interdites par le Congrès dans les années 1960 (notamment par le *Votings Rights Act* de 1965 qui a interdit les tests de lecture de la Constitution et autres pratiques discriminatoires), une grande partie des électeurs potentiels ne s'inscrit pas sur les listes électorales. L'exigence d'une résidence de six mois à deux ans dans l'État du vote constitue également un barrage important dans un pays marqué par une forte mobilité. À la suite des fraudes qui ont entaché l'élection présidentielle de 2000, et alors qu'il n'existe pas de carte d'identité fédérale, une majorité d'États (31 pour les élections fédérales de novembre 2016) exigent une pièce d'identité alors qu'un simple permis de conduire, voire une déclaration sur l'honneur, suffisait jusqu'alors. Ces exigences ont été validées par la Cour suprême (*Crawford c/ Marion County Elections Board*, 28 avril 2008 par 6 voix contre 3) qui a également invalidé le *Voting Rights Act*, dont elle a jugé les modalités techniques obsolètes (*Shelby County c/ Holder*, 25 juin 2013 par 5 voix contre 4).

Le développement progressif du suffrage universel s'est traduit par l'hégémonie des grands partis, véritables machines électorales qui excellent à sélectionner des candidats mais ne connaissent ni discipline ni cohésion idéologique, et alternent au pouvoir depuis le lendemain de la guerre de Sécession : le parti républicain (fondé par Abraham Lincoln, mais qui s'est mué en défenseur des grands intérêts et de l'Amérique profonde) et le parti démocrate (jadis fief des Sudistes mais ouvert depuis Franklin Delano Roosevelt aux cols-bleus puis aux minorités afro-américaines et hispaniques, dont le poids électoral est devenu décisif).

La vie des partis ignore le plus souvent les débats idéologiques mais, à plusieurs reprises, ils ont subi des mutations profondes qui ont affecté aussi bien leur base sociale et électorale que leur projet politique. Les républicains ont d'abord été le parti du Nord et de l'unité nationale à l'image d'Abraham Lincoln, l'un de ses fondateurs. L'exercice fréquent du pouvoir les a conduits à devenir le parti des puissances économiques et du libéralisme jusqu'à la grande crise de 1929. Après la période d'hégémonie démocrate (1932-1968), ils ont évolué vers le conservatisme, captant l'électorat blanc du Sud délaissé par les démocrates avant, dans la période récente, de se diviser entre un courant protectionniste, identitaire et néo-populiste (*Tea party*, trumpisme) et le courant conservateur-libéral traditionnel. De même, les démocrates qui ont pratiqué le grand écart entre l'électorat des cols-bleus du Nord et celui des Blancs du Sud sont devenus le parti du *Welfare State* de Roosevelt à Johnson, avant de réunir les nouvelles classes moyennes et les minorités ethniques (afro-américains et latinos) ou culturelles depuis Bill Clinton.

Mais, ce sont surtout les échéances électorales fréquentes qui rythment la vie des partis. Le choix des candidats s'opère surtout par la procédure des primaires (vote des sympathisants, qui constituent près de 20 % de l'électorat potentiel du parti) qui équivaut à un véritable premier tour de l'élection et donne lieu à une compétition acharnée et onéreuse. Le coût des campagnes pour les postes de gouverneur, représentant ou sénateur, et bien entendu président des États-Unis est considérable, ce qui explique que la collecte des soutiens politiques et celle des fonds soient étroitement liées et que la compétition soit limitée à une oligarchie disposant de moyens personnels ou de soutiens financiers qu'il faudra ensuite remercier (*lobbies*). Il n'est pas étonnant que le législateur fédéral soit contraint d'intervenir régulièrement pour tenter de moraliser et réguler les campagnes.

section 2

L'État fédéral

§ 1 La répartition des compétences

67 Dès l'origine, les pouvoirs des États fédérés ont été limités. La Constitution de 1787 permet à l'État fédéral de veiller au caractère démocratique et républicain de leurs Constitutions (Const., art. IV, sect. 4). Elle leur ôte tout pouvoir en matière commerciale et monétaire, outre la diplomatie et la défense. Pour le reste, le xe amendement attribue théoriquement à l'État fédéré ce qui n'est pas de la compétence de l'État fédéral, mais cette disposition a subi de nombreuses entorses au xxe siècle du fait de l'interventionnisme fédéral.

Les États disposent néanmoins de compétences importantes : ils peuvent lever l'impôt (sur le revenu des particuliers ou des sociétés), ainsi que nombreuses taxes afin de financer les politiques d'éducation, de police, d'aide sociale ou d'équipement qui relèvent de leur compétence et font du budget des États la moitié du budget fédéral. Ils sont également compétents en matière de statut des personnes et de l'électorat, de droit pénal, de droit bancaire et des assurances.

En fait, l'État fédéral a pu d'autant plus facilement rogner les compétences des États fédérés que la Cour suprême lui a donné les moyens de s'imposer. Dès les premières années de la Constitution, la Cour suprême a affirmé la suprématie du droit fédéral à travers la création jurisprudentielle du contrôle de constitutionnalité des lois (arrêt *Marbury c/ Madison* de 1803), puis en développant la théorie des pouvoirs implicites (« *implied powers* ») selon laquelle les moyens utilisés pour permettre le plein exercice des pouvoirs que la Constitution attribue à la fédération sont conformes à la Constitution dès lors que celle-ci ne les interdit pas explicitement (arrêt *Mac Culloch c/ Maryland* de 1819). Toutefois, c'est surtout l'interprétation extensive de l'*interstate commerce clause* (Const., art. Ier, sect. 8, § 3) donnant au Congrès le pouvoir de réglementer le commerce entre les États, qui a permis de légitimer l'intervention fédérale en matière économique ou de communication (arrêt *Gibbons c/ Ogden* de 1824).

De 1865 à 1937, la Cour suprême a figé sa jurisprudence pour maintenir une conception dualiste du fédéralisme et préserver les droits des États contre les empiètements de l'État fédéral. Mais, à partir de 1937 du fait de la nomination par F. Roosevelt d'une majorité de juges acquis à sa politique, la Cour a renoué progressivement avec l'activisme fédéraliste en matière économique et sociale, en l'étendant aux droits civiques, afin de permettre au législateur fédéral (en s'appuyant sur le xive amendement) de vaincre la discrimination raciale en matière scolaire (arrêt *Brown c/ Board of Education of Tokapa* de 1954) ou électorale (arrêt *Baker c/ Carr* de 1962) élaborée par les législations des États.

Le développement massif des aides fédérales aux États, notamment pour leur permettre d'exercer leurs compétences, a aussi contribué *de facto* au passage d'un fédéralisme dualiste à un fédéralisme coopératif.

§ 2 L'organisation des États

Les États fédérés sont au nombre de 50 et disposent chacun d'un ordre juridique propre fixé par la Constitution de l'État. Ces Constitutions sont souvent longues, fréquemment amendées. 32 États (presque tous du Sud) ont changé au moins une fois de Constitution. Elles comprennent outre une Déclaration des droits et les dispositions les plus hétéroclites, un système de séparation des pouvoirs calqué sur le modèle fédéral, avec un parlement (législature) bicaméral (à l'exception du Nebraska), un système judiciaire couronné par une Cour suprême et un exécutif où le personnage central est le gouverneur dont le mandat varie de deux (dans les petits États) à quatre ans (dans les grands États). Le gouverneur, malgré la concurrence d'autres organes élus directement comme lui (le lieutenant-gouverneur et le secrétaire d'État) est un personnage-clé, disposant du droit de *veto* sélectif sur la législation, et dont la popularité lui permet souvent d'envisager une carrière présidentielle. 17 gouverneurs ont été élus présidents dont Franklin Roosevelt, Jimmy Carter, Ronald Reagan, Bill Clinton et George Walker Bush. 68 ■

À la suite des élections de mi-mandat (*midterm elections*) de 2022, le parti démocrate compte 20 gouverneurs contre 27 chez les républicains et trois indépendants.

L'un des traits caractéristiques des institutions d'États qui les différencie du niveau fédéral est l'importance de la démocratie directe. Celle-ci s'est développée à la fin du XIXe siècle en réaction à la corruption des législatures d'État. 69 ■

Dans 49 États sur 50, le référendum législatif est prévu par la Constitution, mais il est surtout pratiqué dans les États de l'Ouest. Dans 24 États, des lois et amendements constitutionnels peuvent être introduits par pétition populaire signée par un pourcentage variable d'électeurs et peuvent faire l'objet d'un vote populaire sans que le parlement de l'État ne soit saisi. 18 États permettent même la destitution d'un élu par les électeurs (*recall*[Q]), procédure peu pratiquée du fait de la faible durée des mandats. En 2003, elle a permis la destitution du gouverneur démocrate de Californie, Gray Davis, et son remplacement par le républicain Arnold Schwarzenegger. Cette démocratie directe a été utilisée notamment en matière d'environnement mais n'est pas exempte de démagogie populiste (comme pour les référendums anti-fiscaux). La bataille référendaire se prolonge généralement par une bataille judiciaire : les tribunaux d'État, fréquemment saisis, interdisent ainsi les référendums qui violent la Constitution fédérale, ou qui soulèvent des problèmes nationaux qui ne peuvent être résolus localement. Par exemple, en 2018, 155 référendums ont été organisés dans 37 États sur des questions relatives à la légalisation du cannabis, aux produits hygiéniques, à l'avortement ou, encore, à la chasse et à la pêche.

Les unités territoriales subétatiques sont les comtés (3 000) et les municipalités (20 000) dont les exécutifs et de nombreux responsables sont élus. Leur statut varie d'un État à l'autre. À l'échelon du comté, sont ainsi élus l'officier de police (*sheriff*), le médecin légiste (*coroner*), le notaire et officier d'état civil (*clerk*), etc. Quant à la municipalité, son statut est octroyé (*charte*) et ses actes soumis à la tutelle de l'État. Son gouvernement varie suivant les États, avec un exécutif tantôt monocéphale – notamment dans les grandes villes –, tantôt collégial (*commissions*), tantôt administratif (*city manager*). 70 ■

Dans l'ensemble, les États et collectivités locales emploient la grande majorité des fonctionnaires des États-Unis, notamment dans la police et l'éducation, et constituent l'horizon politique quotidien du citoyen américain.

section 3

Les pouvoirs fédéraux

§ 1 Le Congrès

A. Le statut

71 Le *Congrès*^Q^, parlement fédéral, est bicaméral : la *Chambre des représentants*^Q^ représente le peuple et le *Sénat*^Q^ les États.

La Chambre des représentants compte 435 membres, élus pour deux ans au scrutin majoritaire uninominal à un tour et rééligibles. Pour être éligible, il faut être citoyen des États-Unis depuis 7 ans, être âgé d'au moins 25 ans et résider dans l'État. Du fait de la faible durée du mandat, les représentants sont quelque peu enclins à l'électoralisme : leur taux de rééligibilité est d'ailleurs très élevé.

Le Sénat est composé de 2 membres par États (soit 100) élus selon le même mode de scrutin que les représentants. Leur mandat est de six ans. Le renouvellement du Sénat se fait par tiers lors des élections à la Chambre des représentants. Pour être éligible, il faut être citoyen des États-Unis depuis 9 ans, être âgé d'au moins 30 ans et résider dans l'État.

En cas de vacance d'un siège de sénateur, le gouverneur de l'État désigne un sénateur intérimaire jusqu'à l'organisation d'une élection spéciale pour pourvoir le siège. Cette élection se tient généralement lors de l'élection générale bi-annuelle du Congrès (XVIIe amendement).

Chaque Chambre est juge de l'élection de ses membres tant en ce qui concerne l'éligibilité que les résultats (Const., art. I, sect. 5, 1).

Les parlementaires bénéficient des immunités traditionnelles. En ce qui concerne les incompatibilités, les fonctionnaires sont inéligibles et le cumul des mandats est totalement interdit. Leurs indemnités parlementaires sont confortables et leur progression est désormais alignée sur celle des fonctionnaires fédéraux. Ils bénéficient surtout de l'assistance de collaborateurs parlementaires, formant les *Congressional staffs*, en nombre sans équivalent avec les autres Parlements dans le monde. Les équipes, qui assistent les *Members of Congress* dans leur travail parlementaire et en circonscription, comptent en moyenne quinze collaborateurs à la Chambre des représentants et trente-quatre au Sénat.

B. L'organisation

72 Le Congrès tient une session annuelle qui ne s'interrompt qu'en août. Chaque Chambre peut, durant la session, s'ajourner pour une durée qui ne peut dépasser trois jours.

Le travail parlementaire au Congrès est compliqué par l'absence de discipline partisane. À la différence des assemblées européennes, le Congrès est caractérisé par l'individualisme de ses membres, ce qui rend difficile aussi bien le travail de l'exécutif pour faire passer ses projets que celui des autorités parlementaires pour organiser débats et procédure.

Cet individualisme a, dans une certaine mesure, primé sur les affiliations partisanes jusqu'à la fin du XXe siècle (à l'exception de quelques présidences, comme celle Reagan). Le travail parlementaire était alors souvent réputé être bipartisan. Néanmoins, depuis les années 2000, le phénomène de polarisation politique tend à renforcer les clivages politiques partisans. Cette polarisation est causée, en partie, par l'émergence de forces politiques issues de la société et extérieures aux partis politiques. Par exemple, le mouvement du Tea Party exerce une forte influence sur certains parlementaires du Parti Républicain ainsi que sur la ligne politique du parti, rendant plus difficiles les compromis au Congrès. Cela se perçoit, par exemple, à la récurrence des épisodes de *shutdowns* (2013, 2018, 2019). Cette polarisation partisane a été exacerbée par les élections à la Présidence des États-Unis de Barack Obama, dont une partie de l'électorat Républicain a été jusqu'à mettre en doute le certificat de naissance, et de Donald Trump, vis-à-vis duquel l'électorat Démocrate exprime un très fort rejet ; les conséquences s'en sont faites sentir au Congrès.

S'agissant de l'organisation, la Chambre des représentants est sous l'autorité du président (speaker) tandis que le Sénat a pour président de droit le vice-président des États-Unis, mais pour autorité principale le leader de la majorité sénatoriale, celle-ci désignant son doyen comme président *pro tempore* (en cas de succession du Président des États-Unis). Le speaker de la Chambre a des pouvoirs non négligeables en ce qui concerne l'organisation du travail parlementaire (il juge de la légalité des procédures parlementaires, du *quorum*, nomme aux commissions temporaires, distribue le temps de parole) tout en prenant parti. Le travail du leader de la majorité sénatoriale est surtout de discipliner sa majorité.

Le travail parlementaire est d'abord le fait des commissions (*committees*) qui sont prioritairement, comme en France, les commissions permanentes, nombreuses et divisées en multiples sous-commissions. Leur nombre n'est pas fixe et il peut évoluer. En 2012, la Chambre des Représentants comptait 25 commissions et le Sénat 16 (mais 60 sous-commissions). Depuis 2017, leur nombre est respectivement de 20 et de 16 (et 67 sous-commissions).

À la Chambre, la commission des règles (*Rules*) et celle des voies et moyens (*Ways and Means*) sont les plus prestigieuses, alors qu'au Sénat, ce sont celles de la défense, des affaires étrangères et des nominations. Leur pouvoir est considérable, à l'instar des commissions françaises avant 1958. Leurs présidents sont désignés selon la règle de l'ancienneté.

Aux commissions permanentes s'ajoutent les commissions d'enquêtes, qui disposent d'un pouvoir d'investigation très étendu, notamment sur l'activité de l'administration fédérale, et les commissions mixtes chargées d'harmoniser les points de vue des deux assemblées.

Le travail en séance est tributaire de l'issue du travail des commissions. Il peut aussi être bloqué par la pratique de l'obstruction (*filibustering*), particulièrement efficace au Sénat. Pour surmonter l'obstruction individuelle ou collective, une majorité des trois cinquièmes (60 voix) y est nécessaire, ce qui est presque impossible à obtenir. Aussi la majorité (alors démocrate) du Sénat a-t-elle partiellement modifié les règles de vote, le 21 novembre 2013, permettant à une majorité de 51 voix de surmonter l'obstruction, mais uniquement pour la confirmation des nominations autres que celles à la Cour suprême. La règle des 3/5èmes continue à prévaloir en cas d'obstruction durant la procédure législative.

C. Les compétences

■ 73 La constitution fédérale octroie au Congrès le pouvoir législatif, budgétaire et fiscal fédéral (article I, sections 7 et 8) mais dans les limites des compétences de la fédération (essentiellement la défense et la monnaie mais aussi des compétences plus floues telles que « pourvoir au bien-être général – *General Welfare* – des États-Unis » qui permettront au Congrès d'intervenir en matière économique et sociale).

1. *Le pouvoir législatif et budgétaire*

■ 74 Le Congrès détient seul le pouvoir législatif et budgétaire (Const., art. I, sect. 7). Ce pouvoir est partagé entre les deux Chambres, à l'exception de l'initiative en matière fiscale, qui appartient à la Chambre des représentants.

Les propositions de lois peuvent avoir été élaborées par un membre du Congrès, par l'administration présidentielle ou par une agence fédérale mais elles sont formellement déposées par un représentant (le plus souvent) ou un sénateur, à l'exception des « recommandations » annexées au message présidentiel annuel sur l'état de l'Union. Elles sont ensuite examinées, au sein de la Chambre dont l'auteur du texte fait partie, par la commission permanente compétente (et surtout la sous-commission de celle-ci à qui l'examen du texte est confié). En fait, guère plus de 10 % des propositions de loi déposées survivent à l'examen en commission permanente. Elles sont inscrites à l'ordre du jour, si la commission du règlement (*Rules committee*) et le leader de la majorité y consentent. Après l'examen et le vote en séance, le texte est transmis à la seconde Chambre qui l'examine à son tour suivant une procédure identique.

En cas de désaccord entre les deux Chambres, celles-ci réunissent une commission mixte (*Conference Committee*) qui tente de parvenir à un compromis. Les compromis élaborés, parfois difficilement lorsque les deux Chambres ont des majorités opposées, sont généralement ratifiés sans difficulté par les deux Chambres.

En matière budgétaire, après les empiétements successifs de l'exécutif qui s'était octroyé un droit de *veto* sélectif sur les dépenses publiques, le pouvoir du Congrès est redevenu décisif, plaçant l'administration fédérale sous tutelle, notamment lorsque le président ne dispose pas d'une majorité au Congrès. Le désaccord entre Sénat et Chambre des représentants, lorsque les deux assemblées ont des majorités politiques opposées, rend parfois impossible le vote du budget fédéral avant le début de la nouvelle année fiscale (le 1er octobre) et entraîne l'arrêt (*shutdown*) des activités gouvernementales fédérales, à commencer par le paiement des fonctionnaires fédéraux, aussi longtemps qu'un compromis n'est pas trouvé. Ce blocage s'est produit à vingt-et-une reprises depuis 1976. Le dernier a duré 35 jours (du 22 décembre 2018 au 25 janvier 2019) après l'échec des négociations sur le vote du budget entre le Sénat à majorité républicaine et la Chambre des représentants à majorité démocrate. Ce blocage résultait notamment de l'opposition entre Donald Trump et Nancy Pelosi (*Speaker* de la Chambre des représentants) concernant le financement de la construction d'un mur à la frontière mexicaine. Cet épisode de *shutdown* a été le plus long de l'histoire des États-Unis et son coût estimé à plusieurs milliards de dollars. On retrouve ici l'influence de la polarisation partisane croissante au Congrès. En mai 2023, il a fallu attendre le dernier moment pour que démocrates et républicains votent une loi relevant temporairement le plafond d'endettement de l'État fédéral jusqu'au lendemain des élections de 2024, évitant ainsi que les États-Unis se trouvent en défaut de paiement.

2. *Les pouvoirs de nomination et d'empêchement*

Le Congrès détient des pouvoirs de nomination et d'empêchement, qui sont essentiellement exercés par le Sénat.

Le Sénat donne notamment son « avis et consentement » sur les propositions de nominations du président concernant les membres du gouvernement, les ambassadeurs, les hauts fonctionnaires et les juges fédéraux. Les investigations du Sénat sur les candidats (60 000 postes sont concernés) sont très poussées notamment pour les plus importants. Elles peuvent conduire à un refus, notamment pour les ministres (Georges Bush et Bill Clinton se sont vus ainsi refuser chacun deux nominations) et les membres de la Cour suprême. L'examen des nominations à la Cour suprême est particulièrement sévère et instrumentalisé politiquement par l'opposition, du fait de l'importance de la Cour suprême dans le contrôle de constitutionnalité des lois et de la durée du mandat de ses membres (nommés à vie). Par exemple, la nomination du conservateur Brett Cavanaugh en juillet 2018, à la veille des élections de mi-mandat, a donné lieu à trois mois d'auditions et de manœuvre avant l'acceptation définitive du Sénat. Cela explique également que le Sénat procède à des auditions qui peuvent déboucher sur un refus.

En matière de révocation, le Congrès dispose de l'arme pénale de l'*impeachment* (mise en accusation) : le président et le vice-président des États-Unis et tous les fonctionnaires fédéraux peuvent être empêchés pour « trahison, corruption, crime contre la chose publique ou délit grave » (Const., art. II, sect. 4). La Chambre des représentants décide de l'inculpation et le Sénat se constitue en Haute Cour sous la présidence du *Chief Justice*[Q] de la Cour suprême. Son verdict est rendu à la majorité des deux-tiers. La condamnation est la destitution, qui se cumule avec d'éventuelles poursuites judiciaires devant les juridictions ordinaires. En ce qui concerne la responsabilité présidentielle, les cas d'*impeachment*[Q] sont rares. Ceux concernant Andrew Johnson, en 1868, et Bill Clinton, en 1999, et Donald Trump en 2019 et 2021 n'ont pas abouti, le quorum de voix requises pour les condamner n'étant pas atteint. Dans celui visant Richard Nixon, la procédure n'a pas été à son terme, celui-ci a préféré démissionner avant sa mise en accusation à la suite de l'affaire du « Watergate » en 1974.

L'absence de condamnation d'un Président des États-Unis dans le cadre d'une procédure d'*impeachment* a, jusqu'à présent, évité la transformation de la responsabilité pénale du Président en responsabilité politique. Cependant, l'utilisation de la procédure d'*impeachment* par la majorité parlementaire de la Chambre des représentants, opposée au Président, provoque une indéniable politisation de la procédure.

Les onze autres cas concernent des juges fédéraux (et ont conduit dans sept cas à la destitution).

3. *Les pouvoirs diplomatiques*

76 Le Congrès a le pouvoir de déclarer la guerre (Const., art. I, sect. 8, al. 11). Toutefois, celle-ci n'étant plus déclarée alors même que les États-Unis participaient à des conflits armés d'envergure comme ceux de Corée et du Vietnam, ce pouvoir était devenu obsolète. Aussi, le Congrès a-t-il adopté le *War powers act* en 1973. Le président doit désormais obtenir l'accord préalable du Congrès avant d'engager des troupes américaines dans un conflit au-delà de 60 jours.

Les traités doivent être ratifiés par le Sénat à la majorité des deux tiers. Cette majorité s'est révélée infranchissable pour des traités importants, notamment le traité de Versailles de 1920. C'est pour contourner cette autorisation que s'est développée la pratique des accords en forme simplifiée (*executive agreements*[Q] signés par le président) qui échappent au Sénat. Celui-ci a cependant obtenu d'être tenu informé et a imposé son accord préalable pour la résiliation des accords de défense mutuelle conclus par les États-Unis.

4. *Le pouvoir électoral*

77 Le Congrès a un pouvoir électoral si une majorité ne se dégage pas dans le collège des grands électeurs pour l'élection du président ou du vice-président. La Chambre des représentants choisit le président – si aucun candidat n'a obtenu la majorité des grands électeurs – entre les trois candidats arrivés en tête mais le vote a lieu par État et chaque État a une voix. Les représentants de l'État à la Chambre choisissant l'un des leurs pour voter en leur nom. Le Sénat choisit le vice-président parmi les deux candidats arrivés en tête. Cette procédure ne s'est appliquée qu'à deux reprises : en 1825 pour élire le président John Quincy Adams et en 1837 pour élire le vice-président Richard Johnson. Par ailleurs, en cas de vacance de la vice-présidence, le Congrès doit confirmer à la majorité simple la nomination du nouveau vice-président : ce fut le cas en 1973 avec Gérald Ford et en 1974 avec Nelson Rockefeller. Cette période 1973-1974 fut assez exceptionnelle. À la suite du remplacement du vice-président Spiro Agnew par Gerald Ford en 1973 (S. Agnew démissionnant à la suite d'un scandale de corruption), puis de Richard Nixon par Gerald Ford pour la présidence (à la suite de l'affaire du « *Watergate* » et de la menace d'*impeachment* pesant sur Richard Nixon) et de Gerald Ford par Nelson Rockefeller pour la vice-présidence devenue vacante en 1974, l'exécutif américain s'est retrouvé pour la première fois dirigé par un ticket président-vice-président dont aucun n'avait été élu par le peuple.

§ 2 Le président

78 La Constitution confie le pouvoir exécutif au président des États-Unis d'Amérique dans son article II (sect. 1). Le développement de la puissance américaine a fait d'une institution dont les constituants ignoraient quel serait le destin, l'acteur central de la vie politique étatsunienne. Sa médiatisation dépasse largement les frontières : le monde entier suit son élection et ses déplacements, commente ses discours ou ses tweets.

A. Le statut

1. *L'élection*

Pour être candidat à la présidence des États-Unis il faut être né citoyen des États-Unis, y avoir résidé quatorze ans et être âgé d'au moins 35 ans. 79 ■

Le président est élu pour quatre ans au scrutin majoritaire à un tour et rééligible une seule fois, depuis le XXIIe amendement de 1951, à la suite du précédent de F. Roosevelt qui obtint trois fois le renouvellement de son mandat.

Il se présente en même temps que le candidat à la vice-présidence qui le remplace en cas de vacance ou d'empêchement définitif et avec lequel il constitue un « ticket » électoral.

Le candidat à la vice-présidence est généralement le challenger vaincu de la bataille des primaires ou un leader du parti qui permet de compléter la représentativité électorale et territoriale du président. Il ne doit pas résider dans le même État que le candidat à la présidence.

Le président est élu au suffrage universel indirect par les grands électeurs des États. À l'origine, ces grands électeurs étaient désignés par les parlements des États, mais les États ont transféré ce choix aux citoyens au cours du XIXe siècle (le processus sera achevé en 1868). Aujourd'hui, les citoyens votent pour des grands électeurs qui élisent ensuite le président.

Si l'on excepte les candidats indépendants, souvent dissidents d'un des deux grands partis et qui peuvent troubler le jeu politique, l'élection se résume à un duel entre les candidats des deux grands partis : le républicain et le démocrate.

La première phase de la compétition électorale, qui dure un an, est celle de la sélection du candidat de chaque parti. Cette sélection est d'autant plus difficile que les partis américains ne sont pas organisés nationalement mais au niveau de chaque État et qu'ils ne se « fédéralisent » qu'à l'occasion de l'élection présidentielle. Dans la majorité des États (40 pour les démocrates et 36 pour les républicains en 2016), ce sont des élections *primaires*^Q^, auxquelles participent les électeurs qui se déclarent officiellement supporteurs du parti, qui désignent les délégués pour la convention nationale qui désignera le candidat. Ces délégués ont un mandat impératif. Outre ces primaires « fermées », un quart des États pratiquent la méthode ancienne du *caucus*^Q^ (réunion des seuls militants du parti). La Cour suprême a déclaré contraires à la Constitution les primaires ouvertes où les électeurs peuvent voter pour les candidats de n'importe quel parti et qui étaient pratiquées dans les États de Californie, Alaska et Washington (*California Democratic Party c/ Jones*, 26 juin 2000). 80 ■

Traditionnellement, la première primaire se déroule en février (New Hampshire) et les suivantes se déroulent jusqu'en juin. Pour l'élection de 2008, les primaires ont été caractérisées par la décision de la Californie, du Texas et de l'État de New York (principaux États en population et donc en électeurs) d'organiser leurs primaires le 5 février (le « super-mardi »), le Michigan ayant avancé les siennes au 15 janvier et la Floride au 29 janvier, afin de peser sur le choix des candidats, ce qui a eu pour effet d'accélérer le processus de sélection et de réduire le nombre des concurrents très rapidement. Pour l'élection de 2012, où seuls les républicains organisaient des primaires (les démocrates reconduisant le président sortant, Barack Obama), le calendrier est revenu aux dates classiques. Les primaires républicaines se sont déroulées du 3 janvier (avec le caucus de l'Iowa) au 26 juin. Lors des primaires de 2016, qui se déroulaient dans les deux partis, le calendrier classique a été respecté et les élections se sont déroulées du 1er février au 14 juin.

Lors des primaires démocrates, les délégués par État sont répartis à la proportionnelle en fonction des résultats de chaque candidat, alors que chez les républicains le candidat arrivé en tête gagne tous les délégués de l'État, ce qui permet d'opérer rapidement une sélection et de connaître plus vite le vainqueur. En 2008, il avait fallu attendre les dernières primaires pour savoir qui l'emporterait de Barack Obama ou d'Hillary Clinton chez les démocrates.

En 2016, les primaires ont été très disputées dans les deux partis. Des 17 candidats en lice au départ chez les républicains, l'homme d'affaires milliardaire Donald Trump, candidat atypique car un temps démocrate et peu prisé par l'establishment du parti républicain, qui finance sa campagne sur ses fonds propres, a rapidement fait la course en tête. Son style anti-politiquement correct et son discours nationaliste lui attirent une base populaire solide qui a dopé la participation électorale lors des primaires, y compris de ces adversaires. Près de 29 millions d'électeurs se sont déplacés en 2016 contre moins de 18 millions en 2008. Donald Trump a toutefois peiné à atteindre la barre des 1 236 délégués nécessaires pour remporter les primaires. C'est l'incapacité de ses adversaires à s'unir contre lui qui va lui permettre de l'emporter, ses rivaux jetant l'éponge un par un, et d'arriver seul à la convention fédérale. Chez les démocrates, la bataille s'est rapidement circonscrite entre Hillary Clinton, sénatrice de New York avant d'être la secrétaire d'État du gouvernement Obama et épouse de l'ancien président Bill Clinton, soutenue par l'establishment du parti, et le sénateur du Vermont, Bernie Sanders, chef de file de la gauche du parti. La forte participation à ces primaires (30,2 millions d'électeurs, soit la plus forte participation après les 35 millions d'électeurs des primaires de 2008), a favorisé Bernie Sanders qui ne s'est avoué battu qu'une semaine avant la fin des primaires.

En 2020, à l'issue des primaires présidentielles du parti républicain, Donald Trump a, sans surprise, été désigné candidat à sa succession avec 2 549 des 2 550 délégués du parti. Les primaires du parti démocrate ont désigné Joe Biden, ancien sénateur des États-Unis (1973-2009) et vice-président des États-Unis (2009-2017, mandat de Barack Obama). Favori des intentions de vote selon les sondages, il s'est imposé assez rapidement mais non sans difficulté face à Bernie Sanders, son principal rival. En effet, Bernie Sanders avait devancé Joe Biden lors de huit des dix-neuf premiers scrutins. Mais, à partir du 10 mars, la pandémie de Covid-19 a largement perturbé le déroulement de la campagne, avec le report des seize primaires et caucus organisés entre les mois de mars et de juin. Aussi, l'annonce au début du mois d'avril du renoncement de Bernie Sanders à poursuivre la campagne et de son ralliement à Joe Biden a conduit à une victoire aisée de ce dernier. Lors d'une convention essentiellement virtuelle et reportée à la fin du mois d'août, Joe Biden a été désigné avec 3 558 délégués. Il a choisi Kamala Harris, candidate lors des primaires mais qui avait renoncé avant même la tenue du premier scrutin en raison de mauvais sondages, comme colistière pour l'élection à la présidence des États-Unis.

La seconde phase de la compétition électorale est donc la convention fédérale qui investit ensuite le candidat du parti et celui à la vice-présidence. Les délégués élus, auxquels s'ajoutent les délégués de droit (un cinquième des 6000 délégués démocrates et des 2472 délégués républicains), peuvent se libérer de leur mandat impératif si aucun candidat n'a obtenu la majorité absolue après deux tours de scrutin.

Le coût financier considérable de la pré-campagne (primaires) explique que la première étape de l'élection présidentielle soit la levée de fonds par les candidats potentiels qui organisent à la fois leur promotion auprès des sympathisants et la récolte des fonds qui leur permettra de financer les primaires.

En général, le président sortant, s'il est rééligible, se représente, ce qui limite la compétition pour la candidature au parti rival. Ce fut le cas en 2004 avec la ré-investiture du président sortant George W. Bush, en 2012 de Barack Obama pour les démocrates, en 2020 de Donald Trump pour les républicains. Joe Biden, l'actuel Président, a déjà annoncé son intention d'être candidat à un nouveau mandat pour l'élection de 2024.

Outre les candidats officiels des deux grands partis, des candidats indépendants se présentent. Ce sont souvent des dissidents démocrates ou républicains qui utilisent le dépôt de pétitions dans les différents États. Ces candidats peuvent modifier substantiellement les rapports de force. Ainsi, en 1992, Ross Perot, en obtenant 18,9 % des voix a permis l'élection de Bill Clinton et les 2,73 % de l'écologiste Ralf Nader en 2000 ont suffi pour pénaliser le démocrate Al Gore. En 2016, le libertarien Gary Johnson a obtenu 4,48 millions de voix (3,4 %) plutôt traditionnellement républicaines mais sans empêcher la victoire de Donald Trump.

La sélection des candidats est marquée par des conditions de financement très lourdes car la médiatisation de la campagne, sa longueur et la dimension des États-Unis obligent les candidats à recourir à des méthodes intensives de propagande et de publicité politiques. Pour lutter contre la corruption, la législation fédérale a réglementé le financement des campagnes et introduit un financement public conditionnel. Le *Federal election campaign act* de 1971 a été révisé en 2002 par la loi Mc Cain-Feingold qui a interdit les financements par des personnes morales distingue deux possibilités.

Le candidat a le choix entre le financement privé (dans ce cas il est libre) et le financement public et ce à chaque stade de la campagne. Lors des primaires, le candidat qui a atteint un seuil de représentativité (10 % dans deux primaires) a droit à une aide publique. L'État fédéral complète alors les contributions privées – qui ne peuvent provenir que de personnes physiques – jusqu'à un plafond. L'État fédéral subventionne ensuite les conventions des deux partis qui désignent les candidats. L'élection proprement dite peut également faire l'objet d'une subvention de l'État fédéral. Cette subvention – qui couvre environ le quart du budget du candidat – a pour contrepartie un plafonnement des dépenses.

Ces règles de financement ont été bouleversées par l'arrêt de la Cour suprême *Citizens United c/ Federal Électoral Commission* du 21 janvier 2010, rendu à une courte majorité, 5 voix contre 4. Cet arrêt controversé a invalidé partiellement la loi Mc Cain-Feingold en autorisant les corporations (entreprises, syndicats, associations), à financer des publicités télévisuelles ou des donations au nom de la liberté d'expression (Premier amendement de la Constitution fédérale). Cet arrêt de la Cour Suprême a contribué à relancer la course aux soutiens financiers dès les élections de mi-mandat de 2010 et lors des élections de 2012.

S'ils veulent bénéficier de soutiens illimités des entreprises et associations, les candidats n'ont plus intérêt au financement public et optent pour le financement privé, ce qui explique l'envolée des budgets de campagne. Les dons des personnes physiques sont plafonnés à 2 300 $ mais les corporations peuvent alimenter sans limite des « *super-pac* » (*political action committee*).

En 2004, Georges W. Bush et John Kerry avaient battu le record des fonds levés pour la campagne (366 millions de dollars pour Bush, 322 pour John Kerry) mais ceux-ci provenaient essentiellement des contributions de particuliers. L'avancement du calendrier des primaires en 2008 a contraint les candidats à lever les fonds beaucoup plus tôt et surtout à augmenter considérablement leur budget puisqu'il fallait d'entrée faire campagne dans les grands États. Chez les démocrates, Barack Obama a levé des sommes jamais atteintes afin de l'emporter lors de primaires très disputées contre Hillary Clinton, puis d'affronter le candidat républicain John Mc Cain. Optant pour l'appel à une multitude de petits contributeurs et refusant tout financement public, y compris pour l'élection présidentielle proprement dite, Barack Obama a ainsi levé près de 639 millions de dollars, soit le double de son adversaire – qui a sollicité l'aide publique pour l'élection présidentielle –, ce qui lui a permis de financer une campagne télévisuelle très onéreuse. En 2012, la campagne bénéficiait pour la première fois de la jurisprudence laxiste de la Cour suprême. Face à la fortune personnelle considérable de Mitt Romney (qui lui a permis d'écraser ses rivaux lors des primaires républicaines), Barack Obama a renoué avec la stratégie du réseau de petits contributeurs (près de 20 millions de personnes). Il a ainsi réussi à collecter 932 millions de dollars tandis que Mitt Romney franchissait la barre du milliard de dollars. En 2016, Hillary Clinton a établi un nouveau record avec 1,2 milliard de dollars alors que le vainqueur, Donald Trump, qui a largement puisé dans sa fortune personnelle, n'a dépensé que la moitié. Lors de la campagne de 2020, les tendances récentes se sont confirmées : avec l'augmentation des dépenses (1,3 milliard de dollars pour chacun des candidats Joe Biden et Donald Trump) et la part croissante des petits contributeurs (dons de moins de 200 $) qui ont financé près du quart de la campagne électorale, contre un sixième en 2016.

Ces montants s'ajoutent à ceux engagés lors des primaires. Ainsi, traditionnellement, le budget total du cycle électoral (primaires et campagne présidentielle) est moins élevé pour le président sortant, pour lequel les primaires ne sont pas disputées, que pour le candidat du parti adverse.

82 L'élection se déroule le mardi qui suit le premier lundi de novembre (pour l'élection de 2020 le 3 novembre) au scrutin majoritaire à un tour. Chaque État désigne ses grands électeurs, élus uniquement pour élire ensuite le président et qui ne peuvent pas être des parlementaires, en nombre égal au total des parlementaires de l'État (représentants + sénateurs). Le district fédéral de Columbia – Washington DC compte trois grands électeurs depuis le XXIIIe amendement de 1961. 48 États pratiquent le *winner-take-all-system*, le candidat arrivé en tête emportant l'ensemble des grands électeurs. Dans deux États (Maine et Nebraska) le *district system* s'applique : un grand électeur est attribué au candidat qui a le plus de voix dans chacun des districts à la Chambre des représentants et deux grands électeurs sont attribués à celui qui est arrivé en tête dans l'ensemble de l'État). Au total, les grands électeurs étant 538, le candidat élu est celui qui obtient la majorité absolue, soit 270 grands électeurs. L'obtention de la majorité dans les grands États pèse de façon décisive sur l'issue finale : la Californie compte 55 grands électeurs, le Texas 38, New York et la Floride 29 chacun, la Pennsylvanie et l'Illinois 20 chacun, l'Ohio 18, soit 209 grands électeurs concentrés dans les 7 principaux États.

Certains États comptent donc plus que d'autres au regard du nombre de grands électeurs dont ils disposent. Cette importance peut toutefois être nuancée car la sociologie électorale montre également une forte dimension partisane de certains États, dans lesquels les partis ont l'habitude de l'emporter. Par exemple, en Californie, le parti démocrate a devancé le parti républicain à chaque élection présidentielle depuis 1992 ; à l'inverse, au Texas, le parti républicain a devancé le parti démocrate à chaque élection présidentielle depuis 1980. Chaque État ne revêt donc pas une importance politique équivalente pour les candidats. La perte ou la victoire dans un État peut souvent ne pas être décisive, soit en raison du faible nombre de grands électeurs attribués ou soit en raison de l'histoire du vote dans l'État (par ex., si le candidat républicain perd en Californie, ce résultat est attendu). Les résultats se dessinent progressivement, en fonction de l'avancée du fuseau horaire d'Est en Ouest, au fur et à mesure que la carte électorale des États se colore de bleu (démocrate) ou de rouge (républicain).

Lorsque les résultats sont serrés entre les deux candidats, l'issue de l'élection présidentielle se joue dans les « *swing states* », également appelés « *battleground states* », qui ont la caractéristique électorale de pouvoir voter tantôt pour les républicains, tantôt pour les démocrates. Il s'agit particulièrement de la Floride, l'Indiana, l'Ohio, la Pennsylvanie et du Wisconsin, même si d'autres États peuvent ponctuellement basculer. Les *swing states* peuvent balancer ou pivoter d'une élection à l'autre. Le résultat y est donc incertain et disputé dans le sens où l'histoire électorale ne témoigne pas d'une préférence partisane prononcée et répétée. Par conséquent, le candidat qui l'emporte dans ces États a de fortes probabilités d'obtenir la majorité des grands électeurs nécessaires pour être élu président. En ce sens, les *swings states* décident très souvent du nouveau président. Logiquement, ces États concentrent une part importante la campagne électorale (déplacements et meetings des candidats), des sondages, et de l'attention médiatique.

Le 19 décembre, les grands électeurs sont réunis dans leurs États respectifs et leur vote est transmis au président du Sénat (qui est le vice-président sortant). Le 4 janvier, les résultats sont officiellement proclamés devant le Congrès et le 20 janvier le président entre officiellement en fonction (XXe amendement adopté en 1933).

L'élection présidentielle du 7 novembre 2000 a montré certaines limites du mode d'élection actuel. Le vainqueur, le républicain George W. Bush, l'a emporté avec 271 voix contre 267 pour le démocrate Al Gore. Il est arrivé en tête dans 30 États sur 50 mais il a été devancé de 540 000 voix par son adversaire.

Mais c'est surtout l'imbroglio électoral puis juridique dans la proclamation des résultats qui a souligné l'importance du pouvoir judiciaire. La difficulté est venue de l'État de Floride où le comptage mécanique des voix a été contesté alors qu'il donnait de peu la victoire au candidat républicain. La décision (par 4 voix contre 3) de la Cour suprême de Floride d'autoriser le recomptage des bulletins litigieux a été cassée par deux fois par la Cour suprême fédérale (par 5 voix contre 4) les 4 et 12 décembre 2000, soit 35 jours après le scrutin. La Cour suprême, bien que profondément divisée et critiquée, a interdit l'achèvement du nouveau décompte des voix au-delà de la date butoir du 12 décembre afin que les grands électeurs puissent voter. Georges W. Bush a ainsi obtenu les 25 grands électeurs de Floride avec 535 voix d'avance dans cet État, ce qui lui a permis d'obtenir la majorité des grands électeurs (271, soit un de plus que la majorité absolue). Il est le premier président américain à avoir été indirectement désigné par la Cour suprême.

L'élection présidentielle du 2 novembre 2004 a été marquée à l'inverse par la large réélection de George W. Bush, vainqueur du sénateur démocrate John Kerry, dans un contexte de forte progression de la participation électorale. George W. Bush a dépassé son challenger de 3,5 millions de voix (avec 52 % contre 47 % des suffrages) et rallié 31 États sur 50 et 286 grands électeurs.

En 2008, après des primaires démocrates très disputées, y compris sur le terrain juridique (les primaires avancées du Michigan et de Floride ont été annulées puis comptabilisées pour moitié), l'élection a été caractérisée par un taux de participation très élevé (64 %) et un fort accroissement des inscriptions sur les listes électorales (qui est le principal facteur de non-participation aux États-Unis), notamment grâce à une campagne ciblée du candidat démocrate. L'élection de Barack Obama, premier Afro-Américain élu à la présidence des États-Unis, a été un événement historique, 143 ans après l'abolition de l'esclavage (XIIIe amendement) et 138 ans après le quinzième amendement interdisant de refuser le droit de vote pour des raisons raciales ou d'ancienne condition de servitude. Elle a été impressionnante par la durée de la campagne (21 mois) et l'importance de la victoire, aussi bien en termes de votes (53 % contre 46 % à John Mc Cain, soit un écart de 8 millions d'électeurs sur un total de près de 122 millions), que d'États (365 contre 173 grands électeurs soit 29 États sur 50).

En 2012, la réélection de Barack Obama a été plus difficile (51 % contre 47 % au républicain Mitt Romney, soit un écart de 5 millions de voix) mais le président sortant, qui l'a emporté dans tous les grands États, excepté le Texas, a conservé l'essentiel des grands électeurs (332 contre 206 soit 26 États sur 50).

En 2016, l'élection a connu le même type de paradoxe qu'en 2000. Pour la *cinquième fois*, le vainqueur n'a pas obtenu la majorité des votes populaires. Le vainqueur, le candidat républicain Donald Trump, a en effet obtenu 334 grands électeurs contre 227 à la candidate démocrate Hillary Clinton, mais celle-ci a obtenu 48,03 % des votes populaires contre 45,94 % seulement pour son adversaire, soit 2,9 millions de votes d'écart. Comme en 2000, le vainqueur en grands électeurs a bénéficié du découpage par circonscriptions d'État pour l'emporter alors que le candidat vaincu l'a devancé en termes de votes avec un écart jamais atteint dans le passé. Donald Trump a gagné de nombreux États avec des marges réduites alors qu'Hillary Clinton a largement devancé son adversaire dans les États très peuplés qu'elle a remportés (comme la Californie ou New York) mais cet écart ne lui a pas rapporté plus de grands électeurs. Donald Trump l'a notamment emporté dans les *swing states* de la *Rust Belt*.

À l'inverse des élections présidentielles précédentes, la participation électorale a été en baisse (54,2 % alors qu'elle avait atteint un record en 2008 lors de l'élection de Barack Obama avec 57,1 %). Autre fait notable, plus de 30 % des électeurs ont voté par correspondance et donc par anticipation.

En 2020, l'élection entre Donald Trump et Joe Biden a connu une participation électorale en forte hausse, atteignant, 66,9 %, le taux le plus élevé depuis l'élection de 1900. Lors de cette élection particulièrement mobilisatrice, les deux candidats ont obtenu le record du nombre de bulletins de vote de l'histoire des élections présidentielles étasuniennes, avec plus de 74 millions pour le président sortant et 81 millions pour Joe Biden. Le candidat démocrate l'a donc emporté avec 7 millions de suffrages en plus, obtenant 51,36 % des votes populaires, contre 46,86 % pour le candidat républicain. Au total, Joe Biden a obtenu 306 grands électeurs contre 232 pour Donald Trump mais, une nouvelle fois, le résultat aurait pu basculer en faveur du candidat ayant obtenu le moins de suffrages. En effet, une étude du Washington Post a montré que, malgré l'écart conséquent entre les deux candidats, Donald Trump aurait pu l'emporter si seulement 32 057 suffrages avaient été portés sur lui (à la place de Joe Biden) dans quatre États très disputés (Arizona, Géorgie, Nebraska, Wisconsin), qu'il aurait alors remportés, dépassant les 270 grands électeurs nécessaires pour être élu. Cette hypothèse, montre le rôle crucial des États clés dans le système électoral, particulièrement dans le contexte actuel de forts clivages territoriaux du vote.

2. *La fin des fonctions*

Le mandat du nouveau président et du nouveau vice-président élus ne commence 83 ■
qu'après une période de transition qui dure onze semaines depuis l'adoption du XXe amendement de la Constitution (à l'origine il durait quatre mois). Cette période qui précède le jour de l'entrée en fonction le 20 janvier (*Inauguration day*) permet au nouvel élu de préparer la constitution de son équipe et son administration (notamment du fait du *spoil system*) et de se mettre au courant des dossiers. Le *Presidential transition act* (1963) a prévu que le président sortant doit faciliter la tâche de son successeur tant en lui fournissant les moyens nécessaires pour les activités de transition qu'en facilitant la transition entre les deux administrations. En fait, la mise en œuvre concrète de ces dispositions a connu un premier accroc en 2000 lorsque l'incertitude sur le résultat de l'élection entraîna le blocage des fonds destinés au président élu jusqu'à la proclamation des résultats le 12 décembre du fait de la décision de la Cour suprême de valider l'élection de Georges W. Bush. Plus grave, en 2020, le président sortant, Donald Trump a refusé de reconnaître sa défaite le 7 novembre malgré l'écart électoral (7 millions de votes) et celui des grands électeurs (74). Il a fallu attendre le 23 novembre pour qu'il autorise l'administration à lancer le processus de transition tout en persistant à contester les résultats, notamment du vote par correspondance. Le 6 janvier 2021, alors que le Congrès certifiait le vote des grands électeurs, des partisans trumpistes et de la mouvance conspirationniste prennent d'assaut le Capitole qui est envahi. Le Congrès arrive cependant à se réunir pour la proclamation des résultats du vote des grands électeurs par le vice-président sortant Mike Pence. Ce n'est qu'alors que la transition a pu véritablement commencer.

3. *La vacance de la présidence*

En cas de vacance de la présidence (à la suite du décès ou de la démission du 84 ■
président) ou d'empêchement définitif (incapacité – *disability* – d'exercer ses fonctions), le vice-président achève le mandat présidentiel. Le nouveau président propose dans ce cas un nouveau vice-président à l'approbation du Congrès à la majorité absolue. En cas de disparition du président et du vice-président, l'ordre de succession est le président de la Chambre des représentants, le président *pro tempore* du Sénat (doyen d'âge du parti majoritaire) et le ministre désigné par le Président pour lui succéder (« survivant désigné »).

L'empêchement définitif, c'est-à-dire l'incapacité physique ou mentale d'exercer ses fonctions, est constaté par le cabinet ministériel (ensemble des ministres) qui doit décider à la majorité d'en aviser par un message le speaker de la Chambre des représentants et le doyen *pro tempore* du Sénat (25e amendement).

B. Les organes de l'exécutif

85 L'exécutif fédéral est constitué par trois niveaux politiques et administratifs qui entourent le président : le Cabinet (ministres), le staff (conseillers) et les offices (conseil et mise en œuvre des décisions).

86 Le Cabinet est constitué par l'ensemble des ministres : ceux-ci sont peu nombreux et dirigent chacun des 15 départements — État (affaires étrangères), agriculture, commerce, défense, éducation, énergie, santé, logement, intérieur, travail, trésor, anciens combattants, sécurité intérieure, transports, justice (l'*Attorney General*) — dont le nombre, la création et la compétence doivent être approuvés par le Congrès. Ils sont constamment révocables, ce dont le président ne se prive pas (le record étant atteint par Donald Trump). Les nominations de ministres doivent être approuvées par le Sénat (en fait l'approbation est automatique au début du mandat présidentiel mais non en cours de mandat) mais les ministres ne sont pas pour autant responsables devant le Sénat (ou le Congrès). Ils ne le sont que devant le Président.

Le Cabinet ne constitue pas un organe collégial et n'a d'ailleurs pas d'existence constitutionnelle. Le Président ne convoque que rarement l'ensemble du Cabinet et préfère s'entourer de son staff.

87 Outre la maison présidentielle, le *White House Staff* est composé des collaborateurs personnels du président, qui sont liés à son destin politique et constituent ses hommes et ses femmes de confiance, dont l'influence est souvent décisive. Le *White House Staff* compte aujourd'hui près de cinq cents collaborateurs (conseillers spéciaux, assistants ou consultants) sous l'autorité du *Chief of Staff* et qui doublent souvent les ministres officiels.

88 *L'Executive office of the President* est composé d'organismes rattachés directement à la présidence et qui sont des organes d'aide à la décision politique. Parmi eux, les plus importants sont *l'Office of Management and Budget* (OMB) qui prépare et exécute le budget fédéral et est également chargé du fonctionnement de l'administration, le *National Security Council* (NSC), qui conseille le président sur les questions diplomatiques et stratégiques ainsi que sur les problèmes de sécurité intérieure, la *Central Intelligence Agency* (CIA), principal service de renseignements et le *Council of Economics Advisers*, chargé de l'analyse et de la prévision économiques.

C. Les pouvoirs présidentiels

89 L'article II section 3 de la constitution fédérale énumère les pouvoirs du président : commandant en chef des armées, direction de la politique étrangère, pouvoir réglementaire (responsable de l'exécution des lois et chef de l'administration), pouvoir (avec l'accord du Sénat) de nomination des fonctionnaires et juges fédéraux.

1. *Pouvoir réglementaire et administratif*

90 Le président détient le pouvoir réglementaire. À ce titre, il signe des *executive orders*, *proclamations* ou, par l'intermédiaire de ses ministres, *des rules and regulations*. Ce pouvoir réglementaire est cependant limité à l'exécution des lois, la Constitution et la Cour suprême interdisant la législation déléguée. Dans la pratique, les présidents américains ont tenté fréquemment de signer des *executive orders* qui ne se

contentaient pas de compléter et mettre en œuvre des lois du Congrès mais étaient adoptés sans base législative, notamment dans le cadre de leurs pouvoirs militaires. La Cour suprême, par son arrêt *Youngstown Sheet & Tube Co. v. Sawyer* de 1952, a interdit cette pratique sans l'enrayer totalement.

À ce pouvoir réglementaire constitutionnel, il faut ajouter la pratique des déclarations à la signature (*Signing statements*) faites par le président au moment où il signe les lois votées par le Congrès et dans lesquelles il donne son interprétation voire ses critiques de ces textes, surtout lorsque la majorité du Congrès lui est hostile.

Le président est chef de l'administration fédérale et détient (sous réserve de l'approbation du Sénat) le pouvoir de nomination des fonctionnaires fédéraux. Ce pouvoir a conduit à une politisation extrême de l'administration et à la pratique des dépouilles (« *spoil system*[Q] »), l'équipe victorieuse chassant les fonctionnaires en place et les remplaçant par ses clients et amis. Depuis une loi de 1978, cette pratique est limitée aux emplois supérieurs (7 000). Parmi les fonctionnaires fédéraux, les juges constituent un élément essentiel puisqu'ils appartiennent au pouvoir judiciaire : profitant des nombreuses vacances de poste, Donal Trump a ainsi nommé, avec l'accord du Sénat, 216 juges fédéraux des cours inférieures (cours de district et cours d'appel) et trois juges à la Cour suprême fédérale durant ses deux mandats, bouleversant les équilibres politiques de ces juridictions.

2. *Chef de la diplomatie et commandant des forces armées*

Le président est chef de la diplomatie et commandant des forces armées. En tant que chef de la diplomatie, il nomme les ambassadeurs, établit ou rompt les relations diplomatiques, reçoit les lettres de créances des ambassadeurs étrangers. Il fixe les orientations de la politique étrangère des États-Unis qu'il conduit personnellement dans les grandes rencontres internationales. 91 ■

En tant que chef des armées (Const., art. I, sect. 2, al. 1er), il nomme les responsables de la défense, fixe les orientations de celle-ci et son budget, décide des opérations de guerre ou militaires (Corée, Vietnam, Irak, Afghanistan) ainsi que des interventions de pacification ou humanitaires (Liban, Somalie, Yougoslavie, Haïti dans les années 1980-2000) ou du « gros bâton » dans la zone d'influence immédiate (Panama, Grenade dans la même décennie).

3. *Droit de grâce*

Le président, en tant que chef de l'État, détient le droit de grâce fédéral. 92 ■

4. *Pouvoir législatif*

Le président détient un pouvoir législatif indirect en matière d'initiative législative — en « recommandant » à l'occasion du message annuel sur l'état de l'Union « les mesures qu'il juge nécessaires et urgentes » (Const., art. II, sect. 3) ou en faisant déposer des propositions de loi par des parlementaires de la majorité. Par ailleurs la Constitution lui attribue un droit de *veto* sur les lois votées par le Congrès (Const., art. I, sect. 7, al. 3). Envisagé à l'origine pour bloquer les lois qui étaient inconstitutionnelles, ce *veto* a parfois été utilisé de façon systématique, notamment par F. Roosevelt (635 fois en 12 ans). Dans ce cas, le président renvoie la loi au Congrès en donnant les motifs de son renvoi. Le Congrès peut passer outre à la majorité des deux tiers dans chaque assemblée. 93 ■

Il faut y ajouter le « *veto* de poche » (*pocket veto*), qui consiste pour le président à ne pas promulguer la loi au moment où la session parlementaire s'achève, empêchant le Congrès de répliquer et le contraignant à reprendre l'ensemble de la procédure législative à la session suivante.

Les rapports concrets entre le président et le Congrès sont subtils et l'usage des instruments juridiques de part et d'autre se combine avec le recours à la négociation permanente. Ils ne dépendent que partiellement des majorités politiques au Congrès. Il est exceptionnel que le parti du président soit majoritaire dans les deux Chambres. Cela a été le cas de 2002 à 2006 pour les républicains et de 2008 à 2010 pour les démocrates, la double victoire démocrate au Congrès confortant l'élection de Barack Obama en 2008. Le président a également été majoritaire dans les deux chambres de 2016 à 1018 pour les républicains, l'élection de Donald Trump à la Maison Blanche leur permettant de conserver une courte majorité au Sénat (52 contre 48) et de dominer largement la Chambre des représentants (241 contre 194).

Le plus souvent, les présidents sont contraints de cohabiter avec une ou deux Chambres hostiles. Ainsi Barack Obama a réussi à conserver la majorité au Sénat jusqu'en 2014 mais il lui a fallu cohabiter avec une Chambre des représentants redevenue républicaine dès les élections de mi-mandat de 2010. Sa réélection en 2012 n'a rien changé au rapport de force au Congrès et les élections de *mid-term* de novembre 2014 ont même vu les républicains l'emporter au Sénat (gagnant 7 sièges et passant à 53 sièges) et conforter leur majorité chez les représentants (248 sièges sur 435), ce qui contraint le président à une cohabitation très difficile avec le Congrès pour la fin de son mandat. Quant à Donald Trump, sa forte implication dans la campagne de mi-mandat de 2018 lui a permis de conforter sa majorité au Sénat (52 sièges sur 100) mais n'a pas empêché la victoire démocrate à la Chambre des représentants (234 sièges contre 199). L'élection de Joe Biden en 2020 lui a permis de conquérir une majorité à la Chambre des représentants et même au Sénat (les deux partis étant à égalité avec 50 sièges chacun mais la voix prépondérante de la vice-présidente Kamala Harris lui donnant la majorité). Lors des *mid-terms* de 2022, les démocrates ont pu garder le contrôle du Sénat en gagnant un siège (pour 51 au total), mais ils ont dû céder la Chambre basse aux républicains qui ont conquis 222 sièges sur 435, 9 sièges de plus par rapport à 2020.

Même en cas de majorité partisane identique dans les deux chambres, l'indiscipline des parlementaires et l'absence d'homogénéité idéologique des partis et des groupes parlementaires restent la tradition. Cela explique l'absence de « majorité présidentielle » réelle d'une part, et la possibilité pour le président de négocier au coup par coup des majorités même si son parti est théoriquement minoritaire, d'autre part. Toutefois, la tendance croissante à la polarisation partisane peut nuancer ce constat et rendre plus difficile qu'avant les compromis au Congrès. Les oppositions du Congrès compliquent le vote des mesures politiques voulues par le président, voire le rende impossible sans compromis majeur lors des situations de blocage.

5. *Irresponsabilité*

94 Fondement du régime présidentiel, le président est irresponsable politiquement devant les Chambres. Le Congrès peut seulement user de la procédure de l'*impeachment*, selon laquelle le président peut être poursuivi en cas de « trahison, corruption, crime contre la chose publique ou délit grave ». La tentative de détournement de

cette procédure pénale pour introduire une responsabilité politique du président devant le Congrès (sur le modèle britannique) réapparaît régulièrement. Elle fut amorcée en 1847 contre John Tyler, conduite en 1868 contre Andrew Johnson mais elle échoua d'une voix au Sénat. À la veille d'être entamée contre Richard Nixon, pour des raisons conformes à l'esprit de cette procédure, elle entraîna la démission anticipée du président en 1974. Quant à Bill Clinton, cette procédure, lancée à l'initiative du procureur indépendant Kennett Starr et mise en œuvre par la Chambre des représentants (contrôlée par les opposants les plus déterminés au président), a échoué au Sénat en février 1999 faute d'obtenir la majorité des deux tiers sur les deux chefs d'accusation retenus (parjure et entrave à la justice).

Donald Trump a subi deux procédures d'*impeachment*. La première, en 2019, initiée par la majorité Démocrate à la Chambre des représentants, pour « abus de pouvoir » et « entrave à la bonne marche du Congrès ». Sa mise en accusation sera votée par la Chambre des représentants mais le Sénat, à majorité républicaine, acquittera Donald Trump lors de son procès en destitution. La seconde procédure d'*impeachment* est votée en janvier 2021, à une semaine du terme de son mandat, par la Chambre des représentants, pour « pour incitation à l'insurrection » lors des émeutes ayant eu lieu au Capitol. Il sera de nouveau acquitté devant le Sénat, lors du procès en destitution.

Aucune procédure d'*impeachment* contre un président n'a abouti à sa destitution.

Dans l'exercice de ses fonctions gouvernementales, le président bénéficie d'un « *privilège de l'exécutif* » qui le protège totalement de l'immixtion du juge dans les dossiers couverts par le secret militaire, diplomatique ou de sécurité nationale, mais ne le dispense pas, dans les autres domaines, de communiquer des documents liés à l'administration de la preuve dans un procès pénal ou civil.

La reconnaissance du « privilège de l'exécutif » mais aussi son interprétation restrictive en limitant la raison d'État, a été imposée par la Cour suprême (*United States c/ Nixon*, 24 juill. 1974) dans l'affaire du « *Watergate* » où le président Nixon avait tenté de dissimuler les preuves de son implication dans l'installation de tables d'écoute installées durant la campagne présidentielle de 1972 au siège du parti démocrate. Elle a été confirmée par la Cour suprême au détriment du président Clinton (*Clinton c/ Jones*, 27 mai 1997).

Dans le même esprit, afin d'ôter à l'exécutif des moyens de pression sur les procureurs fédéraux en cas d'enquête portant sur des membres du gouvernement (comme ce fut le cas dans l'affaire du « *Watergate* »), une loi de 1978, *Éthics in Government Act*, avait décidé que l'enquête serait confiée à un « procureur indépendant » nommé directement par la Cour fédérale d'appel compétente. C'est ainsi que le juge Kennett Starr, nommé procureur indépendant sur l'affaire « *Whitewater* » (qui concernait des faits reprochés à Bill Clinton avant son élection) vit son mandat élargi par le Congrès à l'affaire « Lewinski », qui ouvrit la voie à la procédure d'*impeachment*. Au lendemain de cette affaire, la loi de 1978, conclue pour 5 ans renouvelables, n'a pas été maintenue.

§ 3 Le pouvoir judiciaire

95 ■

La Constitution américaine, à la différence de la plupart des Constitutions européennes et notamment de toutes les Constitutions françaises, reconnaît l'existence d'un « *pouvoir judiciaire* » (Const., art. III, sect. 1 : « le pouvoir judiciaire des États-Unis est dévolu à une Cour suprême et à de telles Cours inférieures dont le Congrès peut, au fur et à mesure des besoins, ordonner l'établissement »), les constituants prenant leurs distances avec les théories de la séparation des pouvoirs (Locke, Montesquieu) qui le niaient.

A. Le système judiciaire

96 Chaque État fédéré a son propre système judiciaire, qui va des juges de paix à la *Cour suprême de l'État*[Q]. Au niveau fédéral, la hiérarchie judiciaire établie par le Congrès comprend les 94 cours de districts (au minimum une par État), les 11 cours d'appel et la Cour suprême fédérale.

La nomination des juges est caractérisée par une influence importante des institutions politiques. Dans la majorité des États, ils sont élus (et donc proposés par les partis à la suite de caucus ou primaires) ; dans les autres, ils sont nommés par le gouverneur (auquel cas ils ont souvent mené une carrière politique). Au niveau fédéral, les juges sont nommés par le président après approbation du Sénat. Là encore, le critère du choix est politique et explique, lorsque Sénat et présidence appartiennent à des partis opposés, que l'on examine quel est leur passé politique, leur position sur la question raciale, l'avortement ou la prière dans les écoles.

B. La Cour suprême

97 Le pouvoir judiciaire est placé sous l'autorité de la Cour suprême, qui est au sommet de la pyramide judiciaire fédérale et étatique.

1. *L'organisation*

98 La Cour est composée de 9 juges inamovibles nommés à vie par le président des États-Unis après approbation du Sénat à la majorité qualifiée des 3/5e. Le président de la Cour, le *Chief Justice*[Q], est le second personnage de l'État fédéral.

Le nombre des juges est fixé par une simple loi fédérale. Au départ de six, il a varié de cinq à dix avant de se stabiliser à neuf depuis 1869.

La Constitution n'impose aucun critère de sélection mais, en pratique, les juges sont choisis sur des critères professionnels, après consultation de l'Association des barreaux. Mais ils sont également choisis sur des critères politiques, le président et la majorité sénatoriale souhaitant choisir des personnalités partageant leurs convictions, ce qui donne lieu à des affrontements parfois très vifs lors des procédures de nomination. En effet, les nominations étant à vie, les choix revêtent un enjeu considérable dans l'optique de « donner une majorité à la Cour suprême ». Cette majorité s'entend par rapport à la composition des sensibilités de ses membres, réputés proches des républicains ou des démocrates. La possibilité de nommer un membre de la Cour pour un président est donc une opportunité d'influer sur sa sensibilité, ce qui peut être déterminant lors des votes des juges pour décider de la position de la Cour.

2. *La compétence et le fonctionnement*

99 Les matières dans lesquelles la Cour suprême est compétente sont énumérées par la Constitution (Const., art. III, sect. 2). La Cour est compétente en premier ressort dans

un nombre de cas limités (litiges concernant les représentants d'États étrangers et ceux dans lesquels un État fédéré est partie). Dans tous les autres cas, et notamment ceux où le droit fédéral est en jeu, la Cour est compétente en appel et dans ce cas elle est le plus souvent libre d'examiner l'affaire qui lui est soumise. Dans ce cas, la Cour délivre un ordre (*writ of certiorari*) à la Cour suprême d'un État ou à une cour d'appel fédérale pour qu'elle lui transmette le dossier. Sur les affaires qui lui sont soumises (plus de 7 000 par an), la Cour n'en retient que moins d'1 % et prononce une décision de principe dont la mise en œuvre relèvera des juridictions inférieures.

Dans son examen de l'affaire, la Cour reçoit les contributions des « *amicus curiae* » (littéralement, amis de la Cour), qui, sans être partie au litige, ont un intérêt vital à son issue, au premier rang desquels le *solicitor general*, représentant du ministre de la Justice fédéral (*Attorney general*) auprès de la Cour suprême. Le rôle de ce dernier est d'autant plus important que dans plus de la moitié des affaires traitées par la Cour suprême c'est le *solicitor general* qui agit au nom de l'État fédéral.

Les décisions de la Cour suprême ont une autorité considérable mais elles sont peu nombreuses et s'appuient sur un nombre de dispositions constitutionnelles limitées.

Les décisions de la Cour sont motivées (opinion énonçant les faits, le point de droit en jeu et les motifs de sa mise en œuvre). Les opinions de la Cour sont rarement unanimes (on parle alors de décision *per curiam*). En cas de décision à la majorité, certains juges de la majorité peuvent faire connaître leur *concurring opinion* si leur motivation n'est pas la même. Les juges opposés peuvent faire également connaître leur *dissenting opinion*. En cas de décision prise à une courte majorité, les opinions dissidentes ou concurrentes auront d'autant plus d'intérêt qu'elles peuvent précéder un revirement de jurisprudence.

3. *L'influence de la Cour suprême sur les institutions*

C'est à travers le contrôle de constitutionnalité des lois que la Cour suprême a étendu 100 ■
son influence. Cette influence s'est développée en quatre étapes.

Dans un premier temps, sous l'influence du *Chief Justice* Marshall, la Cour a affirmé son autorité en prenant à son compte le contrôle de constitutionnalité des lois grâce à l'affirmation de la supériorité de la Constitution sur la loi et de la qualification du juge pour examiner la conformité de la loi à la Constitution, et ce, quatre ans à peine après l'entrée en vigueur de la Constitution (aff. *Marbury c/ Madison* de 1803).

Dans un second temps, la Cour a été absorbée par la question de la répartition des compétences entre État fédéral et États membres, et notamment à propos de la réalisation de la libre-circulation et du marché unique : la Cour opta pour la compétence fédérale sous l'influence de son président Marshall, tout en préservant les droits des États.

À partir des années 1850, sous l'influence de juges conservateurs et du *Chief Justice* Taney, un Sudiste, la Cour va se situer en porte-à-faux des opinions dominantes du Congrès. La Cour refuse dans l'affaire « *Dred Scott* » (1857) de reconnaître au Congrès le droit d'abolir l'esclavage dans les territoires libres au nom du droit de propriété du maître sur son esclave. Au lendemain de la guerre de Sécession, alors que la ségrégation raciale a pris le relais de l'esclavage dans les États du Sud, elle considère que les lois étatiques qui imposent la ségrégation ne sont pas incompatibles avec les lois fédérales qui imposent l'égalité (arrêt *Plessy c/ Ferguson*, 1896).

Durant cette période et jusqu'aux années 1930, la Cour, au nom d'une conception intransigeante du droit de propriété, bloquera la législation sociale (notamment la législation interdisant le travail des enfants). Face à la menace d'une révision constitutionnelle, au plus fort de l'affrontement entre F. Roosevelt et la Cour en 1936, la Cour infléchit sa position à la suite, il est vrai, de deux démissions et d'un décès qui bouleversent sa composition et permettent au président Roosevelt des nominations de fidèles.

Une quatrième phase s'est ouverte dans les années 1950, avec le développement d'une jurisprudence progressiste qui commence en 1954 avec l'arrêt *Brown c/ Board of Education of Topeka* interdisant la discrimination raciale dans les écoles qui sera suivi d'une série d'arrêts en matière de droits de la personne mais aussi de droits politiques.

Les nominations des années Reagan-Bush (la Cour est à majorité conservatrice depuis 1986 sous la présidence de William Rehnquist puis depuis 2005 sous celle de John Roberts) et celles de Donald Trump (qui a nommé durant ses deux mandats trois « jeunes » juges conservateurs : Neil Gorsuch (53 ans) en 2017, Brett Kavanaugh (55 ans) en 2018, et Amy Coney Barrett (48 ans) en 2020, qui ont donné aux conservateurs une majorité de six juges contre trois.

Même si la Cour suprême ne censure qu'un nombre très limité de lois fédérales (sur les 80 cas dont la Cour suprême se saisit chaque année en moyenne), celles-ci concernent souvent des textes symboliques. Cela explique que son influence soit aussi dissuasive en bloquant toute évolution de la législation sur des sujets sensibles, comme le port d'armes. La Cour est aussi le reflet des débats qui traversent la doctrine, où les partisans d'une lecture évolutive de la Constitution s'opposent aux tenants d'une lecture originaliste et littérale. Celle-ci considère que la Constitution doit être interprétée dans le sens qu'elle avait au moment de son adoption et que lui ont donné les Pères fondateurs ; et que son interprétation doit s'en tenir aux termes stricts de celle-ci tels que formulés lors de son adoption.

Pour autant, il est difficile de parler, à travers cette jurisprudence, de gouvernement des juges. Ni la Cour suprême, ni le pouvoir judiciaire dans son ensemble, n'ont durablement porté atteinte à l'équilibre des pouvoirs qui est le trait essentiel des institutions américaines.

L'autorité des décisions de la Cour suprême a en effet pour limite le pouvoir du législateur et du constituant fédéraux. Il est toujours possible de modifier la Constitution pour renverser la jurisprudence de la Cour. Par exemple, l'impôt sur le revenu a été « constitutionnalisé » par le XVIe amendement en 1902 pour briser l'opposition de la Cour.

4

Compléments pédagogiques

Mémo

Les *institutions* des États-Unis d'Amérique sont caractérisées par le fédéralisme et la séparation des pouvoirs tels que les a fixés la Constitution de 1787, qui met fin aux institutions confédérales de 1776. *La Constitution américaine a été amendée 27 fois*. Le fédéralisme américain repose sur une répartition souple des compétences entre fédération et États membres et la participation de ceux-ci aux institutions fédérales.

À ce dernier niveau, la séparation des pouvoirs (exécutif, législatif, judiciaire) n'implique pas une séparation totale des fonctions. Le *pouvoir législatif et budgétaire du Congrès*, qui détient des pouvoirs de codécision pour les nominations et les relations extérieures, rend les moyens de l'exécutif limités. Celui-ci est concentré entre les mains d'un organe monocéphale, *le président*, qui tire surtout sa puissance de sa légitimité et de ses pouvoirs diplomatiques et militaires. Mais il doit faire face aux tentatives du Congrès pour transformer sa responsabilité pénale en responsabilité politique (*impeachment*). Avec le système de *checks and balances*, la séparation des pouvoirs et des fonctions rend nécessaire la recherche de compromis entre le Congrès et le président, d'autant plus que celui-ci ne dispose pas toujours d'un soutien dans les deux chambres. Le fonctionnement du système politique étasunien rend ainsi nécessaire un dialogue entre les institutions, que la polarisation partisane et le travail parlementaire rendent difficile dans la perspective d'une issue et la recherche de compromis.

De son côté, le pouvoir judiciaire est d'autant plus puissant que la *Cour suprême* s'est très tôt arrogée un contrôle de constitutionnalité dont bénéficie tout juge ordinaire.

Liste des présidents des États-Unis

1789-1797 : George Washington
1797-1801 : John Adams
1801-1809 : Thomas Jefferson
1809-1817 : James Madison
1817-1825 : James Monroe
1825-1829 : John Adams
1829-1837 : Andrew Jackson (D)
1837-1841 : Martin Van Buren (D)
1841-1841 : William Henry Harrison (W)
1841-1845 : John Tyler (W)
1845-1849 : James Polk (D)
1849-1850 : Zachary Taylor (W)
1850-1853 : Millard Fillmore (W)
1853-1857 : Franklin Pierce (D)
1893-1897 : Grover Cleveland (D)
1897-1901 : William McKinley (R)
1901-1909 : Theodore Roosevelt (R)
1909-1913 : William H. Taft (R)
1913-1921 : Woodrow Wilson (D)
1921-1923 : Warren Harding (R)
1923-1929 : Calvin Coolidge (R)
1929-1933 : Herbert Hoover (R)
1933-1945 : Franklin D. Roosevelt (D)
1945-1953 : Harry Truman (D)
1953-1961 : Dwight Eisenhower (R)
1961-1963 : John F. Kennedy (D)
1963-1969 : Lyndon Johnson (D)
1969-1974 : Richard Nixon (R)

1857-1861 : James Buchanan (D)
1861-1865 : Abraham Lincoln (R)
1865-1869 : Andrew Johnson (D)
1869-1877 : Ulysses S. Grant (R)
1877-1881 : Rutherford B. Hayes (R)
1881-1881 : James Garfield (R)
1881-1885 : Chester Arthur (R)
1885-1889 : Grover Cleveland (D)
1889-1893 : Benjamin Harrison (R)

1974-1977 : Gerald Ford (R)
1977-1981 : Jimmy Carter (D)
1981-1989 : Ronald Reagan (R)
1989-1993 : George H.W. Bush (R)
1993-2001 : William J. Clinton (D)
2001-2008 : George W. Bush (R)
2008-2016 : Barack Obama (D)
2016-2020 : Donald Trump (R)
2020- : Joe Biden (D)

D : démocrate R : républicain W : whig

Liste des présidents (Chief Justice) de la Cour suprême fédérale

1789-1795 : John Jay
1796-1800 : Oliver Ellsworth
1801-1835 : John Marshall
1835-1864 : Roger B. Taney
1864-1873 : Salmon Portland Chase
1874-1888 : Morrison Remick Waite
1888-1910 : Melville Weston Fuller
1910-1921 : Edward Douglass White
1921-1930 : William Howard Taft
1930-1941 : Charles Evans Hughes
1941-1946 : Halan Fiske Stone
1946-1953 : Frederick Moore Winson
1953-1969 : Earl Warren
1969-1986 : Warren Earl Burger
1986-2005 : William Hubbs Rehnquist
2005- : John Roberts

Chronologie constitutionnelle des États-Unis

4 juill. 1776 : Déclaration d'indépendance des États-Unis
15 nov. 1777 : Création de la Confédération des États-Unis d'Amérique
17 sept. 1787 : Adoption de la Constitution des États-Unis
25 sept. 1789 : Adoption par le Congrès des 10 premiers amendements à la Constitution (ratifiés le 15 déc. 1791)
24 févr. 1803 : Arrêt de la Cour suprême fédérale : *Marbury c/ Madison*
6 mars 1857 : Arrêt de la Cour suprême : *Dred Scott c/ Sanford John*
24 déc. 1860 : Sécession de la Caroline du Sud
4 févr. 1861 : Création des États confédérés d'Amérique
9 avr. 1865 : Capitulation de la Confédération
31 janv. 1865 : XIIIe amendement abolissant l'esclavage adopté par le Congrès (ratifié le 18 décembre 1865)
8 nov. 1932 : Première élection de Frank Delano Roosevelt
17 mai 1954 : Arrêt de la Cour suprême : *Brown c/ Board of Education of Topeka*
9 août 1974 : Démission du Président Richard Nixon à la suite de l'affaire du « *Watergate* »
12 févr. 1999 : Acquittement du Président Bill Clinton par le Sénat à la suite de la procédure d'*impeachment* votée par la Chambre des représentants
4 nov. 2008 : Première élection de Barack Obama

5 févr. 2020 : Acquittement du Président Donald Trump par le Sénat à la suite de la procédure d'impeachment votée par la Chambre des représentants
13 févr. 2021 : Acquittement du Président Donald Trump par le Sénat à la suite de la procédure d'impeachment votée par la Chambre des représentants

Quid

■ Caucus n° 80

Assemblée composée des militants et responsables d'un parti qui est chargée, dans les États où il n'existe pas de primaires, de choisir les candidats du parti aux élections.

■ Chambre des représentants n° 71

Chambre basse du Congrès des États-Unis représentant le peuple de l'Union et composée de 435 représentants élus dans des circonscriptions de même taille démographique.

■ *Chief Justice* n°s 75, 98

Premier magistrat (*Chief Justice*) des États-Unis, le président de la Cour suprême détient un pouvoir moral et coutumier (c'est lui qui attribue aux différents juges la rédaction de la décision). C'est devant lui que le président des États-Unis prête serment lors de son entrée en fonction. 15 juges se sont succédé à ce poste depuis 1789.

■ Congrès n° 71

Organe bicaméral (composé de la Chambre des représentants et du Sénat) détenant le pouvoir législatif des États-Unis.

■ Cour suprême n° 96

Placée au sommet de la hiérarchie juridictionnelle fédérale et d'État, elle est à la fois juridiction d'appel et de cassation (sans renvoi à une autre juridiction). Elle intervient également en dernier ressort dans le contrôle de constitutionnalité des lois dans le cadre de la saisine par exception d'inconstitutionnalité.

■ *Due process of law* n° 65

« Procédure légale régulière » : clause de garanties juridiques introduite dans le Ve amendement et interdisant toute atteinte aux droits à la vie, à la liberté et la propriété sans procédure légale régulière. Étendue aux États par le XIVe amendement. La Cour suprême en a donné une interprétation extensive.

■ *Executive agreement* n° 76

Accord international en forme simplifiée — qui entre en vigueur après sa signature par le président — qui évite la procédure formelle d'approbation et de ratification des traités en forme solennelle (qui nécessite un vote du Sénat à la majorité des deux tiers).

■ *Impeachment* (mise en accusation) n° 75

Procédure judiciaire de mise en cause de la responsabilité pénale du président des États-Unis ou d'un fonctionnaire fédéral pour « trahison, corruption, crime contre la chose publique ou délit grave » (Const., art. 3, sect. 3). La mise en accusation est décidée par la Chambre des représentants et le verdict est rendu par le Sénat.

■ Primaire n° 80

Désignation des candidats aux élections par le suffrage universel. Pratiquée dans la majorité des États, elle n'est ouverte qu'aux électeurs qui ont déclaré adhérer au parti.

■ Privilège de l'exécutif n° 94

Droit (non prévu par la Constitution) revendiqué par le président de soustraire au Congrès ou au juge des informations qui pourraient nuire à l'intérêt ou à la sécurité nationaux. Tout en reconnaissant son existence, la Cour suprême (*United States c/ Nixon*, 1974) en a réduit le champ en cas de procès pour l'administration de la preuve.

■ *Recall* n° 69

Procédure de démocratie semi-directe reconnue par plusieurs Constitutions d'État, permettant, à la suite d'une pétition, de renvoyer par référendum un fonctionnaire ou un élu.

■ Sénat n° 71

Chambre haute de l'État fédéral de 100 membres assurant sur une base égalitaire (2 sénateurs par État) la représentation des États fédérés.

■ *Spoil system* n° 90

« Systèmes des dépouilles » ou patronage lié au système de partis américain permettant au président de nommer aux postes clés de l'administration fédérale des amis politiques ou des mécènes qui ont financé sa campagne électorale.

Documents

Les dix premiers amendements de la Constitution de 1787

Article 1er. Le Congrès ne fera aucune loi relativement à l'établissement d'une religion ou en interdisant le libre exercice ; ou restreignant la liberté de parole ou de la presse, ou le droit du peuple de s'assembler paisiblement, et d'adresser des pétitions au gouvernement pour une réparation de ses torts.

Article 2. Une milice bien réglée étant nécessaire à la sécurité d'un État libre, le droit du peuple de détenir et de porter des armes ne sera pas transgressé.

Article 3. Aucun soldat ne sera, en temps de paix, logé dans une maison sans le consentement du propriétaire, ni en temps de guerre, si ce n'est de la manière prescrite par la loi.

Article 4. Le droit des citoyens d'être garantis dans leurs personnes, domiciles, papiers et effets, contre des perquisitions et saisies déraisonnables ne sera pas violé, et aucun mandat ne sera délivré, si ce n'est pour un motif plausible, soutenu par serment ou déclaration solennelle, ni sans qu'il décrive avec précision le lieu à fouiller et les personnes ou choses à saisir.

Article 5. Nul ne sera tenu de répondre d'un crime capital ou infamant si ce n'est sur une déclaration de mise en accusation ou un acte d'accusation d'un grand jury, sauf dans les causes nées dans l'armée de terre ou de mer, ou dans la milice lorsqu'elle est en service actif en temps de guerre ou de danger public ; nul ne sera exposé pour le même crime à encourir deux fois une menace pour sa vie ou son corps ; nul ne se verra forcé de témoigner contre lui-même dans aucune affaire criminelle ; ni ne sera privé de vie, de liberté ou de propriété sans procédure légale convenable (*without due process of law*) ; nulle propriété privée ne sera prise pour usage public sans juste indemnité.

Article 6. Dans toutes les poursuites criminelles, l'accusé aura droit à un jugement rapide et public par un jury impartial de l'État et du district où le crime aura été commis, ce district ayant été préalablement déterminé par la loi, et d'être instruit de la nature et du motif de l'accusation ; d'être confronté avec les témoins à charge ; de bénéficier d'une procédure obligatoire de citation de témoins à décharge, et d'être assisté d'un conseil pour sa défense.

Article 7. Dans les procès de *common law* où la valeur en litige excédera vingt dollars, le droit au jugement par jury sera respecté et aucun fait jugé par un jury ne sera examiné de nouveau dans une Cour des États-Unis autrement que selon les règles de *common law*.

Article 8. Des cautions excessives ne seront pas exigées, ni des amendes excessives imposées, ni des châtiments cruels et inhabituels infligés.

Article 9. L'énumération, dans la Constitution, de certains droits ne sera pas interprétée de façon à dénier ou diminuer d'autres droits retenus par le peuple.

Article 10. Les pouvoirs non délégués aux États-Unis par la Constitution, ni refusés par elle aux États, sont réservés aux États respectivement, ou au peuple.

Sur les limites du privilège de l'exécutif

Cour suprême 24 juillet 1974, *United States c/ Nixon*

Dans la présente espèce, le président conteste la citation judiciaire qu'il a reçue en qualité de tiers l'obligeant à produire certaines pièces qui doivent servir à l'accusation dans un procès criminel. Il s'y oppose en invoquant un privilège pour protéger des secrets militaires ou diplomatiques. [...] Nulle part dans la Constitution on ne trouve une quelconque référence explicite à un privilège de confidentialité. Toutefois, dans la mesure où il est nécessaire au bon exercice par le président des pouvoirs qui sont les siens, ce privilège a une base constitutionnelle. Cependant, et de manière similaire, le droit à la production de toutes les preuves au cours d'un procès criminel a, lui aussi, un fondement constitutionnel. Le sixième amendement donne explicitement à l'accusé dans tout procès criminel le droit « d'être confronté avec les témoins à charge » et le droit « de bénéficier d'une procédure obligatoire de citation de témoins à décharge », de plus, le cinquième amendement garantit aussi que « nul ne sera privé de libertés sans procédure légale convenable ». Le juge a manifestement le devoir de faire respecter ces garanties et, pour ce faire, il est indispensable que toutes les preuves pertinentes et recevables puissent être produites.

Dans cette affaire, il nous appartient de mettre en balance l'importance du privilège général de confidentialité qui s'attache aux communications du président dans l'exécution de ses fonctions et les incidences de ce privilège sur le déroulement équitable de la justice pénale.

[...] Nous concluons que chaque fois que le privilège de ne pas répondre à une citation judiciaire impérative de production de preuves recherchées dans le cadre d'un procès pénal n'est fondé que sur un intérêt général à la confidentialité, il ne peut l'emporter sur les exigences essentielles du procès équitable dans le cadre d'une juste administration de la justice pénale. La revendication générale du privilège doit céder devant le besoin démontré et spécifique de production de preuves dans un procès criminel en cours.

Biblio

- B. Ackerman, *Au nom du peuple. Les fondements de la démocratie américaine*, Paris, Calmann-Lévy, 1998.
- S. Breyer, *La Cour suprême, l'Amérique et son histoire*, Paris, Odile Jacob, 2011.
- B. E. Brown, *L'État et la politique aux États-Unis*, Paris, PUF, coll. « Thémis », 1994.
- I. Fassassi, *La légitimité du contrôle juridictionnel de la constitutionnalité des lois aux États-Unis*, Paris, Dalloz, 2017.
- A. Hamilton, J. Jay et J. Madison, *Le Fédéraliste*, Classiques Garnier, 2012.
- L. Harbridge, *Is Bipartisanship Dead ? : Policy Agreement and Agenda-Setting in the House of Representatives*, Cambridge, Cambridge University Press, 2015
- A. Kaspi, H. Harter, *Les présidents américains de Georges Washington à Donald Trump*, Texto, 2018.
- Th. Lowi, B. Ginsberg, K.A. Shepsle, S. Ansolabehere, *American government*, Norton Éd. 2010.
- *Pouvoirs* 1984, n° 29, *Les États-Unis*, PUF.
- *Pouvoirs* 1991, n° 59, *La Cour suprême des États-Unis*, PUF.
- J. Thurber, A. Yoshinaka, *American Gridlock : The Sources, Character, and Impact of Political Polarization*, Cambridge, Cambridge University Press, 2016.
- M.-F. Toinet, *Le système politique des États-Unis*, Paris, PUF, coll. « Thémis », 1990.
- A. Tunc, *Le système constitutionnel des États-Unis d'Amérique*, Paris, Domat, Montchrestien, 1954, 2 vol.
- E. Vallet, *Comprendre les élections américaines*, Septentrion, 2020.
- E. Vallet, *La présidence des États-Unis*, Septentrion, 2011.
- É. Zoller, Wanda Mastor, *Les grands arrêts de la Cour suprême des États-Unis*, Paris, Dalloz, 2021.
- É. Zoller, *De Nixon à Clinton, malentendus juridiques transatlantiques*, Paris, PUF, 1999 ; *Histoire du gouvernement présidentiel aux États-Unis*, Dalloz, 2011.

Quiz

1) Sujets corrigés

A) Tests de compréhension

1. Combien d'amendements à la Constitution américaine ont été approuvés par le Congrès et combien sont entrés en vigueur ?

2. Combien d'États pratiquent le référendum et combien pratiquent le recall ?

3. Combien d'États pratiquent les élections primaires pour l'élection présidentielle ?

Voir le corrigé en fin de rubrique.

B) Dissertations

Énoncé n° 1

La séparation des pouvoirs aux États-Unis.

Voir le corrigé en fin de rubrique.

Énoncé n° 2

La responsabilité du président des États-Unis.

Voir le corrigé en fin de rubrique.

2) Corrigés

Tests de compréhension

1. 33 amendements approuvés et 27 entrés en vigueur.
2. 49 États pratiquent le référendum et 18 le *recall*.
3. 36 pour les démocrates et 38 pour les républicains en 2008.

Dissertation n° 1

Introduction : Introduire en rappelant les conceptions des constituants (influence de Locke et Montesquieu : séparation et équilibre des pouvoirs).

I. Une double séparation des pouvoirs

A. Entre président, Congrès et Cour suprême : indépendance réciproque

B. Entre État fédéral et États fédérés : des ordres constitutionnels indépendants

II. Une séparation relative des fonctions

A. La participation de l'exécutif au législatif (*veto*) et du législatif à l'exécutif (nominations, traités)

B. La répartition floue des compétences entre État fédéral et États fédérés

Dissertation n° 2

Introduction : les institutions américaines : l'évolution interrompue du modèle anglais (*impeachment*) et le pouvoir présidentiel sauvé par l'élection directe.

I. Le principe : une double responsabilité

A. Responsabilité politique devant le peuple (mandat court et rééligibilité) et irresponsabilité politique devant le Congrès

B. Responsabilité pénale devant le Congrès (transposition du modèle anglais de l'*impeachment*)

II. Les tentatives de détournement du principe et l'intervention du juge

A. L'irresponsabilité totale de l'exécutif (privilège de l'exécutif) limitée par la Cour suprême

B. La dérive de l'*impeachment* vers la responsabilité parlementaire stoppée (l'échec des tentatives du Congrès)

chapitre 5

La genèse du parlementarisme européen

Plan analytique

La genèse du parlementarisme européen

Les institutions européennes ont adopté dans leur très grande majorité le modèle parlementaire tel qu'il s'est développé au Royaume-Uni et en France avant de se diffuser en Europe au XIXe et au XXe siècle. 101

L'Europe est le berceau du droit constitutionnel et notamment d'un type d'institutions qui naissent en Angleterre au XIIIe siècle avant de connaître leur forme contemporaine au lendemain des révolutions libérales du XVIIIe siècle : les institutions parlementaires. Celles-ci s'enracinent de façon concomitante dans le régime représentatif, qui se développera presque sans discontinuité du Moyen Âge à nos jours, et dans un système de séparation des pouvoirs qui n'empêche pas leur collaboration.

section 1

Le modèle anglais

Les institutions britanniques ont connu une évolution progressive, depuis neuf siècles, caractérisée par une grande capacité d'innovation politique puisque la plupart des éléments constitutifs de l'État parlementaire y ont vu le jour et s'y sont démocratisés. Cette évolution marque aussi par une étonnante adaptation puisque c'est dans le cadre apparu au XIIIe siècle que ces innovations se sont intégrées sans bouleverser le cadre juridique et institutionnel initial. 102

§ 1 Les mutations du parlementarisme

Le régime parlementaire est né en Angleterre au XIIIe siècle au sein de la monarchie féodale, lors du conflit qui oppose la Couronne à la noblesse et à l'Église et se matérialise dans la *Grande Charte*[Q] de 1215. Celle-ci dispose qu'aucun impôt ne pourra être levé sans le consentement de la *Curia major* – conseil commun du Royaume qui réunit les représentant de la noblesse et du haut clergé. À la fin du siècle, ceux-ci sont rejoints par les représentants des villes et, au siècle suivant (1332), bourgeois et nobles se réunissent séparément et constituent la Chambre des Communes et la Chambre des Lords. Jusqu'au XVIIe siècle, la nature du régime ne change pas : les Chambres se réunissent pour des sessions généralement limitées (pour consentir à l'impôt) – à la fin desquelles le roi dissout la Chambre des Communes, de nouvelles élections précédant la nouvelle convocation. Les effectifs des Chambres augmentent progressivement tandis que la durée de leur mandature s'allonge, permettant aux institutions parlementaires de s'enraciner et de se développer. Par exemple, dès 1376 le speaker, porte-parole des Communes auprès du monarque, apparaît. 103

L'importance des Chambres devient décisive au XVIIe siècle lors de la guerre civile où *monarchie*[Q] et députés s'affrontent après un siècle de monarchie absolue. C'est alors que se développe la procédure de l'*impeachment*, apparue dès le XIVe siècle mais peu utilisée jusqu'alors. Elle consiste en la mise en accusation par la Chambre des Communes d'un ministre qui est jugé par la Chambre des Lords pour un délit, mais cette procédure judiciaire peut masquer des fins politiques.

Le conflit entre le roi Charles Ier et les Communes (1640-49) s'achève par l'abolition de la fonction royale (le roi Charles Ier est exécuté le 30 janvier 1649) et de la Chambre des Lords. Après la dictature de Cromwell (1649-1658), qui rétablit *in fine* le *bicamérisme*[Q], l'armée rappelle les Chambres puis restaure la monarchie. Celle-ci doit accepter de partager ses pouvoirs avec les Chambres (1660). Les grands textes protégeant les libertés individuelles sont alors institués (Pétition des droits de 1628 et *Habeas Corpus* de 1679). La révolution de 1688 entraîne l'arrivée de la dynastie d'Orange, choisie par les Chambres. Le *Bill of Rights*, imposé au roi Guillaume par les Chambres en 1689 et *l'Act of Settlement* (1701) font du roi un organe constitutionnel et limitent son pouvoir législatif : il perd ses droits de *veto*, d'édicter des ordonnances sans l'accord des Chambres ou de gracier les ministres frappés par l'*impeachment*. Le vote de l'impôt devient annuel et les sessions parlementaires régulières.

À partir du début du XVIIIe siècle, les institutions anglaises vont connaître une évolution continue qui fixera les grands traits du parlementarisme.

Dans un premier temps, les ministres restent responsables devant le seul monarque : la monarchie limitée et la séparation des pouvoirs entre l'exécutif et un parlement bicaméral seront théorisées par Montesquieu et se retrouveront à l'origine du modèle américain.

La consolidation coutumière de la responsabilité des ministres sera la seconde étape décisive. L'accession de la Maison de Hanovre à la Couronne britannique (1715) renforce d'autant plus l'autonomie du ministère que les premiers monarques ne parlent pas l'anglais et ne participent pas régulièrement au Conseil. D'un côté, la pratique du *contreseing*[Q] ministériel (au départ purement formelle) va peu à peu traduire l'autonomie des ministres par rapport au monarque. De l'autre, la responsabilité pénale (*impeachment*) va lentement évoluer vers une responsabilité politique. Celle-ci prend la forme de la menace d'*impeachment* individuelle d'abord, avec la démission de Walpole en 1742, puis collective, avec la démission du cabinet North en 1782 symbolise la solidarité ministérielle.

Les premières décennies du XIXe siècle voient l'apogée du *parlementarisme dualiste*[Q]. Le cabinet est responsable devant le roi et devant les Chambres ; en cas de conflit entre la Chambre des Communes et le cabinet, celui-ci peut demander au roi de dissoudre la Chambre afin que les électeurs tranchent lors de nouvelles élections. Parallèlement, les partis commencent à émerger des factions parlementaires (*Whigs* et *Tories*).

Jusqu'en 1832, le roi disposait encore d'un rôle important, jouant des rivalités entre factions à la Chambre des Communes et pouvant s'appuyer sur la Chambre des Lords. Mais, le *Reform Act* de 1832 double le corps électoral de la Chambre basse par l'élargissement du cens en faisant passer le nombre d'électeurs à 800 000 et combat la corruption par la suppression des « bourgs pourris », circonscriptions électorales dépeuplées où l'on achetait les rares électeurs). Il renforce ainsi la légitimité de la Chambre des communes face à la Chambre des Lords, dont l'influence décline. Le roi ne peut plus jouer des Lords contre les Communes, au moment où l'organisation des grands partis se structure. L'échec de la dissolution royale de 1834 consacre l'effacement de la monarchie tandis que les réformes électorales ultérieures ne vont cesser de renforcer la Chambre des Communes et le rôle du Premier ministre, leader du principal groupe parlementaire. En 1911, le *Parliament Act* supprime le droit d'amendement des Lords en matière financière et réduit leur droit de *veto* législatif à deux ans. En 1949, un nouveau *Parliament Act* ramènera celui-ci à un an.

Avec ces évolutions, le *régime parlementaire*[Q] devient un *régime parlementaire moniste*[Q]. Le Premier ministre et son Cabinet ne sont plus responsables devant le roi mais uniquement devant la Chambre des Communes, dont ils sont l'émanation puisque tout membre du gouvernement doit obligatoirement être – et rester – parlementaire.

§ 2 Le constitutionnalisme britannique

Le constitutionnalisme anglais est à l'image du droit anglais. Celui-ci diffère profon- 104 ■
dément du droit continental et repose, d'une part, sur un ajustement constant entre le droit coutumier et le droit consolidé des décisions judiciaires (qui sont les deux éléments structurants du système juridique, la *common law*) et, d'autre part, sur la législation élaborée par le Parlement. Le constitutionnalisme anglais ne s'est pas construit à partir de grands textes normatifs qui s'imposent à toutes les institutions et acteurs politiques (la rédaction d'une constitution écrite n'a jamais été à l'ordre du jour), mais, à partir de 1688, en fonction des restructurations successives du Parlement, ensemble constitué du Roi et des Chambres auxquels s'adjoindra le Cabinet. Le Parlement est l'organe détenteur de la souveraineté politique et cela explique pourquoi l'émergence d'un pouvoir juridique supérieur (la constitution) est impossible. C'est donc de l'évolution des rapports de force entre les organes constitutifs du Parlement que dépend l'évolution du régime.

Le Parlement est à la fois l'organe qui élabore la loi et le détenteur du « pouvoir constituant », c'est-à-dire des règles organisant le pouvoir politique et l'élaboration des normes écrites. Ces règles sont des conventions politiques consolidées entre les acteurs politiques qui durent aussi longtemps que lesdits acteurs en conviennent.

§ 3 Le poids des partis

L'un des traits essentiels des institutions politiques britanniques est le poids des 105 ■
grands partis. C'est au Royaume-Uni qu'apparaissent, au XIXe siècle, à partir des groupes parlementaires, les partis modernes, organisés pour la compétition électorale et l'exercice du pouvoir dans les démocraties naissantes, qui serviront de modèles aux partis continentaux. Leur rôle est légitimé par le système électoral. Au Royaume-Uni, le scrutin majoritaire uninominal à un tour est en vigueur depuis les origines médiévales du parlementarisme. Il a été maintenu malgré l'introduction progressive du suffrage universel, alors que partout ailleurs en Europe la représentation proportionnelle a accompagné l'introduction du suffrage universel. Ce mode de scrutin aboutit à empêcher l'émergence de nouvelles formations et consolide un bipartisme rigide. Au sein du parti, le leader est le chef du groupe parlementaire aux Communes car c'est autour du groupe que s'organise la vie du parti et le choix des candidats aux élections législatives. Jusqu'au début du XXe siècle, les libéraux (transformés en grand parti moderne par Gladstone, Premier ministre à plusieurs reprises

entre 1868 et 1894) et les conservateurs (dotés d'un électorat populaire par Disraeli, Premier ministre de 1874 à 1880) alternent au pouvoir. L'émergence du parti travailliste, créé en 1900 par les syndicats ouvriers (*Trade Unions*) pour bénéficier d'une représentation propre qu'ils financent, conduit à un tripartisme dans les années d'entre-deux-guerres qui s'achève par l'éclatement des libéraux (dont l'aile droite fusionne avec les conservateurs). Au lendemain de la Seconde Guerre mondiale, le bipartisme conservateurs/travaillistes s'impose et les leaders de chaque parti vainqueur deviennent automatiquement des premiers ministres s'appuyant sur des majorités solides durant la seconde moitié du XXe siècle.

section 2

Le modèle parlementaire français

106 Le parlementarisme est né en France de la Révolution. Celle-ci ouvre en 1789 un cycle constitutionnel, marqué par une succession de constitutions (13) et davantage encore de régimes politiques, qui ne parviennent à se stabiliser qu'en 1877. Si l'histoire constitutionnelle de cette période échappe au chaos, c'est qu'au-delà des ruptures, une continuité est assurée par la relative permanence du personnel politique, qui survit aux révolutions (une génération gouverne de la Convention à l'Empire, une autre de la Monarchie de Juillet aux débuts de la Troisième République), et par l'évolution des pratiques institutionnelles, qui assouplissent la rigidité apparente des Constitutions écrites.

Trois grandes phases peuvent être distinguées :

– la domination de la représentation parlementaire, en réaction à la souveraineté royale de l'Ancien Régime (1789-99) ;

– la dictature de l'exécutif qui coïncide avec l'enracinement des institutions révolutionnaires (1799-1815) ;

– l'émergence difficile du parlementarisme dualiste (1815-1877).

§ 1 La Constitution de 1791

107 Lorsque le 5 mai 1789, les *États généraux*[Q], convoqués par Louis XVI, se réunissent à Versailles, la France est régie par des institutions monarchiques à caractère largement coutumier. La souveraineté absolue du roi, théorisée au XVIe siècle dans *Les Six Livres de la République* de Jean Bodin (1576) fait du monarque la source unique du droit – fonction législative – et les contrepoids à cette toute-puissance sont peu nombreux et peu effectifs : les « Lois fondamentales du Royaume », à caractère coutumier, concernent avant tout le pouvoir royal (règles de succession, inaliénabilité du domaine royal) ; les Parlements locaux (fiefs de la noblesse de robe) détiennent des pouvoirs judiciaires ; quant aux États généraux, assemblée provisoire et consultative représentant les trois ordres (clergé, noblesse et Tiers État – c'est-à-dire la bourgeoisie des villes), ils ne sont convoqués qu'exceptionnellement (en temps de

crise politique ou financière) : si leur tenue est assez fréquente au Moyen-Âge (dix entre 1302 et 1484), ils disparaissent sous la monarchie absolue puisque les derniers tenus avant 1789 avaient été convoqués en 1614 !

Il n'est donc pas étonnant que les révolutionnaires de 1789 se soient d'abord attachés à renverser la doctrine de la souveraineté monarchique en la transférant aux représentants de la Nation.

A. Des États généraux à l'Assemblée constituante

Les États généraux étaient organisés par ordres, corps hiérarchisés ayant chacun son 108 ■
statut juridique : le clergé (130 000 membres en 1789), la noblesse (400 000 membres) et le « reste » de la population ou Tiers État. Chacun des ordres désigne ses délégués munis d'un mandat impératif.

C'est, comme à l'habitude, afin de trouver une réponse aux difficultés financières de l'État que Louis XVI se résout le 24 janvier 1789 à convoquer les États généraux. Si le vote par ordre est maintenu, la représentation du Tiers État a été doublée (600 délégués contre 300 au clergé et 300 à la noblesse). Autre nouveauté, le roi donne pouvoir aux délégués de « délibérer », autrement dit de sortir d'un mandat strictement impératif. Les cahiers de doléances élaborés dans les assemblées de bailliage qui élisent les députés font preuve de modération mais envisagent les États généraux comme une assemblée constituante alors qu'ils demeurent une assemblée consultative dans l'esprit du monarque. Cette contradiction va apparaître dès l'ouverture le 5 mai.

La décision des délégués du Tiers État aux états généraux de se constituer en Assemblée nationale en ralliant à eux une partie des délégués du clergé et de la noblesse (le 17 juin) est l'acte fondateur qui substitue au *mandat impératif* une *conception représentative* de l'Assemblée, Sieyès ayant convaincu celle-ci de se proclamer émanation de la « nation », dont elle est la représentation générale et souveraine, en défi à la souveraineté royale. L'acceptation par Louis XVI de cette logique et la fusion des ordres (le 27 juin) entérinent cette révolution juridique. Aussitôt, l'Assemblée nationale où, après les défections, clergé et noblesse constituent un tiers de l'effectif, se proclame constituante (le 9 juill.) et élabore une Déclaration des droits – qui sera le Préambule de la Constitution – puis la Constitution proprement dite.

Le travail constituant, qui va durer deux ans, est caractérisé par un va-et-vient entre séance plénière et travail en comités restreints, mais il est effectué parallèlement au travail législatif de l'Assemblée. Celle-ci est divisée en comités dont le comité de Constitution, chargé du travail d'élaboration de la Constitution et de la Déclaration des droits. Ce comité de 30 membres, désignés le 6 juillet 1789, est réduit à 13 le 15 septembre 1789 au lendemain de l'adoption de la Déclaration des droits et renouvelé. Les « monarchiens » (monarchistes modérés) sont évincés ; Sieyès, Talleyrand et Le Chapelier, minoritaires jusqu'alors, sont les seuls reconduits et deviennent majoritaires avec l'élection de partisans d'un changement plus radical (Thouret, Tronchet). Le comité de Constitution est divisé en trois organes : le comité de Constitution (chargé de l'organisation des pouvoirs et de leurs rapports), le comité de division (chargé de l'organisation administrative du Royaume) et le comité de révision (chargé de « revoir, réunir et classer les articles constitutionnels »). En réalité, c'est ce dernier organe qui joue le rôle principal.

B. La Déclaration des droits de l'homme et du citoyen

109 La nouvelle conception des droits, des institutions et de la souveraineté est proclamée par la Déclaration des droits de l'homme et du citoyen, qui, bien qu'inachevée, est adoptée le 26 août 1789. Celle-ci s'inspire de la tradition jusnaturaliste en proclamant les « droits naturels et imprescriptibles » de l'homme (DDHC, art. 1er, 2) mais fait surtout confiance à la loi pour les mettre en œuvre.

La Déclaration affirme que « nul ne peut être inquiété pour ses opinions, même religieuses, pourvu qu'elles ne troublent pas l'ordre public » (DDHC, art. 10). Cette reconnaissance indirecte et prudente de la liberté de culte, qui permettra de donner aux protestants et aux juifs le statut de citoyens, va être paradoxalement plus difficile pour la religion dominante, le catholicisme. Le décret du 19 février 1790 supprime les ordres religieux et la Constitution civile du clergé (votée le 12 juillet 1790), d'inspiration gallicane, impose l'élection des évêques catholiques par le peuple et un serment de fidélité du clergé au régime, conduisant l'Église à un schisme entre le clergé « constitutionnel », qui se rallie au régime, et le clergé « réfractaire », majoritaire, qui reste fidèle au Pape. Cette rupture durera jusqu'au Concordat de 1801. La Déclaration reconnaît la liberté de la presse mais elle ne reconnaît pas la liberté d'association qui sera formellement interdite par la loi Le Chapelier du 17 juin 1791 (il faudra attendre 1901 pour qu'elle soit partiellement reconnue). Le seul droit à être qualifié de « sacré » est le droit de propriété (DDHC, art. 17), ce qui en dit long sur la philosophie des auteurs.

Si la Déclaration s'inspire de *l'Habeas corpus* anglais pour protéger le citoyen contre l'arbitraire (DDHC, art. 7 à 9) tout en renvoyant à la loi pour leur mise en œuvre, une bonne partie de ses articles est consacrée aux institutions. La Déclaration proclame ainsi la nécessité d'une Constitution reposant sur la séparation des pouvoirs et la garantie des droits (DDHC, art. 16 : « Toute société dans laquelle la garantie des droits n'est pas assurée ni la séparation des pouvoirs déterminée n'a pas de Constitution ») et enracine la légitimité politique dans la nation (DDHC, art. 3 : « Le principe de toute souveraineté réside essentiellement dans la nation. Nul corps, nul individu ne peut exercer d'autorité qui n'en émane expressément »). Dans les deux cas, c'est la monarchie absolue qui est visée : La séparation des pouvoirs est opposée à l'arbitraire royal, la souveraineté nationale à la souveraineté royale. Les rédacteurs n'ont pas pour objectif de construire des institutions inspirées de la Constitution américaine comme le montrera la Constitution de 1791. Comment expliquer sinon que la Déclaration impose une conception de la loi inspirée directement de Rousseau, comme norme générale et supérieure émanant des citoyens ou de leurs représentants (DDHC, art. 6 : « La loi est l'expression de la volonté générale. Tous les citoyens ont droit de concourir personnellement, ou par leurs représentants, à sa formation ») à laquelle tout est soumis, ce qui pose la question du statut de la Constitution et de la hiérarchie des normes.

C. La Constitution de 1791

110 La Constitution adoptée le 14 septembre 1791 s'enracine dans les principes de 1789, les intègre et les développe, sans emprunter aux influences anglaises (à travers la lecture de Montesquieu) et américaines (Constitution de 1787) qui avaient pourtant marqué les premiers débats de l'Assemblée. Mais, après l'éviction des monarchiens dès septembre 1789, c'est la volonté de rompre avec l'Ancien Régime et d'éviter tout retour en arrière qui a prévalu.

Le premier trait essentiel concerne la nature du *régime représentatif*[Q] instauré. Il repose sur le principe de la souveraineté nationale : la souveraineté, toute aussi absolue qu'avant 1789. Elle est unique, indivisible, inaliénable et imprescriptible, n'appartient ni au roi, ni au peuple (conçu selon Rousseau comme l'addition des volontés individuelles) mais à la nation (entité collective et abstraite transcendant le peuple et le roi) à travers ses représentants qui expriment sa volonté. Ces représentants sont le roi et le corps législatif, qui se partagent le pouvoir législatif.

Mais ce partage est inégal. D'un côté le roi, qui ne détient qu'un droit de *veto* suspensif sur la loi de deux législatures (soit quatre ans), de l'autre, le corps législatif, assemblée unique qui détient un pouvoir législatif étendu puisqu'il empiète sur les compétences traditionnelles de l'exécutif (organisation de l'administration, approbation des traités), auquel il faut ajouter le pouvoir constituant. Celui-ci est détenu exclusivement par une assemblée *ad hoc*, émanation du corps législatif, selon une procédure rendant la révision quasi impossible : quatre législatures sont nécessaires pour aboutir. À cet équilibre inégal entre les deux pôles du pouvoir législatif qui ne peuvent s'affronter directement (la personne du roi est « inviolable et sacrée » et l'assemblée ne peut être dissoute) ne fait contrepoids aucun organe. Certes la Constitution de 1791 reconnaît explicitement le pouvoir exécutif (chapitre IV) confié « exclusivement » au roi mais l'exécutif ne peut rien ajouter à la loi et se borne à l'appliquer, tandis que les ministres, dépendant du roi, sont déclarés pénalement responsables devant l'assemblée, celle-ci étant maîtresse tant de la procédure de mise en jeu de la responsabilité que de la définition des délits. Ce qui ouvre la voie à une évolution vers la responsabilité politique, sur le modèle anglais.

Quant au « pouvoir judiciaire », lui aussi reconnu (dans le chapitre V) et théoriquement indépendant (« il ne peut en aucun cas être exercé par le corps législatif ni par le roi », il est confié à des juges élus par le peuple. Il participe de la fonction exécutive par la stricte application de la loi et s'y voit étroitement confiné, l'Assemblée ayant interdit au juge de s'immiscer dans le domaine législatif (prohibition des arrêts de règlement) ou administratif (interdiction de statuer sur les litiges dans lesquels l'administration est en cause : L. des 16 au 24 août 1790).

Le système mis en place ne crée aucune séparation des fonctions (du fait de l'omnipotence de la fonction législative) et n'instaure qu'une séparation des pouvoirs de façade (compte tenu de l'inégalité de légitimité et de moyens entre le roi et l'assemblée). La force de l'Assemblée, malgré la brièveté de son mandat (deux ans), est renforcée par la nature oligarchique de son recrutement. Les « citoyens actifs » doivent acquitter un cens peu élevé (l'équivalent de trois journées de travail) pour participer à des assemblées primaires qui désignent les électeurs (qui doivent acquitter un cens équivalent à 200 journées de travail). Ceux-ci élisent ensuite les représentants parmi ceux qui acquittent un cens encore plus élevé, dont la contribution directe équivaut à la valeur d'un marc d'argent, et possèdent une propriété foncière.

Les constituants, fiers de leur œuvre, avaient prévu une procédure complexe de révision destinée à éviter qu'elle soit rapidement remise en cause : aucune révision n'était possible durant les quatre premières années. Par la suite, la Constitution ne pourrait être « réformée » qu'à la suite du vote concordant du Corps législatif de trois législatures successives (de deux ans chacune). C'est alors au bout de six ans qu'une Assemblée de révision, composée du Corps législatif de la quatrième législature, augmenté de 249 délégués supplémentaires, pourrait adopter les modifications de la constitution.

§ 2 La souveraineté parlementaire (1792-1799)

111 La Constitution de 1791 n'aura vécu que onze mois. À peine élu en septembre, le Corps législatif entre en conflit avec le roi. La radicalisation de la représentation parlementaire d'une part, l'utilisation du *veto* royal contre deux décrets de l'assemblée relatifs aux émigrés et aux prêtres réfractaires (en nov. 1791) puis contre deux autres décrets relatifs à la déportation des prêtres réfractaires et à la constitution d'une armée révolutionnaire aux portes de Paris plaçant le roi en otage (mai 1792), de l'autre, aboutissent à la prise des pleins pouvoirs par le Corps législatif sous la pression de l'insurrection parisienne (le 10 août 1792). Le Corps législatif suspend le roi, confie l'exécutif à un « Conseil » qui émane d'elle et convoque une convention chargée d'élaborer une nouvelle Constitution, la Constitution de 1791 ne permettant pas de révision rapide. Celle-ci disparaît donc, tout comme la Déclaration des droits de l'homme et du citoyen qui en faisait partie. Cette dernière renaîtra en 1946 en étant mentionnée par le Préambule de la Constitution du 27 octobre 1946.

A. La République conventionnelle

112 La nouvelle assemblée, appelée Convention par référence aux institutions américaines, diffère profondément de la Constituante et même du Corps législatif élu un an plus tôt. Les nobles et les représentants du clergé ont disparu dans la nouvelle assemblée, dont le recrutement est marqué par le poids des clubs, dont le fameux club des Jacobins mené par Robespierre. Sitôt élue, elle supprime la monarchie et établit la *République*[Q], le 20 septembre. 1792. Louis XVI est jugé par la Convention, qui se constitue en tribunal et délibère sous la pression populaire. Il est condamné à mort et exécuté le 21 janvier 1793. Ce procès politique, où la mort du roi est votée au scrutin public par 366 députés sur 721, crée une rupture entre tous les « régicides » et les tenants de l'Ancien Régime qui va peser sur tous les débats constitutionnels jusqu'en 1815.

L'assemblée décide d'élaborer une nouvelle Constitution. Plusieurs projets vont se succéder. Le premier, modéré, émane des « girondins » (Condorcet, Barère, Sieyès, Danton) et sera rejeté. Les « montagnards » (Jacobins) rallient une majorité à leur propre projet, adopté le 24 juin 1793.

Cette Constitution, d'inspiration rousseauiste, introduit le suffrage universel (masculin) pour la première fois. Ses institutions sont celles d'un régime d'assemblée, d'où procèdent tous les pouvoirs, seulement tempéré par la possibilité d'un appel référendaire dont la procédure n'est pas définie. Tout en déclarant que la « souveraineté réside dans le peuple », elle reste fidèle à la conception de la nation une et indivisible tout comme sa représentation (prohibition du mandat impératif), nation et peuple coïncidant désormais puisque le roi a disparu.

La Constitution, sous ses apparences démocratiques, présente déjà les traits dont s'inspireront les régimes totalitaires : les individus qui « usurperaient la souveraineté » seront « à l'instant mis à mort par les hommes libres » (Const., art. 26). Quant au suffrage universel, il est aussi public, les élections « se faisant au scrutin ou à haute voix » (Const., art. 16). Le vote n'est donc pas secret.

L'application de cette constitution est renvoyée à la fin de la dictature de salut public. Les Montagnards ayant été chassés du pouvoir entre-temps, ce texte inappliqué restera un témoignage de la pensée institutionnelle radicale.

Au-delà des débats stériles sur la future Constitution, la principale caractéristique des années conventionnelles (1792-1795) est l'absence de légitimité constitutionnelle puisque la Constitution de 1791, abolie, n'est pas remplacée. La Convention exerce un pouvoir de fait, aux antipodes des principes proclamés en 1789 (séparation des pouvoirs, garantie des droits fondamentaux) qui va rapidement évoluer vers un régime d'exception, qualifié de « Terreur » par ses promoteurs.

Dès 1792, la garantie des droits est refusée aux « ennemis de la Révolution » — les émigrés et les prêtres réfractaires. Mais très vite, tous ceux qui sont soupçonnés de comploter contre le régime sont pourchassés à leur tour, ce qui vaudra aux factions rivales des Jacobins d'être éliminées l'une après l'autre, tandis que les lois d'exception se succèdent pour instaurer une justice expéditive ou justifier les massacres de masse. La radicalisation de la Révolution se traduit au printemps 1793 par le transfert des pouvoirs de la Convention à l'un de ses 21 comités, le « comité de salut public », qui va exercer une Terreur révolutionnaire jusqu'à la chute de Robespierre le 27 juillet 1794 (9 thermidor an II du calendrier révolutionnaire).

B. La Constitution de l'an III

Le nouveau régime, qui regroupe les rescapés républicains de la Terreur, tout en luttant sur deux fronts (contre les Jacobins robespierristes et contre les royalistes), essaie d'instaurer des institutions plus équilibrées. La Constitution du 22 août 1795 (5 fructidor an III) est précédée d'une Déclaration des droits et des devoirs moralisante et conservatrice. Elle rétablit le système censitaire et le suffrage indirect et dresse face-à-face un parlement bicaméral (le Corps législatif divisé entre le Conseil des cinq-cents et le Conseil des anciens) et un Directoire de 5 membres désignés par le parlement et qui a autorité sur les ministres. En fait, le système ne parvient pas à fonctionner car il laisse le pouvoir principal au Corps législatif mais, celui-ci étant renouvelé par tiers chaque année, le Directoire (lui-même renouvelé par cinquième annuellement) n'a d'autre solution que des coups de force successifs pour se maintenir. En 1795, les Thermidoriens avaient imposé que les survivants de la Convention élue en 1792 disposeraient des deux tiers des sièges des deux assemblées pendant deux ans (Décr. du 22 août 1795). C'est donc à partir de 1797 que des épurations électorales successives permettent aux détenteurs du pouvoir de se maintenir. Le dernier coup de force sera l'œuvre de Bonaparte le 9 novembre 1799 (18 brumaire an VIII) qui opère un véritable coup d'État militaire. 113 ■

En somme, depuis 1791, les tentatives d'instauration d'un régime parlementaire s'avèrent un échec complet, faute d'avoir réussi à concevoir un pouvoir exécutif autre que la monarchie (abolie) et soumis à un parlement omnipotent. Dans ces conditions, le régime fondé ne peut fonctionner. Cette incapacité va laisser la voie libre à des pouvoirs autoritaires.

§ 3 Le régime autoritaire bonapartiste (1799-1814)

La Constitution du 13 décembre 1799 (22 frimaire an VIII), bien que souvent remaniée, fixe le cadre de la dictature de Napoléon Bonaparte. Il devient d'abord Premier consul, flanqué de deux autres consuls sans pouvoir, Cambacérès et Lebrun, puis consul à vie en 1802 et enfin empereur héréditaire en 1804 – sénatus-consulte du 28 floréal an XII). 114 ■

Le système issu de l'imagination de Sieyès repose sur une façade démocratique : élargissement de la citoyenneté à ceux qui l'avaient perdue depuis 1789 et rétablissement du suffrage universel masculin. Mais, si l'on excepte les plébiscites, destinés à ratifier les renforcements successifs du pouvoir napoléonien (en 1800 et 1804) et dont les résultats sont truqués, les citoyens ne votent pas. En effet, le système fonctionne de façon pyramidale, les citoyens de chaque arrondissement désignent un dixième d'entre eux pour constituer la liste de confiance communale. Les membres de celle-ci désignent à leur tour un dixième d'entre eux pour constituer la liste de confiance départementale. Les membres de cette dernière désignent enfin un dixième d'entre eux pour constituer la liste de confiance nationale (6 000 personnes éligibles aux fonctions publiques nationales).

Le régime repose sur la primauté de l'exécutif, concentré entre les mains du Premier consul devenu empereur en 1804. Bonaparte est secondé par des ministres et par le Conseil d'État – qui élabore les projets de lois et règlements – qu'il peut révoquer librement tout comme les fonctionnaires. Outre le pouvoir exécutif (entendu largement) et les pouvoirs de crise (en cas d'atteinte à la sûreté de l'État), il détient l'initiative législative et contrôle les Chambres. Les membres du Tribunat, qui discute les lois, et du Corps législatif, qui les vote, sont nommés par un organe auxiliaire de l'exécutif, le Sénat (qui se recrute par cooptation).

Mais cette façade représentative ne tiendra pas : en 1807, le Tribunat, déjà épuré et divisé en sections, est supprimé. Quant au Corps législatif, il ne se réunira qu'épisodiquement. En fait, l'intégralité du pouvoir est concentrée entre les mains de Napoléon Bonaparte qui exerce une dictature sans partage durant quinze ans et s'appuie surtout sur deux auxiliaires : l'armée et l'administration, remodelée dans le sens d'une centralisation absolue.

Malgré ses efforts pour s'enraciner en créant une nouvelle aristocratie et une dynastie, le régime s'effondre avec les défaites militaires le 1er avril 1814. C'est son œuvre administrative, marquée par la consolidation de l'organisation territoriale de l'État, et législative, avec la codification du droit, notamment civil et pénal, qui sera son grand héritage.

§ 4 L'enracinement du régime parlementaire (1814-1877)

■ 115 De 1814 à 1877, plusieurs régimes se succèdent. La déchéance de Napoléon Bonaparte, prononcée par le Sénat qui élabore sa Constitution et tente en vain un compromis avec les monarchistes, entraîne le retour des Bourbons. Le 4 juin 1814, Louis XVIII promulgue la Charte constitutionnelle. Le débarquement de Napoléon Bonaparte interrompt sa mise en œuvre. L'empereur promulgue à son tour un acte additionnel d'inspiration libérale à la Constitution impériale mais la défaite de Waterloo (18 juin 1815) le conduit à l'exil définitif et consolide le régime légitimiste.

A. La Restauration

■ 116 Ce régime, qui va se maintenir seize ans (1814-1830) se veut un retour aux principes qui fondaient la souveraineté royale mais il fait la part également à certains principes du régime représentatif.

La *Charte*Q qui fixe l'organisation des pouvoirs publics est octroyée par le souverain, marquant ainsi le rejet de la théorie de la souveraineté nationale au profit de celle de la souveraineté royale. L'unité du pouvoir d'État est rétablie en la personne du roi, « chef suprême de l'État » (Const., art. 14). Celui-ci exerce non seulement la fonction exécutive mais pèse également de façon déterminante sur la fonction législative : il détient l'initiative législative et un droit de *veto* absolu, nomme autant que nécessaire les membres de la Chambre haute, les pairs, convoque et dissout la Chambre basse. Face au pouvoir monarchique, les Chambres disposent surtout du pouvoir financier. Quant aux ministres, la Charte les place sous la dépendance du roi.

Dans la pratique, le régime va connaître une évolution parlementaire, entrecoupée de phases autoritaires dont celle qui emportera Charles X en 1830. Pas moins de 6 dissolutions et trois « fournées » de pairs, huit ministères (mais un qui dure 6 ans, le ministère Villèle) témoignent de l'instabilité politique malgré une base électorale très étroite puisque le cens exigé pour voter et être électeur à la Chambre des députés est très élevé et limite la vie politique à l'aristocratie foncière. La législation électorale est d'ailleurs fréquemment remaniée pour peser sur le scrutin.

La vie parlementaire est marquée par le développement du contrôle des Chambres sur le gouvernement : faute de droit d'interpellation, la Chambre vote l'Adresse en réponse au discours du Trône par lequel le roi ouvre la session. Le débat budgétaire permet de contrôler le fonctionnement de chaque ministère, le principe de la spécialité budgétaire ayant été introduit dès 1817. Par ailleurs les pétitions adressées par les citoyens aux Chambres fournissent l'occasion de débats qui se terminent par le vote d'un ordre du jour visant le ou les ministres concernés. Mais c'est surtout l'apparition de la responsabilité politique des gouvernements devant les Chambres qui marque l'évolution vers le parlementarisme : si les ministres se constituent en Cabinet dès 1815, c'est en 1821 qu'un Cabinet désavoué par la Chambre des députés tombe pour la première fois (ministère Richelieu), non sans que plusieurs mises en minorités soient nécessaires. Il en ira de même pour le ministère Martignac en 1829. Parallèlement, le rôle politique décisif est conquis par les députés au détriment de la Chambre haute.

Face à cette évolution irréversible, Charles X tente de répliquer en affrontant directement le parlement (ministère Polignac minoritaire, dissolution et modification de la loi électorale), mais les ordonnances du 25 juillet 1830 entraînent une insurrection qui impose une monarchie constitutionnelle faisant la part belle aux principes du régime représentatif.

B. La Monarchie de Juillet : la naissance de l'orléanisme

La Charte révisée d'août 1830 est un contrat entre la Chambre des députés et Louis 117 ■
Philippe Ier. La souveraineté redevient nationale, le roi devient « roi des Français » et les Chambres deviennent détentrices du pouvoir constituant. Si le roi garde le pouvoir exécutif, il perd le droit de *veto* et doit partager l'initiative législative avec le parlement. Celui-ci voit sa légitimité accrue avec l'abaissement du cens d'électorat et du cens d'éligibilité, triplant le nombre d'électeurs (il passe de 89 000 en 1830 à 240 000 à la veille de 1848).

Tout comme le régime précédent, la Monarchie de Juillet connaît une évolution parlementariste qui dépasse le cadre de la Charte de 1830. Dès 1830, les Chambres recourent à l'interpellation qu'elles complètent l'année suivante par un ordre du jour motivé (défiance). L'usage de la question de confiance (le ministère prend l'initiative d'engager sa responsabilité) apparaît également dès l'origine, favorisant la primauté de la Chambre basse, qui sera à l'origine de la chute de cinq ministères. Enfin, le recours à la dissolution, à six reprises, se fait cette fois dans l'esprit parlementaire de recherche d'une majorité de gouvernement.

Cette évolution est cependant limitée par le maintien d'un pouvoir royal déterminant. Le monarque garde la haute main sur les questions diplomatiques et militaires, nomme des cabinets à sa guise chaque fois qu'il le peut (quitte à ne pas désigner de président du conseil, comme en août 1830, mai 1832 et mars 1839, ou à nommer des personnalités de complaisance – onze fois sur quinze – et à imposer tel ou tel ministre), renvoie les ministères à deux reprises. C'est donc d'un *parlementarisme dualiste*, caractérisé par la double responsabilité du Cabinet devant le roi et devant les Chambres, qu'il s'agit.

Miné par l'étroitesse de sa base sociale et électorale, la corruption et la division endémique du personnel politique (8 ministères sur 15 se disloquent et disparaissent sans être renversés), le régime orléaniste ne parvient pas à s'enraciner. Les journées révolutionnaires de février 1848 l'emportent, mais il lègue un personnel politique qui a pris goût au parlementarisme et va mettre son expérience au service des régimes successifs (du Second Empire aux débuts de la Troisième République).

C. La Seconde République

118 La révolution de février 1848 débouche sur trois décisions qui renouent avec 1789 et même 1793 : la République est proclamée, le suffrage universel (masculin) est établi, et élargi par l'abolition définitive de l'esclavage (aboli en 1794, il avait été rétabli par Napoléon en 1802). L'assemblée élue (avec un taux de 83,69 % de votants) est dominée par les conservateurs, républicains et royalistes. Ceux-ci, après les insurrections populaires de juin à Paris, veulent doter le nouveau régime d'institutions fortes mais, la plupart des constituants étant sans expérience politique, l'Assemblée crée les conditions d'une crise future. Face à une assemblée unique et pléthorique de 750 membres, disposant du pouvoir législatif mais aussi du contrôle des administrations via un Conseil d'État nommé par elle, l'exécutif est confié à un président de la République, élu par le peuple pour quatre ans mais non rééligible immédiatement. Le régime s'inspire de la Constitution américaine en organisant la séparation des pouvoirs avec l'interdiction de la dissolution, l'absence de responsabilité politique des ministres. Néanmoins, les deux pouvoirs sont de force inégale, le président se voyant même contester son titre de chef des armées (il ne peut les diriger en personne) et interdire de quitter le territoire sans l'autorisation de l'assemblée.

Pourtant, en donnant au président une légitimité démocratique égale à celle de l'Assemblée et en le déclarant responsable des actes de gouvernement et d'administration qui lui incombent, la Constitution de 1848 donne au chef de l'exécutif les moyens politiques de sortir du carcan dans lequel elle l'a enfermé.

L'élection présidentielle ayant donné lieu à la victoire triomphale de Louis-Napoléon Bonaparte, le conflit entre l'Assemblée royaliste et la présidence se produit en 1851 lorsque Louis-Napoléon demande la révision de la Constitution afin de pouvoir se représenter. L'épreuve de force s'achève par un coup d'État : le 2 décembre 1851. Louis-Napoléon Bonaparte dissout l'Assemblée et écrase la résistance républicaine avant d'obtenir l'aval populaire par un plébiscite. Le conflit entre les tenants du régime d'assemblée et ceux du césarisme plébiscitaire se termine une seconde fois, comme en 1799, par la victoire des seconds.

D. Le Second Empire

Dès janvier 1852, la nouvelle Constitution est promulguée ; elle sera révisée en novembre, un sénatus-consulte rétablissant l'Empire. 119 ■

Celui-ci n'est pas un simple retour à la tradition autoritaire et plébiscitaire du Premier Empire. La Constitution de 1852 fait du chef de l'État la source de tous les pouvoirs (exécutif, législatif à travers le monopole de l'initiative des lois et le droit de *veto*, et constituant). Face à lui et aux organes qu'il contrôle (Conseil d'État, Sénat – Chambre haute dont il nomme les membres, chargée du contrôle de constitutionnalité – et ministres), le Corps législatif est totalement isolé : sessions parlementaires réduites à trois mois, absence de responsabilité ministérielle devant lui, pouvoir législatif limité. Si le suffrage universel a été intégralement établi, l'obligation pour les candidats de prêter serment de fidélité au régime, la pratique des candidatures officielles aux élections et des pressions sur le vote par les agents de l'État le limitent en fait. Certains traits qui s'enracineront dans la vie politique française apparaissent pourtant alors : les élus du Corps législatif prennent le nom de députés. Le mode de scrutin est le scrutin uninominal majoritaire à deux tours, qui deviendra le mode de scrutin traditionnel jusque sous la Cinquième République.

À l'inverse du Premier Empire, le second va évoluer dans un sens libéral et parlementaire, au fur et à mesure que le régime essuie des revers extérieurs et que l'opposition se réveille, ainsi qu'en raison de l'incapacité du régime à constituer son propre personnel politique, ce qui le contraint à faire appel aux ralliés issus notamment de l'orléanisme.

Une première série de réformes restaure le contrôle parlementaire. Le ministre d'État est institué en 1860, il est chargé des rapports avec le parlement. Le décret du 19 janvier 1867 étend à tous les ministres cette faculté. Parallèlement, l'adresse – qui avait permis sous les Chartes d'instaurer un contrôle parlementaire – est rétablie en novembre 1860 sous la forme de questions orales suivies d'une réponse ministérielle. Le Corps législatif voit ses prérogatives financières accrues par le sénatus-consulte du 31 décembre 1861 tandis que ses délibérations sont désormais publiées *in* extenso.

En mars 1867, une seconde série de réformes fait du Sénat une deuxième Chambre qui intervient dans le processus législatif tandis que le Corps législatif se voit accorder en janvier de la même année l'interpellation, cependant dépourvue de sanction.

Une troisième série de réformes achève le processus de parlementarisation du régime avec le sénatus-consulte du 8 septembre 1869. Celui-ci renforce les pouvoirs du Corps législatif, qui détient désormais l'initiative législative et le droit d'amendement tout en acquérant son autonomie d'organisation (règlement intérieur, présidence), et du Sénat qui se voit octroyer le *veto* législatif. En janvier 1870, le ministère Émile Ollivier est pour la première fois investi de la double confiance de l'Empereur et du Corps législatif.

Couronnant cette évolution, le sénatus-consulte du 20 avril 1870, voté par le Sénat, ratifié massivement par les électeurs, instaure un véritable régime parlementaire dualiste où le pouvoir constituant n'est plus l'attribut de l'empereur mais du peuple, où un bicaméralisme égalitaire est établi tandis que la responsabilité ministérielle devant le parlement (implicite dans la nouvelle Constitution) est contrebalancée par la responsabilité devant un chef de l'État qui garde l'essentiel du pouvoir gouvernemental ainsi que l'arme de l'appel au peuple.

Mélange singulier de parlementarisme et de césarisme plébiscitaire, cette nouvelle Constitution est emportée elle aussi par la défaite militaire. Elle lègue au futur régime l'enracinement du suffrage universel et d'une tradition parlementaire encore embryonnaire, mais aussi une méfiance durable envers le pouvoir présidentiel et l'appel au peuple. Il faudra attendre 1958 pour que cette méfiance soit levée.

E. Les lois constitutionnelles de 1875

120 L'effondrement militaire de 1871 ouvre une période de transition qui va durer six ans et s'achever par l'instauration de la République parlementaire. L'armistice du 28 janvier 1871 prévoit l'élection d'une assemblée qui décidera de la paix. Celle-ci est élue le 8 février au suffrage universel (masculin) au scrutin de liste départemental et se traduit par une large victoire des monarchistes (400 sur 675), divisés entre orléanistes et légitimistes. Cette division est profonde et, faute d'être surmontée, la République, qui a été proclamée par le gouvernement provisoire le 4 septembre 1870, est maintenue par la loi Rivet (du 31 août 1871) qui donne à Thiers, chef du gouvernement, le titre de « président de la République », bien qu'il soit responsable devant l'Assemblée. Sa démission le 24 mai 1873 n'empêche pas son successeur, le monarchiste Mac-Mahon, de garder ce titre. Le 20 novembre 1873 est votée la loi qui fixe la durée du mandat présidentiel à sept ans : fruit d'un compromis entre légitimistes et orléanistes, cette durée est le temps jugé nécessaire pour que le prétendant légitimiste, le comte de Chambord, disparaisse. Elle deviendra une tradition… républicaine.

En janvier 1875 les travaux constituants commencent enfin. Le débat se focalise sur la nature du régime et bascule avec le vote le 30 janvier, à une voix de majorité (353 contre 352), de l'amendement Wallon. Celui-ci se borne à prendre acte du titre de président de la République donné au chef de l'État, mais il le pérennise. Ce débat symbolique tranché, les lois constitutionnelles (sur l'organisation du Sénat, du 24 février 1875, sur l'organisation des pouvoirs publics, du 25 février, et sur les rapports des pouvoirs publics, du 16 juillet) vont instaurer des institutions parlementaires d'inspiration orléaniste, résultats de la transaction entre monarchistes et républicains modérés. Ces institutions sont conçues comme étant provisoires avant une révision qui leur donnerait un enracinement clairement monarchiste ou républicain mais ce provisoire va durer 65 ans.

Le compromis initial apparaît à l'économie générale des lois constitutionnelles. Celles-ci sont très brèves (les trois lois constitutionnelles comprennent 34 articles) et ne comportent aucun principe de philosophie politique (pas de Déclaration des droits ni de Préambule). Seul le minimum nécessaire pour le fonctionnement des institutions est prévu, ce qui explique l'importance que prendra la coutume constitutionnelle.

Le compromis réside, en matière institutionnelle, dans la coexistence de la forme républicaine de gouvernement et de traits caractéristiques de la monarchie constitutionnelle avec, notamment, le parlementarisme dualiste.

Le chef de l'État est président de la République mais une révision (dont la procédure est très simple : le vote des deux Chambres, séparément puis réunies en Assemblée nationale, à la majorité absolue, suffit) pourrait en faire un monarque. Ses prérogatives sont importantes. Certes, il n'est pas élu au suffrage universel mais les républicains comme les monarchistes concordent dans le refus d'une procédure qui favorisa en 1848 les ambitions bonapartistes. Il est également irresponsable, et ce pour les mêmes raisons (la responsabilité de Louis-Napoléon avait favorisé son affirmation face à l'Assemblée et le monarque héréditaire que souhaitent les royalistes est irresponsable). Malgré ces limites, le chef de l'État détient des prérogatives importantes : il préside le Conseil des ministres et le pouvoir réglementaire d'exécution de la loi lui appartient, tout comme la disposition de la force armée et la nomination aux emplois civils et militaires. Il est responsable de la diplomatie. Dans le domaine législatif, il partage l'initiative avec les Chambres, les convoque en sessions extraordinaires, peut demander une seconde délibération de la loi et, surtout, détient le droit de dissolution de la Chambre des députés avec l'avis conforme du Sénat.

Le Sénat est le second rouage essentiel de ce parlementarisme dualiste. Le bicamérisme a été imposé par les monarchistes aux républicains et la Chambre haute offre toute garantie du fait de son recrutement : 225 sénateurs sont élus pour neuf ans par des grands électeurs qui sont essentiellement les maires des communes rurales, et 75 sont nommés à vie par l'Assemblée nationale monarchiste de 1871 (mais les monarchistes, divisés, laisseront les républicains en nommer les deux tiers). Le Sénat dispose des mêmes prérogatives que la Chambre des députés mais, allié au président, il peut la faire dissoudre. De surcroît, la Chambre haute est également Haute Cour chargée de juger président et ministres comme les complots contre la sûreté de l'État.

L'axe institutionnel et politique président-Sénat peut donc imposer sa loi.

Les traits fondamentaux de l'orléanisme se retrouvent également dans l'organisation dualiste de l'exécutif. Les actes du président, irresponsable, doivent être contresignés par un ministre. Les lois constitutionnelles entérinent la création du Conseil des ministres, dont le chef de l'État préside les réunions, mais elles sont muettes sur l'organisation du ministère.

Enfin, le ministère est désormais politiquement et solidairement responsable devant les Chambres, l'article 6 de la loi du 25 février 1875 codifiant la pratique de la monarchie de Juillet. Pour autant, il n'est pas fait mention de la présidence du conseil (un décret du 9 mars 1876 y pourvoira) ni des conditions dans lesquelles la responsabilité politique du gouvernement est engagée. Là encore, la pratique tiendra lieu de Constitution.

Ce bicaméralisme parfait face à une dyarchie exécutive aurait pu conduire à un parlementarisme dualiste. C'était le vœu des monarchistes et de Mac Mahon. L'impossibilité de réconcilier les factions monarchistes, les progrès électoraux des républicains qui deviennent majoritaires à la Chambre lors des élections législatives de mars 1876 rendent l'affrontement inévitable. Mac-Mahon tente de résister en nommant un gouvernement minoritaire (cabinets Dufaure, Simon puis de Broglie) puis se décide, avec l'aval du Sénat, à dissoudre la Chambre. Celle-ci restant républicaine aux élections d'octobre 1877, Mac-Mahon n'a plus qu'à se soumettre avant de se démettre, au lendemain de la conquête du Sénat par une majorité républicaine en janvier 1879. 121 ■

Son successeur, Jules Grevy, décide de renoncer à exercer ses pouvoirs constitutionnels au profit de la souveraineté parlementaire : « Soumis avec sincérité à la grande loi du régime parlementaire, je n'entrerai jamais en lutte contre la volonté nationale exprimée par ses organes constitutionnels ». Cette déclaration du 6 février 1879, qualifiée de « Constitution Grévy » marque la victoire, au terme de quatre-vingt-dix ans d'affrontements, des tenants du régime représentatif et parlementaire tel qu'il avait été conçu aux débuts de la révolution : reposant sur la souveraineté parlementaire mais intégrant la légitimité démocratique du suffrage universel. Il écarte pour longtemps un pouvoir exécutif fort et, plus généralement, toute limite à la toute-puissance des représentants.

section 3

La diffusion du parlementarisme en Europe

122 Cette diffusion s'est réalisée en plusieurs vagues.

Une première s'étend de 1815 à 1870, certaines monarchies connaissant une évolution parallèle à celle du Royaume-Uni. C'est le cas de la Suède et de la Norvège dont les Constitutions de 1809 et 1814 subiront une transformation coutumière vers le parlementarisme dualiste, puis moniste. La Constitution belge de 1831, élaborée en référence à la Charte française de 1830, en accentue la dimension parlementaire en s'inspirant du système britannique. Elle inspirera à son tour les Constitutions grecque (1844), néerlandaise (1848), danoise (1866) et luxembourgeoise (1868), ainsi que le Statut albertin (1848), constitution du Piémont qui régit l'Italie unifiée. Cette évolution n'est cependant pas linéaire. Dans l'Allemagne unifiée en 1871 sous l'égide de la Prusse, un régime dualiste demeure jusqu'en 1918. L'empereur, également roi de Prusse, détient les pouvoirs militaires et diplomatiques, et nomme le Chancelier ; celui-ci, obligatoirement issu du Bundesrat (conseil représentant les gouvernements des États fédérés) qu'il préside, est le chef du gouvernement tout en étant le ministre-président de Prusse. La Diète (Reichstag), élue au suffrage universel, partage avec le Bundesrat le pouvoir législatif, mais n'a pas de pouvoir de contrôle politique sur l'exécutif, le Chancelier n'étant pas issu de ses rangs et dépendant organiquement du Bundesrat. Ce système complexe n'a pu évoluer vers le parlementarisme qu'à la veille de l'effondrement du régime, avec la révision constitutionnelle de 1918 reconnaissant la responsabilité du Chancelier devant le Reichstag.

123 Une deuxième vague est consécutive à la Première Guerre mondiale. Elle est d'abord caractérisée par l'introduction générale du suffrage universel masculin qui change la nature du parlementarisme en démocratisant la représentation parlementaire et en affaiblissant le bicamérisme au profit des Chambres basses.

Cette seconde vague est, ensuite, caractérisée par l'élaboration de nombreuses Constitutions dans les États issus des anciens Empires centraux (Allemagne, Autriche-Hongrie, Russie). Si les États d'Europe centrale s'inspirent le plus souvent des institutions françaises de la IIIe République, c'est la Constitution dont se dote la république allemande (dite « Constitution de Weimar ») qui constitue la grande nouveauté de l'entre-deux-guerres.

Cette Constitution rompt en effet avec la tendance dominante depuis 1830 en introduisant un parlementarisme dualiste radicalement nouveau. Face à l'Assemblée (Reichstag), devant laquelle le gouvernement du Chancelier est responsable et qui domine la seconde Chambre (le Reichsrat, qui représente les Länder, n'a plus qu'un droit de *veto*), se dressent les pouvoirs du Président (Reichspräsident), élu par le peuple et détenteur de prérogatives classiques (droit de dissolution, signature des ordonnances, nomination et révocation des fonctionnaires) que sa légitimité politique lui donne les moyens d'exercer (contrairement au président français de la IIIe République, élu par le parlement), ainsi que des prérogatives nouvelles qui se révéleront fatales pour le régime (droit de recours au référendum, suspension des libertés individuelles en cas de menace pour l'ordre public). Cette Constitution, qui repose sur une vision non libérale du parlementarisme dualiste, exercera une profonde influence sur la doctrine constitutionnelle ainsi que sur certains États, comme le montrent la Constitution finlandaise de 1919 et la révision de la Constitution autrichienne de 1929. Dans la pratique, la Constitution weimarienne ne fonctionnera que quelques années, l'absence de majorité parlementaire à partir de 1929 conduisant à la paralysie des ministères face à la conjonction des oppositions et aux dissolutions en cascade qui faciliteront l'ascension du nazisme. Malgré la fin dramatique de la république de Weimar, on la retrouvera également à l'origine de la Constitution française de 1958.

Une troisième vague de diffusion du parlementarisme est consécutive à l'effondrement des régimes totalitaires. Elle connaît une première manifestation en Europe occidentale après 1945, puis en Europe du Sud dans les années 1970 et, enfin, en Europe de l'Est dans les années 1990. 124 ■

Pour les Constitutions d'après-guerre (Allemagne occidentale, France, Italie) et d'Europe du Sud (Espagne, Grèce et Portugal), la référence des constituants n'est plus simplement le parlementarisme mais bien la démocratie. S'interrogeant sur les facteurs qui ont conduit les régimes parlementaires de leurs États à s'écrouler face au totalitarisme, voire même à lui fournir une transition facile, les constituants ont mis l'accent sur d'autres dimensions des institutions : la protection des droits de l'homme, la garantie du pluralisme politique, le contrôle des pouvoirs de crise, etc. Outre la démocratisation complète du droit de suffrage (étendu aux femmes puis aux jeunes), ces Constitutions introduisent un véritable régime de garantie des libertés publiques. En donnant valeur constitutionnelle aux déclarations des droits (dont le contenu est partout actualisé), en créant les instruments juridictionnels garantissant leur effectivité, les Constitutions d'après-guerre ont tiré les leçons du passé : le législateur ne constituait pas une garantie suffisante et la mise en place d'un État de droit nécessitait un arsenal constitutionnel et juridictionnel plus ambitieux. Parallèlement, les constituants ont été conduits à s'interroger davantage sur la nature de la représentation (en introduisant ses acteurs – partis, personnel politique – dans le droit positif) et ses limites (réévaluation de la démocratie directe), sur les excès de la souveraineté parlementaire (en la « rationalisant » en Allemagne, France et Espagne). Enfin, c'est la structure même de l'État qui a fait l'objet d'une remise en cause parfois radicale dans le sens des autonomies locales avec, par exemple, l'État fédéral en Belgique, et l'État régional en Espagne et en Italie.

Les démocraties constituées en Europe centrale et orientale à la chute du communisme ont tiré parti de ces évolutions. Les nouveaux régimes ont mis en place des institutions essentiellement parlementaires, même si leur fonctionnement est encore chaotique en Europe orientale et balkanique. Presque tous se sont dotés de cours constitutionnelles destinées surtout à garantir le respect des droits de l'homme. 125 ■

Le parlementarisme l'a donc emporté en cette fin de siècle au prix d'une double adaptation à la démocratie et à l'État de droit.

5

Compléments pédagogiques

Mémo

Le régime parlementaire européen tire ses origines des institutions britanniques puis françaises. Il naît du démantèlement progressif de la *souveraineté monarchique* au profit des *représentants des différents corps de la société* (noblesse, clergé puis bourgeoisie et classes populaires) regroupés dans le parlement. La *théorie de la représentation parlementaire* fonde une nouvelle forme de souveraineté de l'État, qui échappe au monarque. Le modèle révolutionnaire français est partagé entre tenants de la *souveraineté populaire*, qui implique une conception démocratique de la représentation allant jusqu'au mandat impératif, et tenants de la *souveraineté nationale*, qui privilégie le mandat du représentant dans une vision unitaire du peuple et de l'État (la nation). Le régime parlementaire entraîne une nouvelle organisation institutionnelle où le pouvoir est d'abord partagé entre le roi et le parlement bicaméral, l'exécutif étant responsable devant chacun d'eux (*parlementarisme dualiste*). Puis, avec l'extension du droit de suffrage, le pouvoir est partagé entre le parlement (essentiellement la Chambre basse) et l'exécutif (cabinet) émanant de lui, le pouvoir du monarque devenant progressivement symbolique (*parlementarisme moniste*). Cette évolution s'est opérée de manière progressive et coutumière au Royaume-Uni, de manière chaotique, par crises et successions de régimes (conventionnels, césaristes, parlementaire) en France, avant de s'étendre par vagues successives au XIXe et au XXe siècles à toute l'Europe.

Quid

■ Bicamérisme (ou bicaméralisme) n° 103

Organisation en deux assemblées d'un parlement. À l'origine Chambre basse fondée sur le suffrage et Chambre haute aristocratique ; à l'époque contemporaine, dans les États fédéraux ou décentralisés, la Chambre haute représente les territoires.

■ Charte n°s 103, 116

Texte par lequel le monarque reconnaît des droits et libertés à ses sujets (ex. : Grande Charte de Jean sans Terre en 1215) ou leur octroie une Constitution (ex. : Charte du 4 juin 1814).

■ Contreseing n° 103

Signature apposée à côté de celle portée en premier sur un acte par le titulaire de la compétence, qui a pour effet d'authentifier la signature de celui-ci et de transférer la responsabilité politique de l'acte sur le contre-signataire (en régime parlementaire contreseing du ministre à la signature du président de la République).

■ États généraux n° 107

Institution représentative de l'Ancien Régime, réunie sur convocation du roi, et composée par ordres (clergé, noblesse, tiers-État).

■ Mandat impératif n° 108

Théorie du mandat selon laquelle l'élu doit suivre obligatoirement les directives de ses électeurs ou de son parti sous peine de révocation.

■ Mandat représentatif n° 108

Théorie du mandat selon laquelle l'élu, représentant la nation tout entière, est juridiquement indépendant par rapport à ses électeurs.

■ Monarchie n° 103

Régime politique dans lequel la souveraineté est rapportée à une personne dont le pouvoir se transmet par voie héréditaire.

■ Parlementarisme dualiste n°s 103, 117

Phase de l'histoire du régime parlementaire durant laquelle le ministère s'est trouvé responsable à la fois devant le roi et le parlement.

■ Parlementarisme moniste n° 103

Phase contemporaine du régime parlementaire caractérisée par la responsabilité du ministère devant l'assemblée élue au suffrage universel direct.

■ Régime parlementaire n° 103

Régime politique caractérisé par la double dépendance du gouvernement devant le parlement, qui peut le renverser, et du parlement devant le gouvernement, qui peut le dissoudre.

■ Régime représentatif n° 110

Mode d'exercice de la souveraineté caractérisé par le gouvernement de la nation via ses représentants.

■ République n° 112

Régime politique dans lequel la désignation du chef de l'État procède de l'élection directe par le peuple ou indirecte par le parlement.

Documents

Pétition des droits du 7 juin 1628 (extraits)

Les lords spirituels et temporels et les communes, assemblés en Parlement, représentent très humblement à notre souverain seigneur le Roi qu'il est déclaré et arrêté par un statut fait sous le règne d'Édouard III, et connu sous le nom de statut de *tallagio non concedendo*, que le roi ou ses héritiers n'imposeraient ni lèveraient de taille ou aide dans ce royaume sans le consentement des archevêques, évêques, comtes, barons, chevaliers, bourgeois et autres hommes libres des communes de ce royaume ; que, par l'autorité du Parlement, convoqué en la 25e année du règne du roi Édouard III, il ne pourrait être à l'avenir contraint de prêter malgré soi de l'argent au roi, parce que l'obligation était contraire à la raison et aux libertés du pays : que d'autres lois du royaume défendent de lever les charges ou aides connues sous le nom de don gratuit (*benevolence*) ou toutes autres impositions analogues ; que, par lesdits statuts ou autres bonnes lois de ce royaume, vos sujets ont hérité de cette franchise, à savoir qu'ils ne sauraient être contraints à participer à aucune taxe, taille, aide ni autre charge analogue, sans le commun consentement de la nation exprimé en Parlement.

À ces causes, ils supplient humblement Votre très excellente Majesté que nul à l'avenir, ne soit contraint de faire aucun don gratuit, prêt d'argent, ni présent volontaire, ni de payer aucune taxe ou impôt quelconque, hors le consentement commun donné par Acte du Parlement ; que nul ne soit appelé en justice, ni obligé à prêter serment, ni contraint à un service, ni arrêté, inquiété ou molesté à l'occasion de ces taxes ou du refus de les acquitter ; qu'aucun homme libre ne soit arrêté ou détenu de la manière indiquée plus haut ; qu'il plaise à Votre Majesté faire retirer les soldats et matelots dont il est ci-dessus parlé, et empêcher qu'à l'avenir le peuple soit opprimé de la sorte – que les commissions chargées d'appliquer la loi martiale soient révoquées et annulées, et qu'il n'en soit plus délivré de semblables à quiconque, de peur que sous ce prétexte quelques-uns de vos sujets ne soient molestés ou mis à mort contrairement aux lois et franchises du pays.

Lesquelles choses ils demandent tout humblement à Votre Majesté comme étant leurs droits et leurs libertés selon les lois et statuts de ce royaume : et ils supplient aussi Votre Majesté de dire que tout ce qui s'est fait à cet égard, procédures, sentences et exécutions, au préjudice de votre peuple ne tirera point pour l'avenir à conséquence ou à exemple, et pareillement de déclarer gracieusement, pour la plus grande satisfaction et sûreté de votre peuple, que votre intention et volonté royale est que, dans les choses ci-dessus déduites, vos officiers et ministres vous servent conformément aux lois et statuts de ce royaume, et qu'ils aient en vue l'honneur de Votre Majesté et la prospérité de ce royaume.

Constitution de 1791 (Titre II) (extraits)

Article 1er. La souveraineté est une indivisible, inaliénable et imprescriptible. Elle appartient à la Nation. Aucune section du peuple ni aucun individu, ne peut s'en attribuer l'exercice.

Article 2. La Nation de qui seule émanent tous les pouvoirs, ne peut les exercer que par délégation. La Constitution française est représentative : les représentants sont le Corps législatif et le roi.

Article 3. Le pouvoir législatif est délégué à une Assemblée nationale composée de représentants temporaires, librement élus par le peuple, pour être exercé par elle, avec la sanction du roi, de la manière qui sera déterminée ci-après.

Article 4. Le gouvernement est monarchique : le pouvoir exécutif est délégué au roi, pour être exercé sous son autorité, par des ministres et autres agents responsables, de la manière qui sera déterminée ci-après.

Article 5. Le pouvoir judiciaire est délégué à des juges élus à temps par le peuple.

Cycle constitutionnel français (1789-1879)

24 janv. 1789 : Convocation des États Généraux par Louis XVI
5 mai 1789 : Ouverture des États généraux à Versailles
17 juin 1789 : Le Tiers-État se constitue en Assemblée nationale
26 août 1789 : Adoption de la Déclaration des Droits de l'Homme et du Citoyen
14 sept. 1791 : Adoption de la première Constitution française
20 sept. 1792 : Proclamation de la République
24 juin 1793 : Adoption de la Constitution jacobine de l'An I
5 sept. 1793 : La Terreur mise à l'ordre du jour
27 juill. 1794 : Exécution de Robespierre 30 janv. 1875 : Amendement Wallon
22 août 1795 : Adoption de la Constitution de l'An III
9 nov. 1799 : Coup d'État de Napoléon Bonaparte (18 Brumaire an VIII)
13 déc. 1799 : Constitution napoléonienne 16 juill. 1875 : Loi constitutionnelle sur les rapports des pouvoirs publics
18 mai 1804 : Sénatus-consulte établissant l'Empire
6 avr. 1814 : Abdication de Napoléon
4 juin 1814 : Octroi de la Charte de Louis XVIII
7 août 1830 : Révision de la Charte et avènement de Louis-Philippe Ier
4 nov. 1848 : Adoption de la Constitution de la Seconde République
2 déc. 1851 : Coup d'État de Louis-Napoléon Bonaparte
14 janv. 1852 : Promulgation de la Constitution
2 déc. 1852 : Proclamation de l'Empire
8 mai 1870 : Plébiscite approuvant la réforme parlementaire de l'Empire
4 sept. 1870 : Déchéance de l'Empire. Proclamation de la République
24 févr. 1875 : Loi constitutionnelle sur le Sénat
25 févr. 1875 : Loi constitutionnelle sur l'organisation des pouvoirs publics
16 juill. 1875 : Loi constitutionnelle sur les rapports des pouvoirs publics
30 janv. 1879 : Démission de Mac Mahon et élection de Jules Grévy à la présidence de la République

Biblio

1) Histoire constitutionnelle anglaise

- A. Antoine, *Le droit public britannique : état des lieux et perspectives*, Paris, Société de législation comparée, 2015 ; *Droit constitutionnel britannique*, Paris, LGDJ, 2018.
- W. Bagehot, *La Constitution anglaise*, trad. française, 1963.
- A. Duffy-Meunier, « *La Cour suprême au Royaume-Uni. Après le Constitutionnal Reform Act 2005 : une juridiction hors norme* », *R.I.D.C.*, 2012.
- A. Guigue, « L'identité constitutionnelle du Royaume-Uni et le droit de l'Union européenne dans la jurisprudence constitutionnelle du Royaume-Uni », *R.D.P.*, 2016.
- Ph. Raynaud, *Trois révolutions de la liberté. Angleterre, Amérique, France*, PUF, 2009.

2) Histoire constitutionnelle de la France

- M. Agulhon, *La République de Jules Ferry à François Mitterrand (de 1880 à nos jours)*, Hachette, 1990.
- F. Bluche, S. Rials (dir.), *Les révolutions françaises*, Fayard, 1989.
- J.-J. Chevallier, *Histoire des institutions et des régimes politiques de la France de 1789 à 1958*, 9e éd., Dalloz, coll. « Classic », 2001.
- J.-J. Chevallier, J. Benetti, *Histoire de la Ve République (1958-2022)*, 17e éd., Dalloz, coll. « Classic », 2022.
- C. Émeri, Ch. Bidégaray, *La constitution en France, de 1789 à nos jours*, Armand Colin, 1997.
- Pouvoirs 1989, n° 50, Histoire constitutionnelle, 1789-1989, PUF.
- R. Rémond, *La vie politique en France (1789-1879)*, T.1, T.2 et T.3, Pocket, Nouv. éd. 2005 (1966).
- M. Troper, *La séparation des pouvoirs et l'histoire constitutionnelle française*, LGDJ, 2009 (1980).

3) Textes constitutionnels

- A.-C. Bezzina, M. Verpeaux, *Textes constitutionnels et politiques*, PUF, 2018.
- J. Godechot, H. Faupin, *Les Constitutions de la France depuis 1789*, Flammarion, 2018.
- S. Rials, *Textes constitutionnels français*, PUF, coll. « Que sais-je », 2022.
- F. Mélin-Soucramanien, *Constitution de la République française*, Dalloz, 2018.

Quiz

1) Sujets corrigés

A) Test de connaissances

1. Combien de Constitutions ont-elles été adoptées entre 1789 et 1875, combien sont entrées en vigueur ?

2. Quels régimes français relèvent du césarisme ?

3. Quels régimes français relèvent de la séparation des pouvoirs ?

4. Quelles ont été les différentes phases institutionnelles de la Révolution française (1789-1799) ?

Voir le corrigé en fin de rubrique.

B) Dissertations

Énoncé n° 1

Souveraineté populaire et souveraineté nationale.

Voir le corrigé en fin de rubrique.

Énoncé n° 2

Le régime parlementaire.

Voir le corrigé en fin de rubrique.

2) Corrigé

Test de connaissances

1. Constitutions : 13 septembre 1791, 4 août 1793 (non appliquée), 22 août 1795 (an III), 13 décembre 1799 (an VIII), 6 avril 1814 (Constitution sénatoriale, non appliquée), 4 juin 1814 (Charte), 4 novembre 1848, 14 janvier 1852, 24 et 25 février, 16 juillet 1875.

2. Les deux empires napoléoniens (1799-1814 et 1852-1870).

3. La monarchie constitutionnelle de 1791-1792 et la Seconde République (1848-1852).

4. La monarchie constitutionnelle (1789-1792), le pouvoir conventionnel (1792-1793), le gouvernement révolutionnaire (1793-1795), le Directoire (1795-1799).

Dissertation n° 1

Introduction : l'évolution du sens de la souveraineté en 1789-1791 : dissociation de la puissance souveraine (État) et de l'être souverain (roi).

I. Une opposition traditionnelle : dualité des souverainetés

A. Souveraineté populaire

Souveraineté de l'ensemble du peuple, d'où découle le principe de l'électorat-droit (suffrage universel), la démocratie directe (référendum) et le mandat impératif.

B. Souveraineté nationale

Entité abstraite qui transcende la population, qui délègue la souveraineté à ses représentants, d'où découle le principe de l'électorat fonction, du mandat représentatif et du suffrage restreint.

II. Une opposition en décalage avec la réalité historique

A. La confusion entre les principes et les règles

Les Constitutions de 1793 et 1795 se rattachent à la souveraineté « populaire » mais l'une comme l'autre reprennent des principes de la souveraineté nationale (indivisibilité, nation, prohibition du mandat impératif)

B. La confusion entre les notions de « peuple » et de « nation »

Ce qui prouve l'absence de lien entre principes et règles, mais surtout une confusion entre les notions de « peuple » et de « nation » à l'époque révolutionnaire

Dissertation n° 2

Introduction : définition : régime représentatif dans lequel le gouvernement est responsable devant le parlement. Souligner que ce régime a connu et connaît une évolution permanente, depuis son apparition en Angleterre au XIIIe siècle jusqu'à nos jours, sous l'impact de deux phénomènes.

I. Les mutations du cadre politique du fait du suffrage universel

A. Affaiblissement des pouvoirs non élus (roi et Chambre haute)

B. Développement de la responsabilité politique qui fait de l'électeur l'arbitre

II. Du parlementarisme dualiste au parlementarisme moniste

A. La marginalisation de la responsabilité devant le chef de l'État (elle subsiste si celui-ci est élu du peuple)

B. le fait majoritaire et la solidarité gouvernement-parlement

Conclusion : les variantes nationales

chapitre 6

Les traits actuels du régime parlementaire en Europe

Plan analytique

section 1

Parlementarisme moniste et parlementarisme dualiste

§ 1 Le parlementarisme moniste

§ 2 Le parlementarisme avec statut renforcé du chef de l'État

section 2

Les institutions parlementaires

§ 1 La mutation du bicamérisme

§ 2 L'organisation du parlement

A. Le statut des parlementaires

B. Le mandat parlementaire

C. Le travail parlementaire

D. Le parlementarisme « rationalisé »

section 3

Le gouvernement

§ 1 L'organisation de l'exécutif

§ 2 La responsabilité politique

section 4

La démocratie directe

Compléments pédagogiques

Le régime parlementaire est devenu moniste dans la plupart des États tandis que les institutions parlementaires évoluaient au profit du pouvoir gouvernemental et de la démocratie directe. 126

Le régime parlementaire est devenu la norme politique et institutionnelle en Europe – à l'exception de la Suisse – depuis son extension aux États d'Europe centrale et orientale. Toutefois, des variantes subsistent selon le rôle attribué au chef de l'État.

section 1

Parlementarisme moniste et parlementarisme dualiste

Le parlementarisme dualiste du XIXe siècle a vécu. Dans aucun État d'Europe ne subsiste de monarchie limitée. Dans tous les États monarchiques, y compris ceux où la monarchie a été rétablie récemment (Espagne), « le roi règne mais ne gouverne pas ». 127

Néanmoins, l'introduction de l'élection du chef de l'État au suffrage universel direct pose à nouveau la question du parlementarisme dualiste dans les États qui connaissent un régime parfois qualifié de « semi-présidentiel ». Il faut donc distinguer les États à régime parlementaire moniste (monarchies ou républiques) et les États à régime parlementaire bâtis sur le modèle de la république de Weimar.

§ 1 Le parlementarisme moniste

Les États à parlementarisme moniste se distinguent selon leur statut, monarchique ou républicain. 128

Le Royaume-Uni, la Belgique, les Pays-Bas, le Luxembourg, le Danemark, la Suède, la Norvège et, depuis la mort de Franco, l'Espagne sont des monarchies dont les règles de succession sont fixées par la Constitution. Elles sont solidement enracinées, y compris en Espagne où le roi a joué un rôle déterminant dans la transition à la démocratie. Depuis 1945, l'Italie, par référendum en 1946, et la Grèce, par référendum en 1974, ont aboli la monarchie et opté pour la république.

Ces monarques sont *irresponsables*[Q] politiquement même s'ils peuvent être contraints à abdiquer (Luxembourg en 1919, Belgique en 1951). Ils sont souvent titulaires constitutionnels de pouvoirs importants (nomination et révocation des ministres, nominations aux principaux emplois civils et militaires, dissolution) qui n'ont pas été formellement modifiés. Dans les Constitutions anciennes (Norvège,

Luxembourg), révisées (Belgique, Pays-Bas) et récentes (Espagne), ces compétences ont été maintenues mais l'exercice effectif de ces pouvoirs est le fait du gouvernement en raison du contreseing ministériel. Selon la formule, ces monarques règnent mais ne gouvernement pas.

Le *chef de l'État*[Q] républicain se trouve dans une situation identique lorsqu'il n'est pas élu directement par le peuple. Dans ce cas, sa désignation est le fait du parlement (Grèce), éventuellement élargi aux représentants des collectivités locales (Italie) ou d'une assemblée *ad hoc* regroupant députés de la Chambre basse et délégués des parlements régionaux (Allemagne). L'élection nécessite aux deux premiers tours une majorité qualifiée (deux tiers en Grèce et en Italie, majorité absolue en Allemagne).

Dans les régimes républicains monistes, le chef de l'État ne dispose plus des prérogatives formelles des monarques et ses compétences sont réduites. En Allemagne, le président ne peut agir sans contreseing ministériel à l'exception de la nomination et de la révocation du chancelier, et du choix entre la dissolution et la nomination d'un chancelier minoritaire (au cas où le chancelier qu'il a proposé ou aucun autre n'a obtenu la majorité absolue). En Grèce, le contreseing est nécessaire à l'exception de la nomination du Premier ministre, de la dissolution de la Chambre après deux crises gouvernementales successives et si la Chambre est ingouvernable, et de la demande d'une nouvelle lecture à la Chambre. En Italie, tous les actes du président nécessitent un contreseing. Ce contreseing ministériel limite l'exercice des compétences du chef de l'État.

À ces compétences s'ajoutent celles, plus informelles, de symbole de l'unité nationale (notamment le monarque) et de « régulateur de la vie politique » (Grèce, Const., art. 30, al. 1er), qui peuvent conduire le chef de l'État, monarque ou président, en régime moniste à exercer une « magistrature d'influence ». Ce type de prérogative s'avère d'autant plus décisif que la situation politique est confuse (Italie des années 1980) ou que le régime est en crise (Italie des années 1970 face à la menace terroriste ou des années 1990 face à l'effondrement du personnel politique traditionnel ; Espagne lors de la tentative du coup d'État militaire de 1981). Il peut aussi marquer sa « différence » comme en Belgique, lors du refus de la sanction royale par le roi Baudouin pour la loi libéralisant l'avortement en 1990.

§ 2 Le parlementarisme avec statut renforcé du chef de l'État

129 La Constitution de Weimar a inspiré de nombreux États européens, mais son modèle ne s'est guère traduit dans la pratique. En Europe de l'Ouest, l'Autriche, la Finlande, la France, l'Irlande, l'Islande et le Portugal ont introduit l'élection du chef de l'État au suffrage universel. Cette disposition entraine des effets variables selon les pays.

En Irlande et en Islande, le président de la République ne détient aucun pouvoir propre et les partis politiques n'ont pas essayé de le valoriser. Cela s'explique notamment car les candidats à l'élection présidentielle ne sont jamais les leaders de leurs partis ; ceux-ci sont proposés pour la direction du gouvernement. En Autriche, le président dispose de prérogatives constitutionnelles importantes (nomination et révocation du chancelier et du gouvernement, pouvoir de dissolution) mais il ne dispose pas de l'autorité politique pour les imposer, les leaders des partis étant candidats à la chancellerie et neutralisant la fonction présidentielle.

En Finlande, le président détenait de nombreuses compétences (nomination et révocation du gouvernement, nomination aux emplois publics, dissolution, initiative législative et pouvoir réglementaire, chef des armées et représentant international de l'État, pouvoirs de crise). Ces pouvoirs ont été exercés dans l'esprit d'un parlementarisme dualiste. Le président est toujours une forte personnalité capable de s'imposer à un système politique divisé, qui bénéficie aussi du contexte international qui a contraint la Finlande à disposer d'un pouvoir d'État fort (face à la menace soviétique notamment). Mais, la révision introduite en 1995 à l'occasion de l'adhésion de la Finlande à l'Union européenne a transféré l'essentiel des pouvoirs propres (diplomatie, formation du gouvernement) du président au gouvernement.

Au Portugal, la Constitution de 1976 a été élaborée sous la pression du Mouvement des Forces Armées, dont le candidat, le général Eanès, fut élu en 1976. Elle accordait des pouvoirs très importants au chef de l'État : droit de nomination et de révocation du Premier ministre, droit de dissolution et de *veto* législatif, référendum sur proposition du gouvernement ou du parlement. L'utilisation de ces prérogatives (révocation du Premier ministre, Mario Soares, et formation de cabinets présidentiels) a conduit à une grave crise politique et à la révision constitutionnelle de 1982. Celle-ci a ôté au président le droit de révocation du Premier ministre ainsi que le *veto* législatif, devenu demande de nouvelle délibération. L'effacement du président de la République a été renforcé par l'absence, jusqu'en 1996, d'une majorité à l'Assemblée pour l'appuyer. Cette évolution a été confirmée ensuite, malgré la coïncidence des majorités jusqu'en 2002, le parti dominant (le PSP) choisissant de présenter son leader au poste de Premier ministre selon le schéma autrichien.

De tous les États d'Europe occidentale, la France est le seul où les pouvoirs présidentiels ont gardé une effectivité. Le président est toujours un chef de parti et la direction politique de l'exécutif lui incombe lorsque son parti (ou sa coalition) domine le parlement. Le déclin général de la fonction présidentielle a néanmoins atteint la Cinquième République avec la multiplication des cas de « cohabitation » entre président et majorité parlementaire hostile sur la période 1986-2002. L'instauration du quinquennat présidentiel, adopté en 2000 par référendum, a raccourci la durée du mandat, devenue identique à celle des députés. Couplée à l'inversion du calendrier électoral, cette révision rend plus difficile la survenue de cohabitation et rétabli la primauté présidentielle.

Dans la plupart des États d'Europe centrale et orientale, les nouvelles Constitutions adoptées à la chute du communisme ont introduit l'élection directe du chef de l'État (Pologne, Bulgarie, Croatie, Slovénie, Roumanie, Lituanie, Biélorussie, Macédoine, Moldavie, Russie, Ukraine). Seule une minorité d'États prévoit sa désignation par le parlement (Lettonie, Estonie, Hongrie, Slovaquie, République Tchèque, Albanie). En Europe centrale, les pouvoirs présidentiels sont limités, y compris en Pologne après la révision constitutionnelle de 1997, aux domaines de la sécurité et des relations internationales, alors qu'ils sont hypertrophiés dans les États d'Europe orientale, notamment par la maîtrise de pouvoirs de crise, où il n'existe pas de tradition parlementaire.

En Russie, où une tradition parlementaire existe, la Constitution de 1993 instaure un régime parlementaire dualiste mais avec des pouvoirs considérables entre les mains du président de la fédération russe. Celui-ci est élu pour six ans (quatre ans avant 2012) et détient les pouvoirs du président américain (diplomatie, défense, nomination et révocation des ministres et hauts fonctionnaires, nomination des juges, droit de *veto* législatif) et ceux du président français (dissolution, référendum, pouvoirs de crise). Toutefois, la nomination au poste de Premier ministre de l'ancien président de la République, Vladimir Poutine, celui-ci ayant achevé le nombre de mandats présidentiels consécutifs autorisés par la Constitution (deux en 2000-2008) et fait élire un de ses anciens collaborateurs, Dimitri Medvedev, à la présidence en échange de sa nomination à la tête du gouvernement, a conduit à une « cohabitation » originale (de 2008 à 2012) où le Premier ministre a détenu provisoirement des pouvoirs extrêmement étendus. Au terme de son mandat, durant lequel une révision constitutionnelle a allongé la durée du mandat présidentiel de quatre à six ans, Dimitri Medvedev a laissé Vladimir Poutine se représenter à l'élection présidentielle. Sitôt élu le 4 mars 2012, celui-ci a nommé Dimitri Medvedev Premier ministre et la hiérarchie de l'exécutif a retrouvé sa forme traditionnelle. Réélu en 2018, Vladimir Poutine a initié (formellement la Douma l'a fait) un référendum constitutionnel modifiant la limite du nombre de mandats présidentiels. Adoptée, en juillet 2020, avec près de 78 % des suffrages, la révision constitutionnelle a limité le nombre de mandats a deux au total, consécutifs ou non. Cependant, les mandats passés ou en cours n'étant pas pris en compte dans les conséquences de la révision, Vladimir Poutine pourrait terminer son mandat actuel en 2024 et se représenter deux fois (en 2030 et 2036). La limitation est donc toute relative.

section 2

Les institutions parlementaires

■ 130 Clé de voûte des institutions dans tous les États d'Europe occidentale, le parlement a vu son organisation et ses pouvoirs profondément modifiés depuis la seconde guerre mondiale.

§ 1 La mutation du bicamérisme

■ 131 Le modèle parlementaire classique était bicaméral. La démocratisation du suffrage a scellé le destin des Chambres hautes. Celles-ci n'ont survécu qu'à condition de perdre leurs pouvoirs ou de changer de nature.

Un seul État unitaire conserve à ce jour un bicamérisme égalitaire : l'Italie. La Chambre des députés et le Sénat sont élus au suffrage universel direct et ont des compétences législatives et politiques identiques. Les seules différences tiennent à l'exclusion des citoyens de moins de 25 ans de l'électorat sénatorial (il faut de même être âgé d'au moins 40 ans pour être éligible) et à la différence des circonscriptions électorales. Ce bicamérisme parfait explique que des propositions aient été avancées pour faire du Sénat italien la Chambre des régions. En 2005, le parlement italien avait voté une révision qui instaurait un bicamérisme inégalitaire, la Chambre des députés ayant l'exclusivité des lois relevant de la compétence de l'État et pouvant seule renverser le gouvernement et le Sénat – élu sur une base régionale – devenant la Chambre des lois du secteur concurrentiel entre État et régions. Le référendum des 25 et 26 juin 2006 a rejeté ce projet. Un nouveau projet, déposé par le gouvernement Renzi et adopté par le Parlement en 2014, prévoyait la transformation du Sénat en assemblée consultative formée de 100 délégués des conseils régionaux et des communes. Le projet, soumis à référendum le 4 décembre 2016, a été rejeté par une large majorité d'électeurs (59,1 %). Le bicamérisme « parfait » est donc toujours en vigueur.

L'identité des compétences et les modes de recrutement des deux Chambres ont conduit à la suppression du Sénat en Suède en 1969.

Dans les autres États bicaméraux, la seconde Chambre ne joue de rôle important que 132 ■
si elle représente les collectivités territoriales. En France, c'est le cas du Sénat, dont la fonction est justement de représenter ces collectivités.

Dans les États fédéraux, le bicamérisme prend des formes variables.

Ainsi en Suisse, l'Assemblée fédérale (parlement) est composée de deux Conseils, le Conseil national (200 membres élus à la représentation proportionnelle) et le Conseil des États (46 membres, deux par canton, élus selon un scrutin fixé par chaque canton) dont les pouvoirs sont égaux.

En Allemagne, État fédéral, le *Bundesrat* représente les Länder face au *Bundestag* qui représente le peuple. Le Bundesrat est formé de délégués des exécutifs régionaux et donc des majorités politiques de chaque État membre, selon une pondération proportionnelle à leur population. Celle-ci s'étend de trois voix aux « petits » Länder à six pour ceux de plus de sept millions d'habitants. Les délégués des Länder votent en bloc selon les instructions du gouvernement du Land ; leur mandat est impératif. Pour les lois qui les concernent (dites « lois d'approbation »), l'approbation du Bundesrat est obligatoire, tout comme pour les lois constitutionnelles. Pour les autres lois (dites « lois simples »), l'opposition du Bundesrat peut être surmontée par un vote à la majorité équivalente du Bundestag : si la Chambre haute a rejeté à la majorité simple, il faudra la majorité absolue du Bundestag pour passer outre. Si le Bundesrat a rejeté à la majorité des deux tiers, il faudra que la Chambre basse adopte à la majorité des deux tiers. Ce pouvoir de codécision du Bundesrat est d'autant plus important qu'il est relativement fréquent que la majorité à la Chambre haute soit différente de celle à la Chambre basse, conduisant à une « cohabitation » de fait entre majorité et opposition. Afin de dépasser ce blocage, la révision constitutionnelle du 26 août 2006 (entrée en vigueur en 2007) a réduit en principe le nombre des lois d'approbation en échange d'un accroissement des compétences directes des Länder (en matière d'éducation, d'environnement, de gestion du système pénitentiaire, etc.) et de l'État fédéral.

En Autriche, le Bundesrat est peu influent malgré le caractère fédéral de l'État. Il ne dispose que d'un droit de *veto* suspensif de huit semaines qui ne peut porter sur des textes à contenu financier ou fiscal. Son poids politique limité résulte du peu de consistance du fédéralisme autrichien.

En Espagne également, le Sénat est « la Chambre de la représentation territoriale » 133 ■
(Const., art. 69, al. 1er) mais cette qualification ne correspond à aucune fonction spécifique. La base de la représentation sénatoriale est la province (4 sénateurs sont élus dans chaque province au suffrage universel direct) mais les communautés autonomes (régions) participent également au recrutement sénatorial en désignant chacune un sénateur (et un autre par tranche d'un million d'habitants). Ce recrutement hétérogène explique que la seconde Chambre soit assez effacée, faute d'une assise territoriale et d'un mode de scrutin homogènes. Par conséquent, en cas de désaccord, le dernier mot revient toujours à la Chambre basse, le Congrès, à la majorité absolue ou à la majorité relative, passé un délai de deux mois.

En Belgique, le bicamérisme égalitaire a été abandonné lors de la révision constitutionnelle du 5 mai 1993. Le Sénat est composé de 71 sénateurs dont le mandat est de quatre ans. Le mécanisme de composition du Sénat y est complexe : 40 sont élus au scrutin proportionnel direct (25 sénateurs néerlandophones et 15 francophones), 21 sont élus en leur sein par les conseils de communauté dont ils continuent à rester membres une fois entrés au Sénat, 10 sont élus par le Conseil flamand, 10 par le Conseil de la communauté française et 1 par le Conseil de la communauté germanophone. Enfin, 10 membres sont cooptés par les deux premières catégories dont 6 sont désignés par l'ensemble des autres sénateurs néerlandophones et 4 par les sénateurs francophones auxquels s'ajoutent les membres de droit (membres de la famille royale). Le bicamérisme est égalitaire pour la législation institutionnelle de base – structures de l'État fédéral et ses institutions, traités, nationalité. La Chambre des représentants est prédominante pour les autres lois et le gouvernement n'est responsable que devant elle. Aux Pays-Bas, la Première Chambre (Chambre haute) est également effacée. Elle ne détient ni le droit d'initiative ni le droit d'amendement, elle ne peut qu'approuver ou rejeter en bloc (ce qu'elle ne fait jamais) les projets de loi. Elle a failli disparaître en 1922.

■ 134 Au Royaume-Uni, la *Chambre des lords*[Q] est restée une chambre aristocratique mais son rôle est devenu symbolique et son effectif est en pleine recomposition. La réforme du *House of Lords Act* de 1999 a réduit drastiquement le nombre de pairs héréditaires. De 800 ceux-ci ont été ramenés à 92 à titre provisoire. S'y ajoutent 630 pairs à vie nommés en fait par le Premier ministre et les 26 lords spirituels, qui sont les dignitaires de l'Église anglicane. Depuis le 1er octobre 2009, en application du *Constitutional Reform Act* de 2005, les lords judiciaires qui constituaient la plus haute instance judiciaire du Royaume-Uni (et étaient rattachés à la Chambre des Lords) ont été remplacés par la Cour suprême du Royaume-Uni, juridiction de dernier ressort pour l'Angleterre, le Pays de Galles et l'Irlande du Nord. Outre l'absentéisme de la majorité de ses membres, la Chambre des lords se caractérise par un effacement qui est imposé par les textes qui ont limité à un an son droit de *veto* (*Parliament Act* de 1949), d'ailleurs inutilisé. La réforme de la composition de la chambre haute ouvre la voie à une modification à terme de son rôle, mais la réforme prévue en 2012 n'est plus à l'ordre du jour. Cette réforme a par ailleurs permis un rééquilibrage politique en faveur des travaillistes. Enfin en Irlande, la seconde chambre a été créée par la Constitution de 1937 sur des bases corporatistes, mais elle n'a qu'un pouvoir d'amendement, le Dail, Chambre basse, ayant le dernier mot.

Dans tous les autres États d'Europe occidentale, le monocamérisme est la règle, soit que la chambre haute ait été supprimée comme en Norvège, Finlande, Islande, Danemark et Suède, soit que la Constitution, adoptée récemment, ait institué directement le monocamérisme (Grèce, Portugal). Dans deux États (la Norvège et la Finlande) existe un bicamérisme fonctionnel, une partie de l'Assemblée se constituant en chambre de réflexion au cours de la procédure législative.

Dans les États d'Europe centrale et orientale, le monocamérisme domine. Si la Russie (du fait de sa structure fédérale), la Biélorussie, la Pologne, la Croatie, la Slovénie, la République tchèque et la Roumanie pratiquent le bicamérisme, les autres États sont monocaméraux.

§ 2 L'organisation du parlement

A. Le statut des parlementaires

Dans tous les États européens, le statut des parlementaires est assez proche. Il se 135 ■
caractérise par trois éléments : les *immunités*[Q], qui protègent le parlementaire dans l'exercice de son mandat et assurent son indépendance, les *incompatibilités*[Q] qui interdisent l'exercice de certaines fonctions incompatibles avec le mandat représentatif, et les indemnités, rémunération qui assure au parlementaire son indépendance financière.

Si le régime des immunités couvre les activités parlementaires (irresponsabilité) mais plus rarement les poursuites pour des faits extérieurs au parlement (inviolabilité), le régime des incompatibilités traduit des différences assez sensibles. Par exemple, l'incompatibilité avec la fonction publique peut conduire le fonctionnaire élu à la démission dans la plupart des États mais aussi à être simplement placé dans une position spéciale dans d'autres (Allemagne, Autriche, France). De même la règle du non-cumul des mandats électifs est assez générale (y compris la France depuis 2017). En ce qui concerne l'incompatibilité entre les fonctions ministérielles et le mandat parlementaire, la France, la Belgique, la Suède, la Norvège, le Luxembourg et les Pays-Bas l'imposent, alors que le cumul de ces fonctions est autorisé voire imposé ailleurs (Royaume-Uni, Irlande).

B. Le mandat parlementaire

La durée moyenne du mandat pour les Chambres basses est de quatre ans. En France, 136 ■
Italie, Irlande et Luxembourg, la durée du mandat des députés est de 5 ans. La durée peut être abrégée par la dissolution (prévue partout sauf en Norvège). En revanche, la durée moyenne du mandat pour les Chambres hautes varie selon leur mode de désignation : 4 ans en Espagne et 5 ans en Italie du fait de leur élection au suffrage direct, 6 ans en France où le suffrage est indirect.

C. Le travail parlementaire

La vie du parlement est régie depuis l'origine par le principe d'indépendance du 137 ■
Parlement. Elle se traduit, d'abord, par la règle selon laquelle les assemblées sont maîtresses de leur règlement. Néanmoins, cette règle a été remise en cause par l'intégration des dispositions essentielles à la Constitution (Autriche, Espagne, France, Norvège, Pays-Bas) ou à des lois organiques (Finlande, Suède), ainsi que par le contrôle de constitutionnalité obligatoire (France) ou facultatif (Allemagne, Autriche) des règlements. L'interdépendance se traduit, ensuite, par l'autonomie de gestion administrative et financière dont disposent les parlements.

À la tête des assemblées, la présidence connaît des traditions très variables. Celle du Royaume-Uni repose sur l'institution du speaker, président unique et indépendant, choisi d'un commun accord par les groupes parlementaires et renouvelable aussi longtemps qu'il le désire, quelle que soit la majorité parlementaire. Il est maître des débats (les orateurs s'adressent à lui), n'y prenant jamais position, et détient également le pouvoir de nommer les présidents de commission. La tradition continentale est celle d'une présidence plus politique et plus collégiale (le président est assisté d'un bureau). Si l'exigence d'impartialité (non-participation aux débats et au vote) est exigée en France, Italie, Suède et Finlande, ce n'est pas le cas en Allemagne, en Belgique ou aux Pays-Bas.

■ 138 Le travail parlementaire dépend d'abord du régime des *sessions*^Q. Trois systèmes sont pratiqués. La session peut être permanente, le parlement déterminant lui-même le calendrier des réunions (comme en Italie ou en Allemagne), unique annuelle (Belgique, Pays-Bas, Royaume-Uni, France depuis la révision de 1995, etc.). Plusieurs sessions ordinaires (généralement deux) limitées dans le temps existent également (Espagne, Autriche, Finlande, etc.). Dans les deux derniers systèmes, des sessions extraordinaires peuvent être décidées.

Par ailleurs, le travail parlementaire dépend du poids relatif des *commissions*^Q et des *groupes politiques*^Q.

■ 139 La tradition parlementaire européenne n'accorde pas aux commissions une importance équivalente à celle qui prévaut aux États-Unis. Néanmoins, les commissions ont dans de nombreux États une importance décisive car c'est là que s'effectue l'essentiel du travail législatif. Leur nombre et leur composition varient. Alors qu'en France les commissions permanentes ne sont que 8, elles sont 22 en Allemagne ou 14 à la Chambre des députés italienne. Elles sont spécialisées sur le continent, toutes à vocation générale au Royaume-Uni où leur rôle est secondaire. Enfin, le travail des commissions est très diversifié suivant les traditions. Tandis que leur rôle essentiel est d'examiner le projet de loi et de l'amender, dans certains États elles peuvent suppléer au travail en séance plénière soit partiellement, en pouvant rendre inutile la discussion en séance publique (Belgique, Pays-Bas), soit intégralement comme en Italie, où la procédure législative décentralisée permet aux commissions d'examiner et voter la loi (en dehors des domaines financiers, électoral et international). Certains parlements ont également développé systématiquement le travail d'information, quitte à recourir à des auditions spectaculaires (sur le modèle des « *hearings* » américains) : cette procédure, utilisée au départ par les commissions d'enquête et de contrôle, est à présent utilisée par les commissions permanentes (l'Allemagne la première, puis l'Italie, la France).

Les groupes politiques constituent l'un des éléments clés de l'organisation pratique du parlement. Ignorés au long du XIXe siècle, ils se sont progressivement constitués (sur le modèle des groupes britanniques), ont acquis une discipline interne et une reconnaissance officielle (au minimum par les règlements des assemblées). Outre des avantages matériels, les groupes se partagent à la proportionnelle les commissions et les temps de parole. Ils organisent la vie partisane au sein des Chambres. Leurs présidents participent à l'organe chargé de fixer l'ordre du jour. Enfin, ils sont consultés, officiellement ou officieusement, pour la constitution des gouvernements.

D. Le parlementarisme « rationalisé »

■ 140 Le principe de la souveraineté parlementaire a été sérieusement entamé au xxe siècle et notamment dès la fin de la Seconde Guerre mondiale. Cette limitation est la conséquence des abus auxquels l'usage du pouvoir législatif a donné lieu dans les États à parlementarisme moniste – notamment de tradition française –, qu'il s'agisse de la déformation des projets de loi gouvernementaux ou des budgets.

Le parlementarisme rationalisé correspond à l'évolution du régime parlementaire (par des dispositions constitutionnelles spécifiques, par des mesures juridiques ou par la pratique politique) qui s'opère à la faveur du pouvoir exécutif (Premier ministre et gouvernement).

Le premier champ d'action de cette « *rationalisation parlementaire*[Q] » est le domaine de la loi. Dans certains États la limitation coutumière de la toute-puissance législative s'est imposée très tôt, notamment dans les États parlementaires d'Europe du Nord (Royaume-Uni, Scandinavie), en matière économique et de politique étrangère, sans qu'il soit nécessaire de fixer des limites à la compétence parlementaire. Ailleurs, et notamment en Europe du Sud, c'est par des expédients juridiques à la constitutionnalité douteuse – les décrets-lois – que naîtra, sous forme de délégation législative provisoire, un pouvoir normatif autonome de l'exécutif. Ils ont été utilisés pour la première fois en France pendant la guerre de 1914-1918 et d'autres États les ont introduits : la Belgique, le Danemark, les Pays-Bas, l'Allemagne (Régl. de l'art. 80 Const.) et l'Italie. La Constitution italienne distingue les « décrets législatifs », équivalents des décrets-lois français, et les « décrets-lois », mesures d'urgence et provisoires prises par le gouvernement qui devront être validées *a posteriori* par le parlement. 141 ■

La diminution des prérogatives parlementaires apparaît également dans la gestion de la procédure législative. 142 ■

C'est d'abord le cas dans la fixation de l'ordre du jour, c'est-à-dire du programme de travail législatif : au Royaume-Uni et en Irlande, c'est le Premier ministre, en tant que leader de la majorité, qui le fixe. Dans les autres États, c'est un organe parlementaire : le président de l'assemblée (Espagne, Pays-Bas, Grèce) ou un organe collégial formé notamment des responsables des groupes parlementaires (conférence des présidents). Mais, dans ce cas, le gouvernement peut intervenir pour imposer un ordre du jour prioritaire (France, Espagne, Grèce, Portugal) et, au minimum, pour le budget.

C'est ensuite dans la limitation de l'initiative législative, soit en matière financière (où elle est draconienne au Royaume-Uni et en France, plus souple en Allemagne, Espagne, Portugal et Grèce), soit en matière d'amendement : son usage est limité au Royaume-Uni et laissé à l'appréciation du gouvernement en France. Ailleurs, les Constitutions les plus récentes ont interdit les amendements à incidence financière (Espagne, Grèce, Portugal) ou imposé d'y inclure les moyens de financement (Italie, Allemagne). 143 ■

Ces limitations sont encore plus nettes en matière budgétaire. Dans tous les États, le gouvernement a seul la compétence pour présenter le projet de budget. Au Royaume-Uni et en France, des délais stricts sont fixés pour son adoption. Si le budget n'est pas voté dans les délais, le budget de l'année achevée est reconduit provisoirement en Allemagne, Autriche et France.

Le vote de la loi et les délibérations sont également réglementés dans certains États. Au Royaume-Uni, trois lectures successives du texte sont nécessaires. La première est une présentation générale, la seconde un débat au fond et la troisième un peaufinage du texte. Dans la plupart des États européens, un débat d'orientation précède l'examen en commission. Puis c'est le texte de la commission qui est examiné en séance, suivant une procédure identique : discussion générale, vote par article, amendements et vote sur l'ensemble. Si la plupart des États connaissent un 144 ■

encadrement des débats (durée des interventions), la France se distingue par une présence massive du gouvernement dans la direction de ceux-ci qui a été limitée par la révision constitutionnelle de 2008. Enfin, tous les États bicaméraux à l'exception de l'Italie ont introduit des procédures qui donnent à la Chambre basse le dernier mot.

section 3

Le gouvernement

■ 145 Dans de nombreux États, il a fallu attendre la seconde moitié du XXe siècle pour que l'exécutif devienne une structure organisée, hiérarchisée et disposant de moyens d'action.

§ 1 L'organisation de l'exécutif

■ 146 Le cabinet britannique constitue le modèle incontesté. Il s'est progressivement défait du conseil privé du monarque, qui demeure toujours protocolairement, et en a gardé l'héritage. Une partie des membres du cabinet correspond en effet à des charges honorifiques. Depuis le début du xxe siècle, le cabinet constitue une structure à géométrie variable. Le cabinet restreint (*Inner cabinet*) comprend les ministres influents (une trentaine dans le cabinet Cameron dont le lord Chancelier à la Justice, le Chancelier de l'Échiquier aux Finances et le secrétaire au *Foreign office* à la diplomatie). Le ministère complet comprend plus d'une centaine de ministres, secrétaires d'État et secrétaires parlementaires (120 dans le gouvernement Cameron issu du remaniement de 2011).

Le cabinet est sous l'autorité incontestée du Premier ministre qui est le leader du parti majoritaire (qui l'a emporté lors des dernières élections législatives). Le Premier ministre est le chef des services gouvernementaux et responsable de la nomination des hauts fonctionnaires. Il exerce personnellement le droit de dissolution et le droit de grâce. L'autorité du Premier ministre résulte de l'absorption et de la combinaison des prérogatives exécutives détenues jadis par le monarque (politique étrangère, défense, direction de l'administration civile et militaire) et de celles du Parlement en tant que leader du parti majoritaire à la Chambre des communes, ce qui lui donne la maîtrise de l'initiative des lois et de la procédure législative. *In fine*, le Premier ministre est donc le chef de son parti, le leader de la majorité à la Chambre des communes et le leader du cabinet.

C'est ainsi que Margaret Thatcher est d'abord leader du parti conservateur en 1975, qu'elle refonde sur des positions néo-conservatrices, avant de devenir Premier ministre incontesté de 1979 à 1990. De même, Tony Blair devient le leader du parti travailliste qu'il refonde en 1994 sur les positions social-libérales avant d'accéder au 10 Downing street en 1997, jusqu'en 2007.

Si le Premier ministre possède une forte influence politique, son pouvoir reste cependant tributaire de son ascendant sur le parti, compte tenu des circonstances et des résultats électoraux. Si son ascendant sur le parti diminue, son influence en tant que leader de la majorité parlementaire se réduit, et affecte négativement son action en tant que Premier ministre.

Depuis 2007 et le départ de Tony Blair, la « toute-puissance » du Premier ministre s'est quelque peu effritée. Le successeur de Tony Blair, le travailliste Gordon Brown, n'a pas réussi à conserver la majorité au Labour et n'est resté que trois ans. Les élections législatives de 2010 ont permis aux conservateurs d'arriver en tête mais sans obtenir de majorité absolue et leur leader, David Cameron, a été nommé Premier ministre d'un gouvernement de coalition : le chef de ses alliés libéraux-démocrates, Nick Clegg, est devenu vice-Premier ministre, affaiblissant ainsi l'autorité traditionnelle du chef de gouvernement britannique qui a dû conclure avec ses alliés un accord de gouvernement pour la durée de la législature comprenant l'interdiction de dissoudre la Chambre des communes. La large victoire des conservateurs aux élections législatives de 2015 a permis à David Cameron de rester Premier ministre mais cet apogée n'a duré qu'un an. La victoire du « non » au référendum sur le maintien du Royaume-Uni dans l'Union européenne le 24 juin 2016 alors qu'il avait fait campagne pour le « maintien dans l'Union européenne », a entraîné sa démission et son remplacement par Theresa May.

Celle-ci, afin de mieux mener les négociations de sortie de l'Union européenne, a cru devoir faire dissoudre la Chambre des communes, mais les élections du 8 juin 2017 se sont traduites par un recul des Tories qui, pour garder une courte majorité, ont dû conclure une alliance avec le petit parti Unioniste d'Irlande du Nord. Elle a été fortement contestée jusqu'en dans son parti pour sa gestion des négociations du *Brexit* avec !'Union européenne. Après avoir connu plusieurs démissions de ministres, dont celle de Boris Johnson, son leadership sur le parti a été mis en cause. Elle a cependant obtenu le soutien de la majorité des députés conservateurs lors d'un vote interne organisé en décembre 2018 par les députés refusant l'accord conclu avec Bruxelles. De même, en janvier 2019, le soutien des députés conservateurs a permis à Theresa May de voir une motion de censure être rejetée (par 325 voix contre 306). Toutefois, la veille, le parlement britannique avait largement rejeté l'accord sur le *Brexit* (432 ont voté contre, 202 pour) infligeant à Theresa May la plus lourde défaite d'un gouvernement en exercice de l'histoire. Deux nouveaux rejets de son accord sur le Brexit par la Chambre des communes, au mois de Mars, conduiront Theresa May à la démission, le 24 mai 2019, en raison de son incapacité à imposer son leadership au Parti conservateur pour l'adoption du plan de relance qu'elle avait négocié avec l'Union Européenne. L'absence de soutien des députés conservateurs l'a affaibli politiquement, rendant difficile voire impossible l'exercice de sa fonction de Premier ministre, ce qui l'a contraint à démissionner.

Boris Johnson lui succédera comme Premier ministre, après son élection à la direction du Parti conservateur en juillet 2019. Il n'a pu résister que deux ans aux scandales qui ont émaillé son ministère. Élue par les membres du parti pour lui succéder, Liz Truss n'a duré que 44 jours (6 septembre-20 octobre 2022), cédant son poste le 24 octobre à Rishi Sunak qui prend la tête du parti et du gouvernement.

Le système politique britannique repose sur le leadership du chef de parti – Premier ministre. Encore faut-il qu'il y ait un leader ce qui n'est plus le cas, ni au Labour, ni chez les Tories depuis le Brexit.

Dans les autres États, c'est la collégialité gouvernementale qui prévaut. Si certaines Constitutions font du chef du gouvernement (Premier ministre ou Chancelier) un *primus inter pares*, rares sont les décisions qui lui appartiennent en propre. C'est le cas pour la Constitution de 1958 en France (pouvoir réglementaire, nominations, initiative législative) et dans une moindre mesure en Allemagne et en Espagne. Mais si en France le pouvoir effectif du Premier ministre dépend de ses rapports avec le président de la République (tout comme en Russie), ailleurs c'est de son statut politique (dans son parti et au sein de la coalition qui le soutient) que dépend son autorité effective.

Ainsi en Allemagne fédérale, le poids du Chancelier est largement tributaire de son pouvoir dans son parti et de son autorité dans la coalition gouvernementale. À la tête de la CDU (Union chrétienne-démocrate) depuis 2000, Angela Merkel a accédé au poste de Chancelier au lendemain des élections législatives de 2005 dans le cadre d'une alliance avec le parti chrétien-social bavarois (CSU), allié traditionnel de la CDU, et des sociaux-démocrates du SPD. Depuis, à l'exception des années 2009-2013 où la CDU-CSU a gouverné avec les libéraux du FPD, la coalition gouvernementale était composée avec de la CDU-CSU et du SPD. Depuis 2013, cette coalition dirige à nouveau le gouvernement fédéral. Toutefois, le fort recul des partis de la coalition aux élections législatives de septembre 2017 (qui enregistrent leurs plus mauvais résultats depuis les débuts de la République fédérale) n'a pas empêché la reconduite de la coalition après de longues tractations. Ces résultats marquent aussi le début du retrait d'Angela Merkel, qui a dû céder la présidence de la CDU en décembre 2018. À la suite de la défaite de la CDU lors des élections fédérales allemandes de septembre 2021, Olaf Scholz (SPD) lui succède en décembre 2021 à la tête d'une coalition gouvernementale avec les Verts (*Die Grünen*) et les libéraux (FDP). Il est à noter qu'Olaf Scholz n'est pas le président du SPD, ayant été battu en 2019 lors de l'élection interne.

Dans les États où le parlementarisme se combine avec un éclatement de la représentation politique (notamment en Belgique, aux Pays-Bas ou en Italie), la constitution d'une majorité gouvernementale s'avère souvent délicate. La Belgique détient le record de la plus longue période « sans gouvernement », avec 541 jours entre 2010-2011, entre le gouvernement Leterne et le gouvernement Di Rupo, obligeant le gouvernement Leterne à gérer les affaires courantes durant cette période. Aux Pays-Bas, 208 jours auront été nécessaires pour que Mark Rutte soit investi en tant que Premier ministre, à la tête d'une large coalition en 2017.

Mais la difficulté à former un gouvernement à la suite d'élections législatives concerne de plus en plus de pays en raison, notamment, de l'affaiblissement des grands partis dits « de gouvernement », de droite et de gauche, ainsi que de l'apparition et la progression électorale rapide de nouveaux partis, souvent populistes.

Ainsi, en Espagne, faute d'accords entre les partis à la suite des élections au Congrès des députés de décembre 2015, Mariano Rajoy aura mis 314 jours avant d'être investi à la fonction de Premier ministre (appelé Président du gouvernement d'Espagne), en octobre 2016. Lors de cette élection, le Parti populaire de droite (28,7 % des suffrages, en baisse de 16 points) et le Parti socialiste ouvrier espagnol (22,0 % ; en baisse de 7 points) ont fait face à Podemos (20,7 % des suffrages, en hausse de 15 points) et de Ciudadanos (13,9 %, en hausse de 13 points). La difficulté dans la formation des gouvernements tend à devenir un phénomène structurant du parlementarisme espagnol, comme en attestent les élections d'avril 2019 après lesquelles le Congrès n'aura pas été en mesure d'investir une majorité, obligeant le Roi Felipe VI à convoquer de nouvelles élections en novembre 2019. Pedro Sanchez (Secrétaire général du Parti socialiste ouvrier espagnol depuis 2017) est Premier ministre d'une coalition fragile, notamment avec Podemos. À la suite d'une défaite des partis de la coalition aux élections locales et régionales en mai 2023, Pedro Sanchez a dû se résoudre à la dissolution du Parlement ainsi qu'à la convocation de nouvelles élections générales en juillet 2023.

En Italie, jusqu'en 1992, la Démocratie chrétienne avait dirigé sans interruption le pays avec près de 40 % des suffrages en nouant des coalitions de centre gauche ou de centre droit, donnant au régime une grande stabilité malgré les apparences des crises gouvernementales, le personnel politique demeurant inchangé. Après l'effondrement en 1992 du parti dominant, le régime parlementaire a connu une profonde mutation, les principaux acteurs étant balayés sous l'effet des scandales (Démocratie chrétienne, Parti socialiste) ou de l'effondrement de l'Union soviétique (Parti communiste). Une relative stabilité est réapparue grâce à la position dominante de Silvio Berlusconi, homme d'affaires converti à la politique, et de son parti, Forza Italia, dont les gouvernements de coalition de centre droit ont dirigé presque sans interruption le pays de 2001 à 2011. Ce sont les héritiers de cette coalition des droites, après dix ans d'instabilité, qui ont repris le pouvoir au lendemain des élections législatives de septembre 2022 sous la direction de Giorgia Meloni, présidente de Fratelli d'Italia.

Même l'Allemagne est désormais concernée par cette difficulté. Ainsi, Angela Merkel a mis cinq mois à former une grande coalition (CDU-CSU et SPD) à la suite des élections au Bundestag de septembre 2017, lors de laquelle les deux partis ont obtenu leurs plus mauvais résultats électoraux depuis 1953. À la suite des élections de septembre 2021, marquées par un nouveau recul des deux grands partis de gouvernement, la CDU-CSU et le SPD, il aura fallu plus de deux mois et de laborieuses négociations à Olaf Scholz pour arriver à la formation de la coalition avec les Verts et les libéraux.

§ 2 La responsabilité politique

Le régime parlementaire repose sur la confiance accordée par le parlement au **147** *gouvernement responsable*[Q] devant lui. Cette confiance doit lui être accordée lors de sa constitution. Elle doit être ensuite vérifiée.

Lors de sa constitution, le gouvernement doit bénéficier de la *confiance*[Q] explicite ou présumée du parlement. Dans les États où la confiance est explicitée, il faut distinguer ceux où elle est concentrée sur la personne du chef de gouvernement (*investiture*[Q]) et ceux où la *confiance*[Q] est accordée à l'ensemble de l'équipe gouvernementale. L'investiture du chef du gouvernement prévaut en Allemagne, en Belgique et en Espagne, alors qu'en Italie, en Grèce ou au Portugal c'est le gouvernement qui est investi. Dans les États où la confiance est présumée, il faut distinguer le cas britannique où le monarque nomme le chef du parti majoritaire (il n'y a pas d'autre choix possible), celui des États scandinaves où cette confiance présumée permet la constitution de gouvernements minoritaires et celui des Pays-Bas où les consultations politiques par le chef de l'État permettent d'arriver à un consensus.

À l'origine, la vérification de la confiance a été à l'initiative du parlement (*motion de* **148** *censure*[Q]). Elle s'est étendue par la suite à l'initiative du gouvernement (question de confiance). Les mécanismes constitutionnels se sont progressivement formalisés au niveau de la procédure et du vote.

Tous les États ne sont pas parvenus à une rationalisation complète des procédures de contrôle mais l'importance de celles-ci est relative : elle dépend en effet du système de partis. Dans les États où prévaut un parlementarisme majoritaire et où la confiance (présumée ou pas) est accordée automatiquement, les mécanismes internes de parti sont plus importants. Par exemple, le remplacement de Margaret Thatcher par John Major en 1990 est une affaire interne au parti conservateur tout comme celle de Tony Blair par Gordon Brown en 2007 est une décision du groupe parlementaire travailliste. Mais il en va de même dans les États où prévalent les gouvernements de coalition : non seulement les mécanismes constitutionnels laissent une marge de manœuvre importante mais surtout les crises s'y déroulent en dehors du parlement et souvent les gouvernements se disloquent sans avoir été renversés par une procédure de mise en jeu de la responsabilité politique du gouvernement. Au Royaume-Uni, la *dissolution*[Q] devient une arme du gouvernement indépendante des enjeux classiques de la mise en jeu de la responsabilité politique. L'objectif est alors d'organiser des élections anticipées afin de profiter d'une conjoncture politique favorable.

Néanmoins, le *Fixed-term Parliaments Act* adopté par la Chambre des communes le 15 septembre 2011 a limité cette possibilité. D'une part, la loi a donné un terme « fixe » à la législature, soit cinq ans jour pour jour après l'élection de la Chambre, empêchant toute dissolution anticipée à l'exception de deux hypothèses : l'autodissolution de la Chambre (à la majorité des deux-tiers) ou l'impossibilité d'accorder la confiance à un nouveau gouvernement au lendemain de l'adoption d'une motion de censure. Cette nouvelle disposition, adoptée par la coalition conservateurs-libéraux au pouvoir de 2010 à 2015, rompt avec le pouvoir discrétionnaire dont bénéficiait le Premier ministre pour le recours à la dissolution anticipée. Toutefois, n'étant qu'une simple loi, le *Fixed-term Parliaments Act* peut toujours être contourné ou abrogé par une loi ultérieure.

Si la dissolution est plus encadrée, elle reste donc possible pour des motifs d'opportunité politique dans les conditions précisées. On observe d'ailleurs que depuis la 56e législature, suivant les élections de 2015, la 57e aurait dû intervenir à l'issue du mandat de cinq ans, en 2020. Il n'en a rien été, avec des dissolutions en 2017 (57e législature) et 2019 (58e législature).

Par exemple, Boris Johnson dans un contexte de forts conflits politiques avec les parlementaires a eu recours à une dissolution d'opportunité politique en 2019, en raison de son incapacité à faire adopter son accord sur le Brexit à la Chambre des communes et après la tentative de prorogation du Parlement du 10 septembre au 14 octobre 2019 (finalement déclarée inconstitutionnelle le 24 septembre par la Cour suprême du Royaume-Uni), le Premier ministre a tenté de dissoudre la Chambre des Communes. Mais, après avoir échoué à réunir les deux tiers des suffrages nécessaires à l'autodissolution de la Chambre, suivant la procédure du *Fixed-term Parliaments Act*, Boris Johnson a eu recours à un *Act of Parliament* (une loi dont l'objet était la dissolution de la Chambre des Communes, adopté à la majorité simple), provoquant de nouvelles élections.

D'une portée affaiblie et critiqué de toute part, le *Fixed-term Parliaments* Act a été abrogé le 28 mars 2022 par une proposition de loi (déposée en décembre 2020 par le Premier ministre Johnson, et soutenue par le *Conservative Party* et le *Labour Party*).

149 Les Constitutions les plus récentes ont introduit en tout cas des mécanismes rigides pour consolider la stabilité gouvernementale. La rationalisation du parlementarisme consiste alors en la mise en place de procédures visant à rendre plus difficile le renversement des gouvernements, dans le but de limiter les risques d'instabilité gouvernementale.

La première technique est celle de la « *défiance constructive*^Q » allemande (Const., art. 67), qui prévoit qu'un gouvernement ne peut être renversé que si un nouveau chancelier est désigné simultanément à la majorité absolue du Bundestag. Cette procédure a été introduite dans la Constitution espagnole (Const., art. 113, al. 2) et dans la Constitution belge (Const., art. 46), mais aussi dans plusieurs Constitutions d'Europe centrale. La procédure de la défiance constructive à l'initiative de l'assemblée se combine avec celle de la question de confiance à l'initiative de l'exécutif. Dans la Constitution allemande, l'article 68 prévoit que la confiance doit être accordée à la majorité simple. Si elle est refusée et si le Bundestag n'a pas élu un nouveau Chancelier à la majorité absolue, le Chancelier peut demander au président fédéral la dissolution du Bundestag. À deux reprises, cette procédure a été utilisée pour procéder à une dissolution anticipée (1982 et 2005), la majorité refusant de voter la confiance grâce à la dissidence calculée de certains de ses membres pour obliger le président fédéral à dissoudre. Chaque fois, la Cour constitutionnelle fédérale n'a pas censuré le décret présidentiel de dissolution pour ne pas prononcer de jugement d'opportunité.

En Espagne, cette procédure a été utilisée pour la première fois afin de renverser le gouvernement conservateur de Mariano Rajoy, le 1er juin 2018 et de le remplacer par celui de Pedro Sanchez (chef du parti socialiste et premier chef de gouvernement non parlementaire). Mais cette procédure a montré ses limites puisque la coalition qui a renversé Mariano Rajoy n'a pas été en mesure d'adopter la loi de finances en février 2019, faute d'une majorité pour soutenir le nouveau gouvernement. L'absence de vote du budget a entraîné la dissolution anticipée du Parlement (Congrès des députés et fraction du Sénat élue au suffrage universel direct) et l'organisation de nouvelles élections.

La seconde technique de rationalisation est l'exigence d'une majorité absolue des membres de l'assemblée pour que la motion de censure soit adoptée (France, Suède, Grèce et Portugal notamment).

Même si elles ne peuvent remédier durablement à l'émiettement de la représentation, ces différentes techniques destinées à consolider les gouvernements s'avèrent efficaces. Elles ont permis de rendre plus difficile la mise en minorité du gouvernement lors d'un vote engageant sa responsabilité politique ; elles concourent ainsi à renforcer la stabilité gouvernementale d'un côté, mais diminue la responsabilité politique du gouvernement devant la Chambre élue au suffrage universel, d'un autre côté, devant l'effectivité très réduite de celle-ci dans la vie politique.

La dernière motion de censure adoptée au Royaume-Uni remonte à 1979 (contre le gouvernement travailliste de James Callaghan) et à 1962 en France (contre le gouvernement Pompidou). Aucune motion de censure n'a été adoptée en Allemagne et les confiances refusées (en 1982 et 2005) l'ont été, comme on l'a vu, par la majorité elle-même afin d'organiser des élections anticipées.

section 4

La démocratie directe

150 Parmi les évolutions récentes du régime représentatif européen, la résurgence de la démocratie directe est l'un des aspects les plus significatifs car il rompt avec une vieille méfiance envers toute atteinte à la représentation (Royaume-Uni) ou un usage plébiscitaire de cette procédure (Allemagne, Italie, France).

Plusieurs variantes de la démocratie directe ont été introduites.

151 La première est le *référendum*ᑫ d'initiative populaire. Il n'existe en matière constitutionnelle qu'en Suisse, à l'initiative de 100 000 électeurs. En matière législative, outre la Suisse (à l'initiative de 50 000 électeurs), l'Italie a introduit le référendum mais uniquement abrogatif (de tout ou partie d'un texte législatif) à l'initiative de 500 000 électeurs (mais aussi de 5 conseils régionaux ou d'un quart des membres de chaque assemblée). Le référendum abrogatif en Italie ne peut se dérouler dans les 6 premiers mois de la législature, ni porter sur les domaines fiscaux ou budgétaires, sur les lois d'amnistie ou autorisant la ratification d'un traité et doit bénéficier d'une participation de la majorité des électeurs inscrits. Il a connu un succès croissant depuis son introduction en 1970 puisque 67 référendums s'y sont déroulés et près de la moitié ont été adoptés, dont certains sur des matières institutionnelles, comme en 1993 sur la suppression de ministères et le changement de loi électorale au Sénat. En 1999 celui sur la suppression de la correction proportionnelle du scrutin majoritaire à un tour, bien qu'approuvé à 91 %, a échoué faute d'une participation suffisante. Le recours à cet instrument tend à devenir difficile dans la mesure où les derniers référendums n'ont pu aboutir faute d'atteindre le *quorum* de participation (lors du référendum sur la procréation médicalement assistée du 12 juin 2005, l'Église catholique a appelé ouvertement à l'abstention, qui a atteint 74 %).

152 Le référendum à l'initiative des pouvoirs publics peut être utilisé de nature très variable selon les pays et selon son objet.

En matière constitutionnelle, il est obligatoire en cas de révision complète de la Constitution en Autriche, au Danemark, en Espagne et en Irlande. Il peut y être recouru pour une révision partielle en Allemagne, Autriche, France (l'article 89 de la Constitution le prévoit mais il n'y a été recouru qu'une fois, en 2000, pour la réduction à 5 ans du mandat présidentiel), Espagne, Suède et Italie. En Italie, l'article 136 de la Constitution prévoit une consultation des citoyens par référendum si le Parlement n'a pas voté la révision à la majorité des 2/3. Ce fut le cas, par exemple, le 4 décembre 2016 lorsque la modification du statut du Sénat a été largement rejetée par 59 % de non. Le référendum constitutionnel a également été utilisé en septembre 2020 à propos de la réduction du nombre de parlementaires (dont le nombre est prévu par la Constitution), qui a été approuvée par 70 % des suffrages (51 % de participation).

Le *référendum*ᑫ peut également être utilisé pour des transferts de souveraineté au Danemark. Il est obligatoire s'il a été voté par moins des 5/6e des membres du parlement, ce qui fut le cas pour les référendums européens de 1972 sur l'adhésion à la CEE, de 1986 sur l'Acte Unique, de 1992 et de 1993 sur les moutures successives du traité de Maastricht.

Enfin, le référendum peut également être utilisé à titre consultatif sur des matières de nature constitutionnelle ou internationale dans des États où la Constitution ne le prévoit pas : en Norvège (sur la monarchie, l'adhésion à la CEE et à l'Union européenne), Belgique (sur la monarchie), Grèce (sur la monarchie et la Constitution). Au Royaume-Uni, des référendums ont été organisés au niveau national sur l'adhésion à la CEE (1975) et sur le mode de scrutin pour les élections législatives (2011) ou au niveau local sur la dévolution en Écosse et au Pays de Galles (en 1979, avec une issue négative, puis en 1997, où ils ont été approuvés), le statut de Londres (7 mai 1998), la paix en Irlande du Nord (22 mai 1998 en Irlande du Nord mais également en Irlande) et même sur l'indépendance de l'Écosse (rejetée par 55 % des électeurs le 18 septembre 2014). Le référendum du 23 juin 2016 qui a donné la victoire aux partisans du retrait du Royaume-Uni de l'Union européenne par 51,9 % des suffrages a été entériné par la Chambre des communes.

En matière législative, des référendums peuvent être organisés à l'initiative des parlementaires au Danemark et en Irlande et à l'initiative de l'exécutif en France (Const., art. 11), en Grèce et Portugal.

Le recours à la démocratie semi-directe tend donc à se développer, prenant un tour systématique en matière européenne où des référendums ont été organisés en Autriche, Suède, France, Norvège, au Danemark, aux Pays-Bas, au Royaume-Uni et en Irlande. Il traduit une inflexion du régime représentatif vers un contrôle plus direct des citoyens sur l'action des gouvernants.

Dans les nouvelles démocraties d'Europe centrale et orientale, le référendum est prévu par toutes les Constitutions mais son champ et sa procédure varient. Le référendum en matière constitutionnelle est prévu par les Constitutions baltes, roumaine et slovène. Il peut être organisé sur des problèmes d'intérêt national par le chef de l'État en Roumanie (après consultation du parlement), Pologne (avec l'accord du Sénat), en Croatie (avec l'accord du gouvernement), en Slovaquie (à la demande du Parlement), ainsi qu'en Russie, Ukraine et Biélorussie, et par le parlement en Hongrie, Slovénie, République Tchèque, Bulgarie, Moldavie et dans les États Baltes. La Slovaquie, la Lituanie, la Slovénie, l'Ukraine et la Macédoine prévoient le référendum d'initiative populaire.

6

Compléments pédagogiques

Mémo

Le parlementarisme dualiste du XIXe siècle a cédé la place, dans la plupart des États européens, à un *parlementarisme moniste* où le gouvernement est responsable devant la Chambre qui représente le peuple. Toutefois, dans de nombreux États, le *président de la République est élu au suffrage direct*, sans que cette légitimité ne lui donne toujours des prérogatives telles qu'il faille définir le régime comme dualiste. Les institutions parlementaires se caractérisent aujourd'hui par un *déclin du bicaméralisme* au profit de la Chambre basse et une perte d'autonomie du parlement concernant son organisation et le statut de ses membres. Parallèlement, le gouvernement, où le leadership de son chef s'est renforcé, détient l'initiative dans l'élaboration de la loi, le travail parlementaire (*parlementarisme rationalisé* limitant notamment les pouvoirs financiers du parlement) et les mécanismes de mise en jeu de la responsabilité politique. Cette mutation du parlementarisme se traduit également par l'usage accru du *référendum*, notamment en matière internationale (transferts de souveraineté) dans une majorité d'États européens.

Quid

■ Bundesrat n° 132

Chambre haute du Parlement allemand représentant les Länder et composée de membres de leurs gouvernements (Loi fondamentale de 1949).

■ Bundestag n° 132

Chambre basse du Parlement allemand représentant le peuple et élue au suffrage direct (Loi fondamentale de 1949).

■ Chambre des lords n° 134

Chambre haute du Parlement britannique composée de lords spirituels (dignitaires de l'Église anglicane) et de lords héréditaires ou nommés à vie.

■ Chef de l'État n° 128

Autorité placée à la tête de l'État et qui le représente : cette fonction est confiée à une personne, monarque ou président de la République.

■ Commissions parlementaires n° 138

Formation interne à une assemblée chargée d'examiner les projets ou propositions de loi ou de l'informer. Elle peut avoir dans certains États un pouvoir de décision (ex. : Italie).

■ Confiance (question de) n° 147

Procédure par laquelle le gouvernement vérifie qu'il bénéficie du soutien d'une majorité parlementaire. Cette procédure s'est progressivement formalisée et peut être utilisée à l'occasion du vote d'une loi ou d'un débat de politique générale.

■ Dissolution n° 148

Procédure par laquelle il est mis fin aux pouvoirs d'une assemblée avant l'achèvement normal de son mandat. Propre au régime parlementaire, cette procédure a été transférée du monarque au chef du gouvernement et tend à être utilisée, au-delà des crises, pour organiser les élections à la date la plus favorable à la majorité.

■ Groupe politique parlementaire n° 138

Formation interne d'une assemblée regroupant les parlementaires d'un même parti ou d'une même tradition politique.

■ Immunités parlementaires n° 135

Protections qui assurent au parlementaire le libre exercice de son mandat et son indépendance : l'irresponsabilité, qui empêche sa mise en cause pour ses opinions ou ses votes et l'inviolabilité qui soumet à l'autorisation de son assemblée les décisions d'arrestation ou de mesures privatives de libertés.

■ Incompatibilités n° 135

Interdiction de cumuler avec un mandat ou une fonction ministérielle les mandats, fonctions ou activités professionnelles que la Constitution ou la loi déclarent incompatibles.

■ Investiture n° 147

Vote de confiance auquel est soumis soit le chef du gouvernement, soit l'ensemble du ministère, après sa nomination par le chef de l'État.

■ Irresponsabilité n° 128

Condition juridique d'un représentant dont les actes n'engagent pas la responsabilité. Elle concerne soit le chef de l'État en régime parlementaire (ce qui explique l'exigence du contreseing), soit le parlementaire (régime des immunités).

■ Motion de censure n° 148

Procédure prenant la forme d'une motion par laquelle une assemblée met en cause la responsabilité du gouvernement, suivant des formes prévues par la Constitution.

■ Motion de défiance constructive n° 149

Motion de censure prévue par la Loi fondamentale allemande qui lie le renversement du gouvernement à la désignation de son successeur, la majorité absolue des membres du Bundestag étant exigée (Loi fondamentale, art. 67.1). Cette procédure a été reprise dans plusieurs autres Constitutions.

■ Parlementarisme rationalisé n° 141

Ensemble des procédures constitutionnelles par lesquelles le gouvernement s'assure la maîtrise du travail législatif et bénéficie de la confiance présumée du parlement.

■ Question de confiance n° 147

Procédure par laquelle le chef du gouvernement engage sa responsabilité devant l'assemblée élue par le peuple sur son programme ou sur un texte en discussion.

■ Référendum n°s 151, 152

Votation par laquelle le peuple se prononce sur un texte. Ce référendum peut être positif (adoption d'un texte) ou négatif (abrogation d'un texte), constituant, législatif ou d'autodétermination.

■ Responsabilité du gouvernement n° 147

Ensemble des procédures propres au régime parlementaire par lesquelles le gouvernement vérifie s'il a la confiance du parlement (régime moniste) ou de celui-ci et du chef de l'État (régime dualiste).

■ Session n° 138

Période durant laquelle le Parlement se réunit pour délibérer. La session peut être permanente et durer toute la législature, le parlement fixant l'ouverture et la clôture de ses réunions (Allemagne), annuelle (une seule période de l'année comme en France) ou bisannuelle (France avant la révision de 1995). La session peut être aussi de plein droit (après des élections législatives) ou extraordinaire (sur un ordre du jour déterminé).

Documents

Article 67 de la Loi fondamentale de la République fédérale allemande de 1949

1. Le Bundestag ne peut exprimer sa défiance envers le Chancelier fédéral qu'en élisant un successeur à la majorité de ses membres et en demandant au Président fédéral de révoquer le Chancelier fédéral. Le Président fédéral doit faire droit à la demande et nommer l'élu.
2. Quarante-huit heures doivent s'écouler entre le dépôt de la motion et l'élection.

Article 113 de la Constitution espagnole de 1978

1. Le Congrès des députés peut mettre en jeu la responsabilité politique du Gouvernement en adoptant à la majorité absolue une motion de censure.
2. La motion de censure devra être proposée au moins par le dixième des députés et elle devra inclure le nom d'un candidat à la présidence du Gouvernement.
3. La motion de censure ne pourra être votée avant l'expiration d'un délai de cinq jours à partir de la date de son dépôt. Des motions alternatives pourront être présentées pendant les deux premiers jours.
4. Si la motion de censure n'est pas adoptée par le Congrès, ses signataires ne pourront pas en présenter une autre pendant la même session.

Article 46 de la Constitution belge (révisée au 17 févr. 1994)

Le Roi n'a le droit de dissoudre la Chambre des représentants que si celle-ci, à la majorité absolue de ses membres :

– soit rejette une motion de confiance au Gouvernement fédéral et ne propose pas au Roi, dans un délai de trois jours à compter du jour du rejet de la motion, la nomination d'un successeur au Premier ministre ;
– soit adopte une motion de méfiance à l'égard du Gouvernement fédéral et ne propose pas simultanément au Roi la nomination d'un successeur au Premier ministre.
Les motions de confiance et de méfiance ne peuvent être votées qu'après un délai de quarante-huit heures suivant le dépôt de la motion.

Biblio

1) Ouvrages généraux sur les institutions des régimes parlementaires européens

- V. Barbé, *Le rôle du Parlement dans la protection des droits fondamentaux. Étude comparative : Allemagne, France, Royaume-Uni*, LGDJ, 2009.
- Ph. Lauvaux, A. Le Divellec, *Les grandes démocraties contemporaines*, 4e éd., PUF, 2015.
- H. Portelli, *Les régimes politiques européens*, Hachette, coll. « Livre de poche », 1994.
- *Pouvoirs* 1996, n° 78, *Les monarchies*, Le Seuil.
- *Pouvoirs* 1996, n° 77, *Le référendum*, Le Seuil.
- *Pouvoirs* 2012, n° 143, *La séparation des pouvoirs*, Le Seuil.
- B. Ridard, *L'encadrement du temps parlementaire dans la procédure législative. Étude comparée : Allemagne, Espagne, France, Royaume-Uni*, Paris, Institut Universitaire Varenne, 2018.
- N. Roussellier, *La force de gouverner. Le pouvoir exécutif en France. XIXe - XXIe siècles*, Gallimard, 2015.
- C. Vintzel, *Les armes du gouvernement dans la procédure législative : étude comparée : Allemagne, France, Italie, Royaume-Uni*, Paris, Dalloz, 2011.

2) Études nationales

- N.W. Barber, *The United Kingdom Constitution*, Oxford University Press, 2021.
- A. Le Divellec, *Le gouvernement parlementaire en Allemagne*, LGDJ, 2004.
- A. Barbera, C. Fusaro, *Corso di Diritto costituzionale*, Bologne, Il Mulino, 2022.
- J. Leruez, *Le système politique britannique depuis 1945*, Paris, Armand Colin, 2001.
- *Pouvoirs* 1993, n° 66, *L'Allemagne*, PUF.
- *Pouvoirs* 2000, n° 93, *Le Royaume-Uni de Tony Blair*, Le Seuil.
- *Pouvoirs* 2002, n° 103, *L'Italie*, Le Seuil.
- *Pouvoirs* 2006, n° 118, *La Pologne*, Le Seuil.
- *Pouvoirs* 2008, n° 124, *L'Espagne*, Le Seuil.
- *Pouvoirs* 2011, n° 136, *La Belgique*, Le Seuil.

Quiz

1) Sujets corrigés

A) Test de connaissances

1. Quels États européens ont conservé un parlement bicaméral ?

2. Dans quels États européens le président de la République est-il élu au suffrage universel direct ?

3. Quels sont les États monarchiques d'Europe ?

4. Quel est le nom du chef du gouvernement dans les 27 États de l'Union européenne ?

5. Quels sont les États d'Europe occidentale dont les Constitutions prévoient l'usage du référendum ?

6. Quels sont les États d'Europe occidentale dont les institutions ne prévoient pas le référendum mais qui y ont recours ?

Voir le corrigé en fin de rubrique.

B) Dissertations

Énoncé n° 1

Le parlementarisme rationalisé en Europe.

Voir le corrigé en fin de rubrique.

Énoncé n° 2

Référendum et démocratie représentative.

Voir le corrigé en fin de rubrique.

2) Corrigés

Test de connaissances

1. Allemagne, Autriche, Belgique, Espagne, France, Irlande, Italie, Pays-Bas, Royaume-Uni, Biélorussie, Pologne, Russie, Croatie, Slovénie, République tchèque, Roumanie.

2. Autriche, Finlande, France, Irlande, Islande, Portugal, Pologne, Bulgarie, Croatie, Slovénie, Roumanie, Lituanie, Biélorussie, Macédoine, Moldavie, Russie, Ukraine.

3. Belgique, Danemark, Espagne, Luxembourg, Norvège, Pays-Bas, Royaume-Uni, Suède.

4. Chancelier (Allemagne, Autriche), Premier ministre (Belgique, Danemark, Finlande, France, Grèce, Irlande, Luxembourg, Pays-Bas, Portugal, Royaume-Uni, Suède, Pologne, Hongrie, République tchèque, Chypre, Bulgarie, Estonie, Lettonie, Lituanie, Malte, Roumanie, Slovaquie, Slovénie), Président du conseil (Italie), Président du gouvernement (Espagne).

5. France, Italie, Suisse, Allemagne, Autriche, Danemark, Espagne, Irlande, Suède, Portugal, Grèce.

6. Belgique, Norvège, Royaume-Uni.

Dissertation n° 1

I. La rationalisation du travail législatif

A. La direction du travail législatif

B. Le domaine de la loi

II. La rationalisation de la responsabilité gouvernementale

A. La confiance présumée

B. Le nouvel usage de la dissolution

Dissertation n° 2

Introduction : le référendum est synonyme de démocratie directe ou semi-directe. La tradition parlementaire est méfiante envers cette procédure (la terre d'élection du référendum est la Suisse, dont le régime n'est pas parlementaire) et explique qu'il n'ait été introduit que récemment.

I. Le référendum contre la démocratie représentative

A. À l'initiative du chef de l'État contre le parlement (la pratique gaullienne)

B. À l'initiative du peuple contre le législateur (le référendum abrogatif italien)

II. Le référendum complément de la démocratie représentative

A. Sur les sujets d'intérêt national (Constitution, souveraineté)

B. À l'initiative des représentants ou pour les éclairer (référendum consultatif)

Conclusion : l'essor du référendum (nouvelles Constitutions d'Europe centrale et orientale) traduit l'évolution du régime représentatif.

chapitre 7

La IIIe et la IVe Républiques

Plan analytique

section 1

La souveraineté parlementaire

§ 1 La suprématie du parlement

§ 2 Les effets du bicamérisme

section 2

L'impossible réforme du régime

§ 1 Les débats de l'entre-deux-guerres

§ 2 L'impasse constitutionnelle de 1946

§ 3 La Constitution de la IVe République

Compléments pédagogiques

La IIIe et la IVe Républiques

Ces deux régimes ont en commun la souveraineté parlementaire et leur incapacité à se réformer. 153

La compréhension des institutions contemporaines de la France n'est possible que si l'on porte un regard rétrospectif sur celles qui ont précédé la Constitution de 1958 et qui ont nourri la réflexion critique des constituants de la Ve République. Dans cette perspective, les institutions de la IIIe République et de la IVe République forment un ensemble historique et constitutionnel homogène, auquel la Constitution de 1958 fait implicitement référence.

section 1

La souveraineté parlementaire

L'échec de Mac-Mahon et la victoire des républicains en 1877 a modifié l'esprit des institutions de 1875. Au parlementarisme dualiste imaginé dans le compromis initial a succédé, du fait de la renonciation (ou de l'impossibilité politique) des présidents de la République à l'exercice de leurs prérogatives, un parlementarisme moniste où aucun contrepoids n'équilibre le parlement. 154

§ 1 La suprématie du parlement

C'est au nom de la suprématie de la loi, expression de la volonté générale, que la tradition républicaine fonde le pouvoir exclusif du parlement. Dès lors que le suffrage universel donne au parlement sa légitimité, aucun pouvoir ne peut entraver son autorité. La loi est l'expression de cette autorité et cela explique pourquoi les républicains, au lendemain de leur victoire, se sont bien accommodés d'institutions réduites aux acquêts. Le débat entre souveraineté nationale et souveraineté populaire est tranché dans la pratique : il y a bien souveraineté populaire puisque le parlement émane du peuple. Mais la théorie de la souveraineté nationale reste valable car, une fois la souveraineté populaire exprimée par le vote, celle de ses représentants devient totale : la « Constitution Grévy » interdit le recours à la dissolution, ce qui signifie que même en cas de crise grave, c'est au sein de la représentation nationale que les solutions doivent être trouvées, le peuple n'étant jamais appelé à trancher comme dans la conception britannique. Les élections elles-mêmes n'ont qu'une valeur relative puisque les coalitions destinées à remporter les sièges ne sont pas celles qui gouvernent au long de la législature. 155

Dès lors que la loi est l'expression de la souveraineté, la Constitution n'a qu'à fixer les règles de collaboration entre les institutions ; le reste relève du domaine de la loi.

Cette suprématie explique que les lois constitutionnelles ne sont pas au sommet de la hiérarchie des normes, leur procédure de révision étant une simple variante de la procédure législative. Les lois constitutionnelles de 1875 n'ont d'ailleurs aucun préambule ou déclaration des droits, celle de 1789, souvent invoquée, n'ayant aucune valeur juridique.

Plutôt que de créer un constitutionnalisme en la matière, le législateur préférera garder la maîtrise des libertés publiques en adoptant de grands textes législatifs (liberté de réunion du 30 juin 1881, liberté de la presse du 29 juillet 1881, liberté d'association professionnelle du 21 mars 1884, liberté d'association du 2 juillet 1901, séparation des Églises et de l'État du 9 décembre 1905, etc.) ; dont le caractère fondamental sera reconnu par le Conseil constitutionnel sous la Ve République qui leur donnera valeur constitutionnelle.

La souveraineté parlementaire se traduit également par le rôle essentiel des règlements des assemblées. Ce sont eux qui fixent les règles de responsabilité du gouvernement devant le parlement (*interpellation*), la maîtrise de la procédure législative (ordre du jour entre les mains des assemblées, le rôle décisif des commissions en matière d'amendement ou de contrôle des ministères auxquels elles correspondent).

Enfin, la chute fréquente des cabinets est d'autant plus la règle (elle n'a pas de sanction) que les membres des gouvernements demeurant parlementaires et qu'elle n'empêche pas la stabilité du personnel politique gouvernemental (les mêmes personnages restant souvent ministres d'un gouvernement à l'autre).

La représentation parlementaire, émanation de la nation, est donc la source unique de tous les pouvoirs, qui n'ont de puissance que dérivée de la puissance parlementaire.

La souveraineté parlementaire est telle qu'elle peut décider sans contrôle le transfert de la souveraineté nationale comme le montrent les conditions dans lesquelles s'effondre le régime en juin 1940. Aucun des titulaires de l'exécutif ne disposant de la légitimité et des pouvoirs capables de répondre à la crise, le parlement peut transférer sa souveraineté au maréchal Pétain. La loi constitutionnelle du 10 juillet 1940, votée par les deux Chambres réunies en Assemblée nationale, est approuvée par 569 voix contre 80 et 17 abstentions. La veille, les deux Chambres avaient approuvé séparément un texte déclarant que les lois constitutionnelles devaient être révisées. La procédure de révision pragmatique prévue en 1875 pour permettre la transformation rapide de la République en monarchie parlementaire permet d'abroger « constitutionnellement » la démocratie et d'instaurer un nouveau régime (« l'État français ») niant les principes républicains.

§ 2 Les effets du bicamérisme

156 Le bicamérisme avait été initialement conçu comme le moyen de contrecarrer la Chambre basse et d'épauler le président dans une perspective dualiste. À partir du moment où ce schéma s'écroule et où le Sénat est conquis par les républicains, le bicamérisme change de sens. Il devient l'instrument d'une autonomie accrue du parlement par rapport aux autres pouvoirs et notamment par rapport au peuple puisque le Sénat n'est pas élu au suffrage universel direct. Non seulement la Chambre des députés ne peut être dissoute mais encore le Sénat a-t-il la possibilité de renverser le cabinet, la démission du gouvernement Léon Bourgeois en 1895 créant un

précédent qui sera exploité systématiquement durant l'entre-deux-guerres, la Chambre haute faisant tomber les cabinets Herriot en 1925, Tardieu en 1930, Laval en 1932 et Blum en 1937 et 1938, pour imposer des gouvernements du centre.

Le déséquilibre entre le gouvernement et le Sénat concernant la mise en jeu de la responsabilité politique, dont les mécanismes ne sont pas réciproques, concourt fortement au passage d'un régime parlementaire à un régime d'assemblée.

Au moment où, dans le reste de l'Europe, les Chambres hautes voient leur pouvoir décliner, c'est l'inverse qui se produit en France, ce qui est moins le signe d'une montée en puissance de cette Chambre que d'un affaiblissement grave de l'exécutif, incapable de résister même à la pression des élus du suffrage indirect.

section 2

L'impossible réforme du régime

À plusieurs reprises, les institutions parlementaires ont été l'objet de tentatives de réformes. Toutes ont échoué, y compris au lendemain de la Seconde Guerre mondiale dont le début avait vu l'effondrement de la IIIe République. 157 ■

Ces réformes ont échoué car elles s'orientaient dans deux directions très différentes. Les unes avaient pour modèle le parlementarisme britannique, les autres la restauration du pouvoir présidentiel.

§ 1 Les débats de l'entre-deux-guerres

La nécessité d'un gouvernement fort aux moments les plus dramatiques de la Première Guerre mondiale a relancé le débat sur l'instabilité gouvernementale : si celle-ci avait été forte avant la décennie radicale (les gouvernements durent en moyenne 9 mois de 1879 à 1899 alors que de 1899 à 1909 cinq gouvernements se sont succédé dont la durée a été en moyenne de 30 mois), elle l'est devenue davantage ensuite, atteignant un sommet après 1920, les gouvernements n'ayant plus que six mois de durée moyenne. 158 ■

72 gouvernements se succèdent de 1879 à 1940. Seuls 9 dureront deux ans ou davantage : Ferry (févr. 1883-mars 1885), Freycinet (mars 1890-fév. 1892), Méline (avr. 1896-mai 1898), Waldeck Rousseau (juin 1899-juin 1902), Combes (juin 1902-janv. 1905), Clemenceau (oct. 1906-juillet 1909), Clemenceau (nov. 1917-janv. 1920), Poincaré (janv. 1922-mai 1924), Poincaré (juill. 1926-juill. 1929).

Face à cette instabilité, les projets de réforme du régime échoueront tous. Ils reposent sur des conceptions très différentes.

Les uns prônent en fait un retour à l'esprit des institutions de 1875 en rétablissant les pouvoirs du président de la République. C'est le sens de la tentative d'Alexandre Millerrand, élu président de la République en 1920 et qui tente d'imposer un cabinet « présidentiel » en 1924 face à la gauche majoritaire à la Chambre (Cartel des gauches). Celle-ci pratique la « grève de la présidence », refusant d'entrer en contact avec lui et l'accule à la démission. De même, la tentative de révision de 1934 destinée à enlever au Sénat un droit de *veto* en matière de dissolution, proposée par Gaston Doumergue, est abandonnée.

D'autres projets prennent pour référence le parlementarisme britannique : soit en modifiant le mode de scrutin afin d'imposer le bipartisme (André Tardieu prône un scrutin majoritaire à un tour), soit en renforçant la présidence du conseil, en lui donnant un vrai pouvoir de coordination gouvernementale (Léon Blum), soit en limitant la souveraineté parlementaire par le recours au référendum (Raymond Carré de Malberg). Aucun de ces projets n'aura de concrétisation si l'on excepte le développement de la pratique de la délégation législative (les décrets-lois).

§ 2 L'impasse constitutionnelle de 1946

159 L'effondrement de la IIIe République en juin 1940 à la suite de la défaite militaire et son abdication entre les mains du maréchal Pétain conduisent durant quatre ans à l'établissement, sous la protection de l'occupant nazi, d'un régime dictatorial et totalitaire, l'*État français*, qui nie l'ensemble des principes démocratiques et républicains. Le rétablissement de la République en 1944 conduit les constituants de la Libération à tirer non seulement les leçons des années vichyssoises mais également des conditions dans lesquelles le régime de la IIIe République s'est effondré.

À l'issue de la guerre, trois options sont possibles concernant le régime politique et les institutions de la France.

160 La première est la restauration pure et simple de la IIIe République. Celle-ci, officiellement, n'est pas morte puisque l'ordonnance du 9 août 1944, prise par le gouvernement provisoire du général de Gaulle qui rétablit la légalité républicaine, déclare qu'en droit la République n'a pas disparu durant les années de Vichy. Mais cette option est massivement rejetée par le référendum du 21 octobre 1945 : 96 % des votants demandent que l'Assemblée élue soit constituante.

161 La IIIe République écartée, le débat s'ouvre sur le nouveau régime avec des forces politiques partagées. La gauche, influencée par le parti communiste, a pour référence la Constitution mythique de 1793 et surtout la volonté de supprimer les pouvoirs qu'elle considère comme les fauteurs du renversement en 1937 de la majorité de Front populaire : le Sénat et le président de la République. Son modèle est celui d'une Assemblée unique détenant seule la légitimité. Minoritaire au sein du parti socialiste, l'ancien président du conseil du gouvernement du Front populaire, Léon Blum, prône un régime présidentiel à l'américaine, mais renonce rapidement à défendre ses thèses.

162 À ce *régime d'assemblée* s'opposent, d'un côté, les démocrates-chrétiens du MRP (Mouvement républicain populaire), qui est à la Libération le grand parti modéré, partisan d'un régime parlementaire équilibré où l'exécutif gouvernemental serait renforcé par rapport à la situation d'avant 1940. De l'autre côté, le général de Gaulle dont le souci est de restaurer le pouvoir d'État en instituant un pouvoir présidentiel fort. Les adversaires du régime d'assemblée sont donc divisés, ce qui facilite la tâche de l'assemblée constituante où communistes et socialistes sont majoritaires. Ceux-ci élaborent un projet de Constitution où une Assemblée unique détient le pouvoir

législatif ; face à elle l'exécutif est représenté par un président de la République aux fonctions purement honorifiques et un cabinet sans autonomie qui dépend totalement de la confiance parlementaire. Le système judiciaire lui-même, via le Conseil supérieur de la magistrature élu par l'Assemblée, est soumis au parlement. Le projet de Constitution adopté à une courte majorité (309 voix contre 249) est d'inspiration clairement socialiste comme le montre la déclaration des droits, qui introduit les droits économiques (nationalisations) et sociaux (droit au travail, droit de grève). Mais la toute-puissance de l'Assemblée unique apparaît jusque dans le domaine des libertés puisque les conditions d'exercice des libertés énumérées par la Déclaration sont définies par le législateur (art. 3 du projet).

Ce régime d'assemblée est rejeté par le référendum du 5 mai 1946 avec 53 % de non. Une nouvelle assemblée constituante est élue où la gauche n'a plus la majorité absolue. Le général de Gaulle, qui a démissionné en janvier 1946 et se pose en recours, propose le 16 juin 1946 ses conceptions institutionnelles et politiques dans son *discours de Bayeux*[Q]. Il contient un pouvoir présidentiel fort chargé du pouvoir d'État et de l'arbitrage entre les institutions, élu par un collège élargi mais non au suffrage universel ; un régime parlementaire rééquilibré grâce à un gouvernement qui procède du président ; une limitation drastique de l'influence des partis jugés responsables de la dégénérescence de la IIIe République. 163 ■

Ce projet est rejeté aussi bien par la gauche, qui considère qu'il s'agit d'une résurgence du césarisme, que par le MRP, favorable à un parlementarisme rééquilibré et qui va rechercher un compromis avec la gauche. Ce compromis conduit à échafauder un projet qui reprend en fin de compte l'essentiel des caractéristiques de la IIIe République. Le 30 septembre 1946, la seconde assemblée constituante (où la gauche et le MRP se sont alliés) adopte le projet de Constitution qui, malgré l'appel au « Non » du général de Gaulle, est approuvé lors du référendum du 13 octobre par la majorité des votants (53,6 %) mais une minorité d'inscrits (37 %).

§ 3 La Constitution de la IVe République

La Constitution de la IVe République marque un rééquilibrage dans le sens de la tradition républicaine. Il apparaît d'abord dans le Préambule qui tient lieu de déclaration des droits et complète la déclaration de 1789 – à laquelle il fait référence – dans le domaine des droits économiques et sociaux comme de l'émancipation des colonies. 164 ■

L'organisation des pouvoirs publics traduit un retour à l'esprit de la IIIe République. Le bicaméralisme rétabli est un bicamérisme inégal. Face à l'Assemblée nationale, le Conseil de la République (nouvelle dénomination du Sénat) ne détient qu'un pouvoir consultatif. Quant au pouvoir exécutif, il est subordonné au parlement, conformément à la pratique parlementaire française : le président de la République, élu par le parlement, n'exerce qu'une magistrature d'influence. Il préside le conseil des ministres mais n'a plus aucun pouvoir de décision. Quant au gouvernement, présidé par le président du conseil, il est également soumis à l'Assemblée, la nomination du président du conseil par le chef de l'État devant être consécutive à son investiture par l'Assemblée. Toutefois, le président du conseil forme son gouvernement librement après l'investiture, ce qui a pour objectif de renforcer son autorité sur les ministres.

La responsabilité politique du gouvernement devant l'Assemblée est conçue de façon à renforcer l'autonomie de l'exécutif puisque la majorité absolue est exigée tant pour l'adoption d'une motion de censure que pour le rejet d'une question de confiance. Enfin, le droit de dissolution est d'un usage limité puisque son utilisation est interdite durant les dix-huit premiers mois de la législature et que deux crises ministérielles (sanctionnées par un vote de défiance ou une motion de censure) doivent également s'être succédé durant une période de dix-huit mois.

En fait, la vie politique – marquée par la faiblesse et la division des partis et par l'exclusion des deux principales forces du jeu politique : les communistes et les gaullistes – va infléchir le fonctionnement des institutions vers le régime d'assemblée.

Dès sa formation le 21 juin 1947, le gouvernement Ramadier instaure la pratique de la *double investiture*. Il s'agit de l'investiture personnelle du président du Conseil puis de l'investiture du gouvernement par l'Assemblée. Cette pratique deviendra coutumière. Quant à la dissolution, elle ne pourra être utilisée qu'une fois (le 2 déc. 1955). Les règles prévues pour la mise en œuvre de la responsabilité politique (vote à la majorité absolue) ne sont pas appliquées et la plupart des 21 gouvernements qui se succèdent (et dont la durée moyenne est de six mois) se disloquent sans être renversés. L'instabilité institutionnelle n'empêche pas la continuité politique. Le personnel gouvernemental reste en place et passe d'un gouvernement à l'autre sans alternance, ce qui favorise la montée en puissance de l'administration.

La révision du 7 décembre 1954 entérine cette évolution en rétablissant un bicamérisme égalitaire et en supprimant l'investiture du président du Conseil. Désormais, l'investiture du gouvernement à la majorité simple suffit. Cette tentative de lutter contre l'instabilité gouvernementale ne sera pourtant d'aucun effet car l'instabilité gouvernementale est due avant tout à la faiblesse des partis de gouvernement, incapables de résister à la pression des partis exclus du système et de résoudre la question coloniale (guerres d'Indochine puis d'Algérie).

Faute de réformes institutionnelles impossibles à faire approuver, le régime va vivre d'expédients : manipulations électorales destinées à rendre majoritaire la coalition de gouvernement (L. électorale de 1951 sur les apparentementsv. ss 53) et transfert du pouvoir législatif à l'exécutif notamment par le recours (pourtant inconstitutionnel, Const., art. 13) aux *décrets-lois*.

L'échec du projet constitutionnel de 1946 et l'incapacité de concevoir un parlementarisme équilibré vont laisser la voie libre aux conceptions du général de Gaulle, écartées à la Libération mais ultime solution en 1958.

Compléments pédagogiques

Mémo

Les institutions de la IIIe République (après la démission de Mac-Mahon) et de la IVe République se caractérisent par la *suprématie du parlement*, renforcée avant 1940 par le bicamérisme égalitaire et la faiblesse de l'exécutif, conduisent à une *instabilité gouvernementale chronique*. La réforme du régime, déjà au cœur des débats de l'entre-deux-guerres, s'avère impossible. Les débats de 1945-1947 mettent aux prises tenants du régime d'assemblée (qui ne parviennent pas à faire ratifier par le peuple leur projet de Constitution) et partisans d'un État fort à exécutif renforcé et empêchant la partitocratie (mais Charles de Gaulle, isolé, ne peut imposer ses vues). C'est en fin de compte le retour au parlementarisme d'avant 1940 qui s'impose avec la Constitution de compromis d'octobre 1946, notamment après la révision de 1954, avant que la *faiblesse du régime n'entraîne son effondrement.*

Quid

■ Bayeux (discours de) n° 163

Discours prononcé le 16 juin 1946 à Bayeux par le général de Gaulle au lendemain du référendum rejetant le premier projet de Constitution de l'après-guerre et résumant sa doctrine constitutionnelle : État fort, primauté présidentielle, séparation de l'État et des partis, limitation du pouvoir parlementaire.

■ Décret-loi n° 164

Acte réglementaire du gouvernement intervenant dans le domaine législatif après que le parlement l'y ait habilité et soumis à sa ratification. Cette procédure a été utilisée dans les dernières années de la IIIe République et sous la IVe République et pérennisée sous la Ve sous le qualificatif d'ordonnances (Const., art. 38).

■ Double investiture n° 164

Investiture parlementaire du président du Conseil suivie par celle du gouvernement. La Constitution de 1946 n'avait prévu que la première. La seconde résulte d'une pratique constante dès 1947 et donnera lieu à la révision de 1954 qui entérine la primauté de l'investiture collégiale.

■ État français n° 159

Dénomination du régime de Vichy mis en place entre 1940 et 1944, héritée de la loi constitutionnelle du 10 juillet 1940. L'ordonnance du 9 août 1944 rétablissant la légalité républicaine a frappé ses actes d'inexistence.

■ Interpellation n° 155

Procédure parlementaire – très utilisée sous la IIIe République – par laquelle une question orale adressée au gouvernement, suivie d'un débat et du vote d'un ordre du jour (d'éventuelle défiance) pouvait conduire à la chute du gouvernement.

■ Régime d'assemblée n° 162

Régime parlementaire dans lequel l'assemblée monopolise le pouvoir en ôtant à l'exécutif toute autonomie (les régimes de la IIIe et de la IVe République ont été ainsi qualifiés).

Documents

Déclaration de Jules Grévy du 6 février 1879 (extraits)

« Soumis avec sincérité à la grande loi du régime parlementaire, je n'entrerai jamais en lutte contre la volonté nationale exprimée par ses organes constitutionnels. »

Discours de Bayeux du général de Gaulle du 16 juin 1946 (extraits)

Du Parlement, composé de deux Chambres et exerçant le pouvoir législatif, il va de soi que le pouvoir exécutif ne saurait procéder, sous peine d'aboutir à cette confusion des pouvoirs dans laquelle le Gouvernement ne serait bientôt plus rien qu'un assemblage de délégations. Sans doute aura-t-il fallu, pendant la période transitoire où nous sommes, faire élire par l'Assemblée nationale constituante le Président du Gouvernement Provisoire, puisque, sur la table rase, il n'y avait aucun autre procédé acceptable de désignation. – Mais il ne peut y avoir là qu'une disposition du moment. En vérité, l'unité, la cohésion, la discipline intérieure du Gouvernement de la France doivent être des choses sacrées, sous peine de voir rapidement la direction même du pays impuissante et disqualifiée. Or, comment cette unité, cette cohésion, cette discipline, seraient-elles maintenues à la longue si le pouvoir exécutif émanait de l'autre pouvoir auquel il doit faire équilibre, et si chacun des membres du Gouvernement, lequel est collectivement responsable devant la représentation nationale tout entière, n'était, à son poste, que le mandataire d'un parti ?

C'est donc du chef de l'État, placé au-dessus des partis, élu par un collège qui englobe le Parlement mais beaucoup plus large et composé de manière à faire de lui le Président de l'Union Française en même temps que celui de la République, que doit procéder le pouvoir exécutif. Au chef de l'État la charge d'accorder l'intérêt général quant aux choix des hommes avec l'orientation qui se dégage du Parlement. À lui la mission de nommer les ministres et, d'abord, bien entendu, le Premier, qui devra diriger la politique et le travail du Gouvernement. Au chef de l'État la fonction de promulguer les lois et de prendre les décrets, car c'est envers l'État tout entier que ceux-ci et celles-là engagent les citoyens. À lui la tâche de présider les Conseils du Gouvernement et d'y exercer cette influence de la continuité dont une nation ne se passe pas. À lui l'attribution de servir d'arbitre au-dessus des contingences politiques, soit normalement par le conseil, soit, dans les moments de grave confusion, en invitant le pays à faire connaître par des élections sa décision souveraine. À lui, s'il devait arriver que la patrie fût en péril, le devoir d'être le garant de l'indépendance nationale et des traités conclus par la France.

Biblio

- P. Avril, H. Portelli, *Personnel politique français, 1870-1988*, PUF, 1989.
- P. Avril, G. Vincent, La IVe République », MA Éditions, 1988.
- R. Carré de Malberg, *La loi, expression de la volonté générale*, rééd. Paris, Économica, 1984.
- J.-J. Chevallier, *Histoire des institutions et des régimes politiques de la France de 1789 à 1958*, 9e éd., Dalloz, coll. « Classic », 2009.
- T. Ehrhard, C. Passard, « Réformes électorales et changements institutionnels dans un contexte de démocratisation. Le choix du scrutin uninominal sous la Troisième République en France », *Revue suisse de science politique*, 2018, vol. 24, n° 2.
- F. Goguel, *La politique des partis sous la IIIe République*, 3e éd., Seuil, 1958.
- M. Morabito, D. Bourmaud, *Histoire constitutionnelle et politique de la France*, 9e éd., Paris, Montchrestien, coll. « Précis Domat Droit public », 2006.
- *Pouvoirs* 1989, n° 50, *1789-1989, Histoire constitutionnelle*, Paris, PUF.
- *Pouvoirs* 1996, n° 76, *La IVe République*, Paris, Le Seuil.
- N. Roussellier, *La force de gouverner. Le pouvoir exécutif en France. XIXe - XXIe siècles*, Gallimard, 2015.

Quiz

1) Sujets corrigés

A) Test de connaissances

1. Combien de présidents du Conseil se sont succédé sous la IVe République ?

2. Combien de crises gouvernementales ont été provoquées par le refus de la confiance dans les règles prévues par la Constitution de 1946 ?

3. Combien de dissolutions se sont produites entre 1877 et 1958 ?

Voir le corrigé en fin de rubrique.

B) Dissertations

Énoncé n° 1

Le bicamérisme sous la Troisième République.

Voir le corrigé en fin de rubrique.

Énoncé n° 2

Le régime d'assemblée.

Voir le corrigé en fin de rubrique.

2) Corrigés

Test de connaissances

1. 21 présidents du Conseil se sont succédé sous la IVe République.
2. 5 crises gouvernementales provoquées par le refus de la confiance (24 juin 1950, 7 juin 1952, 21 mai 1953, 5 févr. 1955, 29 nov. 1955).
3. Une dissolution sous la IVe République, en décembre 1955.

Dissertation n° 1

Introduction : la méfiance royaliste envers le suffrage universel et la recherche d'un nouveau notabilisme.

I. Le bicamérisme des lois constitutionnelles de 1875

A. Une nouvelle Chambre haute : les notables locaux (mode de scrutin indirect)

B. Le verrouillage royaliste : les 75 membres à vie

II. Le bicamérisme républicain après 1879

A. Le bastion des républicains modérés

B. La responsabilité gouvernementale devant le Sénat (de L. Bourgeois à L. Blum)

Dissertation n° 2

Introduction : définition : régime de confusion des pouvoirs au profit du parlement, caractéristique du parlementarisme à la française avant 1958.

I. Aux origines

A. Le régime conventionnel (1792-1799) caractérisé par la supériorité de la légitimité parlementaire (expression de la souveraineté nationale)

B. La soumission de l'exécutif (commis du parlement)

II. La pratique après 1879 : de la Constitution Grévy à la Constitution Ramadier

A. La faiblesse institutionnelle (pas de pouvoir propre de l'exécutif)

B. La faiblesse politique (par de parlementarisme majoritaire mais le fractionnement partisan)

Conclusion : le régime d'assemblée, dégénérescence du régime parlementaire moniste.

partie 2

Les institutions de la Ve République

Les institutions de la Ve République ont dès à présent la plus grande longévité après celles de la IIIe République. Cette durée, qui a eu raison des pronostics pessimistes sur une Constitution jugée trop dépendante de la personnalité de son fondateur, est avant tout liée à la capacité d'adaptation du régime. Celui-ci a survécu et s'est même consolidé au fur et à mesure des crises et des *alternances*. La Constitution de 1958 n'a subi que des modifications mineures durant les trente années qui ont suivi la révision de 1962. Elle a d'abord évolué sous l'effet des rapports de force politiques qui ont donné lieu à deux lectures et deux pratiques différentes. Que ces lectures favorisent le pouvoir présidentiel ou le pouvoir gouvernemental, les traits fixés en 1958 demeurent, y compris après les nombreuses révisions des vingt dernières années. La place de la Constitution au sommet de la hiérarchie des normes, la primauté de l'exécutif, la subordination du parlement et le dernier mot laissé au peuple souverain sont toujours les caractéristiques principales de la Ve République. 165

chapitre 8

La Constitution de 1958 et son évolution

Plan analytique

section 1

Les dispositions

§ 1 L'élaboration de la Constitution

A. Les circonstances

B. La rédaction

C. La mise en œuvre

§ 2 Une Constitution parlementaire

§ 3 Les révisions successives

A. La procédure de révision

B. Les révisions réussies et avortées

§ 4 La nouvelle architecture de la Constitution

A. Les principes fondamentaux de l'État de droit

B. Les organes constitutionnels

section 2

L'évolution du régime

§ 1 Du modèle gaullien au pouvoir présidentiel

§ 2 Le retour progressif au parlementarisme

§ 3 L'impact présidentialiste du quinquennat

Compléments pédagogiques

La Ve République se caractérise par des dispositions dont la teneur, originale, a été profondément révisée depuis 1958 (section 1) alors que la pratique des institutions, après une longue phase présidentialiste (1958-1986), a évolué vers le parlementarisme jusqu'à l'instauration du quinquennat présidentiel en 2002 (section 2). 166

section 1

Les dispositions

§ 1 L'élaboration de la Constitution

A. Les circonstances

La Constitution de la Ve République, comme presque toutes ses devancières, est le fruit d'une grave crise politique. Au printemps 1958, le fragile régime de la IVe République affronte une crise qu'il ne peut maîtriser : la révolte algérienne et, face à elle, la radicalisation de la population européenne de ce territoire comme de l'armée coloniale qui combat la rébellion nationaliste. Face à la menace d'un coup d'État militaire en métropole (il a déjà été opéré le 13 mai à Alger après la nomination d'un président du Conseil jugé trop « libéral » : le démocrate-chrétien Pierre Pflimlin), le président de la République René Coty fait appel au général de Gaulle pour constituer un gouvernement, non sans avoir menacé de démissionner si sa proposition n'était pas entérinée par l'Assemblée nationale. 167

Après quelques palabres avec la classe politique, le général est investi par l'Assemblée nationale le 1er juin à la tête d'un gouvernement où ses fidèles contrôlent les postes-clés, les autres étant abandonnés aux leaders des partis traditionnels. Mais les votes les plus importants se déroulent deux jours plus tard : les pleins pouvoirs accordés au gouvernement pour six mois et surtout la loi constitutionnelle du 3 juin 1958 portant dérogation transitoire aux dispositions de l'article 90 de la Constitution concernant la révision. En fait de révision, c'est une Constitution nouvelle qui va être élaborée.

La loi constitutionnelle transfère le pouvoir constituant au gouvernement (et non à Charles de Gaulle, afin de marquer symboliquement la différence avec la loi du 10 juillet 1940 qui avait confié ce pouvoir à Philippe Pétain) mais ce pouvoir est partagé : 168

– Le projet du gouvernement devra respecter cinq principes fondamentaux : le principe démocratique (le suffrage universel est la source du pouvoir et l'exécutif comme le législatif en dérivent) ; le principe de séparation des pouvoirs ; le principe parlementaire de responsabilité du gouvernement devant le parlement ; le principe d'indépendance de la justice, garante des libertés ; le principe d'association de la République avec les peuples d'outre-mer.

– À ces cinq principes de fond s'ajoutent des conditions de forme. La principale est l'obligation de soumettre le projet à l'approbation populaire par référendum ; auparavant, le gouvernement aura consulté pour avis un « comité consultatif » composé pour les deux tiers de parlementaires (26 sur 39) ainsi que le Conseil d'État.

B. La rédaction

■ 169 Le garde des Sceaux, Michel Debré, est chargé de préparer un avant-projet avec le concours d'un groupe de travail constitué de hauts fonctionnaires dont la plupart sont issus comme lui du Conseil d'État : parmi eux, Raymond Janot, qui représente le cabinet du général de Gaulle et dispose d'une influence prépondérante. Cet avant-projet doit développer les orientations présentées par Charles de Gaulle en Conseil des ministres. Les travaux du groupe de travail sont soumis à un comité interministériel composé du président du Conseil, du garde des Sceaux et des ministres d'État (Guy Mollet, socialiste, Pierre Pflimlin, MRP, Louis Jacquinot, indépendant, et Félix Houphouet-Boigny, UDSR).

■ 170 Le projet gouvernemental est donc la résultante de quatre influences : celle prépondérante du général de Gaulle, celles non négligeables de Michel Debré, des anciens responsables de la Quatrième République (les ministres d'État) et des hauts fonctionnaires du Conseil d'État.

Les idées constitutionnelles du général sont connues depuis le discours de Bayeux du 16 juin 1946, et « ce qui va être fait, c'est en somme ce que l'on a appelé le discours de Bayeux » (Mémoires d'Espoir, Omnibus, 1999, 1, p. 34). Le projet gaullien repose d'abord sur la restauration de l'autorité de l'État après 150 ans de crises. Cet État fort nécessite de séparer l'État des partis, jugés comme des instruments de division, et de placer à sa tête un chef de l'État garant de sa continuité, assurant par son « arbitrage » la primauté de l'intérêt général sur les contingences politiques et disposant de pouvoirs exceptionnels en cas de péril national. Ce chef de l'État ne procédera pas du parlement mais d'un corps électoral plus large. Quant au régime parlementaire maintenu parallèlement au pouvoir d'État, il serait caractérisé par un parlement bicaméral (la seconde Chambre représentant les intérêts locaux et socio-économiques) et un gouvernement procédant du chef de l'État. Un tel régime préserverait les apparences du parlementarisme mais réserverait l'essentiel du pouvoir au chef de l'État, clé de voûte des institutions. Après Bayeux, Charles de Gaulle introduira la dimension référendaire sous l'influence de René Capitant (qui plaide en sa faveur au sein du mouvement gaulliste, le RPF) afin de réduire par l'appel au peuple l'influence des partis, mais cet ajout ne modifiera pas l'essentiel de son projet.

■ 171 À cette approche font écho les thèses de Michel Debré lui aussi favorable à une « monarchie républicaine » mais plus soucieux de définir concrètement le « parlementarisme rationalisé » où un gouvernement fort serait capable de brider les chambres grâce à la maîtrise de la procédure législative et budgétaire et à une limitation drastique de l'engagement de responsabilité du cabinet devant le parlement.

Admirateur du régime britannique auquel il souhaiterait emprunter également le mode de scrutin (majoritaire à un tour), Michel Debré sera secondé par les légistes du Conseil d'État eux aussi soucieux de limiter la souveraineté parlementaire.

Ces conceptions sont totalement étrangères aux représentants des partis traditionnels au sein du gouvernement car même s'ils concordent avec Michel Debré dans la nécessité de « rationaliser » le parlementarisme pour avoir vécu les effets négatifs de la toute-puissance parlementaire, il ne s'agit pour eux que de corriger les excès, non de changer la nature du régime.

La nécessité de concilier ces deux courants explique que le texte final (auquel le comité consultatif n'apportera que des retouches) soit un texte de compromis, susceptible de plusieurs lectures, suivant que l'on insiste sur les moyens dont dispose le chef de l'État (césarisme), sur le couple président/Premier ministre (orléanisme, selon M. Duverger), sur le collège de notables ruraux qui élit le président et le Sénat et pourrait limiter le poids du suffrage universel (république sénatoriale, selon M. Prélot) ou sur ce qui reste du parlementarisme (et qui explique le « oui » des vieux partis à la Constitution).

Si le général de Gaulle a pu faire intégrer l'essentiel de ses conceptions sur le rôle du chef de l'État et Michel Debré sur le parlementarisme rationalisé, le flou demeure quant à l'articulation entre la dimension parlementaire et la dimension « pouvoir d'État » de la Constitution et, notamment, sur le rapport entre le Premier ministre d'une part, le président et le parlement de l'autre). De même, la désignation du président et la composition du Sénat, à propos desquelles de Gaulle a préféré rester prudent, restent des dossiers ouverts.

Ce sont des révisions de la Constitution et surtout la pratique qui en sera faite qui trancheront entre ces lectures et lèveront les ambiguïtés.

C. La mise en œuvre

Le gouvernement dispose de quatre mois pour aboutir sinon le parlement se réunirait de plein droit dans la seconde quinzaine d'octobre. Le texte gouvernemental est achevé fin juillet 1958 puis soumis en août au comité consultatif constitutionnel. Après l'examen du Conseil d'État, le texte est définitivement adopté par le gouvernement le 3 septembre. Le 28 septembre, le référendum constituant est marqué par une large victoire du « Oui » (79,25 %), seuls 15 % des inscrits s'étant abstenus. La Constitution adoptée et promulguée le 4 octobre, le gouvernement tranche en faveur du scrutin majoritaire uninominal à deux tours pour l'élection des députés (Michel Debré aurait préféré un seul tour). Les élections législatives se déroulent en novembre et l'élection présidentielle (où Charles de Gaulle est élu haut la main par le collège électoral des sénateurs) en décembre. Il faudra attendre les élections sénatoriales d'avril 1959 pour que le régime soit définitivement en place. 172 ■

§ 2 Une Constitution parlementaire

La Constitution de 1958, telle qu'elle est présentée par ses rédacteurs à la veille de son entrée en vigueur, est celle d'un régime parlementaire rééquilibré. 173 ■

Pour la première fois, face à un parlement à nouveau bicaméral (du fait de la réévaluation du Sénat), apparaît un véritable pouvoir gouvernemental. Celui-ci est bicéphale. Il comprend le titulaire du pouvoir d'État – le président de la République –

et le gouvernement, dirigé par le Premier ministre. Par rapport aux Constitutions de 1875 et 1946, la Constitution du 4 octobre 1958 opère un double rééquilibrage, en faveur du chef de l'État mais aussi, et c'est peut-être la nouveauté principale – en faveur du Premier ministre.

Le président détient l'autorité de l'État et en assure la continuité grâce à ses pouvoirs de crise, l'article 16 lui donnant les pleins pouvoirs et l'article 12 lui permettant de dissoudre l'Assemblée nationale. Il peut en appeler au peuple par voie de référendum et est le garant de la Constitution, de l'indépendance nationale et des engagements de la France. L'ensemble de ces pouvoirs est exercé sans contreseing. Il est le responsable de l'ancien empire colonial (à travers la présidence de la « Communauté »), ces pouvoirs relèvent du domaine suprême de l'État et n'interfèrent pas avec le second domaine, celui de la gestion politique quotidienne qui est régi par les règles du parlementarisme.

Le régime parlementaire se présente en 1958 sous la forme d'un équilibre entre le gouvernement (et non l'exécutif), qui « détermine la politique de la nation » (art. 20) et le parlement bicaméral qui vote la loi et contrôle le gouvernement (celui-ci étant responsable devant l'Assemblée). Le modèle parlementaire est cette fois britannique. Le pouvoir réglementaire est élargi par la limitation du domaine de la loi (art. 34) et, surtout, par les règles dites du « parlementarisme rationalisé » qui, brisant la tradition du régime d'assemblée, font du gouvernement le maître du jeu parlementaire (maîtrise de l'ordre du jour, contrôle du droit d'amendement, limitation de l'initiative parlementaire notamment en matière financière). Cette autorité du gouvernement est garantie par une série de mécanismes politiques : la Constitution inverse la conception même de la responsabilité gouvernementale devant le parlement. Désormais, le gouvernement est présumé disposer de la confiance des députés. C'est à eux de faire la preuve (Const., art. 49) qu'elle n'existe pas, la motion de censure ne recensant que les votes hostiles.

Par ailleurs, l'Assemblée nationale vit sous la menace de la dissolution, épée de Damoclès désormais dispensée de tout contreseing et laissée à l'appréciation souveraine du président de la République. Enfin, la Constitution de 1958 innove en créant le Conseil constitutionnel. Cette pâle copie des cours constitutionnelles allemande et italienne est instaurée dans un but précis : veiller à maintenir le parlement dans son domaine législatif à travers le contrôle de constitutionnalité des lois.

L'économie de la Constitution est donc originale : l'ancien régime parlementaire est bouleversé du fait de l'amputation du *pouvoir d'État*[Q] confié au président de la République et du rééquilibrage du domaine parlementaire au profit du gouvernement. Cette modification fondamentale bouleverse les traditions politiques et nécessite une série d'ajustements entre les pouvoirs (entre président et gouvernement, Sénat et Assemblée, gouvernement et parlement) qui ne pourront venir que de la pratique, c'est-à-dire des acteurs politiques et des rapports de force qui s'établiront entre eux.

§ 3 Les révisions successives

A. La procédure de révision

1. *Le domaine de la révision*

Comme dans la Constitution de 1946, et par allusion directe au précédent de 1940, « aucune procédure de révision ne peut être engagée ou poursuivie lorsqu'il est porté atteinte à l'intégrité du territoire ». De même, conformément à la tradition (révision de 1884 et Constitution de 1946), « la forme républicaine de gouvernement ne peut faire l'objet d'une révision », mais cette disposition n'interdit plus (comme en 1884 et 1946) aux membres des familles ayant régné sur la France d'être élus à la présidence de la République. 174 ■

2. *La procédure régulière de l'article 89 de la Constitution*

Le constituant de 1958 a prévu une procédure complexe de révision (Cons. titre XVI, De la révision, et Cons. art. 89) qui rend celle-ci difficile. Deux organes constitutionnels en ont l'initiative : le parlement ou le président de la République. 175 ■

Dans le premier cas, tout parlementaire peut prendre l'initiative d'une proposition de révision, qui devra être examinée par chacune des Chambres selon la procédure fixée par l'article 42 alinéa 2 de la Constitution. L'examen se déroule en séance en première lecture six semaines après le dépôt de la proposition de loi afin de laisser un temps suffisant à l'examen en commission avant un examen en séance devant la seconde assemblée quatre semaines après la transmission. La proposition de révision doit être votée en termes identiques à la majorité simple des suffrages exprimés. En cas de désaccord d'une des deux Chambres, la procédure s'arrête donc. Si le texte est voté par celles-ci, le président de la République soumet la proposition de loi constitutionnelle au peuple par référendum.

Une telle procédure semble mettre à l'écart le président de la République et le gouvernement. En fait, il n'en est rien car le gouvernement contrôle largement l'ordre du jour des Chambres ce qui lui a permis, jusqu'à présent, d'enterrer les innombrables propositions de révision dont aucune n'a abouti depuis 1958. La Constitution a toujours été modifiée à l'initiative du gouvernement.

Dans le second cas, le Premier ministre est à l'origine du projet de révision mais c'est le président de la République qui joue le rôle essentiel. Le projet de révision est proposé par le Premier ministre au Président de la République qui, s'il l'approuve, le transmet aux Chambres. Après avoir examiné le texte selon la procédure de l'article 42 de la Constitution – qui prévoit de surcroît que c'est le texte du projet de révision constitutionnelle déposé par le gouvernement qui est examiné en séance pour la première lecture – les Chambres doivent le voter en termes identiques à la majorité simple des suffrages exprimés. C'est ensuite au président de la République de décider s'il le soumet au référendum ou s'il le soumet au *Congrès*[Q], c'est-à-dire à la réunion des deux Chambres (qui siègent alors à Versailles), qui doit approuver le projet par un vote à la majorité des trois cinquièmes.

La procédure référendaire était considérée comme la procédure normale par les constituants de 1958. Il a fallu pourtant attendre le référendum du 24 septembre 176 ■

2000 sur le quinquennat présidentiel pour que le référendum de l'article 89 de la Constitution soit enfin utilisé, toutes les autres révisions conduites sur la base de cet article ayant utilisé la procédure du Congrès.

En période de présidentialisme majoritaire, l'initiative politique de la révision appartient au chef de l'État et le Premier ministre ne fait que traduire sa volonté. En période de cohabitation, le président dispose d'un double droit de *veto*. Premièrement, il peut refuser de transmettre aux Chambres le projet de révision que lui a proposé le Premier ministre. Deuxièmement, c'est au président de décider, une fois le projet approuvé par les deux Chambres, s'il donne suite et dans ce cas de choisir entre la procédure du Congrès et celle du référendum.

Cette procédure nécessite un accord entre les deux têtes de l'exécutif mais, en pratique, c'est le rapport de force politique entre elles qui est décisif. En période de coïncidence des majorités présidentielle et parlementaire, la primauté présidentielle fait de tout projet de révision une initiative du chef de l'État.

En période de cohabitation et s'il y a divergence entre le président et le gouvernement, la révision devient impossible, sauf à ce que le Premier ministre impose sa volonté à un président affaibli (comme en 1993-1995).

En 1993, c'est un président très affaibli qui a accepté les révisions constitutionnelles (sur le Conseil supérieur de la magistrature et le droit d'asile) qui correspondaient au programme de la majorité parlementaire. En 1998, la révision imposée par le Conseil constitutionnel pour rendre le traité d'Amsterdam compatible avec la Constitution a été possible grâce à l'accord politique entre le Premier ministre, chef de la majorité parlementaire, et le président. Il en a été de même en 1999 où un compromis politique entre le président et le Premier ministre a permis la révision sur la parité hommes/femmes et en 2000 à propos du quinquennat présidentiel. En l'absence d'un tel accord, le président Chirac a bloqué le projet de révision du statut du Conseil supérieur de la magistrature, après son vote par les deux Chambres en novembre 1998, en refusant durant un an de convoquer le Congrès. Celui-ci, convoqué finalement le 24 janvier 2000, ne put se réunir : craignant de ne pouvoir obtenir la majorité des trois cinquièmes requise, le président, par décret contresigné du Premier ministre le 19 janvier, a abrogé le décret de convocation, bloquant une nouvelle fois la révision. C'est la première fois qu'un tel ajournement se produisait depuis 1958.

■ 177 Si le président de la République est le maître de l'initiative en matière constitutionnelle et impose ses choix au couple gouvernement/Assemblée, le Sénat dispose lui aussi d'un droit de *veto* constitutionnel puisque tout projet ou proposition nécessite l'accord des deux assemblées. Qu'il refuse et le projet est enterré (comme en 1984), mais la seconde Chambre peut aussi contraindre l'exécutif à un compromis qui lui soit favorable (comme en 1992). L'absence de commission mixte paritaire pour les procédures de révision constitutionnelle rend difficile la négociation entre les deux assemblées si leur majorité est différente. Lorsqu'elle est identique, comme lors de la révision de 2008, une commission mixte informelle composée des représentants des groupes parlementaires de la majorité des deux assemblées se réunit sous la houlette du Premier ministre afin d'élaborer un texte commun qui sera ensuite adopté « conforme » par les deux Chambres.

Le mode d'élaboration primaire de textes constitutionnels ou para-constitutionnels par des commissions d'experts (commission Coppens pour le droit de l'environnement, commission Avril pour la responsabilité pénale du président de la République ou commission Balladur de 2007 « de modernisation et de rééquilibrage des institutions ») pose par ailleurs la question du rôle des constituants de principe (le peuple et son représentant, le parlement) dans la conception et l'élaboration des normes constitutionnelles.

Ainsi, lors de la révision de 2008, l'élaboration du texte a été une véritable coproduction non prévue par la Constitution : un comité d'experts élabore le texte initial sur la base d'une lettre de mission du président de la République dans laquelle celui-ci suggère des grandes orientations. Sur la base des propositions du comité d'experts, le président adresse au Premier ministre une directive qui énumère ce que le chef de l'État retient des travaux du comité. Le gouvernement rédige sur ces bases le projet de loi constitutionnelle et le Parlement effectue un travail de réécriture et d'amendement. L'avantage de cette procédure est de confier au comité d'experts le soin de débroussailler le terrain, d'associer en son sein experts et acteurs politiques, d'anticiper d'éventuels compromis politiques sur le vote au Parlement du fait de l'ouverture du comité à l'opposition. L'inconvénient est de limiter le rôle du gouvernement à celui de greffier et celui du Parlement à un rôle non de conception, mais de correction, à l'image de sa place dans la procédure législative.

3. *L'utilisation de l'article 11 de la Constitution*

À la procédure régulière de révision de la Constitution prévue à l'article 89, le général de Gaulle a préféré à deux reprises une autre, celle de l'article 11 de la Constitution. 178 ■

Il y recourt une première fois en octobre 1962 pour introduire l'élection populaire du président de la République. Cette procédure permet au président, sur proposition du Premier ministre (ce qui n'est qu'une formalité en cas de coïncidence des majorités) de saisir le peuple de « tout projet de loi » portant notamment sur « l'organisation des pouvoirs publics ». Toutefois, elle n'a pas été explicitement prévue pour une révision constitutionnelle puisqu'elle ne figure pas dans le titre prévu à cet effet. Pourtant son libellé est ambigu, car la référence à « tout » projet de loi peut inclure les lois ordinaires, les lois organiques et les lois constitutionnelles. L'article 11 adoptant une définition générique, certains en ont conclu (P. Lampué) que, sauf à vider cette disposition de tout effet (car si l'on exclut les lois de révision du champ de l'article, il faut écarter aussi les autres types de loi), il fallait accepter de les intégrer dans le domaine de l'article 11.

D'un point de vue politique, si de Gaulle décide d'y recourir, c'est qu'il sait que son projet se heurtera à l'opposition résolue des deux Chambres (il n'a pas de majorité au Sénat, il n'en a plus à l'Assemblée depuis la fin de la guerre d'Algérie), alors que leur approbation est incontournable selon les dispositions de l'article 89.

Rares sont les juristes (P. Lampué, R. Capitant) qui approuvent le recours à une procédure que le Conseil d'État rejette à l'unanimité moins une voix dans un avis rendu le 1er octobre. Quant au Conseil constitutionnel, divisé, il jugera au lendemain du référendum qu'il est incompétent pour apprécier la constitutionnalité de la loi référendaire, l'article 61 de la Constitution limitant son pouvoir de contrôle aux lois votées par le parlement, ce qui aboutit à faire du président le seul interprète de l'article 11 et donc de son utilisation extensive. 179 ■

L'issue positive du référendum d'octobre 1962 a-t-elle validé l'utilisation de cette procédure *a posteriori*, au nom de la souveraineté du peuple ? Outre que le peuple souverain est lui aussi soumis aux règles de l'État de droit (sinon tous les plébiscites des régimes totalitaires seraient validés au nom de cette théorie du peuple souverain), l'objet du référendum de 1962 n'était pas de trancher la querelle juridique. Il reste que personne n'a contesté la validité de la révision ainsi opérée même si le débat sur la constitutionnalité de la procédure a rejailli aussi vivement en 1969.

180 Une seconde fois, en avril 1969, Charles de Gaulle recourt en effet à l'article 11 à propos d'un projet qui se heurte à l'opposition d'autant plus vive du Sénat qu'il prévoit son démantèlement. Le projet de révision, qui prévoit la création des régions, a surtout pour but de transformer le Sénat en assemblée consultative représentant les intérêts locaux et économiques (selon le projet de Bayeux) et de briser ce bastion de l'opposition au général depuis 1962. Si le Conseil d'État persiste à juger la procédure inconstitutionnelle, si certains juristes (G. Vedel) voient dans cette répétition les éléments d'une « coutume constitutionnelle », l'échec du référendum et la démission du général semblent sceller le destin révisionniste de l'article 11. Depuis 1969, cette disposition a été rarement utilisée (1972, 1988, 1992, 2005) et à des fins législatives. En ce qui concerne les révisions constitutionnelles, l'article 89 a été la seule procédure utilisée.

B. Les révisions réussies et avortées

1. *Les révisions réussies*

181 Depuis 1958, trente-trois révisions de la Constitution ont été tentées ; vingt-quatre ont abouti, quatre ont été rejetées et six n'ont pas été menées à terme. Deux ont utilisé la procédure controversée de l'article 11, une celle de l'article 85 et les autres celle de l'article 89.

Des deux révisions opérées selon la procédure de l'article 11 par le général de Gaulle, celle qui a abouti, le 28 octobre 1962 (promulguée le 6 nov. 1962), a modifié en profondeur l'équilibre des institutions. La modification des articles 6 et 7 relatifs à l'élection du président de la République introduit l'élection au suffrage universel direct, donnant au chef de l'État une légitimité démocratique avec une élection directe par le peuple. Par conséquent, les compétences dont il dispose ont un poids politique considérable.

La révision du 18 mai 1960 (promulguée le 4 juin 1960) a été opérée selon la procédure de l'article 85. Celle-ci, relative à l'ancien titre XII de la Constitution traitant de la Communauté (franco-africaine) a été utilisée pour simplifier la procédure de révision de ce même article 85 en permettant l'accès à l'indépendance des États membres africains de la Communauté par de simples accords conclus entre la République française et ces États. Ce titre (et donc l'art. 85) a été abrogé par la révision du 4 août 1995.

182 Les révisions conduites selon la procédure normale de l'article 89 ont eu un objet et une importance très variables.

La révision votée le 20 décembre 1963 (promulguée le 30 déc. 1963), a modifié le calendrier des sessions parlementaires par révision de l'article 28 de la Constitution : ces modifications mineures ont établi l'ouverture des sessions à date fixe (le 2 oct. et le 2 avr., sauf s'ils tombent un jour férié) et avancé de trois semaines l'ouverture de la seconde session (sans en modifier la durée).

La révision du 21 octobre 1974 (promulguée le 29 oct. 1974) a modifié les conditions de saisine du Conseil constitutionnel (en complétant l'art. 61 Const.) : cette révision, en ajoutant à la saisine par les principaux personnages de l'État (président de la République, Premier ministre, présidents de chacune des Chambres), celle par 60 députés ou 60 sénateurs, a modifié les conditions politiques du contrôle de constitutionnalité en en faisant un élément clé du statut de l'opposition parlementaire.

La révision votée par le Congrès le 14 juin 1976 (promulguée le 18 juin 1976) a répondu à la demande du Conseil constitutionnel (dans le rapport remis au lendemain de l'élection présidentielle de 1974) de compléter les dispositions relatives à l'élection présidentielle, notamment en cas d'empêchement ou de décès d'un candidat au cours de la campagne électorale ou à la veille de l'élection. L'article 7 a été révisé afin de permettre au Conseil constitutionnel de reporter l'élection si le décès se produit après la clôture du délai de présentation des candidats.

La signature du traité sur l'Union européenne en février 1992 a nécessité une nouvelle révision par la loi constitutionnelle du 25 juin 1992, le Conseil constitutionnel ayant jugé certaines dispositions du traité (sur la monnaie unique, les visas et la citoyenneté de l'Union) incompatibles avec la Constitution. Au projet gouvernemental de créer un titre nouveau (Titre XV, Des Communautés européennes et de l'Union européenne) portant sur les seuls points soulevés par le Conseil (art. 88), le Sénat a fait ajouter la nécessité pour l'application de ces dispositions d'une loi organique votée en termes identiques par les deux Chambres, et le contrôle préalable par le parlement français des actes communautaires pris dans le domaine législatif. Par la même occasion, le français a été proclamé « langue de la République » (art. 2 modifié) et le droit de saisine du Conseil constitutionnel sur la conformité d'un traité avec la Constitution étendu aux parlementaires (60 députés ou 60 sénateurs, art. 54 modifié). 183 ■

Les deux révisions suivantes ont été effectivement proposées par le Premier ministre, Édouard Balladur disposant d'une confortable majorité parlementaire durant la seconde cohabitation (1993-1995) et pouvant imposer « ses » révisions à un président affaibli. 184 ■

– Le 19 juillet 1993, le Congrès a voté une révision (promulguée le 27 juill. 1993) limitée au Conseil supérieur de la magistrature (Const., art. 65) et à la responsabilité pénale des ministres (Const., art. 68) créant la Cour de justice de la République, alors que le président souhaitait une révision plus large, qui aurait repris les conclusions du Comité consultatif pour la révision de la Constitution institué par François Mitterrand en décembre 1992 mais boycotté par l'opposition, et qui avait fait l'objet de deux projets de révision constitutionnelle déposés le 10 mars 1993 sur le bureau du Sénat.

– Le 19 novembre 1993, le Congrès a voté un nouvel article 53.1 de la Constitution (L. const. promulguée le 25 nov. 1993), qui limite le droit d'asile du fait de traités internationaux (en l'occurrence les accords européens dits « de Schengen »), alors que le Conseil constitutionnel avait invalidé une partie des dispositions de la loi Pasqua relative à la maîtrise de l'immigration, au nom du droit d'asile reconnu par la Constitution dans son Préambule. En révisant la Constitution en faveur de la loi contre le Conseil constitutionnel, la majorité parlementaire a entendu implicitement rappeler que le parlement dispose d'une autorité supérieure au juge constitutionnel, et notamment du pouvoir de réviser la Constitution de façon à la rendre compatible avec la loi, et non l'inverse.

La révision votée le 31 juillet 1995 (et promulguée le 4 août 1995), au lendemain de l'élection de Jacques Chirac à la présidence de la République, concerne à la fois le référendum législatif (art. 11) et le droit parlementaire. D'une part, le champ du référendum est élargi aux « réformes relatives à la politique économique ou sociale de la nation et aux services publics qui y concourent ». D'autre part, une session parlementaire unique de neuf mois (d'octobre à juin) est instaurée (art. 28 modifié), tandis que l'ordre du jour est établi pour une séance par mois par les Chambres (art. 48, al. 3). Enfin, le champ de l'immunité parlementaire est limité aux mesures privatives ou restrictives de liberté (ce qui exclut désormais la mise en examen).

■ 185 Le Congrès a adopté le 19 février 1996 un nouvel article 47-1 de la Constitution (L. const. promulguée le 22 févr. 1996) qui prévoit le vote par le parlement des projets de loi de financement de la Sécurité sociale. Le domaine de la loi a de ce fait été élargi (l'art. 34 Const., qui en fixe le champ, a donc été également modifié).

Le Congrès a approuvé le 6 juillet 1998 une onzième révision relative aux accords de Nouméa du 5 mai 1998 (L. const. promulguée le 20 juill. 1998). Ces accords, qui fixent l'évolution du territoire de Nouvelle-Calédonie, sont intégrés dans la Constitution sous la forme d'un Titre XIII rétabli (l'ancien, abrogé lors de la révision de 1995, avait trait à la Communauté africaine et malgache) comme « Dispositions transitoires relatives à la Nouvelle-Calédonie », l'article 76 nouveau ayant trait à la composition du corps électoral devant ratifier ces accords et l'article 77 nouveau prévoyant qu'une loi-cadre transfère des compétences de l'État au territoire.

Le Conseil constitutionnel a jugé – en cohérence avec sa jurisprudence relative au traité de Maastricht – que certaines dispositions du traité d'Amsterdam, signé en 1997, qui transfèrent au Conseil des ministres européens se prononçant à la majorité qualifiée la décision en matière de droit d'asile, de politique d'immigration et de contrôle aux frontières, concernent des « conditions essentielles d'exercice de la souveraineté nationale » et nécessitent donc une révision préalable de la Constitution (Cons. const. 31 déc. 1997, n° 97-394 DC). Celle-ci a été opérée par le Congrès le 18 janvier 1999 et a modifié l'article 88 de la Constitution.

Deux autres révisions ont également été approuvées par le Congrès le 28 juin 1999 (L. const. promulguée le 8 juill. 1999).

L'introduction du principe de parité hommes/femmes dans l'accès aux mandats électifs a nécessité la révision des articles 3 et 4 de la Constitution, relatifs respectivement au droit de suffrage et à la fonction des partis politiques, afin de surmonter les réserves du Conseil constitutionnel (Cons. const. 18 nov. 1982, n° 82-146 DC, *Quotas par sexe*) rejetant toute discrimination positive, au nom du principe d'égalité.

Par ailleurs, la Cour pénale internationale, instituée par le traité de Rome du 18 juillet 1998, a nécessité une révision constitutionnelle préalablement à son adoption, à la suite de la décision du Conseil constitutionnel du 22 janvier 1999 déclarant certaines dispositions du traité contraires à la Constitution.

Le 14 septembre 2000, l'article 6 de la Constitution relatif à la durée du mandat du président de la République a été révisé pour la première fois selon la procédure de l'article 89 alinéa 2 : le quinquennat a remplacé le septennat à la suite d'un référendum convoqué par le président, la loi constitutionnelle ayant été adoptée en termes identiques par l'Assemblée nationale et le Sénat (et promulguée le 2 oct. 2000).

Le 17 mars 2003, le Congrès a approuvé la révision du Titre XII pour reconnaître le principe de décentralisation, consacrer l'autonomie financière, le pouvoir réglementaire et le droit à l'expérimentation des collectivités territoriales et élargir l'autonomie des collectivités d'outre-mer (L. const. promulguée le 25 mars 2003). Il a également révisé l'article 88-2 de la Constitution pour permettre la mise en œuvre du mandat d'arrêt européen (L. const. du 28 mars 2003).

Le 28 février 2005, le Congrès a approuvé deux révisions (lois constitutionnelles du 1er mars 2005). La première permettait l'introduction du Traité portant constitution de l'Union européenne dans le droit français en modifiant le Titre XV de la Constitution si ce traité entrait en vigueur (quand il serait approuvé par les 25 États membres). Néanmoins, le rejet du traité par plusieurs États, dont la France par le référendum du 29 mai 2005, a annihilé cette révision conditionnelle – la première de ce genre dans l'histoire constitutionnelle – à l'exception de la disposition introduisant le recours automatique au référendum pour l'approbation des traités élargissant l'Union européenne à de nouveaux États. La seconde révision concerne l'introduction de la Charte de l'environnement dans la Constitution.

Le 19 février 2007, le Congrès a approuvé trois révisions (lois constitutionnelles du 23 février 2007). La première modifie le Titre XIII de la Constitution relatif à la Nouvelle-Calédonie en étendant aux élections provinciales le collège restreint prévu pour le référendum d'autodétermination. La seconde constitutionnalise l'abolition de la peine de mort en modifiant l'article 66. La troisième modifie le régime de responsabilité du président de la République prévu au Titre IX en créant une inviolabilité temporaire du chef de l'État au cours de son mandat et en introduisant la procédure de destitution par le parlement réuni en Haute Cour.

Le traité de Lisbonne, destiné à remplacer le traité portant constitution de l'Union européenne rejeté par référendum, a entraîné une révision de la constitution. Celle-ci a été approuvée par le Congrès le 4 février 2008 et promulguée le 5.

La plus importante révision de la constitution a été votée par le Congrès le 21 juillet 2008 et promulguée le 23 juillet. Près de 40 articles de la Constitution ont été modifiés (qui nécessitent 15 lois organiques), aboutissant à une réécriture générale du texte constitutionnel sans remettre cependant en cause ses éléments essentiels : des pouvoirs du Parlement à ceux du président de la République et du gouvernement, du Conseil constitutionnel au Conseil supérieur de la magistrature et aux autorités administratives indépendantes, ce sont tous les organes constitutionnels qui ont vu leurs compétences et leurs rapports réciproques redéfinis.

2. *Les échecs*

Quatre révisions ont été rejetées. La première, déjà mentionnée en avril 1969, selon 186 ■
la procédure de l'art. 11, sur les régions et le Sénat et qui entraîne la démission de Charles de Gaulle ; la deuxième, en juillet 1984, qui voit le Sénat refuser la révision de l'article 11 proposée par François Mitterrand, révision qui ajoutait au champ référendaire les garanties fondamentales en matière de libertés publiques. La troisième, en mars 1990, où le Sénat refuse l'institution du contrôle de constitutionnalité par voie

d'exception (elle sera introduite par la révision de juill. 2008). La quatrième, sur la déchéance de nationalité, en mars 2016, du fait de l'impossibilité de faire adopter un texte identique par les deux Chambres.

187 Six révisions n'ont pas abouti.

La première, tentée par Georges Pompidou en 1973, avait pour objet de ramener à cinq ans la durée du mandat présidentiel. En octobre 1973, le projet a été voté par chacune des Chambres mais, face à des majorités réduites laissant mal augurer de l'issue du Congrès où la majorité qualifiée des trois cinquièmes est requise, la procédure a été abandonnée. Le quinquennat a été adopté en 2000 mais à la suite d'une procédure entièrement nouvelle

Pour les mêmes raisons, la modification du statut des suppléants de parlementaires devenus ministres, voulue par Valéry Giscard d'Estaing en 1974, n'a pas été inscrite à l'ordre du jour du Congrès d'octobre de cette année, la majorité obtenue à l'Assemblée hypothéquant le vote à Versailles. Il a fallu attendre la révision de 2008 pour que ce projet soit repris et aboutisse.

Le projet de modification des Titres VII, VIII, IX et X et le projet de loi constitutionnelle déposés au Sénat le 11 mars 1993, qui reprenaient les conclusions du rapport Vedel, n'ont pas été inscrits à l'ordre du jour.

Il en va de même du projet de révision du statut du Conseil supérieur de la magistrature voté par les Chambres en 1998 mais dont Jacques Chirac a refusé la transmission au Congrès durant un an. La convocation de celui-ci le 24 janvier 2000 fut abrogée par crainte de ne pouvoir obtenir la majorité qualifiée des trois cinquièmes. Le projet de révision a donc été renvoyé *sine die*, bloquant par la même occasion le projet de loi constitutionnelle relatif au statut de la Polynésie française voté par les deux assemblées en 1999. Ce statut a pu être adopté après la révision de 2003 relative aux collectivités territoriales. Quant au Conseil supérieur de la magistrature, son statut a été refondu lors de la révision de 2008.

Enfin le projet d'introduction dans la Constitution de la « règle d'or » de l'équilibre budgétaire, en application des décisions de l'Union européenne, bien qu'adopté en termes identiques par l'Assemblée nationale et le Sénat en juillet 2011, n'a pas été transmis au Congrès (il n'aurait pas obtenu la majorité qualifiée) ni soumis au référendum. Après avis favorable du Conseil constitutionnel, une simple loi organique reprenant une partie du dispositif en a tenu lieu.

Sous les présidences Hollande et Macron, aucun projet constitutionnel n'a abouti faute de majorité dans les deux Chambres.

188 L'adoption complète d'une révision de la Constitution ne signifie pas pour autant son entrée en vigueur. De nombreuses modifications de la Constitution ne sont pas d'applicabilité directe et nécessitent des lois organiques pour leur mise en œuvre. Or, rien ne garantit que le législateur adoptera la loi organique nécessaire si celle-ci n'est pas votée dans la foulée de la révision, pour peu que la majorité (ou le détenteur du pouvoir) change, voire que des arrière-pensées tactiques rendent le législateur circonspect. C'est ainsi que la loi organique nécessaire pour que la disposition de la révision de février 2007 relative à la destitution du chef de l'État (Const., nouv. art. 68) entre en vigueur n'a été mise à l'ordre du jour de l'Assemblée nationale que le 22 décembre 2010 et votée en janvier 2012 pour n'être examinée et votée par la Sénat qu'en octobre 2014 !

Cette situation est d'autant plus choquante qu'elle peut conduire à des déséquilibres graves. Ainsi cette révision de 2007, dont l'origine remonte au rapport Avril précité de 2002, était d'applicabilité directe pour ce qui concerne l'immunité totale dont jouit le président de la République durant son mandat alors qu'elle nécessitait une loi organique pour ce qui concerne sa destitution.

§ 4 La nouvelle architecture de la Constitution

La Constitution de 1958 a donc fait l'objet de modifications nombreuses et substantielles en plus de cinquante ans. 189 ■

L'architecture apparente en est peu modifiée, si l'on excepte la disparition du Titre consacré à la Communauté franco-africaine en 1995 et l'introduction des Titres consacré à l'Union européenne en 1988, à la responsabilité pénale des membres du gouvernement en 1993, aux dispositions transitoires relatives à la Nouvelle-Calédonie en 1998 et au Défenseur des droits en 2008. Néanmoins, les révisions en ont profondément bouleversé son contenu.

La distinction entre les dispositions de principe (qui fondent l'État de droit et constituent une *supra*-constitutionnalité garantie par la jurisprudence constitutionnelle) et les dispositions techniques, révisables selon les circonstances, fonde désormais une pratique constitutionnelle qui n'était nullement envisagée par les fondateurs du régime.

A. Les principes fondamentaux de l'État de droit

Les dispositions relatives aux principes fondamentaux – mentionnées au départ dans le court Préambule de la Constitution avec simple valeur déclarative – se sont trouvées densifiées à partir du moment où les références du Préambule à la Déclaration de 1789 et au Préambule de la Constitution de 1946 ont été systématiquement utilisées. Depuis sa décision Liberté d'association du 16 juillet 1971, le Conseil constitutionnel a mué progressivement d'organe para-politique de contrôle du Parlement en juridiction constitutionnelle sur le modèle européen. Le Conseil n'a pas hésité, dans le cadre du contrôle de constitutionnalité des lois, à donner valeur de droit positif aux principes contenus dans ces textes, mentionnés par eux (par ex., les principes fondamentaux reconnus par les lois de la [Troisième] République auxquels fait allusion le Préambule de 1946) ou découlant d'eux. 190 ■

Au travail jurisprudentiel du Conseil constitutionnel de modernisation de ces principes se sont ajoutées les révisions constitutionnelles. Celles-ci ont actualisé les principes politiques mentionnés aux articles 1er à 4 pour tenir compte de l'évolution des mœurs (parité hommes/femmes) ou de l'État (décentralisation, rôle des partis politiques). De même, le développement croissant du droit de l'environnement a conduit à la reconnaissance, après les droits individuels (1789) et les droits sociaux (1946), d'une nouvelle catégorie de droits fondamentaux, introduits en 2005 dans la Constitution (sous forme de Charte annexée à la Constitution) afin de constitutionnaliser les principes de protection de l'environnement. Ces principes sont, pour l'essentiel, de nature para-juridique (principe de précaution, de développement durable, de prévention) et leur origine souvent internationale (traités internationaux ou européens) souligne la part croissante des normes de droit international public dans les constitutions et notamment les déclarations des droits.

Cette évolution a conduit le comité chargé par Nicolas Sarkozy de proposer une actualisation du Préambule (présidé par Simone Veil) à conclure (en déc. 2008) à l'inutilité d'une révision. La protection des droits fondamentaux (et leur définition) étant désormais assurée par le juge constitutionnel pour ce qui est de la Constitution et par le juge judiciaire ou administratif pour ce qui est des traités internationaux et européens (comme la CEDH), cette jurisprudence n'a pas besoin d'une codification constitutionnelle qui la figerait.

B. Les organes constitutionnels

■ 191 Quant aux dispositions techniques relatives aux différents organes constitutionnels, elles ont connu des adaptations parfois essentielles (mode d'élection et durée du mandat du président de la République, mode de saisine du Conseil constitutionnel, responsabilité des membres du gouvernement, pouvoirs du Parlement), qui n'ont pas remis formellement en cause la hiérarchie entre les organes ni la nature du régime.

L'introduction depuis 1992 du Titre XV est plus fondamentale sur le long terme avec la reconnaissance de la participation de la République française à l'Union européenne. Plutôt que d'introduire une disposition générale de transfert de compétences, le constituant a préféré une adaptation au coup par coup au fur et à mesure de l'évolution de la construction européenne, ce qui lui évite de s'interroger sur les buts futurs de cette construction et sur ses effets sur la Constitution et ses bases théoriques (souveraineté, nation), et lui permet de préserver la souveraineté constitutionnelle de la France.

section 2

L'évolution du régime

■ 192 Élaborée au plus fort de la crise de la Quatrième République mais aussi en réponse aux débats constitutionnels qui ont divisé le personnel politique durant la première moitié du siècle, la Constitution de 1958 a été plus que toute autre confrontée, dès son entrée en vigueur, au problème de la durée. Le prestige de son fondateur et premier président, Charles de Gaulle, a rendu inévitable l'interrogation sur « l'après-de Gaulle », tant en ce qui concerne l'adaptation de la pratique institutionnelle à un personnel politique disposant d'une stature moins exceptionnelle, qu'à propos de la survie même d'un régime dont une large part du personnel politique contestait la légitimité.

§ 1 Du modèle gaullien au pouvoir présidentiel

■ 193 Dès l'entrée en vigueur de la Constitution, les schémas préétablis sont bouleversés. Charles de Gaulle, élu président de la République par le collège de notables, dispose d'une autorité qui exclut toute lecture limitative de ses prérogatives constitutionnelles. De surcroît, la classe politique tout entière (exceptés les partisans de l'Algérie française) lui laisse les mains libres pour régler le conflit algérien. Or, ce conflit va se prolonger quatre ans dans une atmosphère de crise (attentats contre le chef de l'État, terrorisme, tentative de coup d'État militaire d'avr. 1961) qui conduit le président de la République à en appeler au peuple par référendum pour appuyer sa politique algérienne (en janv. 1961 et avr. 1962) et même à recourir aux pleins pouvoirs de crise (Const., art. 16) lors du putsch d'avril 1961 (quitte à en garder l'usage bien au-delà jusqu'en septembre). À cette légitimité, entretenue par les référendums, qui place d'entrée le centre de décision politique à l'Élysée s'ajoute l'exercice même du pouvoir qui, malgré l'intitulé de la Constitution (art. 20 : le gouvernement détermine la politique de la nation), est transféré au chef de l'État dans une série de domaines (défense, politique étrangère, décolonisation) alors que dans les autres (économie, finances, monnaie) l'action du gouvernement est étroitement mise sous tutelle. Outre une présidence très directive du Conseil des ministres et la constitution de comités restreints qu'il préside dans les domaines transférés (Algérie, défense, coopération), le président impose « ses » ministres aux postes clés. Cette pratique des institutions, facilitée par la docilité du Premier ministre (Michel Debré) et de la plupart des ministres (ceux qui ne partagent pas cette conception sont contraints à la démission, comme Antoine Pinay en janvier 1960), est accentuée par les rapports difficiles entre l'exécutif et le parlement. En effet, même si le gouvernement Michel Debré dispose d'une majorité confortable en janvier 1959 (453 voix contre 59), cette majorité s'effrite sur sa droite (du fait de la politique algérienne) et au centre (du fait de la prise de distance avec les États-Unis). L'effritement de la majorité s'accentue surtout au fur et à mesure que s'accroît le désaccord de fond sur la pratique des institutions. Celle-ci restreint fortement les pouvoirs du parlement (recours à l'art. 16, aux ordonnances, utilisation des procédures du « parlementarisme rationalisé » de façon systématique) et entraîne la révolte, toujours plus mal contenue, des partis traditionnels. Cette révolte éclate au lendemain de l'indépendance algérienne.

Le 8 avril 1962, les accords d'Évian qui mettent fin à la guerre d'Algérie sont 194 ■
approuvés massivement par référendum (75,34 % de oui). C'est la fin de la longue parenthèse algérienne pour les partisans du régime parlementaire (les partis traditionnels) qui réclament une pratique constitutionnelle conforme à la lettre des textes. Pour le général de Gaulle, qui entend au contraire consolider la pratique mise en œuvre depuis quatre ans, c'est le moment de codifier celle-ci. Le 14 avril, Michel Debré démissionne et le nouveau Premier ministre, Georges Pompidou, n'appartient pas au monde parlementaire. Cette nomination est un défi aux partis traditionnels malgré l'ouverture du gouvernement aux modérés.

La rupture s'opère en deux temps. Dès le 15 mai 1962, la conférence de presse du général, qui raille les tenants de l'Europe supranationale, aboutit à la démission immédiate des démocrates-chrétiens et fragilise la majorité déjà faible qui soutenait le gouvernement. Surtout, au lendemain de l'attentat du Petit-Clamart auquel il échappe miraculeusement (le 22 août), le général de Gaulle annonce son projet de révision constitutionnelle introduisant l'élection directe du chef de l'État par le peuple. Ce projet est non seulement critiqué sur le fond (par les parlementaristes) mais dans sa forme car le général recourt à l'article 11 de la Constitution. Cet article lui permet de saisir le peuple directement sur proposition du gouvernement sur tout projet de loi portant sur l'organisation des pouvoirs publics, alors que la procédure normale de révision de l'article 89 de la Constitution nécessite l'approbation préalable de chacune des Chambres qu'il n'aurait certainement pas au Sénat et peu vraisemblablement à l'Assemblée. Le 4 octobre, l'Assemblée vote la censure (ce sera la seule fois dans l'histoire de la Ve République) et Georges Pompidou remet sa démission. Le 9 octobre, l'Assemblée est dissoute par le président qui va livrer une double bataille, référendaire et législative. La victoire du « oui » au référendum du 28 octobre (62,35 % des suffrages exprimés) puis des gaullistes et de leurs alliés aux législatives les 18 et 23 novembre (avec 43,6 % des voix au tour décisif ils obtiennent 55 % des sièges) change la nature du régime.

D'une part, l'élection directe du chef de l'État lui conférera une légitimité politique qui lui donne les moyens d'imposer la lecture gaullienne de la Constitution, celle d'un régime dont le président est « la clé de voûte » en charge « d'inspirer, orienter, animer l'action nationale » (conférence de presse du 20 sept. 1962). D'autre part, la conquête d'une majorité appuyant son action à l'Assemblée crée les conditions d'un présidentialisme majoritaire où le président n'est pas seulement le chef de l'État mais aussi le chef de la majorité qui gouverne et légifère.

Jusqu'en 1965, Charles de Gaulle ne va pas jusqu'au bout de cette logique qui impliquerait une bipolarisation de la vie politique (alors qu'il se présente comme « au-dessus » des « partis ») même si la double victoire de 1962 le conduit à une relecture outrancière de la Constitution où « l'esprit » et la « pratique » (où pèse l'« équation personnelle » du chef de l'État) comptent plus que le « texte ». La conférence de presse du 31 janvier 1964 le voit décrire un président omnipotent : « homme de la nation, mis en place par elle-même pour répondre de son destin, [...] seul à détenir et à déléguer l'autorité de l'État ». Le président devient le titulaire d'un *pouvoir d'État*[Q] dont procèdent tous les autres :

« S'il doit être évidemment entendu que l'autorité indivisible de l'État est confiée tout entière au président par le peuple qui l'a élu, qu'il n'en existe aucune autre, ni ministérielle, ni civile, ni militaire, ni judiciaire, qui ne soit conférée et maintenue par lui, il lui appartient d'ajuster le domaine suprême qui lui est propre avec ceux dont il attribue la gestion à d'autres. »

On atteint là l'apogée du présidentialisme gaullien. Dès 1965, la mise en ballottage du général au premier tour de l'élection présidentielle et sa victoire au second tour contre le candidat de la gauche marque la consolidation du phénomène majoritaire, renforcé par la victoire gaulliste aux législatives de mars 1967, malgré la volonté de de Gaulle de se présenter comme le candidat de la nation contre le candidat des partis.

La victoire du non au référendum du 27 avril 1969 sur les régions et le Sénat souligne, cependant, une dernière fois l'originalité de la vision gaullienne du président/guide de la nation : puisque le référendum est assorti cette fois encore de l'engagement de responsabilité du président devant le peuple, le général se démet de ses fonctions. Cette réaffirmation de la conception charismatique du chef de l'État est d'autant plus éclatante que ses adversaires victorieux (rassemblés derrière le président du Sénat, comme en 1962) espèrent en profiter pour opérer, enfin, le retour au parlementarisme.

■ 195 Ce ne sera pas le cas. Le départ de de Gaulle ne signifie pas un désaveu du régime. La victoire à l'élection présidentielle de juin 1969 de Georges Pompidou renforce au contraire la tendance à l'œuvre depuis 1965. Véritable chef politique de la majorité depuis les législatives de juin 1968 (par lesquelles s'est achevée la crise de mai 1968), Georges Pompidou est aussi le « vrai » chef du gouvernement. Ses Premiers ministres, Jacques Chaban-Delmas et Pierre Messmer sont très effacés, renforçant le leadership que lui donnent ses pouvoirs constitutionnels et politiques par son expérience de sept ans à Matignon. Il s'appuie sur la bipolarisation politique droite/gauche qui succède définitivement à l'opposition des années 1960 entre partisans et adversaires du régime. Désormais, tous les partis se rallient plus ou moins ouvertement à celui-ci tandis que le centre d'opposition rallie la majorité en 1973. Georges Pompidou renforce le présidentialisme majoritaire apparu en 1965 et tentera même de le pérenniser par son projet interrompu de réduction à cinq ans du mandat présidentiel. Toutefois, il abandonne la conception charismatique du président responsable devant le peuple à l'occasion du référendum de 1972 sur l'élargissement de la Communauté européenne sur lequel il n'engage pas sa responsabilité.

Son successeur, Valéry Giscard d'Estaing, s'inscrit dans cette tendance. L'absence d'un vrai parti du président analogue à ce que le mouvement gaulliste avait été pour ses prédécesseurs (l'UDF, cartel électoral, ne s'en approchera jamais) l'empêche de donner une ossature au présidentialisme majoritaire. Mais, Valéry Giscard d'Estaing conforte ce présidentialisme, utilisant d'ailleurs pour la première fois et de façon systématique le terme de « *majorité présidentielle*ᑫ », par sa pression sur le gouvernement (via ses directives) et par le recours (via les gouvernements successifs de Raymond Barre) aux mécanismes du parlementarisme rationalisé. La courte victoire de la majorité sur la gauche aux législatives de mars 1978 évite une crise institutionnelle et permet à la majorité présidentielle d'atteindre tant bien que mal l'échéance de 1981.

Contrairement aux craintes des années 1960-1970, la victoire de la gauche aux élections présidentielles et législatives de mai-juin 1981 ne fait que conforter le régime. Le programme du candidat Mitterrand ne prévoit aucune révision constitutionnelle d'envergure. Au contraire, le nouveau président, en dissolvant d'entrée l'Assemblée, se donne les moyens de conforter le présidentialisme majoritaire : le parti socialiste, qu'il contrôle étroitement, a la majorité absolue des députés et ceux-ci ont pour directive, comme le gouvernement, d'appliquer le programme présidentiel. Malgré les difficultés internes, la législature socialiste de 1981-1986 marque l'apogée du régime dans la forme qu'il connaît depuis 1965, autour d'un président chef de l'État et chef de la majorité qui intervient, directement ou indirectement (via le gouvernement ou le parti du président), sur tous les dossiers de l'action gouvernementale et législative. Si le programme de la gauche se présente comme une rupture par rapport aux décennies précédentes, la vision et la pratique des institutions sont l'élément majeur de continuité. 196 ■

§ 2 Le retour progressif au parlementarisme

À la veille des élections législatives de mars 1978 dont le résultat était incertain pour la majorité sortante, le président de la République, Valéry Giscard d'Estaing avait indiqué qu'il n'avait pas les moyens de s'opposer à la mise en œuvre du programme de la gauche si elle l'emportait, mais qu'il ne se retirerait pas pour autant, demeurant afin de garantir le respect des libertés publiques. 197 ■

Il a fallu attendre mars 1986 et la victoire de la droite aux élections législatives pour connaître la première expérience de *cohabitation*ᑫ entre président et gouvernement d'orientations opposées.

Durant deux ans, le président Mitterrand, qui avait décidé de demeurer en fonction (malgré l'avis contraire des adversaires d'une cohabitation qui affaiblirait le pouvoir présidentiel) et avait fait changer en 1985 le mode d'élection des députés (en remplaçant le système majoritaire par la représentation proportionnelle) afin de réduire l'importance numérique de ses adversaires, tout comme la majorité parlementaire et son gouvernement ont accepté de « cohabiter ». Dès lors que la majorité des leaders de la droite (à commencer par le Premier ministre, Jacques Chirac) prônaient le compromis avec l'Élysée (ils n'étaient pas prêts à une élection présidentielle anticipée), le président a pu imposer sa lecture de la Constitution, personne ne pouvant l'en empêcher, sauf conflit ouvert refusé à l'avance. C'est ainsi que le président François Mitterrand a fait entériner la pratique gaullienne de la primauté présidentielle en matière diplomatique et de défense (au-delà de textes qui sont ambigus) tout comme pour les nominations de hauts fonctionnaires (il avait augmenté la liste de ceux qui sont nommés en Conseil des ministres en août 1985) ou la signature des ordonnances ainsi que la convocation du parlement en session extraordinaire. Sur tous ces sujets, la droite a protesté mais s'est finalement inclinée.

Pour autant, malgré ces prérogatives conservées, la législature 1986-1988 est la plus parlementaire depuis 1958. Le gouvernement Chirac détient l'essentiel des pouvoirs et le Premier ministre, chef du parti dominant de la majorité, est le « patron » de l'équipe gouvernementale (son parti détient les ministères clés) et de la majorité parlementaire, d'autant plus soudée au gouvernement qu'elle n'est que de quelques sièges. En fait, la principale limite au pouvoir gouvernemental vient de la situation politique : la campagne pour l'élection présidentielle de 1988, à laquelle François Mitterrand se représente, commence dès mars 1986. C'est ainsi que le chef de l'État combine sa fonction avec le rôle de chef de l'opposition (à la majorité parlementaire) et utilise ses prérogatives constitutionnelles à cette fin.

198 La réélection de François Mitterrand en avril 1988 et la dissolution de l'Assemblée auraient pu conduire à un retour au présidentialisme traditionnel. En fait, la législature 1988-1993 s'avère ambiguë. François Mitterrand ne dispose pas à l'Assemblée d'un soutien total car la majorité de gauche est divisée (les communistes refusent de soutenir le gouvernement) et les socialistes, qui détiennent la majorité relative, tirent surtout leur force de l'absence d'union des oppositions (le PC ne rejoindra la droite que sur deux censures) et du réservoir de soutiens provenant des élus d'outre-mer. Quant au « parti du président », il lui échappe dès mai 1988. Le candidat mitterrandiste (L. Fabius) échoue dans sa conquête du PS qui deviendra ingouvernable tout au long de la législature. Enfin, ayant été élu sans programme précis, le président ne peut aussi facilement imposer ses directives au gouvernement et à l'Assemblée. Aussi, la gestion chaotique de la législature est-elle avant tout la conséquence des hésitations du président dans ses rapports avec le gouvernement. Le président pratique le soutien critique au gouvernement Rocard jusqu'au renvoi du Premier ministre en mai 1991, nomme un de ses proches, Édith Cresson, pour le remplacer mais celle-ci s'avère trop inexpérimentée et doit démissionner en catastrophe en avril 1992, cédant la place à Pierre Bérégovoy qui ne peut que gérer les affaires courantes en attendant l'inéluctable défaite aux législatives de 1993. Si le gouvernement ne retrouve pas l'influence de 1986-1988, le président ne parvient pas à définir clairement sa fonction : il n'est plus le leader incontesté de 1981-1986, faute de projet et de maîtrise du PS. Seule demeure sa fonction internationale, magnifiée par la guerre du Golfe et le volontarisme de sa politique européenne, mais, en

refusant d'engager sa responsabilité lors du référendum sur l'Union européenne de septembre 1992, François Mitterrand perd l'occasion de retrouver une légitimité forte.

La nouvelle victoire de la droite aux élections législatives de mars 1993 entraîne une nouvelle « cohabitation » mais celle-ci est très défavorable au président car la majorité parlementaire est renforcée par le scrutin majoritaire (rétabli en 1986). François Mitterrand, qui achève un mandat sans pouvoir user de la menace de se représenter, n'exerce plus que des fonctions constitutionnelles réduites aux acquêts tandis que le gouvernement et le Premier ministre, forts du soutien parlementaire, sont plus puissants que jamais sous la Ve République, imposant *de facto* la lecture de la Constitution imaginée par les parlementaristes en 1958. La seule faiblesse viendra une nouvelle fois du contexte électoral, l'action du Premier ministre/candidat étant contrariée par ses rivaux à l'élection présidentielle. 199 ■

L'élection de Jacques Chirac en avril 1995 rétablit la coïncidence des majorités, le président pouvant s'appuyer sur la majorité parlementaire issue des élections de 1993. Le gouvernement Juppé traduit ce retour à la prééminence présidentielle. 200 ■

Mais ce retour est de courte durée : le 21 avril 1997, un an avant l'échéance de la législature, Jacques Chirac prononce une dissolution destinée à éviter une campagne électorale jugée difficile en 1998. Contrairement à son calcul, la majorité présidentielle subit une nette défaite, conduisant à une troisième cohabitation en onze ans dans des conditions particulièrement délicates pour le président. Celui-ci a perdu les élections après une dissolution pour la première fois depuis 1958 et n'a pas cru devoir démissionner.

Ses pouvoirs ont été d'autant plus amoindris que la cohabitation aura duré cinq ans et permis au gouvernement Jospin d'exercer la plénitude des pouvoirs que lui octroie la Constitution sans véritable résistance du chef de l'État. La parlementarisation du régime a connu une nouvelle accélération.

§ 3 L'impact présidentialiste du quinquennat

Le retour à la coïncidence des majorités en 2002 au lendemain de la réélection de Jacques Chirac et de la victoire de ses partisans aux élections législatives qui ont suivi s'est accompagné du rétablissement d'une présidence forte, au détriment du rôle du Premier ministre. 201 ■

La réduction à cinq ans du mandat présidentiel, renforcée par le couplage de l'élection présidentielle et des élections législatives – la première conditionnant les résultats des secondes dans un marathon électoral à quatre tours –, si elle réduit fortement les risques de cohabitation, pose la question d'un nouvel équilibre entre les pouvoirs et notamment entre le président et le Premier ministre.

L'élection de Nicolas Sarkozy le 6 mai 2007 suivie de la victoire de la majorité présidentielle aux législatives de juin a concrétisé cette tendance. La forte inflexion présidentialiste donnée au régime a pris la forme d'une subordination accrue du gouvernement au président, qui accentue son rôle de leader d'une majorité, à mi-chemin du président américain et du Premier ministre britannique. La révision de la Constitution de juillet 2008, proposée par Nicolas Sarkozy et préparée par la commission présidée par Édouard Balladur, a entériné indirectement cette évolution en renforçant les pouvoirs du Parlement au détriment de ceux du Premier ministre et en consacrant le face-à-face du chef de l'État et de sa majorité parlementaire dans une présidence de législature.

La victoire du candidat socialiste François Hollande à l'élection présidentielle de 2012 (et de son parti aux élections législatives qui ont suivi) n'a pas remis en cause ce nouvel agencement de l'exécutif. Malgré sa volonté de revenir à une présidence « normale », le nouveau président a consacré la subordination du Premier ministre et la faible autonomie du gouvernement. L'élection d'Emmanuel Macron, en 2017, a confirmé cette suprématie grâce à l'hégémonie du nouveau parti présidentiel (La République en marche) qui a conquis une large majorité à l'Assemblée nationale au lendemain de l'élection présidentielle et permis la maîtrise totale du président sur le gouvernement.

Si Emmanuel Macron a été facilement réélu en 2022, le fait qu'il n'ait pas obtenu de majorité absolue à l'Assemblée nationale, les députés macronistes (LREM devenu Renaissance) n'ayant qu'une majorité très relative, a fait renouer le régime avec la situation expérimentée en 1958-1962 et en 1988-1993. Aucune majorité alternative ne pouvant conduire à une cohabitation, le président est contraint de gouverner en utilisant toutes les ressources du parlementarisme rationalisé.

Compléments pédagogiques

Mémo

La *Constitution de 1958* a été élaborée dans des conditions particulières : loi constitutionnelle votée par le parlement sous forme d'une révision transférant le pouvoir constituant au gouvernement mais fixant le cadre démocratique du régime, rédaction par le gouvernement de Gaulle à partir des théories du général et de Michel Debré, ratification par référendum. Elle *crée un régime de type parlementaire à pouvoir présidentiel renforcé* qui a évolué d'abord du fait des nombreuses révisions – dont la fréquence s'accélère – adoptées en plus de 50 ans (et notamment l'élection populaire du chef de l'État) mais aussi de la personnalité des acteurs comme des rapports de force politiques. Plusieurs phases successives de la pratique de la Constitution sont observables. La Ve République passe d'un *régime à prépondérance présidentielle légitimée par l'appel du peuple (1958-1969)* à un *régime à prépondérance présidentielle du fait du leadership du président sur son parti et sur la majorité parlementaire (1969-1986)* et à un *régime parlementaire plus traditionnel du fait des cohabitations successives (1986-2002), avec une* non-coïncidence des majorités présidentielle et parlementaire ôtant au président l'essentiel de ses pouvoirs, avant que l'introduction du *quinquennat présidentiel* ne concrétise le retour au *leadership du chef de l'État depuis 2002.*

Quid

■ Alternance n° 165

Remplacement, dans un système politique pluraliste de type bipolaire (à scrutin majoritaire ou proportionnel) d'une majorité par une autre à la tête du gouvernement à la suite d'élections législatives.

■ Cohabitation n° 197

Situation politique et institutionnelle résultant de la perte par le président de la République de la majorité de l'Assemblée nationale à la suite d'élections législatives et conduisant à un fonctionnement parlementaire classique des institutions (elle s'est produite en 1986-1988, 1993-95 et 1997-2002).

■ Congrès n° 175

Réunion conjointe des deux assemblées du parlement à Versailles, convoqué sur décision du président de la République, pour adopter à la majorité qualifiée (3/5e) un projet de révision constitutionnelle après qu'il ait été approuvé par les deux Chambres.

■ Majorité présidentielle n° 195

Ensemble des forces politiques soutenant le président de la République (le plus souvent celles qui l'ont soutenu au second tour de l'élection présidentielle) et se réclamant de lui lors des élections, notamment législatives.

■ Pouvoir d'État n°s 173, 194

Expression utilisée aux débuts de la Cinquième République (notamment par Georges Burdeau) pour définir les fonctions du chef de l'État sous la Ve République telles qu'elles sont énumérées à l'article 5 de la Constitution, par opposition aux fonctions liées au régime parlementaire traditionnel.

Documents

Michel Debré, Discours devant le Conseil d'État du 27 août 1958 (extraits)

« Réforme du régime parlementaire, effort pour construire une Communauté, enfin, et pour l'un et pour l'autre, définition des nouvelles fonctions du président de la République et désignation précise de son corps électoral, ai-je besoin de vous dire en terminant que cette tâche a été entreprise dans le respect des principes fixés d'un commun accord entre le gouvernement du général de Gaulle et les Assemblées parlementaires, accord qui s'est manifesté par la loi du 3 juin dernier.

Seul le suffrage universel est la source du pouvoir

Qu'il s'agisse du législatif et de l'exécutif, cette règle a été respectée. Le collège électoral, le mode de scrutin pour l'élection du président de la République, ont été précisés dans la Constitution même. En ce qui concerne les Assemblées, nous sommes demeurés dans la tradition républicaine : la loi électorale de l'une et de l'autre est extérieure à la Constitution. Il est simplement entendu que les députés sont élus au suffrage universel direct, et que le Sénat assure la représentation des collectivités territoriales. Les règles fondamentales de la démocratie française sont donc maintenues.

Le pouvoir exécutif et le pouvoir législatif doivent être effectivement séparés

De bons esprits ont fait remarquer que la séparation des pouvoirs était un dogme caduc. S'il s'agit de nous apprendre qu'il n'y a pas séparation absolue des pouvoirs mais qu'en fait comme en droit le pouvoir est « un », je n'ai pas attendu ces bons esprits pour le savoir et l'ai même écrit avant eux. Mais ce que ces bons esprits ne disent pas, c'est que faute de séparation dans la nomination et l'organisation des différentes fonctions suivies d'un partage dans les tâches, le régime vire à la dictature : tout caduc qu'est le dogme de la séparation des pouvoirs, il faut cependant que les fonctions essentielles du pouvoir soient divisées, si l'on veut éviter l'arbitraire et tenter d'associer à la fois autorité et liberté. Le texte qui vous est présenté établit, pour la première fois dans notre histoire constitutionnelle d'une manière aussi nette, la séparation des autorités à l'origine de leur pouvoir et leur collaboration pour réaliser l'unité de pensée et d'action.

Le gouvernement doit être responsable devant le parlement

Ce principe est la ligne directrice du régime parlementaire que le projet a l'ambition d'instituer. Ce principe ne signifie pas que la responsabilité doit être égale devant les deux Chambres. Le parlement de la République comprend, comme il se doit, selon notre tradition, une Assemblée

nationale et un Sénat, mais cette seconde Chambre (qui reprend son nom ancien) ne doit pas sortir du rôle éminent qui est le sien, rôle législatif, rôle budgétaire : les attributions politiques sont le fait de l'Assemblée nationale, et ce n'est qu'à titre exceptionnel que le Sénat peut, à la demande du gouvernement sortir de son rôle normal. La responsabilité du gouvernement ne signifie pas davantage qu'elle soit mise en cause d'une manière quotidienne et illimitée : sur ce point les meilleurs raisonnements ne valent rien et c'est l'expérience qui l'emporte. La responsabilité du gouvernement est établie selon des procédures qui doivent éviter le risque d'instabilité.
L'autorité judiciaire doit demeurer indépendante
Un titre spécial affirme l'indépendance de la justice, maintient l'inamovibilité des magistrats du siège, reconstitue un Conseil supérieur de la magistrature et fait du président de la République le garant des qualités éminentes du pouvoir judiciaire. Des lois organiques vous seront prochainement soumises qui appliqueront, d'une manière plus claire et plus nette qu'il ne fût jamais, ces principes nécessaires à l'équilibre du pouvoir démocratique. »

Charles de Gaulle, Discours du 4 septembre 1958 (extraits)

« C'est donc pour le peuple que nous sommes, au siècle et dans le monde où nous sommes, qu'a été établi le projet de Constitution. Que le pays puisse être effectivement dirigé par ceux qu'il mandate et leur accorde la confiance qui anime la légitimité. Qu'il existe, au-dessus des luttes politiques, un arbitre national, élu par les citoyens qui détiennent un mandat public, chargé d'assurer le fonctionnement régulier des institutions, ayant le droit de recourir au jugement du peuple souverain, répondant, en cas d'extrême péril, de l'indépendance, de l'honneur, de l'intégrité de la France et du salut de la République. Qu'il existe un gouvernement qui soit fait pour gouverner, à qui on en laisse le temps et la possibilité, qui ne se détourne pas vers autre chose que sa tâche, et qui, par là, mérite l'adhésion du pays. Qu'il existe un parlement destiné à représenter la volonté politique de la Nation, à voter des lois, à contrôler l'exécutif, sans prétendre sortir de son rôle. Que gouvernement et parlement collaborent mais demeurent séparés quant à leurs responsabilités et qu'aucun membre de l'un ne puisse, en même temps, être membre de l'autre. Telle est la structure équilibrée que doit revêtir le pouvoir. Le reste dépendra des hommes.
Qu'un conseil économique et social, désigné en dehors de la politique par les organisations professionnelles et syndicales du pays et de l'outre-mer, fournisse ses avis au parlement et au gouvernement. Qu'un comité constitutionnel, dégagé de toute attache, ait qualité pour apprécier si les lois votées sont conformes à la Constitution et si les élections diverses ont eu lieu régulièrement. Que l'autorité judiciaire soit assurée de son indépendance et demeure la gardienne de la liberté de chacun. La compétence, la dignité, l'impartialité de l'État en seront mieux garanties. »

Biblio

1) Les textes

- P. Avril, G. Conac, *La Constitution de la République française*, Textes et révisions, Paris, Montchrestien, 1999.
- Comité de réflexion sur le préambule de la Constitution, *Rapport au président de la République*, La Documentation Française, 2008.

- *Documents pour servir à l'histoire de l'élaboration de la Constitution du 4 octobre 1958*, La Documentation française, Trois tomes parus (1987, 1988, 1991).
- M. Lascombe, X. Vandendriessche, Ch. de Gaudemont, *Code constitutionnel*, Dalloz, 2019.
- D. Maus, *Textes et documents sur la pratique institutionnelle de la Ve République*, Paris, La Documentation française, 1998.
- Th. Renoux, M. de Villiers, X. Magnon, *Code constitutionnel*, Litec, 2019.

2) Les références

- P. Avril, *La Ve République, histoire politique et constitutionnelle*, 2e éd., Paris, PUF, 1994.
- Ph. Blachèr (dir.), *La Constitution de la Ve République, 60 ans d'application (1958-2018)*, LGDJ, 2018.
- G. Carcassonne, M. Guillaume, *La Constitution*, 15e éd., Paris, Le Seuil, 2019.
- J.-J. Chevallier, G. Carcassonne, O. Duhamel, *La Ve République*, 1958-2017, 16e éd., A. Colin, 2017.
- O. Duhamel, J.-L. Parodi, *La Constitution de la Ve République*, Paris, Presses de la FNSP, 1988.
- H. Portelli, *La Ve République*, Paris, Hachette, Le Livre de poche, 1994.
- *Droits* 2006, n° 44, *La Ve République : des institutions libérales ?*, PUF, 2007.
- *Pouvoirs*, n° 126, *La Ve République*, Le Seuil, 2008.
- *Pouvoirs*, n° 166, *La Ve République. Nouveaux regards*, Le Seuil, 2018.
- *Revue du Droit public*, n° 5-6, « Les 40 ans de la Ve République », LGDJ, 1998.
- Ph. Raynaud, *L'esprit de la Ve République. L'histoire, le régime, le système*, Perrin, 2017.

Quiz

1) Sujets corrigés

A) Test de connaissances

1. Combien de révisions de la Constitution ont été tentées entre 1958 et 2011 et combien ont abouti ?

2. Quelles tentatives de révision ont utilisé une autre procédure que l'article 89 ?

3. Combien de « cohabitations » se sont produites depuis 1958 ?

Voir le corrigé en fin de rubrique.

B) Dissertations

Énoncé n° 1

La révision constitutionnelle sous la Ve République.

Voir le corrigé en fin de rubrique.

Énoncé n° 2

La cohabitation.

Voir le corrigé en fin de rubrique.

2) Corrigés

Test de connaissances

1. 33 révisions ont été tentées et 24 ont abouti sous la Ve République.

2. Celle de 1960 (communauté), celle de 1962 (élection du président de la République) et celle de 1969 (réforme du Sénat et des régions).

3. Il y a eu 3 cohabitations : en 1986-1988, 1993-1995 et 1997-2002.

Dissertation n° 1

Introduction : La Constitution de 1958, Constitution « rigide ». Le droit de *veto* sénatorial et les controverses sur la lecture de la Constitution (parlementaire ou « présidentielle »). 24 révisions réussies, celles qui ont échoué.

I. La banalisation de la révision

A. Les sujets de la révision : droits fondamentaux, Europe, magistrature, pouvoirs publics constitutionnels

B. La révision technique permanente

II. Les limites de la révision

A. Les dispositions *supra*-constitutionnelles sur les droits fondamentaux non susceptibles de révision : l'œuvre du juge (rapport du comité Veil)

B. Les dispositions politiques ne passent pas par la révision mais par la pratique : cohabitation, engagement de responsabilité présidentielle

Dissertation n° 2

Introduction : Au cœur du débat : la responsabilité politique du président (les réponses de de Gaulle et de ses successeurs) et la durée du mandat (la révision de 2000 comme réponse à la cohabitation).

I. La cohabitation comme partage des pouvoirs au sein de l'exécutif (les différents cas de figure selon les rapports de force et le calendrier électoral)

A. Cohabitation courte (1986-88 et 1993-95)

B. Cohabitation longue (1997-2002)

II. La cohabitation et les deux faces de la fonction présidentielle

A. Chef de la majorité lorsqu'il dispose d'une majorité parlementaire

B. Chef de l'opposition lorsque la majorité parlementaire lui est hostile

chapitre 9

Le territoire de la Constitution

Plan analytique

section 1

Les effets de l'intégration européenne

§ 1 La suprématie formelle de la Constitution

§ 2 La suprématie matérielle du droit de l'Union européenne

section 2

La Constitution et les collectivités territoriales

§ 1 Les dispositions générales

A. La jurisprudence constitutionnelle

B. Le nouveau régime juridique

§ 2 Les dispositions spécifiques à l'outre-mer

A. Les dispositions initiales

B. Le régime actuel

Compléments pédagogiques

Le territoire de la Constitution

Depuis 1958, l'un des bouleversements les plus importants subis par les institutions de la Cinquième République est le redimensionnement du rôle de l'État. Dans le domaine constitutionnel, cela s'est traduit par une érosion progressive de la souveraineté, sur le plan international, au profit notamment des institutions de l'Union européenne, ainsi que, dans l'ordre interne, par une redistribution des compétences entre l'État et les *collectivités territoriales*[Q] (régions, départements, communes). La Constitution de 1958 a été révisée à plusieurs reprises pour tenir compte de cette évolution. 202

section 1

Les effets de l'intégration européenne

L'accélération depuis les années 1980 de la construction européenne et des transferts de compétence à l'Union européenne soulève des problèmes de nature radicalement nouvelle. Ceux-ci concernent non seulement les rapports entre les pouvoirs publics nationaux mais aussi la nature de la souveraineté et le poids réel de la Constitution. 203

Les traités successifs qui ont accompagné le développement de l'Union européenne (Traités de Paris, 1950 ; Rome, 1957 ; Acte Unique, 1987 ; Maastricht, 1992 ; Amsterdam, 1997 ; Nice, 2000 ; Lisbonne, 2009) ont transféré une part croissante de compétences nationales aux institutions européennes. C'est aujourd'hui une grande partie du domaine législatif traditionnel qui est transférée, ainsi que des attributs traditionnels de la souveraineté comme la monnaie. Ces transferts de compétence ont été opérés sur la base du préambule de la Constitution de 1946 (et notamment de son alinéa 15 : « Sous réserve de réciprocité, la France consent aux limitations de souveraineté nécessaires à l'organisation et à la défense de la paix ») rédigé et adopté avant le début de la construction européenne et ne pouvant donc y faire allusion. Les traités européens initiaux (conclus avant 1958) n'ont fait l'objet d'aucun contrôle de constitutionnalité, celui-ci n'existant pas alors. Les traités conclus après l'entrée en vigueur de la Constitution n'ont pas fait davantage l'objet d'un contrôle de constitutionalité. Il a fallu attendre 1976 (élection de l'Assemblée européenne au suffrage universel direct, décis. des 29-30 déc. 1976) et surtout 1992 (triple décis. sur le traité de Maastricht) pour que le Conseil constitutionnel soit saisi. Ce n'est qu'alors que l'on s'est interrogé sur la constitutionnalité des traités et du droit dérivé des traités qui s'est développé dans le domaine jusqu'alors réservé à la loi, mais aussi sur la nature des institutions européennes et sur la place de la Constitution française dans ce dispositif juridique inédit. Les réponses qui ont été données par le juge constitutionnel français et par celui de l'Union européenne ont divergé même si cette divergence n'a guère eu de conséquence pratique.

§ 1 La suprématie formelle de la Constitution

204 Depuis 1976, le juge constitutionnel français définit l'Union européenne comme une organisation internationale et la rédaction du Titre XV de la Constitution, qui concerne l'Union européenne, conforte cette définitionv. ss 14. Le titre définit restrictivement l'Union européenne dans son article 88-1 comme « une Union d'États qui ont choisi librement d'exercer en commun certaines de leurs compétences » – situant implicitement l'Union européenne dans la catégorie des confédérations. Le juge constitutionnel français considère que l'Union européenne constitue une « organisation européenne permanente, dotée de la personnalité juridique et investie de pouvoirs de décision par l'effet de transferts de compétence consentis par les États membres » et dotée d'un « ordre juridique propre intégré à l'ordre juridique interne et distinct de l'ordre juridique international » (Décis. du 19 nov. 2004). De même, le fait que le Parlement européen participe à l'élaboration des normes européennes n'en fait pas pour autant « une assemblée souveraine dotée d'une compétence générale et ayant vocation à concourir à l'exercice de la souveraineté nationale ». Enfin, l'intégration de l'ordre juridique de l'Union européenne dans l'ordre juridique français ne fait pas appartenir pour autant les institutions de l'Union à l'ordre institutionnel de la République française (Cons. const. 9 avr. 1992, n° 92-308, *Maastricht I*).

Cette définition restrictive a des conséquences sur la hiérarchie des normes.

205 Conformément aux principes du droit international public reconnus par la Constitution et le juge constitutionnel, les traités s'insèrent dans le droit français selon deux principes. D'une part, les traités régulièrement conclus s'imposent, sous réserve de réciprocité, aux autorités de l'État (principe « *pacta sunt servanda* » reconnu par le Conseil constitutionnel dans sa décis. du 9 avr. 1992, n° 92-308, *Maastricht I*). D'autre part, les traités et les normes internationales (et donc le droit de l'Union européenne : traités et actes dérivés) ont une autorité supérieure à la loi, même postérieure. Qu'en est-il des rapports entre les droits international et européen et la Constitution ?

La Constitution, au sommet de la hiérarchie des normes en droit interne, est supérieure au traité. Le Conseil d'État l'a rappelé à plusieurs reprises et de façon explicite dans l'arrêt *Sarran* du 30 octobre 1998 : « la suprématie conférée par l'article 55 de la Constitution aux engagements internationaux ne s'applique pas, dans l'ordre interne, aux dispositions de nature constitutionnelle ». La Cour de cassation a fait de même (arrêt *Fraysse*, 2 juin 2000), tout comme le Conseil constitutionnel qui a rappelé, dans sa décision sur le traité portant Constitution de l'Europe (Cons. const. 19 nov. 2004, n° 2004-505, *Traité établissant une Constitution pour l'Europe*), que la Constitution française est « placée au sommet de l'ordre juridique interne ».

La Constitution prévoit d'ailleurs un contrôle de contrariété des traités (art. 54 Const. renforcé par la révision de 1995 qui a introduit la saisine parlementaire). En cas d'inconstitutionnalité totale ou partielle, il est nécessaire de réviser la Constitution (ce qui fut fait pour les traités de Maastricht, Amsterdam, Schengen et Lisbonne) pour la rendre compatible avec le traité, ou de renoncer à l'introduire dans l'ordre interne (ce qui fut fait pour la Charte européenne des langues régionales et minoritaires). Dans sa jurisprudence, le Conseil constitutionnel considère que l'inconstitutionnalité d'un traité est due à la présence de clauses qui portent atteinte aux

« conditions essentielles d'exercice de la souveraineté nationale » (Cons. const. 9 avr. 1992, n° 92-308, *Maastricht I*). Cette atteinte provient soit de la nature du transfert de compétence lorsqu'il s'agit d'une compétence régalienne de l'État comme la monnaie ou le contrôle des flux migratoires, soit de l'ampleur du transfert de compétence, lorsque l'État abandonne l'intégralité d'une compétence par exemple, soit des modalités d'exercice de la compétence transférée (par ex. si, du fait de la majorité qualifiée, la France risque de se retrouver dans la minorité et de se voir imposer une décision).

La suprématie de la Constitution s'est traduite jusqu'en 2008 par le refus de tout transfert global de compétences qui vaudrait également pour les traités futurs (comme la Constitution italienne) mais par des transferts au coup par coup comme le montrent les modifications successives de l'article 88 de la Constitution (constituant le titre XV – De l'Union européenne –), à l'adoption de chaque nouveau traité européen.

La révision de février 2008 destinée à intégrer le traité de Lisbonne a supprimé la liste des compétences transférées (ne demeure que le mandat d'arrêt européen) ce qui introduit plus de souplesse dans la gestion des transferts de compétence.

§ 2 La suprématie matérielle du droit de l'Union européenne

La suprématie formelle de la Constitution n'empêche pas cependant la suprématie 206 ■
matérielle du droit de l'Union. Cela résulte de l'applicabilité directe des traités européens et du *droit dérivé*[Q] des traités dans un nombre croissant de domaines (que la Cour de justice de l'Union européenne (CJUE) a élargi par une jurisprudence prétorienne et d'inspiration fédéraliste) qui échappent au législateur français. Le droit dérivé s'impose au législateur et au juge nationaux sous le contrôle de la Cour de justice de l'Union européenne, qui considère même que les atteintes éventuelles portées à la Constitution d'un État membre n'affectent pas la validité des actes de l'Union et leur applicabilité directe (CJUE 17 déc. 1970, *Internationale Handelsgesellschaft*). De même, la CJUE impose que la primauté du droit de l'Union européenne soit toujours garantie, y compris dans le cas où une procédure juridictionnelle interne (comme le contrôle de constitutionnalité) confirmerait une disposition législative nationale contraire au droit de l'UE. Dans ce cas, le juge européen ou le juge national compétent pour appliquer le droit de l'Union doit rester libre de laisser inappliquée cette disposition (CJUE 22 juin 2010, *Melki et Abdeli*).

Face à cette jurisprudence, le juge constitutionnel s'est longtemps refusé à contrôler la constitutionnalité du droit européen dérivé (Cons. const. 30 déc. 1977, n° 77-89 DC). Mais dans une série de décisions rendues en 2004 (Cons. const. 10 juin 2004, *Économie numérique* ; 1er juill. 2004, *Communication électronique* ; 29 juill. 2004, *Bioéthique* ; 29 juill. 2004, *Protection à l'égard des traitements de données*) et plus récemment (Cons. const. 12 mai 2010, n° 2010-605, *Jeux de hasard*), le Conseil constitutionnel a considéré que la transposition ou l'application du droit européen dérivé l'emportent sur les règles constitutionnelles du fait même des dispositions constitutionnelles françaises. L'article 88-1 Const., qui déclare que la République française participe à l'Union européenne, donne à cette participation valeur constitutionnelle. L'ordre juridique de l'Union européenne est désormais intégré à l'ordre constitutionnel français et fait de la transposition des directives dans le droit interne une obligation constitutionnelle. Toutefois, il pourrait être fait obstacle à cette primauté « en raison d'une disposition expresse contraire de la Constitution » et qui lui soit propre. Cette « réserve de constitutionnalité » laisse le champ libre au juge constitutionnel pour apprécier l'importance de cette spécificité constitutionnelle. C'est ainsi que le Conseil s'abstient de contrôler si le principe général visé dans la saisine est commun au bloc de constitutionnalité français et aux principes généraux du droit communautaire « tels qu'ils sont garantis par la Convention européenne des droits de l'homme et tels qu'ils résultent des traditions constitutionnelles communes aux États membres » (art. 6 TUE). Par contre, il se reconnaît compétent pour examiner la constitutionnalité de la loi de transposition de la directive si celle-ci « va à l'encontre d'une règle ou d'un principe inhérent à l'identité constitutionnelle de la France sauf à ce que le constituant y ait consenti » (Cons. const. 27 juill. 2006, n° 2006-540, *Loi relative au droit d'auteur*).

La constitutionnalisation de l'obligation de transposition permet même au Conseil constitutionnel de vérifier si la loi de transposition est conforme à la directive. Le Conseil, qui, du fait des délais limités qui lui sont impartis pour rendre sa décision (un mois), n'a pas le temps matériel de saisir la CJUE par une question préjudicielle, se substitue à elle pour censurer les « incompatibilités manifestes » entre la loi de transposition et la directive, comme il l'a fait dans sa décision du 30 novembre 2006 (Cons. const. 30 nov. 2006, n° 2006-543, *Loi relative au secteur de l'énergie*). Ce faisant, le Conseil limite la portée de sa jurisprudence antérieure (Cons. const. 15 janv. 1975, n° 74-54 DC, *Interruption volontaire de grossesse*) par laquelle il se refusait à examiner, dans le cadre du contrôle de constitutionnalité, la conformité d'une loi à un traité. Ce contrôle de la loi de transposition d'une directive ne s'opère que dans le cadre du contrôle *a priori* et le Conseil s'y refuse dans le cadre d'une question prioritaire de constitutionnalité *a posteriori* (Cons. const. 12 mai 2010, *Jeux de hasard*, préc.).

Le Conseil d'État, dans son arrêt du c, a repris cette jurisprudence en l'appliquant aux transpositions sous forme d'acte réglementaire : considérant que la directive dans l'affaire en l'espèce méconnaissait le principe d'égalité, mais que ce principe est commun au droit constitutionnel français et au droit communautaire, il a préféré saisir la CJUE sous forme de question préjudicielle – il est vrai qu'il n'est pas tenu par les mêmes délais que le Conseil constitutionnel – plutôt que de sanctionner lui-même le décret de transposition. Le Conseil d'État se réserve cependant, comme le Conseil constitutionnel, le droit d'interdire la transposition réglementaire d'une directive qui violerait un « principe inhérent à l'identité constitutionnelle de la France ».

Cette jurisprudence parallèle du Conseil constitutionnel et du Conseil d'État réduit en tout cas la suprématie de la Constitution française sur le droit de l'Union européenne aux acquêts des quelques principes (la laïcité, par ex.) qui constituent « l'exception constitutionnelle » de la République française.

L'articulation du droit constitutionnel français avec le droit de l'Union européenne a connu son ultime développement avec la décision n° 2013-314P QPC du 4 avril 2013 par laquelle le Conseil constitutionnel a saisi pour la première fois la Cour de justice de l'UE d'une question préjudicielle portant sur l'interprétation d'une décision-cadre du Conseil des ministres de l'Union européenne relative au mandat d'arrêt européen. L'intégration de l'ensemble du système juridictionnel français dans celui de l'Union européenne est donc achevée.

Le projet de traité établissant une Constitution pour l'Europe, qui proclamait dans son article I.6 la primauté du droit de l'Union européenne sur celui (y compris constitutionnel) des États, aurait mis en difficulté la construction subtile du Conseil constitutionnel, même si celui-ci dans sa décision du 19 novembre 2004 relative au traité a confirmé sa jurisprudence sur la « réserve de constitutionnalité » en donnant dudit traité une interprétation minimaliste. 207 ■

Le rejet du traité en France par le référendum du 29 mai 2005 et aux Pays-Bas a entraîné l'abandon du projet de Constitution européenne et son remplacement par un traité simplifié, le traité de Lisbonne, entré en vigueur le 1er décembre 2009, amendant les traités antérieurs. Ce traité reprend une grande partie de la « constitution » expurgée de toute référence explicitement fédéraliste et reconnaît même, pour la première fois, le droit de sécession des États membres, dont le Royaume-Uni a fait usage par référendum en 2016 (Traité Lisbonne, art. 50 : « Tout État membre peut décider conformément à ses règles constitutionnelles de se retirer de l'Union »).

L'ambivalence de l'Union européenne demeure. Dans un avis 2/13 du 18 décembre 2014, la CJUE l'a reconnu en rappelant que si « les traités fondateurs de l'Union ont, à la différence des traités internationaux ordinaires, instauré un nouvel ordre juridique, doté d'institutions propres, au profit duquel les États qui en sont membres ont limité, dans des domaines de plus en plus étendus, leurs droits souverains et dont les sujets sont non seulement ces États mais également leurs ressortissants » (§157), pour autant, l'UE « ne peut pas, en raison de sa nature même, être considérée comme un État » (§156).

section 2

La Constitution et les collectivités territoriales

Il a fallu attendre la Constitution du 27 octobre 1946 pour qu'un texte constitutionnel aborde en France le statut des collectivités territoriales. Le principe traditionnel d'unité et d'indivisibilité de la République, qui se traduit par l'uniformité de son organisation territoriale, est affirmé dans l'article 1er de la Constitution de la Quatrième République. Le titre X fixait les deux principes essentiels du droit constitutionnel local – la libre administration des collectivités (Const., art. 87) et le contrôle administratif exercé par le délégué du gouvernement, c'est-à-dire le *préfet*Q (Const., art. 88) – et énonçait un programme de réformes destiné à étendre les libertés locales par voie de loi organique (Const., art. 89) qui ne fut jamais mis en œuvre. 208 ■

La Constitution de 1958 a repris les dispositions de 1946 (not. Const., art. 72) relatives aux collectivités territoriales de métropole en ne les adaptant que de façon marginale. Le vrai enjeu en 1958 n'était pas l'avenir des collectivités métropolitaines mais celui des collectivités d'outre-mer du fait de la décolonisation programmée (Afrique subsaharienne) ou subie (Algérie). Le débat portait sur le choix entre un système plus ou moins fédéral et l'indépendance immédiate ou progressive. La

Constitution a donc été révisée à plusieurs reprises pour faciliter l'accession à l'indépendance des États africains, puis pour aménager le statut des territoires et départements d'outre-mer.

Par contre, le statut des collectivités territoriales de métropole n'a évolué que sous la forme législative : la décentralisation, c'est-à-dire la suppression de la tutelle *a priori* de l'État au profit d'un contrôle à caractère davantage juridictionnel, a pris la forme d'une série de lois dont le cadre constitutionnel n'a été établi que par la révision du 17 mars 2003.

§ 1 Les dispositions générales

209 Il a fallu attendre que le mouvement législatif relatif à la décentralisation se développe pour que la Constitution évolue, non par une modification des textes, mais sous l'effet d'un contrôle de constitutionnalité des lois qui donnait vie aux principes constitutionnels en les interprétant. Ce mouvement législatif, après l'échec du projet de régionalisation du général de Gaulle (référendum rejeté du 27 avr. 1969), prend la forme des lois de décentralisation des années 1980.

Les « lois Defferre » du 2 mars 1982 et du 7 janvier 1983 ont construit une nouvelle architecture administrative et politique entre État et collectivités territoriales. Cette première étape de la décentralisation s'opère avec la création des régions, le transfert de compétences nombreuses à tous les niveaux de collectivités territoriales (communes, département, région), la limitation des pouvoirs du représentant du gouvernement (le préfet ne présidant plus l'assemblée départementale et n'exerçant plus un contrôle *a priori* des décisions des organes des collectivités), la suppression sans la remplacer par une autre de la tutelle de l'État – tout en renforçant le contrôle juridictionnel de légalité et le contrôle de gestion. La poursuite de la décentralisation se fait par la loi du 6 février 1992 (L. sur l'administration territoriale de la République développant l'intercommunalité) et celle du 12 juillet 1999 (L. « Chevènement » amplifiant l'*intercommunalité*[Q]), auxquelles il faut ajouter les lois successives portant statut de la Corse (L. du 13 mai 1991 et 22 janv. 2002). Ces étapes de la décentralisation ont aussi donné lieu à une jurisprudence constitutionnelle abondante qui, tout en validant l'essentiel des dispositifs législatifs, en a délimité le cadre. La révision du 17 mars 2003 a pour une large part codifié cette jurisprudence tout en en gommant les ambiguïtés.

A. La jurisprudence constitutionnelle

210 Le droit constitutionnel jurisprudentiel a notamment donné, au fur et à mesure de l'examen de la constitutionnalité des lois qui étaient soumises au Conseil, une interprétation des deux principes fondamentaux dont dépend le régime des collectivités territoriales : le principe « d'unité de la République » et celui de « *libre administration*[Q] ».

1. *Le principe d'unité de la République*

211 Le principe d'unité de la République est entendu dans la jurisprudence constitutionnelle de plusieurs façons.

Il comprend d'abord l'unicité du peuple français, ce qui exclut toute reconnaissance de subdivisions nationalitaires (nationalistes ?) de type espagnol (telles qu'un

« peuple corse » : Cons. const. 9 mai 1991, n° 91-290 *sur la Corse*) ou de minorités linguistiques dotées d'un statut spécial (Cons. const. 15 juin 1999, n° 99-412, *Charte européenne des langues régionales et minoritaires*) autre que « les pratiques déjà mises en œuvre par la France en faveur des langues régionales » (*ibid.*).

Il comprend également l'unité du pouvoir normatif de l'État à l'élaboration duquel les collectivités territoriales participent indirectement à travers le Sénat.

Les collectivités territoriales de métropole ne détiennent ni pouvoir législatif (monopole du parlement), ni même un pouvoir réglementaire autonome. Le pouvoir réglementaire des collectivités territoriales s'exerce dans les conditions fixées par la loi puisque c'est elle qui met en œuvre le principe de libre administration (Const., art. 34). Il entre alors en concurrence avec le pouvoir réglementaire de droit commun du Premier ministre.

Le Conseil constitutionnel a cependant délimité un domaine minimum protégé pour ce pouvoir réglementaire, ne serait-ce que pour permettre aux collectivités de s'administrer convenablement. Dans sa décision n° 2001-454 du 17 janvier 2002 relative à la loi modifiant le statut de la Corse, tout en rappelant le respect du pouvoir réglementaire du Premier ministre et *sa priorité*, le Conseil a même admis que le législateur confie à une catégorie de collectivités territoriales « le soin de définir dans la limite des compétences qui lui sont dévolues, certaines modalités d'application d'une loi », en l'occurrence des « règles adaptées aux spécificités de la Corse » (L. du 22 janv. 2002, art. 1er II). Le Conseil constitutionnel a ainsi ouvert la voie à une différenciation du pouvoir réglementaire des collectivités.

Ce pouvoir réglementaire implique l'existence d'un contrôle de légalité des actes des collectivités territoriales par le représentant de l'État. Ce contrôle se limite en principe au déféré préfectoral devant le juge administratif, dans le but de vérifier le respect des lois, la sauvegarde des intérêts nationaux et l'application des engagements internationaux.

Le principe d'unité de la République comprend, enfin, le respect des droits fondamentaux. Dans sa décision du 18 janvier 1985, le Conseil constitutionnel a estimé que « les conditions essentielles d'application d'une loi organisant l'exercice d'une liberté publique ne sauraient dépendre des décisions des collectivités territoriales » (il s'agissait en l'occurrence de la liberté de l'enseignement). La décision du 17 janvier 2002 relative à la Corse a confirmé cette jurisprudence en affirmant que « l'exercice d'une liberté individuelle ou d'un droit fondamental » ne peut être mis en cause par le pouvoir réglementaire des collectivités territoriales. Cette supériorité des libertés individuelles, combinée avec le principe d'égalité, s'est avérée la principale limite jurisprudentielle au principe de libre administration.

En revanche, le principe d'uniformité des structures territoriales a été considérablement assoupli. Longtemps, le juge constitutionnel a interprété la nécessité d'une identité de statut de manière extensive, l'étendant même aux départements d'outre-mer (Cons. const. 2 déc. 1982, n° 82-147). Mais ce cadre a été progressivement aménagé : d'abord en acceptant que le législateur puisse créer de nouvelles catégories de collectivité ne comprenant qu'une seule unité (Cons. const. 25 févr. 1982, n° 82-137), puis que cette collectivité ait un statut spécial (Décis. préc. de 1991 sur la Corse, confirmée par Cons. const. 17 janv. 2002, n° 2001-454, *Loi relative à la Corse*). Le juge constitutionnel n'exige plus que deux conditions : le respect du principe de libre administration des collectivités territoriales – tel qu'il l'entend, c'est-à-dire incluant celui de libre administration des autres collectivités territoriales – et le respect des prérogatives de l'État.

2. *Le principe de libre administration*

212 En fin de compte, le principe de libre administration, affirmé à deux reprises par la Constitution (Const., art. 34, 72) est le pivot de la jurisprudence du Conseil constitutionnel. Sa valeur constitutionnelle a été affirmée dès 1979 (Cons. const. 23 mai 1979, n° 79-104, *Nouvelle-Calédonie*) et a été constamment confirmée par la suite, sous réserve de sa combinaison avec d'autres principes à valeur constitutionnelle et notamment celui d'égalité.

La libre administration implique plusieurs conditions. La mise en œuvre de ce principe est d'abord confiée au législateur : celui-ci détermine aussi bien la création que le statut et les compétences des collectivités. Ce pouvoir du législateur ne peut être transféré à un autre pouvoir, qu'il s'agisse du pouvoir réglementaire ou d'une convention, et le juge constitutionnel a sanctionné l'incompétence négative du législateur à ce propos. De même, le Conseil a confirmé la nature secondaire du pouvoir réglementaire que les collectivités exercent en application de la loi, le juge constitutionnel affirmant clairement que la mise en œuvre des lois relatives aux collectivités territoriales relève d'abord du pouvoir réglementaire national.

Sous ces réserves de taille, le principe de libre administration a un contenu positif. Tout d'abord, les conseils qui exercent la libre administration doivent être élus (Const., art. 72, al. 2) ce qui implique un contrôle du juge constitutionnel sur les conditions d'exercice du droit de vote (égalité du suffrage, délimitation des circonscriptions) et du mandat local (durée notamment).

Ensuite, les collectivités territoriales doivent avoir les moyens juridiques de leurs pouvoirs. C'est, d'abord, le cas de leur pouvoir réglementaire qui, même subordonné à celui du Premier ministre, est protégé et peut être étendu par la loi sous la forme de règles adaptées aux spécificités de la collectivité (Cons. const. 22 janv. 2002 sur la Corse, préc).

La libre administration comprend, enfin, l'autonomie financière des collectivités ; notion qui n'avait jusqu'à la révision du 17 mars 2003 aucun fondement constitutionnel. Celle-ci concerne aussi bien les dépenses que les ressources. Le juge constitutionnel a laissé le plus souvent le législateur restreindre cette autonomie ; il est toutefois intervenu pour que ces limitations n'aboutissent pas à annihiler la libre administration, qu'il s'agisse de la participation aux dépenses obligatoires ou de la suppression de ressources fiscales.

La libre administration implique le respect de ce principe à chaque niveau de collectivité. Il se traduit par le refus de toute tutelle d'une collectivité territoriale sur une autre (conformément à la L. du 7 janv. 1983, art. 2) mais aussi « d'affecter de façon substantielle les attributions » d'une autre collectivité par des transferts de compétences qui la priveraient de tout pouvoir effectif.

La jurisprudence constitutionnelle a donc permis une relative évolution de la Constitution en interprétant extensivement une grande partie de ses dispositions. Mais elle ne pouvait aller à l'encontre de celles-ci en remettant en cause la hiérarchie des normes ou en permettant la suppression de collectivités dont l'existence est garantie par la Constitution (départements) au profit de collectivités dont l'existence est le résultat d'une simple loi (régions). Pour passer outre le *veto* du juge constitutionnel fondé sur le texte de la Constitution, le constituant a compris que la révision constitutionnelle était la seule voie possible. Ce fut le cas en 1998 pour la Nouvelle-Calédonie. Ce fut une nouvelle fois le cas pour la révision du 17 mars 2003.

B. Le nouveau régime juridique

Le titre XII révisé de la Constitution reconnaît en métropole un nombre accru de collectivités territoriales. Aux communes et départements s'ajoutent désormais la région, qui avait été créée en 1982 par une simple loi, et les collectivités à statut particulier (allusion à la Corse et à Paris – commune-département –). Le législateur peut toujours créer d'autres catégories de collectivités, le cas échéant aux lieu et place des collectivités constitutionnellement reconnues.

Il reconnaît par ailleurs de nouveaux principes fondamentaux.

– Le premier est l'affirmation du caractère décentralisé de l'organisation de l'État (Const., art. 1er).

– Le deuxième est la reconnaissance du principe de *subsidiarité*Q, conçu comme méthode d'élaboration de la décision administrative (les collectivités territoriales restant des institutions administratives). L'article 72 de la Constitution en donne une définition assez floue : « Les collectivités territoriales ont vocation à prendre les décisions pour l'ensemble des compétences qui peuvent le mieux être mises en œuvre à leur échelon ».

– Le troisième est le statut désormais constitutionnel du principe de libre administration que complète celui de la garantie de ressources (statut déjà reconnu par le Conseil constitutionnel).

La libre administration se traduit par la reconnaissance, pour l'exercice de leurs compétences, et dans les conditions prévues par la loi, du pouvoir réglementaire des collectivités.

Quant à la garantie de ressources, le constituant parlementaire (les parlementaires étant aussi des élus locaux) a veillé à préciser sa mise en œuvre. L'article 72-2 de la Constitution enracine l'autonomie financière des collectivités dans l'autonomie fiscale en donnant à ces collectivités la possibilité de recevoir tout ou partie des produits des impôts de toute nature (par des transferts d'impôts d'État ou par leurs propres impôts locaux) et également en laissant fixer l'assiette et le taux de ces impôts. L'article 72-2 de la Constitution précise que « les recettes fiscales et autres ressources propres (revenus du domaine notamment) constituent une part déterminante de l'ensemble des ressources », ce qui implique la création d'une nouvelle fiscalité locale et/ou le transfert d'impôts d'État. Parallèlement, l'article 72-2 de la Constitution prévoit que tout transfert de compétences entre l'État et les collectivités territoriales s'accompagne de ressources équivalentes à celles qui étaient consacrées à leur exercice. De même, toute création ou extension de compétences ayant pour conséquence d'augmenter les dépenses des collectivités territoriales est accompagnée de ressources déterminées par la loi. Cette disposition figurait déjà dans le Code général des collectivités territoriales (de nature législative) mais n'était pas respectée.

Enfin, l'autonomie fiscale est équilibrée par la reconnaissance du principe de *péréquation*Q destiné à « favoriser l'égalité » entre collectivités territoriales, grâce à un mécanisme de compensation des inégalités de ressources et de charges par transferts financiers.

– Le quatrième est l'introduction d'éléments de démocratie directe. Ceux-ci ont été limités par le constituant parlementaire (plus frileux que le projet gouvernemental) à un droit de pétition des citoyens auquel les assemblées délibérantes sont libres ou non de donner suite, et à la possibilité pour la collectivité de soumettre des projets de délibération ou d'acte relevant de sa compétence à la décision de ses électeurs par voie de référendums locaux. De même, le législateur peut prendre l'initiative de consulter les électeurs concernés sur un projet de création d'une collectivité à statut particulier (par ex., en fusionnant région et départements d'un même ressort territorial) ou sur la modification de son organisation ; il en va de même pour la modification des limites territoriales de collectivités. C'est ainsi que la consultation organisée en Corse le 6 juillet 2003 sur le projet de fusion de la collectivité de Corse et ses départements a abouti au rejet du projet (51 % de non). Il en a été de même en Alsace sur le même sujet (fusion région-département) : le référendum du 7 avril 2013, malgré la victoire du « oui » au niveau de la région (55 %), a échoué du fait de son rejet dans le Haut-Rhin (55 % de non).

– Le cinquième est la reconnaissance du droit à l'*expérimentation*. L'expérimentation consiste en « la dérogation à des dispositions législatives ou réglementaires qui régissent l'exercice de leurs compétences par des collectivités ou de leurs groupements » (c'est-à-dire des structures intercommunales notamment). Cette dérogation doit être autorisée, selon le cas, par la loi ou le règlement. Elle doit être prévue pour un objet et une durée limités et ne doit pas remettre en cause « les conditions essentielles d'exercice d'une liberté publique ou d'un droit constitutionnellement garanti », ainsi que le prévoyait déjà la jurisprudence du Conseil constitutionnel.

Le droit à l'expérimentation concerne également l'État, le nouvel article 37-1 de la Constitution prévoyant que la loi et le règlement peuvent comporter des dispositions à caractère expérimental.

– Le sixième est l'affirmation constitutionnelle (et non plus simplement législative) de l'interdiction de toute tutelle d'une collectivité sur une autre. Cette interdiction est assortie de la possibilité donnée au législateur, lorsqu'une compétence est partagée entre plusieurs collectivités, de désigner l'une d'entre elles ou l'un de leurs groupements (nouvelle allusion à l'intercommunalité) pour « organiser les modalités de leur action commune », périphrase prudente remplaçant la notion de « chef de file » prévue dans le projet gouvernemental.

Ces principes constitutionnels s'appliquent dans un cadre territorial extrêmement mouvant depuis 2010.

La réforme territoriale votée par la droite en 2010 a été abrogée en 2012 par la nouvelle majorité de gauche, à l'exception de son volet intercommunal, qui a même été renforcé. Toutes les communes (dont le nombre a diminué de plus d'un millier en zones rurales, le total étant de 34968 au 1er janvier 2019) sont désormais fédérées dans des intercommunalités (1001 communautés de communes en milieu rural, 223 communautés d'agglomération, 13 communautés urbaines, 21 métropoles en milieu urbain à la même date) et leurs représentants sont élus à l'occasion des élections municipales par un vote fléché des électeurs parmi les candidats figurant sur les listes municipales.

Quant aux départements, dont l'avenir est incertain, leurs conseils départementaux sont désormais élus au scrutin majoritaire paritaire (un binôme homme-femme par canton).

La fusion des régions a fait passer leur nombre de 22 à 12, à la suite de la loi du 16 août 2015 sur la nouvelle organisation territoriale de la République, dont l'article 30 a permis de réaliser la collectivité unique de Corse (refusée par référendum en 2003) à compter du 1er janvier 2018. La nouvelle carte régionale a également provoqué la création d'une nouvelle collectivité territoriale en janvier 2021 : la collectivité européenne d'Alsace, en raison des mécontentements suscités (en Alsace) par la région Grand Est qui regroupe les anciennes régions

Alsace, Lorraine et Champagne-Ardenne. La collectivité européenne d'Alsace résulte de la fusion des départements du Haut-Rhin et du Bas-Rhin (refusée par référendum en 2013).

§ 2 Les dispositions spécifiques à l'outre-mer

A. Les dispositions initiales

La Constitution de 1958 avait institué dans un Titre XII intitulé De la Communauté une entité regroupant la République française, État souverain, et les territoires d'outre-mer d'Afrique, États autonomes. Cette entité appelée Communauté, était présidée par le président de la République française, assisté d'un Sénat de la Communauté, au rôle consultatif et dont les membres français constituaient les deux tiers de l'effectif, et d'une Cour arbitrale. Cette Communauté, dirigée en fait par la France, n'a vécu que deux ans, les États autonomes accédant tous à l'indépendance par une procédure simplifiée (qui nécessita une révision de la Constitution) en 1960. La Communauté dite « rénovée » survécut sous une forme conventionnelle mais ses dispositions restèrent lettre morte. La suppression du Titre XII lors de la révision constitutionnelle de 1995 n'a fait qu'en tirer – tardivement – les conclusions. 214 ■

Au lendemain de l'accession à l'indépendance des États africains et malgache, ne demeurèrent sous le statut de territoires d'outre-mer que des territoires dispersés dont certains ont accédé depuis à l'indépendance (la côte française des Somalis et l'archipel des Comores).

Parallèlement, la Constitution de 1958, reprenant les dispositions de la Constitution de 1946, a consolidé le statut des départements d'outre-mer, collectivités assimilées à celles de métropole mais pouvant faire l'objet « d'adaptation » de leur régime législatif et de leur organisation administrative du fait de leur « situation particulière » (c'est-à-dire de leur éloignement géographique). Après l'indépendance de l'Algérie (en 1962) constituée de départements d'outre-mer, sont demeurés les départements américains (Guadeloupe, Martinique, Guyane) et la Réunion dans l'Océan indien.

B. Le régime actuel

Depuis 1958, les régimes juridiques des départements d'outre-mer et des territoires d'outre-mer se sont fortement différenciés. Celui des DOM a évolué vers l'assimilation – identité législative – avec la métropole, sous la pression du Conseil constitutionnel qui a interprété les possibilités d'adaptation de façon restrictive, mais n'a pu empêcher le législateur de doubler les départements d'outre-mer par des régions d'outre-mer sur les mêmes territoires (les deux institutions disposant d'assemblées élues pour les DOM au scrutin majoritaire et pour les ROM à la proportionnelle), celui des TOM a implosé sous la multiplication des situations particulières. D'un côté, Saint-Pierre-et-Miquelon et Mayotte ont évolué vers le statut de département d'outre-mer, de l'autre, la Nouvelle-Calédonie a évolué depuis 1988 (accords de Matignon entre indépendantistes et « loyalistes ») vers un statut de territoire associé. 215 ■

- Le statut de la Nouvelle-Calédonie

À la suite de la révolte de 1988, qui avait été pacifiée grâce aux accords de Matignon entre indépendantistes et loyalistes et à l'accord de Nouméa signé à leur suite la révision constitutionnelle du 20 juillet 1998 avait entériné la nouvelle situation en instituant un Titre XIII de la Constitution.

Ce titre comprend des dispositions transitoires plaçant la Nouvelle-Calédonie dans un statut provisoire en attendant un référendum d'autodétermination ouvert aux seuls électeurs domiciliés sur le territoire depuis 1988 ou justifiant de vingt ans de résidence sur le territoire à la date de la consultation.

Cette atteinte au caractère universel du suffrage (destinée à favoriser les indépendantistes mais qui ne leur a pas permis de devenir majoritaires) n'aurait pas été admise par le Conseil constitutionnel si cette disposition avait été de nature législative, ce qui explique qu'elle ait emprunté la forme d'une révision constitutionnelle (évitant ainsi le contrôle de constitutionnalité, celui-ci s'étant néanmoins exercé sur la loi organique de mise en œuvre). Il en va de même des dispositions transférant des compétences importantes au territoire (ou plutôt à ses provinces) afin, là encore, de favoriser celles où les indépendantistes sont majoritaires, grâce notamment à la limitation du droit de suffrage pour les élections provinciales à la suite de la révision constitutionnelle de février 2007), y compris en matière pénale. L'octroi à l'assemblée du territoire, le Congrès (formé de délégués des assemblées provinciales), d'un pouvoir législatif propre participe également de ce mouvement, au travers de « lois de pays » intervenant dans des domaines qui relèvent selon l'article 34 de la Constitution du domaine législatif et soumises au contrôle de constitutionnalité du Conseil constitutionnel. L'État ne conserve plus que le minimum régalien (justice, ordre public, défense, monnaie, affaires étrangères).

Une consultation par référendum « sur l'accession de la Nouvelle-Calédonie à la pleine souveraineté » s'est tenue le 4 novembre 2018 et s'est traduite par la victoire du « non » à l'indépendance (par 56,67 % des suffrages exprimés, et 81 % de participation). Un article de la loi organique relative à la Nouvelle-Calédonie permettant la tenue de nouvelles consultations dans les deux et quatre ans après le premier référendum a été invoqué par les indépendantistes élus au Congrès de la Nouvelle-Calédonie. Ainsi, un nouveau référendum a été organisé, le 4 octobre 2020, reprenant à l'identique la question posée deux ans auparavant (« Voulez-vous que la Nouvelle-Calédonie accède à la pleine souveraineté et devienne indépendante ? »). Une nouvelle fois, la participation a été forte (85 %), les résultats à nouveau en faveur du « non » (53,26 %) et marqués par un clivage territorial entre la Province Nord, moins peuplée et à majorité indépendantiste (où le « oui » a atteint 78 %) et la Province Sud, dont le chef-lieu est Nouméa (« non » à 71 %).

Un référendum devrait à nouveau être organisé en 2022, selon les même règles électorales (exclusion notamment des personnes installées après 1994). La progression du vote indépendantiste rend son issue incertaine.

Cette situation exceptionnelle a nourri les revendications des autres collectivités d'outre-mer et, notamment, de la Polynésie française, dont le statut devait faire l'objet d'un Titre XIV de la Constitution inspiré en partie de celui de la Nouvelle-Calédonie. Toutefois, celui-ci n'a pas été examiné par le Congrès après son adoption par l'Assemblée nationale et le Sénat en 1999.

Afin d'introduire un minimum de cohérence dans cet ensemble disparate de statuts, la révision constitutionnelle du 17 mars 2003 crée deux types de régimes juridiques, prévus aux nouveaux articles 73 et 74 de la Constitution : les départements et régions d'outre-mer d'une part, les collectivités d'outre-mer d'autre part.

- Les départements et régions d'outre-mer

L'article 73 de la Constitution, qui concerne les départements et régions d'outremer traditionnels, autorise désormais la fusion des deux collectivités afin de permettre ce qui était prévu par le législateur de 1982 mais que le Conseil constitutionnel avait censuré. Les DOM-ROM auront donc le choix entre le *statu quo* (vers quoi tend la Réunion) et la création d'une collectivité unique (qui est défendue dans les collectivités d'Amérique). Par ailleurs, le principe de l'assimilation législative est battu en brèche : l'adaptation du régime législatif et de l'organisation administrative ne sera plus « nécessitée » par la situation particulière des collectivités mais par leurs « caractéristiques et contraintes particulières », terminologie plus souple qui reprend celle de l'article 299, § 2 du traité d'Amsterdam relatif aux « régions ultrapériphériques ». Surtout, le législateur pourra habiliter ces collectivités (à l'exception de la Réunion, soucieuse de conserver un régime assimilationniste) à décider elles-mêmes de ces adaptations dans leurs domaines de compétences ainsi que « dans un nombre limité de matières pouvant relever du domaine de la loi ».

De ces matières sont exclus (Const., art. 73, al. 4) la nationalité, les droits civiques, les garanties des libertés publiques, l'état et la capacité des personnes, l'organisation de la justice, le droit pénal, la politique étrangère, la défense, la sécurité et l'ordre publics, la monnaie, le crédit et les changes, le droit électoral. Une loi organique pourra préciser et compléter cette liste.

Le nouvel article 73 de la Constitution ouvre ainsi la voie à un pouvoir réglementaire autonome équivalant aux « lois de pays » de la Nouvelle-Calédonie.

Le statut et le droit applicable aux différents départements-régions d'outre-mer devraient dans ces conditions évoluer vers une diversité croissante, contrairement à l'objectif affiché de clarification.

- Les collectivités d'outre-mer

L'article 74 nouveau crée pour sa part la catégorie générique de « collectivités d'outre-mer » (COM) qui comprend les anciens territoires d'outre-mer mais également les autres collectivités comme Saint-Pierre-et-Miquelon. Cet article reprend les dispositions anciennes sur le statut particulier « qui tient compte des intérêts propres de chaque collectivité au sein de la République » mais en élargissant le champ des transferts de compétence puisque celui-ci n'est borné que par une liste limitative de domaines réservés à l'État, ceux mêmes visés à l'article 73, al. 4 de la Constitution.

Chaque collectivité disposera donc d'un statut spécifique, fixé par la loi organique et comprenant notamment les conditions dans lesquelles les lois et règlements y sont applicables, les compétences de la collectivité, l'organisation, le fonctionnement et le régime électoral de ses institutions. La loi organique doit également fixer les conditions dans lesquelles la collectivité peut prendre des mesures de préférence en faveur de sa population en matière d'emploi, d'exercice d'activités professionnelles ou de patrimoine foncier, sur le modèle néo-calédonien. Quant au contrôle juridictionnel des actes de nature réglementaires intervenant au titre des compétences qu'elle exerce dans le domaine de la loi, c'est le Conseil d'État qui est compétent.

L'application concrète de l'article 74 Const. risque d'être délicate dans la mesure où certaines collectivités sont régies par le principe de spécialité législative (Polynésie, Wallis et Futuna) alors que d'autres étaient jusqu'à présent régies par le principe d'identité législative (Mayotte, Saint-Pierre-et-Miquelon).

En fait, cet article a surtout été rédigé pour régler le cas de la Polynésie française et la loi organique du 27 février 2004 portant statut d'autonomie de cette collectivité en constitue le prolongement.

Une des particularités de ce statut est l'existence de « lois de pays », adoptées par l'assemblée de la collectivité mais après la double approbation du Premier ministre (par décr.) et du Parlement (par L. de ratification) selon une procédure calquée sur l'article 38 de la Constitution. Ces « lois de pays » polynésiennes sont de nature réglementaire à la différence de celles de Nouvelle-Calédonie, ce qui entraîne la compétence du Conseil d'État pour leur contentieux. Si ce statut n'a pas posé de problème en ce qui concerne les compétences, il en va différemment des institutions – de type parlementaire – et du système électoral – proportionnel avec prime majoritaire – également fixés par le statut. Depuis 2004, la Polynésie a connu quatre motions de défiance, deux dissolutions, six changements de président et un contentieux électoral permanent devant les juridictions administratives. Le nouveau régime d'autonomie n'a donc garanti ni la stabilité institutionnelle ni la non-ingérence de l'État central. La large victoire des indépendantistes aux élections territoriales d'avril 2023 pourrait créer une situation nouvelle.

- Les évolutions possibles

Le changement de régime juridique d'une collectivité ou d'une partie de celle-ci (transformation d'un DOM en COM, par ex.) ou la création d'une collectivité unique (par fusion d'un DOM et d'un ROM sur le même territoire) ne pourra survenir qu'avec le consentement de ses électeurs, consultés par le président de la République sur proposition du gouvernement ou des deux assemblées (selon une procédure calquée sur l'article 11 de la Constitution, ce qui implique que le président de la République peut bloquer le changement de statut en refusant de consulter les électeurs). Cette procédure a connu une première application le 7 décembre 2003, une majorité d'électeurs refusant la fusion de la région et du département en Martinique comme en Guadeloupe, tandis que les électeurs des îles-communes de Saint-Martin et de Saint-Barthélemy optaient pour leur transformation en collectivités d'outre-mer (mise en œuvre par la L. org. du 21 févr. 2007). De même, la consultation des électeurs de Mayotte le 29 mars 2009 (qui s'est traduite par un vote positif de 95 % des votants) a abouti à la transformation de cette collectivité en département d'outre-mer en 2011. En 2010, trois nouvelles consultations se sont déroulées : le 10 janvier, la Guyane (par 70 % de non) et la Martinique (par 50,5 % de non seulement) ont refusé leur transformation en collectivité d'outre- mer de l'article 74 de la Constitution, et le 24 janvier, les électeurs de Guyane ont approuvé la fusion de la région et du département en une collectivité unique (par 57 % de oui).

À partir des élections régionales de 2015, la Guyane, la Martinique et Mayotte sont devenues des collectivités territoriales uniques (département et région) dotées d'une assemblée unique.

■ 216 La nouvelle architecture normative que dessine le Titre XII révisé de la Constitution repose sur le caractère désormais constitutionnel soit de principes législatifs reconnus comme ayant valeur constitutionnelle par le Conseil constitutionnel (libre administration, garantie de ressources, interdiction de la tutelle), soit de principes que le législateur avait voulu ériger mais que le Conseil constitutionnel exigeait de voir affirmés au niveau constitutionnel (droit à l'expérimentation, droit d'outre-mer), soit de principes reconnus dans les traités européens et le droit constitutionnel étranger (principe de subsidiarité). Elle repose également sur le rôle plus clairement défini du législateur, qui n'est plus para-constitutionnel mais bien de mise en œuvre des dispositions constitutionnelles, comme par exemple pour la fixation du cadre de l'expérimentation. De même, la démocratie directe apparaît dans le droit de pétition et surtout le référendum, qu'il soit consultatif à l'initiative de l'État, ou décisionnel à l'initiative des collectivités locales (dans leur champ de compétences) ou de droit (modification de statut ou d'organisation d'une collectivité d'outre-mer). Enfin, la reconnaissance constitutionnelle du pouvoir réglementaire des collectivités territoriales devrait lever les interprétations restrictives provenant notamment de la juridiction administrative.

Pour autant, le nouveau droit constitutionnel local s'inscrit dans le cadre maintenu d'un État unitaire (du moins en métropole) et du respect du principe d'égalité, ne serait-ce que face aux libertés publiques et aux droits constitutionnellement garantis dont la garde reste confiée au Conseil constitutionnel. Quant au Sénat, son rôle de représentant des collectivités territoriales est renforcé à travers l'obligation pour les projets de loi relatifs à l'organisation de celles-ci d'être soumis en premier lieu au Sénat.

9

Compléments pédagogiques

Mémo

L'érosion progressive des fonctions de l'État à l'époque contemporaine se traduit par une *limitation et une redistribution de sa souveraineté* dans deux directions. La première est liée à la construction européenne, qui prend la forme de transferts de compétences dont certaines sont liées aux fonctions régaliennes. Le juge français considère cependant que cette évolution a une limite : la *supériorité de la Constitution sur les traités*. La seconde est le développement de la Constitution qui a conduit au développement d'un *droit constitutionnel local* remettant en cause la vision uniforme traditionnelle de l'État et garantissant plus fortement les *libertés des collectivités territoriales.*

Quid

■ Collectivités territoriales n° 202

Collectivités publiques décentralisées reconnues par la Constitution (communes, départements, régions, collectivités à statut particulier, collectivités d'outre-mer) ou par la loi.

■ Droit dérivé de l'Union européenne n° 206

Ensemble des normes prises en application des traités et qui s'imposent aux États membres dans les mêmes conditions que les traités.

■ Expérimentation n° 213

Possibilité pour une collectivité publique de déroger aux dispositions législatives ou réglementaires pour un objet et une durée limitée.

■ Intercommunalité n° 209

Coopération entre collectivités territoriales impliquant une intégration plus ou moins poussée de leurs compétences, de leurs moyens et de leur système de décision : les communautés urbaines et d'agglomération sont les plus intégrées, les syndicats intercommunaux les plus souples.

■ Libre administration n° 210

Principe selon lequel les collectivités territoriales s'administrent librement par des conseils élus et grâce à la disposition d'un pouvoir réglementaire et de moyens financiers autonomes pour l'exercice de leurs compétences.

■ Péréquation n° 213

Mécanisme de compensation des inégalités de ressources et de charges entre collectivités territoriales par des transferts financiers.

■ Préfet n° 208

Représentant de l'État dans la région ou le département, il est sous l'autorité directe du Premier ministre, dirige les services des administrations civiles de l'État, et a en charge le contrôle administratif et le respect des lois.

■ Subsidiarité n° 213

Principe selon lequel le niveau le plus adéquat doit être constamment recherché pour l'exercice d'une compétence, en partant de l'échelon le plus bas.

Document

Décision du 17 janvier 2002 du Conseil constitutionnel, *Loi relative à la Corse* (extraits)

12. Considérant qu'aux termes de l'article 21 de la Constitution : « Le Premier ministre... assure l'exécution des lois. Sous réserve des dispositions de l'article 13, il exerce le pouvoir réglementaire... » ; que, toutefois, l'article 72 de la Constitution dispose : « Les collectivités territoriales de la République... s'administrent librement par des conseils élus et dans les conditions prévues par la loi » ; que ces dispositions permettent au législateur de confier à une catégorie de collectivités territoriales le soin de définir, dans la limite des compétences qui lui sont dévolues, certaines modalités d'application d'une loi ; que, cependant, le principe de libre administration des collectivités territoriales ne saurait conduire à ce que les conditions essentielles de mise en œuvre des libertés publiques et, par suite, l'ensemble des garanties que celles-ci comportent dépendent des décisions de collectivités territoriales et, ainsi, puissent ne pas être les mêmes sur l'ensemble du territoire de la République ;

13. Considérant, d'une part, que les dispositions précitées du premier alinéa du II du nouvel article L. 4424-2 du code général des collectivités territoriales doivent être entendues comme rappelant que le pouvoir réglementaire dont dispose une collectivité territoriale dans le respect des lois et des règlements ne peut s'exercer en dehors du cadre des compétences qui lui sont dévolues par la loi ; qu'elles n'ont ni pour objet ni pour effet de mettre en cause le pouvoir réglementaire d'exécution des lois que l'article 21 de la Constitution attribue au Premier ministre sous réserve des pouvoirs reconnus au président de la République par l'article 13 de la Constitution ;

14. Considérant, d'autre part, que les deuxième et troisième alinéas du II du même article L. 4424-2 se bornent à préciser la procédure que doit suivre et les conditions que doit respecter la collectivité territoriale de Corse pour demander à être habilitée par le législateur à définir les modalités d'application d'une loi au cas où il serait nécessaire d'adapter les dispositions réglementaires nationales aux spécificités de l'île ; qu'en particulier, ils indiquent que la demande d'habilitation ne peut concerner que les compétences qui sont dévolues à cette collectivité par la partie législative du code général des collectivités territoriales ; qu'ils excluent par ailleurs une telle demande si l'adaptation sollicitée est de nature à mettre en cause l'exercice d'une liberté individuelle ou d'un droit fondamental ;

15. Considérant qu'il résulte de ce qui précède que, sous la réserve énoncée au considérant 13, les dispositions du II du nouvel article L. 4424-2 du code général des collectivités territoriales ne sont contraires ni aux articles 21, 34 et 72 de la Constitution, ni au principe d'égalité devant la loi ; que, par suite, les griefs présentés contre elles doivent être rejetés.

Biblio

- J.-F. Auby, *Droit des Outre-mers*, LGDJ, coll. « Systèmes », 2018.
- J.-C. Clergerie, A. Gruber, P. Rambaud, *L'Union européenne*, 12e éd., Dalloz, coll. « Précis », 2018.
- C. Cornet, J. Ferstenbert, L. Touret, *Les grands arrêts de la décentralisation*, 3e éd., Dalloz, 2006.
- O. Gohin, J.-G. Sorbara, *Institutions administratives*, 2e éd., Dalloz, 2016.
- C. Guettier, *Institutions administratives*, 8e éd., Dalloz, coll. « Cours », 2022.
- *Pouvoirs* 2005, n° 113, *L'outre-mer*, Le Seuil.
- *Pouvoirs* 2014, n° 148, *Le Maire*, Le Seuil.
- F.X. Priollaud, D. Siritzky, *Le traité de Lisbonne*, La Documentation française, 2008.
- F. Martucci, *Droit de l'Union européenne*, Dalloz, 2017.
- A. Roux, *La décentralisation*, LGDJ, coll. « Systèmes », 2016.
- M. Verpeaux, C. Rimbault, F. Waserman, *Les collectivités territoriales et la décentralisation*, 11e éd., La documentation française, 2018.

Quiz

1) Sujets corrigés

A) Test de connaissances

1. Combien la France compte-t-elle de collectivités territoriales ?

2. Quelles sont les principales formes d'intercommunalité ?

3. Quels sont les différents types d'actes constituant le droit dérivé de l'Union européenne ?

Voir le corrigé en fin de rubrique.

B) Dissertation

Énoncé

La libre administration des collectivités territoriales.

Voir le corrigé en fin de rubrique.

2) Corrigés

Test de connaissances

1. 34 968 communes en métropole et outre-mer, 96 départements en métropole et 2 outre-mer, 12 régions en métropole et 2 outre-mer, 4 collectivités territoriales uniques (Corse, Guyane, Mayotte, Martinique), 6 collectivités d'outre-mer (Wallis et Futuna, Polynésie française, Nouvelle-Calédonie, Saint-Pierre-et-Miquelon, Saint-Barthélemy, Saint-Martin).

2. Les syndicats de commune (à vocation unique ou multiple), les communautés de communes, les communautés d'agglomération, les communautés urbaines, les métropoles.

3. Les directives, les règlements, les décisions, les recommandations et les avis.

Dissertation

Introduction : un principe reconnu par la Constitution, mis en œuvre par la loi et garanti par le juge constitutionnel. La révision constitutionnelle de 2003 et la déclinaison du principe.

I. Les acteurs de la libre administration

A. La détermination du domaine des compétences par le législateur

B. La mise en œuvre par les conseils élus

C. Le respect du principe garanti par le juge constitutionnel

II. L'exercice de la libre administration

A. Les moyens juridiques : le pouvoir réglementaire

B. Les moyens financiers : l'autonomie financière

chapitre 10

Le peuple souverain

Plan analytique

section 1

Le droit de suffrage

§ 1 Le suffrage universel

§ 2 Le statut de l'électeur

§ 3 Le statut du candidat

section 2

Les modes de scrutin sous la Ve République

§ 1 Le scrutin majoritaire à deux tours

§ 2 Les autres modes de scrutin

section 3

Démocratie directe et démocratie représentative

§ 1 Les cycles électoraux

§ 2 La diversification du référendum

Compléments pédagogiques

Le peuple souverain

La démocratisation du droit de suffrage, la coexistence de modes de scrutin contradictoires et la place difficile du référendum caractérisent l'exercice de la démocratie électorale sous la Ve République. 217

Selon l'article 3 de la Constitution, qui reprend la formule utilisée par la Constitution de 1946, « la souveraineté nationale appartient au peuple, qui l'exerce par ses représentants et par la voie du référendum ». L'opposition classique (v. *supra*) entre souveraineté nationale et souveraineté populaire est ainsi dépassée sans que le débat théorique soit tranché : le régime est, pour l'essentiel de nature représentative (Const., art. 27 : « tout mandat impératif est nul »), mais le peuple participe directement à l'exercice de la souveraineté par la démocratie semi-directe (référendum) en matière constituante et législative.

Par ailleurs, le principe d'indivisibilité de la République, affirmé dans l'article premier de la Constitution, mais aussi du peuple français affirmé dans l'alinéa premier du Préambule de la Constitution (en référence à la Déclaration de 1789 et au Préambule de 1946) a valeur constitutionnelle. Le refus, depuis la Révolution, de toute distinction entre les individus à raison de leur origine, de leur race ou de leur religion entraîne le refus de toute reconnaissance constitutionnelle de minorités en droit interne (Cons. const. 9 mai 1991, Statut de la Corse, où le Conseil constitutionnel a censuré la mention faite par le législateur du « peuple corse, composante du peuple français ») ou dans des engagements internationaux souscrits par la France.

C'est ce même principe d'indivisibilité de la République (ainsi que l'affirmation de l'article 2 de la Constitution rappelant que « la langue de la République est le français ») qui a motivé la décision du Conseil du 15 juin 1999 déclarant la Charte des langues régionales ou minoritaires du Conseil de l'Europe contraire à la Constitution. Toutefois, à l'occasion de la révision constitutionnelle de juillet 2008, un nouvel article 75-1 C., intégré au Titre XII relatif aux collectivités territoriales, reconnaît que « les langues régionales appartiennent au patrimoine de la France », disposition suffisamment générale pour ne pas remettre en cause la lecture des articles 2 et 3 de la Constitution faite par le Conseil constitutionnel.

section 1

Le droit de suffrage

La loi du 5 juillet 1974, qui a abaissé à 18 ans la majorité électorale est la dernière étape d'un mouvement d'élargissement progressif du suffrage universel amorcé par la Constitution montagnarde de 1793 – non appliquée – mais qui introduisait pour la première fois le principe du suffrage universel masculin. Celui-ci a été définitivement 218 intégré dans le droit positif par le décret du 5 mars 1848, suivi de l'abolition de l'esclavage par le décret du 27 avril 1848. Il a fallu attendre l'ordonnance du 26 avril 1944 pour que le droit de vote soit élargi aux femmes.

Depuis la loi organique du 25 mai 1998 prise en application de l'article 88-3 de la Constitution, les ressortissants de l'Union européenne domiciliés sur le territoire français ont le *droit de vote*Q aux élections municipales ainsi qu'aux élections européennes.

§ 1 Le suffrage universel

219 L'universalité du suffrage se traduit par les principes de pluralisme, d'égalité et de liberté.

Le pluralisme politique est un principe reconnu depuis la Déclaration des droits de l'homme et du citoyen de 1789, même si sa mise en œuvre a été souvent remise en cause. Le Conseil constitutionnel l'a appliqué notamment à la communication audiovisuelle (Cons. const. 17 janv. 1989, n° 88-248, *CSA*) et, à l'occasion de la révision de juillet 2008, un nouvel alinéa a été ajouté à l'article 4 de la Constitution déclarant que « la loi garantit les expressions pluralistes des opinions et la participation équitable des partis et groupement politiques à la vie démocratique de la Nation ».

L'égalité devant la loi électorale se traduit par la non-discrimination de certaines catégories de citoyens (principe au nom duquel a été réalisée l'extension du droit de suffrage aux femmes en 1944, aux militaires de carrière en 1945, aux membres des familles ayant régné sur la France en 1950).

C'est au nom de ce principe que le Conseil constitutionnel a dégagé le principe d'égale représentation des populations dans le découpage des circonscriptions électorales, qui doit se faire sur des bases essentiellement démographiques. Celles-ci incluent l'ensemble des habitants (étrangers compris) et non des électeurs (Cons. const. 1er et 2 juill. 1986, n° 86-208, *Découpage électoral*). Depuis la révision constitutionnelle de juillet 2008, une commission indépendante contrôle (par un avis public) le découpage des circonscriptions de l'Assemblée nationale et la répartition des sièges des parlementaires. Cette commission n'empêche pas le Conseil d'exercer un contrôle étroit du découpage. C'est ainsi qu'il a considéré que l'égalité devant le suffrage exigeait l'abandon de la tradition selon laquelle chaque département devait disposer d'au moins deux députés et le maintien de la règle interdisant des écarts de population entre circonscriptions excédant de plus ou moins 20 % la moyenne des circonscriptions (Cons. const. 8 janv. 2009, n° 2008-573). C'est au nom de ce même principe qu'il a censuré l'attribution par la loi sur la réforme territoriale de conseillers régionaux dans six départements dans la mesure où le ratio de ces départements s'écartait de la moyenne régionale de plus de 20 % (Cons. const. 9 déc. 2010, n° 2010-618).

Le caractère personnel du suffrage implique que l'électeur doit voter en personne. Le vote par procuration est l'exception.

Le vote par *procuration*Q est ouvert aux électeurs qui se trouvent dans l'impossibilité matérielle de se rendre à leur bureau de vote, soit du fait d'obligations dûment constatées, soit parce qu'ils ont quitté leur résidence habituelle pour prendre des vacances (C. élect., art. L. 71, I, rédaction nouvelle de la L. du 6 juill. 1993). Le mandataire doit être inscrit dans la même commune que le mandant. Il ne peut disposer de plus de deux procurations (dont une seule établie en France) et la procuration doit être établie devant un officier de police judiciaire, un juge du tribunal d'instance ou l'autorité consulaire.

Avec la situation sanitaire de la pandémie de la Covid-19, les règles électorales ont été adaptées pour faciliter la participation électorale. Pour les scrutins du 2e tour des municipales (en juin 2020) et des élections départementales et régionales (en juin 2021), la possibilité pour chaque électeur de disposer de deux procurations établies en France a été votée.

Depuis la loi du 31 décembre 1975 le vote par correspondance, qui avait donné lieu à de graves abus, a été supprimé. Il n'a pas été rétabli ; ni par correspondance papier ni par internet, pour les élections se tenant dans le contexte sanitaire de la Covid-19 pour des impératifs de sécurité et de logistique qui n'étaient pas en mesure d'être assurés.

La liberté du suffrage se traduit par son caractère facultatif et secret. 220 ■

À la différence d'États où le vote est obligatoire sous peine d'amende (Belgique, Grèce, Luxembourg), le droit de vote en France est facultatif (à l'exception du vote aux élections sénatoriales, sous peine d'une amende de 100 €). L'inscription sur la liste électorale, qui dépendait traditionnellement de l'initiative du citoyen, est théoriquement automatique à 18 ans, la loi du 10 novembre 1997 arrêtant le principe de l'inscription d'office des personnes de nationalité française qui atteignent l'âge de 18 ans. Le nouvel électeur doit cependant toujours se rendre en mairie afin de faire la preuve de sa nationalité, de son identité et de sa résidence.

Le citoyen est libre de s'abstenir. L'abstention est d'intensité variable suivant l'enjeu politique du scrutin : faible lors de l'élection présidentielle (où elle varie de 15 à 20 %), elle atteint des records pour les élections européennes (où elle avoisine les 50 %), les référendums sans enjeu (celui sur la Nouvelle-Calédonie en 1988 a atteint 63,1 % d'abstention) et les élections cantonales en zones urbaines (près de 40 % en moyenne).

À l'abstention, il faut joindre les votes blancs et nuls (confondus en droit français), en forte progression depuis les années 1980 puisqu'ils atteignent souvent 5 % des votes.

Pour autant la tendance à un recul constant de la participation électorale que l'on croyait déceler dans les années 1980 a été enrayée dans les années 1990, fût-ce au prix d'une diversification du comportement électoral.

Le caractère secret du vote est un principe constitutionnel (Cons. const. proclamation du 9 nov. 1988 annulant le scrutin d'une commune où le bureau de vote n'avait pas d'isoloir). Ce n'est qu'en 1913 que l'isoloir fut introduit tout comme l'enveloppe dans laquelle devait être placé le bulletin. La loi du 30 décembre 1988 a renforcé les précautions : l'urne doit être transparente, l'électeur signe lui-même après avoir voté sur la liste d'émargement.

§ 2 Le statut de l'électeur

La *capacité électorale*Q s'articule autour de quatre conditions : être de nationalité française, avoir la majorité électorale, ne pas avoir subi certaines condamnations et ne pas être aliéné. 221 ■

Le droit de vote est réservé aux nationaux. La nationalité est acquise par la filiation ou la naturalisation. Dans ce dernier cas, le droit de vote est immédiat.

Les étrangers n'ont donc pas le droit de vote, à l'exception des citoyens de l'Union européenne domiciliés en France (c'est-à-dire « y ayant leur domicile réel ou si leur résidence y a un caractère continu »), qui ont droit de vote aux élections européennes et municipales. La loi organique du 25 mai 1998 (qui reprend les dispositions de l'art. 88-3 Const.) autorise leur inscription sur deux listes électorales complémentaires (une pour les élections européennes et une pour les élections municipales) dès lors qu'ils jouissent de leur capacité électorale dans leur État d'origine et qu'ils remplissent les conditions légales autres que la nationalité française pour être électeurs.

La loi organique du 25 mai 1998 autorise en outre ces citoyens de l'Union européenne à être candidat aux élections municipales, tout en excluant les conseillers municipaux non français du collège électoral sénatorial ainsi que des fonctions de maire et d'adjoint au maire, autant de fonctions considérées comme relevant de la souveraineté nationale.

La majorité électorale est de 18 ans accomplis depuis la loi du 5 juillet 1974.

La privation du droit de vote peut être décidée par les tribunaux à titre définitif ou pour une durée de 5 ans. Toutefois au nom du principe d'individualisation des peines, le Conseil constitutionnel prohibe les peines automatiques. À ce titre, le Conseil a déclaré inconstitutionnelles l'interdiction automatique de l'exercice du droit de suffrage tout comme l'impossibilité pour le juge d'en faire varier la durée selon le cas (Décis. QPC du 10 juin 2010 abrogeant l'art. 7 C. élect.).

L'amnistie, qui efface la condamnation, entraîne levée de l'incapacité électorale.

Certains aliénés sont privés du droit de vote. Il s'agit des majeurs en tutelle, qui constituent la catégorie la plus grave de malades mentaux (selon le ministère de l'Intérieur, 5 700 personnes par an en moyenne sont mises sous tutelle, Réponse à question écrite F. Léotard, *JOAN* 12 févr. 1990).

222 Pour être électeur, il faut être inscrit sur une liste électorale. Le caractère obligatoire de l'inscription (C. élect., art. L. 9) ne s'est traduit qu'en 1997 dans le droit positif avec l'inscription d'office des personnes de nationalité française qui atteignent 18 ans (L. du 10 nov. 1997). L'inscription est faite dans la commune du domicile réel ou, sur demande expresse, à la commune où l'on réside depuis au moins six mois ou à celle où l'on est inscrit depuis cinq ans au moins au rôle des contributions directes communales.

Dans la pratique, la convocation pour s'inscrire en mairie demeure car les services administratifs communaux doivent vérifier la réalité de la nationalité, de l'identité et de la résidence du nouvel électeur, ce qui entraîne, du fait de la passivité de nombreux convoqués, la persistance d'un pourcentage important de non-inscrits.

Pour les électeurs de plus de 18 ans non encore inscrits sur les listes, l'ancienne pratique de l'inscription facultative demeure. C'est à l'électeur de prendre l'initiative et de se rendre à la mairie.

L'inscription peut se faire soit dans la commune du domicile réel, soit dans celle où l'on réside depuis cinq ans au moins soit dans celle où l'on est inscrit au rôle des contributions directes communales (C. élect., art. L. 11).

Pour les Français établis hors de France, la règle varie selon l'élection : pour les élections législatives et locales (C. élect., art. L. 12), ils ont le choix entre la commune de naissance, celle du dernier domicile, celle de leur dernière résidence, celle de leurs ascendants ou descendants du premier degré. Pour l'élection présidentielle (L. org.

du 30 janv. 1976), ils peuvent s'inscrire sur une liste de centre, rattachée à un centre de vote dépendant d'une ambassade ou d'un consulat ou établi dans un département limitrophe de l'État où ils résident, s'il est frontalier.

Une commission électorale administrative (comprenant des représentants de la commune, du préfet et du président du tribunal de grande instance) établit une liste par bureau de vote et procède chaque année (du 1er sept. au 31 déc.) aux inscriptions et radiations.

Le contentieux de la régularité des inscriptions relève du juge civil alors que le juge administratif est compétent pour examiner la régularité de la procédure suivie par la commission administrative.

§ 3 Le statut du candidat

223 ■

Le statut du candidat est le même que celui de l'électeur avec quelques règles particulières : pour être candidat, il faut être électeur et ne pas encourir d'*inéligibilité*Q.

Les règles d'inéligibilité peuvent être absolues ou relatives (limitées dans le temps). Les inéligibilités absolues concernent la nationalité, l'âge (la majorité d'éligibilité est fixée à 24 ans pour le Sénat, et à 18 ans pour la présidence de la République, pour l'Assemblée nationale et le Parlement européen, les conseils départementaux, régionaux et municipaux), la capacité, certaines condamnations pénales (crimes et délits à caractère sexuel, financier ou économique). Les inéligibilités relatives sont liées au statut professionnel (certains fonctionnaires sont inéligibles dans les circonscriptions où ils ont exercé récemment : préfet, sous-préfet, magistrat, commissaire de police, directeur des impôts, etc.) ou aux sanctions infligées par le juge de l'élection (entraînant interdiction temporaire de candidater aux élections).

Au nom du principe de l'égal accès aux mandats électifs et afin de contourner le *veto* du Conseil constitutionnel, qui avait refusé l'instauration d'un quota féminin dans les listes de candidatures (Cons. const. 18 nov. 1982, n° 82-146 contre la disposition de la loi électorale municipale interdisant plus de 75 % de candidats d'un même sexe sur une liste, confirmée encore par la décision du 14 janvier 1999 à propos de la loi électorale régionale qui introduisait par anticipation la parité hommes/femmes dans la constitution des listes) qui créait, selon le Conseil, une discrimination positive, la révision constitutionnelle de 1999 instaure désormais le principe de la *parité*Q hommes/femmes.

Le deuxième alinéa de l'article 1er de la Constitution (qui s'est substitué en 2008 au deuxième al. de l'art. 4 Const. introduit en 1999 et le complète) déclare que « la loi favorise l'égal accès des hommes et des femmes aux mandats électoraux et fonctions électives » tandis qu'un nouvel alinéa de l'article 4 de la Constitution relatif aux fonctions des partis politiques déclare que ceux-ci « contribuent à la mise en œuvre de la parité ». Cette rédaction incitative a entraîné une modification de la loi électorale, notamment pour les scrutins à la proportionnelle de liste.

La loi du 8 juin 2000 impose ainsi que sur chacune des listes en compétition l'écart entre le nombre des candidats de chaque sexe ne peut être supérieur à un. Les modalités varient selon le mode de scrutin. Pour les élections municipales, la parité s'établit par groupe de six candidats (3+3) dans l'ordre de présentation de la liste.

Pour les élections régionales, les élections européennes et les élections sénatoriales dans les départements élisant plus de 3 sénateurs, chaque liste est composée alternativement d'un candidat de chaque sexe (un homme, une femme).

Pour l'élection de l'Assemblée nationale qui se déroule au scrutin uninominal, la même loi prévoit que l'écart entre le nombre de candidats de chaque sexe ayant déclaré se rattacher à un parti ne doit pas dépasser 2 % du nombre total de ses candidats sous peine de pénalités financières (diminution de l'aide publique au parti concerné).

Le Conseil constitutionnel a cependant réduit la portée de l'article 3 de la Constitution en considérant que ses dispositions « ne s'appliquent qu'aux élections à des mandats et fonctions politiques » à propos des élections au Conseil supérieur de la magistrature (Cons. const. 19 juin 2001, n° 2001-445 DC). Cette interprétation restrictive, réitérée dans la décision sur la loi de modernisation sociale à propos de la constitution des jurys de concours (Cons. const.12 janv. 2002, n° 2001-455 DC), et qui confirme l'hostilité du Conseil constitutionnel aux « discriminations positives », n'a cependant pas été suivie par le Conseil d'État qui a validé un décret imposant un tiers au moins de personnes de chaque sexe dans les jurys de concours d'agrégation en droit (CE 18 oct. 2002, *Catsiapis*). Elle explique que, pour passer outre à la jurisprudence restrictive du Conseil constitutionnel, le constituant ait introduit dans la Constitution à l'occasion de la révision de juillet 2008 une disposition qui prévoit que la parité s'étend « aux responsabilités professionnelles et sociales » (nouveau deuxième al. de l'art. 1er).

Enfin, depuis les lois relatives au financement de la vie politique, tout candidat à une élection doit, outre la déclaration de candidature, choisir un mandataire financier et déposer au terme du scrutin son compte de campagne.

section 2

Les modes de scrutin sous la Ve République

224 Après avoir connu de nombreux changements avant 1958 – le scrutin majoritaire à deux tours dominant sous la IIIe République, avait cédé la place à la représentation proportionnelle sous la IVe – le système électoral dominant sous la Ve République est le scrutin majoritaire à deux tours. Mais, depuis 1977, il n'est plus le seul, plusieurs élections se déroulant suivant le système de la représentation proportionnelle ou des systèmes mixtes.

§ 1 Le scrutin majoritaire à deux tours

225 Le scrutin majoritaire uninominal à deux tours est utilisé pour les deux principales élections : celle du président de la République et celle des députés.

Pour l'élection du chef de l'État, si un candidat n'a pas obtenu la majorité absolue au premier tour, les deux candidats arrivés en tête (sous réserve de désistement) s'affrontent au second tour. Cette règle conduit à la Constitution de coalitions autour des candidats en lice au second tour (qui représentent, à l'exception de 1969 et 2002, la gauche et la droite).

Cette bipolarisation a été confortée par les élections législatives qui se déroulent (à l'exception de celles de mars 1986 où s'appliquait la représentation proportionnelle) suivant le même mode de scrutin, la mise à l'écart des formations marginales étant renforcée par la barre des 12,5 % des inscrits nécessaire pour être présent au second tour dans chaque circonscription. Depuis 2012, le débat sur l'introduction d'une « dose de proportionnelle » revient régulièrement dans le débat politique, mais elle n'a pas été mise en œuvre sous les présidences Hollande et Macron.

Sous l'influence de ce système électoral, la vie politique a été simplifiée au niveau des partis et de la représentation (6 groupes politiques à l'Assemblée entre 2002 et 2018 mais neuf groupes entre 2020 et 2022 après des créations résultant de scissions du groupe LREM, et dix groupes depuis juin 2022) et les gouvernements ont pu s'appuyer le plus souvent sur des majorités compactes.

Le système majoritaire à deux tours s'applique également pour les élections cantonales, qui désignent les conseils départementaux. Si la loi du 17 mai 2013 a maintenu le scrutin majoritaire à deux tours et fixé une barre de 10 % des électeurs inscrits pour accéder au second tour, elle a introduit une nouveauté en faisant élire dans chaque canton un binôme homme-femme qui se présente et fait campagne solidairement. Le fait que les départements, grâce au mode de scrutin majoritaire, bénéficient de majorités stables, n'a pas été étranger à l'influence déterminante que les départements ont réussi à conserver malgré la création des régions.

§ 2 Les autres modes de scrutin

L'introduction de la représentation proportionnelle a été liée à l'élection du Parlement européen au suffrage universel direct. À la demande des gaullistes du Rassemblement pour la République (RPR), qui désiraient amoindrir la légitimité politique des élus à cette assemblée, la loi du 7 juillet 1977 a introduit la représentation proportionnelle (à la plus forte moyenne) avec une seule circonscription, celle du territoire national, les listes n'obtenant pas 5 % des suffrages exprimés n'étant pas représentées. La loi du 11 avril 2003 a régionalisé le scrutin, divisant la France en 8 circonscriptions interrégionales (Nord-Ouest, Ouest, Est, Île-de-France, Sud-Ouest, Sud-Est, Massif Central-Centre, Outre-mer). La loi promulguée le 25 juin 2018 a rétabli une circonscription électorale unique. Le seuil minimal de 5 % a été maintenu pour l'obtention d'une représentation. 226 ■

Bien que la gauche (et notamment le candidat socialiste, François Mitterrand, dans ses 110 propositions pour l'élection présidentielle de 1981) l'ait constamment exigée, la représentation proportionnelle n'a été introduite que partiellement après 1981. Écartée pour les élections cantonales, elle a été imposée en 1983 sous une forme mixte pour les élections municipales et en 1985 pour les élections législatives et régionales de 1986.

– Les élections municipales ont été les premières dont le mode de scrutin a été révisé par la gauche. La loi du 19 novembre 1982, à la différence des précédentes, a fait l'objet d'un consensus. Elle a été révisée par la loi du 17 mai 2013 qui s'est appliquée pour les élections de mars 2014.

Dans les communes de moins de 1 000 habitants, c'est le scrutin de liste majoritaire à deux tours avec possibilité de panachage (l'électeur peut mélanger sur son bulletin de vote des candidats de listes différentes) qui s'applique, – les listes pouvant être incomplètes et les candidatures individuelles étant autorisées.

Dans les villes de plus de 1 000 habitants, un système mixte à deux tours et à dominante majoritaire s'applique : au premier tour, si une liste rassemble la majorité absolue des suffrages, elle obtient la moitié des sièges et l'ensemble des listes (y compris celle arrivée en tête) se partage, à la représentation proportionnelle à la plus forte moyenne, l'autre moitié. Si aucune liste n'a obtenu la majorité absolue des suffrages au premier tour, il est procédé à un second tour et la liste qui arrive en tête obtient la moitié des sièges, l'autre moitié étant partagée à la proportionnelle entre toutes les listes. Le système est donc fortement majoritaire car il permet même à une liste qui n'a pas obtenu la majorité absolue au second tour mais qui y est arrivée en tête de bénéficier d'une forte prime majoritaire. Mais il a l'avantage de permettre la représentation des minorités, ce qui explique le consensus dont il a bénéficié et qui a survécu lui aussi aux alternances.

– Pour les élections législatives, il s'agissait de limiter les effets de la défaite prévisible en mars 1986. La loi du 26 avril 1985 a instauré la représentation proportionnelle de liste départementale à la plus forte moyenne, avec seuil de 5 % des suffrages exprimés pour avoir droit à la représentation. Ce cadre départemental atténue les effets attendus de ce mode de scrutin (par rapport à un cadre national). La proportionnelle n'a d'ailleurs pas empêché la droite de gagner (de deux sièges) les élections de mars 1986 et de rétablir immédiatement le scrutin majoritaire à deux tours – la loi du 11 juillet 1986, qui fixe le principe, étant suivie de celle du 24 août 1986 qui découpe les circonscriptions – Le scrutin majoritaire à deux tours a été maintenu depuis, malgré les propositions récurrentes, notamment celle du comité Vedel en 1993 et du comité Bartolone-Winock de 2015, consistant en l'instauration d'une dose de proportionnelle. Devant le parlement réuni en Congrès à Versailles, le 3 juillet 2017, le président de la République, Emmanuel Macron, a fait part de sa volonté de modifier le mode de scrutin pour introduire cette dose de proportionnelle, qui se trouve dans la réforme électorale portée par le projet de loi « pour une démocratie plus représentative, responsable et efficace » déposé le 23 mai 2018, abandonné suite à l'« affaire Benalla ».

– Les élections sénatoriales – auxquelles ne participent que les élus nationaux et locauxv. ss 317 – se déroulent selon un scrutin mixte. Si la proportionnelle de liste à la plus forte moyenne s'applique pour les départements élisant au moins trois sénateurs, le scrutin majoritaire à deux tours demeure pour les autres départements.

– Pour les élections régionales, la loi du 10 juillet 1985, qui instaurait également la représentation proportionnelle départementale à la plus forte moyenne et a conduit à l'ingouvernabilité des conseils régionaux (faute de majorité dans la plupart d'entre eux) a été révisée par la loi du 19 janvier 1999. Celle-ci a régionalisé le scrutin : les conseillers régionaux sont élus dans chaque région au scrutin de liste à deux tours. Le scrutin est proportionnel à la plus forte moyenne mais, s'inspirant de la loi du 19 novembre 1982 pour les municipales, accorde une prime à la liste ayant obtenu la majorité absolue au premier tour ou, si aucune liste n'a obtenu la majorité absolue au premier tour, à la liste arrivée en tête au second. Cette prime est égale au quart des sièges à pourvoir, les trois autres quarts étant partagés à la proportionnelle entre les autres listes. La loi du 11 avril 2003 a imposé l'obtention de 10 % des suffrages exprimés pour se maintenir au second tour et répartit les sièges obtenus par chaque liste proportionnellement aux voix obtenues par département.

section 3

Démocratie directe et démocratie représentative

La vie politique française depuis 1958 a été caractérisée par la multiplication des consultations électorales et l'usage raréfié du référendum, contrairement au souhait du fondateur de la Ve République. Cette évolution s'explique notamment par l'influence de l'élection présidentielle et la création de nouveaux scrutins. 227

§ 1 Les cycles électoraux

La multiplication des scrutins est due à deux facteurs : l'élection présidentielle et l'élection au suffrage universel direct de nouvelles instances : le Parlement européen et les conseils régionaux. 228

– L'impact de l'élection présidentielle

En introduisant l'élection du chef de l'État au suffrage universel, la révision constitutionnelle de 1962 a modifié la nature des cycles électoraux. Ceux-ci étaient organisés jusqu'alors autour des seules élections législatives. Désormais, l'élection présidentielle est décisive : elle est suivie, lorsque le président ne dispose pas d'une majorité à l'Assemblée nationale, d'une dissolution et d'élections législatives anticipées (en 1981 et 1988) dont les résultats et la participation sont conditionnés par le résultat de l'élection présidentielle. Si les élections législatives (anticipées ou non) désignent la majorité gouvernementale, l'élection présidentielle, à condition qu'elle soit caractérisée par un affrontement bipolaire (ce qui ne fut pas le cas en 1969 et en 2002, la gauche étant absente du second tour, ni en 2017, gauche et droite étant absentes du second tour), désigne les deux coalitions qui s'opposeront, notamment aux législatives, et leurs leaders respectifs. La multiplication des situations de cohabitation a conduit à bouleverser les règles du jeu, le retour à la primauté de l'élection présidentielle résultant de l'instauration du quinquennat (révision de septembre 2000) et de la préséance en faveur de l'élection présidentielle sur les élections législatives dans le calendrier électoral (loi organique du 15 mai 2001). La double victoire de la droite en 2002 et 2007, celle de la gauche en 2012 et celle du centre en 2017 en ont été facilitées.

– Les nouveaux scrutins

L'élection au suffrage universel direct du Parlement européen et des conseils régionaux, élus tous deux à la proportionnelle, ont créé une catégorie d'élections sans grand enjeu qui sont l'occasion pour de nouvelles forces d'émerger dans la vie politique et pour l'électeur déçu par la majorité ou par l'opposition de protester sans risque. Les élections européennes ont ainsi été marquées non seulement par de forts taux d'abstention mais aussi par l'apparition en 1984 du Front national, en 1989 des écologistes, en 1994 de Bernard Tapie. Les élections régionales de 1992 ont vu le succès des forces « anti-système » en général, et le Front national arrivé en tête au premier tour en 2015.

Les comportements électoraux tendent ainsi à se diversifier suivant le type d'élection, le mode de scrutin et l'enjeu, tout en rendant la consultation électorale quasi-permanente, les périodes sans élection devenant l'exception.

§ 2 La diversification du référendum

229 Si le général de Gaulle a eu recours à cinq reprises au *référendum*[Q] de 1958 à 1969 (référendum constituant de 1958, référendums algériens de 1961 et 1962, référendums constituants de 1962 et 1969), cette procédure de démocratie semi-directe n'a été utilisée qu'à cinq reprises par ses successeurs. Si Georges Pompidou y recourt en 1972 à propos de l'élargissement des Communautés européennes, Valéry Giscard d'Estaing n'y prête guère intérêt tandis que François Mitterrand l'utilisera pour les accords en Nouvelle-Calédonie (1988) et le traité d'Union européenne (1992) et Jacques Chirac pour l'instauration du quinquennat présidentiel (2000) et le traité portant constitution de l'Union européenne (2005).

Ce déclin est dû à deux raisons. D'une part, l'usage politique du référendum a changé après 1969 : alors que le référendum était l'occasion pour le général de Gaulle de mettre en jeu son mandat par l'engagement de sa responsabilité politique, en testant sur un sujet essentiel la confiance du pays, quitte à en tirer les conséquences en démissionnant en avril 1969. Ses successeurs n'ont pas voulu courir un tel risque. Le refus de mettre en jeu leur mandat, qu'il s'agisse d'élections législatives (acceptation par principe de la cohabitation par Valéry Giscard d'Estaing, François Mitterrand et Jacques Chirac) ou de référendum entraîne une participation faible et un intérêt limité de la population, à l'exception des référendums européens de 1992 et 2005. Le référendum du 24 septembre 2000 sur le quinquennat présidentiel a même battu le record historique de l'abstention (69,68 %). L'utilisation du référendum devient également un risque pour le président qui, même sans engager sa responsabilité politique, peut voir le référendum se transformer, pour partie, en vote sanction à son égard.

D'autre part, le référendum est un outil difficile à manier du fait de son objet limité. Si le général de Gaulle n'a pas hésité à utiliser l'article 11 de la Constitution pour procéder à des révisions constitutionnelles, élargissant le champ de « l'organisation des pouvoirs publics », ses successeurs, ne disposant pas de son aura, ont dû être plus scrupuleux et dès lors ont eu du mal à trouver thème à consultation populaire. Les hésitations de François Mitterrand désireux, en 1984, d'organiser un référendum pour sortir de l'impasse politique où il se trouvait mais devant passer par une révision du domaine de l'art. 11 Const. pour y parvenir, en témoignent.

L'élargissement du champ de l'article 11 aux questions économiques et sociales opéré en 1995 n'a pas permis de relancer cette procédure. L'introduction du référendum d'initiative partagée (un cinquième des parlementaires et un dixième des électeurs), visiblement destinée à favoriser les minorités, lui donnera peut-être un nouveau départ. Néanmoins, la complexité de cette procédure rend son utilisation difficile. Depuis 2008, aucune procédure n'a d'ailleurs été engagée.

Ce double processus de multiplication des scrutins électoraux et de déclin du référendum n'aura pas simplement contribué à modifier les cycles politiques et la source des légitimités. Il aura ramené la Cinquième République dans la catégorie traditionnelle des régimes représentatifs après l'épisode gaullien de l'appel au peuple.

Compléments pédagogiques

Mémo

Le *droit de suffrage* se caractérise par son *universalité* (il est égal et libre) et sa subordination au bénéfice de la capacité électorale (conditions de *nationalité* – à l'exception des citoyens de l'Union européenne pour certains votes –, de *majorité* notamment). Le *statut du candidat* à l'élection est celui de l'électeur, renforcé par les *inéligibilités*, mais il inclut désormais le respect de la *parité* et des règles relatives aux *campagnes électorales*. Les *modes de scrutin* ont évolué depuis 1958 : au *scrutin majoritaire à deux tours dominant* (pour les scrutins présidentiel, législatif, cantonal) qui structure la vie politique (*bipolarisation*), s'ajoutent depuis les années 1980 des modes de *scrutin de type proportionnel* (élections au Parlement européen) ou à correctif majoritaire (scrutins municipal et régional). Quant au *référendum*, dont l'initiative est réservée au chef de l'État et dont l'objet est limité, il n'a guère été utilisé depuis le départ du général de Gaulle, le président refusant de s'engager politiquement en cas de recours.

Quid

■ Capacité électorale n° 221

Aptitude à participer au vote. Détiennent la capacité électorale tous les nationaux majeurs des deux sexes jouissant de leurs droits civils et politiques (Const., art. 3, al. 4).

■ Droit de vote n° 218

Pouvoir personnel du citoyen de participer à la désignation de ses représentants ou de se prononcer sur un texte soumis à référendum.

■ Inéligibilité n° 223

Interdiction de candidater à une élection. Elle est soit absolue (conditions de nationalité et d'âge, incapacité, condamnations pénales), soit relative (durant un certain délai).

■ Parité n° 223

Principe constitutionnel d'égal accès des hommes et des femmes aux mandats électoraux et fonctions électives (Const. révisé en 1999, art. 3).

■ Procuration (vote par) n° 219

Droit pour les électeurs mentionnés par le Code électoral (C. élect., art. L. 71 à 78) dans l'impossibilité de voter dans leur lieu de résidence pour des raisons de santé, professionnelle ou de vacances d'habiliter un mandataire à voter en leur nom dans les conditions prévues par la loi.

■ Référendum n° 229

Votation par laquelle les citoyens se prononcent par oui ou par non sur un texte législatif ou constitutionnel.

Document

Décision du 18 novembre 1986 du Conseil constitutionnel, Découpage électoral (extraits)

Considérant qu'aux termes de l'article 2, premier alinéa, de la Constitution, la République « assure l'égalité devant la loi de tous les citoyens sans distinction d'origine, de race ou de religion » ; que l'article 3 de la Constitution dispose, dans son premier alinéa, que « la souveraineté nationale appartient au peuple qui l'exerce par ses représentants et par la voie du référendum » et, dans son troisième alinéa, que le suffrage « est toujours universel, égal et secret » ; que, selon le deuxième alinéa de l'article 24 de la Constitution « les députés à l'Assemblée nationale sont élus au suffrage direct » ; que l'article 6 de la Déclaration des Droits de l'Homme et du Citoyen de 1789 proclame que la loi « doit être la même pour tous, soit qu'elle protège, soit qu'elle punisse. Tous les citoyens étant égaux à ses yeux sont également admissibles à toutes dignités, places et emplois publics, selon leur capacité et sans autre distinction que celle de leurs vertus et de leurs talents » ; Considérant qu'il résulte de ces dispositions que l'Assemblée nationale, désignée au suffrage universel direct, doit être élue sur des bases essentiellement démographiques ; que, si le législateur peut tenir compte d'impératifs d'intérêt général susceptibles d'atténuer la portée de cette règle fondamentale, il ne saurait le faire que dans une mesure limitée.

Considérant qu'en réservant à chaque département une représentation d'au moins deux députés, le législateur a entendu assurer un lien étroit entre l'élu d'une circonscription et les électeurs ; qu'eu égard, d'une part, à la répartition de la population sur le territoire national telle qu'elle résulte du dernier recensement général connu et, d'autre part au nombre très restreint de départements pour lesquels le choix ainsi fait entraîne un écart de représentation en leur faveur, les dispositions du deuxième aliéna de l'article 5 de la loi ne sont pas, par elles-mêmes, contraires à la Constitution ; qu'elles impliquent, toutefois, que les inégalités de représentation qui en résultant ne puissent être sensiblement accrues par le biais des règles qui président à la délimitation des circonscriptions à l'intérieur d'un même département.

Considérant que pour la délimitation des circonscriptions à l'intérieur d'un même département, le quatrième alinéa de l'article 5 de la loi autorise le Gouvernement agissant par voie d'ordonnance à s'écarter de plus ou de moins de 20 % par rapport à la population moyenne d'un département afin de permettre, dans l'intention du législateur, la prise en compte d'impératifs d'intérêt général ; qu'ainsi qu'il ressort du troisième alinéa de l'article 5 l'écart retenu répond au souci que la délimitation de circonscriptions respecte les limites cantonales ; qu'il a été précisé par le Gouvernement au cours des débats parlementaires que l'écart de représentation avait également pour but, dans le cas où il n'y a pas respect des limites cantonales, de tenir compte des « réalités naturelles que constituent certains ensembles géographiques » et « des solidarités qui les unissent ».

Considérant que si, en elles-mêmes, les exceptions apportées au principe de l'égalité de suffrage ne procèdent pas, pour chacune d'elles, d'une erreur manifeste d'appréciation, elles pourraient par leur cumul aboutir à créer des situations où ce principe serait méconnu ; qu'en conséquence, les dispositions des alinéas 3 et 4 de l'article 5 de la loi doivent s'entendre comme suit : qu'il convient, en premier lieu, de considérer que la faculté de ne pas respecter les limites cantonales dans les départements comprenant un ou plusieurs cantons non constitués par un territoire continu ou dont la population est supérieure à 40 000 habitants ne vaut que pour ces seuls cantons ; qu'en deuxième lieu la mise en œuvre de l'écart maximum mentionné à l'alinéa 4 de l'article 5 doit être réservée à des cas exceptionnels et dûment justifiés ; que l'utilisation de cette faculté ne pourra intervenir que dans une mesure limitée et devra s'appuyer, cas par cas, sur des impératifs précis d'intérêt général ; qu'enfin, la délimitation des circonscriptions ne devra procéder d'aucun arbitraire ; que toute autre interprétation serait contraire à la Constitution.

Biblio

1) Texte

- Code électoral 2020, Dalloz.

2) Références

- P. Brechon, *La France aux urnes*, 5e éd., La Documentation française, 2009.
- E. Buge, *Droit de la vie politique*, PUF, 2018.
- Ch. Boutin, F. Rouvillois, *Le référendum*, La Nouvelle Librairie Éditions, 2023.
- B. Daugeron, *La notion d'élection en droit constitutionnel*, LGDJ, 2011.
- J.-M. Denquin, « Le déclin du référendum sous la Ve République », *RD publ.* 1998.
- F. Hamon, *Le référendum*, 2e éd., LGDJ, 2012.
- T. Ehrhard, *Le Découpage électoral sous la Ve République*, Paris, Classiques Garnier, 2017.
- M. Fatin-Rouge Stéfanini, « Vingt-cinq ans de débats et de réformes sur les référendums en France : entre apparences et réalités », *RFDC*, n° 100, 2014.
- M. Offerlé, *Un homme, une voix. Histoire du suffrage universel*, Gallimard, 1993.
- J.-L. Parodi, « Proportionnalisation périodique, cohabitation, atomisation partisane : un triple défi pour le régime semi-présidentiel de la Ve République », *RFSP*, 1997.
- P. Perrineau (dir.), *Le vote disruptif*, Presses de Sciences Po, 2017.
- H. Portelli, *La politique en France sous la Ve République*, Grasset, 1987.
- H. Portelli, « La Ve République et les partis », *Pouvoirs*, n° 126, 2008.
- *Pouvoirs* 2007, n° 120, *Voter*, Le Seuil.
- *Pouvoirs* 2017, n° 160, *La nationalité*, Le Seuil.
- R. Rambaud, *Le droit des campagnes électorales*, LGDJ, 2016.
- R. Rambaud, *Droit des élections et des référendums politiques*, LGDJ, 2019.
- P. Rosanvallon, *Le Peuple introuvable : Histoire de la représentation démocratique en France*, Gallimard, 2002.

Quiz

1) Sujets corrigés

A) Test de connaissances

1. Quel âge minimum est requis pour être candidat aux différentes élections en France ?

2. Quels sont les différents modes de scrutin en vigueur en France ?

3. Combien de référendums ont été organisés sous la Ve République ?

Voir le corrigé en fin de rubrique.

B) Dissertations

Énoncé n° 1

Les effets des modes de scrutin sur le fonctionnement des institutions.

Voir le corrigé en fin de rubrique.

Énoncé n° 2

Le candidat aux élections.

Voir le corrigé en fin de rubrique.

2) Corrigés

Test de connaissances

1. 18 ans pour le conseil municipal, le conseil départemental, le conseil régional, l'Assemblée nationale, le Parlement européen, le président de la République et 24 ans pour le Sénat.

2. Scrutin majoritaire à deux tours (élection présidentielle, élections législatives et élections cantonales), représentation proportionnelle de liste à la plus forte moyenne (Parlement européen, sénateurs pour les départements élisant 3 sénateurs ou plus), scrutin mixte – proportionnelle avec prime majoritaire – (élections municipales et régionales).

3. Neuf : 1961 (autodétermination de l'Algérie), 1962 (accords d'Évian), 1962 (élection directe du président de la République), 1969 (Sénat et régions), 1972 (élargissement des Communautés européennes), 1988 (Nouvelle-Calédonie), 1992 (traité de Maastricht), 2000 (quinquennat présidentiel), 2005 (traité constitutionnel européen).

Dissertation n° 1

Introduction : L'évolution des règles électorales depuis 1958. Les effets de la proportionnelle aux élections secondaires et ses limites (le correctif majoritaire aux élections municipales et régionales).

I. Le parlementarisme majoritaire, fruit du scrutin majoritaire aux deux élections clés

A. Président

B. Assemblée nationale

II. La proportionnelle corrigée aux élections locales

A. La logique des élections intermédiaires contre les partis de gouvernement

B. La prime majoritaire aux élections municipales et régionales

Conclusion : Cycles électoraux et intégration majoritaire (les problèmes du PCF avant 1971 et de l'extrême-droite après 1984).

Dissertation n° 2

Introduction : De l'égalité de droit aux inégalités de fait (financières, culturelles, politiques).

I. Le citoyen candidat

A. Électeur et éligible (l'ouverture aux citoyens de l'Union européenne pour les élections municipales)

B. Le principe d'égalité (de l'inéligibilité des fonctionnaires d'autorité à la parité)

II. Le militant candidat

A. Les règles de présentation : le cas de l'élection présidentielle

B. Les règles de financement (du mandataire financier au poids des partis)

chapitre 11

Le président de la République

Plan analytique

section 1

L'exécutif bicéphale

§ 1 Pouvoir d'État et pouvoir gouvernemental

§ 2 Les différentes figures du président de la République

§ 3 Les partis et les institutions

section 2

La légitimité présidentielle

§ 1 L'élection populaire

- **A.** De l'élection par les notables à l'élection populaire
- **B.** La période électorale
- **C.** Les candidatures
- **D.** Le scrutin
- **E.** Le déroulement de la campagne
- **F.** Les résultats et le contentieux de l'élection

§ 2 Le mandat présidentiel

- **A.** La durée du mandat
- **B.** La fin du mandat

§ 3 L'intérim de la présidence

§ 4 Les services de la présidence

§ 5 La responsabilité présidentielle

- **A.** Le principe d'irresponsabilité à raison des actes relevant de la fonction présidentielle
- **B.** La responsabilité à raison des actes étrangers à la fonction
- **C.** La responsabilité politique

section 3

Le pouvoir régalien

§ 1 Les pouvoirs de garantie

- **A.** Garant de la Constitution

B. Garant de l'indépendance de l'autorité judiciaire

C. Droit de grâce

§ 2 Les pouvoirs de crise

A. La dissolution

B. Les pouvoirs exceptionnels de l'article 16

section **4**

Le pouvoir partagé

§ 1 Les rapports avec le gouvernement

§ 2 Le pouvoir de signature

§ 3 Le pouvoir de nomination

§ 4 La diplomatie et la défense

A. La défense et la sécurité intérieure

B. La diplomatie internationale et l'Europe

§ 5 Le pouvoir référendaire

A. Le référendum constituant

B. Le référendum législatif de l'article 11

C. Le référendum d'initiative partagée (art. 11, al. 3 à 5)

D. Le référendum de l'article 88-5

E. La consultation locale

§ 6 Les rapports avec le Parlement

A. Le dialogue avec le Parlement

B. La participation à la procédure législative

section **5**

Les pouvoirs honorifiques

Compléments pédagogiques

Au sein d'un pouvoir exécutif bicéphale, le président de la République est le détenteur du pouvoir d'État. Il tire sa légitimité de son élection directe par le peuple. Ses compétences se partagent entre des fonctions régaliennes, des fonctions plus politiques, de codécision législative ou exécutive, et des pouvoirs protocolaires. 230

section 1

L'exécutif bicéphale

§ 1 Pouvoir d'État et pouvoir gouvernemental

Le président de la République et le Premier ministre, chef du gouvernement, 231
constituent, sous la Ve République, un tandem original. Sous les Républiques précédentes, l'exécutif était déjà bicéphale mais au président, représentant symbolique de l'État, dépourvu de pouvoirs réels, faisait pendant un président du Conseil chef de l'exécutif mais bridé dans ses fonctions par la toute-puissance du parlement. Cette fois, la Constitution de 1958 a renforcé les pouvoirs des deux organes. Le terme même d'exécutif disparaît au profit de gouvernement, afin de bien marquer l'autonomie par rapport au parlement. Chef de l'État et gouvernement disposent chacun d'un domaine propre, au premier le pouvoir d'État, au second le pouvoir gouvernemental.

Le pouvoir d'État comprend la garde de la Constitution, de l'indépendance nationale et du respect des engagements internationaux, la défense de la continuité de l'État et l'arbitrage au-dessus des contingences politiques (Const., art. 5). Le pouvoir gouvernemental consiste à « déterminer et conduire la politique de la nation » (Const., art. 20) à travers l'impulsion de la législation et son exécution par les administrations civiles et militaires. Néanmoins, ces deux pouvoirs sont étroitement imbriqués pour trois raisons.

– La première est la codécision sur presque tous les domaines. Excepté le recours aux pouvoirs de crise de l'article 16 et la dissolution de l'Assemblée, les décisions du président nécessitent soit une proposition préalable du Premier ministre (référendum, révision) soit son contreseing. À l'inverse, les principales décisions gouvernementales étant prises en Conseil des ministres, elles dépendent donc du président de la République, qui le préside. En effet, le président de la République approuve son ordre du jour, ce qui lui donne un droit de *veto*, signe les décrets et ordonnances qui y sont délibérés. En cela, le président participe au pouvoir gouvernemental ;

– La deuxième est d'ordre politique. Le président de la République nomme le Premier ministre et cette nomination présente un contenu politique évident lorsque le président et l'Assemblée nationale ont été élus par la même majorité électorale, ce qui a été le cas le plus souvent depuis 1958. La codécision institutionnelle est alors doublée d'une codécision politique qui peut être plus ou moins étroite suivant que les deux personnages appartiennent au même parti ;

– La troisième tient à l'évolution du régime depuis cinquante ans. La distinction entre pouvoir d'État (présidentiel) et pouvoir gouvernemental s'est estompée au fil des ans. La perte d'autonomie internationale de la France, puissance moyenne intégrée dans l'Union européenne et dépourvue de moyens d'actions (militaires et diplomatiques) suffisants pour agir seule sur la scène internationale, affaiblit le rôle international du chef de l'État (à l'exception de l'Union européenne), alors que son intervention dans la vie politique quotidienne n'a cessé de croître, notamment depuis l'instauration du quinquennat, calqué sur la durée du mandat législatif, qui en fait le véritable chef politique de la majorité parlementaire et du gouvernement.

Les sommets de l'État ont donc à leur tête un pouvoir bicéphale, dont chacun des organes a une fonction spécifique, mais qui nécessite une coordination à défaut d'une connivence. Cela explique les difficultés qui ont pu se produire chaque fois que, du fait de la non-coïncidence des majorités présidentielle et parlementaire, président et Premier ministre ont défendu des orientations opposées. Les deux pratiques possibles du régime politique et des institutions ont donc dépendu de la nature des rapports président – Premier ministre. L'autorité institutionnelle et politique du président de la République sur le Premier ministre s'imposent en cas de coïncidence des majorités et conduisent à une pratique présidentialiste, la suprématie de fait du Premier ministre s'imposent en cas de non-coïncidence et permet une pratique parlementaire.

§ 2 Les différentes figures du président de la République

232 À partir de ses prérogatives institutionnelles (constitutions, textes législatifs et réglementaires, protocole), le chef de l'État peut se trouver dans des rôles très différents.

– Le premier rôle correspond au cas le plus fréquent : celui du président « tout-puissant », à la fois autorité constitutionnelle et autorité politique. Le président dispose de ses compétences constitutionnelles propres et d'une influence politique qui lui permet à la fois d'utiliser ses compétences partagées (avec contreseing ministériel) sans aucune difficulté, et de déterminer la politique de la nation. Cette toute-puissance se produit lorsque le président dispose non seulement d'une majorité qui le soutient à l'Assemblée mais également du contrôle total du parti majoritaire. Ce fut le cas pour le général de Gaulle, qui pouvait compter sur la fidélité inconditionnelle de ses partisans, puisqu'il était le chef charismatique et fondateur du mouvement gaulliste. Ce fut le cas également de Georges Pompidou, patron incontesté de la nouvelle génération de notables gaullistes arrivés à l'Assemblée à la suite des élections législatives de 1968. On retrouvera cette situation lors de la première législature mitterrandienne (1981-1986). La situation s'est encore reproduite au profit de Jacques Chirac – leader-fondateur du RPR – en 1995-1997. Depuis 2002, du fait du quinquennat qui a renforcé la coïncidence des majorités, le contrôle du parti majoritaire et les pouvoirs présidentiels au détriment de ceux du Premier ministre, Jacques Chirac, Nicolas Sarkozy – qui a donné à la suprématie présidentielle une dimension jamais atteinte depuis 1958 –, François Hollande et Emmanuel Macron ont renoué avec les présidences fortes des débuts de la Cinquième République.

Dans ce cas le président dispose d'un double circuit de pouvoir : celui de l'État et celui du parti majoritaire (qui lui permet de contrôler directement les groupes parlementaires), pouvant jouer tantôt sur l'un, tantôt sur l'autre. Dans une telle situation, les pouvoirs du Premier ministre, qui n'a pas d'autorité politique propre sur le parti et ses élus, sont singulièrement amoindris et se réduisent à ceux d'un chef d'état-major administratif.

– Le deuxième rôle est le cas du président qui dispose du soutien d'une majorité parlementaire mais qui ne la contrôle pas totalement sur le plan politique. Ce fut le cas de Valéry Giscard d'Estaing, qui, faute d'avoir dissout l'Assemblée au lendemain de son élection, trouve ses partisans minoritaires au sein de celle-ci et va devoir composer avec la formation gaulliste reprise en main par Jacques Chirac. Si cette situation n'amoindrit nullement le pouvoir présidentiel, elle gêne considérablement celui du Premier ministre, qui se voit *de facto* contesté dans ses fonctions de chef de la majorité parlementaire (ce dont se plaindront successivement J. Chirac, en butte aux giscardiens, puis R. Barre, victime de la guérilla chiraquienne) et doit user des dispositions constitutionnelles faute de pouvoir se reposer sur des relais politiques sûrs. On retrouve cette situation sous le second septennat mitterrandien. Outre l'absence de majorité absolue au profit des socialistes à l'Assemblée, qui donne au Premier ministre une marge de manœuvre pour nouer des alliances de conjoncture, le président n'a pu utiliser cette fois le relais du PS, ses partisans en ayant perdu le contrôle dès le lendemain de sa réélection. Le double circuit de décision de 1981-1986 n'a pas pu se reconstituer et la prise de distance critique du président (vis-à-vis de son Premier ministre, Michel Rocard, en 1988-1991, et de son parti, jusqu'en 1995) a amoindri ses relais politiques et dans l'opinion.

– Le troisième rôle est le cas du président qui se trouve, selon la formule théorisée par Édouard Balladur dès 1983, en situation de « cohabitation ». Il ne dispose pas de majorité parlementaire mais garde les moyens de défendre ses prérogatives institutionnelles. Ce fut le cas de François Mitterrand en 1986-1988. Disposant d'un « pré-carré constitutionnel » qu'il avait défini à l'avance (diplomatie, défense, droit de *veto* sur les signatures et nominations en Conseil des ministres), François Mitterrand a d'autant mieux défendu ses pouvoirs que ses adversaires, également candidats à la fonction présidentielle, ne tenaient pas à amoindrir celle-ci en s'opposant à lui. Par ailleurs, il disposait d'un puissant relais à l'Assemblée (avec le groupe parlementaire socialiste sauvé par la représentation proportionnelle), au Conseil constitutionnel (dont la majorité des membres ne lui était pas hostile, du fait de leur nomination) et dans l'opinion du fait de sa candidature à un second mandat. Le président s'est ainsi forgé un statut politique original, d'une part, président constitutionnel, de l'autre chef de l'opposition au gouvernement, tout en appelant à l'opinion comme un « tribun de la plèbe » à chaque occasion (conflit social, querelle juridique, controverse politique), ce qui rendait le fonctionnement hebdomadaire du Conseil des ministres particulièrement tendu. La situation de Jacques Chirac de 1997 à 2002 est assez proche. Ne disposant plus d'une majorité parlementaire, il s'est trouvé de surcroît diminué politiquement par la défaite des législatives de 1997, conséquence de son usage malheureux du droit de dissolution, et par la perspective lointaine de la prochaine élection présidentielle (en 2002, alors que les précédentes cohabitations étaient limitées à deux ans par l'élection présidentielle). S'il a difficilement récupéré le rôle de chef de l'opposition (revendiquant même pour la première fois cette fonction le 14 juillet 1998 – « Il est nécessaire d'avoir une harmonie complète entre l'opposition et le président de la République issu de ses rangs comme il doit y avoir une harmonie entre la majorité et le président de la République quand il est issu de ses rangs » –), s'il a disposé d'appuis constitutionnels (la majorité sénatoriale et celle du Conseil constitutionnel depuis le renouvellement de février 1998) et a récupéré la maîtrise du temps (avec le droit de dissolution depuis mai 1998), ses pouvoirs ont été fortement affaiblis face à un gouvernement qui a bénéficié pour la première fois de la durée et a pu résister plus nettement que lors des précédentes cohabitations au contre-pouvoir présidentiel.

Face au président, le Premier ministre, chef du gouvernement et chef de la majorité parlementaire, dispose des pouvoirs d'un chef de gouvernement parlementaire mais doit subir la guérilla d'un président qui utilise contre lui ses pouvoirs constitutionnels, au risque de la paralysie de l'exécutif.

– Le quatrième rôle est le cas d'un président réduit aux acquêts des textes constitutionnels, ce qui fut le cas de François Mitterrand en 1993-1995. Ne disposant plus de l'arme psychologique de la candidature à un nouveau mandat (il finissait le second septennat, amoindri physiquement par la maladie), ne pouvant compter sur des relais parlementaires (le groupe socialiste avait été laminé par le système majoritaire) ou politique (perte de contrôle du PS) et ayant face à lui un Premier ministre puissant (car à la tête d'une majorité parlementaire pléthorique et pouvant s'appuyer sur une opinion publique favorable durant la plus grande partie de son séjour à Matignon), le président a dû opter pour une lecture minimaliste de ses prérogatives constitutionnelles. Il a « partagé » ses pouvoirs diplomatiques et de défense et n'a guère résisté lors des révisions constitutionnelles) et a rendu au Premier ministre l'intégralité des pouvoirs gouvernementaux.

Les rapports président-gouvernement sont donc étroitement tributaires des rapports de force politiques tels que les élections présidentielles et surtout législatives les dessinent.

§ 3 Les partis et les institutions

233 La pratique présidentielle renforcée ou parlementaire du régime dépend du choix institutionnel des partis politiques. L'événement décisif dans l'histoire de la Ve République aura été la victoire des partisans de la primauté présidentielle au sein des différents partis portés par une opinion qui a toujours été favorable à une présidence forte. Si la question ne s'est jamais posée pour les gaullistes, dont les leaders ont tous été les chefs charismatiques et [re]fondateurs du mouvement, elle n'allait pas de soi pour les socialistes et les libéraux. L'accession à leur tête de François Mitterrand et Valéry Giscard d'Estaing a scellé le déclin du courant parlementariste de ces partis et la victoire de ceux qui plaçaient au sommet de leur *cursus honorum* la victoire à l'élection présidentielle, restructurant en fonction de cette échéance la stratégie et l'organisation de leurs partis. Le « nouveau » parti socialiste refondé par François Mitterrand, l'UDF giscardienne, les différentes moutures du parti gaullisme et, en 2002, la création de l'UMP fédérant les différentes familles de droite autour de Jacques Chirac puis de Nicolas Sarkozy ont montré que la présidentialisation était la condition préalable pour qu'un parti politique l'emporte et dure. La victoire d'Emmanuel Macron en 2017 et la création pour la première fois depuis 1958 d'un parti centriste présidentiel et majoritaire est la dernière démonstration de la présidentialisation des partis politiques.

La « présidentialisation » des partis a donc été le principal ressort de la présidentialisation du régime, y compris en période de cohabitation puisque les Premiers ministres et chefs de l'opposition au président partageaient cette vision présidentialiste du régime.

Cela explique que la théorie du « domaine-réservé » ait été inventée (en 1959, lors des Assises du mouvement gaulliste, par Jacques Chaban-Delmas) non pas à l'usage des institutions mais bien des partis. En effet, il n'y a pas, ni juridiquement, ni politiquement, de domaine réservé présidentiel ou gouvernemental, mais des textes qui sont lus et appliqués en fonction des rapports de force politiques. Les partis se sont vus interdire d'intervenir et de s'exprimer dans les domaines que le président prend en propre (diplomatie, défense, décolonisation puis coopération, culture) ou décide d'évoquer, contribuant ainsi à anémier le débat interne de ces partis. Tous les « partis du président » s'y sont tenus scrupuleusement, à gauche comme à droite.

Le président, leader de la majorité, est conduit à intervenir en personne en utilisant le relais de « son » parti dans une série de cas : choix des investitures pour les élections, et notamment à l'Assemblée nationale, choix des dirigeants du parti présidentiel afin de s'assurer de sa docilité, contrôle via le parti des groupes parlementaires. Ce leadership a été particulièrement accentué sous les présidences Pompidou, Mitterrand (premier septennat), Sarkozy et Macron. Nicolas Sarkozy n'a pas hésité à participer au bureau politique de l'UMP le 21 octobre 2007 pour défendre le traité de Lisbonne, ce qui ne s'était jamais produit depuis 1958 et à s'exprimer à plusieurs reprises devant le Conseil national de son parti. Sous le quinquennat de François Hollande ce lien est devenu moins visible, mais il n'a pas disparu pour autant et le président a continué de réunir les dirigeants de son parti à l'Élysée. Quant à la présidence d'Emmanuel Macron, la subordination du parti au président est totale dans la mesure où l'élection présidentielle a coïncidé avec l'élimination des partis qui avaient gouverné le pays depuis 1958 et la création d'un nouveau parti dominant devant son existence et son succès à la seule victoire présidentielle de 2017.

La contrepartie de cette vassalisation a été le développement de la partitocratie, le (ou les) parti[s] du président peuplant les cabinets ministériels, les emplois réservés (quitte à multiplier ceux-ci comme les corps d'inspection générale ou les « tours extérieurs »), nommant leurs leaders ès qualités au gouvernement. Paradoxalement, la survie de la vision gaullienne du pouvoir présidentiel est surtout due au ralliement des partis à cette vision et à leur interpénétration avec les sommets de l'État. Ce phénomène de présidentialisation a pesé de façon décisive dans le déclin de l'institution parlementaire.

Il explique la différence avec les autres États européens où, malgré l'élection directe du chef de l'État et les pouvoirs constitutionnels dont il dispose, le pouvoir exécutif appartient exclusivement au chef du gouvernement. Celui-ci est aussi le chef du parti majoritaire et les partis ne désignent pas leurs leaders à l'élection présidentielle mais bien au poste de chef du gouvernement. C'est le cas de l'Autriche, de la Finlande ou du Portugal. La France, malgré la cohabitation, n'a pas connu cette évolution, au contraire.

section 2

La légitimité présidentielle

■ 234 La Constitution de 1958, dans sa rédaction initiale, se caractérise par une contradiction entre les pouvoirs du président, bien plus étendus que sous les régimes antérieurs, et un mode de désignation (par un collège de notables) qui ne lui confère pas de légitimité particulière. Il n'a fallu attendre que quatre ans pour que le général de Gaulle fasse modifier par référendum la Constitution sur ce point, afin de donner au président une légitimité démocratique en conformité avec l'étendue de ses fonctions.

§ 1 L'élection populaire

A. De l'élection par les notables à l'élection populaire

■ 235 Pour Charles de Gaulle, l'élection du président de la République par le peuple était impossible en 1958. Outre le souci de ne pas attaquer frontalement le personnel politique de la IVe République, qui y est viscéralement hostile (on le verra en 1962), l'argument principal est lié à l'existence de la Communauté franco-africaine. Le président est, dans la conception gaullienne, l'homme de la nation. Son double statut, en 1958, de président de la République et de président de la Communauté franco-africaine interdit qu'il soit élu par le peuple, à moins de le faire élire par l'ensemble des populations de la Communauté (auquel cas les électeurs de métropole auraient été minoritaires). Sauf à envisager une évolution fédérale de celle-ci (ce que de Gaulle refuse par réalisme, y compris pour les rapports franco-algériens), le président ne pourra être élu par la nation qu'au lendemain de l'accession des territoires africains à l'indépendance. C'est le cas au lendemain de l'indépendance de l'Algérie, qui précipitera l'évolution du régime.

■ 236 D'ici là, le mode de désignation choisi, appliqué en 1958, doit simplement éviter que le président désigné soit l'otage du parlement, comme sous les régimes précédents. Il est élu par le collège de notables qui élit les sénateurs, soit alors près de 80 000 élus : parlementaires (moins de 1 % du corps électoral), conseillers généraux, délégués des conseillers municipaux (ce qui, du fait de l'émiettement communal – 37 000 communes, la plupart de moins de 1 000 habitants – assure une prépondérance absolue dans le collège aux élus ruraux), membres des assemblées des territoires d'outre-mer (4 000).

Le 21 décembre 1958, le général de Gaulle l'emporte avec 78,5 % des suffrages exprimés. Toutefois, ce n'est pas cette élection qui assure sa légitimité. Celle-ci provient de sa stature historique (« la légitimité que j'incarne depuis vingt ans », déclarera-t-il lors de la crise des barricades d'Alger de janv. 1960) et de la confirmation par les référendums de la confiance populaire (celui sur la Const. du 28 sept. 1958 et ceux sur la politique algérienne de janv. 1961 et avr. 1962).

La question de la légitimité présidentielle reste entière pour ses successeurs qui n'auront pas son « équation personnelle ». Il leur faudra alors bénéficier de la

« confiance explicite de la nation » (allocution du 20 sept. 1962) que seule l'élection au suffrage universel direct peut assurer. C'est le sens de la réforme entérinée par la révision référendaire du 28 octobre 1962.

La révision constitutionnelle qui a instauré l'élection du président de la République au suffrage universel direct a été complétée par une seconde révision en 1976 – qui a modifié les conditions de candidature et comblé les lacunes de la Constitution en cas de décès d'un candidat – ainsi que par la législation relative aux campagnes électorales. 237 ■

B. La période électorale

L'élection se déroule normalement à l'expiration du mandat de 5 ans du président en exercice (Const., art. 7, al. 3). Celui-ci, puisque la Constitution prévoit que le mandat est renouvelable une fois consécutive (Const., art. 6), peut d'ailleurs être candidat à sa propre succession, ce qui fut le cas en 1965, 1981, 1988, 2002 et 2012. 238 ■

L'élection doit avoir lieu 20 jours au moins et 35 jours au plus avant la fin du mandat en cours, afin d'assurer la continuité de la fonction. La période de coexistence du président sortant et du président élu est donc brève et elle peut même être abrégée par la démission anticipée de quelques jours du président sortant (ce qui fut le cas en 1981 comme en 1995).

Elle peut être avancée ou reportée. 239 ■

Elle est avancée en cas de *vacance*[Q] définitive de la présidence, ce qui est le cas si le président démissionne de sa fonction, comme le fit le général de Gaulle le 28 avril 1969 à la suite de son échec référendaire, et s'il décède (Georges Pompidou, le 2 avr. 1974) mais aussi s'il est destitué par le Parlement réuni en Haute Cour pour « manquement à ses devoirs manifestement incompatible avec l'exercice de son mandat » (Const., art. 68). Dans tous ces cas, le Conseil constitutionnel constate la vacance et cette déclaration ouvre le délai de convocation (qui reste de 20 jours au moins et de 35 jours au plus).

L'élection est également avancée en cas d'*empêchement*[Q] définitif du président (Const., art. 7). Cette hypothèse a été introduite par la révision de 1976. La Constitution prévoit que c'est le gouvernement qui saisit le Conseil constitutionnel, celui-ci statuant à la majorité de ses membres et déclarant l'empêchement.

L'élection peut également être reportée en cas de force majeure constatée par le Conseil constitutionnel. Par force majeure il faut entendre un événement imprévisible (guerre, terrorisme, catastrophe naturelle) qui empêche le déroulement normal de l'élection. Dans ce cas, le mandat du président en place est prorogé d'autant.

Afin d'assurer la primauté (chronologique et donc politique) de l'élection présidentielle sur les élections législatives, la loi organique du 15 mai 2001 a prolongé de deux mois la durée du mandat de l'Assemblée nationale élue en juin 1997 (à la suite d'une dissolution) en fixant au troisième mardi de juin (au lieu du premier mardi d'avr.) de la cinquième année qui suit son élection l'expiration de ses pouvoirs, afin que l'élection présidentielle d'avril 2002 précède (et non suive, au cas où le calendrier électoral aurait été maintenu) les élections législatives organisées (sauf dissolution) la même année.

La loi organique a été validée par le Conseil constitutionnel (Décis. du 9 mai 2001) qui a rappelé qu'« il ne disposait pas d'un pouvoir général d'appréciation et de décision de même nature que celui du Parlement» et qu'il ne lui appartenait donc pas «de rechercher si l'objectif que s'est assigné le législateur pouvait être atteint par d'autres voies». Le Conseil a d'ailleurs considéré que l'objectif que s'était assigné le législateur, estimant qu'«en raison de la place de l'élection du président de la République au suffrage universel direct dans le fonctionnement des institutions de la cinquième République, il était souhaitable que l'élection présidentielle précède, en règle générale, les élections législatives», «n'est contraire à aucun principe, ni à aucune règle de valeur constitutionnelle».

Cette inversion du calendrier a de ce fait été maintenue pour les élections de 2007, 2012 et 2017 qui ont vu l'élection présidentielle précéder de quelques semaines les élections législatives.

C. Les candidatures

240 Tout citoyen satisfaisant aux conditions d'éligibilité (18 ans depuis 2011) peut présenter sa candidature dès lors qu'il bénéficie du parrainage de 500 élus nationaux ou locaux.

À l'origine, le chiffre exigé de signatures de présentation était très faible (100). Il a été élevé en 1976 à 500 (issus d'au moins 30 départements ou collectivités d'outre-mer, sans que plus d'un dixième de ces élus ne puissent provenir d'un même département ou COM). Cette règle plus sévère, destinée à écarter les candidatures fantaisistes, reste néanmoins peu contraignante du fait du morcellement de la représentation locale. La loi organique du 5 février 2001 a élargi la liste des titulaires du droit de présentation composée des parlementaires (y compris les membres français du Parlement européen), des conseillers régionaux et de Corse, des conseillers départementaux et de Paris, des membres des assemblées territoriales des COM, des 36 700 maires de France (et des maires d'arrondissement de Paris, Lyon et Marseille ainsi que des maires délégués des communes associées), des présidents des organes délibérants des métropoles, communautés urbaines, communautés d'agglomération et communautés de communes. Ces acteurs politiques peuvent signer la présentation d'un candidat, ce qui a permis à des non parlementaires et à des candidats de mouvements marginaux de se présenter, parfois avec la signature d'élus obligeamment prêtés par des partis désireux de mettre un adversaire en difficulté par un candidat de division.

La date limite du dépôt des parrainages, qui était de 18 jours avant le premier tour, est depuis la loi organique du 6 avril 2006 fixée au 6e vendredi le précédant, soit 37 jours, afin de faciliter la tâche du Conseil constitutionnel et des autorités chargées des opérations préparatoires au scrutin.

Cette liberté de candidature avait été voulue par le général de Gaulle afin de ne pas laisser aux partis le monopole de présentation des candidats et de faire vraiment du président «l'homme de la nation». En fait, elle est limitée par le rôle décisif des partis dans l'organisation de la campagne électorale et son financement.

Depuis la loi organique du 25 avril 2016 «de modernisation des règles applicables à l'élection présidentielle», si le soutien de 500 élus minimum, issu d'au moins 30 départements et un maximum de 50 par département est toujours en vigueur, les parrainages sont dorénavant adressés directement par les élus signataires par voie postale au Conseil constitutionnel qui vérifie ces présentations. De plus, le Conseil constitutionnel rend public l'intégralité des parrainages, publiés au fur et à mesure sur son site internet (et non plus seulement 500 tirés au sort et publiés sur place), ce qui peut freiner les élus ne souhaitant pas rendre public leur parrainage. Il publie ensuite la liste définitive des candidats.

Ces règles constitutionnelles de présentation qui incluent, depuis la loi organique du 11 mars 1988 sur la transparence financière de la vie politique, la remise au Conseil constitutionnel d'une déclaration patrimoniale détaillée par le candidat, n'empêchent pas que les formations politiques édictent leurs propres règles pour la désignation de leurs candidats.

Le plus souvent, ce sont les adhérents du parti qui choisissent ou entérinent le candidat. Dès 1990, à droite, l'idée d'une désignation par une primaire ouverte aux sympathisants fut envisagée mais elle n'eut pas de suite. Il en fut de même à gauche. Il a fallu attendre l'élection de 2012 pour que la désignation du candidat socialiste prenne la forme d'une primaire ouverte aux sympathisants de gauche inscrits sur les listes électorales, acquittant un euro et « se reconnaissant dans les valeurs de la gauche et de la République » (déclaration signée). Les candidats devaient être parrainés par 5 % des parlementaires PS ou 5 % des membres du Conseil national du parti. L'élection, validée par la CNIL, qui s'est déroulée en deux tours (les 9 et 16 oct. 2011) et a connu une forte participation (près de trois millions d'électeurs) a désigné vainqueur François Hollande (56 % des suffrages) sur Martine Aubry au second tour. À droite, Nicolas Sarkozy, président sortant, avait été investi sans débat.

Cette règle a été reprise, à droite comme à gauche, pour l'élection présidentielle de 2017. À droite, une primaire a été organisée pour désigner le candidat de la droite (Les Républicains, qui ont succédé à l'UMP en 2016), lors d'un scrutin à deux tours, ouvert aux sympathisants de la droite et du centre inscrits sur les listes électorales s'acquittant deux euros et signant une charte dans laquelle ils déclaraient partager les valeurs de la droite et du centre. Les candidats devaient être parrainés par 250 élus (dont 20 parlementaires) issus de 30 départements et 2 500 adhérents, sauf s'ils représentaient un parti associé aux Républicains. Au premier tour, qui s'est déroulé le 20 novembre 2016 et auquel ont participé 4,3 millions d'électeurs, sept candidats étaient en lice. Au second tour, qui s'est déroulé le 27 novembre 2016 et qui a vu la participation de 4,4 millions d'électeurs, François Fillon l'a emporté sur Alain Juppé avec 66,49 % des suffrages.

À gauche, la primaire a été organisée tardivement à la suite de la renonciation du président sortant, François Hollande, à se représenter. Ouverte aux sympathisants socialistes, radicaux de gauche et écologistes, la primaire a vu s'affronter au premier tour sept candidats. Les deux millions d'électeurs ont placé en tête Benoît Hamon et Manuel Valls et au second tour, le 29 novembre 2016, Benoît Hamon l'a emporté avec 58,69 % des suffrages, deux millions d'électeurs s'étant à nouveau déplacés.

Cette organisation des primaires « ouvertes », permettant la désignation d'un candidat par tous les citoyens, mime celle de l'élection présidentielle et montre bien le phénomène de présidentialisation des partis politiques. Pour autant, l'avenir du système des primaires reste incertain puisque les deux partis qui les avaient organisées ont été éliminés dès le premier tour de l'élection présidentielle, et que les compétiteurs du second tour (Emmanuel Macron et Marine Le Pen) s'étaient directement présentés à l'élection présidentielle sans solliciter la moindre investiture.

Les primaires n'en restent pas moins une solution pour sélectionner un candidat lorsqu'aucun leader ne s'est imposé préalablement au sein du parti. Il s'agit, en ce sens, de départager des concurrents d'une même famille politique, ce qui n'est pas sans risque puisque des tensions et des critiques peuvent survenir. Au lieu d'être un facteur de rassemblement, les primaires peuvent alors être un facteur de divisions internes.

Si le nombre de candidats à l'élection présidentielle était limité en 1965 (6) et 1969 (7), il a atteint le chiffre de 12 en 1974 (ce qui explique la révision de 1976) pour progresser à 16 en 2002 et retomber à 12 en 2007, 10 en 2012 et 11 en 2017, essentiellement du fait de la concentration de la gauche et de la droite de gouvernement. Au second tour, l'affrontement s'est situé dans le cadre traditionnel du duel gauche/droite dans tous les cas à l'exception de 1969 (duel Pompidou/Poher), de 2002 (duel Chirac/ Jean-Marie Le Pen) où la gauche divisée est absente et de 2017 (duel Macron/Le Pen) où la gauche et la droite sont éliminées au premier tour.

D. Le scrutin

242 L'élection se déroule au scrutin majoritaire à deux tours. Le président est élu à la majorité absolue des suffrages exprimés, qu'il doit obtenir au premier tour ou au second. À ce jour, aucun président n'a été, compte tenu de la pluralité des candidatures, élu au premier tour, y compris Charles de Gaulle (qui obtient 44 % des suffrages en 1965).

Pour le second tour, restent en lice les deux candidats qui, après le désistement échéant de candidats qui les précédaient, ont recueilli le plus de suffrages au premier tour. En fait, l'hypothèse d'un désistement au profit d'un candidat ayant obtenu moins de voix ne s'est jamais produite.

Dans sa rédaction initiale, le second tour se déroulait le deuxième dimanche suivant le premier tour. Le Conseil constitutionnel, dans son bilan de l'élection présidentielle de 2002, a souligné que le décalage horaire conduit les électeurs des départements d'Amérique ou d'Océanie à voter alors que les résultats de métropole sont connus. La nouvelle rédaction de l'article 7, depuis la révision du 17 mars 2003, fixe le second tour au « quatorzième jour » suivant le premier tour, permettant d'avancer le scrutin dans les collectivités concernées. La loi organique du 5 avril 2006 permet désormais d'organiser les deux tours de scrutin le samedi en Guadeloupe, en Guyane, en Martinique, à Saint-Pierre-et-Miquelon, en Polynésie française et dans les ambassades et postes consulaires situés sur le continent américain.

La loi organique du 25 avril 2016 fixe pour les deux tours la fermeture des bureaux de vote à 19h (des dérogations locales dans les zones urbaines pouvant repousser cette fermeture à 20h). La loi aggrave les sanctions pénales pour divulgation des résultats avant la fermeture du dernier bureau de vote.

Le système est donc conçu de manière à faire du président l'élu de la majorité. Cette légitimité populaire et majoritaire confère à l'élection présidentielle son rôle déterminant dans le système politique, construisant les alliances politiques à long terme et imposant à tous les niveaux du pouvoir un comportement majoritaire. Sauf exception, les deux candidats présents au second tour dominent la vie politique durant le mandat présidentiel, le vaincu devenant chef de l'opposition et le vainqueur chef de la majorité parlementaire, mais cette répartition des rôles peut s'inverser en cours de mandat si le président perd les législatives (comme en 1986, 1993 et 1997).

E. Le déroulement de la campagne

Celle-ci doit d'abord respecter les conditions de pluralisme, ce qui explique la révision constitutionnelle de 1976. Cette révision, à l'initiative du Conseil constitutionnel, a eu pour but de permettre à tous les courants politiques de concourir à égalité en cas de décès ou d'empêchement d'un candidat durant la campagne. Si le décès ou l'empêchement d'un candidat pressenti survient dans les 7 jours qui précèdent la date limite du dépôt des présentations de candidatures, le Conseil constitutionnel saisi (y compris par les présentateurs) décide de façon discrétionnaire s'il y a lieu ou non de reporter le scrutin. Si le décès ou l'empêchement se produit entre le jour de la clôture des présentations et le premier tour du scrutin, le Conseil doit prononcer le report du scrutin : la campagne électorale est intégralement recommencée afin que le groupement politique concerné puisse présenter un nouveau candidat. Avant le second tour, si l'un des candidats les mieux placés avant les désistements éventuels vient à décéder ou est empêché, le Conseil constitutionnel doit faire procéder à la reprise de l'ensemble des opérations électorales. La campagne électorale repart également à zéro en cas de décès ou d'empêchement de l'un des deux candidats demeurés en lice. Le Conseil proroge les délais de convocation du corps électoral et le président sortant demeure en fonction jusqu'à la proclamation de son successeur. 243 ■

Si la campagne officielle dure un mois (quinze jours pour le premier tour et autant pour le second), la campagne réelle dure bien davantage et la réglementation de la campagne en a bien entendu tenu compte. 244 ■

C'est d'abord le cas en ce qui concerne le financement de la campagne. Les lois organiques du 11 mars 1988, 10 mai 1990, 19 janvier 1995, 5 février 2001 et 5 avril 2006 prévoient que le candidat doit tenir un compte de campagne qui retrace l'ensemble des recettes (avec leur origine et leur nature) et des dépenses (effectuées par lui-même ou pour son compte) durant les 12 mois qui précèdent le scrutin. C'est la Commission nationale des comptes de campagne et de financements politiques (CNCCFP) qui examine ces comptes depuis 2007, les réformes éventuellement, les approuve ou les rejette. Ses décisions peuvent faire l'objet d'un recours devant le Conseil constitutionnel (qui était seul compétent avant 2007). Le plafond des dépenses (compte tenu de l'actualisation réglementaire prévue par l'art. L. 52-11 C. élect.) a été fixé pour l'élection de 2017 à 16, 851 millions d'€ pour le premier tour et à 22,509 millions d'euros pour les candidats qui atteignaient le second tour.

Lors de la publication de la liste des candidats au premier tour, l'État verse à chacun d'eux une somme de 153 000 € à titre d'avance sur le remboursement forfaitaire de leurs dépenses de campagne. L'État rembourse forfaitairement à tous les candidats 4,75 % du plafond des dépenses qui leur est applicable soit 800 423 €. Tout candidat qui a franchi la barre des 5 % des suffrages exprimés obtient 47,5 % du plafond qui lui est applicable soit 8 004 225 € s'il est éliminé au premier tour et 10 691 775 € s'il est au second tour. Ce remboursement est conditionné par le respect des règles précitées et l'acceptation du compte par la CNCCFP. En ce qui concerne les recettes, les personnes physiques dûment identifiées peuvent consentir des dons jusqu'à 4 600 € (un régime d'exonération fiscale les y incite). Les partis ne sont soumis à aucun plafond, ce qui favorise évidemment les candidats soutenus par un grand parti. Par contre la loi interdit le financement d'origine étrangère (État ou personne morale) et, surtout, depuis la loi de 1995, le financement par des personnes morales autres que les partis, c'est-à-dire par les entreprises.

Le candidat qui a contrevenu aux règles de plafond et dont le compte a été rejeté doit verser l'équivalent du dépassement au Trésor Public et perd ses droits au remboursement forfaitaire. Toutefois, si les irrégularités commises ne conduisent pas au rejet du compte, la CNCCFP (ou le Conseil constitutionnel) peut décider de réduire le remboursement forfaitaire des dépenses de campagne « en fonction du nombre et de la gravité des irrégularités » (L. org. du 5 avr. 2006). De même le dossier d'un candidat dont la CNCCFP a constaté des irrégularités peut être transmis au Parquet. Par contre, le Conseil ne peut déclarer un candidat inéligible. Dans la pratique, le Conseil a longtemps fait preuve d'une grande mansuétude. Ainsi, lors de l'élection de 1995, s'il a rejeté le compte du candidat arrivé dernier, M. Cheminade, il a réformé à la hausse les comptes de Jacques Chirac et Édouard Balladur, ces révisions frôlant la barre du plafond, et validé leurs comptes. En 2002, le compte de Bruno Mégret a été rejeté.

Depuis que la CNCCFP examine les comptes des candidats et que le Conseil constitutionnel n'intervient qu'en appel, le contrôle est moins généreux. Ainsi, pour l'élection présidentielle de 2012, les comptes de campagne de Nicolas Sarkozy (qui se sont élevés à 21 339 664 € alors que ceux de François Hollande ont atteint 21 769 895 €) n'ont pas été validés par la CNCCFP, celle-ci considérant que le président sortant n'avait pas inclus dans son compte des dépenses imputées à tort à son parti ou à son budget de chef d'État. Le Conseil constitutionnel, dans une décision du 4 juillet 2013, a confirmé la décision de la CNCCFP et définitivement rejeté les comptes du candidat Sarkozy. Le remboursement forfaitaire de sa campagne par l'État a donc été refusé et a été acquitté par son parti, l'UMP, qui a dû débourser 11 millions d'euros tandis que Nicolas Sarkozy a dû rembourser l'avance forfaitaire de 153 000 € ainsi que la somme équivalente au dépassement soit 466 000 €.

En 2017, Emmanuel Macron, qui ne bénéficiait pas du soutien d'un grand parti (à la différence des candidats aux élections précédentes qui ont financé en grande partie leur campagne par les versements de leurs partis respectifs), a recouru aux dons individuels qui ont atteint près de 12 millions d'euros (provenant de 20 000 donateurs) et a emprunté 8 millions d'euros (équivalent au financement public).

La CNCCFP n'intègre pas les dépenses engagées par les partis lors des primaires dans les comptes de campagne à l'exception de celles du candidat désigné.

■ 245 Parallèlement, la loi a limité pour l'élection présidentielle comme pour toutes les autres élections (v. ss 463) les dépenses de marketing politique, interdisant toute publicité commerciale (par voie d'affichage, de presse ou de moyens audiovisuels) durant les trois derniers mois de campagne. De même, les opérations de promotion publicitaire de la réalisation ou de la gestion d'une collectivité (État, collectivité locale) sont interdites durant les six mois qui précèdent le scrutin. La loi a donc tendance à élargir considérablement pour son contrôle la durée de la campagne électorale.

■ 246 À ces règles rigides relatives au financement, qui ont stoppé une dérive dangereuse dans les années 1980, s'ajoutent celles relatives à la propagande électorale, édictées à la veille de l'élection présidentielle de 1965 et actualisées à l'occasion de l'élection de 2017 (L. org. du 25 avril 2016).

Durant la période qui sépare la publication des candidats par le Conseil constitutionnel (en 2017, le 18 mars) et le début de la campagne officielle (en 2017, le

10 avril), les médias doivent respecter un principe d'équité, vérifié par le CSA, qui s'appuie sur les enquêtes des instituts de sondage et les résultats des élections des années précédant le scrutin.

Durant la campagne officielle (quinze jours précédant chaque tour), tous les candidats bénéficient des mêmes facilités et la Commission nationale de contrôle y veille, sous la tutelle du Conseil constitutionnel. Depuis 1988, le Conseil supérieur de l'audiovisuel (et les instances identiques qui l'ont précédé : Haute Autorité et CNCL) s'est vu transférer cette fonction pour l'audiovisuel. L'égalité des candidats concerne aussi bien l'information audiovisuelle, tant publique que privée, que la mise à disposition de 2 heures d'émission (qui peuvent être réduites en fonction du nombre de candidats) pour chaque candidat. Depuis 1974, et à la demande des candidats, un duel télévisé en direct oppose les deux concurrents du second tour (à l'exception de 2002).

Enfin, la loi du 25 avril 2016 qui complète la loi organique promulguée le même jour a renforcé le contrôle des sondages électoraux ; dont les marges d'erreur doivent être publiées (L. org. du 29 mars 2021). Les règles de transparence sur les auteurs et financeurs des études, sur les conditions techniques de leur réalisation, sur leur publication ont été précisées, le contrôle de la commission des sondages a été renforcé et les sanctions financières des contrefaçons ont été durcies.

F. Les résultats et le contentieux de l'élection

Le Conseil constitutionnel est le seul juge de l'élection dont il proclame les résultats 247 ■
définitifs. Il est chargé du contentieux des opérations préliminaires à l'élection comme des opérations électorales, pouvant être saisi par tout électeur et statuant sans délai. Pour ce faire, il s'adjoint des délégués choisis parmi les magistrats de l'ordre judiciaire et de l'ordre administratif (ils sont près de 1 500 à surveiller les opérations de vote). Il est saisi des recours contre les décisions de la Commission nationale des comptes de campagne et des financements politiques et proclame les résultats.

Le Conseil constitutionnel dispose également d'un pouvoir consultatif de fait. Au terme de l'élection, il présente des observations qui serviront à adapter la législation, voire même la Constitution (révisions de 1976 et 2003).

Le rôle du Conseil constitutionnel et des différentes autorités administratives indépendantes n'empêche pas le juge pénal d'intervenir s'il est saisi d'infractions survenues durant la campagne et notamment en matière de financement de celle-ci. C'est ainsi que l'enquête menée par le parquet de Paris sur le financement de la campagne de 1995 d'Édouard Balladur a débouché après une longue enquête relative à d'éventuelles commissions sur des ventes d'armement alimentant le compte de campagne du candidat, sur un procès en correctionnelle en octobre 2019 visant des membres de cabinets ministériels. De même, le financement des campagnes de 2007 et de 2012 de Nicolas Sarkozy a fait l'objet d'enquêtes judiciaires qui ont débouché sur des mises en examen du candidat pour financement illégal de campagne et recel de détournement de fonds publics étrangers (libyens) en ce qui concerne 2007 et pour financement illégal de campagne électorale et fausses factures en 2012. Dans sa décision 2019-783 du 17 mai 2019 sur une QPC de Nicolas Sarkozy à propos des poursuites pénales consécutives à la campagne présidentielle de 2012, le Conseil constitutionnel a considéré que les sanctions financières infligées par le juge de l'élection pour le dépassement des comptes de campagne d'un candidat n'empêchaient pas que les manquements à la probité de ce même candidat soient sanctionnés par le juge pénal.

248 Les élections présidentielles sous la Ve République ont donné les résultats suivants :

19 décembre 1965 : Charles de Gaulle : 55,2 % ; François Mitterrand : 44,8 %
15 juin 1969 : Georges Pompidou : 58,2 % ; Alain Poher : 41,7 %
19 mai 1974 : Valéry Giscard d'Estaing : 50,8 % ; François Mitterrand : 49,1 %
10 mai 1981 : François Mitterrand : 51,7 % ; Valéry Giscard d'Estaing : 48,2 %
8 mai 1988 : François Mitterrand : 54 % ; Jacques Chirac : 45,9 %
7 mai 1995 : Jacques Chirac : 52,6 % ; Lionel Jospin : 47,3 %
5 mai 2002 : Jacques Chirac : 82,21 % ; Jean-Marie Le Pen : 17,79 %
6 mai 2007 : Nicolas Sarkozy : 53,06 % ; Ségolène Royal : 46,94 %
6 mai 2012 : François Hollande : 51,63 % ; Nicolas Sarkozy : 48,37 %
7 mai 2017 : Emmanuel Macron : 66,10 % ; Marine Le Pen : 33,90 %
24 avril 2022 : Emmanuel Macron : 58,55 % ; Marine Le Pen : 41,45 %

§ 2 Le mandat présidentiel

A. La durée du mandat

249 Le président est investi d'un mandat représentatif de cinq ans (art. 6) et il n'est rééligible qu'une seule fois.

Le mandat était initialement de sept ans et a été réduit à cinq ans à la suite de la révision de l'article 6, alinéa 1er de la Constitution approuvée par référendum le 24 septembre 2000.

Le mandat de sept ans correspondait à la tradition républicaine même si, à l'origine, ce fut la majorité monarchiste de l'Assemblée de 1873 qui arrêta cette durée, le temps nécessaire pour que le prétendant légitimiste, le comte de Chambord, assouplisse son intransigeance ou cède la place au prétendant orléaniste. Le président-régent, en quelque sorte, le maréchal Mac-Mahon, s'était rangé à cette durée. L'amendement Wallon de 1875 entérina cette solution transitoire qui devint le septennat de la présidence républicaine sous les Républiques successives.

La durée de sept ans du mandat présidentiel a été contestée aux débuts de la Ve République, les pouvoirs considérables du chef de l'État ne pouvant être comparés avec ceux des présidents des IIIe et IVe Républiques et risquant de lui donner trop d'influence. Par la suite, l'argument invoqué en faveur de la réduction du mandat présidentiel a été inverse : la non-coïncidence des majorités présidentielle et parlementaire amoindrissant, en l'isolant, le pouvoir présidentiel, une réduction de la durée du mandat permettrait de renforcer les possibilités de coïncidence des majorités. La disparition du recours au référendum-question de confiance comme moyen d'engager la responsabilité politique du président en cours de mandat a aussi pesé en faveur de la réduction de celui-ci.

La tentative de révision à cinq ans, amorcée par Georges Pompidou en 1973, s'inscrit dans cette perspective mais elle n'a pas été menée à terme, devant la crainte du président de ne pas obtenir la majorité des 3/5ᵉ requise au Congrès. Le débat revint à chaque fin de septennat mais les titulaires de la fonction ne s'étaient pas résolus, depuis 1974, à opérer la révision, arguant de la nécessaire continuité de l'État, dont le président est le garant, pour maintenir le *statu quo*.

La révision de 2000 est consécutive à une initiative parlementaire (proposition de loi constitutionnelle déposée par l'ancien président de la République, Valéry Giscard d'Estaing) relayée par le Premier ministre, Lionel Jospin. Celui-ci obtient le ralliement de Jacques Chirac, malgré l'hostilité initiale du chef de l'État qui a imposé cependant le quinquennat « sec », c'est-à-dire sans limitation du nombre de mandats consécutifs (la proposition de loi constitutionnelle prévoyait la limitation à deux mandats). Le quinquennat présidentiel n'a donné lieu qu'à un débat limité, du fait de la rapidité de la révision : le projet de loi constitutionnelle, voté sans difficulté par les deux Chambres, a été approuvé par référendum et s'est appliqué à partir de l'élection présidentielle de 2002.

À l'occasion de la révision de 2008, la limitation du nombre de mandats à deux, écartée par Jacques Chirac en 2000, a été instituée sans opposition lors des débats parlementaires, une durée de dix ans apparaissant à l'expérience comme la contrepartie des pouvoirs exercés par le chef de l'État. L'article 6 modifié prévoit désormais que « nul ne peut exercer plus de deux mandats consécutifs », à l'instar de la constitution américaine mais aussi de constitutions européennes où le président de la République est élu au suffrage universel direct (Autriche, Finlande, Pologne, Portugal).

Il est significatif que le mandat présidentiel soit le seul (comme aux États-Unis) pour lequel une limitation de son exercice dans le temps est prévue.

Le passage du septennat au quinquennat a été une réponse à l'évolution de la fonction présidentielle, le déclin de celle-ci dans les années 1990, du fait de la cohabitation et de l'affaiblissement des pouvoirs régaliens du chef de l'État, menaçant la prééminence présidentielle voulue par les constituants. En réduisant la durée et le nombre de mandats, en alignant le mandat présidentiel sur la durée du mandat législatif, non seulement les risques de cohabitation ont été limités, mais surtout le président est conduit à être un leader plus qu'un arbitre, à diriger sa majorité parlementaire, à piloter l'action gouvernementale, ce que l'on a constaté depuis 2002 et surtout 2007.

Jusqu'à présent, sur six présidents de la Vᵉ République, deux n'ont pas achevé leur mandat (Charles de Gaulle démissionnant après quatre ans de son second mandat et Georges Pompidou décédant après cinq ans de mandat). Quatre présidents ont été réélus (De Gaulle, Mitterrand, Chirac, Macron).

B. La fin du mandat

Le mandat peut être abrégé à la suite de la démission du chef de l'État (Charles de Gaulle démissionnant le 28 avr. 1969 à la suite de son échec référendaire) ou de son décès (Georges Pompidou en 1974). L'abrègement peut aussi survenir lorsque le président est destitué par le Parlement réuni en *Haute Cour*[Q], si celle-ci estime qu'il a commis un « manquement à ses devoirs manifestement incompatible avec l'exercice de son mandat » (Const., art. 68). 250 ■

Enfin, le mandat peut être abrégé en cas d'*empêchement*[Q] définitif du président. Cette hypothèse a été introduite par la révision de 1976. La Constitution prévoit que c'est le gouvernement qui saisit le Conseil constitutionnel, celui-ci statuant à la majorité de ses membres et déclarant l'empêchement.

Cette hypothèse s'avère d'une utilisation délicate et se distingue de l'empêchement momentané. Celui-ci consiste en un obstacle ponctuel à l'exercice normal de la fonction par son titulaire, qui en apprécie l'intensité. Dès lors qu'il conserve ses capacités intellectuelles mais se trouve momentanément empêché (à la suite d'une maladie, d'une opération, d'un accident), le président peut décider de déléguer (outre les cas prévus par la Constitution, comme la présidence du Conseil des ministres confiée au Premier ministre, Const., art. 21, al. 3) ponctuellement telle activité à la personnalité de son choix (président du Sénat, Premier ministre, etc.).

En cas d'empêchement plus grave, c'est la procédure prévue par la Constitution (Const., art. 7, al. 4 et 5) qui s'applique. Elle s'avère d'un maniement délicat car, outre que le président empêché définitivement ne peut le contester, la saisine du Conseil constitutionnel par le gouvernement n'est pas évidente, car celui-ci, pour des raisons de convenance (éthique ou politique), pourrait y renoncer. Enfin, le Conseil constitutionnel ne pouvant s'appuyer sur sa propre expertise, la question de la consultation d'experts médicaux et du secret de celle-ci reste ouverte. Lors des maladies de Georges Pompidou et François Mitterrand, il a été estimé que les capacités intellectuelles du président n'étaient pas atteintes et que l'application des dispositions constitutionnelles n'avait pas de justification.

En cas d'empêchement définitif déclaré par le Conseil constitutionnel, c'est le président du Sénat qui exerce l'intérim et, en cas d'empêchement du président du Sénat, le gouvernement collégialement.

§ 3 L'intérim de la présidence

251 Lorsque la fonction présidentielle est interrompue (du fait de la vacance pour démission, décès ou destitution, ou de l'empêchement définitif), l'*intérim*[Q] est confié au président du Sénat afin d'assurer la continuité de l'État et surtout d'organiser l'élection présidentielle dans le délai de 20 à 35 jours. Le président intérimaire (qui devient le gouvernement en cas d'empêchement du président du Sénat) dispose de presque tous les pouvoirs présidentiels à l'exception de trois : il ne peut dissoudre l'Assemblée (qui de son côté ne peut renverser le gouvernement), organiser un référendum ou faire réviser la Constitution.

En 1969 (démission de Charles de Gaulle) et 1974 (décès de Georges Pompidou), le président du Sénat (Alain Poher les deux fois) eut à assurer l'intérim.

Si en 1974, l'intérim se déroule dans un climat serein, il n'en va pas de même en 1969 où la tension avec le gouvernement est attisée par le fait que le président du Sénat ait été le chef de file des partisans du « Non » au référendum du 27 avril qui a entraîné la démission du général de Gaulle, et qu'il se présente à l'élection présidentielle, donnant à la fonction intérimaire un tour partisan non prévu.

L'intérim diffère de la suppléance qui concerne l'empêchement momentané du président (en cas de maladie ou de voyage). Dans ce cas, c'est le Premier ministre qui le supplée pour la présidence du Conseil des ministres (Const., art. 21, al. 3), ce qui s'est déjà produit à 5 reprises.

§ 4 Les services de la présidence

Le renforcement du rôle de la présidence de la République depuis 1958 s'est traduit par le développement des services qui lui sont rattachés. Le président est entouré d'une quarantaine de collaborateurs directs et 700 agents d'exécution. Les collaborateurs directs sont regroupés autour de trois pôles : 252 ▪

– le secrétariat général de la présidence, qui comprend outre le secrétaire général (Alexis Kohler, depuis le 14 mai 2017) un ou plusieurs secrétaires généraux adjoints, une quarantaine de conseillers et conseillers techniques (dont, pour la première fois en 2017, 11 conseillers communs avec ceux du Premier ministre). Outre la co-préparation du Conseil des ministres et notamment de son ordre du jour avec son équivalent à Matignon, le secrétariat général du gouvernement, il assure le suivi des dossiers, le contact avec les différents ministères et services (au point de les superviser en période de coïncidence des majorités) et notamment de ceux qui relèvent de l'autorité directe du président ;

– le cabinet, sous l'autorité d'un directeur (Patrice Strozda depuis le 14 mai 2017), qui assure la marche des services de la présidence, tandis qu'un chef de cabinet gère les relations publiques du président (emploi du temps, courrier, audiences, déplacements, sécurité) ;

– l'état-major particulier du président, placé sous l'autorité d'un officier général (depuis le 1er mai 2023, le général Fabien Mandon) et dont le rôle est d'autant plus important que, sous la Ve République, le chef de l'État est le chef effectif des armées.

L'appartenance au cercle des collaborateurs (civils ou militaires) du président est souvent le tremplin d'une carrière ministérielle ou à l'état-major des armées.

Le budget de la présidence relève du budget de l'État. Depuis 2009, il s'agit d'un budget spécifique même si la rubrique principale de dépenses est la masse salariale (la plupart des collaborateurs relèvent des différents ministères : 80 % du personnel est détaché) suivie des frais de déplacement. Après une forte inflation, le budget présidentiel s'est stabilisé à 100 millions d'euros depuis 2015.

§ 5 La responsabilité présidentielle

Le statut du président de la République tel qu'il a été élaboré en 1958 est l'héritage direct de la tradition des Troisième et Quatrième Républiques. Mais ce statut s'est révélé rapidement inadapté aussi bien à l'évolution du régime, marqué par une présidentialisation croissante, qu'aux nouveaux problèmes suscités par la qualification juridique des actes présidentiels. La révision de 2007 a donc refondu le dispositif constitutionnel pour tenir compte du nouveau contexte. 253 ▪

A. Le principe d'irresponsabilité à raison des actes relevant de la fonction présidentielle

La Constitution de la Ve République, qui a gardé les formes extérieures du parlementarisme, a maintenu le principe de l'*irresponsabilité du président*Q pour les actes qu'il accomplit en qualité de président de la République. Cette formule, plus claire, a remplacé en 2007 celle, antérieure, d'actes accomplis dans l'exercice de ses fonctions (qui pouvait être interprétée comme signifiant pendant l'exercice du mandat et viser 254 ▪

dans ce cas des actes étrangers à la fonction présidentielle). En régime parlementaire classique, la contrepartie de cette irresponsabilité est le contreseing ministériel (Const., art. 19), les ministres endossant la responsabilité des actes du président, ainsi que l'interdiction de pénétrer dans l'enceinte parlementaire, en vertu de la séparation des pouvoirs, le président ne pouvant communiquer avec le parlement que par des messages.

Le président bénéficiait de surcroît d'une protection spécifique en vertu de la loi du 29 juillet 1881 sur la presse (art. 26) : les attaques contre sa personne constituaient le délit d'offense au chef de l'État. Elle a été abrogée par la loi du 5 août 2013. Désormais les injures ou offenses au président de la République sont passibles, comme pour les parlementaires ou les membres du gouvernement, d'une amende de 45 000 €.

L'irresponsabilité présidentielle pour les actes accomplis dans le cadre de sa fonction est globale, aussi bien civile, pénale que politique. Elle explique que le Conseil constitutionnel se soit déclaré incompétent pour apprécier une déclaration du chef de l'État au cours d'une campagne électorale pour les élections législatives (Cons. const. 21 juin 1967, *A.N. Rhône, 4ᵉ circonscription*) ou que cette irresponsabilité perdure après la fin du mandat présidentiel.

M. Giscard d'Estaing l'invoquera en 1984 à propos de l'affaire des « avions renifleurs » (gaspillage de fonds publics), l'ancien président de la République ayant été convoqué par une commission d'enquête de l'Assemblée nationale pour être entendu à propos de faits produits durant son mandat. Arguant de son irresponsabilité durant son mandat et demandant au président en exercice si cette irresponsabilité continuait à s'appliquer après ce mandat, le président Mitterrand lui répondra que « cette immunité s'applique au président de la République non seulement pendant toute la durée des fonctions mais également au-delà pour des faits qui se sont produits pendant qu'il les exerçait » (Lettre du 10 août 1984). Jacques Chirac a utilisé le même argument en juin 2007. L'ancien président a déclaré qu'il ne témoignerait pas devant la justice « sur des faits accomplis ou connus durant son mandat », comme dans l'affaire « Clearstream ». Invoquant la position de principe prise par François Mitterrand vis-à-vis de son prédécesseur, Valéry Giscard d'Estaing, en 1984, ainsi que l'article 67, al. 1 de la Constitution et le principe de séparation des pouvoirs, assurant le bon fonctionnement de l'exécutif, M. Chirac a précisé : « Elles excluent qu'un ancien chef de l'État puisse être contraint à fournir un témoignage sur des faits accomplis ou connus durant son mandat et dans l'exercice de ses fonctions » (Déclaration du 22 juin 2007).

À cette irresponsabilité de principe, la Constitution de 1958 n'avait prévu qu'une exception : la « haute trahison ». Celle-ci a cédé la place, en 2007, à un régime juridique et une procédure différents en cas de « manquement à ses devoirs manifestement incompatible avec l'exercice de son mandat », à quoi s'ajoute depuis 1999 sa responsabilité en cas de génocide ou de crime contre l'humanité.

1. *L'exception jusqu'en 2007 : La haute trahison*

■ 255 Reprenant presque littéralement la rédaction des constitutions antérieures, l'article 68 de la Constitution déclarait : « le président de la République n'est responsable des actes accomplis dans l'exercice de ses fonctions qu'en cas de haute trahison ». Le texte ne définissait pas la notion de « *haute trahison*[Q] », sinon formellement par le fait que le parlement, lors de la mise en accusation, et la Haute Cour de justice, dans son jugement, considèrent comme tel l'acte du président de la République qu'ils incriminent.

Pratiquement, la procédure de l'art. 68 de la Constitution était très complexe et rendait son utilisation peu vraisemblable. La mise en accusation nécessitait le vote identique et à la majorité absolue des deux Chambres d'une résolution. C'est la Haute Cour de justice, juridiction politique composée de parlementaires, qui était alors saisie. Chaque Chambre élisait en son sein 12 titulaires et 6 suppléants (pour la durée de la législature à l'Assemblée, pour trois ans jusqu'au prochain renouvellement triennal au Sénat). L'instruction était confiée à une Commission composée de 5 membres de la Cour de cassation qui décidait, au vu de son examen, s'il y avait lieu de renvoyer ou non l'affaire à la Haute Cour de justice. Le ministère public était confié à un haut magistrat (le procureur général près la Cour de cassation).

Souveraine pour la qualification des faits, la Haute Cour de justice l'était également pour la détermination de la peine, ce qui signifie que la Haute Cour de justice aurait pu condamner le président à toute peine prévue ou non par le Code pénal.

Une telle procédure, qui ne concernait que le chef de l'État, n'a jamais été engagée sous la Ve République. Depuis 1993 les ministres sont jugés par la Cour de justice de la République pour les actes accomplis dans l'exercice de leur fonction et qualifiés de crimes ou délits au moment où ils ont été accomplis (Const., art. 68-1v. ss 303).

2. *Les nouvelles exceptions et la procédure de destitution*

Le statut juridique actuel du président de la République prévoit deux exceptions à 256
son irresponsabilité pour les actes accomplis en qualité de président.

La première est consécutive à la ratification par la France de la convention de Rome du 18 juillet 1998 créant la Cour pénale internationale pour juger des génocides et des crimes contre l'humanité, et reconnue par l'article 53-2 de la Constitution (révision du 8 juill. 1999). Désormais, le président de la République, comme les membres du gouvernement ou du parlement, peuvent relever de la compétence de cette juridiction s'ils étaient accusés de tels crimes dans l'exercice de leur fonction.

La seconde est consécutive à la révision des articles 67 et 68 de la Constitution opérée le 23 février 2007 (et à la loi organique du 21 octobre 2014 qui a mis en œuvre l'article 68), qui a substitué à l'ancienne rédaction du Titre IX, une nouvelle rédaction inspirée directement des réflexions de la commission d'experts constituée à l'initiative du président Jacques Chirac et présidée par le professeur Pierre Avril, dont les conclusions avaient été rendues le 12 décembre 2002. Elle abandonne le concept indéfinissable de « haute trahison » tout comme la procédure hybride de justice politique, susceptible d'encourir les foudres de la Cour européenne des droits de l'homme pour non-respect des règles d'un « procès équitable » (CEDH, art. 6). Elle lui substitue un concept inspiré du droit constitutionnel américain et une procédure purement politique : « la destitution ».

Désormais le président de la République est responsable en cas de « manquement à ses devoirs manifestement incompatible avec l'exercice de son mandat ». Ce manquement peut concerner aussi bien son comportement politique (violation de la Constitution) que son comportement privé et doit être d'une gravité telle que l'incompatibilité avec la poursuite de l'exercice du mandat s'impose comme une évidence.

Dans ce cas, la procédure est celle de la destitution par le Parlement réuni en Haute Cour. Procédure politique et non juridictionnelle (la CEDH s'est déclarée incompétente pour de telles procédures : arrêt de Grande Assemblée du 6 janvier 2011, *Paksas c/ Lituanie*, et le Conseil constitutionnel, dans sa décision n° 2014-703 du 19 novembre 2014 relative à la loi organique du 21 octobre 2014, a rappelé que la Haute Cour est une assemblée parlementaire dont les décisions sont des décisions politiques), elle est exercée par le Parlement seul (sans présence ou participation de magistrats comme pour la Haute Cour de justice antérieure) constitué en Haute Cour qui sanctionne l'incompatibilité entre le manquement à ses devoirs constaté et la poursuite du mandat. Les règles de majorité qualifiée ont pour but d'empêcher tout détournement partisan de la procédure.

La proposition de réunion de la Haute Cour – qui prend la forme d'une proposition de résolution – doit être signée par au moins un dixième des membres de l'assemblée où elle est déposée. Elle doit être motivée et ne peut être amendée à aucun stade de son examen. Elle est examinée par le Bureau de l'assemblée qui vérifie sa recevabilité puis elle est transmise à la commission permanente compétente (la commission des lois). Celle-ci n'est obligée ni d'inscrire la proposition à son ordre du jour, ni de l'adopter ou de la rejeter a estimé le Conseil constitutionnel. Si dans les 13 jours qui suivent la prise de position de la commission permanente, la proposition n'est pas inscrite à l'ordre du jour de l'assemblée, elle devient caduque. Si elle est inscrite à l'ordre du jour, son adoption nécessite la majorité des deux tiers des membres de l'assemblée – seuls les votes favorables étant recensés et les délégations de vote étant interdites – ; puis elle est transmise à l'autre assemblée qui se prononce dans les quinze jours selon les mêmes règles.

Si les deux assemblées se sont prononcées favorablement, la Haute Cour – autrement dit le Parlement – se réunit sous la présidence du président de l'Assemblée nationale et dispose d'un mois pour statuer. Elle confie à une commission composée de six vice-présidents de l'Assemblée nationale et de six du Sénat le soin d'élaborer un rapport d'information dans les quinze jours. La commission travaille comme une commission d'enquête et peut entendre le président de la République à la demande de celui-ci. Les débats au sein de la Haute Cour sont réglés par le règlement intérieur que celle-ci devra adopter. La destitution n'est prononcée par la Haute Cour qu'à la majorité des deux tiers de ses membres, à bulletins secrets, seuls les votes favorables étant recensés et les délégations de vote étant interdites. La décision est d'effet immédiat.

Afin d'éviter un dévoiement de la destitution en mécanisme de responsabilité politique du président devant le parlement, la règle des deux tiers des membres constitue un barrage si élevé qu'on peut douter des chances de succès d'une procédure de destitution.

B. La responsabilité à raison des actes étrangers à la fonction

1. *Le régime juridique avant 2007*

257 En ce qui concerne les actes qui ne sont pas liés à l'exercice de la fonction présidentielle et qui se sont produits avant ou durant le mandat, la Constitution de 1958 n'avait rien envisagé.

La doctrine comme la jurisprudence étaient partagées mais la multiplication des affaires concernant les fonctions de Jacques Chirac en tant que maire de Paris avant son élection à la présidence, et surtout le désaccord entre le Conseil constitutionnel et la Cour de Cassation sur la juridiction compétente pour en juger, ont précipité l'adoption d'un statut juridique.

Dans sa décision relative au traité instituant la Cour pénale internationale, le Conseil constitutionnel a considéré que le président est pénalement responsable des actes détachables de sa fonction mais, « pendant la durée de ses fonctions, sa responsabilité pénale ne peut être mise en cause que devant la Haute Cour de justice » (Cons. const. 22 janv. 1999, n° 98-408). Le chef de l'État bénéficierait donc, selon le Conseil constitutionnel, durant son mandat, d'un privilège de juridiction.

La Cour de cassation, pour sa part, saisie de l'affaire des « emplois fictifs de la Ville de Paris » (dont Jacques Chirac était maire au moment des faits incriminés) a tranché par un arrêt d'Assemblée le 10 octobre 2001 (*Breisacher*). Ne suivant pas l'analyse du Conseil constitutionnel, la Cour a considéré que la Haute Cour de justice n'est compétente qu'en cas de haute trahison et que les juridictions de droit commun le sont en dehors de ce cas. Elle a estimé que le président de la République bénéficie d'une inviolabilité temporaire jusqu'à la fin de son mandat, justifiée par la nécessité de protéger celui-ci. Il ne bénéficie d'aucun privilège de juridiction mais d'une inviolabilité liée à sa fonction qui entraîne suspension des poursuites (et de la prescription) jusqu'à la fin du mandat.

Face à ce désaccord, le constituant devait trancher.

La commission de réflexion sur le statut pénal du chef de l'État a conclu, dans son rapport du 12 décembre 2002, dans le même sens que la Cour de cassation. Elle a donc proposé de « constitutionnaliser » cette jurisprudence, ce que le constituant a fait le 27 février 2007.

2. *Le nouveau régime juridique : l'inviolabilité temporaire*

Le nouvel article 67 de la Constitution déclare que le président de la République, en 258 ■
ce qui concerne les actes détachables de la fonction, qu'ils aient été commis avant l'élection ou durant le mandat, est responsable de ces actes devant les juridictions de droit commun. Mais il bénéficie, durant son mandat, d'une inviolabilité complète qui se termine un mois après la cessation des fonctions.

Durant cette période, le président « ne peut être requis de témoigner non plus que faire l'objet d'une action, d'un acte d'information, d'instruction ou de poursuite devant aucune juridiction ou autorité administrative française ». L'immunité concerne aussi bien les procédures civiles que pénales ou administratives, le constituant ayant voulu protéger le président – et au-delà la fonction présidentielle – contre toute politisation d'actions judiciaires en neutralisant celles-ci. En contrepartie, tout délai de prescription ou de forclusion est suspendu et ne reprend qu'à la cessation des fonctions. Un mois après le terme du mandat, l'immunité cesse et l'action publique peut éventuellement reprendre.

C'est ainsi que Jacques Chirac, au lendemain de son mandat et après douze ans d'immunité pénale, a été mis en examen en novembre 2007 pour « détournement de fonds publics » et « abus de confiance » dans l'affaire dite « des emplois fictifs de la Ville » de Paris et renvoyé devant le tribunal correctionnel de Paris mais également pour « prise illégale d'intérêt » dans cette même affaire pour l'enquête instruite par le tribunal de Nanterre. La transaction financière inédite passée entre Jacques Chirac, l'UMP d'une part et la Ville de Paris de l'autre pour indemniser cette dernière, qui a retiré sa constitution de partie civile, n'a pas empêché le procès d'être maintenu. Le tribunal correctionnel de Paris a condamné le 15 décembre 2011 l'ancien président à deux ans de prison avec sursis pour détournement de fonds publics, abus de confiance et prise illégale d'intérêt. Jacques Chirac n'a pas fait appel.

Si, durant le mandat, le président commettait un crime ou un délit grave et/ou flagrant qui rendrait impossible son maintien à la tête de l'État, la procédure de destitution de l'article 68 Const. pourrait être utilisée, l'infraction constituant un « manquement à ses devoirs manifestement incompatible avec l'exercice de son mandat ». Une fois destitué, l'ancien président, devenu un citoyen comme les autres, serait susceptible d'être poursuivi devant les tribunaux compétents.

C. La responsabilité politique

259 Même si les présidents de la Ve République ont souvent revendiqué la pleine responsabilité de leur action devant la nation, aucun texte constitutionnel ne prévoit (la mise en jeu de) leur responsabilité politique. C'est donc le président et lui seul qui décide s'il engage sa responsabilité et à quelle occasion.

Cet engagement de responsabilité a été effectif sous la présidence du général de Gaulle lors des référendums sur l'Algérie (1961, 1962) ou les révisions constitutionnelles (1962, 1969), entraînant la démission immédiate du président à la suite du rejet du référendum du 27 avril 1969 sur le Sénat et les régions.

Depuis 1969, cet engagement de responsabilité présidentielle lors des référendums a disparu et le vote négatif lors du référendum du 29 mai 2005 sur le traité constitutionnel européen n'a pas entraîné de réaction de Jacques Chirac, qui l'avait promu.

L'absence de responsabilité politique s'étend-elle également aux élections législatives consécutives à une dissolution, puisque celle-ci est un acte dispensé du contreseing, qui relève de la décision et donc de la responsabilité du seul président ?

Pour les dissolutions survenant au lendemain de l'élection du président et destinées à lui assurer une majorité parlementaire (comme en 1981 et 1988), l'élection d'une majorité différente de celle que souhaitait le président signifierait simplement le souhait par le peuple souverain d'une formule politique de compromis et non le désaveu de celui-ci. Ce qui faillit se produire en 1988, la gauche ne l'emportant que de justesse.

Les dissolutions survenant en cours de mandat présidentiel avaient traditionnellement pour but de trancher un conflit entre président et parlement (1962, 1968) et, selon la doctrine, le président devait démissionner en cas de défaite. En 1997, le président a dissous l'Assemblée pour des raisons d'opportunité (profiter d'une conjoncture qu'il estimait favorable) mais les élections ont vu la victoire de ses adversaires. Il n'a pas démissionné pour autant (il ne s'était pas engagé à le faire) mais son maintien a entraîné la diminution drastique de ses pouvoirs, réduits aux acquêts constitutionnels, conformément à la maxime de Gambetta se soumettre ou se démettre. Faute d'accepter sa responsabilité politique en cas d'échec électoral, le président est donc soumis et réduit (au moins provisoirement) aux fonctions d'un chef d'État en régime parlementaire. La réduction du mandat présidentiel de 7 à 5 ans est en partie une réponse à cette évolution.

Indépendamment de l'*engagement* de responsabilité devant le peuple, le président de la République veille à garder un contact direct avec le pays en dehors des campagnes électorales et référendaires nationales. Outre l'usage de l'outil télévisuel (systématique), des réseaux sociaux sur internet, et, plus rarement, de la presse écrite (régionale et nationale), le président peut être conduit à privilégier le contact direct avec la population ou les élus locaux. Emmanuel Macron l'a pratiqué à la suite de la crise des « gilets jaunes » qui débute en novembre 2018 et s'est prolongée jusqu'au printemps 2019, complétant son « tour de France » d'un questionnaire adressé directement à la population dans le cadre d'un « débat national » dont il a tiré les conclusions sous forme de projets de loi. Il peut aussi se mêler des élections non nationales, s'il estime que l'enjeu pour lui le mérite. C'est ainsi que Valéry Giscard d'Estaing s'impliqua fortement dans les premières élections du Parlement européen (en 1979, en y prolongeant son conflit avec son ancien Premier ministre Jacques Chirac), et qu'Emmanuel Macron fit de même pour les élections européennes de 2019, participant presque directement à la campagne en indiquant ses choix.

section 3

Le pouvoir régalien

Dans son article 5, la Constitution de 1958 définit pour la première fois la fonction 260 ■
présidentielle :

« Le président de la République veille au respect de la Constitution. Il assure, par son arbitrage, le fonctionnement régulier des pouvoirs publics ainsi que la continuité de l'État. Il est le garant de l'indépendance nationale, de l'intégrité du territoire et du respect des traités. »

Cette définition, en cohérence avec la conception gaullienne du pouvoir présidentiel, rattache le rôle du président à l'exercice du pouvoir d'État, c'est-à-dire du domaine du long terme, tant en ce qui concerne les grandes options de la collectivité nationale (défense, politique étrangère) que le fonctionnement régulier de l'État et des institutions.

Ce pouvoir se résume à une fonction de garantie (veiller au respect de la Constitution, de l'indépendance nationale et des traités, de l'indépendance de la magistrature) et à une fonction d'arbitrage, qui est « normalement une fonction de conseil » mais qui devient une fonction de « décision souveraine » soit dans les « moments de grave confusion » (discours de Bayeux), par la dissolution de l'Assemblée, soit en cas de péril national, avec les pleins pouvoirs de l'article 16. La rédaction de cet article est calquée sur celle de l'article 5 et donne au président un pouvoir absolu et provisoire lorsque l'État et la nation sont gravement menacés.

L'article 5 a été ainsi articulé avec une série d'articles qui donnent au président un pouvoir propre en matière de garantie constitutionnelle (saisine du Conseil constitutionnel, saisine du Conseil supérieur de la magistrature, pouvoir de signature/et de refuser de signer) et politique (présidence du Conseil des ministres, nomination du Premier ministre) et de *crise*[Q] (dissolution, art. 16).

Depuis l'élection du président de la République au suffrage universel direct, l'ensemble de ces dispositions doivent être interprétées de façon extensive, mais cette lecture « présidentialiste » a ses limites. Lorsque le président est assuré d'une majorité à l'Assemblée et donc d'un gouvernement partageant ses orientations, il peut en effet imposer une lecture présidentialiste des dispositions pour lesquelles il dispose d'un pouvoir propre et même de celles pour lesquelles il est co-décideur avec le gouvernement. Par contre, lorsqu'il n'y a pas coïncidence des majorités, il perd non seulement l'essentiel de ses compétences partagées, mais doit interpréter *stricto sensu* ses pouvoirs propres, sauf à disposer d'un rapport de force (comme en 1986-1988) qui lui permette d'imposer sa lecture des textes constitutionnels.

§ 1 Les pouvoirs de garantie

A. Garant de la Constitution

261 Ces pouvoirs s'exercent tout d'abord en matière constitutionnelle. En déclarant que le président « veille au respect de la Constitution », l'article 5 lui octroie un pouvoir d'interprétation de celle-ci notamment dans les domaines où le Conseil constitutionnel ne peut pas intervenir mais qui relèvent du domaine présidentiel. C'est ainsi que le président a imposé son interprétation de son pouvoir (qu'il a considéré comme discrétionnaire) de signature des ordonnances de l'article 38 ou de convocation du parlement en session extraordinaire (Const., art. 30).

En ce qui concerne les ordonnances, François Mitterrand a refusé à trois reprises en 1986 des projets d'ordonnance (sur les privatisations, le découpage électoral et l'aménagement du temps de travail), obligeant le gouvernement Chirac à transformer les projets d'ordonnance en projets de lois ordinaires. En ce qui concerne la convocation du parlement en session extraordinaire, Charles de Gaulle avait refusé en mars 1960 à propos des questions agricoles. François Mitterrand fit de même en décembre 1987 (à propos d'un projet de loi changeant le statut de la régie Renault) et en mars 1993 (pour une proposition de loi révisant la loi Falloux).

Cette interprétation, bien que controversée, s'est imposée. Il en a été de même pour l'irresponsabilité de l'ancien président de la République pour des faits qui se sont produits durant son mandatv. ss 254. Quant aux interprétations par le général de Gaulle de l'article 11 (référendum) lui permettant d'en user pour réviser la Constitution (révision réussie de 1962 et avortée de 1969), elles se sont imposées alors faute de pouvoir être remises en cause (le Conseil constitutionnel s'est déclaré incompétent) mais n'ont pas été confirmées par ses successeurs. De même, le pouvoir de révocation du Premier ministre et des ministres par le chef de l'État, bien que non prévu par la Constitution (Const., art. 8), s'est imposé en période de présidentialisme majoritaire mais n'a pas résisté à la cohabitation, où le président, privé de majorité parlementaire, n'a aucune autorité sur le gouvernement.

Plus généralement, le président figure parmi les autorités qui peuvent saisir le Conseil constitutionnel dans le cadre du contrôle de constitutionnalité des lois ou des traités. Lui-même nomme trois des neuf membres du Conseil et désigne parmi ceux-ci le président de la Haute instance. Les anciens présidents de la République sont par ailleurs membres à vie et de droit du Conseil et ne peuvent donc pas en démissionner. Si les anciens présidents de la IVe République, Vincent Auriol et René Coty, ont usé de ce privilège, tout comme Valéry Giscard d'Estaing et Jacques Chirac. Nicolas Sarkozy et François Hollande ont décidé de ne pas y siéger.

B. Garant de l'indépendance de l'autorité judiciaire

À ces fonctions de garantie il faut rattacher celle de « garant de l'indépendance de l'autorité judiciaire », qui se traduit notamment en 1958 par la présidence du Conseil supérieur de la magistrature (Const., art. 65). 262 ■

La Constitution de 1958, dans sa rédaction initiale, a placé ce Conseil sous la tutelle du chef de l'État, qui non seulement le présidait, mais nommait tous ses membres (dont 7 sur 9 sur proposition du bureau de la Cour de cassation et de l'Assemblée générale du CE), ce qui constituait un recul grave par rapport à la situation antérieure sous la IVe République et faisait du chef de l'État l'autorité de tutelle de la magistrature plutôt que le garant de son indépendance.

La révision constitutionnelle du 27 juillet 1993 (complétée par la loi organique du 5 février 1994) a amorcé l'indépendance du CSM par rapport à la présidence de la République. Si le chef de l'État présidait toujours le CSM (il pouvait être suppléé par le garde des Sceaux), du moins dans ses formations non disciplinaires, 6 de ses 9 membres étaient des magistrats élus par leurs pairs, tandis que les trois personnalités nommées l'étaient respectivement par le président de la République et les présidents des Chambres.

La révision du 23 juillet 2008 a rompu tout lien entre le président de la République et le CSM puisque désormais le chef de l'État ne le préside plus et n'en est plus membre tout comme le garde des Sceaux. Remplacé par le Premier président de la Cour de cassation pour la formation compétente pour les magistrats du siège et par le procureur général près la Cour de cassation pour la formation compétente pour les magistrats du Parquet, il ne garde plus que le pouvoir de désigner deux des personnalités extérieures (sur un total de 15 membres) et de saisir le CSM pour avis dans le cadre de l'article 64 de la Constitution.

C. Droit de grâce

Enfin, prérogative traditionnelle du chef de l'État héritée de la monarchie, le président a le droit de faire grâce à titre individuel (Const., art. 17). Avant l'abolition de la peine de mort par la loi du 9 octobre 1981, la grâce présidentielle permettait la commutation de la peine capitale. Depuis, elle permet la remise totale ou partielle de la durée d'une peine. La grâce est individuelle ainsi que le précise la révision constitutionnelle du 23 juillet 2008 (écartant toute grâce collective, abandonnée depuis 2007) et nécessite le contreseing ministériel. 263 ■

§ 2 Les pouvoirs de crise

Les pouvoirs de crise concernent la possibilité pour le président de dissoudre l'Assemblée afin de trancher un conflit entre le parlement et l'exécutif (Const., art. 12), et de disposer des pleins pouvoirs lorsque les institutions républicaines sont menacées (Const., art. 16). 264 ■

A. La dissolution

La dissolution est un acte souverain du président, dispensé du contreseing, qui nécessite un certain formalisme mais traduit son indépendance par rapport au 265 ■

parlement et au gouvernement. Par la dissolution, le président met fin prématurément à la législature et provoque des élections législatives anticipées. Le président est simplement tenu de consulter pour avis les présidents des Assemblées et le Premier ministre (Const., art. 12, al. 1er).

Les élections se déroulent dans les vingt jours au moins et dans les quarante jours au plus qui suivent le décret de dissolution. L'Assemblée nouvelle se réunit de plein droit le second jeudi qui suit l'élection.

La nature discrétionnaire du droit de dissolution connaît trois limites : la dissolution ne peut pas être prononcée durant l'intérim du président de la République (Const., art. 7, al. 4) ni durant le recours à l'article 16, afin de prévenir toute tentation césariste. Enfin, elle ne peut être utilisée dans les douze mois qui suivent une précédente dissolution (Const., art. 12, al. 4).

Dans la tradition républicaine, la dissolution a toujours été jugée avec suspicion. Sous la Restauration, le recours anti-parlementaire aux dissolutions en cascade par Charles X se traduit, pour la dernière d'entre elles, par son renversement révolutionnaire (les Trois Glorieuses des 27-29 juill. 1830). Aux débuts de la Troisième République, la dissolution prononcée par Mac-Mahon (le 25 juin 1877) pour se débarrasser de la majorité républicaine élue un an plus tôt, aboutit à la confirmation de celle-ci. « Quand le pays aura parlé, il faudra se soumettre ou se démettre », avait averti Gambetta. Mac-Mahon se soumet d'abord, se démet ensuite, scellant le discrédit du droit de dissolution, qui ne sera plus utilisé jusqu'en 1955. Malgré son utilisation dans les conditions prévues par la Constitution de la Quatrième République (deux crises ministérielles en moins de 18 mois), le président du Conseil, Edgard Faure, sera exclu de son parti, le parti radical, pour violation de la « tradition républicaine ».

Sous la Ve République, la dissolution est une des dispositions essentielles du pouvoir d'*arbitrage*Q du chef de l'État. Elle lui permet de résoudre une crise grave en faisant appel au peuple. Mais très rapidement, du fait de la prépondérance présidentielle, la dissolution a été également utilisée pour trancher un conflit entre le président et l'Assemblée. Elle permet aussi de le prévenir, en faisant peser sur l'Assemblée l'épée de Damoclès d'élections anticipées afin de renforcer la discipline majoritaire.

Prérogative présidentielle, la dissolution n'est pas consécutive en général à une initiative du Premier ministre (pour l'avoir suggérée, Michel Debré en 1962 et Jacques Chirac en 1976 ont été remerciés), à l'exception du cas de 1968 (où Georges Pompidou a imposé la dissolution sous la menace de sa démission, ce qui ne lui a pas évité d'être remercié au lendemain de la victoire électorale) et semble-t-il de 1997 (où Jacques Chirac a partagé les analyses d'Alain Juppé).

Les circonstances des cinq dissolutions prononcées depuis 1958 sont assez différentes.

La dissolution du 9 octobre 1962 est consécutive au vote de la motion de censure (le 5 oct. 1962) contre le gouvernement Pompidou, qui ne disposait plus de majorité parlementaire. À la suite des élections législatives de novembre, précédées de la victoire gaullienne au référendum d'octobre (introduisant l'élection directe du président) et qui donnent une majorité absolue aux gaullistes et à leurs alliés, le présidentialisme majoritaire s'enracine pour longtemps.

La dissolution du 30 juin 1968, alors que le gouvernement n'est pas directement menacé au parlement mais que la crise politique et sociale plonge le pays dans le chaos, permet au président de reprendre le contrôle de la situation et d'obtenir une majorité parlementaire massive aux élections de juin.

Les deux dissolutions prononcées par François Mitterrand le 22 mai 1981 (au lendemain de son élection) et le 14 mai 1988 (au lendemain de sa réélection) ont pour but de lui donner une majorité parlementaire en concordance avec la majorité présidentielle. Il s'agit donc d'une dissolution qui tranche un conflit politique potentiel et s'inscrit dans la conception du présidentialisme majoritaire. Si les élections de juin 1988 donnent au président l'Assemblée qu'il souhaitait, celles de juin 1988 ne lui fourniront qu'une majorité relative à l'Assemblée.

La dissolution prononcée par Jacques Chirac le 21 avril 1997 s'inscrit dans une perspective différente. Le nouveau président a renoncé à dissoudre au lendemain de son élection en 1995 tout comme Valéry Giscard d'Estaing en 1974 puisqu'il disposait d'une majorité parlementaire.

Il avait déclaré lors de l'élection présidentielle que « la dissolution n'avait jamais été faite pour la convenance du président de la République. C'est une conception monarchique. S'il n'y a pas de crise majeure, il n'y a pas de dissolution » (déclaration du 2 avr. 1995 répétée le 14 avr. 1996 après son élection).

Jacques Chirac s'est trouvé devant la menace d'élections législatives difficiles en 1998, au terme de la législature de 1993. Il a donc opté pour une dissolution « à l'anglaise », afin de fixer souverainement la date des élections à une période qu'il jugeait plus favorable. Mais à la différence du Premier ministre britannique qui démissionne si sa majorité perd les élections, le président de la République n'y est pas contraint. Jacques Chirac n'a pas posé la question de confiance, ni envisagé de partir au lendemain de la victoire de l'opposition. Outre la diminution des pouvoirs présidentiels, la dissolution manquée de 1997 conduit à un usage plus rigoureux (et limité) encore d'une disposition conçue en 1958 comme un pouvoir de crise et non de simple opportunité.

Par ailleurs, l'évocation d'une possible dissolution reste une arme politique d'influence pour le président, même si son utilisation en reste à une simple menace. La finalité de (la menace de) la dissolution est alors plutôt de discipliner et de contraindre sa propre majorité devenue récalcitrante ou versatile dans le soutien qu'elle est censée apporter au Premier ministre et au gouvernement. *In fine*, si la dernière dissolution date d'une vingtaine d'années, la menace de dissolution n'est pas tombée en désuétude, chaque président y ayant recours de manière opportune.

B. Les pouvoirs exceptionnels de l'article 16

La dictature de salut public prévue par l'article 16 est la disposition la plus controversée de la Constitution, et ce dès son élaboration. Envisagé dès le discours de Bayeux par référence à la crise de juin 1940 qui avait vu sombrer l'État républicain et fait apparaître au grand jour l'impuissance d'Albert Lebrun, président de la République, ce régime d'exception trouve une nouvelle actualité en 1958 avec la guerre d'Algérie : le retour au pouvoir du général de Gaulle n'est-il pas consécutif à une amorce de coup d'État militaire et la menace de celui-ci n'est-elle pas encore dans tous les esprits ? Devant le Conseil d'État, Michel Debré fera également allusion au contexte international et aux risques de guerre pour justifier cet article. 266 ■

Si le contexte justifiait, aux yeux des constituants, une telle disposition, encore fallait-il que son usage reste solidement encadré. L'article 16 de la Constitution définit les conditions d'un recours à ces pouvoirs dictatoriaux avant d'en fixer sommairement la procédure et les effets. La révision constitutionnelle du 23 juillet 2008 a renforcé le contrôle de son usage.

1. *Les conditions*

267 Deux conditions de fond cumulatives doivent être remplies.

La première consiste en « une menace grave et immédiate » sur « les institutions de la République, l'indépendance de la Nation, l'intégrité de son territoire ou l'exécution de ses engagements internationaux », ce qui peut viser aussi bien une guerre, qu'un coup d'État, un mouvement insurrectionnel ou terroriste.

La seconde consiste en « l'interruption du fonctionnement régulier des pouvoirs publics constitutionnels ».

Autant la première condition, subjective, peut laisser libre court à l'interprétation, autant la seconde est précise et concrète et exclut les situations telles que celle de mai 1968 où, malgré la paralysie du pays, le « fonctionnement régulier » des institutions ne fut jamais interrompu au point que le président et le Premier ministre purent même se déplacer à l'étranger.

C'est en tout cas au chef de l'État et à lui seul d'apprécier si ces deux conditions sont remplies pour recourir aux pleins pouvoirs. Au cas où il outrepasserait ses droits par un recours abusif à l'article 16, le parlement aurait la possibilité de le traduire devant la Haute Cour pour le destituer (Const., art. 67).

Dans un arrêt du 2 mars 1962 (Rubin de Servens), le Conseil d'État a considéré que la décision de recourir à l'article 16 de la Constitution relevait des *actes de gouvernement*[Q], c'est-à-dire des actes de nature politique (et non administrative) non susceptibles de recours contentieux devant le juge administratif.

À ces deux conditions de fond, l'article 16 ajoute des conditions de forme peu contraignantes. D'une part, le président doit consulter le Premier ministre, les présidents des Assemblées et surtout le Conseil constitutionnel dont l'avis, bien que consultatif, doit être motivé et publié au *Journal officiel*. Il est évident que l'avis public du Conseil constitutionnel est décisif car il est difficilement envisageable pour le chef de l'État de passer outre un avis négatif de la Haute Instance, ce qui pourrait justifier la mise en accusation par le parlement devant la Haute Cour.

D'autre part, le chef de l'État informe la Nation de sa décision par un message.

2. *Les effets*

268 À la suite du recours à l'article 16, la Constitution est suspendue et le président exerce les pleins pouvoirs. Pour autant les autres pouvoirs constitutionnels demeurent en place et notamment le parlement se réunit de plein droit (ce qui est devenu plus simple depuis la révision de 1995 qui a introduit la session unique), l'Assemblée nationale ne pouvant être dissoute.

Les pouvoirs exceptionnels du président sont définis sans précision par l'article 16 : « le président prend les mesures exigées par les circonstances ». Du moins ces mesures ont une finalité concrète : elles « doivent être inspirées par la volonté d'assurer aux pouvoirs publics constitutionnels, dans les moindres délais, les moyens d'accomplir leur mission ». Le président ne peut donc utiliser indéfiniment l'article 16 : il lui faut agir avec diligence et en tout cas durant la seule durée de la crise. Pour le reste, les mesures doivent être inspirées par le souci de rétablir le fonctionnement normal des institutions ce qui laisse encore une fois au chef de l'État une marge d'appréciation. Les décisions prises par le chef de l'État sont soumises pour avis au Conseil constitutionnel mais ces avis ne sont pas (sauf si le président en décide autrement) rendus publics.

C'est pour éviter une durée excessive d'utilisation des pleins pouvoirs que la révision constitutionnelle du 23 juillet 2008 a renforcé le contrôle du Conseil constitutionnel. Celui-ci « peut être saisi, après trente jours d'exercice des pouvoirs exceptionnels, par le président de l'Assemblée nationale, le président du Sénat, soixante députés ou soixante sénateurs, aux fins d'examiner si les conditions énoncées au premier alinéa demeurent réunies ». Son avis est public et rendu « dans les délais les plus brefs ». Le Conseil « procède de plein droit à cet examen et se prononce dans les mêmes conditions au terme de soixante jours d'exercice des pouvoirs exceptionnels et à tout moment au-delà de cette durée ».

L'article 16 a été utilisé une seule fois en avril 1961, lors du coup d'État militaire en Algérie déclenché le 22 avril et ayant à sa tête les généraux Challe, Salan, Jouhaud et Zeller. Après consultation du Conseil constitutionnel qui considère que les conditions sont remplies puisque les troupes rebelles contrôlent une grande partie de l'Algérie et sont décidées à s'emparer du pouvoir en métropole, Charles de Gaulle décide de recourir à l'article 16, en informant la nation par un discours radiotélévisé le 23 et le parlement le 25.

Sur la base de l'art. 16, le chef de l'État n'a pris que 26 décisions qui n'ont guère été contestées car relatives à l'ordre public ; les plus graves ont été la création de juridictions d'exception (le haut tribunal militaire créé le 27 avr. et le tribunal militaire créé le 3 mai).

Le problème principal a été la durée d'application de l'art. 16 puisque ce n'est que le 29 septembre que le président décide de mettre fin à son application, alors que le putsch s'est terminé dès le soir du 25 avril avec la reddition de la plupart de ses auteurs. Durant cette période, le chef de l'État a restreint le pouvoir législatif du parlement : celui-ci n'a pu s'exprimer sur les questions qui relèvent de l'art. 16, au motif qu'elles sont de la compétence exclusive du chef de l'État (message au parlement du 25 avr.) et n'a pu exercer son pouvoir législatif en dehors des sessions ordinaires alors même qu'il était réuni de plein droit conformément à l'article 16 (lettre du président au Premier ministre du 31 août). De surcroît, le recours à l'art. 16 s'est combiné avec l'utilisation durant 25 mois de l'état d'urgence. Cette application extensive explique le sens de la révision de 2008.

Quant aux décisions prises dans le cadre de l'art. 16, elles ne sont susceptibles d'aucun recours si elles relèvent du domaine de la loi, mais sont susceptibles d'un contrôle du juge administratif si elles relèvent du domaine du règlement (CE 2 mars 1962, *Rubin de Servens*).

section 4

Le pouvoir partagé

Le président de la République participe au pouvoir gouvernemental, dans la mesure où la Constitution prévoit une co-décision avec le gouvernement dans une série de domaines. Cette co-décision est bien entendu accrue en faveur du chef de l'État lorsque celui-ci dispose d'une majorité favorable à l'Assemblée et que le gouvernement lui est politiquement subordonné. 269 ■

§ 1 Les rapports avec le gouvernement

270 Le président dispose de deux pouvoirs essentiels : celui de nommer le Premier ministre et celui de présider le Conseil des ministres.

La nomination du Premier ministre est un pouvoir propre du président, dispensé du contreseing (Const., art. 8, al. 1er), à la différence des régimes antérieurs. Ce pouvoir de nomination est cependant tributaire des rapports de force politiques. Que le président soit assuré d'une majorité parlementaire et la nomination est l'acte décisif qui place le Premier ministre sous la dépendance du chef de l'État ; ce qui fut constamment le cas jusqu'en 1986 puis de 1988 à 1993, de 1995 à 1997 et depuis 2002. Qu'il n'y ait pas coïncidence des majorités et, dans ce cas, la marge de manœuvre présidentielle est réduite au minimum : le président devra choisir le Premier ministre au sein de la majorité parlementaire, voire même être contraint de choisir la personnalité que cette majorité souhaite et a désigné ; comme ce fut le cas en 1986, 1993 et 1997.

Quant aux autres membres du gouvernement, c'est sur proposition du Premier ministre que leur nomination est faite par le président (Const., art. 8, al. 2). Là encore, tout dépend de la situation politique. En période de « cohabitation », le président n'a guère la possibilité de s'opposer au choix du Premier ministre (il a toutefois mis son *veto* aux personnalités proposées pour les ministères concernant des domaines où il dispose de compétences propres : la diplomatie et la défense en 1986) alors qu'en période majoritaire, le président a la haute main sur la composition de l'ensemble du gouvernement.

Quant à la démission du Premier ministre, la Constitution prévoit qu'elle se produit en cas de démission du gouvernement. Encore une fois, cette disposition doit être interprétée en fonction de la conjoncture politique, le Premier ministre comme les autres ministres dépendant de la confiance présidentielle en cas de coïncidence des majorités, alors qu'ils sont totalement indépendants du président en période de cohabitation.

271 La présidence du Conseil des ministres (Const., art. 9) a également changé de signification depuis 1958. Y compris en période de cohabitation, les réunions de ministres (conseils de cabinet des républiques antérieures) sont très rares car seuls des Conseils des ministres ont un pouvoir de décision. À l'inverse, le président de la République peut réunir des conseils interministériels (sur la défense, par ex.) en dehors du Conseil des ministres, y compris en période de cohabitation.

Le principal pouvoir présidentiel, au-delà de la convocation du Conseil des ministres, est l'approbation de son ordre du jour, c'est-à-dire des sujets qui y seront évoqués (projets de lois, décrets, nominations).

L'ordre du jour du Conseil des ministres est composé de trois parties. La partie A comprend les projets de lois, d'ordonnances et de décrets réglementaires. Les sujets traités sont présentés par le ministre concerné. La partie B comprend les mesures individuelles, c'est-à-dire les nominations, qui ne font pas l'objet de discussion. La partie C est consacrée aux communications des ministres, qui sont soit informatives soit destinées à définir la politique gouvernementale en la matière, et comprennent la traditionnelle communication du ministre des Affaires étrangères sur la situation internationale. La partie D (ajoutée par Nicolas Sarkozy) est consacrée à un débat sur un sujet d'intérêt général, comme un projet de loi en cours d'élaboration par exemple.

En période majoritaire, les sujets examinés ayant déjà été entérinés, il s'agit d'un simple enregistrement qui ne donne lieu, sauf si le président le suggère, qu'à de rares discussions.

Outre le Conseil des ministres, le président de la République peut convoquer et réunir les ministres soit dans des procédures fixées par la Constitution (Conseil de défense et de sécurité nationale), soit pour des réunions interministérielles sur les sujets qu'il a arrêtés (comme le Conseil de modernisation des politiques publiques créé par Nicolas Sarkozy), soit pour des réunions politiques (comme les réunions hebdomadaires de ministres pratiquées un temps par Nicolas Sarkozy). Élargissant les prérogatives présidentielles, Emmanuel Macron a créé un Conseil de défense écologique (décret du 16 mai 2019) destiné à « définir les orientations en matière de transition écologique et de s'assurer de leur prise en compte dans l'ensemble des champs d'action de la politique du gouvernement et du suivi de leur mise en œuvre ». Le conseil a tenu sa première réunion le 23 mai 2019 à l'Élysée avec, notamment la dizaine de ministres concernés.

En période de cohabitation, la fixation de l'ordre du jour du Conseil des ministres donne lieu à des escarmouches car le refus d'inscrire un sujet à l'ordre du jour est un des moyens dont dispose le chef de l'État pour contrecarrer l'action gouvernementale. Jacques Chirac a ainsi refusé l'inscription à l'ordre du jour du projet de loi sur le statut de la Corse en février 2001 en s'appuyant sur l'avis réservé du Conseil d'État sur le projet. Ce refus n'a cependant duré qu'une semaine. En période de cohabitation, le compte rendu du Conseil des ministres est souvent l'objet de controverses. Le compte rendu fait par le porte-parole du gouvernement, au nom de celui-ci, s'oppose à celui de la présidence de la République, au nom du président de la République. Le premier souligne les prises de positions critiques du président de la République ainsi que ses désaccords sur telle ou telle disposition adoptée ; le second explique et justifie les positions du président, ce qui permet (entre les lignes) de critiquer la politique du gouvernement.

François Mitterrand en fit abondamment usage au cours de la première cohabitation en « doublant » systématiquement le communiqué de Matignon par une déclaration du porte-parole de l'Élysée rapportant ses « réserves » ou ses « désapprobations » (sur la Nouvelle-Calédonie, les ordonnances, la politique économique et sociale, etc.). La seconde cohabitation fut moins conflictuelle sur ce terrain. Jacques Chirac à son tour a utilisé ce procédé de 1997 à 2002, notamment, pour critiquer les mesures gouvernementales en matière familiale ou de réduction du temps de travail du gouvernement Jospin.

§ 2 Le pouvoir de signature

La Constitution de 1958 a rétabli le pouvoir réglementaire du chef de l'État en lui 272
rendant la signature des ordonnances et des décrets délibérés en Conseil des ministres (Const., art. 13, al. 1er). Les ordonnances sont les anciens décrets-lois, c'est-à-dire des mesures qui relèvent normalement du domaine de la loi mais pour lesquelles le gouvernement est habilité, pour un délai limité, à intervenir.

En ce qui concerne leur signature, la controverse est apparue durant la cohabitation de 1986-1988, François Mitterrand ayant refusé à trois reprises de signer un projet d'ordonnance.

Dans le premier cas (13 juill. 1986) il s'agissait de la privatisation d'entreprises, dans le second (2 oct. 1986) du découpage des circonscriptions de l'Assemblée nationale à la suite du rétablissement du scrutin majoritaire et, dans le troisième, de l'aménagement du temps de travail (17 déc. 1986).

Malgré les protestations de la majorité parlementaire, qui estimait que le président avait compétence liée, le gouvernement s'est incliné, transformant les projets d'ordonnances en projets de loi.

273 En ce qui concerne les décrets délibérés en Conseil des ministres, leur champ d'application est imprécis :

– un texte peut l'imposer. La Constitution ne mentionne cette procédure que pour la proclamation de l'état de siège (Const., art. 36). Des lois organiques, lois ordinaires ou même décrets en Conseil d'État le prévoient ;

– mais il suffit que le président de la République les fasse intégrer à l'ordre jour du Conseil des ministres pour que tout décret de ce type ne puisse être modifié que par cette procédure (CE 10 sept. 1992, *Meyet*), ce qui élargit considérablement le champ de ces décrets et donne au président de la République la compétence de sa compétence en matière réglementaire sauf intervention du législateur.

Dans la pratique, le président a également signé des décrets hors Conseil des ministres. Cette procédure non conforme à la Constitution a été validée par le Conseil d'État dès lors que le contreseing du Premier ministre (seul détenteur du pouvoir réglementaire général selon l'art. 21 Const.) « régularise » cette incompétence (CE 27 avr. 1962, *Sicard*).

§ 3 Le pouvoir de nomination

274 La Constitution donne conjointement au président de la République (Const., art. 13) et au Premier ministre (Const., art. 21) le pouvoir de nommer aux emplois civils et militaires de l'État. En ce qui concerne les hauts fonctionnaires, la Constitution prévoit que leur nomination est faite en Conseil des ministres, donnant ainsi au président un pouvoir de co-décision effectif. Ce pouvoir est d'autant plus important qu'aux nombreux postes mentionnés par l'article 13, alinéa 3 de la Constitution (conseillers d'État, grand chancelier de la Légion d'honneur, ambassadeurs et envoyés extraordinaires, conseillers maîtres à la Cour des comptes, préfets, représentants de l'État dans les collectivités d'outre-mer régies par l'article 74 C. et en Nouvelle-Calédonie, officiers généraux, recteurs d'académie, directeurs des administrations centrales) s'ajoutent ceux énumérés par une loi organique (prévue par l'art. 13, al. 4 Const.). Celle-ci (L. org. du 28 nov. 1958 dont le champ a été élargi par une L. org. ultérieure du 25 févr. 1992) ajoute aux hauts fonctionnaires et officiers généraux les dirigeants des établissements et entreprises publics dont la liste, établie par un décret pris en Conseil des ministres et régulièrement modifié et élargi depuis le 29 avril 1959. C'est au total près d'un millier d'emplois qui sont ainsi nommés en Conseil des ministres.

Parmi ces emplois, il faut distinguer ceux dont la fonction est étroitement liée au pouvoir exécutif et qui sont énumérés par le troisième alinéa de l'article 13 de la Constitution, et les autres emplois de haut rang : juges de l'ordre administratif et magistrats du Parquet du rang le plus élevé, dirigeants des entreprises publiques, dirigeants des autorités administratives indépendantes, inspections générales des ministères, etc.

La révision constitutionnelle du 23 juillet 2008, mise en œuvre par la loi organique du 23 juillet 2010, impose désormais l'avis conforme des commissions compétentes du Parlement pour « les emplois ou fonctions qui en raison de leur importance pour la garantie des droits et libertés ou la vie économique » nécessitent un encadrement du pouvoir de nomination, à l'exclusion des emplois visés à l'article 13, alinéa 3 de la Constitution. Ces emplois concernent 15 autorités administratives indépendantes et le Défenseur des droits.

Cette procédure s'applique également pour les trois membres du Conseil constitutionnel (Const., art. 56) et les deux membres du Conseil supérieur de la magistrature nommés par le président de la République (Const., art. 65).

L'avis des commissions compétentes des deux assemblées est nécessaire et il ne peut être procédé à la nomination lorsque l'addition des votes négatifs dans chaque commission représente au moins trois cinquièmes des suffrages exprimés au sein des deux commissions (Const., art. 13, al. 5), toute délégation de vote étant interdite. Ce droit de *veto* nécessite donc une majorité négative très large et le président de la République garde l'entière maîtrise du choix initial des candidats qui seront soumis à l'avis des commissions. Pour la première fois depuis l'introduction de cette procédure par la révision constitutionnelle de 2008, la nomination d'un candidat proposé par le président de la République a été rejetée en avril 2023. Les commissions de l'Aménagement du territoire et du Développement durable de l'Assemblée nationale et du Sénat ont en effet rejeté la candidature de Boris Ravignon à la tête de l'Agence de l'environnement et de la maîtrise de l'énergie, par 57 voix sur 89 (soit plus des trois cinquièmes des suffrages exprimés).

En cas de cohabitation, le conflit entre président et gouvernement sur le choix des candidats (particulièrement vif en 1986-88) pourrait être étendu au Parlement, mais l'expérience a montré que le chef de l'État est obligé de s'incliner devant la volonté de la majorité parlementaire.

À ces emplois il faut ajouter ceux pour lesquels la nomination est obligatoire (Ord. du 28 nov. 1958, al. 2) et que le président est tenu de nommer par décret simple en vertu des règles statutaires des corps concernés : magistrats, professeurs de l'enseignement supérieur, officiers, administrateurs civils et ingénieurs des corps techniques notamment, soit près de 70 000 emplois.

§ 4 La diplomatie et la défense

Si le gouvernement « détermine et conduit la politique de la Nation » et « dispose de la force armée » (Const., art. 20), le président, comme sous la Troisième République, est « *chef des armées*Q » (Const., art. 15) et « négocie et ratifie les traités » (Const., art. 52). Toutefois, le changement de statut du président sous la Cinquième République donne à ces dispositions un sens différent de celui de 1875. La co-décision présidentielle en matière de diplomatie et de défense aboutit à faire de ce domaine un domaine réservé du chef de l'État lorsque celui-ci dispose d'une majorité parlementaire et d'un domaine partagé en cas de cohabitation. 275

A. La défense et la sécurité intérieure

Le pouvoir militaire du chef de l'État se traduit, dans la Constitution, par sa présidence des conseils et comités supérieurs de la défense nationale (Const., 276 art. 15). De nombreux textes réglementaires s'y sont ajoutés depuis : le décret, à la constitutionnalité douteuse, du 14 janvier 1964, abrogé et remplacé par celui du 12 juin 1996, fait du chef de l'État le seul décideur du recours à l'arme atomique mais a également élargi l'ordre d'engagement aux autres composantes. La décision de procéder ou non à des essais nucléaires relève de même de la seule responsabilité présidentielle.

Au niveau institutionnel, le décret du 24 décembre 2009 a rationalisé autour du chef de l'État l'ensemble des structures existantes en créant le Conseil de défense et de sécurité nationale (CDSN). Ce Conseil regroupe l'ancien Conseil de défense créé dès les années De Gaulle et le Conseil de sécurité intérieure, créé en 2002 après les attentats du 11 septembre 2001 et qui avait lui-même été rapatrié à l'Élysée après avoir été initialement rattaché au Premier ministre en 1986 (en période de cohabitation). Le CDSN regroupe autour du président de la République le Premier ministre, le ministre de la Défense, le ministre de l'Intérieur, le ministre des Affaires étrangères, le ministre de l'Économie et le ministre du Budget. Il définit les orientations en matière de programmation militaire, de conduite des opérations extérieures, de réaction aux crises majeures, de renseignement, de sécurité intérieure et de lutte contre le terrorisme. Il comprend deux formations spécialisées : le Conseil national du renseignement et le Conseil des armements nucléaires. Son secrétariat est assuré par le Secrétaire général de la Défense et de la Sécurité nationale, lui-même rattaché au Premier ministre.

Durant les conflits et opérations militaires auxquels la France a participé, c'est le chef de l'État qui seul a assumé les décisions, même si depuis la révision de 2008 (Const., art. 35), le Parlement doit approuver la poursuite des opérations au-delà de 4 mois. C'est ainsi que la France a participé à des opérations militaires multilatérales en Irak (1991), Afghanistan (depuis 2001), Syrie et Irak (depuis 2015), dans les Balkans (de 1991 à 2001) et surtout en Afrique (dans le cadre de ses accords de coopération au Tchad, au Congo, au Gabon, en Centrafrique, au Mali, au Rwanda, à Djibouti, en Côte d'Ivoire, ou d'opérations multilatérales en Somalie, Libye).

Pour autant, les grands choix de la politique de défense (notamment fixés par les lois de programmation militaire) dépendent du gouvernement et du parlement. Le président pèse d'autant plus sur eux que les rapports de force politiques le lui permettent.

Les pouvoirs présidentiels en matière de sécurité n'ont cessé de s'étendre. Outre le rattachement de la sécurité intérieure en 2002 dans le cadre de la lutte contre le terrorisme, c'est la sécurité sanitaire qui est passée sous le contrôle du CDSN en 2019 afin de centraliser la gestion de la pandémie de Covid. Dans sa nouvelle formation, le Conseil de défense sanitaire a intégré le ministre de la Santé, le ministre de l'Économie et de celui du Travail ainsi que les hauts fonctionnaires de la Santé. Il est secondé par un Conseil scientifique Covid-19 créé en mars 2020 et composé de treize experts scientifiques et d'un Comité d'analyse, recherche et expertise (CARE).

B. La diplomatie internationale et l'Europe

277 La diplomatie est régie par les mêmes règles du jeu. Le Chef de l'État dispose des pouvoirs protocolaires traditionnels du chef de l'État (accréditation des ambassadeurs des État étrangers et ratification des traités). Il « négocie » les traités et doit être « informé de toute négociation » tendant à la conclusion d'un accord international en forme simplifiée (non soumis à ratification). Lorsque – ce qui est le cas le plus

fréquent – le président dispose d'une majorité parlementaire, cela se traduit par le fait que le chef de l'État conduit la politique étrangère de la France et dicte ses choix au gouvernement. En période de cohabitation, il ne peut être mis à l'écart. Là encore, le domaine est partagé, même si le poids croissant de la dimension économique dans les relations internationales favorise le gouvernement, davantage maître des dossiers. Cette tendance est encore plus nette en matière européenne, où le système de décision est surtout intergouvernemental. En période de cohabitation, « le président de la République peut toujours dire, il ne peut pas faire » (Lionel Jospin, le 5 mai 2000).

Héritage des années gaulliennes, la diplomatie présidentielle concernait surtout dans les premières décennies de la Cinquième République les problèmes stratégiques étroitement imbriqués aux questions de défense, les questions africaines (dernier avatar de la présidence de la communauté franco-africaine) et européennes. La diplomatie présidentielle s'est étendue à tous les grands dossiers internationaux : financiers, écologiques, commerciaux. Les rapports de force politiques et le protocole diplomatique, fixé dès les premières années du régime, ont entériné la prééminence présidentielle. Le chef de l'État représente la France au Conseil européen, (il est d'ailleurs le seul chef d'État du Conseil européen) et préside l'Union européenne lors des semestres de présidence française. Dans les rencontres bilatérales (ex. : rencontres franco-allemandes) ou les sommets multilatéraux (notamment entre grandes puissances économiques, du G8 au G20), le chef de l'État est le principal représentant de la France et dirige sa délégation.

§ 5 Le pouvoir référendaire

Le pouvoir référendaire est un des principaux attributs de la fonction présidentielle 278 ■
dans la conception gaullienne de 1958. L'appel au peuple permet au chef de l'État de conforter ou de remettre en cause sa légitimité et de court-circuiter le régime représentatif traditionnel. Depuis la fin des années gaulliennes et l'issue négative du référendum de 1969, les successeurs du Général de Gaulle ont opté pour un usage plus prudent et plus rare de cette procédure. À partir de 1995, plusieurs révisions ont diversifié à la fois l'objet et la procédure du référendum, dont le président de la République n'a plus la totale maîtrise.

La décision de recourir au référendum nécessite l'intervention préalable du gouvernement, du parlement ou d'une partie du corps électoral.

Le premier type de référendum est celui, déjà mentionné, de la révision constitutionnelle (Const., art. 89).

Le second est celui de l'article 11, qui organise le référendum législatif, qui peut être à l'initiative de l'exécutif, du parlement ou d'une minorité de parlementaires et de citoyens (nouvelle procédure introduite par la révision du 23 juill. 2008).

Il faut y ajouter depuis la révision de 2005 le référendum de l'article 88-5 Const. qui prévoit de soumettre au peuple français l'adhésion de tout nouvel État à l'Union européenne, mais dont les modalités ont été révisées en 2008.

Ces différents types de référendum ont pour point commun qu'ils expriment la « souveraineté du peuple français » (CE 30 oct. 1998, *Sarran*), ce qui exclut de la catégorie des référendums nationaux les consultations de populations, telles que les prévoient les articles 53 (« nulle cession, nul échange, nulle adjonction de territoire n'est valable sans le consentement des populations intéressées »), 76 (consultation des populations de Nouvelle-Calédonie), 72-3 et 73 (modification de statut d'une collectivité d'outre-mer) de la Constitution.

A. Le référendum constituant

279 Prévu par l'article 89, alinéa 2 de la Constitution relatif à la révision de la Constitution, le référendum constituant est la procédure d'approbation obligatoire après le vote par les deux Chambres en termes identiques, si le texte est d'origine parlementaire.

S'il s'agit d'un projet de loi constitutionnelle (donc d'origine gouvernementale), le président peut, après le vote des deux Chambres, ne pas le présenter au référendum et opter pour la voie du Congrès.

Depuis 1958, le Congrès a été systématiquement préféré au référendum. Il a fallu attendre le 24 septembre 2000 pour qu'un référendum soit organisé pour la première fois sur la base de l'article 89, alinéa 2 de la Constitution à propos de la réduction de la durée du mandat présidentiel. Ce choix de Jacques Chirac n'a pas empêché un très fort taux d'abstention (69,68 %), le vote massif des deux Chambres en faveur du quinquennat ayant fait perdre tout enjeu (le « oui » l'emportera également le 24 sept. par 73,15 %).

B. Le référendum législatif de l'article 11

1. *La procédure*

280 Dans la version originale de 1958, la procédure référendaire a pour origine le gouvernement ou le parlement. Le gouvernement (pendant la durée des sessions) ou les deux assemblées – par une proposition conjointe – saisissent le président qui décide (sans contreseing) s'il donne suite ou non à la proposition en saisissant le peuple d'un projet de loi référendaire.

Cette compétence partagée ne correspond pas à la pratique depuis 1958, le référendum ayant été utilisé en période de présidence majoritaire.

Le parlement n'a jamais usé de son pouvoir d'initiative, qui est peu vraisemblable (les parlementaires n'étant guère enclins à remplacer la démocratie représentative par la démocratie directe).

Quant au gouvernement, il n'a exercé qu'à une seule reprise son pouvoir d'initiative (lors du projet de référendum de novembre 1988 sur la Nouvelle-Calédonie). Dans tous les autres cas, c'est le président qui a pris seul la décision, la proposition gouvernementale étant faite *a posteriori* pour régulariser la procédure. Depuis la révision de l'article 11 opérée le 4 août 1995, si la proposition a pour origine le gouvernement, celui-ci doit faire une déclaration suivie d'un débat mais non sanctionnée par un vote devant chaque assemblée.

Le Conseil constitutionnel est obligatoirement consulté par le gouvernement sur toutes les mesures liées au référendum. Dans la pratique, le projet lui est également soumis.

2. *L'objet*

Le domaine initial du référendum est assez réduit et ambigu. Dans sa rédaction de 1958, l'article 11 mentionnait « l'organisation des pouvoirs publics », la « ratification d'un traité qui, sans être contraire à la Constitution, aurait des incidences sur le fonctionnement des institutions » et « l'approbation d'un accord de Communauté ». 281 ■

Ce dernier cas, qui faisait référence à la Communauté franco-africaine disparue en 1962, a été abrogé lors de la révision de 1995, qui a par contre introduit un nouveau domaine : « des réformes relatives à la politique économique, sociale ou environnementale de la Nation et aux services publics qui y concourent ».

« L'organisation des pouvoirs publics », ainsi qu'il l'a déjà été rappelé (v. ss 178), constitue une formule vague susceptible d'interprétations contradictoires, soit restrictives (ex. : loi électorale) soit extensives (des dispositions constitutionnelles), qui laisse toute latitude à celui qui en a l'initiative. Charles de Gaulle l'a utilisé à deux reprises (1962 et 1969) pour réviser la Constitution.

La ratification d'un traité ayant « une incidence sur le fonctionnement des institutions » fait référence aux traités européens. Sur ce point l'article 11 (tout comme l'art. 54 Const. qui prévoit la révision obligatoire de la Constitution pour l'approbation ou la ratification d'un traité dont le Conseil constitutionnel a déclaré des dispositions contraires à la Constitution) a pour but d'éviter des batailles parlementaires analogues à celle sur la Communauté européenne de défense (en 1954) en permettant de saisir le peuple. C'est ce qui a été fait en 1972 à propos du traité d'élargissement de la Communauté européenne, en 1992 à propos du traité de Maastricht sur l'Union européenne et en 2005 à propos du traité établissant une constitution pour l'Europe.

Quant à la révision de 1995 introduisant les « réformes relatives à la politique économique et sociale » (la révision de 2008 a ajouté « environnementale »), elle est consécutive aux propositions de Jacques Chirac durant la campagne présidentielle concernant l'organisation d'un référendum sur l'école. Le texte est à la fois large et imprécis, tout en excluant les problèmes dits « de société » tels que la peine de mort.

En juillet 1984, François Mitterrand a tenté en vain d'élargir aux projets de loi relatifs « aux garanties des libertés publiques » le domaine de l'article 11 mais il s'est heurté au refus du Sénat.

3. *La pratique*

Huit référendums nationaux ont été organisés depuis l'entrée en vigueur de la Constitution (elle-même approuvée par référendum) et deux ont été rejetés (en 1969 et en 2005). 282 ■

Quatre ont été organisés sous la présidence de Gaulle et assortis de la question de confiance au peuple, le président mettant en jeu sa responsabilité. Le 8 janvier 1961, la consultation a porté sur l'autodétermination des populations algériennes (obtenant 75,2 % de « oui »). Le 8 avril 1962, il s'agissait de l'approbation des accords d'Évian qui préparent l'indépendance algérienne (approuvés à 90,7 %). Le 28 octobre 1962, le référendum est utilisé pour réviser la Constitution en introduisant l'élection au suffrage universel direct du chef de l'État (62,2 % de « oui »). Enfin le 27 avril 1969 une nouvelle utilisation du référendum pour réviser les dispositions de la Constitution relatives au Sénat et créant les régions aura une issue négative (53,1 % de « non »), entraînant la démission du président.

Un référendum a été organisé le 23 avril 1972 sous la présidence Pompidou : relatif à l'élargissement de la Communauté européenne, mais non assorti cette fois de la question de confiance présidentielle, il a été approuvé à 67,7 % mais marqué par une forte abstention (39,5 %).

Sous la présidence Mitterrand, deux référendums ont été organisés, sans question de confiance présidentielle : le premier sur initiative gouvernementale le 6 novembre 1988 à propos des accords d'autodétermination de la Nouvelle-Calédonie, a été marqué par une abstention massive (63 %) et approuvé à 79,9 %. Le second le 20 septembre 1992, à propos du traité d'Union européenne, approuvé par 51 % de « oui ».

Sous la présidence Chirac, un référendum a été organisé, sans question de confiance présidentielle, le 29 mai 2005 à propos du traité établissant une constitution pour l'Europe, et rejeté par 55 % de « non ».

Depuis le départ du général de Gaulle, le référendum législatif d'initiative présidentielle est revenu à une pratique plus conforme aux textes et le démarquant de toute dérive plébiscitaire. Pour autant, il reste une procédure difficile à utiliser du fait de son objet ambigu et surtout de la personnalisation qui le caractérise, le président restant son utilisateur exclusif : le référendum est utilisé le plus souvent pour relancer sa légitimité mais il peut aussi être l'occasion d'une addition de votes critiques qui peut devenir majoritaire (ce fut le cas en 1969 et en 2005).

4. *Les effets*

■ 283 Si le Conseil constitutionnel est juge des opérations référendaires comme il l'est pour les opérations électorales, il n'est pas compétent en revanche en ce qui concerne la loi référendaire, celle-ci étant l'expression directe de la souveraineté populaire (décisions des 6 nov. 1962, Élection du président de la République, et du 23 septembre 1992, Traité sur l'Union européenne). Après la proclamation des résultats (éventuellement corrigés) par le Conseil, le président de la République promulgue la loi référendaire. Celle-ci intègre le domaine législatif et peut donc être modifiée ou abrogée par une loi ordinaire d'origine parlementaire (sous réserve que cette modification « ne porte pas atteinte à l'exercice d'un droit ou d'une liberté ayant valeur constitutionnelle » (Cons. const. 9 janv. 1990).

C. Le référendum d'initiative partagée (art. 11, al. 3 à 5)

■ 284 La révision constitutionnelle de juillet 2008, mise en œuvre par la loi organique du 6 décembre 2013, a introduit une nouvelle procédure référendaire destinée à favoriser les minorités politiques. Ce type de référendum ne doit pas être confondu avec un référendum d'initiative populaire, comme il peut exister, par exemple, en Italie. En France, il s'agit essentiellement d'un référendum parlementaire dans le sens où son initiative provient d'un cinquième des parlementaires soutenu par un dixième du corps électoral (Const., art. 11, al. 3). La proposition de loi est ensuite déférée au Conseil constitutionnel qui vérifie la régularité de la proposition et des opérations de recueil des soutiens (réalisé par voie électronique et mis en œuvre par le ministre de l'Intérieur). Si, dans un délai de six mois après la déclaration de conformité du Conseil constitutionnel, la proposition de loi – qui ne peut porter sur l'abrogation d'une loi promulguée depuis moins d'un an – n'a pas été examinée par chacune des assemblées parlementaires, le président de la République la soumet au référendum. Ce cas de figure pourrait survenir. Il faudrait alors « éviter » que la proposition de loi ne soit pas examinée par les assemblées parlementaires dans les six mois qui suivraient la déclaration de conformité du Conseil. Sachant qu'il s'agit d'une proposition de loi des oppositions et que le gouvernement n'a pas la maîtrise de son inscription à l'ordre du jour du Sénat, où les oppositions sont majoritaires.

Il n'est pas possible dans les deux années qui suivent le rejet populaire d'une proposition de loi référendaire, de représenter à nouveau celle-ci devant le corps électoral.

Pour la première fois depuis l'entrée en vigueur de la révision, cette procédure a été utilisée en 2019. 248 parlementaires (il en fallait 185 au minimum), émanant des oppositions de gauche et de droite, ont déposé une proposition de loi transformant en service public national les aéroports de Paris. Cette proposition a été validée par le Conseil constitutionnel dans une décision du 9 mai 2019. Le Conseil n'a pas considéré que la proposition de loi aboutissait *de facto* à abroger la loi de privatisation des aéroports de Paris votée (mais non encore promulguée) depuis moins d'un an. Les 4,7 millions de signatures d'électeurs nécessaires n'ont pas été obtenues. Au total, seul 1 million de signatures a été enregistré par le Conseil constitutionnel qui entérine ainsi l'échec de la proposition de référendum.

Une nouvelle tentative d'utilisation de cette procédure s'est produite en 2023 à l'occasion du débat sur la réforme des retraites. Le Conseil constitutionnel a examiné deux propositions de loi successives visant toutes deux à supprimer le passage de l'âge de départ à retraite à 64 ans, inséré dans la loi de financement rectificative de la Sécurité sociale adoptée en avril 2023, pour le ramener à 62 ans.

La première proposition de loi référendaire, déposée par 252 parlementaires (soit le cinquième des membres du parlement exigé), a été rejetée par le Conseil constitutionnel (Décis. n° 2023-4 RIP du 14 avr. 2023) car elle ne constituait pas une « réforme » dans la mesure où, au moment de l'enregistrement de la saisine, elle n'apportait pas un changement au droit en vigueur puisque la loi portant à 64 ans l'âge du départ à la retraite n'était pas encore promulguée. Le même raisonnement a été tenu pour la seconde proposition de loi référendaire puisqu'au moment de l'enregistrement de la saisine la loi de financement rectificative de la Sécurité sociale n'avait pas été promulguée (Décis. n° 2023-5 RIP du 3 mai 2023).

D. Le référendum de l'article 88-5

La révision de la Constitution en 2005 nécessitée par l'introduction du traité consti- 285 ■
tutionnel européen a été rendue caduque par le rejet de ce traité lors du référendum du 29 mai 2005 à l'exception d'une seule disposition, celle de l'article 88-5, dont l'application concerne toute nouvelle adhésion à l'Union européenne.

Introduite par la controverse sur la candidature de la Turquie à l'Union européenne, cette disposition prévoit que « tout projet de loi autorisant la ratification d'un traité relatif à l'adhésion d'un État à l'Union européenne et aux Communautés européennes est soumis au référendum par le président de la République ». Il s'agit d'une compétence liée du chef de l'État qui doit obligatoirement saisir les électeurs. La seconde différence avec l'article 11 de la Constitution est l'absence de débat parlementaire préalable au référendum. Cette différence est d'autant plus étonnante que l'article 11 prévoit déjà une procédure référendaire pour autoriser la ratification d'un traité qui a déjà été utilisée à trois reprises à propos de la construction européenne (1972, 1992, 2005).

C'est pourquoi, à l'occasion de la révision de juillet 2008, un nouvel alinéa ajouté à l'article 88-5 prévoit que si les deux assemblées votent une motion en termes identiques à la majorité des trois cinquièmes, le Parlement peut autoriser l'adoption du projet de loi permettant la ratification selon la procédure du Congrès (Const., art. 89) : dans ce cas, aux lieu et place du référendum, ce sont les deux Chambres réunies en Congrès qui votent et approuvent le projet de loi à la majorité des trois cinquièmes des suffrages exprimés. Un tel dispositif a pour but d'éviter qu'un référendum soit organisé à chaque élargissement de l'Union européenne et de réserver cette procédure pour les cas les plus controversés et pour lesquelles la majorité qualifiée serait difficile à obtenir dans chacune des deux assemblées.

E. La consultation locale

■ 286 Depuis la révision constitutionnelle du 21 février 2003, le président de la République est également compétent pour consulter les électeurs d'une collectivité territoriale d'outre-mer sur « une question relative à son organisation, à ses compétences ou à son régime législatif » (Const., art. 72-4, al. 2). Il en va de même en cas de changement de statut d'une telle collectivité (Const., art. 72-4, al. 1er). Dans les deux cas, la procédure est calquée sur celle de l'article 11 de la Constitution, le président étant saisi par une proposition du gouvernement ou par une proposition conjointe des deux assemblées. Cette procédure a été utilisée à plusieurs reprises : le 7 décembre 2003 en Guadeloupe et en Martinique, le 29 mars 2009 à Mayotte, le 10 janvier 2010 en Guyane et Martinique et le 24 janvier 2010 en Guyane.

En cas de consultation sur le statut ou la modification des limites d'une collectivité territoriale de métropole, c'est au législateur qu'appartient l'initiative de la consultation (Const., art. 72-1, al. 3).

§ 6 Les rapports avec le Parlement

A. Le dialogue avec le Parlement

■ 287 La Constitution de 1958, dans son article 18, s'est bornée à reprendre les dispositions des républiques parlementaires, limitant les possibilités de dialogue entre le chef de l'État et le parlement. Depuis 1873 (L. du 13 mars 1873 interdisant au chef de l'État, Adolphe Thiers, excellent orateur, de s'exprimer devant l'Assemblée nationale), la tradition républicaine ne prévoyait que le message adressé aux assemblées et lu par chacun de leur président. Cette procédure a été utilisée à 19 reprises : lors de l'entrée en fonction du chef de l'État (sauf par Nicolas Sarkozy et François Hollande) ou lors d'une crise politique grave (par ex., le coup d'État militaire d'avril 1961 et le déclenchement de la guerre du Golfe en janvier 1991).

La révision de 2008 a introduit la possibilité pour le président de s'adresser directement au Parlement (Cons., art 18.). Toutefois, cette possibilité a été encadrée afin d'éviter aussi bien que le président n'usurpe les prérogatives du Premier ministre sans en avoir les risques (responsabilité devant l'Assemblée nationale) pour la tentation par le Parlement de faire déboucher cette prise de parole sur une mise en cause de la responsabilité politique du chef de l'État. Le texte adopté par le Congrès en juillet 2008 dispose que « le président de la République peut prendre la parole devant le parlement réuni à cet effet en Congrès », contrairement au projet de loi constitutionnel initial qui donnait au président le choix d'intervenir devant l'une ou l'autre assemblée ou devant le Congrès. Celui-ci est donc spécialement réuni pour l'entendre (ce qui exclut qu'il intervienne à l'occasion d'une procédure de révision constitutionnelle), y compris hors session.

Cette intervention peut être suivie d'un débat, mais hors la présence du chef de l'État, et ce débat ne fait l'objet d'aucun vote afin d'éviter l'adoption d'une résolution ou d'une motion qui pourrait être assimilée à une mise en jeu de la responsabilité du président de la République.

Cette procédure a été utilisée pour la première fois le 22 juin 2009, par Nicolas Sarkozy, mais l'opposition n'a pas pris part au débat qui a suivi le discours du président. François Hollande y a également eu recours le 16 novembre 2015 au lendemain des attentats terroristes à Paris pour présenter son projet de révision de la Constitution sur la déchéance de nationalité. Emmanuel Macron a réuni le Congrès au début de son mandat le 3 juillet 2017 pour « fixer le cap » dans une sorte de « message sur l'État de l'Union » à la française. Il avait d'ailleurs indiqué qu'il répéterait l'exercice chaque année, ce qu'il a fait le 9 juillet 2018 pour présenter les contours d'une prochaine réforme institutionnelle et constitutionnelle, mais celle-ci a été abandonnée et le Congrès n'a plus été réuni depuis.

Outre la prise de parole du président de la République devant le Congrès, Nicolas Sarkozy avait pris l'habitude de réunir régulièrement les groupes parlementaires de la majorité afin de faire le point sur la politique présidentielle et l'action gouvernementale. Emmanuel Macron a fait de même avec les députés de la majorité.

B. La participation à la procédure législative

Outre son intervention dans la procédure de révision, le président de la République 288 ■
est associé de trois manières à la procédure législative.

Le chef de l'État convoque le parlement en session extraordinaire, par décret, sur un ordre du jour déterminé, à la demande du Premier ministre ou de la majorité des députés (Const., art. 29). Il semblait qu'il s'agissait là d'une compétence liée, le président étant tenu de déférer à cette demande. Or, en mars 1960, le général de Gaulle a refusé de convoquer le parlement en session extraordinaire pour traiter des problèmes agricoles, à la demande de la majorité des députés, estimant qu'il n'avait pas à céder à la demande d'un groupe de pression et à cautionner une conception impérative du mandat parlementaire. Cette conception discrétionnaire a fait jurisprudence : Valéry Giscard d'Estaing, tout en acceptant en mars 1979 de convoquer le parlement, a laissé entendre qu'il la partageait. Quant à François Mitterrand, il sera encore plus explicite : refusant de convoquer le parlement en décembre 1987 (en pleine cohabitation) pour que celui-ci délibère d'un projet de loi modifiant le statut de la régie Renault, il affirmera dans un communiqué : « Le gouvernement ne peut ni décider la convocation d'une session extraordinaire, ni en fixer l'ordre du jour. Ces compétences relèvent de la seule responsabilité et de la seule appréciation du président de la République ». En juin 1993 (égal. en période de cohabitation), il agira de même à propos d'une demande de convocation motivée par l'examen d'une proposition de loi révisant la loi Falloux. Dans les deux cas, le gouvernement a accepté cette interprétation.

289 Le président peut par ailleurs demander, avec le contreseing du Premier ministre, une nouvelle délibération de tout ou partie de la loi votée, dans les quinze jours qui suivent la transmission de la loi au gouvernement avant sa promulgation (Const., art. 10, al. 2).

Cette nouvelle lecture peut porter sur l'ensemble du texte ou sur certaines de ses dispositions. Elle peut être motivée par le pouvoir présidentiel de garant de la Constitution ou toute autre raison.

Dans le premier cas, il s'agira de corriger une erreur de texte ou, plus sérieusement, de tenir compte d'une censure partielle par le Conseil constitutionnel (ce fut le cas en août 1985, lorsque François Mitterrand demanda une nouvelle délibération de la loi sur la Nouvelle-Calédonie, le Conseil ayant censuré la disposition relative à la représentation de la région de Nouméa). Dans le second cas, la demande s'apparente à un *veto*, le président demandant au parlement de reconsidérer sa position (ce fut le cas le 13 juill. 1983 à propos de la décision d'organiser l'exposition universelle en 1989 à Paris, le maire ayant refusé de s'y associer : la nouvelle délibération fut en fait un enterrement du projet, celui-ci n'étant pas réinscrit à l'ordre du jour par le gouvernement).

290 Le président, par décret contresigné du Premier ministre, promulgue la loi. Cette promulgation, qui intervient dans les 15 jours qui suivent la transmission du texte définitivement voté au gouvernement, clôt la procédure législative, sous réserve que le président n'ait pas demandé une deuxième délibération ou que le texte n'ait pas été déféré au Conseil constitutionnel. La promulgation authentifie l'existence de la loi, atteste qu'elle a été régulièrement délibérée et votée (Cons. const. 23 août 1985, n° 85-197), la date et oblige les autorités publiques à l'exécuter et à la faire observer.

section 5

Les pouvoirs honorifiques

291 Le président de la République est grand maître de l'Ordre national de la Légion d'honneur et de l'Ordre national du mérite (pour les nominations et promotions desquelles il co-décide avec le gouvernement).

Depuis l'acte de paréage de 1278, le chef de l'État est co-prince d'Andorre avec l'évêque de Seo de Urgel en Espagne (Const. andorrane du 14 mars 1993, art. 43).

Le président de la République est chanoine honoraire de la basilique Saint-Jean-de-Latran à Rome, comme tous les chefs d'État de la France depuis Henri IV.

Enfin, en tant que premier personnage de la République, le président bénéficie de la préséance protocolaire dans les cérémonies publiques, voyages officiels, honneurs civils et militaires. Les différents pouvoirs publics et corps constitués lui présentent leurs vœux à chaque nouvel an.

Compléments pédagogiques

Mémo

Conformément à la volonté de Charles de Gaulle, *la Constitution de 1958 a fortement réévalué la fonction présidentielle*. Celle-ci est cependant *tributaire des rapports de force politique* et notamment de l'existence ou non d'une majorité parlementaire soutenant le président. *L'élection au suffrage direct du chef de l'État* (depuis la révision de 1962) est un temps fort et structurant de la vie politique, dont la campagne est strictement réglementée. Cette élection a renforcé la *légitimité* du président, sans remettre en cause son statut traditionnel (mandat de 5 ans, irresponsabilité, intérim par le président du Sénat). La fonction présidentielle comprend les *prérogatives liées au pouvoir d'État* : pouvoirs de garantie (de la Constitution, de l'indépendance de la magistrature), pouvoirs de crise exercés sans contreseing (dissolution, art. 16) et celles liées à la *co-décision gouvernementale*, articulée autour de la présidence du Conseil des ministres. L'influence politique du président sur l'exercice des compétences partagées varie suivant qu'il soit ou non le leader de la majorité parlementaire (choix du Premier ministre, pouvoirs de nomination, de signature, pouvoir réglementaire, conduite de la diplomatie et de la défense) *ou législative* (référendum, participation à la procédure législative). S'y ajoutent des *pouvoirs honorifiques et protocolaires*.

Quid

■ Actes de gouvernement n° 267

Actes de nature politique (et non administrative) concernant les pouvoirs publics ou les relations internationales non susceptibles de recours contentieux devant le juge administratif.

■ Arbitrage n° 265

Fonction de médiation et de garantie traditionnellement propre au chef de l'État « au-dessus des partis » en régime parlementaire. Sous la Ve République, l'arbitrage présidentiel doit permettre d'assurer le fonctionnement régulier des pouvoirs publics et la continuité de l'État. Cet arbitrage a été entendu depuis 1958 comme un pouvoir décisionnel plus que de médiation.

■ Chef des armées n° 275

Titre traditionnel du chef de l'État en régime parlementaire. Sous la Ve République il s'agit d'une fonction effective tant du fait des dispositions constitutionnelles (« garante l'indépendance nationale, de l'intégrité du territoire et du respect des traités », Const., art. 5), que des pratiques institutionnelles (il préside les conseils de défense) et de l'organisation de la défense (la stratégie nucléaire impose un commandement unique à dimension politique).

■ Crise (pouvoirs de) n° 260

Pouvoirs destinés à faire face à des situations politiques exceptionnelles (coup d'État, guerre, etc.) et caractérisés par la limitation des libertés publiques et la concentration momentanée des pouvoirs de décision (ex. : Const., art. 16).

■ Empêchement n°s 239, 250

Situation faisant obstacle à l'exercice normal d'une fonction. L'empêchement du président de la République (Const., art. 7) est constaté par le Conseil constitutionnel. Il peut être provisoire, auquel cas la fonction présidentielle fait l'objet d'une suppléance, ou définitif, ce qui entraîne l'intérim par le président du Sénat et l'organisation d'une élection présidentielle.

■ Haute Cour n° 250

Juridiction exceptionnelle composée des deux assemblées du Parlement réunies pour destituer le président de la République, à la suite d'une mise en accusation par chacune des assemblées, pour « manquement à ses devoirs manifestement incompatible avec l'exercice de son mandat » adoptée à la majorité des deux tiers de ses membres (Const., art. 67 révisé en 2007).

■ Haute trahison n° 255

Manquement grave aux devoirs de la fonction présidentielle faisant l'objet d'une mise en accusation par les assemblées et d'un jugement par la Haute Cour de justice, jusqu'à la révision constitutionnelle de 2007. La haute trahison n'était pas définie par la Constitution qui laissait le parlement, lors de la mise en accusation, la définir indirectement à travers les actes qu'il incrimine. Elle n'a jamais été mise en œuvre.

■ Intérim n° 251

Exercice provisoire d'une fonction du fait de l'empêchement de son titulaire. L'intérim de la présidence de la République, en cas d'empêchement définitif ou de vacance de cette fonction, est assuré par le président du Sénat qui ne peut cependant recourir aux articles 11, 12, 49, 50 et 89 de la Constitution.

■ Irresponsabilité présidentielle n° 254

Principe du régime parlementaire selon lequel le président de la République n'est pas politiquement, pénalement ou civilement responsable des actes accomplis dans le cadre de son mandat (sauf en cas de manquement à ses devoirs manifestement incompatible avec l'exercice de son mandat) et qui a été maintenu par la Constitution de 1958 (Const., art. 68) avec pour contrepartie le contreseing ministériel.

■ Vacance n° 239

Absence définitive du titulaire d'un mandat ou d'une fonction à la suite de sa démission, de son décès, ou de sa destitution.

Documents

Décision du 22 janvier 1999 du Conseil constitutionnel, Traité portant statut de la Cour pénale internationale (extraits)

Considérant qu'il résulte de l'article 68 de la Constitution que le président de la République, pour les actes accomplis dans l'exercice de ses fonctions et hors le cas de haute trahison, bénéficie d'une immunité ; qu'au surplus, pendant la durée de ses fonctions, sa responsabilité pénale ne peut être mise en cause que devant la Haute Cour de justice, selon les modalités fixées par le même article ; qu'en vertu de l'article 68-1 de la Constitution, les membres du Gouvernement ne peuvent être jugés pour les crimes et délits commis dans l'exercice de leurs fonctions que par la Cour de justice de la République ; qu'enfin, les membres du parlement, en vertu du premier alinéa de l'article 26 de la Constitution, bénéficient d'une immunité à raison des opinions ou votes émis dans l'exercice de leurs fonctions, et, en application du deuxième alinéa du même article, ne peuvent faire l'objet, en matière criminelle ou correctionnelle, hors les cas de flagrance ou de condamnation définitive, d'une arrestation ou de toute autre mesure privative ou restrictive de liberté qu'avec l'autorisation du bureau de l'assemblée dont ils font partie ;

Considérant qu'il suit de là que l'article 27 du statut est contraire aux régimes particuliers de responsabilité institués par les articles 26, 68 et 68-1 de la Constitution.

Avis du Conseil constitutionnel du 23 avril 1961 relatif à l'application de l'article 16 de la Constitution

[...] Considérant qu'en Algérie, des officiers généraux sans commandement et, à leur suite, certains éléments militaires sont entrés en rébellion ouverte contre les pouvoirs publics constitutionnels dont ils usurpent l'autorité ; qu'au mépris de la souveraineté nationale et de la légalité républicaine, ils édictent des mesures de la seule compétence du parlement et du Gouvernement ; qu'ils ont mis hors d'état de remplir leurs fonctions et privé de leur liberté les plus hautes autorités civiles et militaires d'Algérie dépositaires des pouvoirs qui leur ont été délégués par le Gouvernement de la République en vue d'assurer la sauvegarde des intérêts nationaux ainsi qu'un membre du gouvernement même ; que leur but avoué est de s'emparer du pouvoir dans l'ensemble du pays ;

Considérant qu'en raison de ces actes de subversion d'une part, les institutions de la République se trouvent menacées d'une manière grave et immédiate, d'autre part les pouvoirs publics constitutionnels ne peuvent fonctionner d'une manière régulière.

Est d'avis que sont réunies les conditions exigées par la Constitution pour l'application de son article 16.

Lettres échangées à l'occasion du départ de M. Chaban-Delmas le 5 juillet 1972

Monsieur le président de la République,

Vous m'avez fait part de votre intention de changer le Gouvernement. J'ai donc l'honneur de vous présenter la démission du Gouvernement. Je vous demeurerai reconnaissant de votre confiance, qui m'a permis, pendant trois ans, à la tête de mes collègues, de me consacrer entièrement au service de la France et au bonheur des Français.

Je vous prie, Monsieur le président de la République, d'agréer l'expression de ma très haute considération.
Jacques Chaban-Delmas
Mon cher Premier ministre,
En réponse à votre lettre de ce jour, j'accepte la démission que vous m'avez présentée conformément à l'article 8 de la Constitution. Au cours de nos récents entretiens, je vous ai indiqué les raisons qui me paraissaient appeler la formation d'un nouveau Gouvernement. Au moment où vous quittez vos fonctions, je tiens à vous exprimer toute mon estime pour la façon dont vous les avez remplies durant trois années. Je tiens à souligner particulièrement combien vous avez, avec mon plein appui mais avec le style et le talent qui vous sont propres, permis par le développement d'une politique contractuelle, d'importants progrès dans le domaine social et des relations humaines. Cette lettre, qui souligne la valeur de votre action, vous apportera aussi le témoignage de mon amitié.
Veuillez croire, mon cher Premier ministre, à l'assurance de mes sentiments très cordialement dévoués.
Georges Pompidou

Biblio

1) Ouvrages

- P. Avril, *Un Président pour quoi faire ?*, Paris, Seuil, 1965.
- F. Brechon (dir.), *Les élections présidentielles sous la Ve République*, 3e éd., La Documentation française, 2013.
- M.A. Cohendet, *Le président de la République*, Dalloz, 2e éd., coll. « Connaissance du droit », 2012.
- J. Massot, *L'arbitre et le capitaine*, Flammarion, 1987.
- M. Morabito, *Le chef de l'État en France*, Montchrestien, coll. « Clefs politique », 1996.
- *Rapport de la Commission de réflexion sur le statut pénal du Président de la République*, La Documentation française, 2002.
- S. Rials, *La présidence de la République*, PUF, coll. « Que sais-je ? », 1981.

2) Articles

- O. Beaud, « La contribution de l'irresponsabilité présidentielle au développement de l'irresponsabilité politique sous la Ve République », *in RD publ.*, nos 5/6, 1998.
- H. Portelli, « Arbitre ou chef de l'opposition », *Pouvoirs*, 1999, n° 91.
- *Pouvoirs* 1987, n° 41, *Le président.*
- *Pouvoirs* 2011, n° 138, *La candidature à la présidentielle.*
- *Revue Française de Droit constitutionnel* 2018, n° 116, *Les dix ans de la révision constitutionnelle de 2008.*

Quiz

1) Sujets corrigés

A) Test de connaissances

1. Quels présidents ont refusé de convoquer le parlement en session extraordinaire ?

2. Quel président a refusé de signer des ordonnances ?

3. De quand date l'instauration du septennat présidentiel ? Et le quinquennat ?

4. Combien de parrainages sont nécessaires pour la candidature à la présidence de la République ?

5. Quels élus peuvent présenter un candidat à l'élection présidentielle ?

Voir le corrigé en fin de rubrique.

B) Dissertations

Énoncé n° 1

La dissolution.

Voir le corrigé en fin de rubrique.

Énoncé n° 2

La responsabilité du président de la République.

Voir le corrigé en fin de rubrique.

2) Corrigés

Test de connaissances

1. Ch. de Gaulle et F. Mitterrand.

2. F. Mitterrand.

3. De la loi du 20 novembre 1873 (au profit du maréchal Mac-Mahon) pour le septennat ; de la loi du 2 octobre 2000 pour le quinquennat.

4. 500 élus nationaux ou locaux depuis 1976 (100 auparavant).

5. Les parlementaires, conseillers régionaux et de Corse, conseillers généraux et de Paris, membres des assemblées territoriales des TOM, maires et maires délégués, présidents de communautés (urbaines, agglomération, de communes), (issus de 30 départements ou TOM avec moins de 10 % d'un même département ou TOM).

Dissertation n° 1

Introduction : La tradition républicaine contre la dissolution (1830, 1877, 1955). Les dissolutions sous la Ve République : les conditions.

I. La dissolution, arme présidentielle

A. Pour obtenir une majorité : 1962, 1981, 1988, ou pour la garder : 1997

B. Pour trancher une crise : 1962, 1968

II. La dissolution, arme gouvernementale

A. La menace de la dissolution pour contenir sa majorité

B. La demande de dissolution pour renforcer le Premier ministre : 1962, 1968, 1976

Dissertation n° 2

Introduction : la tradition républicaine et ses conséquences (contreseing). Son maintien en 1958 dans un contexte différent (le président acteur politique).

I. Une responsabilité politique introuvable

A. De la pratique gaullienne (1969)...

B. À celle de ses successeurs : refus de la responsabilité référendaire (Mitterrand, Chirac) ou après une dissolution (Chirac)

II. Une responsabilité juridique limitée

A. De la haute trahison au manquement à ses devoirs (inutilisable sauf art. 16)

B. La protection durant le mandat pour les autres actes (l'inviolabilité)

Conclusion : Un statut politique et juridique exceptionnel qui fait du président de la République un personnage hors-norme.

chapitre 12

Le gouvernement

Plan analytique

section 1

L'organisation du gouvernement

§ 1 La formation et la fin du gouvernement

- **A.** La constitution du gouvernement
- **B.** La démission du gouvernement

§ 2 Le statut des membres du gouvernement

- **A.** Le rang
- **B.** Le statut
- **C.** La responsabilité individuelle
- **D.** Les attributions

section 2

Les compétences du gouvernement

§ 1 Les pouvoirs ordinaires

§ 2 Les pouvoirs exceptionnels

- **A.** En matière législative : les ordonnances
- **B.** En matière d'ordre public

section 3

Le Premier ministre

§ 1 La direction du gouvernement

- **A.** L'animation du gouvernement
- **B.** Les services du Premier ministre

§ 2 Les compétences propres

- **A.** Le pouvoir réglementaire
- **B.** L'interlocuteur du Parlement
- **C.** La responsabilité politique devant le Parlement
- **D.** L'animateur de la majorité parlementaire

Compléments pédagogiques

Le gouvernement

En 1958, l'organisation et le statut du gouvernement ont été renforcés tout comme ses compétences, privilégiant l'autorité du Premier ministre, détenteur de l'essentiel des compétences gouvernementales. 292

Le *gouvernement*[Q] est l'organe collégial que constitue l'ensemble des ministres. Il a à sa tête le Premier ministre.

Selon la Constitution, le gouvernement est le rouage le plus important des institutions : c'est lui qui détermine et conduit la politique de la Nation (Const., art. 20, al. 1er), notamment au sein de sa formation délibérante, le conseil des ministres. Il dispose pour ce faire de l'administration et de la force armée (Const., art. 20, al. 2). Enfin, le gouvernement tire sa légitimité de l'appui du parlement devant lequel il est responsable, comme c'est la règle en régime parlementaire.

À ces principes se sont ajoutés d'autres, de nature politique, dus au fonctionnement concret du régime et notamment à la prééminence politique du chef de l'État lorsque celui-ci dispose du soutien de la majorité parlementaire et en détient le leadership effectif. Dans ce cas, le gouvernement se trouve sous la tutelle politique du président, dont il dépend et dont il appliquera la politique. À l'inverse, si la majorité parlementaire diffère de la majorité présidentielle, alors les dispositions constitutionnelles retrouvent leur lecture parlementaire et le gouvernement sa suprématie.

Il n'en demeure pas moins que, même dans les cas (les plus fréquents) de prééminence politique du chef de l'État, la fonction du gouvernement reste essentielle. Simplement, dans ce cas, le pouvoir gouvernemental dont il a la responsabilité est partagé entre le collège des ministres et le chef de l'État.

section 1

L'organisation du gouvernement

§ 1 La formation et la fin du gouvernement

La constitution et la démission du gouvernement relèvent de procédures constitutionnelles mais aussi de paramètres politiques.

A. La constitution du gouvernement

La Constitution distingue le choix du Premier ministre et celui des ministres. 293

Le choix du Premier ministre est un pouvoir propre du président de la République, dispensé du contreseing. Aucune condition n'est fixée au choix du Premier ministre sinon que le poste soit vacant. Il peut ne pas être un parlementaire, par exemple, voire même ne pas participer jusqu'alors à la vie politique. Mais ce choix n'est pas libre politiquement : le Premier ministre doit appartenir à la majorité parlementaire.

En cas de cohabitation, le président est contraint de se plier à la volonté de cette majorité et de nommer celui qu'elle lui impose, même s'il peut feindre d'agir autrement. En 1986, coupant court aux manœuvres de l'Élysée, les partis de la majorité parlementaire ont officiellement adressé au président Mitterrand l'injonction de choisir un Premier ministre qui aurait leur agrément préalable, visant implicitement J. Chirac. En 1993, même si F. Mitterrand a « choisi » Édouard Balladur, les partis de la majorité l'avaient choisi avant lui. En 1997, Jacques Chirac a nommé directement Lionel Jospin, chef indiscuté du parti socialiste et de la coalition de gauche.

Lorsque le président dispose d'une majorité parlementaire, le choix du Premier ministre varie en cours de mandat. Le premier chef du gouvernement du mandat est en général une personnalité politique connue qui symbolise les différentes facettes de la majorité présidentielle ou qui dispose de la confiance politique du chef de l'État pour la rassembler au parlement (M. Debré, J. Chaban-Delmas, J. Chirac, P. Mauroy, M. Rocard, A. Juppé, J.-P. Raffarin, F. Fillon, J.M. Ayrault). À l'inverse, le second Premier ministre est davantage une personnalité imposée par le président, souvent extérieure au sérail politique et qui est supposée ne pas rivaliser avec lui si le président envisage de se représenter (G. Pompidou en 1962, M. Couve de Murville en 1968, P. Messmer en 1972, R. Barre en 1976, L. Fabius en 1984, E. Cresson en 1991, D. de Villepin en 2005).

Les Premiers ministres depuis 1959 ont été les suivants :

Michel Debré (1959-1962), Georges Pompidou (1962-1968), Maurice Couve de Murville (1968-1969), Jacques Chaban-Delmas (1969-1972), Pierre Messmer (1972-1974), Jacques Chirac (1974-1976), Raymond Barre (1976-1981), Pierre Mauroy (1981-1984), Laurent Fabius (1984-1986), Jacques Chirac (1986-1988), Michel Rocard (1988-1991), Édith Cresson (1991-1992), Pierre Bérégovoy (1992-1993), Édouard Balladur (1993-1995), Alain Juppé (1995-1997), Lionel Jospin (1997-2002), Jean-Pierre Raffarin (2002-2005), Dominique de Villepin (2005-2007), François Fillon (2007-2012), Jean-Marc Ayrault (2012-2014), Manuel Valls (2014-2016), Bernard Cazeneuve (2016-2017), Édouard Philippe (2017-2020), Jean Castex (2020-2022), Elisabeth Borne (2022-).

294 Le choix des ministres se fait sur proposition du Premier ministre. Là encore, le choix présidentiel dépend des rapports de force politiques. Lorsque le président dispose d'une majorité à l'Assemblée, c'est lui qui impose ses choix au Premier ministre qui ne dispose que d'une influence résiduelle.

C'est ainsi que le chef de l'État peut fixer le nombre des ministres (V. Giscard d'Estaing imposa à R. Barre en 1977 de ne pas dépasser le nombre de 15 et Nicolas Sarkozy avait annoncé le même chiffre avant même son élection), leurs départements respectifs et surtout choisir les personnalités (voire même imposer certains membres de cabinet, et notamment au cabinet du Premier ministre – de Pierre Messmer en 1972 à Alain Juppé en 1995 – ou de l'ensemble des ministres – François Fillon en 2007, Édouard Philippe en 2017). Le Premier ministre peut tenter de placer certains de ses proches, ou, à défaut d'ouvrir le gouvernement à des non politiques proches de lui (les membres de la « société civile » dans le gouvernement Rocard II).

À l'inverse, en période de cohabitation, le pouvoir présidentiel est très limité. En 1986, François Mitterrand mit son *veto* aux propositions de Jacques Chirac pour les portefeuilles de la Défense (F. Léotard) et des Affaires étrangères (J. Lecanuet), imposant des ministres « techniciens » à ces postes qui relèvent du domaine partagé. En revanche, Édouard Balladur en 1993 et Lionel Jospin en 1997 n'ont rencontré aucune réserve présidentielle lors de la composition de leurs gouvernements respectifs.

B. La démission du gouvernement

La Constitution est assez sobre en ce qui concerne la démission du Premier ministre et du gouvernement. 295 ■

À propos du Premier ministre, l'article 8 se contente de déclarer que le président « met fin à ses fonctions sur présentation par le Premier ministre de la démission du gouvernement ».

Cette démission peut être consécutive à l'engagement de responsabilité du gouvernement devant l'Assemblée nationale, soit en cas de rejet du programme ou d'une déclaration de politique générale (Const., art. 49, al. 1er) – ce qui ne s'est jamais produit –, soit en cas de vote d'une motion de censure (Const., art. 49, al. 2 et 3) – ce qui ne s'est produit qu'une fois, au détriment du premier gouvernement Pompidou en 1962.

Mais la démission du Premier ministre peut être aussi volontaire, soit du fait de la tradition républicaine (au lendemain d'une élection présidentielle ou législative, quitte à ce qu'il soit reconduit comme Georges Pompidou en 1962, 1965 et 1967, Pierre Messmer en 1973, Raymond Barre en 1978, Pierre Mauroy en 1981, Michel Rocard en 1988, François Fillon en 2007, Jean-Marc Ayrault en 2012 et Édouard Philippe en juin 2017), soit pour opérer un remaniement ministériel en profondeur, le Premier ministre étant immédiatement reconduit (gouvernements Messmer III en février 1974, Barre II en mars 1977, Mauroy III en mars 1983, Fillon III en novembre 2010, Valls II en août 2014).

La démission peut aussi avoir des motifs politiques. Dans ce cas, la démission peut être volontaire, lorsque le Premier ministre s'estime désavoué par le chef de l'État (Jacques Chirac le déclara publiquement lors de sa démission de 1976, Pierre Mauroy le laissa entendre en 1984). Elle peut aussi être contrainte, auquel cas elle s'apparente à une révocation, le Premier ministre devant accepter l'injonction de celui qui est le vrai « leader » de la majorité. Ce fut le cas pour Michel Debré en 1962, Jacques Chaban-Delmas en 1972 (celui-ci avait pourtant sollicité et obtenu un vote de confiance de l'Assemblée pour retarder l'échéance), Michel Rocard en 1991 et Édith Cresson en 1992.

L'acceptation de la démission du Premier ministre par le président peut être différée (comme pour Georges Pompidou en 1962, celui-ci démissionnant le 5 octobre et voyant sa démission acceptée le 28 nov.) ; durant ces délais, il lui incombe d'expédier les *affaires courantes*, tout comme dans l'intervalle de la nomination d'un nouveau gouvernement.

La démission d'Alain Juppé en 1997 a constitué un cas de figure original : le Premier ministre a annoncé son départ au lendemain du premier tour des élections législatives le 26 mai et n'a présenté sa démission au président que le 2 juin.

La démission des autres membres du gouvernement est l'objet d'une codécision du président et du Premier ministre. Elle peut être individuelle ou collective. 296 ■

Du fait de la durée des gouvernements, qui ont dépassé fréquemment les trois ans (le record étant détenu par le gouvernement Jospin), les remaniements ministériels sont fréquents. Outre les remaniements « techniques », limités à un ou quelques membres du gouvernement, les remaniements « politiques » peuvent conduire à de véritables recompositions, qui concernent une grande partie de l'équipe gouvernementale. Dans ce cas les décrets de nomination sont suivis d'un décret de consolidation qui récapitule la composition du gouvernement remanié dans son nouvel ordre protocolaire (ainsi les décrets du 2 oct. 1990 pour le 6e remaniement du gouvernement Rocard ou ceux du 27 mars 2000 pour le 8e remaniement du gouvernement Jospin).

Depuis la révision du 23 juillet 2008, la possibilité pour le ministre de retrouver son mandat de député après avoir quitté le gouvernement, renforcera à l'avenir la tentation de remplacer sur-le-champ les ministres défaillants ou qui ne sont plus en grâce, quitte à tomber dans le risque du remaniement ministériel permanent, comme le montre la recomposition continue qui a affecté le gouvernement Fillon II.

§ 2 Le statut des membres du gouvernement

■ 297 Ce statut est le même pour tous les membres du gouvernement, y compris le Premier ministre.

A. Le rang

■ 298 Malgré l'égalité juridique entre les ministres, il existe une hiérarchie qui dépend de l'ordre dans le décret de nomination et qui suit généralement l'ordre suivant : *ministre d'État*, *ministre*, *ministre délégué* et *secrétaire d'État*. Cette hiérarchie a des effets en termes de préséance et de traitement.

Le titre de ministre d'État est honorifique et a pour but de distinguer la personnalité et non son ministère. Il vise en général les leaders de la majorité (chefs de partis ou de courants du principal parti) et se combine avec la détention d'un département ministériel (alors que sous la IVe République le ministre d'État était un ministre sans portefeuille). Le gouvernement Barre I comprenait ainsi un ministre d'État par parti de la majorité et le gouvernement Mauroy I un ministre d'État par courant du parti socialiste. Nicolas Sarkozy a détenu ce titre dans le gouvernement Raffarin II et dans celui de Dominique de Villepin, Alain Juppé dans le gouvernement Fillon I et Jean-Louis Borloo dans le gouvernement Fillon II, Alain Juppé dans le gouvernement Fillon III, Gérard Collomb, Nicolas Hulot et François Bayrou dans le gouvernement Édouard Philippe I, Gérard Collomb et Nicolas Hulot dans le gouvernement Philippe II, alors que les gouvernements Juppé, Jospin, Ayrault, Valls, et Castex, par exemple, ont ignoré cette distinction.

« Ministre » est la dénomination ordinaire des membres du gouvernement. Leur nombre est très variable. Depuis le début de la Ve République, la tendance était à l'augmentation, passant par exemple de 25 membres du gouvernement de Georges Pompidou en 1962 à 48 dans le gouvernement de Michel Rocard en 1988. Les variations se font essentiellement en fonction des facteurs politiques relatifs à la majorité parlementaire. Pour partie, les gouvernements tendent à rendre compte (et récompenser) les différents partis qui composent la majorité ainsi que les différents courants à l'intérieur des partis. Pour autre partie, le nombre varie en fonction des thèmes émergents ou centraux dans le débat public.

Toutefois, depuis Lionel Jospin, les Premier ministres affichent leur volonté de réduire le nombre de membres du gouvernement et de respecter la parité. Le gouvernement Fillon II (2007-2010) comptait ainsi 31 membres (20 hommes, 11 femmes). Le gouvernement Ayrault II (2012-2014) comptait 37 membres (19 hommes, 18 femmes), un nombre élevé du fait de la coalition PS-PRG-EELV. Le gouvernement Philippe II (2017-2020) comptait 30 membres (15 hommes, 15 femmes). La réduction du nombre de membres du gouvernement vaut cependant surtout pour sa composition initiale. Par la suite, les évolutions sont souvent l'occasion de modifier et de compléter le gouvernement. Par exemple, après 9 remaniements en moins de trois ans, le gouvernement Fillon II est passé de 31 à 40 membres en mars 2010, quand celui du gouvernement Philippe II est passé de 30 à 36 membres après quatre remaniements en moins de deux ans

Le gouvernement Borne (2022-) compte, lors de sa formation au lendemain de l'élection présidentielle de mai 2022, 27 membres (17 ministres, ministres délégués et 4 secrétaires d'État ; dont 10 femmes et 17 hommes). Néanmoins, dès le remaniement qui suit les élections législatives (juillet 2022) il passe à 42 membres (dont 18 femmes).

Si certains départements ministériels sont traditionnels, voire mentionnés par la Constitution (le ministre de la Justice, garde des Sceaux), la plupart varient soit sous l'effet du démembrement ou du regroupement (le ministère de l'Économie et des Finances a parfois été divisé en plusieurs ministères, comme dans le gouvernement Ayrault, tout comme celui de l'Équipement), voire de la transformation d'une administration de mission en administration de gestion (ex. : la Recherche ou l'Aménagement du territoire). Aux ministères clés (Justice, Économie et Finances, Éducation, Défense, Intérieur, Affaires étrangères, Agriculture, Affaires sociales, Équipement, Culture) s'ajoutent, outre ceux issus de leur démembrement éventuel, les ministères qui sont le fruit de la conjoncture. Les intitulés des périmètres ministériels disparaissent et reviennent afin de suivre telle réforme ou de répondre à un problème nouveau, comme l'environnement, apparu dans les années 1970 ou la ville, dans les années 1980, voire de la volonté de donner du relief à l'introduction au gouvernement d'une personnalité que l'on veut valoriser. La dénomination peut de surcroît varier. Par exemple, le ministère des Affaires étrangères s'est ainsi appelé ministère des Relations extérieures en 1981.

Les ministres délégués étaient à l'origine des ministres qui agissaient sur délégation du Premier ministre. Depuis 1981, des ministres délégués peuvent être rattachés à des ministères ordinaires (le gouvernement Ayrault II en comptait 18, le gouvernement Valls et le gouvernement Cazeneuve aucun, le gouvernement Philippe II 4). Agissant par délégation de leur ministre de tutelle, ils en reçoivent les instructions mais peuvent contresigner seuls les décrets les concernant.

Les secrétaires d'État peuvent être autonomes : dans ce cas (peu fréquent : les gouvernements récents n'en comptent pas), le secrétaire d'État possède les attributs du ministre mais non le titre, cela dans le seul but de l'écarter du Conseil des ministres. Le secrétaire d'État délégué auprès d'un ministre dispose de services mais il n'a ni autorité sur eux, ni budget propre, ni contreseing et, en général, ne participe pas au Conseil des ministres (le gouvernement Raffarin I en comptait 12, celui de Jean-Marc Ayrault n'en comprenait aucun, le gouvernement Valls 17, le gouvernement Philippe II 10).

L'introduction de la parité aux élections politiques en 1999 a fini par se traduire en 2007 dans l'exécutif : le gouvernement Fillon II comptait ainsi 7 femmes et 8 hommes ministres au départ. Cette volonté a été éphémère : le gouvernement Fillon III de novembre 2010 ne comptait plus que 8 femmes ministres sur 22 et 11 sur 30 si l'on incluait les secrétaires d'État. Par contre le gouvernement Ayrault a établi une parité stricte entre ministres et entre ministres délégués tout comme le gouvernement Valls entre ministres et entre secrétaires d'État ainsi que le gouvernement Cazeneuve et les gouvernements Philippe I et II.

B. Le statut

■ 299 Le membre du gouvernement est assujetti à plusieurs obligations.

La première concerne son patrimoine. La loi du 11 mars 1988 (révisée le 8 févr. 1995) lui impose une déclaration de situation patrimoniale dans les deux mois qui suivent sa nomination auprès du président de la commission pour la transparence financière de la vie politique. La même déclaration est imposée dans les deux mois qui suivent la date de cessation de fonction. La commission, qui émet un rapport tous les trois ans, apprécie leur variation et, après avoir reçu les observations de l'intéressé, saisit éventuellement le Parquet.

■ 300 Les fonctions ministérielles sont par ailleurs incompatibles avec une série d'activités.

D'une part, avec toute profession privée, y compris les professions libérales, ou publique (fonctionnaire). En ce qui concerne les fonctions publiques électives, le cumul est possible avec des mandats locaux (municipaux, départementaux ou régionaux) mais la Constitution de 1958 a établi la règle du non-cumul avec un mandat parlementaire (Const., art. 23 et décision du conseil des Communautés du 20 sept. 1976 édictant le non-cumul avec le mandat de député européen).

Cette règle, qui rompt avec l'ancienne tradition parlementaire, a été édictée dans le souci d'une séparation des pouvoirs. Voulant empêcher les pratiques des régimes précédents où le parlementaire avait parfois tendance à provoquer des crises gouvernementales afin d'accéder au gouvernement sans courir les risques de perdre son mandat, la Constitution a détaché le ministre du milieu parlementaire.

Le parlementaire devenu ministre dispose d'un délai d'un mois pour opter entre sa fonction ministérielle et son mandat. S'il opte pour le gouvernement (ce qui est généralement le cas), il est remplacé par son suppléant, qui a été élu en même temps que lui. Durant ce délai il ne peut pas participer au vote dans son Assemblée, ce qui a parfois posé des problèmes délicats aux gouvernements qui disposaient d'une courte majorité, comme le gouvernement Rocard en 1988. Jusqu'à la révision constitutionnelle du 23 juillet 2008, une fois sa fonction ministérielle achevée, le ministre ne pouvait retourner au parlement qu'à l'occasion d'une nouvelle élection, qui pouvait être anticipée si son suppléant acceptait de démissionner, désormais il retrouve automatiquement son siège un mois après son départ du gouvernement. Le suppléant n'est donc plus qu'un intérimaire exerçant un « remplacement temporaire » (Const., art. 25) Ce nouveau régime a été d'ailleurs d'application immédiate puisqu'il a valu pour les ministres en fonction à l'entrée en vigueur de la loi organique (janv. 2009).

Alors que l'interdiction draconienne d'avant 2008 (que la tentative de révision constitutionnelle de 1974 avait déjà tenté d'assouplir) constituait un véritable barrage, franchissable qu'au risque d'élections partielles toujours incertaines, le nouveau régime facilitera le « turn-over » ministériel et rendra les membres du gouvernement davantage dépendants de l'humeur présidentielle.

La contradiction du non-cumul au niveau national avec la pratique systématique du cumul avec des mandats locaux s'est atténuée après 1997, Lionel Jospin ayant interdit à ses ministres d'exercer des fonctions exécutives locales, Jean-Pierre Raffarin et Dominique de Villepin ont maintenu cette convention qui a souffert des exceptions croissantes avant d'être abandonnée par le gouvernement Fillon. Rétablie en 2012 dans le cadre d'une charte de déontologie du gouvernement Valls, elle n'a pas été appliquée. Par contre Emmanuel Macron a imposé aux ministres du gouvernement Philippe d'abandonner leurs fonctions exécutives locales.

C. La responsabilité individuelle

La responsabilité du ministre peut être politique, comptable ou pénale.

1. *La responsabilité politique*

Traditionnellement en régime parlementaire, la responsabilité individuelle du 301 ■
ministre est d'abord d'ordre politique. Chef d'une administration, il est responsable politiquement des initiatives de ses collaborateurs et fonctionnaires et les assume. Toutefois, la Constitution ne fait pas mention de la responsabilité politique individuelle du ministre. Celle-ci, dans la pratique, se traduit par la possibilité de révocation du ministre par le président de la République sur proposition du Premier ministre (Const., art. 8, al. 2) ou par la démission du ministre.

La révocation est une procédure relativement simple en période de présidentialisme mais relativement rare. Elle prend la forme d'un décret présidentiel mettant fin aux fonctions du ministre, comme dans les cas de Léon Schwartzenberg en juillet 1988, d'Olivier Stirn en juillet 1990 ou ceux de Christian Blanc et Alain Joyandet en juill. 2010. La démission peut être imposée, à la suite d'un manque de solidarité, comme pour Antoine Pinay en 1960 ou Alain Madelin en août 1995, ou de la volonté de faire endosser à un seul ministre une responsabilité gouvernementale, comme pour Charles Hernu, « fusible » de l'affaire « Greenpeace » en septembre 1985. La démission peut être imposée à la suite d'une mise en examen (Bernard Tapie en 1992, Gérard Longuet, Alain Carignon et Michel Roussin en 1994, Dominique Strauss-Kahn en 1999, Jérôme Cahuzac en 2013) ou d'une faute déontologique (comme pour Hervé Gaymard, pour l'aménagement d'un logement de fonction dispendieux en 2005 ou Thomas Thevenoud pour avoir « oublié » de payer ses impôts en 2014), voire tout simplement d'un échec aux élections législatives (Alain Juppé au lendemain de sa défaite aux élections législatives de juin 2007).

Tout ministre peut démissionner s'il s'estime en désaccord avec la politique du gouvernement : ce fut le cas de Jean-Pierre Chevènement, ministre de la Défense, en janvier 1991, du fait de son hostilité à la politique présidentielle lors de la guerre du Golfe. Le même Jean-Pierre Chevènement, ministre de l'Intérieur, démissionnera en juillet 2000 pour marquer son opposition à la politique gouvernementale en Corse.

En période de cohabitation, où le régime redevient pleinement parlementaire, c'est devant le Premier ministre seul que le ministre répond politiquement de ses fautes de gestion ou de sa disgrâce.

Le plus souvent la révocation ou la démission sont masquées par un remaniement ministériel qui permet de se débarrasser discrètement des éléments usés ou défaillants. Par exemple, le remaniement du gouvernement Philippe en juin 2017 a permis de sortir sans démission des ministres menacés par des enquêtes judiciaires, F. Bayrou, M. de Sarnez.

La responsabilité politique individuelle du ministre tend à perdre de sa force comme l'ont montré différentes affaires (Habbache en 1992, Schuller-Maréchal en 1994, ou du sang contaminé dans les années 1990) où des ministres ont refusé de tirer les conséquences de fautes de leurs services et ont tenté de transférer leur responsabilité sur leurs fonctionnaires.

2. *La responsabilité comptable*

302 La responsabilité du ministre est aussi comptable dans la mesure où il est ordonnateur des dépenses de son ministère. En cas d'ingérence dans la gestion de ces deniers publics, la Cour des comptes peut déclarer le ministre comptable de fait (ce qui fut le cas en 1992 pour le ministre de la Coopération, Christian Nucci, à propos de l'affaire « Carrefour du développement »)

3. *La responsabilité pénale*

303 Le ministre est responsable pénalement des actes accomplis dans l'exercice de ses fonctions, si ces actes sont qualifiés de crimes ou délits au moment où ils ont été commis (Const., art. 68, al. 1er). Il est jugé dans ce cas par la *Cour de justice de la République*[Q] (CJR).

Ces dispositions sont consécutives au scandale du sang contaminé. Jusqu'à la révision constitutionnelle de juillet 1993, c'était la Haute Cour de justice, compétente également pour juger de la haute trahison du chef de l'État, qui était saisie à la suite de la mise en accusation du ministre, votée en termes identiques et à la majorité absolue par les deux Chambres.

Dans l'affaire du « sang contaminé », après plusieurs péripéties de procédure, la Haute Cour est constituée pour juger trois anciens ministres (dont le Premier, Laurent Fabius) et les deux Chambres votent en décembre 1992 des résolutions de mise en accusation sur la base de la « non-assistance à personne en danger ». La commission d'instruction de la Haute Cour déclarera éteinte l'action publique, la prescription étant de trois ans pour les délits (les faits étant survenus en 1985). Pour répondre à la pression des victimes, le président de la République, François Mitterrand, suggère alors une révision de la Constitution. Suivant ses propositions, le comité Vedel propose la création d'une juridiction spéciale composée majoritairement de parlementaires mais aussi de magistrats, ceux-ci se voyant confier la mise en accusation. La révision de 1993 traduira ces propositions.

La révision de 1993 a donc créé une juridiction nouvelle, la Cour de justice de la République, composée de 12 parlementaires élus par leurs pairs (6 par Chambre) et de trois magistrats du siège à la Cour de cassation (l'un d'eux présidant la Cour).

Cette juridiction est assistée d'une commission des requêtes composée exclusivement de magistrats (provenant de la Cour de cassation, de la Cour des comptes et du Conseil d'État) auprès de laquelle sont déposées les plaintes qui peuvent provenir de tout citoyen se prétendant lésé par un crime ou délit commis par un membre du gouvernement dans l'exercice de ses fonctions. La commission décide soit de classer la requête (si celle-ci est infondée) soit de la transmettre à la Cour de justice de la République via le procureur général près la Cour de cassation. Ses décisions ne sont pas susceptibles de recours.

Si la Cour de justice de la République est saisie, c'est une commission d'instruction composée de trois magistrats du siège de la Cour de cassation qui instruit l'affaire, décide du renvoi devant la Cour de Justice ou constate la prescription de l'action publique.

Le jugement est prononcé par la Cour de Justice qui statue sur la base du Code de procédure pénale.

Pour régler l'affaire du « sang contaminé », le constituant n'a pas hésité, dans des dispositions transitoires, à donner aux nouvelles dispositions constitutionnelles une application rétroactive (lors de la révision de 1995 ajoutant un troisième al. à l'art. 68 Const.).

Saisie des plaintes des victimes, la Commission des requêtes de la Cour de justice de la République les a déclarées recevables et a considéré que les faits dénoncés pouvaient constituer un « crime de complicité d'administration de substances nuisibles à la santé » et donc des violences volontaires. Contre l'avis du Procureur général de la Cour, qui avait conclu au non-lieu, la commission d'instruction a opté pour un renvoi des trois ministres devant la Cour en retenant pour incrimination le « délit d'homicide involontaire et d'atteinte involontaire à l'intégrité physique de la personne ». C'est sur ces bases que la Cour a conclu à la relaxe de l'ex-Premier ministre, Laurent Fabius et du ministre des Affaires sociales, Georgina Dufoix et à la culpabilité du ministre de la Santé, Edmond Hervé, sans assortir cette culpabilité d'une condamnation, compte tenu des délais passés depuis les faits.

Trois autres ministres ont fait l'objet de condamnations par la Cour de justice de la République. Celle-ci a condamné Michel Gilibert pour avoir détourné des fonds publics à une peine d'emprisonnement avec sursis et une amende (arrêt du 7 juillet 2004), tout comme Charles Pasqua, condamné à une peine d'emprisonnement d'un an avec sursis pour complicité et recel d'abus de biens sociaux (arrêt du 30 avr. 2010 confirmé par la Cour de cassation le 23 juill. 2010). Christine Lagarde a été condamnée le 19 décembre 2016 pour « négligence » dans l'affaire de « l'arbitrage Tapie » mais a été dispensée de peine compte tenu de la « réputation nationale et internationale » de la prévenue. Au moment des faits, Mme Lagarde était ministre de l'Économie et avait accepté une procédure arbitrale pour solder le litige de B. Tapie avec le Crédit Lyonnais. La ministre n'avait pas cru devoir faire appel de l'arbitrage alors que la somme attribuée à B. Tapie était selon la Cour manifestement excessive.

Dans l'affaire des ventes de frégates au Pakistan, dans laquelle des « commissions » auraient permis de financer la campagne présidentielle d'Édouard Balladur en 1995, l'ancien Premier ministre a été relaxé mais François Léotard, ministre de la Défense dans son gouvernement, a été condamné à deux ans de prison avec sursis (Décis. du 4 mars 2021).

Par contre, la Cour de justice de la République a relaxé Ségolène Royal, ministre déléguée à l'Éducation, après que celle-ci ait vu son pourvoi contre l'arrêt de la commission d'instruction rejeté par la Cour de cassation, alors que la ministre était poursuivie par des enseignants pour « complicité de diffamation publique envers des fonctionnaires », le 16 mai 2000.

A contrario, la commission des requêtes a classé le 16 juin 2000 la plainte contre des ministres en fonction en avril 1986 lors de l'accident nucléaire de Tchernobyl, estimant qu'il n'y avait pas de lien de causalité scientifiquement démontré entre le passage du nuage radioactif et la maladie alléguée par le plaignant.

La révision de 1993 a donc sanctionné l'affaiblissement de la responsabilité politique personnelle des ministres et couronné l'évolution vers une pénalisation de la responsabilité, sans que la solution trouvée, celle d'une juridiction d'exception, où la pénalisation de la responsabilité aboutit surtout à une politisation du droit pénal, n'ait satisfait personne.

La possibilité d'une compétence du juge pénal ordinaire semble encore écartée par la Cour de cassation. Jusqu'en 1995, la jurisprudence de la Cour de cassation a accordé à la Haute Cour de justice (puis à la Cour de justice de la République) une compétence exclusive pour juger de tous les actes litigieux d'un ministre, même s'ils étaient en rapport lointain avec sa fonction. Si, depuis, sa jurisprudence a reconnu la compétence du juge pénal pour les faits qui n'ont pas un « rapport direct avec la conduite des affaires de l'État » (Crim. 27 juin 1995, *Carignon*, confirmé par l'arrêt *Roland Dumas* du 16 févr. 2000), son incompétence demeure dès lors qu'un lien existe entre les faits poursuivis et la fonction ministérielle. Dans le même sens, la commission d'instruction de la Cour de justice de la République a rendu un arrêt de non-lieu pour des faits qui ne constituaient pas des actes accomplis dans l'exercice des fonctions ministérielles (*Michel Noir*, 10 nov. 1999).

Afin de protéger les membres du gouvernement contre des procédures abusives, l'article 652 du Code de procédure pénale précise que « le Premier ministre et les autres membres du gouvernement ne peuvent comparaître comme témoins qu'après autorisation du Conseil des ministres ».

D. Les attributions

■ 304 Bien que ne disposant pas en principe du pouvoir réglementaire (qui appartient au Premier ministrev. ss 317), le ministre est le chef d'administration des services placés sous son autorité. Cette autorité lui donne le droit « comme à tout chef de service, de prendre les mesures nécessaires au bon fonctionnement de l'administration placée sous son autorité » (CE 7 févr. 1936, *Jamart*), de gérer les services de son ministère et de contresigner, dès lors qu'il dispose d'une autonomie administrative, les actes administratifs du président de la République et du Premier ministre.

Le ministre est assisté d'un cabinet issu de la haute fonction publique et disposant de sa confiance politique, sous l'autorité d'un directeur de cabinet. Le cabinet relaie le ministre dans son activité politique (rapports avec les partis et les élus), ses relations extérieures (presse, groupes d'intérêt) et surtout l'action interministérielle et la tutelle sur les services ministériels. Dans le gouvernement Philippe, outre la forte restriction initiale des effectifs des cabinets ministériels, le partage de conseillers entre ministres et ministres délégués (ou secrétaires d'État) est la règle qui sera reprise ensuite dans le gouvernement Castex.

section 2

Les compétences du gouvernement

Les pouvoirs du gouvernement, théoriquement très étendus, ont subi le poids des rapports de force politiques au sein de l'exécutif. 305

§ 1 Les pouvoirs ordinaires

Selon la Constitution (Const., art. 20), le gouvernement « détermine et conduit la politique de la Nation ». Mais les principales décisions du gouvernement étant prises collégialement en Conseil des ministres, sous la présidence du chef de l'État, tout dépend de la condition politique de celui-ci. 306

Lorsque le président est soutenu par la majorité de l'Assemblée nationale, il exerce une autorité politique incontestée sur le gouvernement et dicte sa politique, notamment sous la forme de l'application de son programme. Cette autorité se traduit par la maîtrise de l'agenda gouvernemental – qui est celui du Conseil des ministres – et peut prendre la forme de directives données au Premier ministre (sous la présidence de Giscard d'Estaing) ou aux différents ministres (sous celle de Nicolas Sarkozy).

En période de cohabitation, l'article 20 de la Constitution s'applique au contraire pleinement et le Premier ministre, chef de la majorité, a la maîtrise de l'agenda gouvernemental sur lequel le président de la République, s'il ne s'incline pas, ne peut exercer qu'une action d'obstruction (refus d'inscription à l'ordre du jour du Conseil des ministres, refus de signature).

Le même article 20 de la Constitution donne au gouvernement les moyens de sa politique puisqu'il « dispose de l'administration et de la force armée ». Il s'agit d'un pouvoir hiérarchique, qui permet au gouvernement d'imposer à l'administration et aux forces armées l'exécution de la politique décidée par le gouvernement.

L'évolution présidentialiste du régime, notamment depuis l'instauration du quinquennat, a failli aboutir à une modification de l'article 20 de la Constitution lors de la révision de 2008. Le comité Balladur avait proposé de limiter le rôle du gouvernement à la conduite de la politique de la nation et non à sa détermination (ce verbe était supprimé et transféré à l'article 5 qui concerne les pouvoirs du président de la République) mais cette nouvelle version de l'article 20 de la Constitution n'a pas été retenue dans le projet de loi constitutionnelle, même si elle correspond davantage à la pratique des institutions, du moins lorsque le président dispose d'une majorité à l'Assemblée nationale. Le projet de loi constitutionnelle s'est contenté de proposer la modification des dispositions relatives à la défense, la prééminence du président de la République dans ce domaine, y compris en période de cohabitation, étant incontestable. L'article 21 de la Constitution était donc modifié pour remplacer la formule « [le Premier ministre] est responsable de la Défense Nationale » par « [le Premier ministre] met en œuvre les décisions prises au titre de l'article 15 en matière de défense nationale » (par le président de la République). Cette disposition a été supprimée par les deux assemblées qui ont préféré garder le texte initial.

Pour autant, le gouvernement n'est pas sorti indemne de la révision. Si ses rapports avec le président de la République – qui dépendent des rapports de force politiques – restent inchangés, ses rapports avec le Parlement, conformément aux propositions du comité Balladur, risquent de conduire à un affaiblissement réel de la position du Premier ministre sur trois aspects essentiels : la fixation partagée de l'ordre du jour, la limitation de l'engagement de responsabilité sur un texte et l'examen en séance du texte issu des commissions parlementaires y compris pour les projets de loi. Seule la pratique dira si ces atteintes au pouvoir du gouvernement modifieront sensiblement ses rapports avec le Parlement ou si elles seront contenues par la force du principe majoritaire.

§ 2 Les pouvoirs exceptionnels

A. En matière législative : les ordonnances

307 Outre le pouvoir réglementaire, exercé par le Premier ministre, le gouvernement peut bénéficier d'une délégation législative accordée par le parlement : les *ordonnances*^Q.

La Constitution fait référence à quatre types d'ordonnances : celles de l'article 38 qui reprend la pratique législative des « décrets-lois » de la IIIe et de la IVe République, celles de l'article 47 et de l'article 47-1 qui concernent l'entrée en vigueur par ordonnance des projets de loi de finance et des projets de loi de financement de la Sécurité sociale en cas de non-respect par le parlement du délai qui lui est imparti pour se prononcer, ainsi que celles de l'article 74-1 qui donne compétence permanente au gouvernement pour étendre en l'adaptant le droit de la métropole à l'outre-mer.

Selon l'article 38 de la Constitution, le gouvernement peut « pour l'exécution de son programme, demander au parlement l'autorisation de prendre par ordonnances, pendant un délai limité, des mesures qui sont normalement du domaine de la loi ». Cette disposition (qui codifie la pratique antérieure à 1958 des « décrets-lois ») a pour but de donner au gouvernement les moyens d'agir rapidement lorsqu'il y a à la fois urgence et complexité des mesures envisagées ou risque politique pour leur adoption en l'état. Dans sa jurisprudence, le Conseil constitutionnel impose au gouvernement une précision quant aux mesures envisagées dans la loi d'habilitation (Cons. const. 12 janv. 1977, n° 76-72 DC, *Territoire français des Afars et des Issas*) sans que référence soit faite pour autant à un « programme ». De même les délais d'action ouverts au gouvernement doivent être mentionnés dans la loi d'habilitation.

Outre la loi d'habilitation votée par le parlement, les ordonnances proprement dites prises en application de celle-ci doivent être examinées pour avis par le Conseil d'État et adoptées en Conseil des ministres, ce qui nécessite la signature du président de la République. Celui-ci peut (ce qui s'est produit à trois reprises durant la cohabitation de 1986-1988) refuser de les signer, contraignant le gouvernement à utiliser la procédure normale des lois ordinaires.

Au terme d'un délai fixé par la loi d'habilitation, le gouvernement doit déposer un projet de loi de ratification des ordonnances. La révision de la Constitution du 23 juillet 2008 a modifié l'article 38 pour imposer que cette ratification s'effectue de manière expresse. Jusqu'alors l'inscription du projet de loi de ratification à l'ordre du jour n'était pas obligatoire : la ratification était considérée comme effective dès lors que le législateur y faisait référence dans une loi ultérieure. Toutefois, la ratification expresse avait tendance depuis quelques années à l'emporter sur les ratifications implicites – notamment pour priver d'objet les recours devant le Conseil d'État contre les ordonnances devenues législatives et donc insusceptibles de remise en cause contentieuse –, cette ratification pouvant d'ailleurs prendre la forme d'articles insérés dans une loi ordinaire. Depuis la révision de 2008 la ratification expresse est obligatoire. Cette solution a cependant été remise en cause par la décision QPC 2020-843 du Conseil constitutionnel du 28 mai 2020. Celle-ci considère que, dès lors qu'un projet de loi de ratification de l'ordonnance a été déposé dans le délai fixé par la loi de ratification, même si le Parlement ne s'est pas prononcé sur cette ratification, cette ordonnance a valeur législative.

Le recours aux ordonnances ne vaut que pour la législation ordinaire et non pour les lois organiques ou celles comportant des principes à valeur constitutionnelle. Quant à la nature juridique des ordonnances, elle est réglementaire durant le délai qui court de la loi d'habilitation au dépôt du projet de loi de ratification (ce qui entraîne la compétence du juge administratif pour apprécier sa régularité) et législative ensuite (le Cons. const. prend alors le relais du CE).

Si les ordonnances ne sont pas déposées dans les délais, elles deviennent caduques.

La modification de l'ordonnance se fera sous la forme d'une loi dans le domaine législatif (Const., art. 38, al. 3) et d'un décret de délégalisation (après saisie du Cons. const., conformément à l'art. 37, al. 2 Const.) en matière réglementaire.

La pratique des ordonnances a considérablement évolué ces dernières années. Si de 1960 à 2000, 35 lois d'habilitation ont été adoptées, elles ont été 43 de 2001 à 2006. Si 245 ordonnances ont été prises de 1960 à 2000, 208 l'ont été de 2001 à 2006. Entre 2012 et 2018, le nombre d'ordonnances (350) dépasse même le nombre de loi adoptées selon la procédure ordinaire (346).

Depuis 2017, l'accroissement du recours aux ordonnances se confirme : 81 en 2017, 28 en 2018, 59 en 2019 et 125 en 2020 (le record annuel depuis 1958). En seulement 4 ans de présidence d'Emmanuel Macron, 293 ordonnances ont été prises, soit plus que le total sous la présidence de François Hollande (273). Cette pratique a même pris une dimension endémique lors de la crise sanitaire de 2020-2021, le recours aux ordonnances devenant la forme quasi exclusive de procédure législative.

Depuis 2019, il y a toujours plus d'ordonnances publiées que de lois promulguées ; comme en 2022 avec 45 ordonnances pour 43 lois. C'est dorénavant également le cas sur les dix dernières années, car entre 2012 et 2022, 558 ordonnances ont été publiées pour 526 lois promulguées (hors gestion de la crise sanitaire).

Quant à la ratification expresse, elle concerne 91 ordonnances de 1960 à 2000 et 112 de 2001 à 2006. Cette inflation se double d'une mutation qualitative : les habilitations ont tendance à être intégrées sous forme d'articles dans des lois ayant un objet plus large. C'est notamment le cas des lois dites de « simplification du droit » qui autorisent le gouvernement à légiférer dans les domaines les plus divers : celle de 2003 comprenait 32 articles de ce type et celle de 2004, 60 articles.

Par ailleurs, alors que l'article 38 de la Constitution réserve au gouvernement l'initiative de l'habilitation, celle-ci a été à plusieurs reprises insérée sous formes d'amendements parlementaires depuis 2003 sans que le Conseil constitutionnel saisi de ces lois ne s'en émeuve. Il a fallu attendre une décision du 20 janvier 2005 pour que le Conseil censure cette pratique au motif que l'article 38 de la Constitution réserve au gouvernement la demande d'habilitation au Parlement.

De même, le délai consenti au gouvernement pour prendre des ordonnances ne cesse de s'allonger. Alors qu'il était à l'origine de quelques mois, il est passé en moyenne à un an depuis 2003, avec même des délais de deux ans en 2004. Le gouvernement n'hésite plus à demander au parlement une prorogation du délai d'habilitation en modifiant par une nouvelle loi l'article d'habilitation initial figurant dans la loi d'origine.

Le domaine des ordonnances a lui aussi évolué. Alors qu'il se cantonnait à la transposition des directives européennes, au droit d'outre-mer et à la codification, le champ des habilitations ne cesse de se diversifier pour couvrir celui de la loi.

Le caractère exceptionnel des ordonnances tend donc à disparaître tant au niveau de son recours que de son contenu. Il conduit à une nouvelle dépossession des compétences du parlement au profit du gouvernement, même si, pour l'atténuer, le gouvernement n'hésite pas à associer les parlementaires (membres des commissions compétentes) à la rédaction des dispositions des ordonnances.

B. En matière d'ordre public

■ 308 En cas de crise grave (le nouvel al. 3 de l'art. 48 de la Constitution introduit en 2008 parle des « états de crise »), le gouvernement dispose traditionnellement de pouvoirs exceptionnels qui étaient les seuls en vigueur avant 1958 et l'introduction de l'arme radicale qu'est l'article 16 de la Constitution, au maniement délicat. Il s'agit de l'*état d'urgence*[Q] et de l'*état de siège*[Q]. Si ces régimes juridiques relèvent de la décision du gouvernement en Conseil des ministres, les projets de loi prorogeant l'état de siège et l'état d'urgence bénéficient de la priorité gouvernementale pour l'inscription à l'ordre du jour (Const., art. 48, al.3).

1. *L'état de siège*

■ 309 L'état de siège est décrété en Conseil des ministres (il nécessite donc une co-décision présidentielle) et sa prorogation au-delà de 12 jours nécessite l'autorisation du parlement. Il se caractérise par le transfert de compétence de l'autorité civile à l'autorité militaire, sur tout ou partie du territoire. Issu des lois du 9 août 1849 et du 3 avril 1878, il vise surtout les situations insurrectionnelles ou de guerre. Il n'a jamais été utilisé sous la Ve République.

2. *L'état d'urgence traditionnel*

■ 310 L'état d'urgence résulte de la loi du 3 avril 1955 (et actualisée par l'ordonnance du 15 avril 1960) et vise « le péril imminent résultant d'atteintes graves à l'ordre public ou d'événement présentant le caractère d'une calamité publique ». Lui aussi décrété en Conseil des ministres, il nécessite l'autorisation du parlement s'il est prorogé au-delà de 12 jours. Le régime de l'état d'urgence s'arrête automatiquement en cas d'élections nationales ou de démission du gouvernement. Il relève du régime juridique de la police administrative.

Il a été utilisé à quatre reprises : à la fin de la guerre d'Algérie (ce fut la première mesure prise dans le cadre de l'article 16 Const.) de 1961 à 1963, lors des troubles en Nouvelle-Calédonie en 1985, lors des émeutes urbaines de 2005-2006 et face aux attentats terroristes de 2015 à 2017.

C'est à l'occasion de la guerre d'Algérie que la loi a été votée en 1955 et appliquée à deux reprises sous la IVe République (en 1955 en Algérie et en France en mai 1958). Le général De Gaulle y recourt à l'occasion du putsch d'avril 1961 et fera proroger son usage jusqu'en mai 1963 pour lutter contre le terrorisme d'extrême-droite.

En 1985, c'est pour venir à bout des affrontements entre communautés en Nouvelle-Calédonie que le gouvernement y recourt de janvier à mai.

Le 8 novembre 2005, pour mettre fin aux émeutes dans les banlieues, le président de la République a décrété, en Conseil des ministres, l'état d'urgence, permettant ainsi aux préfets des zones concernées de déclarer des couvre-feux. Le décret a rendu applicable la loi dans tout ou partie de 25 départements, parmi lesquels la totalité de l'Île-de-France. Les 15 et 16 novembre 2005, l'Assemblée nationale puis le Sénat ont voté la prorogation de l'état d'urgence pour une durée maximale de trois mois, à compter du 21 novembre. L'état d'urgence a été maintenu, alors que les violences ont cessé, afin de prévenir d'éventuels troubles en fin d'année. Suite à sa saisine, le Conseil d'État a considéré, malgré que la situation ait « sensiblement évolué », que le maintien de l'état d'urgence n'est pas une « illégalité manifeste ». Le 2 janvier 2006, le président de la République Jacques Chirac, sur proposition du Premier ministre a déclaré qu'il « mettra fin à l'état d'urgence à compter du 4 janvier, au lendemain, du Conseil des ministres du 3 janvier ». Durant cette période, seul le couvre-feu a été appliqué à six quartiers.

L'état d'urgence pour répondre à la menace du terrorisme islamiste et aux attentats qui ont frappé la France depuis 2015 a été mis en œuvre au lendemain des attentats parisiens du 13 novembre 2015. L'état d'urgence a été décrété le 14 novembre 2015 en Conseil des ministres à minuit. Prorogé par le Parlement le 20 novembre pour trois mois jusqu'en février 2016, puis à nouveau pour trois mois de février à mai 2016, pour trois autres mois de mai à juillet 2016. L'attentat de Nice du 14 juillet 2016 a conduit à une prorogation de six mois, qui a été renouvelée le 22 décembre 2016 jusqu'au 15 juillet 2017 afin de franchir le cap de la période électorale. Enfin une ultime prolongation jusqu'au 1er novembre 2017 a été votée par le Parlement en juillet 2017.

Ces lois successives prévoient une série de mesures prises par les autorités administratives (qui se substituent aux autorités judiciaires) et notamment les préfets. Les premières restreignent la liberté d'aller et venir (interdiction de circulation de véhicules ou de personnes, interdiction de séjour dans le département, définition de zones de sécurité où le séjour de personnes est règlementé) ; les secondes permettent la remise d'armes et de munitions légalement détenues, la réquisition de biens et de personnes, la fouille de bagages ou de véhicules, le contrôle d'identité ; les troisièmes, qui sont des mesures complémentaires renforçant l'atteinte aux libertés publiques, concernent les perquisitions administratives accompagnées de saisies de matériel (notamment informatiques), les assignations à résidence, la fermeture de lieux de culte.

Ces lois successives ont été validées tant par le Conseil d'État (sur les projets de loi) que par le Conseil constitutionnel. Celui-ci a, pour l'essentiel, considéré les moutures successives de cette loi conformes à la Constitution au point que la proposition du président Hollande d'introduire l'état d'urgence dans la

Constitution (projet de loi constitutionnelle de novembre 2015) n'a pas été acceptée par le Parlement. Le Conseil constitutionnel considère que les mesures privatives de liberté relèvent de la compétence du juge judiciaire alors que les mesures *restrictives* de liberté relèvent de la compétence du juge administratif. Les mesures de police administrative qui forment l'essentiel de l'état d'urgence sont constitutionnelles dès lors que l'équilibre entre l'objectif de valeur constitutionnelle de sauvegarde l'ordre public et le respect des libertés individuelles est assuré. Par conséquent, le Conseil constitutionnel a censuré la saisie de matériel informatique à l'occasion de perquisitions (Décis. QPC du 19 février 2016, *Perquisitions et saisies administratives*). Dans la même décision, le Conseil a admis la constitutionnalité des perquisitions administratives parce que le juge administratif exerce sur elles un contrôle à posteriori. De nombreux recours ont été intentés devant le juge administratif (souvent en référé) à propos de perquisitions administratives ou d'assignations à résidence, conduisant dans certains cas à des annulations ou des suspensions.

3. *L'état d'urgence sanitaire*

■ 311 Face à la pandémie de Covid-19, l'état d'urgence sanitaire a été ajouté à l'état d'urgence traditionnel dont il diffère par la procédure. Il a été déclenché pour 2 mois par le législateur dans la loi n° 2020-290 du 23 mars 2020 qui créait cette nouvelle catégorie d'état d'urgence. Il a été prolongé jusqu'au 10 juillet 2020 par la loi n° 2020-546 du 11 mai 2020 soumise au Conseil constitutionnel (Cons. const. 11 mai 2020, n° 2020-800 DC). Puis il a ensuite été prolongé jusqu'au 30 octobre 2020 inclus sur les seuls territoires de la Guyane et de Mayotte par la loi n° 2020-856 du 9 juillet 2020 soumise au Conseil constitutionnel (Cons. const. 9 juill. 2020, n° 2020-803 DC). Après une interruption de quelques mois, il a été de nouveau déclaré par le décret n° 2020-1257 du 14 octobre 2020 et prolongé jusqu'au 16 février 2021 par la loi n° 2020-1379, également soumise au Conseil constitutionnel (Cons. const. 13 nov. 2020, n° 2020-808 DC). La loi du 15 février 2021 a prolongé à nouveau l'état d'urgence sanitaire jusqu'au 2 juin avant qu'une nouvelle loi n'organise la sortie progressive de l'état d'urgence entre le 2 juin et le 31 octobre 2021.

À la différence de l'état d'urgence classique, le Parlement est saisi d'une demande de prorogation de l'état d'urgence sanitaire au bout d'un mois, au lieu des 12 jours pour le régime classique.

La première différence avec le régime classique d'état d'urgence est que ce n'est plus un nombre limité de personnes qui est concerné mais l'ensemble de la population à qui s'applique une limitation drastique des libertés individuelles (liberté d'aller et venir, liberté de réunion, liberté du culte, confinement obligatoire, liberté du commerce et de l'industrie). L'état d'urgence sanitaire donne au gouvernement et à ses autorités déconcentrées (préfet, agences régionales de santé) des pouvoirs de police administrative considérables.

La seconde et principale différence est que l'état d'urgence sanitaire bouleverse *de facto* l'équilibre des pouvoirs constitutionnels : le Parlement ne peut se réunir et travailler normalement du fait de l'obligation de limiter les effectifs des réunions des assemblées et des commissions. Quant au gouvernement il est suppléé pour l'essentiel par le Conseil de défense et de sécurité nationale au format adapté à la crise sanitaire : le *Conseil de défense sanitaire*, chargé de coordonner la politique nationale de gestion de la crise sanitaire.

Il est composé du président de la République, du Premier ministre, du ministre de la Santé, du ministre de la Défense, du ministre de l'Intérieur, du ministre de l'Économie et de celui du Travail, auxquels peuvent se joindre des hauts fonctionnaires des grandes institutions publiques du domaine de la santé.

Leurs décisions s'appuient sur les recommandations d'un Conseil scientifique Covid-19 créé en mars 2020 à la demande du ministère de la Santé, formation autonome et indépendante composée de treize experts scientifiques, qui nourrissent leur analyse avec les travaux de recherche internationaux, et peuvent convier des experts extérieurs. Le Conseil scientifique siège quotidiennement et émet des avis publics et consultables par tous. Le Conseil de défense sanitaire peut également s'aider des avis d'un second conseil, le Comité d'analyse, recherche et expertise (CARE), également créé en mars 2020 par le gouvernement français afin de le conseiller dans la lutte contre la pandémie.

Les mesures prises dans le cadre de l'état d'urgence sanitaire ont fait l'objet d'un contrôle étroit du juge administratif et notamment du Conseil d'État, saisi en référé liberté. C'est ainsi qu'au nom de la liberté du culte, le Conseil d'État a contraint le gouvernement a assouplir considérablement les limitations de la jauge des assemblées de fidèles (CE, ord., 18 mai 2020, n° 440366 s.) et qu'il a fait de même pour protéger la liberté de manifestation (CE, ord., 13 juin 2020, n° 440846 s.).

section 3

Le Premier ministre

Au sein du gouvernement, le Premier ministre détient une place prééminente qui tient non seulement à l'étendue de ses fonctions, mais aussi à son rôle politique, y compris lorsque le chef de l'État est le « chef » de l'exécutif et de la majorité à l'Assemblée nationale. 312

§ 1 La direction du gouvernement

Selon la Constitution, le Premier ministre dirige l'action du gouvernement (Const., art. 21). Cette fonction constitutionnelle de direction de l'équipe gouvernementale montre que le Premier ministre est bien le « chef » du gouvernement, même s'il a fallu attendre Valéry Giscard d'Estaing pour que le président accepte de reconnaître en lui le « chef » du gouvernement. Elle se traduit d'abord par le fait que le Premier ministre personnifie le gouvernement, qu'il représente et au nom duquel il parle, notamment devant le parlement (lors de la présentation de son programme ou de l'engagement de responsabilité). À l'inverse, c'est à lui que s'adresse l'opposition à l'Assemblée nationale lorsqu'elle tente de censurer le gouvernement (Const., art. 49, al. 2 et 3). 313

A. L'animation du gouvernement

314 Au sein du gouvernement, l'autorité qu'exerce le Premier ministre sur ses ministres est de nature politique et non juridique, car il n'est pas leur supérieur hiérarchique (CE 13 juin 1961, *Premier ministre c/ Bestaux*). Cette autorité se manifeste :

– par un pouvoir de coordination (qui peut se matérialiser dans des circulaires sur la méthode de travail du gouvernement – circulaire Valls du 22 septembre 2014 par exemple –, sur la communication gouvernementale ou sur la déontologie des ministres) et de maîtrise de l'agenda ;

– par les arbitrages rendus entre ministres en conflit ou lors de la mise au point du projet de loi de finances (où l'arbitrage de Matignon est la règle via les lettres de cadrage et lettres-plafonds) ;

– par la réunion sous son autorité de comités interministériels (réunions de ministres autour de lui pour préparer un dossier ou de membres de cabinets ministériels autour du directeur de cabinet du Premier ministre).

315 Depuis 1958, la réunion de conseils de cabinet, c'est-à-dire du gouvernement autour du Premier ministre sans la présence du chef de l'État, était devenue inusuelle. Michel Debré, qui avait réuni des conseils de cabinet selon l'usage des républiques précédentes, s'est vu signifier par le général de Gaulle qu'il devait y renoncer. Lors des intérims de 1965 et 1974, des « réunions de ministres » se sont tenues. Avec la cohabitation, leur tenue est devenue plus fréquente au point de prendre une régularité bimensuelle sous le gouvernement Jospin. Même en période de présidentialisme majoritaire, les « séminaires de ministres » sont apparus avec le gouvernement Juppé (six en deux ans). Cependant, l'absence de pouvoir de décision de telles réunions les rend peu opérationnelles ; seul le Conseil des ministres peut adopter des mesures de nature gouvernementale.

Il est significatif que, sous la présidence de Nicolas Sarkozy, ce soit le président de la République qui ait pris l'habitude de réunir des ministres hors la présence du Premier ministre pour traiter avec eux de certains sujets politiques.

B. Les services du Premier ministre

316 Pour asseoir son autorité, le Premier ministre dispose depuis 1958 de services à trois niveaux. Tout d'abord, ses collaborateurs directs au sein de son cabinet. Celui-ci est plus étoffé que ceux des autres ministres. Au départ de 16 membres (cabinet Debré de 1959), il a connu une forte inflation dans les années 1980 et 1990 (51 membres pour le cabinet Cresson) avant de revenir à 16 membres pour le cabinet Juppé et connaître une nouvelle croissance ensuite (une cinquantaine de membres pour les cabinets actuels). Il comprend, autour du directeur de cabinet, les conseillers techniques et chargés de mission. Le secrétariat du Premier ministre est coordonné par le chef de cabinet. Un cabinet militaire assistait le chef du gouvernement pour les questions de défense mais ce poste a disparu dans le cabinet Philippe, la défense étant l'apanage exclusif du chef de l'État. Autre nouveauté du cabinet Philippe, 11 conseillers techniques sont communs au cabinet du Premier ministre et à celui du président de la République, ce qui traduit un fort contrôle de l'Élysée sur Matignon. Cette pratique a été poursuivie dans le cabinet Castex.

Le cabinet d'Édouard Philippe, sur les directives d'Emmanuel Macron, a vu son effectif initial fortement réduit (tout comme celui des autres membres du gouvernement) puisqu'il ne comptait initialement que 24 membres. Par la suite, il a néanmoins considérablement augmenté puisqu'il comptait 60 membres en 2019.

Les membres du cabinet, très proches politiquement du Premier ministre, sont recrutés essentiellement parmi les anciens élèves de l'ENA.

À la structure conjoncturelle et politique qu'est le cabinet s'ajoute celle permanente et administrative du *Secrétariat général du gouvernement*. Bénéficiant de la continuité par-delà les alternances politiques (dix secrétaires généraux du gouvernement depuis 1958, tous issus du Conseil d'État, dont l'actuelle titulaire, Claire Landais), le SGG compte une centaine de collaborateurs. Auxiliaire du Premier ministre, il assure la continuité de l'action gouvernementale en faisant bénéficier celle-ci de sa compétence juridique et de sa mémoire des procédures. Outre la préparation du Conseil des ministres (ordre du jour, en collaboration avec la présidence de la République, vérification des dossiers, relevé des décisions et communiqué final), il intervient surtout dans l'élaboration des projets de loi et de règlement (de leur conception à leur adoption et leur publication) en veillant au respect des procédures et de la qualification juridique des textes, et ce en liaison avec le Conseil d'État et le Conseil constitutionnel.

Dans le domaine de l'Union européenne, le Secrétariat général des Affaires européennes (SGAE) a pour fonction d'arrêter les instructions des représentants français au Conseil des ministres européen, d'étudier les projets d'actes législatifs ou autres émanant de la Commission européenne et de les transmettre aux commissions des affaires européennes des assemblées et de préparer la transposition dans l'ordre juridique interne des directives adoptées par les institutions de l'Union européenne.

Le Secrétariat général de la Défense et de la Sécurité nationale (SGDSN), outre la préparation et le secrétariat du Conseil de défense et de sécurité nationale (ce dernier domaine a été ajouté en 2009) que préside le chef de l'État, assure l'information du gouvernement, des administrations et du public sur les questions de défense.

Le Secrétariat général de la Mer prépare la politique maritime du gouvernement et coordonne l'action des préfets maritimes.

À ces services d'aide à la décision il faut ajouter divers services rattachés au Premier ministre. C'est le cas en matière de communication du SIG (Service d'information du gouvernement), chargé de l'explication de la politique gouvernementale et de l'analyse de l'opinion publique (sondages), et, à un degré moins opérationnel, de la Documentation française et de la Direction des Journaux officiels. De même, différents services relatifs à la fonction publique (École nationale d'administration, Institut international d'administration publique, Instituts régionaux d'administration) lui sont rattachés.

Par ailleurs, le Premier ministre préside le Conseil d'État (dirigé en fait par son vice-président, conseiller d'État), qui constitue à la fois la juridiction administrative suprême (v. ss 418) et l'autorité consultative saisie par le Premier ministre pour donner son avis juridique sur les avant-projets de lois, d'ordonnances et de décrets devant être adoptés en Conseil des ministres.

Outre les services qui peuvent, selon la répartition des ministères, dépendre occasionnellement de Matignon, ce sont plusieurs milliers d'agents publics qui sont placés sous l'autorité du Premier ministre.

§ 2 Les compétences propres

317 Le Premier ministre détient des compétences très étendues. Il est le titulaire du *pouvoir réglementaire*[Q], dirige la procédure législative et assume la responsabilité politique du gouvernement devant le parlement.

A. Le pouvoir réglementaire

318 Selon l'article 21 de la Constitution, le Premier ministre détient la compétence de principe tant en ce qui concerne le pouvoir réglementaire que celui de nomination aux emplois civils et militaires de l'État. Au sein du gouvernement, le Premier ministre est le seul à détenir le pouvoir réglementaire soit sous la forme du pouvoir réglementaire d'exécution des lois, soit sous la forme résiduelle du pouvoir réglementaire autonome (Const., art. 37) dans les domaines qui ne relèvent pas de la loi. Les autres ministres ont seulement un pouvoir d'administration de leur ministère.

Le pouvoir réglementaire du Premier ministre est partagé avec le président de la République pour les décrets délibérés en conseil des ministres. Quant aux décrets non délibérés en conseil mais signés par le chef de l'État alors qu'ils relèvent du pouvoir réglementaire du Premier ministre, c'est la signature de ce dernier qui leur donne pleine validité (CE 27 avr. 1962, *Sicard*). Au total, ce sont près de 1 500 décrets qui relèvent chaque année de la signature du Premier ministre.

Le principe vaut pour le pouvoir de nomination. Si l'on excepte les nombreux emplois supérieurs pour lesquels le pouvoir de nomination est partagé avec le président de la République, le Premier ministre détient la compétence de principe mais il peut la déléguer aux ministres (Const., art. 21, al. 2) : ce sont en effet près de deux millions d'emplois qui sont concernés.

Pouvoir réglementaire et pouvoir de nomination font du Premier ministre le chef de l'administration. À ce titre, il dispose d'une influence considérable, même en cas de pouvoir présidentiel fort car toutes les décisions du chef de l'État doivent passer par lui pour être mises en œuvre et dépendent donc de son zèle ou de son inertie.

B. L'interlocuteur du Parlement

319 Le Premier ministre est l'interlocuteur du parlement dans l'ensemble de la procédure législative. Il est tout d'abord le seul membre de l'exécutif à disposer de l'initiative des lois (concurremment avec les membres du parlement, Const., art. 39). Quelle que soit l'origine politique du projet de loi (président ou ministre), c'est lui seul qui signe le décret qui matérialise le projet de loi après qu'il ait été délibéré en Conseil des ministres.

Le projet déposé au parlement, c'est le Premier ministre, au nom du gouvernement et épaulé par le Secrétariat général du gouvernement, qui conduit la procédure : choix de la Chambre devant laquelle le projet est déposé, inscription à l'ordre du jour, fixation des délais de procédure, recours à la procédure accélérée, choix des amendements et passage éventuel par la commission mixte paritaire plutôt que la navette, vote bloqué sur tout ou partie du texte, engagement de responsabilité, saisine éventuelle du Conseil constitutionnel si des dispositions de la loi lui semblent inconstitutionnelles, contreseing du décret de promulgation. Aucune des étapes qui accompagnent le texte législatif n'échappe à l'initiative ou au contrôle du Premier ministre (ou de son ministre délégué), faisant de celui-ci le maître de la procédure législative dans le cadre du « parlementarisme rationalisé » introduit par la Constitution de 1958. La révision de 2008 a certes renforcé les pouvoirs du parlement au détriment du Premier ministre, en limitant sa maîtrise de l'ordre du jour et surtout en faisant débattre les assemblées sur le texte issu de la commission et non sur le projet de loi, mais ce rééquilibrage ne semble pas de nature à inverser la tendance dominante depuis 1958.

C. La responsabilité politique devant le Parlement

Le Premier ministre tire enfin sa force de sa responsabilité politique devant l'Assemblée nationale, en l'engageant au nom du gouvernement soit sur un texte (Const., art. 49, al. 3), soit sur son programme ou une déclaration de politique générale (Const., art. 49, al. 1er). 320 ■

La grande nouveauté de la Ve République est la présomption de confiance du parlement envers le gouvernement : celui-ci, une fois constitué, n'est pas tenu de solliciter la confiance de l'Assemblée. De fait, la plupart des gouvernements de la Ve République n'ont pas eu recours à l'engagement de responsabilité lors de leur constitution car ils bénéficiaient de la confiance présidentielle et du soutien de la majorité de l'Assemblée. Dans cette hypothèse, c'est à l'opposition à l'Assemblée nationale de démontrer que cette confiance n'existe pas en déposant une motion de censure (celle-ci ne fut votée qu'une seule fois, en 1962 contre le gouvernement de Pompidou).

Par contre, en période de cohabitation, lorsque le Premier ministre n'appartient pas à la majorité présidentielle mais s'appuie sur une majorité à l'Assemblée hostile au président, l'engagement de responsabilité prend tout son sens. Le Premier ministre, en sollicitant le soutien parlementaire sur son programme ou une déclaration de politique générale s'appuie sur cette majorité parlementaire pour affirmer sa légitimité politique face au président de la République : Jacques Chirac (entre 1986 et 1988), Édouard Balladur (entre 1993 et 1995) et Lionel Jospin (de 1997 à 2002) y ont eu recours.

L'engagement de responsabilité sur un texte (Const., art. 49, al. 3) appartient plutôt à la procédure législative. Le Premier ministre l'utilise afin de resserrer les rangs de sa majorité. Le texte étant réputé approuvé si une motion de censure n'est pas déposée (et celle-ci ne comptabilisant que les votes hostiles, ce qui favorise *a contrario* le Premier ministre), les chefs de gouvernement de la Ve République ont eu recours systématiquement à cette procédure, notamment lorsque leur majorité était aléatoire (gouvernements Rocard, Cresson et Bérégovoy) ou rétive (gouvernement Barre). Le fait que, depuis la révision de 2008, le recours à cette procédure ait été limité aux textes à caractère financier (lois de finances et lois de financement de la Sécurité Sociale) et à un texte par session peut, dans certains contextes politiques, affaiblir l'autorité du Premier ministre sur sa majorité ou le conduire à recourir à d'autres procédures comme celle du vote bloqué. 321 ■

D. L'animateur de la majorité parlementaire

Dans l'ensemble de ces situations, le Premier ministre apparaît comme le maître des rapports politiques avec le parlement (il peut également solliciter l'approbation 322 ■

d'une déclaration de politique générale au Sénat), ce qui signifie concrètement que c'est avec lui que dialogue essentiellement la majorité parlementaire. Même en période de coïncidence des majorités présidentielle et parlementaire, c'est à lui que s'adressent d'abord députés et sénateurs de la majorité, notamment dans le cadre des transactions lors de l'élaboration et du vote des textes (à commencer par la loi de finances) ou l'obtention de faveurs pour leur circonscription. Le Premier ministre est amené à assurer la coordination de la majorité parlementaire lorsque celle-ci est composée de plusieurs partis (ou factions d'un même parti). L'incapacité à y parvenir peut sceller le destin d'un Premier ministre (qu'il soit renvoyé comme J. Chaban-Delmas en 1972 ou qu'il décide de partir comme J. Chirac en 1976). Cette fonction de coordination est indispensable en période de cohabitation ou le Premier ministre est le seul chef de la majorité parlementaire : J. Chirac en 1986 et Édouard Balladur en 1993 s'y sont évertués jusqu'à la veille de l'élection présidentielle, tout comme Lionel Jospin à la tête de la coalition de la gauche « plurielle » de 1997 à 2002.

■ 323 L'un des problèmes du Premier ministre dans cette fonction est celui des rapports avec les partis de la majorité. Dès 1962, Georges Pompidou s'était heurté avec le MRP. Il y sera à nouveau confronté avec les Républicains Indépendants en 1967. À partir de Valéry Giscard d'Estaing, les partis sont représentés en tant que tels au gouvernement et le Premier ministre lui-même peut être un chef de parti (J. Chirac pour la première fois en 1974 puis en 1986. A. Juppé en 1995) ce qui lui permet d'asseoir son autorité sur son parti mais politise à l'extrême ses rapports avec les partis alliés. S'il est difficile en période de cohabitation, où les partis parlementaires sont coalisés contre le chef de l'État, d'échapper à leur présence jusqu'à l'Hôtel Matignon, cela est plus surprenant lorsque les majorités coïncident. De fait, la plupart des Premiers ministres n'ont pas été des chefs de partis et même certains n'étaient ni détenteurs d'un mandat électif ni membres d'aucun parti lors de leur entrée en fonction, quitte à s'y intégrer ensuite (G. Pompidou, R. Barre, D. de Villepin). De même, la position du Premier ministre est délicate lorsque le chef du parti majoritaire est à l'Élysée où parlementaires et dirigeants politiques viennent prendre leurs directives : sous la présidence Pompidou, sous la première législature mitterrandienne, sous les présidences Sarkozy, Hollande et Macron, le Premier ministre n'a qu'une autonomie politique limitée.

Dans des gouvernements de coalition partisane, le travail de coordination gouvernementale qui est la première tâche du Premier ministre s'en trouve compliqué surtout s'il n'appartient pas au courant politique le plus proche du chef de l'État (J. Chaban-Delmas en 1969, J. Chirac en 1974, P. Mauroy en 1981, M. Rocard en 1988). En période de cohabitation, le Premier ministre est contraint davantage de s'assurer du concours des partis de la coalition. En 1986-1988, Jacques Chirac opta pour des rencontres hebdomadaires avec les chefs des partis, tandis qu'Édouard Balladur et Lionel Jospin ont préféré des procédures plus informelles. Sous le premier quinquennat d'Emmanuel Macron dont la majorité centriste comptait nombre de transfuges venus de la gauche et de la droite, ce travail d'animation de la majorité parlementaire a été encore plus difficile et explique que les arbitrages aient plus que jamais été rendus par l'Élysée plutôt que par Matignon.

Lorsque le gouvernement ne dispose que d'une majorité relative (Première législature de 1958-1962, IXe législature 1988-1993, XVIe législature depuis 2022), le travail du Premier ministre est encore plus complexe car il lui faut s'assurer, outre de la neutralité bienveillante du Sénat, d'alliances au jour le jour à l'Assemblée, d'éviter la conjonction des oppositions, tout en recourant à toutes les ressources du parlementarisme rationalisé pour faire adopter ses textes.

Second personnage de l'État dans l'ordre protocolaire, le Premier ministre aspire immanquablement à l'exercice de la fonction présidentielle. Cela explique pourquoi il veille à ne pas l'amoindrir à l'excès en période de cohabitation et accepte de s'incliner en cas de suprématie politique du président : Georges Pompidou et Jacques Chirac ont été ainsi élus présidents, mais Jacques Chaban-Delmas, Raymond Barre, Édouard Balladur, Lionel Jospin et François Fillon ont été également candidats.

12

Compléments pédagogiques

Mémo

Le *gouvernement est nommé par le président de la République*. Ce pouvoir de nomination – sans contreseing pour le Premier ministre – dépend des rapports entre le président et la majorité parlementaire. Il en est de même pour la démission du gouvernement. Les *membres du gouvernement*, outre leur hiérarchie, doivent respecter leur statut (patrimoine, incompatibilités), *dirigent leur administration* et sont *politiquement et pénalement responsables* de leurs actes. Le *Premier ministre dirige le gouvernement et le coordonne* grâce aux services qui dépendent de lui. Il a le *monopole du pouvoir réglementaire* (sous réserve des pouvoirs présidentiels) *et des rapports avec le parlement* (initiative des lois, engagement de responsabilité, procédure législative).

Quid

■ Affaires courantes n° 295

Affaires restant de la compétence d'un gouvernement démissionnaire et qui relèvent de l'activité quotidienne et continue de l'administration ou de l'urgence.

■ Cour de justice de la République n° 303

Juridiction instituée par la révision constitutionnelle de 1993 (Const., art. 68) et composée de 15 juges (12 parlementaires désignés par les assemblées et 3 membres de la Cour de cassation), chargée de juger les membres du gouvernement pour les crimes et délits commis dans l'exercice de leurs fonctions.

■ État de siège n° 308

Régime de limitation des libertés publiques caractérisé par le transfert de compétence de l'autorité civile à l'autorité militaire, sur tout ou partie du territoire. Issu des lois du 9 août 1849 et du 3 avril 1878, il vise surtout les situations insurrectionnelles ou de guerre.

■ État d'urgence n° 308

Régime de limitation des libertés publiques et d'extension des pouvoirs de police du gouvernement en cas de « péril imminent résultant d'atteintes graves à l'ordre public ou d'événement présentant le caractère d'une calamité publique » (L. du 3 avr. 1955) mais aussi de catastrophe sanitaire (L. du 23 mars 2020).

■ Gouvernement n° 292

Ensemble formé par les ministres et secrétaires d'État placé sous l'autorité du Premier ministre, « chef du gouvernement », chargé de « déterminer et conduire la politique de la Nation » (Const., art. 20).

■ Ministre n° 298

Membre du gouvernement placé à la tête des services administratifs relevant de sa compétence et ayant pleine autorité sur eux.

■ Ministre d'État n° 298

Titre protocolaire accordé à un ministre de plein exercice et placé immédiatement après le Premier ministre (qu'il supplée) dans la hiérarchie gouvernementale.

■ Ministre délégué n° 298

Membre du gouvernement agissant par délégation du Premier ministre ou d'un ministre mais participant au Conseil des ministres et ayant pleine autorité sur ses services.

■ Ordonnance n° 307

Acte du gouvernement (adopté en Conseil des ministres) intervenant sur habilitation du parlement dans le domaine de la loi et qui n'acquiert force de loi que s'il est ratifié (de façon expresse ou tacite) par le parlement avant la fin du délai d'habilitation. Entre-temps, l'ordonnance a valeur réglementaire et devient caduque en cas de non-ratification (Const., art. 38 anc. décr.-L.).

■ Pouvoir réglementaire n° 317

Pouvoir réservé au Premier ministre (Const., art. 21) d'édicter des normes générales et impersonnelles en exécution des lois mais aussi dans les domaines qui ne sont pas réservés au législateur (Const., art. 37).

■ Secrétaire d'État n° 298

Membre du gouvernement exerçant des fonctions ministérielles par délégation d'un ministre (les secrétaires d'État autonomes sont rares) mais ne participant pas au Conseil des ministres.

■ Secrétariat général du gouvernement n° 316

Service du Premier ministre dirigé par un membre du Conseil d'État assurant la coordination du travail gouvernemental (préparation du Conseil des ministres et exécution des décisions, liaison entre les différents pouvoirs constitutionnels pour le suivi de la procédure normative, aide juridique à la décision gouvernementale).

Document

Arrêt du 6 mars 1999 de la Cour de justice de la République relatif à l'affaire du « sang contaminé »(extraits)

[...] Attendu que la responsabilité politique – à en supposer la notion, les critères et la mise en œuvre précisément définis, ce qui n'est pas de la compétence de la Cour – n'est exclusive ni de la responsabilité civile et administrative de l'État, ni de la responsabilité pénale ;

Qu'en effet les dispositions de l'article 68-1 de la Constitution, applicables en l'espèce, consacrent expressément l'autonomie de la responsabilité pénale des membres du gouvernement en cas de crimes ou de délits commis dans l'exercice de leurs fonctions, sans faire de distinctions entre les infractions intentionnelles et les infractions non intentionnelles ;
Qu'il n'appartient pas non plus à la Cour, dont le rôle est d'appliquer le droit positif et non d'en apprécier l'opportunité, de se prononcer sur les observations du procureur général, fussent-elles pertinentes, relatives aux risques qu'il évoque ainsi qu'au phénomène de l'inflation pénale ;
Qu'il s'agit là de choix politiques qui ne relèvent que du seul législateur ; que la Cour, exerçant une fonction judiciaire et non civique, ne saurait, en décernant aujourd'hui un blâme et demain un satisfecit, s'arroger le rôle d'arbitre de la vie politique française sans compromettre le fonctionnement normal des institutions de la République.

Biblio

- Ph. Ardant, *Le Premier ministre en France*, Paris, Montchrestien, coll. « Clefs », 1998.
- O. Beaud, *Le sang contaminé*, Paris, PUF, 1999.
- M. Caron, *Le droit gouvernemental*, Paris, LGDJ, 2020.
- J.-M. Eymeri-Douzans, X. Bioy, S. Mouton (dir.), *Le règne des entourages. Cabinets et conseillers de l'exécutif*, Paris, Presses de Sciences Po, 2015.
- J. Fournier, *Le travail gouvernemental*, Paris, Presses de la FNSP et Dalloz, 1987.
- J. Massot, *Chef de l'État et chef du Gouvernement. La dyarchie hiérarchisée*, La Documentation française, 2008.
- *Pouvoirs* 1986, n° 36, *Le ministre*, PUF.
- *Pouvoirs* 1997, n° 83, *Le Premier ministre*, Le Seuil.
- *Pouvoirs* 1999, n° 91, *La cohabitation*, Le Seuil.

Quiz

1) Sujets corrigés

A) Test de connaissances

1. Qui détient le pouvoir réglementaire sous la Ve République ?

2. Quels ont été les Premiers ministres qui ont séjourné le plus et le moins longtemps à Matignon ?

3. Quels anciens Premiers ministres sont devenus présidents de la République ?

4. Quelles activités sont incompatibles avec la fonction ministérielle ?

Voir le corrigé en fin de rubrique.

B) Dissertations

Énoncé n° 1

La responsabilité individuelle du ministre.

Voir le corrigé en fin de rubrique.

Énoncé n° 2

Le Conseil des ministres.

Voir le corrigé en fin de rubrique.

2) Corrigés

Test de connaissances

1. Le Premier ministre (en principe) et le président de la République (décrets délibérés en Conseil des ministres).

2. Georges Pompidou (1962-1968) et Édith Cresson (1991-1992).

3. Georges Pompidou, Jacques Chirac.

4. Toute profession privée ou publique ou tout mandat parlementaire national ou européen.

Dissertation n° 1

Introduction : le passage du* pénal au politique et du politique au pénal ; responsabilité pour les actes accomplis dans ses fonctions ou en dehors (affaires « Noir et Carignon »).

I. La responsabilité politique et administrative

A. Personnelle en tant que chef de service, et sa sanction (démission, révocation), ou collégiale

B. Son déclin du fait de la pratique de la Ve République

II. La responsabilité comptable et pénale

A. Comptable : la gestion de fait (affaire « Nucci »)

B. Pénale : art. 68-1 Const. : la Cour de justice de la République (l'affaire du « sang contaminé »)

Conclusion : Vers le droit commun ?

Dissertation n° 2

Introduction : la tradition française de la présidence par le chef de l'État. Depuis 1958, la présence du chef de l'État est active, surtout s'il est le chef de la majorité.

I. Le Conseil des ministres, lieu de la décision gouvernementale

A. Le mode de décision : l'inscription à l'ordre du jour – Élysée et Matignon, secrétariat général de la présidence et secrétariat général du gouvernement – et la décision

B. L'objet de la décision : des nominations aux décrets en CM et aux projets de loi et d'ordonnance

II. Le Conseil des ministres, verrou institutionnel du pouvoir présidentiel

A. Pas de décision gouvernementale hors CM : des conseils de cabinets aux réunions de ministres, le président, chef de la majorité ou chef de l'opposition

B. En CM, le président dirige les débats

chapitre 13

Le parlement

Plan analytique

section 1

L'organisation du parlement

§ 1 Le mandat parlementaire

A. Un mandat représentatif

B. Un mandat protégé

C. L'indemnité parlementaire

§ 2 L'élection des représentants

A. Les élections à l'Assemblée nationale

B. Les élections au Sénat

C. Le contrôle des élections parlementaires

§ 3 Le fonctionnement du parlement

A. L'organisation des Chambres

B. Les réunions du parlement

section 2

La loi

§ 1 Le domaine de la loi

A. La loi et le règlement

B. Le contrôle juridictionnel de la loi

§ 2 La procédure législative

A. La procédure ordinaire

B. Les procédures spéciales

§ 3 La promulgation de la loi

section 3

Le pouvoir de sanction

§ 1 L'initiative du gouvernement

A. La question de confiance

B. L'engagement de responsabilité sur un texte

§ 2 L'initiative des députés (Const., art. 49, al. 2)

§ 3 L'approbation du Sénat

section 4

Le pouvoir de contrôle

§ 1 Le contrôle de la politique de défense

§ 2 L'information du parlement

A. Les déclarations du gouvernement non suivies de vote

B. Les questions des parlementaires

§ 3 L'évaluation des politiques publiques

§ 4 Le Conseil économique, social et environnemental

Compléments pédagogiques

Le parlement

La Constitution de 1958 a considérablement modifié la place et le fonctionnement du Parlement dans les institutions. 324

L'un des objectifs principaux est de rétablir un bicamérisme plus équilibré. Le Sénat est redevenu une assemblée législative à part entière, à égalité de pouvoirs avec l'Assemblée nationale en matière constituante et n'est supplanté par l'Assemblée en matière législative que si le gouvernement le décide. Ce bicamérisme voulu par le constituant peut conduire à freiner la procédure législative lorsque la majorité sénatoriale est différente de celle de l'Assemblée (et donc du gouvernement) ce qui fut le cas à plusieurs reprises depuis 1958 (1959-1974, 1981-1986, 1988-1993, 1997-2002, 2011-2012 et depuis septembre 2014). En effet, même si le gouvernement donne le dernier mot aux députés, encore faut-il que les projets de loi aient été auparavant examinés et débattus par le Sénat.

Néanmoins, la Constitution a restreint l'indépendance du Parlement tant en ce qui concerne son organisation et ses activités que son pouvoir législatif ou ses moyens de contrôle sur le gouvernement.

Centre de la vie politique et unique source de la légitimité dans les régimes parlementaires antérieurs, le Parlement a été rétrogradé par la Constitution au troisième rang des organes constitutionnels, après le Président de la République et le gouvernement. 325

Cette perte de prestige est le reflet d'une série de transferts de pouvoirs, à la fois constitutionnels et politiques, mais aussi d'un affaiblissement de la fonction parlementaire qui n'est pas spécifique à la France même s'il y est plus prononcé qu'ailleurs.

Quatre phénomènes ont contribué au déclin du parlement depuis 1958.

– Le premier est lié à sa fonction représentative : le parlement n'est plus l'unique expression politique de la nation. Outre la concurrence victorieuse de l'élection présidentielle (où le taux de participation est nettement plus élevé), le parlement doit tenir compte de la mesure régulière de l'électorat par les consultations qui se succèdent et relativisent les élections législatives. Surtout, la mesure de l'opinion publique (réelle ou supposée) à travers les sondages sur les sujets d'actualité et la popularité du personnel politique a ôté au parlement cette dimension. Grâce au scrutin majoritaire, les élections législatives permettent de dégager une majorité politique pour gouverner, elles ne permettent pas de figer pour cinq ans l'état de l'opinion. Celui-ci a changé dès le lendemain des élections et les sondages permettent désormais de suivre quotidiennement son évolution.

– Le deuxième est lié à sa fonction politique : la décision politique n'est plus prise au parlement mais dans la sphère exécutive, soit sous l'égide du président, soit sous celle du Premier ministre. C'est là que s'élaborent, se négocient et sont entérinées les grandes décisions mais aussi celles qui réclament une décision rapide, ce que le parlement, à l'heure de l'informatique, n'est pas en mesure de réaliser. Il n'est pas étonnant que l'action des groupes d'intérêt se soit transférée du parlement vers les cabinets ministériels, n'intervenant auprès des Chambres que de façon résiduelle.

– Le troisième est lié à sa fonction normative. Le parlement a vu le domaine de la loi amputé par la Constitution (Const., art. 37) au profit du règlement, mais cette amputation, plus fictive que réelle, est moins grave que le transfert de l'initiative législative au gouvernement. La très grande majorité des lois est d'origine gouvernementale et le gouvernement a désormais les moyens d'imposer au parlement le vote de ces textes en l'état, les parlementaires étant réduits à négocier des amendements. Par ailleurs, le domaine de la loi est fortement limité par les transferts successifs de compétence à l'Union européenne, où les décisions sont prises dans des instances intergouvernementales, avec un contrôle limité du Parlement européen et quasi-symbolique des parlements nationaux.

– Le quatrième est consécutif à la régression du droit parlementaire. Alors qu'avant 1958 les Chambres étaient maîtresses de leurs règlements qui codifiaient leur droit interne mais aussi l'essentiel de la procédure législative, au point de les utiliser parfois contre le texte constitutionnel, la Constitution de 1958 a introduit un triple verrouillage. Premièrement, la Constitution fixe elle-même les principales règles concernant l'organisation du parlement et la procédure législative, qui constituent les principes de ce qu'on qualifie de « parlementarisme rationalisé ». Deuxièmement, la Constitution renvoie pour les modalités d'application de ces principes à des lois organiques. Celles-ci ont été adoptées sous forme d'ordonnances par le gouvernement durant les quatre premiers mois qui ont suivi la promulgation de la Constitution (Const., art. 92). Le Conseil constitutionnel a intégré ces lois organiques au « bloc de constitutionnalité » auquel le parlement ne peut se soustraire. Troisièmement, les *règlements* mêmes des Assemblées ont été soumis au contrôle de constitutionnalité du Conseil constitutionnel avant leur entrée en vigueur et ce contrôle n'a pas été de pure forme. Par exemple, le Conseil constitutionnel a censuré la « résolution modifiant le règlement de l'Assemblée nationale en ce qui concerne l'organisation des travaux parlementaires en période de crise » en avril 2021.

L'autonomie parlementaire a donc été réduite aux acquêts.

326 La révision constitutionnelle du 23 juillet 2008 a voulu opérer un rééquilibrage des institutions au profit du Parlement. En premier lieu, en donnant une nouvelle définition des fonctions du Parlement, plus complète et plus moderne que celle de 1958 : « Le Parlement vote la loi. Il contrôle l'action du Gouvernement. Il évalue les politiques publiques » (Const., art. 24, al. 1er). En second lieu, en renforçant ses pouvoirs au détriment de ceux du gouvernement : qu'il s'agisse de l'ordre du jour des assemblées ou de l'examen des textes en commission, de l'organisation des débats, du contrôle et de la responsabilité du gouvernement ou de l'évaluation des politiques publiques, cette révision peut conduire à une revalorisation du rôle du Parlement si celui-ci veut bien tirer parti des nouveaux pouvoirs qui lui sont attribués. En tout état de cause, le Parlement garde le pouvoir essentiel que lui donne le régime parlementaire : sans majorité à l'Assemblée nationale, l'exécutif est paralysé. Le gouvernement est l'expression de cette majorité et ce n'est que si la majorité des députés et le président de la République partagent les mêmes orientations que le régime fonctionne harmonieusement.

section 1

L'organisation du parlement

§ 1 Le mandat parlementaire

A. Un mandat représentatif

Le parlementaire, qu'il soit député ou sénateur, « représente la nation » (Const., art. 3). Le caractère général de ce mandat représentatif a plusieurs conséquences. La première est que la disparition de la circonscription où le parlementaire a été élu n'affecte pas le mandat. 327 ■

L'annexion de l'Alsace-Lorraine par l'Allemagne en 1871 n'empêcha les députés alsaciens et lorrains de siéger (ils démissionnèrent de leur mandat, mais pour protester contre cette annexion). Il en a été de même pour les territoires devenus indépendants des Comores (en 1975) et des Afars et des Issas (en 1977). En sens contraire, l'ordonnance du 3 juillet 1962 a mis fin au mandat des députés algériens après l'indépendance algérienne. Cette ordonnance semble surtout avoir été motivée par la crainte de voir ces 68 députés rendre l'opposition majoritaire à l'Assemblée.

La seconde conséquence est que le mandat est indépendant : selon l'article 27, alinéa 1er de la Constitution qui reprend une disposition traditionnelle, « le mandat impératif est nul ». Cette nullité est d'ordre juridique et son appréciation politique est délicate. Un parlementaire peut prendre des engagements devant ses électeurs, suivre les consignes de vote de son parti et de son groupe, mais il n'y est pas tenu juridiquement.

Les relations entre parlementaires et lobbies ont fait l'objet d'un contrôle attentif depuis 2016 qui rompt avec le libéralisme antérieur. Le règlement de l'Assemblée nationale prohibe bien l'adhésion à des « groupes de défense d'intérêts particuliers, locaux ou professionnels » (Règl. AN, art.79.2) qui entraîneraient « l'acceptation d'un mandat impératif », mais il ne peut empêcher que les parlementaires adhèrent à des « groupes d'études », autorisés par le règlement et qui peuvent être la façade d'une activité de « lobbying » (l'Assemblée nationale en compte 105 et le Sénat 25, dont la liste est réexaminée à chaque renouvellement triennal). Le Sénat s'est doté depuis le 31 mai 2017 (deux arrêtés du Bureau du Sénat) de règles déontologiques précises, inspirées de la loi du 19 décembre 2016 sur la transparence et la lutte contre la corruption, et a établi (l'Assemblée nationale a fait de même) une liste des groupes d'intérêt dont l'accès à l'assemblée est autorisé ainsi qu'un Code de bonne conduite qui concerne aussi bien les parlementaires et leurs collaborateurs que les représentants d'intérêts.

B. Un mandat protégé

L'indépendance du mandat parlementaire est assurée par le régime des incompatibilités mais aussi des immunités. 328 ■

1. Les incompatibilités

329 Les *incompatibilités*[Q] diffèrent des *inéligibilités*[Q] (v. ss 223), qui ont un caractère absolu et empêchent la candidature à l'élection, alors que l'incompatibilité empêche le cumul de fonctions et n'a donc qu'une portée relative, obligeant à choisir entre le mandat et l'activité incompatible. Elles sont fixées par une loi organique et concernent d'une part les fonctions institutionnelles, d'autre part les activités professionnelles. Elles sont complétées par un dispositif détaillé visant à prévenir les conflits d'intérêts et enrichissements frauduleux.

a. Les fonctions institutionnelles

330 Le mandat parlementaire est d'abord incompatible avec les fonctions de membre du gouvernement, du Conseil constitutionnel, du Conseil supérieur de l'audiovisuel ou du conseil du gouvernement d'un territoire d'outre-mer. Depuis la loi du 14 février 2014, il sera incompatible à compter de 2017 avec une fonction exécutive locale (maire ou adjoint au maire, président ou vice-président de conseil départemental ou régional, président ou vice-président d'un établissement public de coopération intercommunale, etc.).

En ce qui concerne l'administration, le principe est celui de l'incompatibilité entre fonctions publiques non électives et mandat parlementaire. Ce principe a été étendu aux fonctions de direction et de conseil dans les entreprises et établissements publics. Seules sont exemptées les fonctions de professeur des universités et de ministre des Cultes dans les départements concordataires d'Alsace-Lorraine. Toutefois, à la différence du Royaume-Uni notamment (où un fonctionnaire candidat aux élections doit démissionner du Civil service), le fonctionnaire devenu parlementaire est simplement contraint de demander son détachement, et bénéficie durant cette période de ses droits à la retraite et à la promotion à l'ancienneté. Ces privilèges expliquent la sur-représentation des fonctionnaires au sein du personnel parlementaire.

Les missions temporaires confiées à un parlementaire par le gouvernement (C. élect., art. L. org 144) constituent un cas particulier : elles permettent à un parlementaire d'être associé à l'action gouvernementale tout en continuant à exercer son mandat. Cette disposition n'a été appliquée qu'à partir de 1973 et ce de façon de plus en plus fréquente, dans le but de s'attirer les bonnes grâces de parlementaires de la majorité : plus de 200 ont bénéficié de ces missions d'études, qui ne peuvent excéder une durée de six mois. Au-delà, le président de la Chambre prend acte de la cessation du mandat. Le parlementaire est alors remplacé par son suppléant.

b. Les activités professionnelles privées

331 En ce qui concerne les activités professionnelles privées, le cumul est en principe autorisé sauf en cas de chevauchement d'intérêts : sont ainsi incompatibles les fonctions de direction ou de conseil :

– dans des sociétés, établissements ou entreprises jouissant de subventions, de garanties d'intérêt ou d'avantages spécifiques de la part de l'État ou de collectivités publiques,

– dans des sociétés financières ou faisant publiquement appel à l'épargne,

– dans des sociétés dont l'activité principale consiste dans l'exécution de travaux ou la prestation de service pour le compte de l'État, d'une collectivité ou d'une entreprise publique ou d'un État étranger,

– dans des sociétés ayant des activités immobilières,

– dans des sociétés dont plus de la moitié du capital est détenu par des sociétés précitées.

De même il est interdit à un parlementaire de laisser figurer son nom dans une publicité relative à une entreprise financière, industrielle ou commerciale, ou, s'il est avocat, de plaider ou de consulter pour le compte de sociétés mentionnées plus haut (sauf s'il en était le conseil avant son élection) ou contre l'État et le secteur public, ou à l'occasion de poursuites pénales pour crimes et délits contre l'État.

Enfin il est interdit à un parlementaire de commencer une activité de conseil en cours de mandat, de la poursuivre si elle a commencé dans les douze mois qui précèdent le début de son mandat ou d'exercer une activité ou une participation dans une société exerçant une activité de conseil.

L'ensemble de ces interdictions a été édicté à la suite de scandales dont les uns remontent à la IIIe République (les avocats-parlementaires de l'entre-deux-guerres), d'autres sont apparus sous la Ve République (fonctions dans des entreprises faisant appel à l'épargne ou de conseil). La jurisprudence du Conseil constitutionnel en la matière est très libérale, car le juge constitutionnel interprète strictement les interdictions (v. Cons. const. 18 oct. 1977, n° 75-51, *Dassault*; Cons. const. 6 mars 1990, n° 89-9 I, *Tapie*).

c. Les mandats électoraux

Aux interdictions de cumul avec des activités professionnelles s'ajoute à présent l'interdiction de cumul avec d'autres mandats électifs, rapprochant en la matière le droit français du droit étranger, généralement très contraignant. Les lois (ordinaire et organique) du 30 décembre 1985 et la loi du 5 avril 2000 ajoutent à l'interdiction de cumul horizontal (avec un autre mandat de même nature : on ne peut être député et sénateur, membre du Conseil économique et social ou parlementaire européen) l'interdiction de cumul vertical : nul ne peut détenir plus de deux des mandats électoraux suivants : député (ou sénateur ou parlementaire européen), conseiller régional, conseiller général, conseiller de Paris, conseiller municipal d'une commune de plus de 3 500 habitants. 332 ■

L'interdiction de cumul de mandats électifs est complétée, comme il a été mentionné, par l'interdiction de cumul avec une fonction exécutive locale depuis 2017, qui a mis fin à la tradition française du député-maire ou du sénateur-maire ou sénateur-président de conseil départemental.

d. Les différentes sanctions

La sanction de ces *incompatibilités*[Q] est variable. En cas de nomination au gouvernement ou au Conseil constitutionnel, le parlementaire dispose de 8 jours pour opter (son silence valant acceptation). En cas d'élection dans une autre Chambre, il cesse automatiquement d'appartenir à l'Assemblée précédente. Pour les autres mandats électoraux et fonctions électives, le parlementaire qui se trouve sous le coup d'une incompatibilité au moment de son élection dispose de deux mois après son entrée en fonction ou, en cas de contestation devant le juge de l'élection, après la date à laquelle le jugement confirmant son élection est devenu définitif, pour se démettre du mandat (ou de la fonction) de son choix. À défaut, il est déclaré démissionnaire d'office par le Conseil constitutionnel sur requête du bureau de l'assemblée ou du 333 ■

garde des Sceaux. Si ce cumul se produit après son élection au parlement, le parlementaire dispose de 15 jours pour opter, faute de quoi son nouveau mandat prend fin de plein droit.

En ce qui concerne les activités professionnelles, le parlementaire dispose de trois mois pour déclarer au bureau de l'assemblée les activités qu'il envisage de conserver et, s'il est titulaire d'un emploi public, demander à être placé en position de détachement. Le bureau de l'assemblée examine si les activités déclarées sont compatibles avec le mandat parlementaire et saisit le Conseil constitutionnel en cas de doute ou de contestation. Dans l'affirmative, le parlementaire dispose de 15 jours pour régulariser sa situation, faute de quoi il est déclaré démissionnaire d'office par le juge constitutionnel.

Si en cours de mandat, le parlementaire envisage d'exercer une nouvelle activité professionnelle, la même procédure est obligatoire.

Avant même l'adoption de nouvelles règles de déontologie en matière de conflit d'intérêts préconisées par la commission Jospin, les deux assemblées ont mis en place des règles internes : le Sénat en créant dès 2009 un comité de déontologie (composé de représentants des groupes) et en rendant obligatoires des déclarations détaillées des activités des sénateurs et de leurs proches, l'Assemblée nationale en adoptant un code de déontologie sur les conflits d'intérêts et en créant en 2011 un poste de déontologue chargé de veiller, sous le contrôle du Bureau de l'Assemblée, à sa mise en œuvre.

e. Le patrimoine et les conflits d'intérêts

334 Les lois sur la transparence de la vie politique du 11 mars 1988 et surtout du 11 octobre 2013 (adoptée au lendemain du scandale Cahuzac) ont imposé au président de la République, aux membres du gouvernement, aux parlementaires et aux titulaires d'autres mandats électifs (maires et présidents d'EPCI de plus de 20 000 habitants, présidents de conseil départemental, parlementaires européens, collaborateurs des cabinets ministériels et présidentiel) de remettre une déclaration de situation patrimoniale au début ainsi qu'à la fin de leur mandat ou fonction. Les déclarations du président de la République sont remises au Conseil constitutionnel (avant même le premier tour de l'élection présidentielle pour la première, au plus tard 15 jours après l'expiration du mandat pour la seconde).

La Haute Autorité pour la transparence de la vie publique (HATVP), créée par la loi du 11 octobre 2013 (qui a remplacé la Commission pour la transparence financière de la vie politique) contrôle toutes les autres personnalités (dans les deux mois qui suivent l'entrée en fonction et l'expiration du mandat ou de la fonction). Composée d'un président et de huit autres membres (deux membres du Conseil d'État, deux membres de la Cour de Cassation, deux membres de la Cour des Comptes et deux personnalités désignées par les présidents de l'Assemblée nationale et du Sénat), la HATVP reçoit et contrôle les déclarations de patrimoine mais aussi d'intérêt (afin de prévenir et de mettre fin à d'éventuels conflits d'intérêts) de près de 8 000 personnalités.

C'est la loi du 11 octobre 2013 qui a introduit la déclaration d'intérêt afin de prévenir les conflits d'intérêts dont la loi fournit pour la première fois une définition : « constitue un *conflit d'intérêts*[Q] toute situation d'interférence entre un intérêt public et des intérêts publics ou privés qui est de nature à influencer ou à paraître influencer l'exercice indépendant, impartial et objectif d'une fonction ». La déclaration d'intérêt est rendue publique alors que la déclaration de patrimoine n'est consultable que par l'électeur et en préfecture. Les déclarations mensongères sont susceptibles de condamnations pénales (amende et peine de prison) et d'inéligibilité.

2. *Les immunités*

Les immunités visent à protéger le mandat parlementaire en garantissant son indépendance et son exercice. 335 ■

La première protection est l'irresponsabilité, selon un principe constant depuis 1789, « aucun membre du parlement ne peut être poursuivi, recherché, arrêté, détenu ou jugé à l'occasion des opinions ou votes émis par lui dans l'exercice de ses fonctions » (Const., art. 26, al. 1er). Cette irresponsabilité est absolue car elle vise les poursuites tant civiles que pénales et se prolonge après la cessation du mandat.

Seule exception : l'inéligibilité qui a frappé les parlementaires ayant voté le 10 juillet 1940 les pleins pouvoirs au maréchal Pétain, l'ordonnance du 6 avril 1945 prévoyant cependant qu'un jury d'honneur pouvait les en relever.

Cette irresponsabilité ne s'étend pas aux activités et propos extérieurs à la fonction parlementaire. Elle n'empêche pas non plus, en cas de manquement à l'obligation de réserve, que le président de l'Assemblée (sur la base du règlement de celle-ci), sanctionne le parlementaire indiscipliné (rappel à l'ordre inscrit ou non au procès-verbal, censure simple ou avec exclusion temporaire).

À l'irresponsabilité s'ajoute l'inviolabilité, qui est une immunité de procédure protégeant le parlementaire contre une arrestation ou des mesures privatives ou restrictives de liberté pour crime ou délit, intentées contre lui à raison de faits extérieurs à l'exercice de son mandat, et qui présentent un caractère abusif (Const., art. 26, al. 2). L'inviolabilité se borne à retarder l'action pénale : elle ne l'abroge pas. Par ailleurs, le libellé de l'article 26 de la Constitution a été considérablement réduit depuis la révision du 4 août 1995 puisque l'inviolabilité ne concerne plus que l'arrestation alors que traditionnellement c'était la poursuite pénale elle-même qui était suspendue. Le parlementaire peut donc être mis en examen mais il ne pourra être arrêté ou subir une mesure privative ou restrictive de liberté qu'avec l'autorisation du Bureau de son assemblée, saisie par le ministère public. Le Bureau se prononce après avoir entendu le rapport de la délégation des immunités, commission composée de représentants des différents groupes, qui auditionne le parlementaire concerné et fait rapport au Bureau. En cas de crime ou délit flagrant ou de condamnation définitive (Const., art. 26, al. 2), cette autorisation n'est pas nécessaire.

L'immunité parlementaire a été levée 14 fois entre 1958 et 1995 et 31 fois depuis. Elle est très régulièrement accordée à tel point que la question de son maintien est régulièrement évoquée par les acteurs politiques, comme en 2017 par François de Rugy alors Président de l'Assemblée nationale. La demande ainsi que la délibération du Bureau sont couvertes par le secret de l'instruction. La levée de l'immunité concerne, le plus souvent, les cas d'affaires financières. La première levée de la Ve République a eu lieu en 1959, elle concernait François Mitterrand dans le cadre de l'Affaire de « l'Observatoire ».

Par ailleurs, une assemblée peut requérir et obtenir la suspension de l'action publique contre un de ses membres pour la durée de la session (Const., art. 26, al. 3). Là encore, cette suspension qui vise également la poursuite est désormais limitée, depuis la révision de 1995, à la durée de la session alors qu'elle couvrait auparavant la durée du mandat.

C. L'indemnité parlementaire

336 Le traitement (appelé indemnité du parlementaire) est aligné sur le traitement des hauts fonctionnaires (complété d'une indemnité de fonction). Cette rémunération est depuis 1993 imposable au régime de droit commun. Elle est complétée par une prise en charge des frais de mandat, dont le contrôle est strict depuis la loi « pour la confiance dans la vie politique » de 2017. Le parlementaire bénéficie de diverses exonérations (franchise postale et des communications téléphoniques, réductions sur les transports) ; il dispose d'un bureau, d'une dotation pour équipement informatique et d'un crédit pour la rémunération d'assistants parlementaires.

Le parlementaire cotise à une caisse de retraite et bénéficie d'une pension en fonction des annuités d'exercice.

§ 2 L'élection des représentants

337 Le principe bicaméral se traduit par deux modes différents de désignation des représentants. Les députés sont élus au suffrage universel direct et les sénateurs, qui représentent les collectivités territoriales, au suffrage indirect.

A. Les élections à l'Assemblée nationale

1. *Le mode de scrutin*

338 C'est la loi ordinaire qui fixe, conformément à l'article 34 de la Constitution, le régime électoral des assemblées. À l'origine, l'ordonnance (de l'art. 92, Const.) du 13 octobre 1958 a établi le scrutin majoritaire uninominal à deux tours. Celui-ci, abrogé au profit de la représentation proportionnelle par la loi du 10 juillet 1985, a été rétabli par la loi du 11 juillet 1986.

La loi du 24 novembre 1986 a délimité les circonscriptions électorales, au nombre de 577 depuis 1985, à partir de critères démographiques. Les circonscriptions sont découpées en fonction du nombre d'habitants (et non d'électeurs, ce qui signifie qu'indirectement le député représente également les citoyens non-inscrits et mineurs et les étrangers) et l'écart ne peut excéder 20 % de la population moyenne des circonscriptions du département.

La loi constitutionnelle du 23 juillet 2008 a fixé un nombre maximum de parlementaires pour chaque assemblée. Pour l'Assemblée nationale, ce nombre ne peut excéder 577 (le chiffre actuel). Or, la même révision ayant décidé que l'Assemblée nationale représente également les Français établis hors de France (représentés jusqu'alors uniquement par le Sénat et qui désignent leurs représentants à l'Assemblée nationale dans le cadre de circonscriptions continentales), le redécoupage des circonscriptions, rendu déjà nécessaire par les évolutions démographiques survenues depuis 1986, devenait inévitable. Le Conseil constitutionnel, saisi de la constitutionnalité de la loi de mise en œuvre (Cons. const. 8 janv. 2009, n° 2008-573 sur la L. org. du 11 déc. 2008) a rappelé que le respect des critères démographiques conduit à ce que les départements peu peuplés n'aient plus deux députés et que les collectivités d'outre-mer très peu peuplées (Saint-Barthélemy, Saint-Martin) ne constituent pas une circonscription électorale.

La loi constitutionnelle de 2008 en a profité pour instituer une commission indépendante (Const., art. 25), composée de six membres (un membre du Conseil d'État, un membre de la Cour de cassation, un membre de la Cour des comptes et trois personnalités qualifiées, désignées respectivement par le président de la République, le président du Sénat et le président de l'Assemblée nationale, la désignation par les deux derniers nécessitant l'avis de la commission compétente de l'assemblée concernée – un avis négatif à une majorité des trois cinquièmes valant *veto*), pour donner son avis public sur les projets de redécoupage des circonscriptions ou sur la modification de la répartition des sièges.

Le redécoupage de 2009 en prévision des élections de 2012 a été opéré par ordonnance, ratifiée par la loi du 18 février 2010. Celle-ci a retenu la méthode de la tranche, chaque département se voyant attribuer un député pour 125 000 habitants et un député supplémentaire par tranche ou fraction de tranche de 125 000 habitants. Ce découpage a été validé par le Conseil constitutionnel (Cons. const. 18 févr. 2010, n° 2010-602).

L'Assemblée nationale se renouvelle intégralement tous les cinq ans. Les élections ont lieu dans les 80 jours qui précèdent l'expiration de ses pouvoirs et le cinquième dimanche qui suit le décret de convocation des électeurs. Les députés sont élus pour cinq ans, sauf dissolution.

Toutefois, pour l'Assemblée élue en juin 1997 à la suite d'une dissolution, la loi organique du 24 avril 2001 a fixé au 3e mardi de juin cette expiration des pouvoirs afin de permettre que l'élection présidentielle précède et non pas suive les élections législatives de 2002. Ce changement de calendrier a eu pour effet que depuis (en 2007, 2012, 2017) les élections législatives suivent d'un mois l'élection présidentielle.

Une élection partielle peut se dérouler (sauf si le *suppléant*ᑫ entre en fonction ou si la vacance survient durant la dernière année de la législature) en cas de décès ou de démission du titulaire, ou d'une décision du Conseil constitutionnel. L'élection partielle se déroule dans les 3 mois qui suivent la vacance du siège.

Le scrutin est à deux tours. Pour l'emporter au premier tour, le candidat doit rassembler la majorité absolue des suffrages exprimés (ce qui exclut les bulletins blancs et nuls) et au moins un quart des électeurs inscrits. Au second tour, la majorité relative suffit.

Pour être en lice au second tour, il est obligatoire d'avoir été présent au premier tour et d'avoir obtenu les suffrages de 12,5 % des électeurs inscrits.

Si un seul candidat a franchi la barre des 12,5 %, le candidat qui le suit immédiatement peut également se maintenir. Si aucun candidat n'a franchi cette barre, les deux premiers peuvent se maintenir. Cette barre des 12,5 % a joué autant que le mode scrutin majoritaire pour renforcer la tendance à la bipolarisation de la compétition électorale.

2. *L'éligibilité à l'Assemblée nationale*

Tout citoyen qui a la qualité d'électeur peut être élu à l'Assemblée nationale. Pour être candidat, il faut être âgé de 18 ans accomplis et avoir satisfait définitivement aux obligations du service national, ce qui n'exclut que ceux qui sont sous les drapeaux en qualités d'appelés.

Les fonctionnaires d'autorité ne peuvent être candidats dans des circonscriptions où ils exercent (ou ont exercé récemment) ; le médiateur est inéligible dans toutes les circonscriptions. Enfin, le suppléant d'un député nommé membre du gouvernement ne peut se présenter contre lui à l'élection suivante.

Le candidat doit déposer à la préfecture sa déclaration de candidature qui comprend le nom de son suppléant éventuel et l'acceptation de celui-ci. Le remplaçant doit satisfaire aux mêmes conditions d'éligibilité que le candidat sous peine d'entraîner l'annulation de son élection.

Aucune attache avec la circonscription où l'on se présente n'est exigée, ce qui favorise la pratique du « parachutage », même si, depuis les lois de décentralisation de 1982, l'ancrage local est un atout déterminant.

À ces conditions de forme s'intègrent celles relatives à la campagne électorale et à son financement (désignation d'un mandataire financier, personne physique ou association, tenue d'un compte de campagne, plafonnement des dépenses), dont le non-respect peut entraîner l'inéligibilitév. ss 332.

L'application du principe constitutionnel de parité, qui ne peut s'appliquer directement pour les élections au scrutin uninominal, prend la forme d'une injonction aux partis politiques (sur la base de l'art. 4 Const.). L'écart entre le nombre de candidats de chaque sexe ayant déclaré se rattacher à un parti ne doit pas dépasser 2 % du nombre total de ses candidats, faute de quoi le montant de la première fraction de l'aide publique qui lui est attribuée sera diminué d'un pourcentage égal à la moitié de cet écart rapporté au total de ces candidats. La loi ne s'applique pas outre-mer si l'écart n'est pas supérieur à un.

B. Les élections au Sénat

340 La seconde Chambre assure la représentation des collectivités territoriales. Elle partage avec l'Assemblée nationale (depuis la révision de 2008) la représentation des Français à l'étranger (Const., art. 24). De cette représentativité découle le mode de désignation des sénateurs.

L'effectif sénatorial maximum est de 348 parlementaires, dont 21 pour l'Outre-mer et 12 pour les Français établis à l'étranger. Cet effectif a été établi comme un maximum par la loi constitutionnelle du 23 juillet 2008. Le critère démographique retenu en 1948 (L. du 23 sept. 1948) est toujours valable : un siège jusqu'à 154 000 habitants puis un siège par fraction de 250 000 habitants. Les sénateurs sont élus dans le cadre du département, de la collectivité d'outre-mer ou d'une collectivité équivalente.

Les sénateurs sont élus au suffrage universel indirect.

Le vote est obligatoire (sous peine d'une amende de 4,5 € compensée par une indemnité de déplacement symbolique).

Les sénateurs, élus initialement pour neuf ans (soit le mandat le plus long et le plus sûr de la République, puisque le Sénat ne peut être dissous), ont vu leur mandat réduit à six ans depuis 2003 : cette réforme s'est appliquée pour la première fois en 2004, faisant cohabiter nouveaux sénateurs élus pour six ans et « anciens » achevant leurs neuf ans. Le Sénat, jadis renouvelé par tiers, est désormais renouvelé par moitié tous les trois ans et les élections se déroulent dans les 60 jours qui précèdent le début du mandat.

Pour être éligible au Sénat, la majorité est, depuis 2011, fixée à 24 ans. Les autres conditions d'éligibilité sont alignées sur celles de l'Assemblée nationale, y compris les règles liées au financement des élections et à son contrôle depuis les élections sénatoriales de 2014.

Les sénateurs représentants les Français à l'étranger (12) sont élus par l'Assemblée des Français de l'étranger, composée de 155 membres élus au suffrage universel direct par les Français résidant hors de France (soit un électorat potentiel de 2 millions de personnes) et inscrits sur une liste électorale constituée à cet effet. L'élection se déroule dans les consulats ou dans la préfecture d'un État limitrophe d'un département frontalier à la représentation proportionnelle de liste.

En ce qui concerne les sénateurs représentants les collectivités territoriales, le collège électoral (le même depuis la IIIe République) comprend près de 150 000 « grands électeurs ». Il est composé des députés, conseillers régionaux (et équivalents de Corse), conseillers généraux (et équivalents de Paris), et surtout délégués des conseils municipaux (ou leurs suppléants), dont le nombre est proportionnel à la population de la commune : de 1 à 15 délégués pour les communes de moins de 9 000 habitants, tout le conseil municipal pour les communes de 9 000 à 30 000 habitants, tout le conseil municipal et 1 délégué supplémentaire par tranche de 800 habitants pour les communes de plus de 30 000 habitants. Les délégués municipaux constituent la très grande majorité des électeurs (95 %) avec une surreprésentation des petites communes rurales.

La loi du 10 juillet 2000 a étendu à toutes les communes de plus de 3 500 habitants (au lieu de plus de 9 000 auparavant) le scrutin proportionnel pour la désignation des délégués municipaux. Le Conseil constitutionnel dans sa décision du 6 juillet 2000 relative à l'élection des sénateurs a censuré la disposition qui accroissait le nombre des délégués municipaux en prévoyant un délégué par tranche de 300 habitants dès lors que le nombre des délégués était supérieur à l'effectif du conseil municipal, ce qui aurait introduit les délégués supplémentaires pour toutes les communes de 8 700 habitants et plus, au lieu de 30 000. Le Conseil a censuré au motif que le Sénat, dès lors qu'il assure la représentation des collectivités territoriales, « doit être élu par un corps électoral qui est lui-même l'émanation de ces collectivités et doit donc être essentiellement composé des membres des assemblées délibérantes ». Si la prise en compte de la population prend la forme des délégués supplémentaires, ceux-ci ne doivent constituer qu'un « correctif démographique » et non devenir « une part substantielle, voire dans certains départements, majoritaire du collège des électeurs sénatoriaux ». La prise en compte de l'évolution est une exigence constitutionnelle qui doit, selon le Conseil constitutionnel, prendre la forme de la répartition des sièges de sénateurs par département.

Le mode de scrutin n'est pas homogène :

– dans les circonscriptions qui élisent moins de 3 sénateurs (depuis la L. du 2 août 2013, qui a ramené la barre de 4 à 3), le scrutin est majoritaire à deux tours (au second tour, organisé le jour même dans l'après-midi, la majorité relative suffit et le plus âgé des candidats l'emporte en cas d'égalité). Le candidat peut se présenter seul ou sur une liste. L'accès au second tour n'étant pas réglementé, il est possible de se présenter entre les deux tours ;

– dans les circonscriptions élisant 3 sénateurs ou plus (les départements les plus peuplés), le mode de scrutin est la représentation proportionnelle avec répartition des restes à la plus forte moyenne. Il en va de même pour l'élection des représentants des Français à l'étranger.

L'application du principe de la parité implique la constitution de listes composées alternativement d'un candidat de chaque sexe (L. du 8 juin 2000 ; C. élect., art. L. 308).

Ces différentes réformes ont profondément modifié la composition du Sénat, qui s'est urbanisé, rajeuni et féminisé depuis 2004.

C. Le contrôle des élections parlementaires

■ 341 Le contrôle des élections parlementaires est, depuis 1958, assuré par le juge de l'élection. Le tribunal administratif, saisi par le préfet, statue sur les conditions de la candidature (le Conseil constitutionnel étant la juridiction d'appel) mais c'est le Conseil constitutionnel, saisi dans les dix jours qui suivent la proclamation des résultats par tout candidat ou électeur de la circonscription (ou ultérieurement par la Commission nationale des comptes de campagnes à propos du compte de campagne), qui est seul compétent pour le contentieux des réclamations contre les résultats (Const., art. 59). Le Conseil peut réformer les résultats de l'élection ou l'annuler (cette seconde option a toujours été utilisée). Il prononce également la déchéance du parlementaire et son inéligibilité, automatique (en cas d'absence de déclaration de situation patrimoniale ou de dépôt de compte de campagne), ou laissée à son appréciation (en cas de dépassement du plafond des dépenses électorales, v. ss 332).

§ 3 Le fonctionnement du parlement

■ 342 À la différence des régimes parlementaires antérieurs, la vie du parlement est solidement encadrée par les dispositions constitutionnelles et les lois organiques qui en découlent. Les *règlements des assemblées*[Q] ont donc vu leur influence diminuer fortement en 1958, leur contrôle obligatoire par le Conseil constitutionnel ayant supprimé toute velléité d'autonomie.

Adoptés par chaque assemblée sous forme de résolution, les règlements constituent leur loi intérieure, organisant leur fonctionnement interne mais aussi les procédures de leurs travaux et le statut de leurs membres. La révision constitutionnelle de 2008, en accroissant les pouvoirs du Parlement, a donné une nouvelle importance aux règlements des assemblées puisque la mise en œuvre de cette réforme passe en grande partie par les dispositions des règlements. Chaque règlement traduit le style de chaque assemblée, plus libéral au Sénat où la discipline est plus élastique et où la majorité sénatoriale ne coïncide pas toujours avec la majorité gouvernementale qui imprime par définition sa marque à l'Assemblée nationale. En ce sens, le règlement de l'Assemblée nationale a connu une réforme d'ampleur en 2019, à l'initiative de la majorité gouvernementale (LREM), qui a suscité de très vives critiques de la part des oppositions. Cette réforme a notamment visé à rationaliser les mécanismes de la discussion parlementaire avec, par exemple, la limitation des prises de paroles des députés lors de l'examen des textes de loi en séance publique.

Le règlement est complété (notamment au Sénat) par l'Instruction générale du Bureau (de l'assemblée), qui n'est pas soumise au contrôle du Conseil constitutionnel.

A. L'organisation des Chambres

Les règlements des Chambres fixent en termes parallèles l'organisation des assemblées. Il faut distinguer les organes et services qui dirigent et gèrent la vie du parlement, et les organes qui préparent la décision, les groupes et les commissions. 343 ■

1. *Les organes et services des assemblées*

Chaque assemblée est dirigée par son *Bureau*[Q], tandis que la *conférence des présidents*[Q] intervient au niveau de son ordre du jour. 344 ■

– Le Bureau de l'assemblée a en charge la gestion de sa vie interne et la direction de ses travaux. Au Palais-Bourbon, il compte 22 membres dont le président de l'Assemblée, 6 vice-présidents, 3 questeurs et 12 secrétaires. Au Palais du Luxembourg, il compte 26 membres : outre le président du Sénat, 8 vice-présidents, 3 questeurs et 14 secrétaires.

Si l'intégralité du Bureau est élue après chaque renouvellement triennal au Sénat, seul le président de l'Assemblée nationale est élu pour la durée de la législature, les autres membres du Bureau étant élus chaque année. Si le Bureau du Sénat est désigné à la proportionnelle, ce ne fut pas le cas à l'origine à l'Assemblée nationale.

Au sein du Bureau, le *président de l'assemblée*[Q] joue un rôle prépondérant. Il représente l'assemblée et veille à sa sécurité intérieure et extérieure. Il dirige ses débats de façon indépendante (il ne prend pas part au vote) ce qui implique, à l'exemple du speaker britannique, qu'il dispose d'une grande latitude pour conduire les séances. 345 ■

Par ailleurs, les présidents des assemblées ont des pouvoirs constitutionnels propres : consultation par le chef de l'État en cas de dissolution, de recours à l'article 16 ou de sessions extraordinaires ; saisine du Conseil constitutionnel et nomination de trois de ses membres, nomination d'un membre du Conseil supérieur de la magistrature (CSM), du Conseil supérieur de l'audiovisuel (CSA), de la Commission nationale informatique et libertés (CNIL), etc. Enfin, le président du Sénat exerce l'intérim de la présidence de la République et celui de l'Assemblée préside le Congrès.

Depuis 1958, se sont succédés au perchoir de l'Assemblée : Jacques Chaban-Delmas (1958-1969), Achille Peretti (1969-1973), Edgard Faure (1973-1978), Jacques Chaban-Delmas (1978-1981), Louis Mermaz (1981-1986), Jacques Chaban-Delmas (1986-1988), Laurent Fabius (1988-1992), Henri Emmanuelli (1992-1993), Philippe Seguin (1993-1997), Laurent Fabius (1997-2000), Raymond Forni (2000-2002), Jean-Louis Debré (2002-2007), Patrick Ollier (2007), Bernard Accoyer (2007-2012), Claude Bartolone (2012-2017), François de Rugy (2017-2018), Richard Ferrand (2018-2022), Yaël Braun-Pivet (2022-).

Au plateau du Sénat, Gaston Monnerville (1958-1968, mais il était déjà en fonction depuis 1947), Alain Poher (1968-1982), René Monory (1992-1998), Christian Poncelet (1998-2008), Gérard Larcher (2008-2011), Jean-Pierre Bel (2011-2014) et Gérard Larcher (2014-) se sont succédé.

Les autres membres du Bureau ont des compétences précises. Les vice-présidents sont les suppléants du président dans la direction des débats. Les questeurs dirigent les services administratifs et financiers, gèrent le personnel et les finances de l'assemblée. Les secrétaires surveillent la rédaction du procès-verbal des séances.

Le président de l'assemblée a pour collaborateurs, outre son cabinet, un secrétaire général qui a autorité sur les services législatifs (archives, information, documentation) tandis que les questeurs sont secondés par un secrétaire général de la questure qui a autorité sur les services administratifs et les services législatifs (dont le service de la présidence, le service de la séance, le service des commissions, le service des études, les services des comptes rendus, etc.).

346 La *conférence des présidents*[Q] est compétente essentiellement pour fixer l'*ordre du jour*[Q], c'est-à-dire le calendrier des travaux de l'assemblée. Elle est composée du président de l'assemblée, des vice-présidents, des présidents des commissions, des présidents des groupes parlementaires, du rapporteur de la commission des finances (et de celui de la commission des affaires sociales au Sénat) et du président de la commission des affaires européennes. Le gouvernement y est représenté par le ministre chargé des relations avec le parlement.

Depuis 1958, cet organe avait perdu de son importance dans la mesure où le gouvernement avait la priorité dans la fixation de l'ordre du jour, ce qui le conduisait à fixer presqu'intégralement le calendrier des travaux parlementaires. À la suite de la révision du 4 août 1995, l'article 48, al. 3 de la Constitution, avait accordé une journée de séance d'initiative parlementaire par mois. Depuis la révision constitutionnelle de juillet 2008, qui a réduit fortement la priorité gouvernementale sur l'ordre du jour, la conférence des présidents a retrouvé sa centralité puisqu'elle construit l'ordre du jour de près de la moitié des séances (Const., art. 48) d'initiative parlementaire, l'autre moitié (et même davantage en période de loi de finances) étant établie par le gouvernement. Au début de chaque session annuelle, elle détermine les semaines de séance et, en accord avec le gouvernement, les répartit entre le gouvernement et l'assemblée. Chaque semaine, elle se réunit pour le calendrier détaillé de la semaine à venir, le contenu des séances plénières et le calendrier prévisionnel des semaines suivantes. La conférence vérifie par ailleurs si les projets de loi proposés par le gouvernement respectent les nouvelles conditions introduites par la révision de 2008 – études d'impact préalables – (Const., art. 39, al. 3).

Les propositions de la conférence des présidents doivent être approuvées par l'assemblée, ce qui est toujours le cas.

Au sein de la conférence, chaque président de groupe dispose théoriquement d'autant de voix que de membres inscrits à son groupe, les autres membres de la conférence ne disposant que de leur propre voix, mais dans la pratique les décisions sont prises par consensus.

2. *Les formations intérieures*

a. Les groupes

347 Reconnus seulement en 1910 pour la Chambre des députés et en 1920 pour le Sénat, les groupes sont apparus avec la discipline partisane, plus tardive en France que dans les pays voisins. Les règlements des deux Chambres imposent des conditions plus ou moins souples.

À l'Assemblée nationale, le nombre minimum de membres exigés est de 15 (il était de 30 jusqu'en 1988, la résolution du 1er juillet 1988 l'a réduit à 20 afin de permettre au parti communiste de conserver un groupe et la résolution du 27 mai 2009 a ramené cet effectif minimum à 15). Au Sénat, l'effectif minimum est de 10 depuis 2011.

Aux membres du groupe s'ajoutent des apparentés, acceptés par le groupe mais non soumis à sa discipline. Le Sénat y ajoute le rattachement administratif, lien encore plus ténu. Les parlementaires qui ne se rattachent à aucun groupe figurent parmi les non-inscrits. Ceux-ci peuvent se rassembler pour former un groupe et bénéficier de ses avantages, tel le groupe « République et Liberté » à l'Assemblée nationale formé en 1993 de divers droite et gauche. Le poids de la bipolarisation a pris le relais de la barre initiale des 30 membres à l'Assemblée pour restreindre le nombre de groupes, ramené à 4 en 2002. Toutefois, depuis lors, l'effritement semble gagner. En 2023, il y a 10 groupes à l'Assemblée nationale et 8 au Sénat.

Les attributions des groupes sont traditionnelles : ils sont à l'origine de la composition du Bureau, de la conférence des présidents, des commissions, de la fixation des temps de parole et du régime des questions au gouvernement et du travail parlementaire en général (amendements, propositions de loi). Ce sont eux également qui utilisent le recours devant le Conseil constitutionnel ouvert à 60 députés ou sénateurs, servent de relais aux partis pour leur financement public, répartissent les temps de parole lors des campagnes électorales (législatives, européennes et référendaires).

Sur le plan politique, les groupes peuvent élaborer un statut ou un règlement intérieur. La discipline de vote est la règle dans les partis de gauche, elle est relative à droite.

Les groupes disposent d'un secrétariat administratif et d'assistants parlementaires (détachés auprès d'un groupe).

Les présidents des groupes parlementaires jouent un rôle important dans la procédure législative. Outre qu'ils sont membres de la conférence des présidents, ils peuvent demander (ou s'opposer à) la création d'une commission spéciale, demander le scrutin public ou une suspension de séance ou la vérification du *quorum* en séance, disposer d'un temps de parole personnel et contrôler le temps de parole programmé à l'Assemblée nationale.

La révision constitutionnelle de juillet 2008 a prévu des « droits spécifiques » (Const., art. 51-1) pour les groupes d'opposition et pour les groupes minoritaires. C'est notamment le cas pour l'inscription à l'ordre du jour de propositions de loi (un jour par mois), pour les présidences de commissions d'enquête et les missions d'information (une par an sauf opposition de l'assemblée à la majorité des trois cinquièmes), pour la répartition des temps de parole. L'obtention du statut de groupe d'opposition est consécutive à une déclaration du président du groupe au président de l'assemblée tandis que celle du statut de groupe minoritaire est simplement constatée (il s'agit du ou des groupes qui n'ont pas déclaré appartenir à l'opposition) à l'Assemblée nationale alors qu'elle doit être également déclarée au Sénat.

L'utilisation des dotations attribuées aux groupes (normalement réservées à leur fonctionnement et à la rémunération de leurs collaborateurs) à d'autres fins (prêt aux partis notamment) a conduit l'Assemblée nationale à réviser le 17 septembre 2014 son règlement pour que les groupes se dotent du statut associatif (L. 1901) afin d'avoir la personnalité morale. L'Instruction du Bureau de l'Assemblée prévoit en complément que les groupes doivent établir chaque année un bilan et un compte de résultat et de nommer un commissaire aux comptes. Les groupes sénatoriaux se sont dotés des mêmes règles.

b. Les commissions législatives

348 Formations restreintes des assemblées, les commissions ont pour vocation d'examiner les projets et propositions de loi avant leur examen en séance publique afin d'éclairer les parlementaires. En fait, sous la forme des commissions permanentes, elles ont eu tendance, sous la IIIe et la IVe République à devenir des machines de guerre contre les ministères auxquelles elles correspondaient au point d'entraver souvent le droit d'initiative du gouvernement. Aussi les constituants de 1958 ont-ils considérablement réduit le rôle et le nombre des commissions avant que la révision constitutionnelle de 2008 ne rétablisse une partie de leurs prérogatives.

1. Les commissions spéciales

349 La Constitution de 1958 prévoit (Const., art. 43) que l'examen du texte de loi est confié en principe à une commission spéciale créée en vue du seul examen de ce texte. Cette commission est constituée à l'initiative du gouvernement ou décidée par l'Assemblée à la demande d'un groupe, d'une commission ou de 30 députés. Leur effectif est de 57 membres à l'Assemblée et de 37 au Sénat.

Cette procédure, qui ne correspond pas à la tradition parlementaire française, n'a été utilisée que rarement (pour 1 % des textes, lorsque le sujet concerne plusieurs commissions permanentes). Dans ce cas, la création de la commission spéciale est souvent précédée par la constitution d'un groupe de travail inter-commissions.

2. Les commissions permanentes

350 Les *commissions permanentes*[Q] sont demeurées les instruments dominants du travail législatif, même si leur nombre a été fortement réduit : ramené à 6 dans chacune des Chambres en 1958, il a été porté à 8 maximum par la révision de 2008.

Leur nombre varie d'une assemblée à l'autre. L'Assemblée nationale compte désormais huit commissions, les commissions des Affaires culturelles, des Affaires sociales, du Développement durable, des Affaires économiques, des Affaires étrangères, de la Défense, des Finances et des Lois qui regroupent 1/8e des effectifs chacune (soit 73 membres). Au Sénat, qui compte sept commissions depuis le renouvellement de 2011, si la commission des Finances compte 49 membres comme celle des Lois, celle du Développement durable 39, l'effectif des autres commissions (Affaires étrangères et Défense, Affaires sociales, Affaires culturelles et Affaires économiques) est de 57.

Les commissions sont constituées chaque année à l'Assemblée nationale et tous les trois ans au Sénat à la proportionnelle des groupes, les sièges vacants revenant aux non-inscrits. Un parlementaire ne peut appartenir qu'à une seule commission permanente. Le bureau de la commission, élu au scrutin secret, comprend un président, des vice-présidents et secrétaires. La commission des Finances comprend en outre un rapporteur général, membre de droit de la conférence des présidents, qui rapporte (sauf délégation à des rapporteurs spécialement désignés) sur tous les textes soumis à la commission, et notamment la loi de finances.

La commission est maîtresse de ses travaux. Elle se réunit à la demande du gouvernement ou sur convocation de son président. Les travaux ne sont pas publics sauf si la commission en décide autrement. Tout projet ou proposition de loi ne peut être discuté ou mis aux voix s'il n'a pas été examiné par la commission compétente. Celle-ci peut constituer en son sein une mission d'information ou d'investigation, qui apparaît (lorsqu'elle n'est pas créée dans le but de préparer ou de retarder l'examen du texte) comme une véritable commission d'enquête.

C'est dans ce cadre que la commission des lois du Sénat a décidé le 23 juillet 2018 la création d'une mission d'information sur les conditions dans lesquelles des personnes n'appartenant pas aux forces de sécurité intérieure ont pu ou peuvent être associées à l'exercice de leurs missions de maintien de l'ordre et de protection de hautes personnalités et le régime des sanctions applicables en cas de manquements, afin d'entendre notamment un collaborateur de la présidence de la République, Alexandre Benalla, à la suite de son intervention lors d'une manifestation. La mission a rendu son rapport le 20 février 2019 après avoir procédé à une série d'auditions, dont celle du secrétaire général de la présidence de la République et du recteur de cabinet du président de la République, dont les auditions – suspectées de faux témoignage – ont été transmises au parquet de Paris, qui classera sans suite ces signalements. Les travaux de la commission du Sénat contrastent avec ceux de la commission d'enquête de l'Assemblée nationale. La commission d'enquête dite « Benalla » (titre officiel « faire la lumière sur les événements survenus à l'occasion de la manifestation parisienne du 1er mai 2018 ») a été un échec en raison de désaccords sur l'organisation des travaux et la liste des personnes à interroger entre la majorité LREM (et sa présidente Yaël Braun-Pivet) et les députés des groupes d'opposition qui ont suspendu leur participation, au bout de quelques jours seulement.

Le travail en commission étant l'activité législative principale du parlementaire, les règlements des assemblées ont prévu des sanctions financières lourdes en cas d'absence injustifiée.

La pratique des commissions parlementaires a beaucoup évolué depuis 1958. La présidentialisation du régime a entraîné le déclin des commissions des Affaires étrangères et de la Défense. Plus surprenant, l'hégémonie des commissions des Finances et des Lois n'est plus aussi marquée (les Affaires économiques ayant supplanté les Finances au Sénat). Enfin, certaines commissions ont du mal à avoir une véritable activité, faute de textes à examiner.

3. Les commissions d'enquête

Mentionnées en 1958 par une simple ordonnance (du 17 novembre 1958 relative au 351 ■
fonctionnement des assemblées parlementaires) mais depuis la révision de 2008 par l'article 51-2 de la Constitution, les *commissions d'enquête*[Q] (ou de contrôle) sont constituées à la suite d'une résolution d'une assemblée. Composées à la proportionnelle des groupes (de 30 députés ou 21 sénateurs) elles ne peuvent intervenir à propos de faits ayant donné lieu à des poursuites judiciaires (la commission qui a examiné les dysfonctionnements du service public de la justice au lendemain de l'affaire « Outreau » a porté justement sur les conditions de fonctionnement de la procédure judiciaire dans cette affaire et non sur les faits). Leur durée ne peut excéder les six mois qui suivent leur création. Les auditions sont publiques et les moyens d'investigation du rapporteur général ne peuvent aller au-delà du secret de la défense nationale, des affaires étrangères, de la sécurité intérieure et extérieure de l'État. Malgré ces sérieuses limites, les commissions d'enquête ont connu un certain succès depuis les années 1990 (notamment celles sur le financement des partis en 1991, le sida en 1992 ou le Crédit Lyonnais en 1993 ou le fonctionnement de la justice après l'affaire « Outreau » en 2007). L'article 51-2 de la Constitution prévoit leur création éventuelle dans le cadre des missions d'évaluation et de contrôle des politiques publiques.

Depuis 1997, sur décision du président de l'Assemblée nationale, alors Laurent Fabius, chaque groupe parlementaire peut obtenir automatiquement, une fois par an, la création d'une commission d'enquête sur tous les sujets, exceptés la défense nationale et les questions monétaires. Le Sénat a également introduit ce droit lors de la révision de son règlement en 2009. De surcroît, les fonctions de président et de rapporteur d'une commission d'enquête sont partagées entre la majorité et l'opposition.

4. Les délégations parlementaires

352 Proches des commissions spéciales mais ayant un caractère permanent, exerçant une mission d'information, les délégations peuvent être mixtes (composées de députés et sénateurs) comme l'Office d'évaluation des choix scientifiques et technologiques (créé en 1991), ou constituées dans chacune des assemblées comme celles aux droits des femmes.

5. Les commissions aux affaires européennes

353 À l'origine, délégations parlementaires créées en 1979 afin d'analyser les projets de règlements et de directives et notamment ceux qui relèvent du domaine de la loi, elles ont vu leur rôle renforcé depuis la révision constitutionnelle de 1992, préalable à la révision du traité de Maastricht, qui leur donnait le pouvoir d'élaborer des propositions de résolution sur les projets de normes européennes. La révision de 2008 (Const., nouv. art. 88-4) leur a donné le titre de commissions et leur importance s'est notablement accrue : le gouvernement communique à la commission de chaque assemblée les projets ou propositions d'actes de l'Union européenne dès leur transmission au Conseil de l'Union européenne et la tient informé des négociations en cours. La commission examine ces documents et transmet à la commission permanente compétente un rapport d'information et éventuellement une proposition de résolution. Si dans un délai d'un mois la commission permanente ne s'est pas prononcée, le texte de la commission des affaires européennes est considéré comme adopté par la commission permanente. Les commissions aux Affaires européennes peuvent également donner leur avis sur les motions relatives à l'adhésion d'États à l'Union européenne et un de leurs membres intervient lors des questions orales suivies de débat sur les sujets européens. Leurs membres (36 au Sénat et à l'Assemblée nationale) sont également (tout comme ceux des délégations) membres d'une des commissions permanentes.

B. Les réunions du parlement

1. *Les sessions*

354 Les deux Chambres du parlement siègent de façon simultanée dans le cadre de sessions. La révision constitutionnelle du 4 août 1995 a modifié le régime des sessions, remplaçant les deux sessions ordinaires par une session unique.

À l'origine, les constituants de 1958, afin de réduire l'influence du parlement, avaient réduit la durée des sessions : la session de printemps durait trois mois à partir de la fin avril et celle de l'automne, consacrée notamment au budget, durait 80 jours à partir de la fin octobre. La multiplication des sessions extraordinaires et l'encombrement législatif, qui nuisaient autant au gouvernement qu'au parlement, ont conduit à la révision de 1995.

Désormais, le parlement se réunit dans le cadre d'une session ordinaire unique (Const., art. 28) qui commence le premier jour ouvrable d'octobre et se termine le dernier jour ouvrable de juin. Pour autant, le nombre de séances que chaque assemblée peut tenir par session ordinaire ne peut excéder 120. Cette disposition annihile en partie l'effet de la réforme car elle risque de restreindre considérablement le travail législatif effectif : le projet de révision prévoyait 150 séances (dans la pratique antérieure, les 120 séances étaient souvent dépassées du fait des sessions extraordinaires) mais ce sont les parlementaires et notamment les sénateurs qui ont réduit ce nombre, afin de leur permettre de continuer à exercer leurs mandats locaux (en général du vendredi au lundi et lors des votes des budgets) et donc de cumuler les mandats.

La Constitution prévoit que les semaines de séance sont fixées par les assemblées et les jours et horaires de séance par leurs règlements. Elle permet cependant (Const., art. 28, al. 3) au Premier ministre (après consultation du président de l'assemblée concernée) ou à la majorité des membres de chaque assemblée, de décider la tenue de séances supplémentaires. En période électorale, les assemblées suspendent leurs travaux et cette suspension est souvent à l'origine des sessions extraordinaires afin de rattraper le temps perdu.

Outre la session ordinaire unique, le parlement peut en effet se réunir en sessions extraordinaires (Const., art. 29) à l'initiative du Premier ministre ou de la majorité des membres de l'Assemblée nationale sur un ordre du jour déterminé, par décret du président de la République (dont on a vu que le pouvoir en la matière est discrétionnaire). La session extraordinaire est de durée variable, la plus longue ayant duré 70 jours en juillet-septembre 1984. Depuis la révision de 1995, onze ont été convoquées (dont deux par an, en juillet et septembre, depuis 2007). Si le plus souvent la session extraordinaire permet d'achever la session ordinaire en « bouclant » les dernières navettes, elle peut aussi être motivée par un travail législatif de longue haleine (les lois de décentralisation en 1982) ou par le rattrapage des interruptions de session ordinaire du fait des campagnes électorales (quatre mois d'interruption en 2017 du fait des élections présidentielle et législatives, par ex.). La session ordinaire unique était censée en réduire le nombre mais l'inflation législative en a décidé autrement.

Enfin, le parlement se réunit de plein droit le second jeudi qui suit son élection (dans ce cas, il se réunit pour une session de droit de 12 jours s'il est hors session unique qui peut être prolongée par une session extraordinaire comme en 2007) mais aussi en cas de recours par le chef de l'État à l'article 16 de la Constitution ou de message de celui-ci hors session (Const., art. 12).

2. *Les séances*

C'est le règlement de chaque assemblée qui fixe les jours et les horaires des séances 355 ■
(Const., art. 28, al. 4). En général, les mardi et mercredi matin étant réservés au travail en commission et aux réunions de groupes, les séances plénières se déroulent l'après-midi (et souvent la nuit) des mardi et mercredi et la journée complète (voire la nuit) des jeudi et vendredi. Il n'est pas rare (notamment en période budgétaire mais aussi lorsque l'opposition prolonge les débats) que les assemblées siègent le lundi, le samedi, voire le dimanche. En cas de séance de nuit, l'assemblée doit interrompre ses travaux 9 heures avant la reprise de la séance le jour suivant.

Les séances sont publiques (les débats sont enregistrés et retransmis par la télévision) mais l'assemblée peut siéger en comité secret si le Premier ministre le demande ou de son propre chef, sur proposition d'un dixième de ses membres (Const., art. 33).

Si le chef de l'État n'a pas accès à l'hémicycle (Const., art. 18), les membres du gouvernement et leurs collaborateurs attitrés (sous le titre de « commissaires du gouvernement », nommés par décret) y ont librement accès. Les présidents des Chambres y ont aussi invité des chefs d'État étrangers.

L'agenda du travail législatif est fixé par l'ordre du jour de chaque assemblée en conférence des présidents. Jusqu'en 1958, la maîtrise de l'ordre du jour était l'un des traits de la souveraineté parlementaire. L'article 48 de la Constitution introduit en 1958 avait modifié radicalement cette tradition en donnant au gouvernement l'initiative quasi exclusive puisqu'il disposait d'un ordre du jour prioritaire, à peine limité en 1995 (une séance par mois étant désormais réservée par priorité à l'ordre du jour fixé par chaque assemblée : Const., art. 48, al. 3 révisé). La révision de 2008 rétablit une partie des prérogatives parlementaires puisque la *priorité* gouvernementale est limitée à deux semaines sur quatre, auxquelles s'ajoutent, il est vrai, l'examen prioritaire des projets de loi de finances (ce qui inclut les lois de finances rectificatives et de règlement) et de financement de la sécurité sociale, ceux relatifs aux états de crise (état d'urgence et état de siège) et les autorisations d'opérations militaires extérieures (Const., art. 35). De même, les textes adoptés par une assemblée et transmis depuis au moins six semaines à l'autre assemblée doivent être examinés prioritairement. Une semaine sur quatre est consacrée au contrôle de l'action du gouvernement et à l'évaluation des politiques publiques, le temps restant devant comprendre une séance par semaine au moins pour les questions au gouvernement et un jour de séance par mois à l'initiative des groupes d'opposition et minoritaires.

Si le nouveau dispositif semble limiter le pouvoir du gouvernement, celui-ci peut peser sur les parlementaires de la majorité à l'Assemblée nationale – qui est par définition pro-gouvernementale – pour qu'ils inscrivent à l'ordre du jour des textes qu'il appuie ou qu'il a inspirés, voire des projets de loi. Cette possibilité est d'autant plus forte que les assemblées ont bien du mal à remplir les semaines qui leur sont attribuées, notamment celles consacrées au contrôle de l'action du gouvernement.

La situation se complique si la majorité du Sénat est hostile au gouvernement (comme ce fut le cas en 1981-1986, en 1988-1993, en 1997-2002, en 2011-2012 et depuis 2014). Dans ce cas, la majorité sénatoriale peut imposer son ordre du jour pour la part hors priorité gouvernementale et freiner sérieusement l'action législative du gouvernement.

Les débats sont ouverts, dirigés, suspendus et clos par le président de l'assemblée, qui en assure la discipline. Seuls les orateurs inscrits peuvent prendre la parole, ainsi que les membres du gouvernement et les présidents de commission. Le temps de parole est réparti proportionnellement entre les groupes en fonction de leurs effectifs.

3. *Le vote*

356 Le vote est personnel (Const., art. 27). Il est secret pour les nominations personnelles, et notamment pour celle du président de l'Assemblée et des autres membres du Bureau, ainsi que pour les juges de la Cour de justice de la République et de la Haute Cour de justice. Dans ce cas aucune délégation de vote n'est autorisée et, durant le scrutin, les débats se poursuivent.

Le vote en séance se fait généralement à main levée, ou par assis et levé (en cas de doute après un vote à main levée).

Plus rarement, il se fait par scrutin public ordinaire à la demande de la conférence des présidents, du président de l'assemblée, du gouvernement, de la commission saisie au fond ou d'un président de groupe (sur demande écrite à l'Assemblée nationale) ou en cas de doute sur un vote simple.

Il est de droit au Sénat pour le vote sur l'ensemble de la première partie de la loi de finances de l'année et les autres lois de finances (le vote de la première lecture de la loi de finances de l'année se fait cependant sous la forme d'un vote public à la tribune), les lois organiques, les révisions de la Constitution et les projets et propositions de l'article 11 de la Constitution.

Le scrutin est dit public parce que le décompte des voix et la liste nominative des parlementaires ayant voté dans tel ou tel sens sont publiés au compte rendu de la séance. À l'Assemblée nationale, le vote par scrutin public ordinaire utilise le procédé du boîtier électronique mais il encourage l'absentéisme car le parlementaire absent laisse la clé de son boîtier à son collègue présent pour qu'il vote à sa place. Cette pratique a été entérinée par le Conseil constitutionnel (Cons. const. 23 janv. 1987, n° 86-224) qui ne retient que la sincérité du scrutin. La réforme du règlement de l'Assemblée nationale en 1994 a permis de respecter davantage la Constitution, l'article 27 de la Constitution n'autorisant qu'une seule délégation de vote par parlementaire. Au Sénat, où le vote électronique était prohibé, le scrutin public avait lieu par un vote bloqué par groupe parlementaire, chaque délégué de groupe déposant dans la balance où sont pesés les votes un nombre de bulletins équivalent à l'effectif théorique du groupe (et non celui des sénateurs en séance). Mais, la résolution présentée par le président du Sénat, Gérard Larcher, en avril 2019, a introduit le vote électronique pour les scrutins publics ordinaires (désormais prévu à l'art. 56 du Règl. Sénat).

Afin de s'assurer d'une affluence suffisante, la conférence des présidents de l'Assemblée nationale, lorsqu'elle a pris l'initiative d'un scrutin public, décide en général de l'organiser au moment le plus propice (le mardi et le mercredi, après les questions au gouvernement). Le Sénat a également introduit cette possibilité lors de la révision de son règlement en 2009 sous la forme du scrutin solennel avec vote personnel (et une seule délégation de vote par parlementaire) le mardi après-midi sur décision de la conférence des présidents.

Enfin un président de groupe peut toujours demander la vérification du *quorum* (présence de la majorité absolue des membres de l'assemblée dans son enceinte). Faute de *quorum*, le vote ne peut avoir lieu.

Le vote par scrutin public à la tribune à l'Assemblée nationale est de droit pour une motion de censure ou lorsque la Constitution exige une majorité qualifiée, c'est-à-dire la majorité absolue des membres composant l'assemblée (adoption en dernière lecture des lois organiques, mise en accusation pour haute trahison du président de la République). Il est alors procédé à l'appel nominal des députés qui montent à la tribune pour voter (pour le vote des motions de censure, seuls les députés favorables à la censure participent au scrutin). Au Sénat, le vote par scrutin public à la tribune peut être décidé par la conférence des présidents ; il est de droit pour le vote en première lecture de la loi de finances et pour l'approbation d'une déclaration de politique générale du gouvernement sur la base de l'article 49 al. 4 de la Constitution.

section 2

La loi

357 Traditionnellement l'élaboration et le vote de la loi constituent l'une des deux principales fonctions du parlement, l'autre étant le contrôle du gouvernement.

Cette fonction législative a connu un net déclin depuis 1958 tant du fait de la limitation du domaine législatif que de la perte de maîtrise de l'initiative législative par le parlement.

§ 1 Le domaine de la loi

358 Jusqu'en 1958, la *loi*[Q] a exercé une suprématie totale sur l'ensemble des normes juridiques, éclipsant la Constitution, dont la supériorité théorique n'était pas garantie (faute de contrôle de constitutionnalité), et subordonnant le règlement, simple norme d'exécution n'ayant de force juridique que du fait de la loi qui était à son origine. De ce fait, la définition traditionnelle de la loi, auréolée de la proclamation de principe, d'inspiration rousseauiste, de la Déclaration de 1789 selon laquelle « la loi est l'expression de la volonté générale », était purement formelle : était loi tout acte voté par le parlement selon la procédure législative et promulgué par le chef de l'État. Ce n'était pas son contenu qui définissait la loi mais la procédure – parlementaire – de son adoption.

Dans la pratique, le principe de la souveraineté de la loi a subi avant 1958 plusieurs entorses. Le développement des décrets-lois, délégation partielle et provisoire de compétence au gouvernement apparue dès l'entre-deux-guerres et maintenue sous la IVe République malgré sa prohibition constitutionnelle ; le développement d'un domaine réglementaire autonome sous l'effet de la jurisprudence du Conseil d'État (CE 4 mai 1906, *Babin*) et, après 1956, des lois-cadres, fixant les principes généraux et laissant au gouvernement une large marge de manœuvre dans sa mise en œuvre réglementaire.

Depuis 1958, le principe de la souveraineté de la loi a été abandonné. D'abord, par l'instauration d'une nouvelle hiérarchie des normes, garantie par des organes juridictionnels : au sommet, la Constitution, avec ses règles mais aussi ses principes, mentionnés par le Préambule de la Constitution et énumérés par la jurisprudence du Conseil constitutionnel, dont la supériorité sur la loi est garantie par le contrôle de constitutionnalité des lois (Const., art. 61 ; v. ss 367 s.). La loi lui est donc subordonnée, mais le déclin de la loi est accru par la concurrence qu'elle subit : son domaine est désormais délimité (Const., art. 34) et, hors ce domaine, le gouvernement intervient par le pouvoir réglementaire autonome (Const., art. 37). Mais la concurrence provient également de la loi référendaire (Const., art. 11), des mesures de nature législative adoptées par le chef de l'État dans le cadre du recours à l'article 16 de la Constitution et surtout des actes communautaires de l'Union européenne (directives, règlements) qui interviennent de façon croissante dans le domaine législatif.

A. La loi et le règlement

1. *Le domaine de la loi dans la Constitution*

La Constitution de 1958 introduit une nouvelle définition de la loi : elle conserve le critère formel – « le Parlement vote la loi » (Const., art. 24) – mais introduit surtout un critère matériel. La loi se définit également par son domaine, tel qu'il est énuméré par l'article 34 de la Constitution, celui-ci distingue un domaine où la loi fixe les règles, c'est-à-dire intervient de manière exhaustive, et un domaine où elle se limite à « déterminer les principes fondamentaux », laissant au gouvernement le soin de leur mise en œuvre. 359 ■

À ces deux domaines, l'article 34 de la Constitution ajoute traditionnellement les lois de finances (budget de l'État), les lois de programmation (lois pluriannuelles) et, depuis la révision de 1995, les lois de financement de la Sécurité sociale.

La distinction entre lois fixant des règles et lois déterminant des principes traduit en fait la distinction entre les matières les plus importantes et les autres. Parmi les premières figurent les droits civiques et les libertés publiques, le pluralisme et l'indépendance des médias, le statut des personnes, la détermination des crimes, des délits et des peines, l'organisation du système judiciaire, l'impôt, le droit électoral national et local, les garanties fondamentales des agents de l'État, les nationalisations et privatisations. Le domaine où la loi se borne à édicter des principes fondamentaux comprend le régime de la propriété et des droits réels, les droits sociaux, le droit des collectivités territoriales, l'organisation de la défense nationale et l'enseignement.

Ce domaine de la loi est susceptible d'adaptation : l'article 34 de la Constitution prévoit la possibilité pour le législateur, via une loi organique, de le préciser et de l'étendre.

Par ailleurs, depuis la révision constitutionnelle du 17 mars 2003, la loi comme le règlement peuvent comporter, pour un objet et une durée déterminée, des dispositions à caractère expérimental (Const., art. 37-1).

A contrario, tout ce qui n'est pas du domaine de la loi appartient désormais au domaine du règlement (Const., art. 37). Le pouvoir réglementaire est donc composé de deux branches. D'une part le pouvoir réglementaire d'exécution des lois, qui peut être étendu dans le cas où la loi se borne à édicter des principes généraux, de l'autre, le pouvoir réglementaire autonome, dans les secteurs qui ne figurent pas dans l'énumération de l'article 34, alinéa 2 de la Constitution. 360 ■

2. *Les rapports de la loi et du règlement dans la pratique*

En 1958, l'impression prévalut que le domaine de la loi allait être d'autant plus restreint au profit de celui du règlement que le Conseil constitutionnel était chargé de veiller, sur saisine du gouvernement, au non-empiètement du parlement sur le domaine réglementaire (Const., art. 41). En fait, c'est l'inverse qui s'est produit : faute d'intervention du législateur pour compléter les dispositions de l'article 34 de la Constitution, c'est le juge constitutionnel qui s'en est chargé mais de façon inattendue. 361 ■

a. L'évolution de l'interprétation du Conseil constitutionnel

362 Celui-ci, dans sa jurisprudence qui s'est développée progressivement de 1965 à 1982 a dressé d'abord plusieurs constats :

– Premièrement, le domaine de l'article 34 de la Constitution n'est pas exhaustif : la Constitution elle-même rattache au domaine législatif d'autres sujets (déclaration de guerre, état de siège, autorisation de ratification de certains traités, etc.) ;

– Deuxièmement, le domaine du règlement autonome est très limité : les matières non attribuées par la Constitution au domaine législatif sont l'organisation et le fonctionnement des services de l'État, la procédure civile et la procédure administrative, les contraventions de police. Mais le législateur peut réduire ce domaine en modifiant l'article 34 de la Constitution par une loi organique ou en modifiant les principes généraux du droit auxquels le pouvoir réglementaire autonome est soumis (Cons. const. 26 juin 1969). À l'inverse, le domaine du pouvoir réglementaire d'exécution est extrêmement étendu de par la volonté même du législateur :

– Troisièmement, la distinction entre domaine où le législateur fixe les règles et celui où il édicte des principes ne correspond pas à la réalité : en fait, le gouvernement intervient de manière détaillée dans la mise en œuvre de la loi et le législateur va au-delà de la définition de principes, et cela de façon variable selon les nécessités ;

– Quatrièmement, dans l'élaboration de la loi, la distinction loi-règlement n'est pas opératoire : les grands textes législatifs empiètent souvent sur le domaine du règlement sans que cela gêne outre mesure le gouvernement. Celui-ci est en effet à l'origine de la plupart des textes votés par le parlement et la frontière entre les articles 34 et 37 importe peu. Elle aurait un sens si à l'article 34 de la Constitution correspondait un pouvoir législatif réel, tant au niveau de l'initiative que de l'adoption. En fait, il n'en est rien car les textes sont élaborés par le gouvernement et celui-ci a tous les moyens d'imposer leur adoption ; il n'a donc aucun intérêt pratique à s'enfermer dans le domaine en trompe-l'œil de l'article 37. Dans la pratique, l'article 37 n'est invoqué par lui que lorsque l'empiétement du législateur le gêne politiquement (initiative intempestive de l'opposition ou amendements inopportuns provenant des rangs de la majorité).

La circulaire du Premier ministre du 30 janvier 1997 relative aux règles d'élaboration, de signature et de publication des textes au Journal officiel, destinée aux membres du gouvernement et aux administrations, prévoit pourtant « qu'il convient de veiller, dans l'élaboration des projets de loi, au strict respect du partage, imposé par la Constitution et précisé par la jurisprudence du Conseil constitutionnel et du Conseil d'État, entre la loi et le règlement ». Néanmoins, elle n'est restée qu'un vœu pieux.

363 Le Conseil constitutionnel a donc validé la pratique des institutions en rejetant, dès 1959 (Cons. const. 27 nov. 1959, n° 59-1 L, *RATP*) la distinction entre règles et principes et en considérant que, quel que soit l'objet de la loi, il existe un domaine (les principes, les objectifs) réservé au législateur et un domaine réservé au gouvernement (la mise en œuvre). Par ailleurs, reprenant les analyses avancées dès l'origine par René Capitant, il a considéré (Cons. const. 30 juill. 1982, n° 82-143, *Blocage des prix et revenus*) que la frontière entre loi et règlement était laissée à l'appréciation du gouvernement. De la même manière que le gouvernement peut empiéter provisoirement dans le domaine législatif par les ordonnances de l'article 38 de la Constitution (v. *supra*), le législateur peut empiéter sur le domaine réglementaire. Soit, c'est le

gouvernement lui-même qui, à travers un projet de loi, a négligé la ligne de démarcation. Soit c'est le parlement (proposition de loi ou amendement). Dans ce cas, c'est au gouvernement, s'il le juge utile, de l'en empêcher, par le biais de l'article 41 de la Constitution, en soulevant l'irrecevabilité du texte et en saisissant le Conseil constitutionnel.

Une fois la loi promulguée, l'article 37, alinéa 2 de la Constitution permet de toute façon au gouvernement de saisir le Conseil pour procéder à une « délégalisation » *a posteriori* des dispositions réglementaires qui figuraient dans la loi.

Un décret après avis du Conseil d'État suffit pour la délégalisation des textes adoptés avant 1958.

La confusion loi-règlement dans les textes législatifs adoptés ces dernières années étant devenue totale, et les saisines parlementaires (dans le cadre de l'art. 61 Const.) contre cette dérive de plus en plus nombreuses, le Conseil a été contraint d'infléchir sa jurisprudence initiale par la procédure du « déclassement » : le Conseil, plutôt que de censurer une disposition législative qui s'avère de nature réglementaire, la requalifie d'office comme règlement, en fusionnant les procédures des articles 61 et 37, alinéa 2 de la Constitution (Cons. const. 23 avr. 2005, n° 2005-512 DC, *loi d'orientation sur l'école*). Surtout, après plusieurs avertissements du Président du Conseil constitutionnel sur le caractère « bavard » et non normatif d'un nombre croissant de lois (v. discours des vœux à l'Élysée de janv. 2005), le Conseil a dénié toute valeur normative à des rapports annexés à une loi d'orientation (Décis. 21 avr. 2005, préc.), considérant qu'ils auraient dû, pour être votés par le parlement, être intégrés à une loi de programmation, ainsi qu'à des dispositions d'une banalité telle que « l'objectif de l'école est la réussite de tous les élèves » (*sic*).

b. Les résolutions

Dans cet esprit, le constituant de 2008 a ajouté à l'article 34 un nouvel article 34-1 364 ■
élargissant le recours au vote de résolutions par les assemblées. Catégorie d'acte parlementaire fourre-tout, la résolution est déjà utilisée pour prendre position sur les projets de normes de l'Union européenne (Const., art. 88-4), mettre en accusation le président de la République (Const., art. 68), suspendre les poursuites contre un membre de l'assemblée (Const., art. 26), créer une commission d'enquête ou modifier le règlement des assemblées, ces résolutions de l'article 34-1 permettent aux assemblées de s'exprimer publiquement, mais de manière non normative, sur des sujets d'opinion (par ex., pour éviter le vote de « lois mémorielles » comme celles qui ont reconnu et dénoncé l'esclavage, les génocides ou la colonisation, très contesté par la communauté scientifique). Ces résolutions ne peuvent toutefois être de nature, par leur vote ou leur rejet, à mettre en cause la responsabilité du gouvernement. Leur procédure a été précisée par la loi organique du 15 avril 2009 afin d'éviter toute dérive : pas d'examen en commission ni d'amendement, six jours francs au moins entre le dépôt de la proposition de résolution et son inscription à l'ordre du jour et surtout le droit pour le Premier ministre d'opposer l'irrecevabilité et de demander au président de l'assemblée concernée de ne pas l'inscrire à l'ordre du jour.

c. Le respect du domaine de la loi

Pour autant, le Conseil constitutionnel n'a cessé d'être vigilant quant au respect du 365 ■
domaine législatif : le législateur lui-même ne peut pas déléguer au pouvoir réglementaire (gouvernement, collectivités locales ou autorités administratives) la compétence que la Constitution lui attribue. Une jurisprudence extrêmement fournie

(notamment, Cons. const. 19-20 juill. 1983, n° 83-162 DC sur la démocratisation du secteur public) sanctionne cette « incompétence négative » du législateur. C'est au juge administratif qu'il appartient par ailleurs de protéger le domaine de la loi contre des actes administratifs qui dénatureraient des dispositions législatives dans le cadre du recours pour excès de pouvoir (Décis. du 22 déc. 1961).

d. Les validations législatives

■ 366 Le flou de la frontière loi/règlement permet quelques facilités : ainsi, en cas d'annulation par le Conseil d'État d'actes réglementaires tels que des concours administratifs, le procédé de la validation législative est couramment utilisé afin de ne pas porter atteinte à des situations personnelles acquises. Le juge constitutionnel exige cependant que l'acte validé « ne contrevienne à aucune règle, ni à aucun principe de valeur constitutionnelle, sauf à ce que le but d'intérêt général visé par la validation soit lui-même de valeur constitutionnelle » (Cons. const. 19 nov. 1997, n° 97-390). Dans la pratique, « l'intérêt général » est entendu de manière assez extensive.

B. Le contrôle juridictionnel de la loi

■ 367 La loi est depuis 1958 soumise à un double contrôle juridictionnel qui sanctionne sa soumission au respect de la Constitution et des normes internationales.

1. *La primauté de la Constitution*

■ 368 Outre la protection du domaine réglementaire (*a priori* par l'art. 41 Const. ou *a posteriori* par l'art. 37, al. 2), la loi est soumise à un contrôle général de conformité à la Constitution (Const., art. 61). Ce contrôle est effectué avant la promulgation de la loi ou après son entrée en vigueur.

a. Le contrôle *a priori*

■ 369 Le contrôle *a priori* est obligatoire pour les lois organiques et les règlements des assemblées, qui sont transmis au Conseil constitutionnel qui dispose d'un mois pour apprécier leur conformité à la Constitution. Pour les lois ordinaires, ce contrôle prend la forme d'une saisine du juge constitutionnel, avant la promulgation, par le président de la République, le Premier ministre, le Président d'une assemblée ou soixante députés ou soixante sénateurs. Le Conseil dispose également d'un mois pour statuer à compter de la saisine.

Deux éléments ont contribué au développement de cette procédure (qui sera examinée au fond à propos du Conseil constitutionnel (v. ss 436 et 438) :

– d'une part l'élargissement du *corpus* constitutionnel opéré par le Conseil en 1971, qui en faisant référence au Préambule de la Constitution, a permis d'examiner les textes qui lui étaient soumis à l'aune d'un « bloc de constitutionnalité » intégrant l'ensemble des droits fondamentaux visés par le Préambule de la Constitution (et notamment tirés de la Déclaration des droits de l'homme et du citoyen de 1789 et du Préambule de la Constitution de 1946) ;

– d'autre part la saisine parlementaire du Conseil constitutionnel depuis la révision constitutionnelle de 1974. Cette saisine émane presque exclusivement de l'opposition, qui se voit ainsi offerte une possibilité d'appel. S'agissant d'une saisine avant-promulgation, elle fait courir le risque au Conseil de devenir une sorte de « troisième Chambre » arbitrant entre majorité et opposition.

b. Le contrôle *a posteriori*

Le contrôle *a posteriori* a été introduit par la révision constitutionnelle du 23 juillet 2008, sous la forme d'une question préjudicielle – la question prioritaire de constitutionnalité (QPC) – soulevée lors d'un litige. S'il est soutenu qu'une disposition législative porte atteinte aux droits et libertés que la Constitution garantit, le juge du fond saisit, suivant l'ordre de juridiction auquel il appartient, la Cour de cassation ou le Conseil d'État, qui renvoient la QPC au Conseil constitutionnel. Ce nouveau dispositif concerne toutes les lois, y compris celles entrées en vigueur avant 1958v. ss 439. 370 ■

2. *La primauté des normes internationales*

Selon l'article 55 de la Constitution, « les traités ou accords régulièrement ratifiés ou approuvés ont, dès leur publication, une autorité supérieure à celle des lois », sous réserve de réciprocité. Si la question ne soulevait aucune difficulté pour les lois antérieures au traité, jusqu'en 1975, au nom de la séparation des pouvoirs, le juge judiciaire et le juge administratif se refusèrent à examiner la conformité d'une loi postérieure à une norme internationale. Tout en se déclarant incompétent pour examiner la conformité des lois aux traités, le Conseil constitutionnel a clairement enjoint aux autorités de l'État, et donc au juge ordinaire comme au juge administratif, « à veiller à l'application des conventions dans l'ordre interne dans le cadre de leurs compétences respectives » (Cons. const. 15 janv. 1975, n° 74-54 DC, *Interruption volontaire de grossesse*). Pour ce qui le concerne, le Conseil se reconnaît compétent depuis 2006 (Décis. du 27 juill. 2006 et surtout du 30 nov. 2006) pour examiner, dans le cadre de la saisine sur la base de l'article 61 de la Constitution, et donc avant qu'elle soit promulguée, la conformité d'une loi avec une directive communautaire et même pour la censurer en cas « d'incompatibilité manifeste » au nom de l'intégration de l'ordre juridique communautaire dans l'ordre constitutionnel national. Par contre, il s'y refuse dans le cadre de la question prioritaire de constitutionnalité. 371 ■

La Cour de cassation a suivi immédiatement les directives du Conseil constitutionnel dans son arrêt *Jacques Vabre* (Cass., ch. mixte, 24 mai 1975) au profit des normes communautaires de l'Union européenne. Le Conseil d'État ne s'y est résolu qu'en 1989 (CE, ass., 20 oct. 1989, *Nicolo*, conclusions Frydman, renvoyant explicitement à la jurisprudence du Conseil constitutionnel), étendant cette suprématie au droit communautaire dérivé : les règlements (CE 24 sept. 1990, *Boisdet*) et directives (CE 28 févr. 1992, *Philip Morris*). Ce contrôle de conventionnalité est placé, dans l'Union européenne, sous l'autorité de la Cour de justice de l'Union européenne (CJUE) à laquelle toutes les juridictions nationales doivent renvoyer tout problème d'interprétation de la norme communautaire sous la forme de question préjudicielle.

Ce contrôle de conventionnalité est pratiqué également par le juge français pour vérifier la conformité de la loi française à d'autres traités, notamment la Convention européenne des droits de l'homme ou les conventions conclues dans le cadre de l'Organisation internationale du travail. En cas de non-conformité le juge français écarte l'application de la loi, même si celle-ci a été déclarée conforme à la Constitution par le Conseil constitutionnel.

En effet, l'introduction de la question prioritaire de constitutionnalité (v. ss 363) n'a pas modifié, contrairement aux espoirs du constituant, la pratique des tribunaux. La Cour de justice de l'Union européenne a imposé que la primauté du droit de l'Union soit respectée y compris lorsque le contrôle de constitutionnalité a validé une disposition législative contraire aux traités de l'Union européenne et à leur droit dérivé, le juge ayant l'obligation d'écarter malgré tout cette disposition (CJUE 22 juin 2010, *Melki et Abdeli*). La Cour de cassation a étendu cette primauté au droit de la Convention européenne de sauvegarde des droits de l'homme, écartant des dispositions du Code de procédure pénale (relatives à la garde à vue) pourtant validées par le Conseil constitutionnel (Crim. 19 oct. 2010).

Cette primauté de la norme internationale (et surtout européenne) sur la loi explique que le parlement ait demandé et obtenu d'être associé à l'élaboration de ces normes. C'est le sens des révisions constitutionnelles de 1992 et 1999, consécutives aux traités de Maastricht et Amsterdam (Const., nouv. art. 88, al. 4). Celles-ci imposent au gouvernement de soumettre aux assemblées les propositions d'actes sur lesquels le conseil des Communautés se prononce lorsque ces actes comportent des dispositions de nature législative. Le gouvernement peut également soumettre aux assemblées les autres projets ou propositions d'actes ainsi que tout document émanant d'une institution de l'Union européenne. Selon les dispositions des règlements des assemblées, des « résolutions » dont le contenu est libre (approbation, désapprobation, proposition d'amendement) peuvent être votées, y compris en dehors des sessions, sur ces actes, sur proposition des commissions aux affaires européennes des assemblées.

§ 2 La procédure législative

372 L'élaboration de la loi suit des règles procédurales différentes suivant qu'il s'agit d'une loi ordinaire ou de lois spécifiques (lois constitutionnelles, *lois organiques*[Q], *lois de finances*[Q], *lois de financement de la Sécurité sociale*[Q]).

A. La procédure ordinaire

1. *L'initiative de la loi*

373 Aux termes de l'article 39 de la Constitution, « l'initiative des lois appartient concurremment au Premier ministre et aux membres du parlement ». Les projets de loi émanent du Premier ministre au Nom du gouvernement et les propositions de loi d'un ou plusieurs parlementaires.

a. Les projets de loi

374 Le texte d'origine gouvernementale doit, après sa préparation par un ministère sous le contrôle du Premier ministre (et éventuellement de l'Élysée), être soumis pour avis au Conseil d'État. Celui-ci examine la régularité juridique formelle du texte, qui est alors un avant-projet de loi. L'avis du Conseil d'État ne lie pas le gouvernement mais si celui-ci modifie à nouveau le texte avant son examen en Conseil des ministres il devra le soumettre une nouvelle fois pour avis.

Le Conseil constitutionnel – par sa décision du 3 avril 2003 – a ainsi censuré une loi électorale (relative aux élections régionales) au motif que le texte soumis au parlement avait été modifié entre l'avis du Conseil d'État et l'adoption en Conseil des ministres (en remplaçant le seuil de 10 % des suffrages exprimés pour l'accès au second tour par celui de 10 % des inscrits) sans que cette modification n'ait été soumise au Conseil d'État alors que « l'ensemble des questions posées par le texte adopté par le Conseil des ministres doivent avoir été soumises au Conseil d'État lors de la consultation ».

Le projet de loi est ensuite adopté par le Conseil des ministres (Const., art. 9). Le dépôt sur le bureau d'une des assemblées prend la forme d'un décret de présentation signé du Premier ministre.

Depuis la révision constitutionnelle de 2008, le projet de loi déposé doit remplir certaines conditions pour que la conférence des présidents de l'assemblée saisie le déclare recevable (Const., art. 39, nouv. al. 3 à 5 complétés par la L. org. de mars 2009). Il doit être précédé d'un exposé des motifs et accompagné de documents indiquant les travaux préalables d'évaluation financière, économique et sociale réalisés, dits « étude d'impact ». Cette évaluation n'est toutefois obligatoire que pour les lois ordinaires et non pour les lois de finances ou de financement de la Sécurité sociale, les lois de programmation, d'état de crise ou de ratification d'ordonnances. La conférence des présidents dispose de dix jours pour vérifier que ces exigences constitutionnelles sont respectées. En cas de désaccord avec le gouvernement, le Conseil constitutionnel statue à la demande du gouvernement ou du président de l'assemblée concernée.

Le projet de loi de finances et les textes à caractère fiscal ou financier sont déposés d'abord devant l'Assemblée nationale et les projets relatifs aux collectivités locales devant le Sénat.

b. Les propositions de loi

Jusqu'à la révision constitutionnelle de juillet 2008, les propositions de loi ont joué un rôle secondaire dans la production législative pour plusieurs raisons essentielles. D'abord, la maîtrise totale de l'ordre du jour par le gouvernement rendait quasi impossible l'examen de textes d'origine parlementaire (une séance par mois depuis 1995). Ensuite, ce barrage franchi, il fallait surmonter les irrecevabilités financières et constitutionnelles. Enfin, après la révision de 2008, ces deux obstacles demeurent. 375 ■

Grâce à la limitation de la priorité gouvernementale sur l'ordre du jour, il est désormais possible d'obtenir l'inscription d'une proposition de loi. Cela explique pourquoi le nouvel alinéa 5 de l'article 39 de la Constitution prévoit la possibilité pour le président de l'assemblée de soumettre, avant son examen en commission, la proposition de loi à l'avis du Conseil d'État, sauf si l'auteur de la proposition de loi s'y oppose. Outre les interrogations que cette disposition a soulevées lors des débats constituants quant à son respect du principe de séparation des pouvoirs – les sections administratives du Conseil d'État étant jusqu'à ce jour le conseil du seul exécutif –, il sera intéressant d'étudier sa mise en œuvre effective, la propension du gouvernement à demander à des parlementaires compréhensifs d'endosser des textes d'origine gouvernementale risquant de croître avec la limitation de sa priorité sur l'ordre du jour.

L'obstacle le plus sérieux à l'initiative parlementaire est celui de l'article 40 de la Constitution selon lequel « les propositions et amendements formulés par les membres du parlement ne sont pas recevables lorsque leur adoption aurait pour conséquence soit une diminution des ressources publiques, soit la création ou l'aggravation d'une charge publique ». La recevabilité financière prévue à l'article 40 de la Constitution concerne les dépenses et recettes de l'État mais également des collectivités territoriales et des établissements publics.

Appliquée à la lettre, cette disposition pourrait interdire toute initiative parlementaire car toute législation a un effet financier, direct ou indirect, et l'irrecevabilité financière est en principe absolue. La pratique parlementaire est plus souple.

En effet, en ce qui concerne les « ressources publiques » (écrites au pluriel), une diminution de ressource publique peut être gagée par une augmentation d'une autre ressource. De même une augmentation de charge (écrite au singulier dans l'article) est possible si elle est gagée par une augmentation à due concurrence des recettes. Cette interprétation de l'article 40 de la Constitution par les deux assemblées ne vaut que pour les propositions de loi.

En pratique, la proposition est examinée dès son dépôt par le Bureau de l'assemblée. Le président refuse le dépôt si l'irrecevabilité est « évidente » (recette ou dépense nouvelle non gagée).

Le troisième obstacle est l'irrecevabilité constitutionnelle au titre de l'article 41 de la Constitution (au cas où la proposition de loi n'est pas du domaine de la loi mais du règlement ou est contraire à une délégation accordée en vertu de l'art. 38 Const.) : elle peut être soulevée par le gouvernement ou le président de l'assemblée saisie avant le commencement de la discussion en séance publique ou durant la séance publique.

En cas de désaccord entre le gouvernement et le président de l'assemblée concernée sur l'application de l'article 41 de la Constitution, le Conseil, saisi par l'un ou l'autre, statue dans les huit jours.

Une bonne partie des propositions de loi examinées sont déposées avec l'aval sinon à la demande du gouvernement et relèvent des transactions entre celui-ci et sa majorité. Leur procédure est plus rapide que celle du projet de loi (l'avis du Conseil d'État n'est pas obligatoire) et leur origine parlementaire permet au gouvernement d'échapper à certaines critiques : la révision de la loi Falloux en 1993 en est un exemple tout comme la proposition de loi sur la prestation dépendance en 1996 ou celle sur le PACS en 1998.

2. *L'examen et le vote de la loi*

a. Le droit d'amendement et les irrecevabilités

376 Le droit d'amendement, c'est-à-dire de présentation de modifications au dispositif des projets et propositions de loi, appartient également au gouvernement et aux parlementaires (qui l'exercent individuellement ou collectivement, y compris par l'intermédiaire des commissions). Si seul le Premier ministre peut déposer un projet de loi, tout ministre peut exercer le droit d'amendement au nom du gouvernement, sans qu'il en ait été délibéré en Conseil des ministres ou que le Conseil d'État ait donné son avis.

Le droit d'amendement est devenu la forme essentielle de l'initiative législative des parlementaires, les projets de loi gouvernementaux constituant la très grande majorité des textes examinés. Mais, depuis 1981, le dépôt d'amendements en cascade est également une des techniques d'obstruction favorites de l'opposition. La droite y fit largement usage en 1981-1986 (près de 39 000 amendements) tout comme la gauche en 1986-1988 et en 1993 (contre la révision de la loi Falloux ou les privatisations) et en 2006 (137 000 amendements contre la loi sur le secteur de l'énergie). Avec les années, ce recours à l'obstruction a pris une dimension pathologique : alors que sous la première législature (1958-1962), 4 564 amendements avaient été enregistrés à l'Assemblée nationale (et 2 154 adoptés), ils étaient 248 118 enregistrés (et 18 456 adoptés) sous la XIIe (2002-2007) au point de nécessiter une révision constitutionnelle pour réguler son usage en 2008.

Celle-ci n'a pas atteint les objectifs escomptés comme en atteste l'utilisation du droit d'amendement qui n'a pas décru. Par exemple, sous la XIVe législature (2012-2017), 112 693 amendements ont été examinés à l'Assemblée nationale (et 18 836 adoptés). Les parlementaires de l'opposition mais aussi de la majorité continuent d'utiliser le droit d'amendement qui apparaît donc bien comme leur première forme d'initiative législative utilisée. Le projet de loi « Lutte contre le dérèglement climatique » (le projet de loi dit « Climat ») en 2021 est symptomatique de ce recours massif aux amendements : 5 392 amendements ont été déposés, ce qui confirme le recours privilégié à cette possibilité et, parmi eux, près d'un tiers émane du groupe majoritaire LREM. De même, en avril 2021, la proposition de loi sur l'euthanasie a été bloquée par le dépôt de près de 3 000 amendements émanant de quelques députés qui ont saturé le temps accordé à l'examen du texte.

Le droit d'amendement peut prendre plusieurs formes : modification d'articles du texte, suppression totale ou partielle, adjonction de dispositions nouvelles (on parle dans ce cas d'articles additionnels).

Il s'exerce à deux moments : lors de l'examen du texte en commission et lors de son examen en séance.

Le droit d'amendement est à la fois protégé et contrôlé, tant par la Constitution (Const., art. 44, 40, 41 relatifs à la recevabilité) que par le Conseil constitutionnel. Celui-ci a résumé sa lecture de la Constitution dans sa décision n° 2003-468 DC du 3 avril 2003, *Loi relative à l'élection des conseillers régionaux et des représentants du Parlement européen* :

« Le bon déroulement du débat démocratique et, partant, le bon fonctionnement des pouvoirs publics constitutionnels supposent que soit pleinement respecté le droit d'amendement conféré aux parlementaires par l'article 44 de la Constitution et que, parlementaires comme gouvernement puissent utiliser sans entrave les procédures mises à leur disposition à ces fins ; cette double exigence implique toutefois qu'il ne soit pas fait un usage manifestement excessif de ces droits ».

Les amendements d'origine parlementaire sont soumis à des conditions de dépôt fixées par la conférence des présidents : suffisamment tôt (en général à 12h la veille de la discussion du texte en commission et à 17 h, la veille de la discussion du texte en séance), afin de « respecter l'exigence constitutionnelle de clarté et de sincérité du débat parlementaire » (Cons. const. 13 oct. 2005). 377 ■

Ils sont soumis par ailleurs aux mêmes conditions de recevabilité que les propositions de loi. 378 ■

L'irrecevabilité financière (Const., art. 40) des amendements concerne les amendements entraînant soit une diminution de ressource publique non gagée par une augmentation à due concurrence d'une autre ressource, soit une augmentation de charge publique (la compensation par une économie n'étant pas acceptée pour les amendements). La possibilité de gager une diminution de ressources publiques implique que « la ressource destinée à compenser la diminution soit réelle, qu'elles bénéficient aux mêmes collectivités ou organismes que ceux au profit desquels est perçue la ressource qui fait l'objet d'une diminution et que la compensation soit immédiate » (Cons. const. 2 juin 1976, n° 76-64 DC). Par ressource publique il faut entendre les ressources de l'État, des collectivités territoriales et de leurs groupements, de la Sécurité sociale et des établissements publics administratifs.

À l'Assemblée nationale, cette irrecevabilité est appréciée par le président de l'assemblée sur avis de la commission des finances. S'il conclut à l'irrecevabilité, le président refuse le dépôt. L'irrecevabilité peut être soulevée ultérieurement par un parlementaire ou le gouvernement. Sous la XVIe législature (ouverte en juin 2022), marquée par l'absence de majorité absolue à l'Assemblée et la présidence de plusieurs commissions par l'opposition (notamment celle des Finances), lorsque l'irrecevabilité de l'article 40 n'était pas soulevée par le président de commission, c'est la présidente de l'Assemblée qui a dû s'en charger, notamment sur la proposition de loi tentant de modifier la loi portant réforme des retraites (séance du 8 juin 2023).

La coutume sénatoriale qui retardait l'examen de l'irrecevabilité financière à la discussion en séance publique, a été sanctionnée par le Conseil constitutionnel ; celui-ci a souligné que l'irrecevabilité de l'article 40 présente un caractère absolu et qu'elle doit être examinée dès le dépôt de l'amendement et qu'il lui appartenait de l'apprécier directement « dès lors que le Sénat n'avait pas encore instauré une procédure de contrôle de recevabilité effectif et systématique au moment du dépôt des amendements » (Cons. const. 14 déc. 2006, n° 2006-544 DC, *Loi de financement de la Sécurité sociale*). À la suite de cette décision, le Sénat s'est incliné et a décidé de s'aligner sur la pratique de l'Assemblée nationale. C'est aux présidents des commissions compétentes qu'il appartient de procéder à l'examen préalable de la recevabilité financière des amendements avant de permettre leur dépôt et de les transmettre au président de la commission des finances en cas de doute.

Une seule exception à cette intransigeance est ouverte par la loi organique sur les lois de finances (Const., art. 47). Les parlementaires peuvent, dans le cadre de l'examen de la deuxième partie de la loi de finances de l'année, redéployer par amendement une dépense en modifiant le montant et la répartition des programmes d'une même mission (nouvelle division fonctionnelle du budget de l'État correspondant à une politique publique définie).

Le Conseil constitutionnel veille strictement à ce que les lois de finance et les lois de financement de la Sécurité sociale soient protégées, soit en censurant les « cavaliers » (c'est-à-dire les dispositions qui ne ressortissent pas du domaine de ces lois), soit en censurant les amendements aux lois ordinaires qui empiètent sur le domaine des lois de financement.

En cas de désaccord entre l'assemblée et le gouvernement ou lorsque des parlementaires contestent l'usage de l'article 40 de la Constitution qu'ils considèrent abusif, le Conseil constitutionnel peut être saisi après le vote de la loi sur la base de l'article 61 de la Constitution. Toutefois, le Conseil exige pour être saisi que l'irrecevabilité ait été soulevée au cours des débats et qu'elle ait été contestée quant à son contenu (Cons. const. 13 janv. 1994, n° 93-329 DC).

L'irrecevabilité constitutionnelle des amendements de nature réglementaire ou contraires à une délégation accordée en vertu de l'article 38 de la Constitution relatif aux ordonnances (Const., art. 41) est facultative. Elle est appréciée par le président de l'assemblée et le gouvernement, le Conseil constitutionnel statuant en cas de désaccord. En outre, le gouvernement peut refuser les amendements présentés en séance et non soumis au préalable à une commission (Const., art. 44, al. 2).

Les amendements sans rapport, même indirect, avec le texte qu'ils visent sont également irrecevables (Const., nouv. al. 1er de l'art. 45 introduit lors de la révision de 2008). Traditionnellement, c'est à l'assemblée d'apprécier si l'amendement a un rapport avec le texte examiné. Néanmoins, le Conseil constitutionnel n'a pas hésité à censurer lui-même des amendements (se substituant au législateur qui les avait acceptés) au motif de l'absence de lien avec le texte en cours de discussion (Cons. const. 12 janv. 1989, n° 88-251 DC). Cette jurisprudence avait connu une application radicale lorsque le Conseil avait affirmé que « les adjonctions ou modifications apportées au texte en discussion ne sauraient dépasser, par leur objet et leur portée, les limites inhérentes à l'exercice du droit d'amendement » (Cons. const. 29 déc. 1986, n° 86-211, *Loi de finances pour 1987*), mais le Conseil est revenu à une interprétation plus libérale qui vérifie si la finalité de l'amendement n'est pas dépourvue de tout lien avec l'objet du projet ou de la proposition soumis au vote du parlement (Cons. const. 19 juin 2001, n° 2001-445 DC, *Statut de la magistrature*), et c'est cette dernière jurisprudence qui a été « constitutionnalisée » dans le nouvel article 45, alinéa 1er de la Constitution. Cette interprétation libérale ne vaut que pour la première lecture. Pour les lectures ultérieures, l'interprétation stricte prévaut, impliquant un lien direct avec les seules dispositions restant en discussion. 379 ■

Depuis la XVIe législature, le recours à l'article 45 est devenu systématique pour déclarer irrecevables les amendements considérés sans rapport avec le texte dès l'examen en commission. La tâche du président de commission est facilitée par la nouvelle présentation des projets de lois qui liste les thèmes abordés (et qui composent en forme « le périmètre »), ce qui permet d'écarter les amendements qui leur sont considérés comme étrangers.

Par ailleurs, il est possible de déposer un sous-amendement : celui-ci est soumis aux mêmes conditions de recevabilité que l'amendement. Le Conseil constitutionnel y ajoute qu'il ne doit pas contredire le sens de l'amendement sur lequel il se greffe (Cons. const. 17 mai 1973). 380 ■

Le recours massif aux sous-amendements est devenu, sous la XVIe législature, la forme la plus utilisée d'obstruction. Elle consiste à faire adopter un amendement anodin (création d'une mission ou d'un rapport d'évaluation sur le sujet traité par exemple, qui passe sans difficulté le barrage des articles 40 et 45 Const.) puis de déposer ensuite des centaines de sous-amendements pour le « préciser ».

Enfin, il est possible de déposer un amendement de suppression, examiné prioritairement, qui conclut à la suppression du texte examiné. Cette procédure est souvent utilisée par le gouvernement pour abréger le débat sur un article promis à un vote négatif de l'assemblée.

b. La discussion

Le texte du projet (ou de la proposition) de loi ayant été déposé et enregistré, il est annoncé en séance publique et (sous réserve de sa recevabilité pour une proposition de loi) distribué et envoyé à l'examen en commission (permanente ou spéciale). 381 ■

Depuis la révision constitutionnelle du 23 juillet 2008, la discussion en séance, en première lecture, ne peut intervenir devant la première assemblée saisie qu'à l'expiration d'un délai de six semaines après son dépôt. Elle ne peut intervenir, devant la seconde assemblée, qu'à l'expiration d'un délai de quatre semaines à compter de sa transmission (Const., art. 42, al. 3). Ces nouveaux délais ont pour but de donner le temps nécessaire au travail en commission mais aussi de permettre au gouvernement de préparer sa riposte éventuelle aux conclusions de la commission.

Toutefois, ces délais ne sont pas applicables aux lois constitutionnelles, aux lois de finances et de financement de la sécurité sociale ou lorsque le gouvernement a décidé d'engager la procédure accélérée (appelée procédure d'urgence avant la révision de 2008) sur un projet ou une proposition de loi, ce qui limite fortement la portée de cette réforme. Certes, les présidents des deux assemblées peuvent s'opposer conjointement à la décision du gouvernement d'engager la procédure accélérée, mais on peut douter des possibilités concrètes d'une telle démarche.

En ce qui concerne les lois organiques, l'article 46 de la Constitution prévoit qu'en cas de procédure accélérée un délai de quinze jours est nécessaire entre le dépôt du texte et son examen par la première assemblée saisie.

Avant l'examen en commission, la conférence des présidents peut décider de l'organisation d'un débat général en séance publique sur le texte.

1. L'examen en commission

382 L'examen en commission est la phase décisive d'examen du texte car il est rare que l'issue du débat en séance s'éloigne de celle du débat en commission.

C'est la commission permanente compétente qui examine le texte au fond, d'autres commissions pouvant s'en saisir pour avis. Dans le cas où l'objet du texte relève de plusieurs commissions et qu'il entraîne un conflit entre elles, le président de l'assemblée peut proposer de soumettre le texte à une commission spéciale.

La commission saisie désigne un rapporteur qui sera son porte-parole en séance publique. Le rapporteur procède aux auditions (des ministres, des experts) et élabore son rapport (généralement accompagné de propositions d'amendements) qui sera débattu par la commission. À l'Assemblée nationale, les amendements déposés par les députés doivent être présentés au secrétariat de la commission « au plus tard le troisième jour ouvrable précédant la date de début de la discussion du texte à 17h » (Règl. AN, art. 99) alors qu'au Sénat c'est l'avant-veille de la réunion de la commission. La commission entend le rapport, examine le texte article par article ainsi que les amendements suggérés par le rapporteur, les autres membres de la commission (ou d'autres membres de l'assemblée) ou le gouvernement et vote sur les amendements puis sur le rapport du rapporteur qui conclut à l'approbation ou au rejet de l'ensemble du texte éventuellement amendé. Depuis la révision du 23 juillet 2008, c'est sur le texte adopté par la commission saisie que porte le débat en séance plénière (Const., art. 42). Au cas où la commission ne se serait pas prononcée sur le texte ou l'aurait rejeté, la discussion porte sur le texte dont l'assemblée a été saisie.

Il s'agit là d'un changement majeur par rapport aux dispositions de 1958, puisque le texte initial (Const., art. 42) de la constitution distinguait les propositions de loi (d'origine parlementaire) pour lesquelles c'était le texte issu des débats en commission (et des amendements adoptés par elle) qui était examiné en séance, et les projets de loi (d'origine gouvernementale) pour lesquels c'était sur le texte du projet de loi que portait le débat, les propositions d'amendements de la commission étant examinées séparément. Désormais, c'est le texte de la commission, quel que soit l'auteur du texte initial, qui sera examiné en séance. Le gouvernement (par l'intermédiaire du ou des ministres concernés) est entendu par la commission, est présent, s'il le souhaite, durant ses délibérations et son vote (ainsi l'a décidé le Conseil constitutionnel, contraignant le Sénat, qui avait prévu dans l'art. 18 de son règlement que les ministres se retiraient au moment du vote, à le modifier : Cons. const. 15 avr. 2009). En cas de modification de son texte par la commission, le gouvernement devra donc se battre en séance – en déposant des amendements – pour revenir à son texte initial.

En cohérence avec ces nouvelles dispositions, les amendements adoptés par la commission sont dès lors intégrés au texte qu'elle présente en séance publique.

Entre l'adoption du texte par la commission et le débat en séance publique, d'autres amendements (dits « extérieurs ») peuvent être déposés (par tout membre de l'assemblée ou par le gouvernement) sur lesquels la commission se borne à donner un avis et qui seront débattus en séance.

Ces dispositions ne concernent pas les projets de loi constitutionnelle, de lois de finances ou de financement de la sécurité sociale pour lesquels la discussion en séance en première lecture porte sur le texte du gouvernement.

2. L'examen en séance plénière

Le texte issu de la commission est examiné en séance publique, ainsi que les amendements qui ont été déposés sur le texte issu de la commission pour être examiné en séance publique. Nombre de ceux-ci sont des amendements qui avaient déjà été déposés – et rejetés – lors de la commission. Les amendements doivent être présentés trois jours ouvrables avant le début de la discussion du texte à l'Assemblée nationale et la veille au Sénat. 383 ■

La discussion générale en séance plénière débute par l'intervention du représentant du gouvernement, s'il le demande, suivie de celle du rapporteur de la commission (et de ceux des autres commissions saisies éventuellement pour avis) dont l'objet est la présentation du texte.

α. Motions de procédure

Après l'intervention du rapporteur, une motion de procédure peut être présentée par l'opposition afin de rejeter le texte ou de renvoyer le débat. Il s'agit soit de l'*exception d'irrecevabilité*[Q], motivée par l'inconstitutionnalité du texte, et qui entraîne si elle est adoptée le rejet du texte, soit du *renvoi en commission*[Q], qui entraîne la suspension du débat jusqu'à un nouveau rapport de la commission, soit de la *question préalable* [Q], qui a pour objet de décider qu'il n'y a pas lieu de délibérer. 384 ■

La question préalable est la plus radicale de ces techniques d'obstruction. Elle a été utilisée notamment au Sénat en 1981-1982 (25 questions préalables ont été votées) et en 2011-2012 (13 questions préalables votées par la nouvelle majorité de gauche) et à l'Assemblée nationale en 2007-2008 (37 questions préalables ont été déposées par l'opposition dont une votée par surprise). Le Sénat a fait aussi un usage inverse de cette procédure en 1986, couplant cette procédure avec l'utilisation de l'article 49, alinéa 3 de la Constitution à l'Assemblée pour accélérer l'adoption du projet de loi sur le découpage des circonscriptions électorales. Il a réitéré cette pratique en décembre 2012 pour accélérer l'adoption de la loi de finances 2013.

Lors de la révision de son règlement en 2009, l'Assemblée nationale a fusionné la question préalable et l'exception d'irrecevabilité en une « *motion de rejet préalable*[Q] » (Règl. AN, art. 91, al. 5) qui a pour objet de faire reconnaître que le texte proposé est contraire à une ou plusieurs dispositions constitutionnelles ou de faire décider « qu'il n'y a pas lieu de délibérer ». Le Sénat a conservé la spécificité de ces deux motions de procédure.

β. Examen du texte et droit d'amendement

385 Si les motions de procédure ont été rejetées, le débat s'instaure avec les interventions des orateurs inscrits au nom des différents groupes. Le texte est ensuite examiné, article par article, ainsi que les amendements qui les concernent. Ceux-ci sont examinés en commençant par les amendements de suppression puis en allant des plus éloignés aux plus proches, ainsi que les sous-amendements qui se greffent sur eux.

γ. Temps de parole

386 La répartition du temps de parole est fixée par la conférence des présidents de chaque assemblée. Celle-ci fixe la durée globale de la discussion générale et le président de l'assemblée la répartit entre les groupes.

L'examen par articles peut donner lieu à une prise de parole par article (explication de vote) et par amendement (présentation brève par son auteur). Le Sénat autorise l'explication de vote par amendement. Dans tous ces cas, le temps de parole individuel est limité.

C'est évidemment les prises de parole en cascade à l'occasion des amendements (eux-mêmes déposés en masse) qui sont la forme la plus fréquente d'obstruction parlementaire pour bloquer les débats. Or si les règlements prévoient la possibilité de la clôture de la discussion générale d'un texte (vote après une explication de vote par un orateur de la majorité et un de l'opposition), rien n'était prévu pour la discussion des articles et amendements. Si le Sénat a longtemps renoncé à réglementer en la matière, il n'en a pas été de même à l'Assemblée nationale où la pratique de l'obstruction est plus fréquente et plus massive. Le règlement de l'Assemblée nationale (Règl. AN, art. 55) a donc introduit la possibilité d'un temps global pour la discussion (conformément à la loi organique du 15 avril 2009 qui est revenue aux dispositions existant jusqu'en 1969), principe selon lequel « dans tous les débats pour lesquels le temps de parole est limité, les orateurs ne doivent, en aucun cas, excéder le temps de parole attribué à leur groupe ». Dans ce cas, et après que la conférence des présidents ait fixé la durée maximale de l'examen d'un texte, si le temps de parole est épuisé, les amendements sont mis au vote sans débat, sauf si des amendements nouveaux sont déposés par le gouvernement ou la commission, ouvrant dans ce cas le droit à un temps de parole supplémentaire.

Le dernier outil à la disposition des parlementaires pour contourner la limitation du temps de parole est d'utiliser le rappel au règlement. Celui-ci fait l'objet d'un usage particulièrement fréquent sous la XVIe législature à l'Assemblée nationale comme technique d'obstruction.

δ. Adoption du texte

387 Le gouvernement peut demander la réserve d'un article ou d'un amendement. Puis, si le gouvernement ou la commission n'ont pas demandé une seconde délibération, on procède au vote sur l'ensemble du texte.

388 À ce moment, le gouvernement a la possibilité de recourir au vote bloqué ; dans ce cas, l'assemblée saisie se prononce par un seul vote sur tout ou partie du texte en discussion en ne retenant que les amendements proposés ou acceptés par le gouvernement (Const., art. 44, al. 3). Cette procédure draconienne permet d'éviter des votes

de confiance en cascades comme avant 1958 et de contenir l'indiscipline des troupes de la *majorité*Q, mais elle ne dispense pas le gouvernement d'une discussion sur l'ensemble du texte.

Aussi le recours à l'arme suprême, c'est-à-dire l'engagement de responsabilité sur le texte (Const., art. 49 al. 3) – qui ne peut être utilisé qu'à l'Assemblée – était-il souvent préféré car il permet de couper court à la discussion ou à l'obstruction en laissant à l'opposition l'initiative d'une motion de censure. Faute de celle-ci, le texte est adopté sans vote. Toutefois, depuis la limitation des possibilités de recours à l'article 49, alinéa 3 de la Constitution consécutive à la révision constitutionnelle de 2008, il est vraisemblable que le recours au vote bloqué sera plus fréquent. 389

Après l'adoption du texte par l'assemblée, le texte voté est transmis à la seconde Chambre par le gouvernement s'il s'agit d'un projet de loi, ou par le président de l'assemblée s'il s'agit d'une proposition de loi.

Sous la XVIe législature, caractérisée par l'absence de majorité absolue favorable à l'exécutif à l'Assemblée nationale, le gouvernement a dû user pour la première fois sous la Ve République de l'ensemble cumulé de la panoplie du « parlementarisme rationalisé » pour faire adopter son projet de réforme des retraites. Celui-ci a été intégré à une loi de financement rectificative de la Sécurité sociale (Const., art. 47-2) afin, d'une part, de limiter à 20 jours le débat en première lecture à l'Assemblée (ce qui a stoppé le débat au milieu de l'examen du texte pour qu'il soit transmis dans les délais fixés par l'article 47-1) et, d'autre part, de bénéficier de l'usage illimité de l'article 49, al. 3 de la Constitution (engagement de responsabilité sur un texte), après avoir recouru aux articles 40 et 45 pour l'examen du texte avant de faire adopter le texte par le Sénat en recourant au vote bloqué. Le Conseil constitutionnel a considéré que le fait d'introduire la réforme dans une loi de financement rectificative de la Sécurité sociale ne constituait pas un « cavalier social » et que le cumul de procédures n'était contraire ni à la Constitution en général, ni aux droits du Parlement en particulier (Décis. n° 2023-849 DC du 14 avr. 2023).

c. Les effets du bicamérisme

En vue de l'adoption d'un texte identique par les deux Chambres, le gouvernement, encore une fois maître du jeu, a le choix entre plusieurs procédures qui sont surtout fonction de ses rapports avec les deux Chambres : 390

– lorsque le gouvernement est assuré du soutien des deux Chambres, il peut laisser la *navette*Q entre les deux assemblées suivre son cours, quitte à accélérer la procédure si le débat s'éternise ;

– lorsque le gouvernement est assuré du seul soutien de l'Assemblée nationale (présidence de Gaulle, législatures socialistes de 1981-1986, 1988-93, 1997-2002, fin de présidence Sarkozy en 2011-2012, présidence Hollande depuis 2014), il aura tendance à marginaliser systématiquement l'opposition sénatoriale et pour cela à utiliser la procédure accélérée qui laisse le dernier mot à l'Assemblée nationale.

En cas de navette, la seconde Chambre délibère sur le texte qui a été voté par la première Chambre. Si elle l'adopte sans le modifier (vote dit « conforme »), son président le transmet au Secrétariat général du gouvernement aux fins de sa promulgation par le chef de l'État. Si la seconde Chambre le modifie, le texte dans sa nouvelle rédaction retourne devant l'autre Chambre en deuxième lecture. Le débat ne porte alors que sur les dispositions sur lesquelles il y a divergence entre les 391 deux Chambres. Afin d'éviter que des amendements nouveaux soient ajoutés en deuxième lecture à des dispositions déjà votées en termes identiques par les deux Chambres, le Conseil constitutionnel a adopté une jurisprudence drastique (dite de « l'entonnoir ») qui impose que les amendements parlementaires comme ceux du gouvernement soient, sous peine de censure, en relation directe avec une disposition restant en discussion sauf s'ils sont dictés par la nécessité de respecter la Constitution, d'assurer une coordination avec d'autres textes ou de corriger une erreur matérielle (Cons. const. 12 janv. 2006, n° 2005-532 DC, *Lutte contre le terrorisme*). Cette jurisprudence a été constitutionnalisée dans le nouvel article 45, alinéa 1er de la Constitution issu de la révision de 2008.

Si la seconde Chambre rejette le texte, son président en avise le gouvernement s'il s'agit d'un projet de loi, et le président de l'autre Chambre s'il s'agit d'une proposition.

La navette se prolonge aussi longtemps qu'il n'y a pas identité entre les textes votés par les deux Chambres. Cette navette n'est pas remise en cause par la fin de mandat et le renouvellement complet (Assemblée nationale) ou partiel (Sénat) d'une des Chambres alors qu'il aurait déjà été voté par l'autre. Et cela quand bien même un délai important se serait écoulé entre les deux votes : le Conseil constitutionnel a ainsi validé le vote de la loi sur la reconnaissance du 19 mars comme journée nationale du souvenir de la guerre d'Algérie alors que dix ans s'étaient écoulés entre le vote de l'Assemblée et celui du Sénat (Cons. const. 29 nov. 2012, n° 2012-657)

■ 392 En cas de désaccord entre les deux Chambres, après deux lectures — ou après une seule lecture si le gouvernement a engagé la *procédure accélérée*Q (ancienne procédure d'urgence avant 2008) —, le Premier ministre, s'il s'agit d'un projet de loi, ou les présidents des deux assemblées conjointement, s'il s'agit d'une proposition de loi, peuvent provoquer la réunion d'une commission mixte paritaire chargée de proposer un texte sur les dispositions restant en discussion (Const., art. 45, al. 2).

Le recours à la procédure accélérée, qui conduit à la réunion de la commission mixte paritaire (CMP) après une seule lecture, aboutit en fait à supprimer la navette. En effet la Chambre qui a examiné le texte en premier ne connaîtra des amendements adoptés par la seconde qu'au moment de la CMP et ne pourra pas en débattre. Or, le recours à la procédure accélérée est devenu systématique, voire la norme, depuis 2010 et il est peu vraisemblable que les conférences des présidents utilisent la possibilité de s'y opposer conjointement.

La *commission mixte paritaire*Q est composée à égalité de députés (7) et de sénateurs (7) ainsi que de suppléants en nombre identique. Elle se réunit alternativement au Palais-Bourbon et au Luxembourg. La commission fonctionne comme une commission classique (sans la présence du gouvernement), avec cependant deux rapporteurs (le rapporteur qui était intervenu dans chacune des assemblées) un président (le président de la commission saisie au fond de l'assemblée où elle siège) et un vice-président (son homologue de l'autre assemblée). La commission doit élaborer un texte sur les dispositions qui ont fait l'objet d'un désaccord entre les deux assemblées. Elle ne peut pas introduire d'amendements sur les dispositions adoptées en termes identiques par les deux assemblées (Cons. const. 5 août 2004 étendant la « jurisprudence de l'entonnoir » aux travaux de la commission mixte paritaire).

Si la commission mixte paritaire parvient à un accord, le gouvernement a le choix entre la reprise de la navette (ce qui ne s'est jamais produit) et la soumission du texte, modifié des seuls amendements qu'il a acceptés, aux deux assemblées pour approbation.

Si la commission mixte ne parvient pas à un accord ou si l'une des assemblées refuse d'approuver le texte proposé par la CMP, le gouvernement peut, après une ultime lecture par chacune des assemblées, demander à l'Assemblée nationale de statuer définitivement. Dans ce cas, le vote portera « soit sur le texte élaboré par la CMP, soit sur le dernier texte qu'elle a voté, modifié le cas échéant par un ou plusieurs amendements votés par le Sénat » (Const., art. 45, al. 4). Cette procédure permet donc au gouvernement de surmonter l'opposition éventuelle du Sénat (ce qui fut notamment le cas en 1981-1986 et 1988-1993) en s'appuyant sur sa majorité à l'Assemblée.

Le Sénat garde cependant un droit de *veto* sur certaines lois. Les lois constitutionnelles et les lois organiques relatives au Sénat et au droit de vote et d'éligibilité aux élections municipales des citoyens de l'Union européenne (Const., art. 88, al. 3).

B. Les procédures spéciales

Outre les lois constitutionnelles (v. ss 394) régies par la procédure de l'article 89 de la **393**
Constitution, la Constitution prévoit des procédures spéciales pour le vote des lois de finances, des lois de financement de la sécurité sociale, des lois organiques, et des lois portant autorisation de ratifier des traités.

1. *Les lois de finances et de financement de la Sécurité sociale*

Les *lois de finances* englobent la loi de finances de l'année (ou budget), la loi de **394**
finances rectificative (rectifiant la première) et la loi de règlement (qui intervient après la clôture de l'exercice et constate les résultats financiers de l'année écoulée).

La loi de finances a son dispositif fixé par une *loi organique*. À celle du 2 janvier 1959, « constitution financière de l'État », très favorable à l'exécutif, a été substituée une nouvelle loi organique, d'origine parlementaire, adoptée par les deux Chambres, après trois ans de débat, le 28 juin 2001 et qui s'applique depuis 2006. Elle repose sur le principe de la sincérité des lois de finances (apprécié par le Conseil constitutionnel), introduit une nouvelle nomenclature budgétaire plus fonctionnelle (les crédits sont répartis par missions, chaque mission comprenant un ensemble de programmes concourant à une politique publique définie) et un contrôle du parlement sur la politique financière de l'État et l'exécution des lois de finances. Le Conseil constitutionnel veille avec rigueur à la mise à l'écart de dispositions étrangères à la loi de finances (les « cavaliers budgétaires »).

La loi de finances est divisée en deux parties (la première comprend notamment l'autorisation de percevoir les recettes et l'équilibre budgétaire global, la seconde les dépenses budgétaires de l'année), qui sont votées séparément, la seconde ne pouvant être examinée qu'après le vote de la première.

Afin de réagir contre les pratiques des républiques précédentes, où le gouvernement ne parvenait pas à faire adopter son budget dans les délais et devait recourir à la procédure humiliante des « douzièmes provisoires », les constituants de 1958 ont imposé des délais draconiens pour l'adoption de la loi de finances (Const., art. 47). Celle-ci doit avoir de toute façon été adoptée au début de l'année civile.

Si le retard incombe au gouvernement, la loi de finances n'ayant pas été déposée en temps utile pour être promulguée avant le début de l'exercice budgétaire, il ne peut utiliser l'urgence que pour demander au parlement de voter la première partie de la loi de finances (et donc l'autorisation de percevoir les impôts) ou de voter un projet de loi spéciale qui l'autorise à continuer à percevoir les impôts.

Si le retard est le fait du parlement, deux cas de figure sont possibles. Soit l'Assemblée nationale, première saisie, ne s'est pas prononcée dans les 40 jours, auquel cas le gouvernement saisit le Sénat qui dispose de 15 jours avant que ne s'appliquent les dispositions d'urgence de l'article 45 de la Constitution. Soit le parlement n'a pas réussi à se prononcer durant le délai de 70 jours (hypothèse qui ne s'est jamais vérifiée). Dans ce cas le gouvernement peut mettre le projet de loi de finances en vigueur par voie d'ordonnance.

Les *lois de financement de la Sécurité sociale*[Q], introduites par la révision du 22 février 1996, et qui fixent les conditions générales de l'équilibre financier de la Sécurité sociale (prévisions de recettes et objectifs de dépenses) sont votées selon des procédures analogues : d'une part, aucune disposition étrangère (« cavaliers sociaux ») au financement de la Sécurité sociale ne peut y figurer ; d'autre part, le parlement dispose de 50 jours pour se prononcer (dont 20 jours à l'Assemblée et 15 au Sénat pour la première lecture), faute de quoi le projet de loi peut être mis en vigueur par ordonnance.

L'utilisation de la procédure de la loi de financement rectificative de la Sécurité sociale pour 2023 pour la mise en œuvre de la réforme des retraites par le gouvernement d'Elisabeth Borne n'a pas été contestée par le Conseil constitutionnel alors que l'opposition considérait qu'il s'agissait d'un « cavalier social » et qu'en utilisant le délai de 20 jours pour la première lecture à l'Assemblée – ce qui a conduit à stopper le débat au milieu du texte pour le transmettre au Sénat – il avait été porté atteinte aux droits du Parlement (Décis. 2023-849 DC du 14 avr. 2023).

2. *Les lois organiques*

395 Catégorie de normes intermédiaires entre la Constitution dont elles précisent les dispositions, et les lois ordinaires, les *lois organiques*[Q] sont mentionnées à 39 reprises par la Constitution. Elles en prolongent les dispositions lorsque celles-ci se bornent à édicter des principes fondamentaux. Seule la Constitution peut qualifier une loi d'organique.

En ce qui concerne la procédure d'adoption, un délai de réflexion de 15 jours est requis entre le dépôt du projet et la délibération par l'assemblée saisie. Par ailleurs, si le gouvernement demande à l'Assemblée de trancher le débat bicaméral (Const., art. 45), le vote des députés doit dégager une majorité absolue, ce qui signifie le recours au scrutin public à la tribune. Le Sénat ne peut cependant être écarté pour les lois organiques qui le concernent (ainsi que pour celles mentionnées à l'art. 88, al. 3 Const.).

3. *Les lois autorisant la ratification d'engagements internationaux*

396 L'article 53 de la Constitution prévoit l'autorisation parlementaire de la ratification des traités les plus importants (traités de paix, de commerce, relatifs à l'organisation internationale, engageant les finances de l'État, modifiant les dispositions de nature législative, relatifs à l'état des personnes, comportant cession, échange ou adjonction

de territoire). Dans ce cas, aucun amendement d'origine parlementaire ne peut être déposé. Le vote se fait sur le projet de loi et non sur le texte du traité et le plus souvent sans débat préalable.

4. *Les lois constitutionnelles*

Pour les révisions de la Constitution, le président de la République, après le vote d'une loi constitutionnelle en termes identiques par les deux Chambres, peut convoquer (à défaut de référendum) les députés et sénateurs en assemblée constituante. Cette formation spéciale du parlement, où tous les parlementaires forment un collège unique, constitue le « Congrès ». Celui-ci est convoqué par le président de la République par un décret contresigné du Premier ministre qui fixe l'ordre du jour, en l'occurrence le vote du projet de loi constitutionnelle. 397 ■

Le Congrès siège à Versailles, dans l'aile du Midi du château de Versailles. Son bureau est celui de l'Assemblée nationale. Ses pouvoirs sont fixés par le règlement du Congrès adopté le 20 décembre 1963 et révisé le 28 juin 1999. Il reprend les dispositions du règlement de l'Assemblée nationale en ce qui concerne la présidence des délibérations et des services, la direction des débats et le vote. Ne pouvant voter un autre texte que celui déjà approuvé par les deux assemblées, devant atteindre la majorité qualifiée des trois cinquièmes de suffrages exprimés pour l'adoption du projet, le Congrès dispose de compétences réduites.

Le vote des membres du Congrès est personnel mais une délégation de vote est autorisée : elle est personnelle, au nom d'un seul membre du Congrès et notifiée au président du Congrès avant le scrutin. Le scrutin public à la tribune peut être remplacé (ce qui est le cas depuis 1999) par un scrutin ordinaire dans des locaux adjacents à l'hémicycle. Le président du Congrès proclame les résultats et clôt la session.

5. *Le travail parlementaire en temps de crise sanitaire*

La Constitution de 1958 n'a pas prévu le fonctionnement du Parlement en période de crise sanitaire, empêchant les assemblées parlementaires de pouvoir se réunir normalement et de remplir leur fonction constitutionnelle. 398 ■

Cette situation inédite s'est produite lors de la pandémie de Covid de 2020-2021 où les mesures de confinement notamment, mais aussi le fait que des parlementaires étaient contaminés, ont contraint les assemblées et le gouvernement à s'adapter dans l'urgence.

Lors du déclenchement de l'épidémie en mars 2020, les assemblées, conformément à la tradition, s'étaient mises en congé le temps des élections municipales. Mais le report du second tour de celles-ci a contraint de convoquer le parlement en urgence et à modifier le calendrier de la session. Compte tenu des mesures de confinement et du développement d'un cluster à l'Assemblée nationale, la présence des parlementaires a été réduite : le 17 mars, le nombre de députés autorisés en séance est réduit à 3 par groupe, soit 18 au total ; il ne passera à 75 que fin avril et à l'ensemble des députés le 22 juin. Au Sénat, l'effectif autorisé est d'abord de 18 sénateurs et il croîtra progressivement pour atteindre 189 fin juin. La levée des sanctions pour absentéisme permet également de s'affranchir des règles de présence. Parallèlement, les règles de délégation de vote sont interprétées largement de façon à donner aux présidents de groupe la délégation de vote de l'intégralité de leur groupe.

Dans ces conditions, le principe de la délibération parlementaire a été *de facto* mis entre parenthèses.

Plus fondamentalement, c'est le travail législatif qui a été paralysé. Dès le début de la pandémie, le gouvernement a fait un usage intensif du recours aux ordonnances de l'article 38 de la Constitution. À elle seule, la mise en œuvre de l'état d'urgence sanitaire par la loi du 23 mars 2020 comprenait une quarantaine d'habilitations au gouvernement. Si l'on y ajoute que le recours systématique à la procédure accélérée a battu tous les records de célérité, avec l'acquiescement du Conseil constitutionnel, qui a considéré, à propos de la loi du 23 mars 2020 (adoptée en quatre jours) que « compte tenu des circonstances particulières de l'espèce, il n'y a pas lieu de juger que cette loi organique a été adoptée en violation des règles de procédure prévues à l'article 46 de la Constitution » (Cons. const. 26 mars 2020, n° 2020-799 DC), c'est une véritable dépossession de ses pouvoirs que le Parlement a acceptée. Outre les lois d'habilitation de l'article 38 de la Constitution, très peu de lois ordinaires ont été soumises au Parlement et leur examen a été réduit à quelques jours. Interrompu durant l'été 2020, la reprise de l'état d'urgence sanitaire en octobre 2020 jusqu'en juin 2021, avec une sortie progressive ensuite, a contraint le Parlement à une activité réduite prolongée, due non seulement à l'application des règles sanitaires mais surtout au faible nombre de projets de lois déposés par le gouvernement (les grands textes étant reportés *sine die*) et au fonctionnement au ralenti du travail de contrôle.

Pour s'adapter rapidement au nouveau contexte, l'Assemblée nationale avait adopté, le 1er mars 2021, une résolution modifiant son règlement afin notamment de permettre à la Conférence des présidents, « en cas de circonstances exceptionnelles de nature à affecter de façon significative les conditions de participation, de délibération ou de vote, d'adapter temporairement les modalités de participation, de délibération et de vote des députés lors des réunions de commission et en séance publique, le cas échéant par le recours à des outils de travail à distance, en tenant compte de la configuration politique de l'assemblée ». La Conférence des présidents devait se prononcer tous les quinze jours sur l'opportunité du maintien ou de la modification des décisions ainsi adoptées. Cette modification a été censurée par le Conseil constitutionnel (Cons. const. 1er avril 2021, n° 2021-814 DC), qui l'a jugée trop imprécise et ne lui permettant pas d'en mesurer la portée.

Il a fallu attendre juin 2021 pour que le Sénat adopte une proposition de révision de son règlement, destinée au départ à tirer les conséquences de la période de pandémie mais qui, en fin de compte, n'opère que des modifications marginales, compte tenu de la censure par le Conseil constitutionnel de la révision tentée par l'Assemblée nationale.

§ 3 La promulgation de la loi

399 La loi votée par le parlement, il reste une dernière étape (éventuelle) dans le processus législatif avant la promulgation au Journal officiel. L'obstacle éventuel à franchir est celui du contrôle de constitutionnalité opéré par le Conseil constitutionnel sur la base de l'article 61 Const. Cette « troisième lecture » a pris un développement considérable depuis la réforme de 1974 introduisant la saisine du juge constitutionnel par 60 députés ou 60 sénateurs. Ce contrôle constitue une épée de Damoclès qui pèse sur le législateur (et donc sur le gouvernement, à l'origine des projets de loi) et le conduit à anticiper les recours éventuels.

Si le contrôle de constitutionnalité aboutit à une déclaration de non-conformité d'une partie du texte, le président de la République a le choix entre la promulgation de la loi amputée des dispositions rejetées (comme pour la loi révisant la loi Falloux en 1995) ou la demande d'une nouvelle délibération (comme pour la loi relative à la Nouvelle-Calédonie en août 1985).

La promulgation de la loi par le président de la République est faite dans les quinze jours qui suivent la transmission du texte définitif au gouvernement, le chef de l'État ayant eu la possibilité de demander, durant ce délai, une nouvelle délibération au parlement (Const., art. 10, al. 2). Après promulgation, la loi est publiée au Journal officiel.

section 3

Le pouvoir de sanction

Le principe de la responsabilité politique du gouvernement devant le parlement est consubstantiel au régime parlementaire. Il est donc rappelé par l'article 20 de la Constitution. 400 ■

Toutefois, ce principe a été reformulé afin de rompre avec la traditionnelle instabilité gouvernementale qui caractérisait les régimes antérieurs.

Sous la Ve République, le gouvernement bénéficie d'une confiance présumée du parlement : il n'a pas à en faire la démonstration. C'est à ses adversaires au parlement d'apporter la preuve contraire.

Les dispositions constitutionnelles ont donc établi des règles très strictes de mise en cause de la responsabilité du gouvernement. Et le Conseil constitutionnel comme l'exécutif ont veillé à ce qu'aucune pratique parallèle ne se substitue à ces dispositions.

La responsabilité politique du gouvernement ne peut être engagée que devant l'Assemblée nationale. Elle peut l'être à l'initiative du gouvernement ou de l'opposition parlementaire.

§ 1 L'initiative du gouvernement

Le Premier ministre, au nom du gouvernement, peut engager sa responsabilité de deux façons : la première est celle de la question de confiance traditionnelle (Const., art. 49, al. 1er), la seconde celle de l'*engagement de responsabilité*^Q^ sur le vote d'un texte (Const., art. 49, al. 3). 401 ■

A. La question de confiance

Selon l'article 49, alinéa 1er de la Constitution, « le Premier ministre, après délibération du Conseil des ministres, engage devant l'Assemblée nationale la responsabilité du gouvernement sur son programme ou éventuellement sur une déclaration de politique générale ». 402 ■

La première question qui s'est posée dès janvier 1959 était de savoir si le Premier ministre était tenu de solliciter la confiance des députés dès la constitution de son gouvernement. Malgré l'engagement de responsabilité de Michel Debré le 15 janvier 1959, la tradition ne s'est pas imposée (aucun vote de confiance de 1962 à 1973), la Constitution ayant supprimé l'investiture puisque le gouvernement a une existence juridique dès sa nomination par le président de la République (Const., art. 8). Les Premiers ministres ont donc engagé la responsabilité de leur gouvernement lorsqu'ils désiraient s'attirer les bonnes grâces de leur majorité. Le gouvernement de Jean-Pierre Raffarin obtient sans difficulté sa confiance au lendemain de sa constitution en juillet 2002, renouvelée en avril 2004 ; tout comme celui de François Fillon en juillet 2007. Depuis la XIVe législature, les Premiers ministres ont systématiquement eu recours à l'article 49, alinéa 1er de la Constitution sur une déclaration de politique générale, après leur nomination ou après un remaniement ministériel. Ainsi, Jean-Marc Ayrault en juillet 2012, Manuel Valls en avril et en septembre 2014, Bernard Cazeneuve en décembre 2016, Édouard Philippe en juillet 2017 et juin 2019 ainsi que Jean Castex en juillet 2020 ont engagé la responsabilité du gouvernement selon cette procédure.

Les Premiers ministres peuvent aussi engager la responsabilité de leur gouvernement lorsque le contexte politico-institutionnel l'imposait : cohabitation où le Premier ministre tire sa légitimité de l'Assemblée contre le chef de l'État (1986, 1993, 1997), situation où le gouvernement qui est constitué au lendemain de l'élection présidentielle s'appuie sur une majorité parlementaire qui préexistait à cette élection (gouvernement Juppé en mai 1995).

Outre cette première hypothèse, la question de confiance est une arme destinée à vérifier l'état des rapports entre le Premier ministre et sa majorité (Raymond Barre en avril 1977 pour remettre le RPR dans le rang ou Pierre Mauroy en avril 1984 pour mettre au pied du mur les députés communistes). La question de confiance peut aussi être utilisée par le Premier ministre pour conforter sa propre position face aux menaces qui pèsent sur son avenir. Ce fut le cas de Jacques Chaban-Delmas qui tenta, par ce moyen, de forcer la main du président Pompidou en mai 1972 qui l'autorisa, en Conseil des ministres, à utiliser l'article 49, al. 1 « s'il le juge utile » ; le vote de confiance n'empêchera pas son renvoi.

Aucune question de confiance n'a eu d'issue négative depuis 1959 bien que seule la majorité simple des suffrages exprimés soit exigée.

B. L'engagement de responsabilité sur un texte

403 Selon l'article 49, alinéa 3 de la Constitution, « le Premier ministre peut, après délibération du Conseil des ministres, engager la responsabilité du gouvernement devant l'Assemblée nationale sur le vote d'un projet de loi de finance ou de financement de la Sécurité sociale. Dans ce cas, ce projet est considéré comme adopté, sauf si une motion de censure, déposée dans les 24 heures qui suivent, est votée dans les conditions prévues à l'alinéa précédent. Le Premier ministre peut, en outre, recourir à cette procédure pour un autre projet ou une proposition de loi par session ». Dans cette rédaction modifiée substantiellement lors de la révision de juillet 2008, le recours à l'engagement de responsabilité sur un texte est limité aux grands textes financiers et à un texte par session alors que, depuis 1958, il pouvait s'appliquer sans limite à tout projet ou proposition de loi.

Cette procédure, qui a été l'arme suprême du « parlementarisme rationalisé », puisqu'elle permet de faire passer un texte sans vote, a été introduite pour éviter au gouvernement d'être renversé lors du débat sur un texte, à une majorité simple (ce qui était le cas sous la IVᵉ République). La réplique trouvée est draconienne puisque le texte est réputé approuvé, sauf vote d'une *motion de censure*[Q] à la majorité absolue des membres composant l'assemblée.

Cette procédure a été utilisée 87 fois depuis 1958. 404 ■

Si l'usage de cette procédure a été relativement limité aux débuts de la Vᵉ République (18 fois de 1958 à 1981), il en a été différemment à partir des années 1980 (64 fois de 1981 à 2007). L'article 49 alinéa 3 est devenu une arme utilisée pour discipliner la majorité, voire pour éviter à une partie de celle-ci d'afficher ses états d'âme. Raymond Barre y recourt 8 fois à l'automne 1979 pour le vote de la loi de finances, Pierre Mauroy y aura également recours 7 fois pour contourner les réticences communistes et Jacques Chirac (en 1986-1988) huit fois, mais c'est Michel Rocard, qui ne dispose en 1988-1991 pour soutien que de la majorité relative de l'Assemblée, qui en fera l'usage le plus intensif, avec 28 recours à l'article 49, alinéa 3 en 3 ans, auxquels ne feront réplique que 5 motions de censure. Elisabeth Borne, confrontée elle aussi à l'absence de majorité, a dû recourir 11 fois à l'article 49, al. 3 de la Constitution, en un an, à quoi les oppositions ont répliqué par 14 motions de censure.

L'article 49, alinéa 3 de la Constitution a été également utilisé pour stopper l'obstruction de l'opposition : Alain Juppé y a recours en 1995, Jean-Pierre Raffarin en 2003, Dominique de Villepin en 2006 et Manuel Valls en 2015 et en 2016. Édouard Philippe avait également annoncé l'utilisation de cette procédure, en 2020, avant que le projet de réforme des retraites soit abandonné en raison du contexte sanitaire de la Covid-19.

Dans sa version nouvelle issue de la révision de 2008, il est difficile au Premier ministre d'en faire sa principale arme défensive, même s'il peut l'utiliser à tout moment de la procédure, y compris à plusieurs reprises, à propos du même texte. C'est pourtant ce à quoi a été contrainte Elisabeth Borne quitte à ruser, par exemple, en 2023, en glissant la réforme des retraites dans une loi de financement rectificative de la Sécurité sociale pour bénéficier du maintien intégral de l'usage de cette procédure pour les textes financiers.

Lors des débats parlementaires sur la loi constitutionnelle du 23 juillet 2008, de nombreuses voix se sont élevées pour défendre le maintien de ce texte dans sa version originale, au motif qu'il sert davantage à discipliner la majorité qu'à combattre l'opposition.

Comme pour l'article 49, alinéa 1ᵉʳ de la Constitution, aucune motion de censure déposée dans ce cadre n'a eu de succès. La motion de censure déposée dans le cadre de l'article 49, alinéa 3 l'est selon les mêmes procédures que celle déposée dans le cadre de l'article 49, alinéa. 2 de la Constitution.

§ 2 L'initiative des députés (Const., art. 49, al. 2)

À l'inverse des régimes antérieurs, la Constitution de 1958 a réglementé très étroitement la procédure de la *motion de censure*[Q], aussi bien dans sa mise en œuvre que dans son application. 405 ■

Celle-ci, pour être recevable, doit être signée par au moins un dixième des députés. Un même député ne peut signer plusieurs motions de censure à la fois. La *priorit*é du gouvernement n'est pas opposable à l'ordre du jour.

Le vote n'a lieu que 48 heures après le dépôt de la motion, dont la date de discussion est fixée par la conférence des présidents. Dès que la discussion est engagée, la motion ne peut plus être retirée ou amendée. Si plusieurs motions de censure ont été présentées, leur discussion peut être commune mais le vote sur ces motions restera séparé.

Nouveauté décisive, seuls les députés favorables à la motion de censure participent au scrutin qui a lieu à la tribune. La motion doit atteindre la majorité absolue. Tous les députés qui ne participent pas au vote sont donc présumés soutenir le gouvernement, ce qui inclut ceux qui, dans un scrutin ordinaire, se seraient abstenus.

Le dépôt de motions de censure est limité : un député ne peut être signataire de plus de trois motions de censure au cours d'une même session ordinaire et de plus d'une au cours d'une même session extraordinaire (Const., art. 49, al. 2 mod. par la révision d'août 1995). Cette limitation n'inclut pas les motions de censure déposées dans le cadre de l'article 49, alinéa 3 puisque c'est le gouvernement qui en a pris en quelque sorte l'initiative. Les « abstentionnistes » sont donc considérés comme favorables au gouvernement. Cette manière de les compter est à l'avantage du gouvernement et vise à rendre plus difficile l'adoption d'une motion de censure et favorise donc la stabilité gouvernementale. Elle participe à la rationalisation du parlementarisme sous la Ve République.

Une seule motion de censure a connu une issue positive depuis 1958 : celle votée contre le gouvernement Pompidou le 5 octobre 1962. Depuis, le développement du fait majoritaire a modifié radicalement les conditions politiques d'utilisation de la motion de censure ordinaire. Celle-ci n'est plus utilisée par l'opposition que pour imposer un débat solennel en brisant la logique de l'ordre du jour prioritaire fixé par le gouvernement.

Seul le gouvernement Bérégovoy en juin 1992 a failli être victime de la censure au titre de l'article 49, alinéa 2 : la conjonction des oppositions dans la critique de la politique agricole commune n'a manqué que de 3 voix la majorité absolue. Mais les gouvernements socialistes, durant la législature 1988-1993 ont réussi à se maintenir malgré l'absence de majorité absolue les soutenant, faisant la preuve de l'efficacité des mécanismes prévus à l'article 49 de la Constitution. Prudemment, il n'a été fait recours à l'article 49, alinéa 1er (question de confiance où la majorité simple suffit à renverser le gouvernement) que pour faire approuver… la politique du président de la République durant le conflit du Golfe en janvier 1991, le gouvernement Rocard sachant que cette politique jouissait d'un large assentiment à droite. Le gouvernement d'Elisabeth Borne a fait de même, car confronté à la même situation au lendemain des élections législatives de 2022, où aucune majorité ne s'est dégagée, la coalition présidentielle obtenant 43 sièges de moins que la majorité absolue (246 sur 577), il lui a fallu éviter l'addition des oppositions et trouver des soutiens au coup par coup. Si la plupart des 17 motions de censure déposées en un an depuis la nomination d'Elisabeth Borne ont été des réponses à l'utilisation de l'article 49, al. 3 Const. (14), trois ont été des initiatives parlementaires dans le cadre de l'article 49, al. 2 Const.

Le vote de la motion de censure et la mise en minorité du gouvernement en cas d'utilisation de l'article 49, al. 1er de la Constitution obligent le Premier ministre à présenter au président de la République la démission collective du gouvernement (Const., art. 50). Celui-ci demeure en fonction afin d'expédier les affaires courantes, c'est-à-dire celles qu'impose la continuité de l'État.

Le chef de l'État pourra soit nommer un nouveau Premier ministre, soit dissoudre l'Assemblée nationale (Const., art. 12) afin de procéder à des élections générales. Ce qui est conforme à l'esprit des institutions et a d'ailleurs été appliqué lors du seul renversement d'un gouvernement dans l'histoire de la Ve République (gouvernement Pompidou en 1962).

§ 3 L'approbation du Sénat

Conçue afin de permettre au gouvernement de trouver un appui politique au Sénat en cas de difficultés à l'Assemblée nationale, la faculté pour le Premier ministre de demander au Sénat l'approbation d'une déclaration de politique générale (Const., art. 49 al. 4) a longtemps été inutilisée. Cette procédure n'implique aucune responsabilité politique du gouvernement devant le Sénat et un vote négatif n'aurait aucun effet sur la légitimité de l'exécutif. 406 ■

Le gouvernement Chirac y a fait recours pour la première fois en juin 1975, une fois les relations cordiales entre majorité présidentielle et majorité sénatoriale établies. Puis Raymond Barre en fit autant en 1977 et 1978. Jacques Chirac y aura à nouveau recours en 1986 et 1987, puis Édouard Balladur en 1993. Alain Juppé, Jean-Pierre Raffarin, Dominique de Villepin, François Fillon et Édouard Philippe l'ont utilisé, parallèlement avec l'article 49, alinéa 1er de la Constitution à l'Assemblée nationale, lors de la constitution de leur gouvernement.

À gauche, seul Michel Rocard se risqua à utiliser cette procédure, rompant avec l'état d'hostilité ouverte entre la gauche au pouvoir et la droite sénatoriale en 1981-1986 et 1988-1993 : il s'agissait, habilement, de faire approuver la politique étrangère du président de la République en direction de l'Europe de l'Est au lendemain de la chute du mur de Berlin (nov. 1989) et lors de la guerre du Golfe (en janv. 1991). Lors de la XIVe législature (2012-2017), ni Jean-Marc Ayrault, ni Manuel Valls, ni Bernard Cazeneuve n'y ont eu recours.

Jusqu'à la déclaration d'Édouard Philippe, le 13 juin 2019, la procédure de l'article 49, alinéa 4 n'avait jamais été utilisée sur une déclaration de politique générale par un Premier ministre avec un Sénat d'opposition. Les seules applications dans ce contexte avaient été sur des déclarations de politiques étrangères.

L'approbation de la politique générale d'Édouard Philippe a d'ailleurs été rejetée, comme attendu, par le Sénat par 93 voix contre 71 (et 181 abstentions dont celles du groupe Les Républicains) mais l'objectif pour le Premier ministre était certainement de compter le nombre de sénateurs pouvant soutenir le projet de réforme constitutionnelle qu'il souhaitait alors faire adopter devant le Congrès (et qui nécessitait donc une majorité des 3/5e). Projet qui sera finalement abandonné, faute du soutien nécessaire.

section 4

Le pouvoir de contrôle

§ 1 Le contrôle de la politique de défense

En matière de contrôle de la politique de défense, domaine traditionnel de l'exécutif, les constituants de 1958 s'étaient limités à l'article 35 de la Constitution, qui prévoit que la déclaration de guerre doit être autorisée par le parlement (le gouvernement par contre décrète la mobilisation générale). Il s'agit d'une hypothèse d'école car les guerres ne sont plus déclarées et les conflits modernes échappent aux règles du droit de la guerre inventées au XIXe siècle. 407 ■

La France participe surtout de nos jours à des opérations militaires extérieures conduites sur la base d'accords de défense bilatéraux (en Afrique notamment) ou d'accords de sécurité collective (dans le cadre des Nations unies ou de l'Alliance atlantique). Jusqu'à la révision constitutionnelle du 23 juillet 2008, le contrôle parlementaire de ces opérations militaires était quasi-inexistant.

Le seul cas est celui de la « guerre du Golfe » (janv. 1991) : le gouvernement Rocard avait sollicité la confiance de l'Assemblée nationale sur la base de l'article 49, alinéa 1er de la Constitution afin qu'elle approuvât la participation de la France aux opérations militaires. La confiance avait porté sur la déclaration du gouvernement relative à cette participation. Elle faisait suite à un message du président au parlement l'informant qu'il allait ordonner l'emploi des moyens militaires que commandait la participation de la France à la mise en œuvre des résolutions de l'Organisation des Nations unies. Le Sénat fut également sollicité (sur la base de l'art. 49, al. 4 Const.) pour approuver la même déclaration.

C'est pourquoi, en s'inspirant du *War powers Act* américain de 1971, le nouvel article 35 de la Constitution prévoit une procédure d'information et d'autorisation du Parlement.

Le gouvernement doit informer le Parlement de toute décision de faire intervenir les forces armées à l'étranger. Cette information doit survenir dans les trois jours qui suivent le début des opérations. Cette information doit indiquer les objectifs poursuivis et donner éventuellement lieu à un débat qui n'est suivi d'aucun vote.

Si la durée de l'intervention excède quatre mois, le parlement doit donner son autorisation pour la prolongation de l'intervention (s'il n'est pas en session, il se prononce à l'ouverture de la session suivante). En cas de désaccord entre les deux assemblées, l'Assemblée nationale décide en dernier ressort. Il a été fait une première application de cette nouvelle disposition lors de la session extraordinaire de septembre 2008, le gouvernement demandant au Parlement l'autorisation de prolonger l'envoi de forces armées en Afghanistan dans le cadre d'une force d'intervention internationale (FIAS) approuvée par les Nations unies. Cette autorisation a été accordée par les deux assemblées. Il en a été de même pour l'intervention en Libye en juillet 2011, au Mali en janvier 2013, en Centrafrique en décembre 2013, en Irak (opération Chammal) en septembre 2014, en Syrie en septembre 2015.

§ 2 L'information du parlement

■ 408 La fonction de contrôle dévolue au parlement prend également la forme d'un travail d'information qui peut utiliser diverses procédures, à l'initiative du gouvernement ou des parlementaires.

A. Les déclarations du gouvernement non suivies de vote

■ 409 Le gouvernement peut, de sa propre initiative ou à la demande d'un groupe parlementaire, faire une déclaration sur un sujet déterminé, suivie d'un débat mais non d'un engagement de responsabilité, sur la base du nouvel article 50-1 de la Constitution adopté lors de la révision du 23 juillet 2008 (et jusqu'alors sur la base des art. 132 du Règl. AN et 39 du Règl. Sénat, ou L. org. du 1er août 2001, art. 52 relative aux lois de finances pour le débat d'orientation budgétaire).

Les gouvernements Rocard, Cresson et Bérégovoy, qui ne disposaient pas d'une majorité absolue pour les soutenir à l'Assemblée, eurent recours à cette procédure. Depuis la révision de 2008, cette procédure a été utilisée à plusieurs reprises, surtout au Sénat. Par exemple, Jean-Marc Ayrault, après avoir obtenu le vote de confiance des députés au lendemain de la constitution de son gouvernement en juillet 2012, a préféré recourir à cette procédure devant les sénateurs plutôt qu'à celle de l'article 49-4 de la Constitution ; son successeur Manuel Valls l'a utilisée le 28 octobre 2014, devant le seul Sénat, à propos de la réforme territoriale. Bernard Cazeneuve, le 14 décembre 2016, Édouard Philippe, le 5 juillet 2017, et Jean Castex le 16 juillet 2020, l'ont utilisée sur leur déclaration de politique générale.

Le gouvernement peut également faire une déclaration sans débat suivie d'une réponse par orateur (art. 132 du Règl. AN et art. 39 du Règl. Sénat) et le Premier ministre a toujours la faculté d'intervenir même sans inscription à l'ordre du jour sur la base de l'art. 31 de la Constitution (« Les membres du gouvernement [...] sont entendus lorsqu'ils le demandent »).

B. Les questions des parlementaires

Les parlementaires peuvent interroger le gouvernement sous forme de questions 410 ■
écrites ou orales.

– Les questions écrites consistent en une demande de renseignement adressée par un parlementaire à un ministre. Procédure coutumière apparue en 1910 et très utilisée (plusieurs milliers par an), elles obligent le ministre à répondre dans le délai d'un mois – qui peut être renouvelé une fois. Le ministre peut ne pas répondre si l'intérêt public l'exige (Règl. Sénat, art. 75).

– Les questions orales peuvent prendre diverses modalités.

Les questions orales avec débat sont tombées en désuétude aux débuts de la Vᵉ République : la dernière inscrite à l'ordre du jour remonte à 1978 à l'Assemblée. Les questions orales sans débat n'ont guère eu plus de succès. Se déroulant le vendredi, elles ont été victimes de l'absentéisme (ministériel et parlementaire) après avoir subi l'interprétation restrictive du Conseil constitutionnel qui, dès 1964, avait interdit de scinder en deux séances, mêmes successives, le temps réservé aux questions orales.

Depuis la modification du 27 mai 2009 du règlement de l'Assemblée nationale, celui-ci fait simplement mention des questions orales, sans autre précision, la conférence des présidents organisant librement les séances un jour par semaine et plusieurs jours durant la semaine consacrée au contrôle (Règl. AN, art. 134 pris en application de l'al. 4 de l'art. 48 Const. révisé en 2008). Au Sénat, les questions orales sont réglementées par la conférence des présidents, la séance se déroulant le mardi auquel s'ajoutent les séances de la semaine de contrôle (Règl. Sénat, art. 77).

À partir de 1969, et pour tenir compte du succès médiocre des questions orales, une 411 ■
procédure nouvelle s'est développée par l'introduction dans le règlement de l'Assemblée nationale des « questions d'urgence », devenues « questions d'actualité ». Celles-ci ont été mises en valeur à partir de 1974 à la demande de Valéry Giscard d'Estaing. Leur procédure est réglée par simple convention entre les groupes politiques de l'Assemblée et entre l'Assemblée et le gouvernement et fait l'objet d'une adaptation

permanente par la conférence des présidents, sans modification du règlement. Depuis l'instauration de la session unique en 1995, les questions au gouvernement font l'objet de deux séances hebdomadaires d'une heure le mardi et le mercredi à l'Assemblée et d'une séance bimensuelle le jeudi au Sénat. Leur retransmission en direct à la télévision a renforcé leur succès auprès des parlementaires, notamment pour la visibilité qu'elles apportent.

Enfin, des mini-débats peuvent s'engager par le biais des « *rappels au règlement*[Q] ». Cette procédure, prévue afin de permettre à un membre d'une assemblée d'attirer l'attention du président de séance sur le non-respect des règles de délibération, est souvent utilisée pour prendre la parole de manière intempestive dans la mesure où l'auteur du rappel au règlement se voit accorder immédiatement la parole. Le règlement des assemblées prévoit que le président peut lui retirer la parole si son intervention n'a « manifestement aucun rapport avec le règlement ou le déroulement de la séance » (Règl. AN, art. 58), mais cette mesure d'autorité est peu utilisée.

§ 3 L'évaluation des politiques publiques

■ 412 L'évaluation des politiques publiques est devenue le mode de contrôle le plus moderne (sinon à la mode) de l'action de l'État. Son contenu est variable : il peut aller du simple contrôle de gestion à une évaluation qualitative qui étudie si les objectifs fixés ont été atteints et dans quelles conditions, quel a été leur impact économique et social sur le milieu, etc.

La nouvelle loi organique relative aux lois de finances (adoptée en 2001), qui a reconstruit l'architecture du budget de l'État (par missions et programmes) pour faciliter son évaluation, a été la première étape dans ce sens. La révision constitutionnelle du 23 juillet 2008 a introduit la nouvelle démarche dans la Constitution. D'abord en obligeant le gouvernement à introduire l'évaluation *a priori* dans les projets de loi, sous forme d'annexes contrôlées par le Parlement (Const., art. 39, al. 3 et 4) ; puis en faisant de l'évaluation des politiques publiques une des missions du Parlement (Const., art. 24) ; enfin et surtout en donnant au Parlement les moyens d'y parvenir, en plaçant la Cour des comptes, jusqu'alors indépendante des assemblées, à leur service pour contrôler l'action du gouvernement et évaluer les politiques publiques, tandis qu'elle assistera le gouvernement et le Parlement pour contrôler l'exécution des lois de finances et de financement de la sécurité sociale (Const., art. 47-2). La révision de 2008 a aussi permis au Parlement de créer des commissions d'enquêtes pour recueillir des éléments d'information afin de contrôler et d'évaluer l'action gouvernementale (Const., art. 51-2). De surcroît une semaine de séance sur quatre est désormais réservée par priorité et dans l'ordre fixé par chaque assemblée au contrôle du gouvernement et à l'évaluation des politiques publiques (Const., art. 48).

§ 4 Le Conseil économique, social et environnemental

■ 413 La révision constitutionnelle de 2008 a également renforcé le rôle consultatif du Conseil économique, social et environnemental (Const., art. 71) qui n'est en aucun cas une « troisième Chambre » du parlement. Il peut être saisi par le gouvernement ou le Parlement pour avis de tout projet ou proposition de loi, de projet d'ordonnance ou de décret, ou de tout « problème à caractère économique, social ou environnemental ». L'avis du CESE est obligatoire pour les projets de loi de programmation. Cette assemblée consultative comprend 233 membres, issus majoritairement du monde économique et social (désignés par les syndicats patronaux ou de salariés) et en partie du monde politique (« personnalités qualifiées »).

Compléments pédagogiques

Mémo

Sous la Vᵉ République, le parlement n'est plus au centre des institutions. Le *statut* des parlementaires (*incompatibilités, immunités*) est marqué par un *recul de l'irresponsabilité*. Le régime juridique des élections a renforcé les procédures de contrôle (découpage électoral, juge de l'élection). Le *fonctionnement* du parlement est régi par le *règlement des assemblées*. Si *l'organisation interne* (*bureau*, *groupes*, *commissions*) est restée stable, le *travail parlementaire* a considérablement évolué : passage à la *session unique* depuis 1995 et surtout *modification du statut de la loi, subordonnée à la Constitution et dont le domaine a été limité*. Si la distinction loi/règlement a été atténuée dans la pratique et la jurisprudence, le *contrôle de constitutionnalité a été renforcé* et élargi par la jurisprudence du Conseil constitutionnel, tout comme la soumission aux normes internationales. Quant à la *procédure législative*, elle est marquée, depuis la révision constitutionnelle de 2008, par un *équilibre entre les pouvoirs* du Premier ministre et ceux des assemblées et de leurs commissions, tandis que le *contrôle politique du gouvernement par l'Assemblée nationale est réduit* par la présomption de confiance qui régit les mécanismes d'engagement de responsabilité.

La procédure législative ordinaire

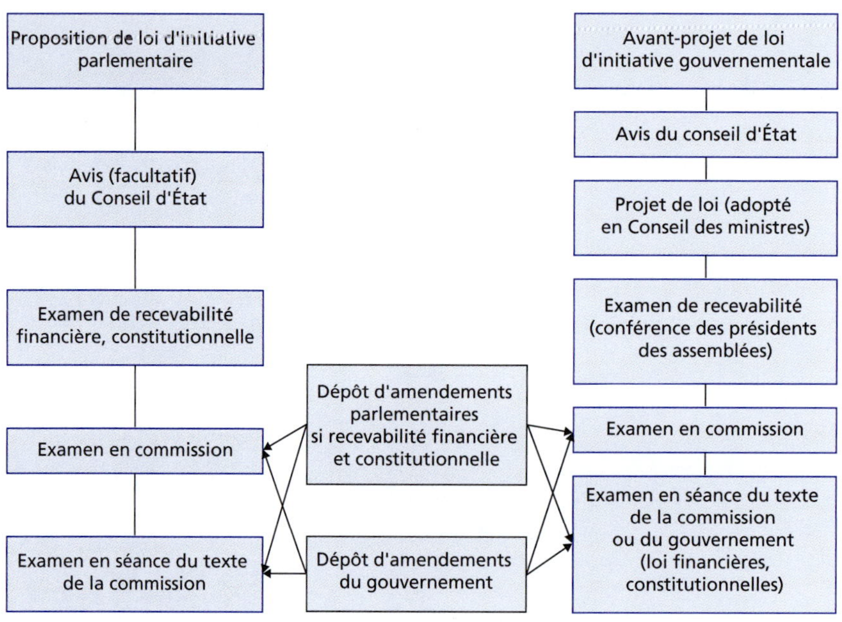

Quid

■ Bureau n° 344

Autorité collégiale d'une assemblée chargée de régler ses délibérations et d'organiser et diriger ses services. Elle comprend le président, les vice-présidents, les questeurs et les secrétaires.

■ Commission d'enquête (ou de contrôle) n° 351

Commission temporaire créée par une assemblée aux fins de l'informer sur des faits déterminés (enquête) ou d'étudier la gestion d'un service public (contrôle).

■ Commission mixte paritaire n° 392

Commission composée de 7 députés et 7 sénateurs désignés *ad hoc* par les assemblées et réunie à l'initiative du Premier ministre pour trouver un compromis sur les dispositions d'un texte examiné par le parlement sur lesquelles les deux Chambres ne sont pas parvenues à un accord.

■ Commission permanente n° 350

Formation interne à une assemblée chargée d'examiner les projets et propositions de loi et de remettre un rapport qui conclut à l'adoption, au rejet ou à la modification du texte.

■ Conférence des présidents n°s 344, 346

Formation interne à une assemblée composée du bureau de celle-ci, des présidents de commission et des présidents de groupes, du rapporteur de la commission des Finances et de celui des Affaires sociales, ainsi que du représentant du gouvernement, chargée de fixer l'ordre du jour des travaux de l'assemblée.

■ Conflit d'intérêts n° 334

Constitue un conflit d'intérêts toute situation d'interférence entre un intérêt public et des intérêts publics ou privés qui est de nature à influencer ou à paraître influencer l'exercice indépendant, impartial et objectif d'une fonction.

■ Engagement de responsabilité n° 401

Procédure par laquelle le gouvernement s'engage à démissionner s'il n'a pas obtenu la confiance de l'Assemblée à propos d'une déclaration de politique générale (Const., art. 49, al. 1) ou d'un texte (Const., art. 49, al. 3).

■ Exception d'irrecevabilité n° 384

Motion de procédure propre au Sénat ayant pour objet de faire reconnaître que le texte législatif proposé est contraire à une ou plusieurs dispositions constitutionnelles et qui, si elle est votée, entraîne le rejet du texte.

■ Incompatibilités n°s 329, 333

Interdiction de cumul d'activités privées, de fonctions publiques non électives ou de mandats publics électifs avec le mandat parlementaire et faisant obligation de choisir entre ces mandats ou fonctions sous peine de démission d'office.

■ Inéligibilité n° 329

Interdiction de candidater à une élection. Elle est soit absolue (conditions de nationalité et d'âge, incapacité, condamnations pénales) soit relative (durant un certain délai).

■ Loi n° 358

Acte voté par le parlement et promulgué par le président de la République. Depuis 1958, la loi n'intervient que dans les domaines définis par la Constitution (Const., art. 34) mais étendus par la pratique et la jurisprudence constitutionnelle.

■ Loi de finances n°s 372, 394

Sous ce même terme on regroupe la loi de finances annuelle ou budget qui fixe pour l'année civile les ressources et les charges de l'État, la loi de finances rectificative qui la modifie éventuellement en cours d'année et la loi de règlement qui constate les résultats financiers de l'année civile.

■ Loi de financement de la Sécurité sociale n°s 372, 394

Loi déterminant les conditions générales de l'équilibre financier de la Sécurité sociale et, compte tenu des prévisions de recette, les objectifs de dépenses (Const., art. 34, al. 5).

■ Loi organique n°s 372, 394, 395

Loi prévue par la Constitution, adoptée selon une procédure spéciale et pour laquelle le contrôle du Conseil constitutionnel est obligatoire.

■ Majorité n° 388

Pluralité des suffrages exprimés nécessaire pour l'adoption d'un texte : la majorité peut être simple (pluralité des suffrages exprimés) ou qualifiée : majorité absolue (la moitié plus un des membres de l'assemblée comme pour la motion de censure) ou des trois cinquièmes (révision constitutionnelle par le Congrès).

■ Motion de censure n°s 403, 405

Motion par laquelle l'Assemblée nationale met en cause la responsabilité du gouvernement.

■ Motion de rejet préalable n° 384

Motion de procédure propre à l'Assemblée nationale ayant pour objet de faire reconnaître que le texte législatif proposé est contraire à une ou plusieurs dispositions constitutionnelles ou de faire décider qu'il n'y a pas lieu de délibérer.

■ Navette n° 390

Va-et-vient d'un texte entre les deux assemblées du parlement jusqu'à ce qu'elles parviennent à un accord.

■ Ordre du jour n° 346

Calendrier des travaux d'une assemblée fixé hebdomadairement par la conférence des présidents de celle-ci.

■ Président d'assemblée n° 345

Personne chargée de convoquer et de diriger les réunions d'une assemblée, ainsi que d'en diriger les services et d'en assurer la sécurité. Le président de l'Assemblée nationale est élu pour la législature, celui du Sénat pour trois ans.

■ Procédure accélérée n° 392

Dénommée procédure d'urgence avant 2008, elle permet au gouvernement d'imposer une seule lecture du texte législatif et la convocation de la commission mixte paritaire.

■ Question préalable n° 384

Motion de procédure propre au Sénat ayant pour but de faire décider qu'il n'y a pas lieu à délibérer sur un texte législatif avant que ne s'engage la discussion générale.

■ Rappel au règlement n° 411

Incident de procédure permettant à un parlementaire de saisir le président de séance pour un manquement aux règles de délibération. Souvent détourné pour une sorte d'interpellation.

■ Règlement n° 325

Décisions du pouvoir exécutif, à caractère général et impersonnel, prises sous forme de décret ou d'arrêté.

■ Renvoi en commission n° 384

Motion de procédure commune aux deux assemblées et demandant le renvoi du texte à la commission saisie au fond et ayant pour effet, en cas d'adoption de la motion, de suspendre le débat jusqu'à la présentation par la commission d'un nouveau rapport.

■ Règlement d'assemblée n° 342

Loi intérieure d'une assemblée pour organiser son fonctionnement et sa discipline internes.

■ Suppléant n° 338

Personne appelée à remplacer en cours de mandat le parlementaire avec lequel il a été élu. Ce remplacement est définitif en cas de vacance du siège pour cause de décès, de nomination au Conseil constitutionnel, de prolongation au-delà de six mois d'une mission temporaire confiée par le gouvernement, et temporaire en cas de nomination au gouvernement (le ministre récupérant son siège un mois après la fin de ses fonctions gouvernementales).

Documents

Motion de censure du 2 octobre 1962 adoptée par 280 voix

L'Assemblée nationale,

considérant que la démocratie suppose le respect de la loi, et, par-dessus tout, de la loi suprême qu'est la Constitution ;

considérant que le peuple français étant souverain, la Constitution a précisément pour objet de définir la manière dont s'exerce sa souveraineté, soit par la voie des représentants du peuple, soit par le peuple lui-même ;

considérant que la Constitution, dont le général de Gaulle est l'auteur et qu'il a fait approuver, en 1958, par le peuple français, prescrit formellement dans un titre spécial qu'une proposition de révision doit être :

1° votée par les deux chambres du parlement ;
2° approuvée par un référendum, le peuple français ayant été éclairé par les débats parlementaires ;
considérant qu'en écartant le vote par les deux chambres, le président de la République viole la Constitution dont il est le gardien ;
considérant qu'il ouvre ainsi une brèche par laquelle un aventurier pourrait passer un jour, pour renverser la République et supprimer les libertés ;
considérant que le président de la République n'a pu agir que sur la « proposition » du Gouvernement ;
censure le Gouvernement conformément à l'article 49, alinéa 2 de la Constitution.

Décision du Conseil constitutionnel du 30 juillet 1982, Blocage des prix et revenus (extraits)

Si les articles 34 et 37, alinéa 1er de la Constitution établissent une séparation entre le domaine de la loi et celui du règlement, la portée de ces dispositions doit être appréciée en tenant compte de celles des articles 37, alinéa 2 et 41 ; que la procédure de l'article 41 permet au gouvernement de s'opposer au cours de la procédure parlementaire et par la voie d'une irrecevabilité à l'insertion d'une disposition réglementaire dans une loi, tandis que celle de l'article 37, alinéa 2 a pour effet, après la promulgation de la loi et par la voie d'un déclassement, de restituer l'exercice de son pouvoir réglementaire au gouvernement et de donner à celui-ci le droit de modifier une telle disposition par décret ; que l'une et l'autre de ces procédures ont un caractère facultatif ; qu'il apparaît ainsi que, par les articles 34 et 37, alinéa 1er, la Constitution n'a pas entendu frapper d'inconstitutionnalité une disposition de nature réglementaire contenue dans une loi, mais a voulu, à côté du domaine réservé à la loi, reconnaître à l'autorité réglementaire un domaine propre et conférer au gouvernement, par la mise en œuvre des procédures spécifiques des articles 37, alinéa 2 et 41, le pouvoir d'en assurer la protection contre d'éventuels empiétements de la loi.

Biblio

- P. Avril, J. Gicquel, J. -E. Gicquel, *Droit parlementaire*, 6e éd., Paris, Montchrestien, 2021.
- D. Baranger, *Penser la loi. Essai sur le législateur des temps modernes*, Gallimard, 2018.
- J.-Cl. Bécane, M. Couderc, J. L. Hérin, *La loi*, 2e éd., Paris, Dalloz, coll. « Méthode du droit », 2010.
- J.-P. Camby, P. Servent, *Le travail parlementaire sous la Cinquième République*, 5e éd., Paris, Montchrestien, 2010.
- R. Drago (dir.), *La confection de la loi*, PUF, 2005.
- T. Ehrhard, J. de Saint-Sernin, « La réforme électorale continue du Sénat de la Ve République : changer le mode de scrutin pour réformer les institutions ? », *Revue du droit public et de la science politique en France et à l'étranger*, 2018, n° 1.
- J. Guarrigues (dir.), *Histoire du Parlement de 1789 à nos jours*, Armand Colin, 2007.
- J.-L. Hérin, *Le Sénat en devenir*, 2e éd., LGDJ, 2012.
- A. de Montis, *La rénovation de la séance publique du Parlement français*, Dalloz, 2016.
- E. Pierre, *Traité de droit politique électoral et parlementaire*, Rééd. 1989, La Documentation française.

- H. Portelli, « Soixante ans de subordination parlementaire », *Pouvoirs*, 2018, n° 166.
- O. Rozenberg, E. Thiers (dir.), *Traité d'études parlementaires*, Bruylant, 2018.
- J. de Saint-Sernin, *Système majoritaire et bicamérisme sous la Ve République*, Dalloz, 2019.
- P. Türk, *Le contrôle parlementaire en France*, LGDJ, 2011.
- C. Vintzel, *Les armes du gouvernement dans la procédure législative. Étude comparée*, Dalloz, 2011.
- *Jus Politicum* 2012, n° 6, *Le Parlement français et le nouveau droit parlementaire après la réforme de 2008.*
- *Pouvoirs* 1993, n° 64, *Le parlement*, PUF.
- *Pouvoirs* 2005, n° 114, *La loi*, Le Seuil.
- *Pouvoirs* 2010, n° 134, *Le contrôle parlementaire*, Le Seuil.
- *Pouvoirs* 2013, n° 146, *Le renouveau du Parlement*, Le Seuil.
- *Pouvoirs* 2016, n° 159, *Le Sénat, pour quoi faire ?* Le Seuil.

Quiz

1) Sujets corrigés

A) Test de connaissances

1. Qui détermine le régime électoral des assemblées ?

2. Quel est l'effectif minimum d'un groupe parlementaire ?

3. Quel est le nombre des commissions permanentes ?

4. Quelles sont les différentes formes de vote au parlement ?

Voir le corrigé en fin de rubrique.

B) Commentaire d'article

Énoncé

Commenter l'article 49, alinéa 3 de la Constitution de 1958 :

« Le Premier ministre peut, après délibération du Conseil des ministres, engager la responsabilité du gouvernement devant l'Assemblée nationale sur le vote d'un projet de loi de finances ou de financement de la sécurité sociale. Dans ce cas, ce texte est considéré comme adopté, sauf si une motion de censure, déposée dans les 24 heures qui suivent, est votée dans les conditions prévues à l'alinéa précédent. Le Premier ministre peut, en outre, recourir à cette procédure pour un autre projet ou une proposition de loi par session. »

Voir le corrigé en fin de rubrique.

C) Dissertation

Énoncé

Le Conseil constitutionnel et le droit parlementaire.

Voir le corrigé en fin de rubrique.

2) Corrigés

Test de connaissances

1. Le législateur par une loi ordinaire.

2. 15 à l'Assemblée et 10 au Sénat.

3. À l'Assemblée : 8 : les commissions de la Défense, des Lois, des Affaires étrangères, des Finances, des Affaires culturelles, des Affaires sociales, des Affaires économiques, du Développement durable.

Au Sénat : 6 : les commissions des Finances, des Lois, des Affaires culturelles, des Affaires étrangères et de la Défense, des Affaires sociales, des Affaires économiques.

4. À main levée, par assis et levé, au scrutin public ordinaire ou à la tribune.

Commentaire d'article

Introduction : Histoire d'un succès : le 49, al. 3 de 1959 à 1999. Le 49, al. 3 dans la panoplie du parlementarisme rationalisé.

I. Le 49, al. 3 et le parlementarisme majoritaire avant la révision de 2008

A. Le renversement de la charge de la preuve : la majorité présumée

B. Le 49, al. 3 et le parlementarisme majoritaire dans la procédure législative : Substitut à la majorité (législature 1988-1993) et garant de la discipline majoritaire (de R. Barre à P. Mauroy)

II. La révision de 2008 et la marginalisation du 49, al. 3

A. Un usage restreint (lois de finances, un 49, al. 3 par session)

B. Les procédures de substitution (vote bloqué, ordonnances)

Dissertation

Introduction : le Conseil constitutionnel a été conduit à encadrer le droit parlementaire à travers sa jurisprudence sur les irrecevabilités, la nature de la loi et le droit d'amendement.

I. Le garant de la primauté de la Constitution

A. Le contrôle des règlements (ce qui n'est pas permis au parlement lui est interdit)

B. Le contrôle de la constitutionnalité des lois

II. Le garant de la rationalisation du parlementarisme

A. Le contrôle des amendements (des limites inhérentes à la jurisprudence entonnoir)

B. Le contrôle de la loi, de l'incompétence négative au contrôle qualitatif (clarté, normativité, cohérence)

chapitre 14

L'autorité judiciaire

Plan analytique

section 1

Les débuts difficiles

section 2

Les réformes récentes

§ 1 Les formations du CSM

§ 2 Les compétences du CSM

§ 3 Le statut des magistrats

section 3

Les juridictions administratives

§ 1 Le rôle du Conseil d'État

§ 2 Le Conseil supérieur des tribunaux administratifs et des cours administratives d'appel

Compléments pédagogiques

L'autorité judiciaire

Les constituants de 1958, dans la tradition de la Révolution française méfiante envers le « pouvoir » du juge censé appliquer la loi, « expression de la volonté générale », mais aussi soucieux de rétablir le « pouvoir d'État » dans sa conception la plus classique, n'avaient aucunement l'intention d'ériger la magistrature en « pouvoir judiciaire ». La Constitution ne reconnaît donc qu'une « autorité judiciaire ». 414

Pourtant, l'évolution constante depuis 1958, davantage sous l'effet des comportements que des révisions constitutionnelles – qui n'ont fait qu'accompagner cette évolution –, a favorisé l'émergence d'une autorité judiciaire soucieuse de son indépendance. La mutation parallèle des juridictions administratives a contribué à renforcer l'État de droit, même si le débat sur l'indépendance de la magistrature reste ouvert.

section 1

Les débuts difficiles

La loi du 3 juin 1958 avait mentionné parmi les principes fondamentaux dont devraient s'inspirer les futures institutions « l'indépendance de l'autorité judiciaire » afin qu'elle soit « à même d'assurer le respect des libertés essentielles telles qu'elles sont définies par le Préambule de la Constitution de 1946 et par la Déclaration des droits de l'Homme à laquelle elle se réfère ». 415

En fait, si l'article 66 Const. déclare que « l'autorité judiciaire est gardienne de la liberté individuelle », il s'empresse d'ajouter que le respect de ce principe est assuré « dans les conditions prévues par la loi ». Surtout, le titre consacré à l'autorité judiciaire débute en confiant la garantie de l'indépendance de cette autorité au président de la République, premier responsable politique de l'État, ce qui ne s'était jamais produit depuis le second Empire.

En confiant donc au chef de l'État la tutelle des magistrats et au législateur celle de leur jurisprudence, le constituant de 1958 a marqué une nette défiance envers l'autorité judiciaire.

Première tentative pour ôter au pouvoir politique le contrôle de la nomination et de la carrière des magistrats, le Conseil supérieur de la magistrature (CSM) avait été institué par la Constitution de 1946 qui prévoyait que la majorité de ses membres seraient des magistrats élus par les parlementaires ou par leurs pairs. Logiquement, la Constitution de 1958 a inversé le principe en décidant que tous les membres du CSM seraient nommés par le chef de l'État (pour 6 d'entre eux sur proposition de la Cour de cassation ou du Conseil d'État, les trois autres étant nommés directement). De surcroît, le CSM voyait ses compétences réduites à la nomination des sommets du système judiciaire (Cour de cassation, premiers présidents de cours d'appel), les autres magistrats étant désormais nommés par le garde des Sceaux et son administration centrale et le CSM se bornant à donner un avis.

La mise sous tutelle de la magistrature a atteint son apogée sous la présidence De Gaulle. Outre la suspension de l'inamovibilité des magistrats du siège en 1961 lors de l'utilisation de l'article 16 de la Constitution, et la création de juridictions d'exception durant cette même période (dont la Cour de sûreté de l'État, créée en 1963 et supprimée en 1981, fut le dernier avatar), cette tendance avait été justifiée par le général de Gaulle. Lors de sa fameuse conférence de presse du 31 janvier 1964, n'avait-il pas déclaré que, se voyant confier par le peuple « l'autorité indivisible de l'État », il n'en existait « aucune autre, ni ministérielle, ni civile, ni militaire, ni judiciaire, qui ne soit maintenue et conférée par lui » !

Cette conception autoritaire s'est progressivement atténuée mais le CSM présidentiel est demeuré en l'état durant 35 ans et la tutelle du ministère de la Justice sur le corps des magistrats n'a pas varié durant toute cette période.

section **2**

Les réformes récentes

■ 416 Conséquence d'une tendance profonde du corps des magistrats à s'émanciper du pouvoir politique (et dont la création de l'École nationale de la magistrature a permis l'émergence involontaire) et des propositions du comité Vedel de révision constitutionnelle, les réformes de 1993 et 1994, qui concernaient la composition et les fonctions du *Conseil supérieur de la magistrature*[Q], ont marqué une perte d'influence du pouvoir exécutif (v. ss 413) – que la réforme issue de la L. n° 2007-287 du 5 mars 2007 relative au recrutement, à la formation et à la responsabilité des magistrats a peu modifié). Le nouveau statut du Conseil supérieur de la magistrature, issu de la révision de 1993, a élargi la représentation des magistrats, élus par leurs pairs, et divisé l'institution en deux formations, l'une pour le siège, dotée de réels pouvoirs (avis conforme ou proposition selon le niveau hiérarchique) et l'autre pour le parquet (aux pouvoirs consultatifs limités). Après l'abandon de la révision de 1999, pourtant votée par les deux assemblées mais qui fut stoppée à la veille de la réunion du Congrès en janvier 2000, la révision constitutionnelle de juillet 2008 a franchi une nouvelle étape dans cette évolution en excluant le président de la République et le garde des Sceaux du Conseil supérieur de la magistrature (CSM). En contrepartie de cette double exclusion, la présence accrue de personnalités extérieures tout comme sa saisine par les justiciables a pour but d'éviter la « corporatisation » de l'institution. Le président reste cependant « garant de l'indépendance de l'autorité judiciaire » (Const., art. 64).

§ 1 Les formations du CSM

Selon les dispositions de l'article 65 de la Constitution et de la loi organique du 22 juillet 2010, le CSM est divisé en trois formations compétentes, l'une pour le siège, une seconde pour le Parquet, une troisième (formation plénière) pour donner des avis. 417 ■

La formation compétente pour le siège est présidée par le premier président de la Cour de la cassation et comprend en outre 14 membres : 5 magistrats du siège et un du Parquet élus par leurs pairs, un conseiller d'État désigné par le Conseil d'État, un avocat et six personnalités qualifiées n'appartenant ni au Parlement ni à l'ordre judiciaire ni à l'ordre administratif, désignées respectivement par le président de la République (2) et chacun des présidents des assemblées parlementaires (2 chacun) selon la procédure prévue à l'article 13 de la Constitution.

La formation compétente pour le Parquet est présidée par le procureur général près la Cour de cassation ; elle est composée de la même façon mais avec 5 magistrats du Parquet et un du siège.

Dans les deux cas, les non-magistrats disposent d'une voix de plus que les magistrats.

Lorsque le CSM se réunit en formation plénière, il est présidé par le premier président de la Cour de cassation et comprend alors trois des cinq magistrats du siège de la première formation et trois des cinq magistrats du parquet de la seconde, ainsi que le conseiller d'État, l'avocat et les six personnalités qualifiées.

§ 2 Les compétences du CSM

En ce qui concerne les magistrats du siège, le CSM fait des propositions pour les nominations des magistrats de la Cour de cassation, des premiers présidents de cour d'appel et des présidents des tribunaux de grande instance. Pour les autres magistrats du siège, l'avis conforme du CSM est nécessaire pour leur nomination. Pour les magistrats du Parquet, le CSM ne donne qu'un avis. 418 ■

Les deux formations statuent également comme conseil de discipline. Dans ce cas, la parité entre magistrats et non-magistrats est assurée en intégrant le magistrat du siège appartenant à la formation du parquet à la formation disciplinaire du siège et *vice-versa* pour le parquet.

Dans ce cadre, le CSM peut être saisi de plaintes émanant de justiciables relatives au comportement d'un magistrat à l'occasion d'une procédure les concernant. Une commission d'admission des requêtes composée de quatre membres (deux magistrats et deux personnalités extérieures) issus de la formation compétente du CSM (suivant qu'il s'agit d'un magistrat du siège ou du parquet) examine la plainte et après auditions renvoie éventuellement à la formation disciplinaire qui se prononce.

Le CSM se réunit en formation plénière pour répondre aux demandes d'avis du président de la République, aux questions concernant le fonctionnement de la justice dont le saisit le ministre de la Justice et aux questions relatives à la déontologie des magistrats.

§ 3 Le statut des magistrats

419 La contradiction principale du statut des magistrats tient à leur appartenance à la fonction publique et donc à leur soumission à un statut qui régit leur carrière et les décisions individuelles qu'elle comporte. Si les magistrats du siège bénéficient de réelles garanties grâce au pouvoir du CSM, ceux du parquet restent sous l'autorité hiérarchique du ministère de la Justice, qui peut leur adresser des instructions, et le CSM n'intervient pas sur leur carrière (il ne peut donner que des avis). Cette soumission explique que la Cour européenne des droits de l'homme ait considéré que les magistrats du parquet ne sont pas en France des juges indépendants (CEDH 23 nov. 2010, *Moulin c/ France*) et que la *Cour de cassation*[Q] ait entériné cette position (Crim. 15 déc. 2010) en considérant que « le ministère public n'est pas une autorité judiciaire au sens de l'article 5, § 3 de la Convention EDH alors qu'il ne présente pas les garanties d'indépendance et d'impartialité requises par ce texte et qu'il est partie poursuivante ».

La réforme de 2008 a donc renforcé l'autonomie du CSM sans pour autant accroître ses pouvoirs face au pouvoir exécutif. Elle n'a pas réglé le problème de l'indépendance des magistrats.

section 3

Les juridictions administratives

420 Le système français de dualité des juridictions – administrative et judiciaire – mis en place progressivement à partir de la Révolution qui avait interdit aux juges de s'immiscer dans l'administration (L. des 16 au 24 août 1790), a posé la question de la nature de la magistrature administrative et de ses garanties.

§ 1 Le rôle du Conseil d'État

421 Le *Conseil d'État*[Q], héritier des légistes de l'Ancien Régime, en a repris la double fonction de conseil du gouvernement et de juridiction administrative. Toutefois, c'est surtout son poids politique et intellectuel dans les sommets de l'État qui explique son rôle sous la Ve République. À la fois « grand corps » prestigieux de la haute fonction publique, où les gouvernements recrutent leurs conseillers, et juriste collectif de l'État, le Conseil d'État est incontournable.

422 La fonction de conseil du gouvernement est confiée aux 5 sections administratives du Conseil, celle de Cour suprême de l'ordre administratif à la section du contentieux (divisée en 10 sous-sections). Les membres ordinaires du Conseil d'État sont affectés à la fois à une section administrative et à la section du contentieux. Seuls les conseillers en service extraordinaire sont exclus du contentieux et seuls les auditeurs et maîtres des requêtes ayant moins de trois ans d'ancienneté au Conseil sont affectés exclusivement au contentieux. Pour les membres ordinaires, cette ambivalence n'est pas

sans poser problème : la Cour européenne des droits de l'homme a souvent mis en question cette position de « juge et partie », obligeant le Conseil d'État à en corriger les aspects les plus visibles.

Au titre de sa fonction administrative, le Conseil d'État contrôle tous les niveaux de la production juridique de l'État, des projets de lois (constitutionnelles, organiques ou ordinaires) aux ordonnances, décrets, etc. Il compose tout l'effectif du Secrétariat général du gouvernement mais place ses membres à tous les postes juridiques décisifs des ministères (cabinets) et des institutions comme le Conseil constitutionnel. 423

Au niveau de sa fonction juridictionnelle, le Conseil d'État intervient en appel ou en cassation sur des litiges tranchés auparavant par les tribunaux administratifs et les cours administratives d'appel. Il intervient en premier ressort pour connaître des recours contre les décrets et actes réglementaires des ministres, contre les décisions administratives des ordres professionnels et des autorités administratives indépendantes et à propos des litiges individuels intéressant la carrière des fonctionnaires nommés par décret du président de la République. 424

Les membres des juridictions administratives se sont vus reconnaître progressivement le statut de magistrats et, grâce à la jurisprudence du Conseil constitutionnel, des droits et garanties identiques à ceux des juges de l'ordre judiciaire (notamment Cons. const. 29 déc. 1986 ; L. de finance rectificative pour 1986). 425

§ 2 Le Conseil supérieur des tribunaux administratifs et des cours administratives d'appel

Les magistrats des tribunaux administratifs et des cours administratives d'appel disposent depuis la loi du 6 janvier 1986 d'une institution équivalente au CSM, le *Conseil supérieur des tribunaux administratifs et des cours administratives d'appel*[Q], qui intervient par des propositions en matière d'avancement et de discipline des magistrats administratifs et qui n'est plus rattachée au ministère de l'Intérieur mais à celui de la Justice. Ce Conseil est présidé par le vice-président du Conseil d'État et compte 12 membres : 5 juges élus par les magistrats des tribunaux administratifs et des cours administratives d'appel, 4 personnalités membres de droit (le conseiller d'État chargé de l'inspection permanente des juridictions administratives, le directeur général de la fonction publique, le secrétaire général du Conseil d'État et le directeur des services judiciaires du ministère de la Justice) et 3 personnalités extérieures désignées respectivement par le président de la République et les présidents des assemblées. Le Conseil est à la fois une instance disciplinaire et une instance de nomination et d'avancement. 426

Cette réforme, et la constitutionnalisation – par la jurisprudence du Conseil constitutionnel – du statut des juridictions administratives ont parachevé le mouvement vers l'indépendance du juge administratif.

Compléments pédagogiques

Mémo

La Constitution de 1958 a placé initialement la magistrature dans une position subordonnée en réservant à l'exécutif *le recrutement et la carrière des juges*. L'émancipation progressive des magistrats de l'ordre judiciaire s'est traduite par les statuts successifs du *Conseil supérieur de la magistrature*, devenu indépendant du président de la République en 2008, tandis que les juges administratifs se sont vus reconnaître des droits équivalents par le Conseil constitutionnel.

Quid

■ Conseil d'État n° 421

Organe de conseil de l'exécutif pour les projets de lois, d'ordonnance et de décrets et juridiction de dernière instance de l'ordre administratif.

■ Cour de cassation n° 419

Juridiction suprême de l'ordre judiciaire dont la fonction consiste à vérifier si la règle de droit a été correctement interprétée et appliquée par la juridiction dont émane la décision attaquée. Si la Cour estime que la décision de cette juridiction (ou « juge du fond ») a violé la loi, il lui appartient de « casser » la décision et donc de l'annuler totalement ou partiellement et de renvoyer l'affaire à une autre juridiction.

■ Conseil supérieur de la magistrature n° 416

Organe composé paritairement de magistrats et de personnalités extérieures chargé de garantir l'indépendance de la magistrature en intervenant en matière de nomination des magistrats du siège (par proposition ou avis conforme) et du parquet (par simple avis) et de discipline.

■ Conseil supérieur des tribunaux administratifs et des cours administratives d'appel n° 426

Équivalent du Conseil supérieur de la magistrature dans l'ordre administratif, cet organe intervient dans les nominations et carrières des juges administratifs ainsi qu'en matière disciplinaire.

Document

Cour européenne des droits de l'homme 23 novembre 2010, *Moulin c. France* (extraits)

« 55. Il appartient donc à la Cour d'examiner la question de savoir si le procureur adjoint, membre du ministère public, remplissait les conditions requises pour être qualifié, au sens de l'article 5, § 3 de la Convention et au regard des principes qui se dégagent de sa jurisprudence (§ 46 ci-dessus), en particulier s'agissant des caractéristiques et pouvoirs du magistrat, de « juge ou (…) autre magistrat habilité par la loi à exercer des fonctions judiciaires ».

56. La Cour constate tout d'abord que si l'ensemble des magistrats de l'ordre judiciaire représente l'autorité judiciaire citée à l'article 66 de la Constitution, il ressort du droit interne que les magistrats du siège sont soumis à un régime différent de celui prévu pour les membres du ministère public. Ces derniers dépendent tous d'un supérieur hiérarchique commun, le garde des Sceaux, ministre de la Justice, qui est membre du gouvernement, et donc du pouvoir exécutif. Contrairement aux juges du siège, ils ne sont pas inamovibles en vertu de l'article 64 de la Constitution. Ils sont placés sous la direction et le contrôle de leurs chefs hiérarchiques au sein du Parquet, et sous l'autorité du garde des Sceaux, ministre de la Justice. En vertu de l'article 33 du code de procédure pénale, le ministère public est tenu de prendre des réquisitions écrites conformes aux instructions qui lui sont données dans les conditions prévues aux articles 36, 37 et 44 du même code, même s'il développe librement les observations orales qu'il croit convenables au bien de la justice.

57. La Cour n'ignore pas que le lien de dépendance effective entre le ministre de la Justice et le ministère public fait l'objet d'un débat au plan interne (v., not., paragraphes 25 et 28 ci-dessus). Toutefois, il ne lui appartient pas de prendre position dans ce débat qui relève des autorités nationales : la Cour n'est en effet appelée à se prononcer que sous le seul angle des dispositions de l'article 5, § 3 de la Convention, et des notions autonomes développées par sa jurisprudence au regard desdites dispositions. Dans ce cadre, la Cour considère que, du fait de leur statut ainsi rappelé, les membres du ministère public, en France, ne remplissent pas l'exigence d'indépendance à l'égard de l'exécutif, qui, selon une jurisprudence constante, compte, au même titre que l'impartialité, parmi les garanties inhérentes à la notion autonome de « magistrat » au sens de l'article 5, § 3 (*Schiesser*, préc., § 31, et, entre autres, *De Jong, Baljet et Van den Brink c/ Pays-Bas*, 22 mai 1984, § 49, série A n° 77, ou plus récemment *Pantea c/ Roumanie*, n° 33343/96, § 238, CEDH n° 2003-VI (extraits)).

58. Par ailleurs, la Cour constate que la loi confie l'exercice de l'action publique au ministère public, ce qui ressort notamment des articles 1er et 31 du code de procédure pénale. Indivisible (paragraphe 26 ci-dessus), le parquet est représenté auprès de chaque juridiction répressive de première instance et d'appel en vertu des articles 32 et 34 du code précité. Or la Cour rappelle que les garanties d'indépendance à l'égard de l'exécutif et des parties excluent notamment qu'il puisse agir par la suite contre le requérant dans la procédure pénale (v., en dernier lieu, *Medvedyev et a.*, préc., § 124 ; paragraphe 46 ci-dessus). Il importe peu qu'en l'espèce le procureur adjoint exerçait ses fonctions dans un ressort territorial différent de celui des deux juges d'instruction, la Cour ayant déjà jugé que le fait pour le procureur d'un district, après avoir prolongé une privation de liberté, d'avoir ensuite transféré le dossier dans un autre parquet, n'emportait pas sa conviction et ne justifiait pas qu'elle s'écarte de sa jurisprudence consacrée par l'arrêt *Huber c/ Suisse* précité (*Brincat*, préc., § 20).

59. Dès lors, la Cour estime que le procureur adjoint de Toulouse, membre du ministère public, ne remplissait pas, au regard de l'article 5, § 3 de la Convention, les garanties d'indépendance exigées par la jurisprudence pour être qualifié, au sens de cette disposition, de « juge ou (...) autre magistrat habilité par la loi à exercer des fonctions judiciaires ».
60. En conséquence, la Cour constate que la requérante n'a été présentée à un « juge ou (...) autre magistrat habilité par la loi à exercer des fonctions judiciaires », en l'espèce les juges d'instruction d'Orléans, en vue de l'examen du bien-fondé de sa détention, que le 18 avril 2005 à 15 h 14, soit plus de cinq jours après son arrestation et son placement en garde à vue.
61. Or la Cour rappelle que, dans l'arrêt *Brogan*, elle a jugé qu'une période de garde à vue de quatre jours et six heures sans contrôle judiciaire allait au-delà des strictes limites de temps fixées par l'article 5, § 3, même quand elle a pour but de prémunir la collectivité dans son ensemble contre le terrorisme, ce qui n'était au demeurant pas le cas en l'espèce (*Brogan et a.*, préc., § 62, et *Medvedyev et a.*, préc., § 129).
62. Partant, il y a eu violation de l'article 5 § 3 de la Convention. »

Biblio

- Y. Chartier, *La Cour de cassation*, Dalloz, coll. « Connaissance du droit », 2001.
- G. Drago (dir.), *L'application de la Constitution par les Cours suprêmes*, Dalloz, 2007.
- S. Leroyer, Th. Girardot, *L'apport du conseil d'État au droit constitutionnel de la Ve République*, Dalloz, 2011.
- M. Todorova, « Le Conseil d'État, conseiller du Parlement : premier bilan », *RFDC*, n° 93, 2013.
- J. Massot, Th. Girardot, *Le Conseil d'État*, La Documentation française, 1999.
- B. Beignier, L. Miniato, R. Perrot, *Institutions judiciaires*, LGDJ, 2018.
- *Pouvoirs*, *Le Conseil d'État*, 2007, n° 123, Le Seuil.

Quiz

1) Sujets corrigés

A) Test de connaissances

1. Quels juges ne relèvent pas de la compétence du Conseil supérieur de la magistrature ?

2. Quelle est l'origine du système français de dualité des juridictions administratives et financières ?

Voir le corrigé en fin de rubrique.

B) Commentaire

Énoncé

Commenter l'extrait suivant de l'arrêt de la Cour de cassation (chambre criminelle) du 15 décembre 2010 :

« Attendu qu'il résulte de l'arrêt attaqué et des pièces de la procédure que M. X. a été placé en garde à vue le 22 septembre 2008 à 18 heures 10, dans l'enquête ouverte sur les circonstances dans lesquelles il venait de blesser avec une carabine à air comprimé l'un de ses voisins auquel l'opposait un litige relatif à une servitude de passage ; que cette mesure a été prolongée sur autorisation du procureur de la République à compter du 23 septembre à 18 heures 10, et a pris fin le même jour, à 19 heures 15, soit une durée de vingt-cinq heures et cinq minutes, après divers actes d'enquête, parmi lesquels une perquisition, qui a eu lieu à partir de 17 heures 05 à son domicile ;

Attendu que, mis en examen, M. X. a présenté une requête aux fins d'annulation de pièces de la procédure, en soutenant, notamment, que le procureur de la République, sous le contrôle duquel avait été ordonnée puis prolongée la garde à vue, n'était pas une autorité judiciaire compétente au sens de l'article 5, § 3 de la Convention européenne des droits de l'homme ; que les juges ont rejeté la requête ;

Attendu que, si c'est à tort que la chambre de l'instruction a retenu que le ministère public est une autorité judiciaire au sens de l'article 5, § 3 de la Convention européenne des droits de l'homme, alors qu'il ne présente pas les garanties d'indépendance et d'impartialité requises par ce texte et qu'il est partie poursuivante, l'arrêt n'encourt pas pour autant la censure, dès lors que le demandeur a été libéré à l'issue d'une privation de liberté d'une durée compatible avec l'exigence de brièveté imposée par ledit texte conventionnel ».

Voir le corrigé en fin de rubrique.

2) Corrigés

Test de connaissances

1. Les juges de l'ordre administratif, les juges financiers, les juges de commerce.

2. La loi des 16-24 août 1790 qui interdit au juge de statuer dans les litiges dans lesquels l'administration est en cause.

Commentaire

Introduction : Le statut des magistrats du parquet est l'objet de débats depuis que la Cour EDH a imposé une définition stricte de l'« autorité judiciaire » entendu comme juge indépendant et impartial et a considéré que le parquet français ne correspond pas à cette définition (CEDH 22 nov. 2010, *Moulin c/ France*).

I. La réponse constitutionnelle

A. De 1958 à 2007, une conception de la magistrature qui inclut le parquet et une conception du parquet qui en fait l'auxiliaire du gouvernement (le CSM ne peut donner qu'un avis sur les nominations).

B. La jurisprudence du Conseil constitutionnel (de 1993 à 2010 : Décis. QPC sur la garde à vue du 30 juill. 2010) a confirmé constamment cette conception.

II. Vers l'alignement sur la conception de la CEDH

A. De la jurisprudence de la Cour EDH (arrêts *Brusco c/ France* et *Moulin c/ France* de 2010) à celle de la Cour de cassation (arrêt du 15 déc. 2010 après une jurisprudence contraire constante).

B. Les effets potentiels : L'alignement sur la jurisprudence CEDH nécessite une révision de la Constitution (Const., art. 65).

chapitre 15

Le Conseil constitutionnel

Plan analytique

section 1

L'organisation du Conseil constitutionnel

§ 1 La composition du Conseil

A. La nomination

B. Le statut

§ 2 Les services du Conseil

section 2

Les missions du Conseil constitutionnel

§ 1 Les compétences consultatives

§ 2 Les compétences juridictionnelles

A. Le contentieux électoral et référendaire

B. Le contrôle des normes

C. Forme des décisions

D. Autorité des décisions

section 3

Le rôle du Conseil constitutionnel

§ 1 Le bloc de constitutionnalité

§ 2 La double fonction du Conseil constitutionnel

Compléments pédagogiques

Le Conseil constitutionnel

Élément secondaire des institutions créées en 1958 et auxiliaire de l'exécutif pour contrôler le Parlement, le Conseil constitutionnel est devenu progressivement grâce aux révisions constitutionnelles successives et surtout grâce à sa jurisprudence une juridiction constitutionnelle qui se rapproche de ses devancières européennes et un organe régulateur des institutions. 427

Jusqu'en 1958, le contrôle de constitutionnalité des lois n'existait pas en France. 428 Contraire à la tradition de souveraineté de la loi, le principe même de ce contrôle était étranger à la conception républicaine des institutions.

S'il s'est progressivement imposé, c'est qu'il a pu bénéficier de l'opportunité de la création du *Conseil constitutionnel*[Q], organe créé à l'origine pour veiller à ce que le parlement ne sorte pas du domaine qui lui avait été chichement attribué (à l'ex. du Sénat contrôlant la constitutionnalité des lois votées par le Corps législatif sous les empires napoléoniens), mais aussi de l'émancipation progressive de cette instance, dont l'évolution rappelle, avec plus de rapidité, celle du Conseil d'État. Lui aussi était initialement composé de légistes conseillers juridiques du Prince, s'est progressivement transformé en juridiction et a assis son indépendance à travers le développement du contrôle de légalité des actes administratifs. Ce contrôle s'est étendu en référence à des « principes généraux du droit » dégagés de façon prétorienne par la jurisprudence du Conseil d'État depuis 1913 (CE 9 mai 1913, *Roubeau*) et il a connu dans les décennies d'après-guerre (et jusque dans les premières années de la Ve République) un développement considérable.

Les premières années du Conseil constitutionnel – qui coïncident avec la présidence de Charles de Gaulle – ont été marquées par une grande discrétion et l'alignement du Conseil sur la vision gaullienne des institutions : mise au pas des velléités d'indépendance des assemblées par une censure stricte sur leurs règlements, passivité face à l'utilisation extensive de l'article 16 de la Constitution (au-delà de la durée nécessaire) ou à l'utilisation de l'article 11 de la Constitution lors de la révision constitutionnelle de 1962.

Il a fallu attendre la présidence Pompidou pour que l'émancipation se produise, 429 marquée par la décision – juridiquement et politiquement capitale – du 16 juillet 1971, censurant une loi d'origine gouvernementale qui limitait la liberté d'association par le contrôle préalable de l'autorité administrative lors de leur constitution. Cette décision, qui censurait en fait le gouvernement sur un sujet symbolique, en profitait pour le faire en faisant référence à une conception élargie de la Constitution qui intégrait le Préambule de celle-ci dans le droit constitutionnel positif. Le Conseil s'est ainsi donné les moyens d'un contrôle de constitutionnalité élargi, par référence à un corps de principes tirés de la Déclaration des droits de l'homme et du citoyen de 1789, du Préambule de la Constitution de 1946 et notamment les « principes fondamentaux reconnus par les lois de la République » visés par le Préambule, adaptation des « principes généraux du droit » élaborés par le Conseil d'État.

Cette évolution a été renforcée par la révision constitutionnelle de 1974 qui, en ouvrant la saisine aux parlementaires (Cons. art, 61, « soixante députés ou sénateurs »). Cette ouverture de la saisine aux parlementaires a, en fait, ouvert la saisine à l'opposition parlementaire, ce qui a rendu la saisine du Conseil systématique, faisant de celui-ci l'instance d'appel contre la législation élaborée par la majorité et transférant la bataille politique sur le terrain du droit. L'évolution était risquée pour le Conseil constitutionnel mais celui-ci, tout en tirant parti de ce pouvoir accru pour s'affirmer comme le régulateur de la vie politique et en contraignant les gouvernants successifs (notamment lors des alternances des années 1980) à respecter les principes politico-juridiques contenus dans la Constitution (on l'a vu lors de la controverse sur les nationalisations ou les privatisations), a réussi à éviter de devenir une « troisième Chambre » tranchant les conflits politiques entre majorité et opposition.

L'introduction, lors de la révision constitutionnelle de juillet 2008, de la question prioritaire de constitutionnalité (Const., art. 61-1) pouvant être soulevée à l'occasion d'un procès, a achevé de juridictionnaliser le fonctionnement du Conseil en le faisant échapper au tête-à-tête avec les organes politiques et en renforçant sa procédure contentieuse, mais sans que son recrutement, exclusivement politique, n'ait été remis en cause.

section 1

L'organisation du Conseil constitutionnel

§ 1 La composition du Conseil

A. La nomination

430 Le Conseil comprend des membres nommés et des membres de droit.

Les membres de droit sont les anciens présidents de la République, qui sont membres à vie du Conseil (Const., art. 56, al. 2). Si les anciens présidents de la IVe République y ont siégé (Vincent Auriol jusqu'en 1960 puis en 1962, et René Coty), les premiers présidents de la Ve République s'y sont refusés : Charles de Gaulle, en 1969, et Valéry Giscard d'Estaing, ce dernier renonçant à siéger tout en revendiquant sa qualité de membre et en contrevenant à toutes ses obligations (de réserve et d'interdiction d'une fonction politique et d'un mandat électoral). Le Conseil constitutionnel, saisi (Cons. const. 7 nov. 1984, n° 84-983, *AN, Puy-de-Dôme, 2e circonscription*), a estimé que les membres de droit sont soumis aux mêmes obligations que les membres nommés : en cas de non-respect des interdictions, l'incompatibilité fait obstacle à ce qu'ils siègent au Conseil. Ce n'est qu'en 2004, une fois achevés tous ses mandats électifs, que Valéry Giscard d'Estaing a rejoint le Conseil, suivi en 2007 par Jacques Chirac. Nicolas Sarkozy et François Hollande ont refusé de siéger.

Les membres nommés, au nombre de neuf, sont désignés pour un mandat de neuf ans par le président de la République (qui nomme 3 membres), le président de l'Assemblée nationale (3) et le président du Sénat (3). Ils sont renouvelés par tiers.

Tous les trois ans, les trois personnages qui détiennent le pouvoir de nomination nomment chacun un nouveau membre. En cas de décès ou de démission, l'autorité de nomination désigne un nouveau conseiller pour la durée du mandat restant à courir.

Depuis la révision constitutionnelle de 2008, cette nomination est encadrée. Chaque commission parlementaire compétente (commission des lois de chaque assemblée) donne un avis public sur la personnalité concernée après avoir procédé à son audition. Lorsqu'il s'agit du membre nommé par le président d'une assemblée, seule la commission compétente de cette assemblée se prononce : un avis négatif à la majorité des 3/5e des suffrages exprimés interdit de procéder à la nomination. Lorsqu'il s'agit de la personnalité choisie par le président de la République, il est procédé à l'addition des votes des deux commissions et si le total des avis négatifs atteint les 3/5e, il vaut rejet.

Les membres du Conseil ne sont pas renouvelables, sauf s'ils ont succédé à un membre du Conseil démissionnaire ou décédé dans les trois dernières années de son mandat.

B. Le statut

À la différence des autres cours constitutionnelles, aucune condition n'est posée par la Constitution à leur recrutement : ni professionnelle (il n'est pas nécessaire d'être juriste) ni d'âge. 431 ■

Cette grande souplesse explique qu'à ses débuts, le Conseil ait souffert d'un recrutement assez étonnant où « l'esprit de faveur, d'amitié, de complaisance » (Charles Eisenmann) l'emportait nettement sur la compétence juridique : en 1959, le Conseil ne compte dans ses rangs aucun juriste de droit public, mais nombre d'anciens membres du Rassemblement du Peuple français (parti gaulliste de la IVe République). Si, par la suite, les amitiés politiques, tout en restant décisives (mais c'est le lot de toutes les cours constitutionnelles) sont devenues moins visibles, c'est qu'elles ont souvent été associées à des nominations de juristes (François Luchaire, Georges Vedel, Jacques Robert, Robert Badinter, François Goguel, Jean Cabannes, René Cassin, Noëlle Lenoir, Marcel Waline, Renaud Denoix de Saint Marc, Guy Canivet, etc.) ou d'hommes politiques de formation juridique (Paul Coste-Floret, Pierre Marcilhacy, Gaston Monnerville, Marcel Rudloff, Roland Dumas, Simone Veil, Pierre Mazeaud, Jean-Louis Debré, Hubert Haenel, etc.). Dans sa composition, le Conseil compte une majorité de politiques – si l'on ajoute aux anciens présidents de la République, les anciens premiers ministres (Lionel Jospin, Laurent Fabius, Alain Juppé), toujours plus nombreux, et ministres et les anciens parlementaires – et seulement une minorité de techniciens du droit (issus des trois ordres de juridiction ou de l'Université), presque tous en fin de carrière, ce qui accroît l'originalité du cas français en Europe et amène à s'interroger sur la disponibilité et le rôle effectif de ses différents membres.

Le président du Conseil constitutionnel est nommé par le président de la République. Il s'agit d'une décision distincte des nominations et il peut être choisi parmi les membres nommés (auquel cas la présidence est de neuf ans) ou de droit. Il peut démissionner de sa fonction tout en restant membre du Conseil (ce que fit Daniel Mayer pour céder la place à Robert Badinter en 1986).

Les présidents successifs du Conseil constitutionnel ont été Léon Noël (1959-1965), Gaston Palewski (1965-1974), Roger Frey (1974-1983), Daniel Mayer (1983-1986), Robert Badinter (1986-1995), Roland Dumas (1995-2000), Yves Guéna (2000-2004), Pierre Mazeaud (2004-2007), Jean-Louis Debré (2007-2016), Laurent Fabius (2016-).

Le président a voix prépondérante en cas de partage (Const., art. 56). Il dirige les délibérations du Conseil et a autorité sur ses services.

432 Les membres du Conseil constitutionnel, avant leur entrée en fonction prêtent serment devant le président de la République.

Ils ont pour obligation de s'abstenir « de tout ce qui pourrait compromettre l'indépendance et la dignité de leur fonction » (Décr. du 13 nov. 1959), ce qui comprend notamment l'obligation de réserve mais aussi une série d'incompatibilités.

L'obligation de réserve est pratiquée de façon assez élastique : ainsi Laurent Fabius a continué à prendre position sur la COP 21 sur le climat qu'il a présidé avant sa nomination au Conseil constitutionnel, y compris en tant que référent d'une ONG liée à l'ONU, ONU environnement, poste auquel il a été nommé en novembre 2017, après sa nomination à la tête du Conseil constitutionnel).

Par contre, le régime des incompatibilités s'est durci depuis 1958. Si le régime des inéligibilités est celui des citoyens ordinaires (ils peuvent demander une mise en congé le temps d'une campagne électorale s'ils sont candidats comme Edmond Michelet en 1967, et même pour participer à une campagne référendaire comme Simone Veil en 2005), celui des incompatibilités est devenu plus sévère depuis la loi organique du 19 janvier 1995. La fonction de membre du Conseil est incompatible avec celle de membre du gouvernement, du parlement, du Parlement européen, du Conseil économique et social et avec l'exercice de tout mandat électoral.

Ce régime étendu des incompatibilités a permis de faire cesser des cumuls choquants comme celui de président de Conseil général (Léon Jozeau-Marigné en 1983-1988, Maurice Faure en 1989-1994) ou de Conseil régional (Marcel Rudloff en 1992-1996).

Enfin, il est interdit à un membre du Conseil constitutionnel d'exercer une fonction de responsabilité ou de direction au sein d'un parti politique, ni de fonction publique ou d'activité professionnelle, y compris l'exercice de la profession d'avocat.

Le non-respect des règles d'incompatibilité entraîne la démission d'office. Quant aux manquements aux obligations générales ou particulières de la fonction, ils sont appréciés par le Conseil constitutionnel qui se prononce au scrutin secret à la majorité simple et prononce la démission d'office.

La mise en examen du président du Conseil constitutionnel, Roland Dumas, en 1998, a entraîné un cas de figure inédit. Celui-ci a refusé de démissionner mais une majorité de membres du Conseil l'a contraint à se déclarer « empêché » (le 23 mars 1999) et à se « mettre en congé » du Conseil, en confiant au doyen d'âge (Yves Guéna) le soin de présider le Conseil, réduit à huit, à sa place, le temps de la procédure. Roland Dumas a démissionné le 1er mars 2000, Yves Guéna lui succédant à la présidence du Conseil. Il est le premier président du Conseil qui n'ait pas été choisi parmi les membres nommés par le chef de l'État.

§ 2 Les services du Conseil

La structure du Conseil est très légère, ne s'étoffant qu'à l'occasion des campagnes électorales (où des délégués et rapporteurs épaulent le Conseil). Le personnage clé de l'institution est le secrétaire général, toujours membre du Conseil d'État (à l'exception des années 1983-1986), nommé par décret du président de la République sur proposition du président du Conseil constitutionnel. Outre ses fonctions administratives, son rôle est essentiel dans la préparation des travaux du Conseil, du conseil au rapporteur de chaque affaire aux relations avec les ministères ou le secrétariat général du gouvernement, du fait de la présence minoritaire de véritables juristes professionnels au sein de cette instance. Le secrétaire général est assisté par une équipe très réduite (service juridique, greffier, chargé de mission, documentaliste) qui tranche avec l'assistance fournie des Cours constitutionnelles européennes. L'accroissement depuis 2008 des compétences du Conseil et la multiplication des instances qui en résulte pose la question de l'asphyxie du Conseil et de l'égal traitement de tous les dossiers. Elle explique la brièveté de ses décisions, qui n'est pas due uniquement à des questions de style ou aux délais trop restreints impartis au Conseil. 433 ■

Les conseillers ne disposent pas de collaborateurs personnels, hormis leur secrétariat. Toutefois, Laurent Fabius a créé un précédent en se dotant d'un directeur de cabinet.

section 2

Les missions du Conseil constitutionnel

Le Conseil exerce des compétences consultatives et juridictionnelles, qui concernent l'ensemble des pouvoirs constitutionnels.

§ 1 Les compétences consultatives

Le Conseil est amené à émettre un avis lorsqu'il est officiellement consulté par le président de la République lors de l'utilisation de l'article 16 de la Constitution : son avis est motivé et publié. Les décisions prises dans le cadre de l'article 16 de la Constitution sont également précédées d'un avis dont la publicité est laissée à la discrétion du chef de l'État. Depuis la révision de 2008. Le Conseil peut être saisi pour avis par 60 députés ou 60 sénateurs après 30 jours d'exercice des pouvoirs exceptionnels afin d'examiner si les conditions du recours à l'article 16 sont toujours réunies. Après 60 jours et au-delà il en est de même. Même si cet avis public n'est que consultatif, il est clair qu'un refus du président de la République de suivre cet avis ouvrirait la voie à une procédure de destitution (Const., art. 68). 434 ■

Devant veiller à la régularité de l'élection du président de la République (Const., art. 58) et des opérations de référendum (Const., art. 60), le Conseil est consulté par le gouvernement (dans le cas du référendum, il s'agit d'un avis conforme).

§ 2 Les compétences juridictionnelles

Le Conseil constitutionnel intervient comme juge électoral et référendaire et comme juge de la constitutionnalité des lois et des traités.

A. Le contentieux électoral et référendaire

435 La Constitution confie au Conseil constitutionnel de veiller à la régularité de l'élection du président de la République (Const., art. 58), des députés et sénateurs (Const., art. 59) et des opérations de référendum (Const., art. 60).

Dans le cadre de l'élection présidentielle, le Conseil contrôle la régularité des actes préparatoires aux opérations électorales, l'éligibilité des candidats (il examine les réclamations des candidats non retenus), les opérations électorales proprement dites (où il peut être saisi par tout électeur), ainsi que, en appel, les décisions de la CCNCFPv. ss 247. Alors que le contentieux dans ce domaine était limité, le Conseil faisant visiblement preuve d'une grande prudence en ne sanctionnant que les candidats marginaux (M. Cheminade en 1995, M. Megret en 2002) et ne s'attardant pas sur les principaux candidats, l'introduction du contrôle en première instance par la CCNFP a contraint le Conseil à durcir son contrôle et à rejeter en 2012 le compte de campagne du président sortant, Nicolas Sarkozy.

Pour les élections parlementaires, le Conseil n'intervient que sur les résultats de l'élection en vérifiant la régularité de celle-ci. Il peut être saisi par tout électeur de la circonscription ou par tout candidat. Du fait de l'ampleur de ce contentieux, le Conseil se divise pour examiner les dossiers en trois sections d'instruction de trois membres aidées de rapporteurs adjoints (pris parmi les maîtres des requêtes du Conseil d'État ou les conseillers référendaires de la Cour des comptes). La procédure est écrite et contradictoire et l'élu dont l'élection est contestée (ou son avocat) produit un mémoire en défense auquel le requérant (ou son avocat) peut répliquer. Chaque partie a accès à l'intégralité du dossier. Le Conseil peut de surcroît prendre des mesures d'enquête ou d'instruction. Quant au requérant, il peut se désister à tout moment. Au terme du débat contradictoire, le Conseil désigne un rapporteur (parmi ses membres ou les rapporteurs adjoints) qui élabore un projet de décision qui sera soumis au Conseil. Le Conseil peut soit annuler l'élection, soit réformer les résultats et proclamer élu un autre candidat (ce qu'il n'a jamais fait).

Le Conseil est juge des inéligibilités (C. élect., art. L. org. 136) : soit avant l'élection, en appel du tribunal administratif ; soit après l'élection, où il applique la sanction automatique (résultant, par ex., de l'absence de dépôt de compte de campagne) ou laissée à son appréciation (en cas de dépassement du plafond des dépenses électorales). Il est également juge des incompatibilités parlementaires (C. élect., art. L. org. 151).

En matière référendaire, le Conseil se reconnaît désormais compétent au titre des opérations préparatoires (Cons. const. 25 juill. 2000, *Hauchemaille*) et surtout au titre du déroulement des opérations. Le Conseil accepte d'examiner « les requêtes mettant en cause la régularité d'opérations à venir dans les cas où l'irrecevabilité qui serait opposée à ces requêtes risquerait de compromettre gravement l'efficacité de son contrôle des opérations référendaires, vicierait le déroulement général du vote ou porterait atteinte au fonctionnement normal des pouvoirs publics ». Le développement d'un abondant contentieux à l'occasion du référendum du 29 mai 2005 sur le traité constitutionnel européen a permis au Conseil de se prononcer tant sur la constitutionnalité du projet de loi référendaire (en rejetant l'irrégularité matérielle qui était invoquée : Cons. const. 25 mai 2005) que sur l'organisation de la campagne (Cons. const. 7 avr. 2005) ou la partialité du gouvernement. En ce sens, dans la décision du 7 avril 2005, il a été trouvé logique que l'exposé des motifs qui accompagne le projet de loi et est inséparable de celui-ci, dans la tradition républicaine, « mette en valeur l'intérêt qui s'attache à son adoption ».

Depuis l'introduction en 2008 du référendum d'initiative partagée sur une proposition de loi relevant du domaine de l'article 11 de la Constitution, le Conseil est chargé de contrôler la conformité de la proposition de loi et de la procédure suivie à l'article 11 (objet de la proposition de loi) et à la Constitution (respect des règles et des principes constitutionnels). Cette nouvelle compétence a déjà eu cinq applications : la première, avec la décision n° 2019-1 RIP du 9 mai 2019 relative à la proposition de loi visant à créer un service public des aéroports de Paris. Mais ce sont la quatrième et la cinquième, relatives toutes deux à la loi de financement rectificative de la Sécurité sociale ramenant à 62 ans l'âge du départ à la retraite qui ont le plus fait débat : le Conseil a bloqué dès le début de la procédure la tentative de contester devant le corps électoral l'adoption d'une loi où le parlement avait été prisonnier des pièges du parlementarisme rationalisé (Décis. n° 2023-4 RIP du 14 avril 2023 et n° 2023-5 RIP du 3 mai 2023), laissant peu de chance à cette procédure de démocratie semi-directe de prospérer.

B. Le contrôle des normes

1. *Le contrôle des projets de loi*

Depuis la révision de 2008, le Conseil peut être saisi du contrôle du respect de l'article 39 de la Constitution par le gouvernement lors du dépôt d'un projet de loi. 436 ■
Celui-ci devant comprendre en annexe les études d'impact susceptibles d'éclairer le Parlement, en cas de désaccord entre la conférence des présidents de la première assemblée saisie et le gouvernement, le président de l'assemblée ou le Premier ministre peuvent saisir le Conseil pour trancher.

2. *Le contrôle des irrecevabilités*

Le Conseil est compétent pour examiner la loi dans le cadre de la délimitation des domaines respectifs de la loi et du règlement, soit lors de son élaboration, lorsqu'il est 437 ■
saisi par le gouvernement à propos d'une proposition de loi ou d'un amendement jugés irrecevables (Const., art. 41), soit après la promulgation, le gouvernement demandant au Conseil de modifier par décret une disposition législative intervenue dans le domaine réglementaire (Const., art. 37, al. 2).

3. *Le contrôle a priori de constitutionnalité des lois*

Le Conseil est chargé du contrôle de la constitutionnalité des lois avant la promulga- 438 ■
tion de celles-ci (Const., art. 61). Ce contrôle de conformité est obligatoire pour les lois organiques transmises par le Premier ministre (Const., art. 61, al. 1er) et pour les règlements des assemblées transmis par leurs présidents. Il est facultatif pour les lois

ordinaires sur saisine du président de la République, du président du Sénat, du président de l'Assemblée nationale, du Premier ministre ou, depuis la révision de 1974, sur *saisine*[Q] de 60 députés ou 60 sénateurs (Const., art. 61, al. 2).

La procédure juridictionnelle du Conseil dans ce cas est calquée sur la procédure de la juridiction administrative.

Elle est inquisitoire. Diligentée par un rapporteur nommé par le président, elle donne au rapporteur la possibilité de prendre toutes les mesures nécessaires, y compris l'audition d'experts ou de personnes intéressées (ministre, rédacteur de la saisine parlementaire, observations des groupes parlementaires sur les lois organiques). La procédure est, pour l'essentiel, écrite. Elle est secrète, aussi bien au niveau de l'instruction que de la délibération. Elle est (informellement) contradictoire sous réserve de la possibilité pour le juge de soulever un moyen d'office. Elle est enfin collégiale, le vote étant à la majorité (mais le plus souvent par consensus). La forme des décisions est calquée sur celle des juridictions administratives.

Depuis 1983, le texte officiel des saisines est publié au Journal officiel et celui-ci publie également, depuis 1994, les observations en défense de la loi envoyées au Conseil par le Secrétariat général du gouvernement.

En cas de non-conformité, la disposition est censurée (et non pas annulée puisque la loi n'est pas promulguée et n'a donc pas encore d'existence juridique). Si l'intégralité de la loi est censurée, elle n'est pas promulguée (ce qui ne s'est produit qu'à sept reprises). Si la déclaration de non-conformité ne concerne qu'une partie de la loi, le Conseil doit préciser si la disposition inconstitutionnelle est séparable ou non du reste du texte. Si la disposition inconstitutionnelle n'est pas séparable, le texte ne pourra pas être promulgué et sera soit modifié (ex. : loi sur les nationalisations de 1982), soit abandonné. Si la disposition est détachable du reste du texte, le président de la République a le choix entre plusieurs solutions : la loi tronquée pourra être promulguée (comme la loi du 2 mars 1982 sur la décentralisation ou celle du 21 janvier 1994 relative aux aides des collectivités territoriales aux établissements d'enseignement privé) ou non, voire soumise à une nouvelle délibération du parlement (Const., art. 10) comme à la suite de la décision du Conseil du 23 août 1985 censurant une partie des dispositions de la loi sur l'évolution de la Nouvelle-Calédonie.

Le Conseil peut également déclarer la loi conforme, sous réserve que soient respectées les interprétations qu'il impose de telle partie du dispositif du texte. Ces interprétations peuvent avoir pour effet de neutraliser les dispositions litigieuses en leur ôtant tout effet juridique (par ex., Cons. const. 19 juill. 1983, n° 83-162) ou au contraire de les compléter pour les rendre conformes à la Constitution (par ex., Cons. const. 25 juill. 1989, n° 89-257).

Enfin, le Conseil s'est jugé compétent pour examiner la constitutionnalité des lois déjà promulguées dans le cadre d'une saisine à priori lorsque « la constitutionnalité de la loi déjà promulguée est appréciée à l'occasion de l'examen de dispositions législatives qui la modifient, la complètent ou affectent son domaine » (Cons. const. 25 janv. 1985, n° 85-187, *État d'urgence en Nouvelle-Calédonie*). Cette jurisprudence a été appliquée à plusieurs reprises. Dans ce cas la disposition n'est ni censurée (ce que prévoit l'article 61 Const. pour les lois non promulguées), ni abrogée (ce que prévoit l'article 61 Const. pour les lois promulguées), mais *neutralisée* : elle demeure dans le corpus des lois promulguées mais n'a plus de force normative.

Le Conseil constitutionnel est souvent saisi de « contributions extérieures », autrefois appelées « portes étroites » émanant de personnes physiques ou morales concernées à un titre ou à un autre par la loi soumise à son contrôle *a priori*. Ces contributions sont rendues publiques sur le site du Conseil dans le dossier qui accompagne la décision.

4. *Le contrôle a posteriori de constitutionnalité des lois (question prioritaire de constitutionnalité*Q*)*

Depuis la révision de 2008, le Conseil est également chargé du contrôle *a posteriori* de constitutionnalité des lois (y compris antérieures à 1958) dans le cadre de la question préjudicielle de constitutionnalité (Const., art. 61-1 mis en œuvre par la L. org. n° 2009-1523 du 10 déc. 2009). Au terme de ces dispositions, « lorsqu'à l'occasion d'une instance en cours devant une juridiction, il est soutenu qu'une disposition législative porte atteinte aux droits et libertés que la Constitution garantit, le Conseil constitutionnel peut être saisi de cette question sur le renvoi du Conseil d'État ou de la Cour de cassation qui se prononce dans un délai déterminé ». 439 ■

En moins de dix ans, le Conseil constitutionnel s'est prononcé sur plus de questions prioritaires de constitutionnalité qu'il n'a rendu de décisions *a priori* en soixante ans. En effet, depuis l'entrée en vigueur de la question prioritaire de constitutionnalité en décembre 2009, le Conseil constitutionnel a rendu 781 décisions sur des saisines *a posteriori*, contre 780 décisions sur des saisines *a priori* (décompte au 13 mai 2019). Cette comparaison et la rapidité avec laquelle le nombre de saisine *a posteriori* a été rattrapé montrent toute l'importance acquise par la question prioritaire de constitutionnalité dans les procédures de contrôle de constitutionnalité des lois.

a. Les conditions du renvoi devant le Conseil constitutionnel

La QPC peut être soulevée par toute partie à l'instance (mais le juge n'est pas autorisé à la soulever d'office) devant toutes les juridictions relevant du Conseil d'État ou de la Cour de cassation à toute étape de la procédure. Lorsque la QPC est soulevée devant une juridiction de première instance ou d'appel, celle-ci transmet « sans délai » la question à sa Cour suprême si elle l'estime recevable. La recevabilité est admise si quatre conditions sont réunies : la disposition contestée est de nature législative, elle commande l'issue du litige, elle n'a pas été déjà déclarée conforme par le Conseil constitutionnel sauf changement de circonstances de droit ou de fait et elle n'est pas dépourvue de caractère sérieux. En cas de transmission, le juge doit surseoir à statuer (sauf si la personne est privée de liberté à raison de l'instance ou si celle-ci a pour objet de mettre fin à une mesure privative de liberté). Si une question de conventionnalité (conformité de la disposition à un traité) a été soulevée parallèlement à la QPC, cette dernière devra être traitée prioritairement, mais le Conseil constitutionnel (Cons. const. 12 mai 2010, n° 2010-605, *Jeux de hasard*) tout comme la Cour de justice de l'Union européenne saisie par la Cour de cassation (CJUE 22 juin 2010, *Melki et Abdeli*) ont estimé que la primauté du droit de l'Union européenne sur le droit des États impose que des mesures provisoires et conservatoires soient prises pour préserver le plein effet du droit de l'Union Européenne. 440 ■

Lorsque la QPC est soulevée devant le Conseil d'État ou la Cour de cassation, ceux-ci doivent statuer dans les trois mois et examiner la recevabilité de la question à partir de quatre critères : la nature législative de la disposition contestée, le lien avec le litige, l'absence de déclaration de conformité du Conseil constitutionnel sauf changement de circonstances et le fait que la QPC soulève une question nouvelle ou présente une difficulté sérieuse.

Cette quatrième condition est spécifique à la recevabilité devant les cours suprêmes. Il ne s'agit pas simplement de vérifier si la disposition législative contestée n'a pas été déjà examinée par le Conseil constitutionnel mais également de vérifier si elle n'a pas déjà été déclarée conforme à la Constitution dans les motifs et le dispositif d'une de ses décisions (Cons. const. 3 déc. 2009, n° 2009-595, *Loi organique relative à l'application de l'art. 61-1 Const.*). Si ces quatre conditions sont réunies, la QPC est renvoyée devant le Conseil constitutionnel et là encore la *priorité* (sous les conditions rappelées pour préserver le droit de l'UE en cas de double procédure de constitutionnalité et de conventionnalité) de la QPC est affirmée.

Le Conseil constitutionnel s'en tient au contrôle effectué par le Conseil d'État et la Cour de cassation pour vérifier si la disposition est de nature législative et sélectionner les éléments du texte pertinents ou pour vérifier le lien avec le litige. Par contre, le Conseil constitutionnel apprécie à son tour le changement de circonstances de droit ou de fait qui pourraient le conduire à réexaminer une disposition déjà contrôlée par lui précédemment : c'est ainsi que dans la décision QPC du 30 juillet 2010 sur la garde à vue, il a considéré que le changement de politique pénale conduisant à multiplier les gardes à vue dans des proportions considérables (790 000 en 2009) justifiait le réexamen des dispositions contestées. Enfin c'est au Conseil qu'il incombe de délimiter le champ des normes constitutionnelles de référence, puisque seules celles qui garantissent les droits et libertés sont visées.

b. La procédure devant le Conseil constitutionnel

441 Le contrôle concret (à l'occasion d'un litige) de constitutionnalité *a posteriori* se différencie radicalement du contrôle abstrait à priori dans la mesure où la disposition examinée est une loi en vigueur, où les requérants sont parties à un procès et où les droits subjectifs des individus sont directement en jeu. Cela explique pourquoi la Cour EDH s'est déclarée compétente pour contrôler si la procédure suivie devant le juge constitutionnel respecte les règles du procès équitable (consacrées par l'art. 6 Conv. EDH) dans son arrêt du 23 juin 1993, *Ruiz Mateos*.

La procédure devant le Conseil constitutionnel est donc une procédure contentieuse dans le cadre d'un véritable procès constitutionnel. Ainsi que la loi organique du 10 décembre 2009 l'y invitait, le Conseil constitutionnel a adopté un règlement intérieur régissant la procédure suivie pour les QPC. Ce règlement doit lui permettre de respecter les principes de transparence, de respect du contradictoire et d'impartialité.

C'est ainsi que les parties à l'instance au principal sont associées à toutes les étapes de la procédure pour présenter leurs observations ou être entendues : qu'il s'agisse de la notification de la décision de renvoi prise par le Conseil d'État ou la Cour de cassation, de l'instruction du dossier, de l'audience et du rendu de la décision.

Le règlement du Conseil prévoit que les parties peuvent être assistées par un avocat (comme c'était déjà le cas pour le contentieux électoral, alors que cela n'est pas admis pour le contrôle *a priori*), qui est entendu et se voit notifier les actes de procédure. L'impartialité de la procédure est garantie par sa publicité (à commencer par celle de l'audience) et par la transparence de la formation de jugement (avec une procédure d'abstention et de récusation de membres du Conseil).

c. Les effets de la décision du Conseil constitutionnel

Le Conseil peut déclarer la disposition litigieuse conforme à la Constitution, ce qui est le cas le plus fréquent. Il peut également la déclarer non conforme en tout ou partie, auquel cas les dispositions inconstitutionnelles seront abrogées. Toutefois le Conseil peut décider (ce qu'il a fait pour l'abrogation partielle de la procédure de garde à vue : Cons. const. QPC 30 juill. 2010) de différer les effets de l'abrogation de quelques mois afin de laisser au législateur le temps de modifier la loi et de ne pas créer un vide préjudiciable à la sécurité juridique voire à l'ordre public. Le Conseil peut enfin déclarer la disposition conforme à la Constitution sous réserve d'interprétation. 442 ■

d. L'articulation de la QPC et de la saisine de l'article 61 de la Constitution

Depuis l'entrée en vigueur du contrôle *a posteriori* ouvert au justiciable, le Conseil est plus sévère sur les conditions de fond de la saisine de l'article 61 de la Constitution, exigeant que celle-ci soit motivée. Jusqu'alors, les saisines « blanches » (c'est-à-dire ne formulant aucun grief) n'étaient pas rares. Elles l'étaient d'office pour les saisines automatiques (lois organiques, règlements des assemblées), mais fréquentes en cas de saisine par les présidents des assemblées, voire par les groupes. Si le Conseil ne relevait pas d'inconstitutionnalité dans le texte, il concluait à la conformité de l'ensemble de la loi. Dans la mesure où la QPC est irrecevable contre des dispositions jugées déjà conformes à la Constitution dans les motifs et dispositif d'une décision du Conseil, le risque que le justiciable ne puisse contester une loi validée sans examen approfondi par le Conseil était réel. Celui-ci, dans sa décision n° 2011-630 du 26 mai 2011, consécutive à une saisine « blanche » d'un groupe parlementaire, a donc considéré que faute de grief et de motif apparent d'inconstitutionnalité, il ne procéderait pas à l'examen détaillé du texte et a validé celui-ci. Mais il a laissé la porte ouverte à une éventuelle QPC sur des dispositions de cette loi. 443 ■

Les saisines purement « politiques » du Conseil par les parlementaires devraient donc évoluer vers des saisines plus techniques dont les auteurs devront motiver les griefs, faute de quoi la QPC deviendra la principale forme de contrôle de constitutionnalité des lois.

5. *Le contrôle de contrariété des traités internationaux*

Le Conseil est également chargé du contrôle de contrariété entre des accords internationaux et la Constitution (Const., art. 54). Dans ce cas, la saisine est ouverte aux mêmes autorités que pour le contrôle de constitutionnalité des lois, la révision constitutionnelle de 1992 ayant élargi aux parlementaires (60 députés ou 60 sénateurs) une saisine jusqu'alors réservée au président de la République, au Premier ministre et aux présidents des assemblées. Dans la plupart des cas, ce sont les détenteurs du pouvoir exécutif qui ont saisi le Conseil (y compris solidairement en période de cohabitation comme pour le traité d'Amsterdam en 1997). En cas de contrariété, la révision de la Constitution doit précéder la ratification du traité. Ce contrôle a pris une importance croissante comme le montrent les décisions consécutives aux traités de Maastricht, Amsterdam, Schengen, Rome (ce dernier créant la Cour pénale internationale) au traité portant constitution de l'Europe et au traité de Lisbonne. 444 ■

C. Forme des décisions

445 Le Conseil constitutionnel a, depuis sa création, calqué la rédaction de ses décisions sur le dispositif, traditionnellement bref, des arrêts du Conseil d'État, y compris dans la forme, précédant les visas de la décision d'un « vu » et les motifs de la décision d'un « considérant ». Il est vrai que le poste stratégique de secrétaire général du Conseil a presque toujours (à l'exception des années 1983-1986) été exercé par un conseiller d'État.

Le président Fabius, au lendemain de sa nomination en 2016, a proposé au Conseil, de « moderniser » la rédaction de ses décisions dans le double but « de simplifier la lecture des décisions du Conseil et d'en approfondir la motivation ». En fait, le changement est surtout stylistique. Les « vu » ont été remplacés par des « au vu de », les « ayant été entendus » par « après avoir entendu », les « considérant » par des paragraphes, les motifs introduits par la phrase : « le Conseil constitutionnel s'est fondé sur ce qui suit ». Pour le reste, la brièveté de la rédaction et des motifs reste la règle, ce qui donne un net avantage sur la rédaction longue et complexe des décisions des juridictions anglo-saxonnes dont la CEDH a repris la tradition, mais ne permet pas d'approfondir la motivation des décisions. Il est vrai que le Conseil est tenu de rendre ses décisions dans des délais beaucoup plus restreints que ceux des juridictions ordinaires, ce qui contribue au caractère synthétique et parfois expéditif de ses motivations, au point que l'on a pu parfois avoir l'impression, comme dans la série de décisions rendues à propos de la réforme des retraites d'avril-mai 2023, qu'il s'agissait d'un choix délibéré.

D. Autorité des décisions

446 Les décisions du Conseil constitutionnel ne sont pas susceptibles de recours et s'imposent à tous les pouvoirs publics et juridictions, même si aucune procédure n'est prévue pour les faire respecter : si les pouvoirs publics s'inclinent (v. circ. du Premier ministre Alain Juppé du 30 janvier 1997 rappelant que « les projets de loi doivent respecter strictement la Constitution et les principes issus de la jurisprudence du Conseil constitutionnel »), malgré les polémiques suscitées par certaines décisions, il n'en va pas toujours de même des juridictions, et notamment des cours suprêmes.

Dès 1962 (Cons. const. 16 janv. 1962, n° 62-18, *L. d'orientation agricole*), le Conseil a affirmé que l'autorité des décisions du Conseil constitutionnel « s'attache non seulement à leur dispositif mais aussi aux motifs qui en sont le soutien nécessaire et en constituent le fondement même ». Cette « autorité de chose jugée », ainsi que le Conseil l'a qualifiée à plusieurs reprises (et not. dans Cons. const. 20 juill. 1988), est absolue pour les décisions de non-conformité (dans le cadre de la procédure de l'art. 61 Const.) puisqu'elle interdit toute promulgation de la disposition déclarée inconstitutionnelle et bien entendu en cas d'abrogation de la disposition déclarée inconstitutionnelle (dans le cadre de la procédure de QPC de l'art. 61-1 Const.) même si le Conseil a souvent recours à l'abrogation avec effet différé de quelques mois afin de laisser au législateur le temps d'élaborer une nouvelle loi. En ce qui concerne les décisions de conformité ou les réserves interprétatives formulées par le Conseil constitutionnel et qui conditionnent la constitutionnalité de la loi examinée, l'autorité de chose jugée ou de chose interprétée n'est que relative : elle ne s'impose que pour les textes mêmes qui ont été examinés par le Conseil constitutionnel, ou pour d'autres textes, dès lors que « les dispositions de [ces textes], bien que rédigée sous une forme différente, ont en substance un objet analogue » (Cons. const. 8 juill. 1989, n° 89-258).

1. *L'attitude des hautes juridictions*

Cette limite à l'autorité de chose jugée ou interprétée du Conseil constitutionnel a été clairement affirmée par les juridictions de l'ordre judiciaire et de l'ordre administratif, et en particulier la Cour de cassation et le Conseil d'État. Ceux-ci, tout en reconnaissant clairement l'autorité des décisions du Conseil constitutionnel, ont précisé que si cette autorité « s'attache non seulement au dispositif, mais aussi aux motifs qui en sont le soutien nécessaire, ces décisions ne s'imposent aux pouvoirs publics et aux autorités administratives et juridictionnelles qu'en ce qui concerne le texte soumis à l'examen du Conseil » (Cass., ass. plén., 10 oct. 2001, *Breisacher*). Dans l'arrêt *Breisacher*, relatif à la responsabilité pénale du président de la République, la Cour de cassation a relevé que le Conseil constitutionnel, dans sa décision du 22 janvier 1999, avait formulé une interprétation de l'article 68 de la Constitution qui n'avait pas l'autorité de chose interprétée dans la mesure où la question qui lui était posée, en l'occurrence « la possibilité de déférer le Président de la République à la Cour pénale internationale pour y répondre des crimes de la compétence de cette Cour », était d'un autre objet. Les juridictions de l'ordre judiciaire n'étant pas liées par cet *obiter dictum*[Q], c'est à elles « qu'il appartenait de déterminer si le Président de la République peut être entendu en qualité de témoin ou être poursuivi devant elles pour y répondre de toute autre infraction commise en dehors de l'exercice de ses fonctions », et pour cela d'interpréter la Constitution (Const., art. 68) et le Code de procédure pénale (C. pr. pén., art. 101, 109). 447 ■

Cette divergence a pris un tour plus sérieux à l'occasion de l'introduction de la procédure de QPC du fait de la résistance de la Cour de cassation.

D'une part, celle-ci a remis en cause la répartition des rôles entre les juridictions de renvoi (qui doivent examiner l'applicabilité ou non au litige des dispositions contestées) et le Conseil (qui en contrôle la constitutionnalité) en refusant que la QPC soit le prétexte à remettre en cause l'interprétation donnée par elle d'une disposition législative (par ex., arrêt n° 12056 du 25 juin 2010) et donc sa jurisprudence. Cette position soulève un problème de fond dans la mesure où les dispositions législatives soumises au contrôle *a posteriori* sont des lois appliquées, « vivantes », puisqu'interprétées par le juge : refuser de contrôler la constitutionnalité de la jurisprudence reviendrait à refuser au Conseil de contrôler la constitutionnalité de la loi « vivante » et à le cantonner dans le rôle qui est le sien dans le contrôle *a priori*, celui du juge de la loi abstraite. Depuis, la position de la Cour de cassation s'est assouplie à deux égards. D'abord, sur le plan procédural, la loi organique obligeant chacune des Chambres à se charger de l'examen de l'affaire de son ressort et prendre la décision de renvoyer ou non, alors qu'initialement c'était une formation restreinte spécifique qui examinait de façon centralisée tous les dossiers et prenait la décision. Ensuite, sur le fond, la Cour continue à l'occasion de l'examen du caractère sérieux de la requête d'opérer un véritable contrôle de constitutionnalité de la loi telle que les juridictions de l'ordre judiciaire l'interprètent. Ce qui permet de justifier un non-renvoi ou de fournir les bases de la décision de conformité du Conseil au nom de la constitutionnalité de l'interprétation des juridictions de l'ordre judiciaire.

D'autre part, elle a considéré que la primauté du droit de l'Union l'emporte sur la priorité de la question de constitutionnalité en cas de double procédure de conventionnalité et de constitutionnalité, s'il ne lui est pas possible de pouvoir prendre des mesures provisoires et conservatoires permettant l'application du droit de l'UE (v. Cass., ass. plén., 29 juin 2010, n° 10-40.002). Enfin la Cour de cassation n'a pas hésité, après avoir renvoyé au Conseil des QPC relatives à la garde à vue et alors que le Conseil avait abrogé une partie des dispositions législatives relatives à cette procédure, à déclarer les dispositions que le Conseil avait validées non conformes à la Convention EDH et donc à les déclarer inapplicables par le juge judiciaire (Crim. 19 oct. 2010).

L'autorité de chose jugée des décisions du Conseil n'empêche donc ni les divergences doctrinales et interprétatives (comme sur la responsabilité pénale du chef de l'État) ni des conflits de jurisprudence (comme ceux suscités par la rivalité entre contrôle de constitutionnalité et contrôle de conventionnalité), aucun dispositif ne permettant de régler de tels conflits.

2. *La résistance des pouvoirs publics*

■ 448 La résistance des autres pouvoirs publics constitutionnels, pour être moins visible, est tout aussi réelle. Elle prend la forme le plus souvent d'une non-prise en compte de la jurisprudence du Conseil par le législateur, le plus souvent par contournement en adoptant des dispositions similaires. Le Conseil a précisé que si une décision d'inconstitutionnalité d'une disposition législative ne peut être invoquée « à l'encontre d'une autre loi conçue en termes distincts, il en va autrement lorsque les dispositions de cette loi, bien que rédigées sous une forme différente, ont en substance un objet analogue » à la loi censurée (Cons. const. 19 déc. 2013, n° 2013-682 DC, *Loi de financement de la Sécurité sociale pour 2014*). De même, si le législateur contourne la censure en changeant les règles mais non l'esprit de la loi, le Conseil pourra toujours censurer en changeant les motifs de sa censure. Par exemple, le remplacement de l'adhésion obligatoire des entreprises à un dispositif de mutuelle complémentaire par un mécanisme d'incitation assorti de sanctions financières pourra être censuré car seules les règles ont été changées et non l'esprit de la loi. Dans ce cas, la saisine du Conseil initialement motivée, en l'espèce, par l'atteinte à la liberté contractuelle, le sera alors par l'atteinte au principe d'égalité devant les charges publiques (Cons. const. 13 juin 2013, n° 2013-672 DC et n° 2013-682 DC, préc.).

Le dernier mot reste cependant au pouvoir constituant ou au peuple souverain. Si la majorité politique au pouvoir désire passer outre à une décision du juge constitutionnel pour imposer une loi qu'il a considérée contraire à la Constitution, il lui est toujours loisible de réviser la Constitution. C'est ce qui a été fait pour la première fois en 1993, la révision constitutionnelle du 25 novembre 1993 a ainsi permis de surmonter la décision de censure du Conseil (du 13 août) à propos de la loi sur la maîtrise de l'immigration, rendant celle-ci compatible avec la Constitution révisée. Il en a été de même à propos de la discrimination positive : celle-ci a été imposée par le constituant en 1999 à propos de la parité aux élections politiques, la révision surmontant la jurisprudence hostile du Conseil (Cons. const. 18 nov. 1982 et 14 janv. 1999) et en 2003 à propos de la préférence territoriale en matière de droit du travail dans les collectivités d'outre-mer. La loi référendaire (que le Conseil constitutionnel n'est pas compétent pour contrôler) du 6 novembre 1988 relative à la Nouvelle-Calédonie avait introduit pour sa part la discrimination en matière électorale pour l'autodétermination du territoire, procédure renforcée par la révision constitutionnelle de 1998 introduisant un Titre XIII provisoire et par la révision constitutionnelle de 2007 étendant la discrimination électorale aux élections provinciales. De même, la révision constitutionnelle de 2007 relative à la responsabilité du président de la République a constitutionnalisé le point de vue de la Cour de cassation (arrêt *Breisacher*, préc.) au détriment de celui du Conseil constitutionnel du 22 janvier 1999.

section 3

Le rôle du Conseil constitutionnel

Conçu pour être l'auxiliaire de l'exécutif face aux menaces parlementaires, le rôle du Conseil constitutionnel a été entièrement redéfini grâce aux révisions successives qui ont élargi tant son domaine d'action (traités) que son mode de saisine (parlementaire puis judiciaire). Cependant, c'est essentiellement grâce à sa jurisprudence qui lui a donné, unilatéralement et avant la moindre révision de la Constitution, que le Conseil s'est octroyé des moyens d'action et une légitimité imprévus en 1958. 449 ■

La censure de la loi a perdu sa signification initiale dès lors que le gouvernement était à l'origine de 90 % des textes votés par le parlement. La distinction entre législatif et exécutif devenait relative dès lors que l'un et l'autre étaient au service d'une même majorité politique. La révision de 1974 introduisant la saisine parlementaire en a tiré les conclusions en faisant de cette saisine un élément des « droits de l'opposition ».

Néanmoins, sauf à réduire à néant le rôle du Conseil une fois les règles du « parlementarisme rationalisé » consolidées, le contrôle de constitutionnalité ne pouvait se réduire à la vérification des domaines respectifs de la loi et du règlement. La seule possibilité pour le Conseil de sortir du ghetto institutionnel où l'enfermait la Constitution était d'élargir la notion même de Constitution. Or, il ne pouvait le faire qu'au prix d'un « coup d'État jurisprudentiel », en transformant des principes constitutionnellement abrogés depuis 1792 – que les juridictions françaises refusaient de qualifier de droit positif, et auxquels, selon le Préambule, « le peuple français proclame son attachement » (sic) – en règles de nature constitutionnelle, créatrices de droit et s'imposant aux pouvoirs publics via la relecture qu'il en opère. Opérant de même avec le Préambule de la Constitution de 1946, seule partie de la précédente constitution sauvée par le constituant de 1958 faute de temps, et avec les principes puisés dans la législation de la IIIe République eux aussi « constitutionnalisés », le Conseil se donnait les moyens de construire une jurisprudence prétorienne, puisque ces principes disparates et parfois contradictoires auxquels le Préambule de 1958 fait indirectement référence demandaient, au minimum, une actualisation et une réinterprétation au risque de l'anachronisme.

§ 1 Le bloc de constitutionnalité

450 Le Conseil a soumis la loi aux principes énumérés dans la Déclaration des droits de l'homme et du citoyen de 1789, aux « principes particulièrement nécessaires à notre temps » de 1946, aux « principes fondamentaux reconnus par les lois de la République » visés par le Préambule de la Constitution de 1946, ainsi qu'aux « principes de valeur constitutionnelle » dégagés par la jurisprudence du Conseil.

Ce corps de principes constitutionnels constitue ce que Louis Favoreu a qualifié de bloc de constitutionnalité et a donné à la soumission de la loi à la Constitution une portée considérable. Ce n'est pas un simple contrôle technique de séparation des pouvoirs qui est opéré mais bien une subordination de la loi à des principes éthiques et politiques forgés par le juge constitutionnel et dont le législateur ne peut se soustraire que par une révision de la Constitution (comme ce fut le cas avec la révision de 1993 à propos du droit d'asile). L'introduction en 2008 de la question prioritaire de constitutionnalité et donc de la garantie directe des droits et libertés du citoyen a encore renforcé les pouvoirs de contrôle du Conseil en l'étendant aux lois antérieures à 1958 et en lui permettant d'élargir le corps de principes de référence puisque des domaines législatifs non encore soumis au contrôle de constitutionnalité (par désintérêt des parlementaires qui n'avaient pas saisi le Conseil) ont fait l'objet de ces questions.

Si l'on examine de plus près la jurisprudence du Conseil constitutionnel, on constate que la référence à ces différents éléments du « bloc de constitutionnalité » est très étendue et comprend plusieurs types de droits très différents. D'un côté, les *droits substantiels*, ensemble des droits dont peut se prévaloir le citoyen, et qui s'articulent entre droits subjectifs (libertés individuelles ou collectives proclamées aux XVIIIe et XIXe siècles) et droits-créances, apparus au XXe siècle (droits économiques et sociaux dont l'État doit assurer la mise en œuvre), de l'autre, les *droits procéduraux* dont peut se prévaloir le justiciable pour avoir « droit au juge » et à un procès équitable.

En matière de droits procéduraux, le Conseil a construit tardivement une jurisprudence voisine de celle de la CEDH qu'il a pu difficilement appuyer sur une DDHC peu diserte sur le sujet.

C'est sur le respect des droits de la défense (Cons. const. 28 juill. 1989, n° 89-260) que s'est fondée la reconnaissance du « droit à une procédure juste et équitable » qui est devenu droit à un procès équitable fondé sur l'art. 16 de la DDHC (Décis. n° 2004-510 du 20 janvier 2005 suivie d'une série de décisions QPC à propos de la garde à vue ou de l'état d'urgence). Il en a été de même de la reconnaissance du respect du principe d'impartialité objective de l'organe juridictionnel (Cons. const. 16 mai 2013, n° 2013-310 QPC, *Jérôme P.*) à propos d'un organe disciplinaire, ou du respect effectif du droit à être jugé par un tribunal, un organe disciplinaire ou une autorité administrative indépendante impartiaux (Cons. const. 2 oct. 2012, n° 2012-280 QPC, *Société Groupe Canal +*).

Les droits substantiels constituent un ensemble très disparate de principes, apparus à des périodes très différentes (de 1789 à nos jours), dont le Conseil assure la cohérence et l'articulation, quitte à en faire une relecture prétorienne :

– au sein de la Constitution *stricto sensu*, le Conseil a fait notamment référence aux principes contenus dans les articles 1er (« la France est une République laïque, démocratique et sociale »), 3 (« le suffrage est universel, égal et secret »), 4 (« les partis se forment et exercent leur activité librement », « expression pluraliste des opinions »), 64 (indépendance de la justice), 66 (interdiction de la détention arbitraire) et 72 (libre administration des collectivités territoriales) ;

– parmi les principes de la Déclaration de 1789, tous les articles sont solidairement mentionnés mais particulièrement la liberté d'aller et venir (19-20 janv. 1981, *Sécurité et liberté*), l'égalité devant la loi (27 déc. 1973, *Taxation d'office*), le droit de propriété (16 janv. 1982, *Nationalisation*, et 25-26 juin 1986, *Privatisation*), la non-rétroactivité des lois pénales (30 déc. 1982, *Loi de finances rectificative pour 1982*), la proportionnalité des délits et des peines (19-20 janv. 1981, *Sécurité et liberté*), la liberté de communication (10-11 oct. 1984, *Entreprises de presse*), la liberté contractuelle (13 janv. 2000, *Réduction du temps de travail*) et plus récemment la fraternité (6 juill. 2018, QPC, *Cédric et autres*).

– parmi les « *principes particulièrement nécessaires à notre temps*[Q] » du Préambule de 1946, le Conseil a visé notamment le droit de grève (25 juill. 1979, *Droit de grève à la radio et à la télévision*), le droit syndical (25 juill. 1989, id.), le droit à la santé (8 janv. 1991), le droit d'asile (13 août 1993, *Maîtrise de l'immigration*), la sauvegarde de la dignité de la personne humaine (27 juill. 1994, *Bioéthique*) ;

– quant aux « *principes fondamentaux reconnus par les lois de la République*[Q] » visés également par le Préambule de 1946 mais sans que celui-ci les énumère, ils se prêtaient à une jurisprudence prétorienne et sélective du Conseil, qui a prolongé la jurisprudence du Conseil d'État. Il a ainsi mentionné la liberté d'association (dans sa fameuse décision du 16 juill. 1971, *Liberté d'association*), la liberté de l'enseignement (23 nov. 1977, *Liberté d'enseignement et de conscience*), l'indépendance des professeurs d'université (20 janv. 1984, *Libertés universitaires*), les droits de la défense (2 déc. 1976), la liberté individuelle (12 janv. 1977), la liberté de conscience (23 nov. 1977), la spécificité de la justice des mineurs (29 août 2002) ;

– les *principes à valeur constitutionnelle*[Q] sont souvent purement jurisprudentiels, comme celui de la continuité du service public (25 juill. 1979, *Droit de grève à la radio et à la télévision*), du pluralisme (18 sept. 1986) ou de l'exigence de clarté de la loi (10 juin 1998, Réduction du temps de travail) ;

– aux principes issus de dispositions constitutionnelles antérieures ou propres à la Constitution de 1958, s'ajoutent, depuis la loi constitutionnelle du 1er mars 2005, ceux issus de la Charte de l'environnement annexée à la Constitution.

Cette Charte comprend deux types de principes. Les uns, de nature essentiellement politique, n'ont pas d'effets juridiques, mais constituent des considérations générales. C'est le cas de la plupart des considérants qui introduisent le texte. D'autres constituent des incitations pour des politiques publiques mais n'ont pas davantage d'effets juridiques (art. 8, 9 et 10 ; 3e cons.). La Charte comprend par ailleurs des principes dont les effets juridiques sont clairs : la plupart relèvent de la catégorie jurisprudentielle des « objectifs de valeur constitutionnelle » dont l'application par le juge nécessite la médiation de la loi. Seul l'article 5 (principe de précaution) relève, selon les auteurs de la Charte, de l'applicabilité directe alors que le Conseil constitutionnel avait refusé de reconnaître la constitutionnalité de ce principe dans sa décision du 27 juin 2001 (Interruption de grossesse et à la contraception).

À cet ensemble de principes fondamentaux que le Conseil tire de ces différentes références, s'ajoute un correctif d'interprétation que le Conseil qualifie d'« objectifs de valeur constitutionnelle ». Ces « objectifs » constituent une habilitation donnée par le Conseil au législateur pour orienter, limiter ou renforcer le principe que le Conseil a retenu ou le concilier avec un autre principe. Ainsi le principe d'accessibilité et d'intelligibilité de la loi (16 déc. 1999, *Habilitation à adopter par ordonnance la partie législative de certains codes*) complète le principe de clarté ; de même les principes de liberté de la presse et celui de libre communication des idées et des opinions doivent être lus à la lumière de l'objectif à valeur constitutionnelle qu'est le pluralisme des courants d'opinion (10-11 oct. 1984, *Entreprises de presse*). De même le principe de fraternité doit être entendu en fonction de l'objectif de respect de l'ordre public lorsqu'il s'agit de l'accueil des migrants (Cons. const. 6 juil. 2018, n° 2018-717/718 QPC, *Cédric et autres*).

§ 2 La double fonction du Conseil constitutionnel

451 Entre l'entrée en vigueur de la question prioritaire de constitutionnalité (L. org. mars 2010) et mars 2017, l'activité contentieuse du Conseil constitutionnel s'est répartie entre 705 décisions relatives au contrôle de constitutionnalité, auxquelles il faut ajouter 51 décisions de déclassement de lois en règlements, et 426 décisions relatives aux élections nationales (dont 358 pour les seules élections législatives). Parmi les décisions relatives au contrôle de constitutionnalité, les questions prioritaires de constitutionnalité se taillent la part du lion (548) alors que les saisines parlementaires se limitent à 106 auxquelles il faut ajouter 46 transmissions automatiques pour les lois organiques et les règlements des assemblées.

Ces statistiques illustrent bien la double fonction du Conseil constitutionnel : celui de protecteur des droits et libertés personnelles et collectives, d'une part, et celui de régulateur des rapports entre les pouvoirs et de contrôleur de leur fonctionnement, d'autre part.

Le succès de la question prioritaire de constitutionnalité est en tout cas indéniable même si, après l'engouement initial (110 QPC en 2012), le flux décroît lentement (61 décisions en 2019 et 46 en 2020, mais l'année 2020 a vu l'activité judiciaire ralentie par la pandémie. Toutefois, la concurrence du contrôle de conventionnalité en matière de droits fondamentaux (via le droit de l'Union européenne ou celui de la Convention européenne de sauvegarde des droits de l'homme) confié aux juridictions judiciaires et administratives, renforcera la rivalité entre le Conseil et les cours suprêmes. Le filtrage des juridictions de renvoi (Cour de cassation et Conseil d'État) a été efficace puisque le Conseil s'est prononcé sur moins de 10 % des procédures enregistrées au départ. Quant aux décisions rendues, une étude menée par le Conseil constitutionnel à l'occasion des dix ans de la QPC (novembre 2020) montrait que 46 % de ses décisions valident la disposition législative attaquée, que 12 % sont des déclarations de conformité avec réserve, 6 % sont des déclarations d'inconstitutionnalité partielle et 4 % des non-lieux à statuer ou des rejets. Si on y ajoute que plus du tiers des décisions d'inconstitutionnalité sont privées d'effet sur les instances en cours et qu'un tiers des décisions concernent le droit fiscal ou le droit des affaires et sont à l'initiative d'entreprises ou de lobbies, l'impact de cette nouvelle procédure est relativement restreint et socialement ciblé.

La seconde fonction, plus politique, a nécessité une grande prudence : refusant, comme l'opposition du moment l'y incitait souvent, de s'ériger en législateur d'appel au motif, régulièrement répété, qu'il ne dispose pas « d'un pouvoir général d'appréciation et de décision identique à celui du parlement » (Cons. const. 15 janv. 1975, n° 74-54 DC, *Interruption volontaire de grossesse*) et qu'il n'a pas à « substituer sa propre appréciation à celle du législateur » (Cons. const. 19-20 janv. 1981, *Sécurité et liberté*), le Conseil a cependant exercé son contrôle de façon systématique dans la mesure où « la loi n'exprime la volonté générale que dans le respect de la Constitution » (Cons. const. 23 août 1985, n° 85-197, *Nouvelle-Calédonie*). Néanmoins, le Conseil est resté fidèle à l'esprit des rédacteurs de la Constitution, même si ceux-ci n'avaient jamais imaginé l'ascension et le rôle prépondérant de cette instance, en assurant la primauté de l'exécutif et en cantonnant le Parlement dans le rôle secondaire qui est le sien. La XVIe législature en est une illustration marquante par où l'exécutif, dépourvu de majorité absolue, est contraint d'utiliser tous les expédients du « parlementarisme rationalisé » et où le contrôle de constitutionnalité des lois est bien plus tatillon lorsque le texte est d'origine parlementaire que lorsqu'il est d'origine gouvernementale.

Outre la mobilisation au sein du « bloc de constitutionnalité » d'un ensemble de principes généraux d'origine jurisprudentielle, le Conseil s'est octroyé les moyens d'examiner le texte législatif sous tous ses aspects – soulevant des moyens d'office, appréciant sinon l'opportunité de la loi du moins l'existence éventuelle d'erreur manifeste d'appréciation (Cons. const. 8 août 1985, n° 85-196, *Nouvelle-Calédonie*). Il s'est aussi octroyé les moyens de placer le législateur sous tutelle en lui imposant des directives interprétatives (Cons. const. 10-11 oct. 1984, *Entreprises de presse*) voire, tout en le censurant, de lui indiquer la voie pour ne plus encourir ses foudres (Cons. const. 29 déc. 1983, *Loi de finances pour 1984*). Ce faisant, le Conseil constitutionnel n'a fait que reprendre des techniques déjà utilisées par le juge constitutionnel allemand ou italien, tout en se gardant de se substituer au législateur : « l'objet du contrôle de constitutionnalité est non de gêner ou de retarder l'exercice du pouvoir législatif, mais d'assurer sa conformité à la Constitution » (Cons. const. 23 août 1985, préc.).

L'extension du contrôle de constitutionnalité à la question prioritaire de constitutionnalité a accéléré la juridictionnalisation des procédures du Conseil, amorcée en 1971 et favorisée par le contentieux électoral. Mais le Conseil garde trois différences de taille par rapport à ses homologues européens, qui nourrissent régulièrement le doute sur sa véritable nature et la motivation de ses décisions et concernent son recrutement : outre les membres de droit à vie, qui finiront par être supprimés, la présence prédominante du personnel politique en fin de carrière et l'absence de qualification juridique obligatoire de ses membres. 452 ■

Compléments pédagogiques

Mémo

Le *Conseil constitutionnel* s'est dégagé, par sa jurisprudence, de sa subordination initiale au pouvoir politique pour se rapprocher des juridictions constitutionnelles des États voisins, tant par sa procédure contentieuse que par ses *références jurisprudentielles* (intégrant le Préambule de la Constitution et les textes visés par lui dans le bloc de constitutionnalité) qui lui ont donné un pouvoir de contrôle très étendu. Celui-ci, outre le *contrôle de constitutionnalité*, *a priori* et *a posteriori* (question prioritaire de constitutionnalité) comprend l'examen des *opérations électorales* et du *statut du personnel politique*.

Quid

■ Conseil constitutionnel n° **428**

Organe composé de 9 membres nommés (3 par le président de la République, 3 par le président du Sénat et 3 par le président de l'Assemblée nationale) et de membres de droit (les anciens présidents de la République) et chargé notamment du contrôle de constitutionnalité des lois et du contrôle des élections nationales.

■ *Obiter dictum* n° **447**

Expression latine signifiant littéralement « soit dit en passant ». En droit procédural, opinion ou observation incidente faite par le juge qui, bien que se trouvant à l'intérieur de la décision rendue, ne constitue pas un raisonnement juridique justifiant celle-ci. Dès lors, l'*obiter dictum* n'a pas l'autorité absolue de la chose jugée lorsqu'il émane du Conseil constitutionnel.

■ Principes à valeur constitutionnelle n° **450**

Principes de nature jurisprudentielle auxquels le Conseil constitutionnel donne valeur constitutionnelle.

■ Principes fondamentaux reconnus par les lois de la République n° **450**

Principes posés par des lois républicaines antérieures à 1946, visés (sans énumération précise) par le Préambule de la Constitution de 1946 et que le Conseil constitutionnel a consacrés normes constitutionnelles dans sa jurisprudence.

■ Principes particulièrement nécessaires à notre temps n° 450

Principes posés par le Préambule de la Constitution de 1946, visés par le Préambule de la Constitution de 1958 et intégrés par le Conseil constitutionnel dans le bloc de constitutionnalité ; ils concernent notamment les droits économiques et sociaux et le respect des règles du droit international.

■ Question prioritaire de constitutionnalité n° 439

Question sur la constitutionnalité d'une disposition législative en vigueur posée par la Cour de cassation pour l'ordre judiciaire ou par le Conseil d'État pour l'ordre administratif au Conseil constitutionnel, qui suspend la solution du litige et peut conduire à l'abrogation de la disposition en cause.

■ Saisine n° 438

Procédure déclenchant l'intervention d'une juridiction. Dans le contrôle de constitutionnalité établi par la Constitution de 1958, la saisine est possible dans le délai de la promulgation à l'initiative du président de la République, du Premier ministre, du président d'une des assemblées ou de 60 députés ou sénateurs.

Documents

Décision du 16 juillet 1971 du Conseil constitutionnel, Liberté d'association (extraits)

Considérant qu'au nombre des principes fondamentaux reconnus par les lois de la République et solennellement réaffirmés par le préambule de la Constitution il y a lieu de ranger le principe de la liberté d'association ; que ce principe est à la base des dispositions générales de la loi du 1er juillet 1901 relative au contrat d'association ; qu'en vertu de ce principe les associations se constituent librement et peuvent être rendues publiques sous la seule réserve du dépôt d'une déclaration préalable ; qu'ainsi, à l'exception des mesures susceptibles d'être prises à l'égard de catégories particulières d'associations, la constitution d'associations, alors même qu'elles paraîtraient entachées de nullité ou auraient un objet illicite, ne peut être soumise pour sa validité à l'intervention préalable de l'autorité administrative ou même de l'autorité judiciaire.

Décision du 23 août 1985 du Conseil constitutionnel, Évolution de la Nouvelle-Calédonie (extraits)

Considérant que le contrôle de constitutionnalité établi par la Constitution du 4 octobre 1958 s'exerce à titre préventif après le vote de la loi et avant sa promulgation ; que le Conseil constitutionnel doit se prononcer dans le délai d'un mois à compter du jour où il est saisi et, s'il y a urgence, un délai de huit jours ; qu'ainsi l'objet de ce contrôle est non de gêner ou de retarder l'exercice du pouvoir législatif, mais d'assurer sa conformité à la Constitution et, le cas échéant, lorsqu'une loi n'est pas déclarée dans sa totalité contraire à la Constitution, d'en permettre la promulgation soit après amputation des dispositions déclarées contraires à la Constitution, soit après substitution à celles-ci de nouvelles dispositions réalisant une mise en conformité avec la Constitution.

Décision du 16 janvier 1982 du Conseil constitutionnel, Loi de nationalisation (extraits)

Considérant que l'article 2 de la Déclaration des Droits de l'Homme et du Citoyen de 1789 proclame :

– Le but de toute association politique est la conservation des droits naturels et imprescriptibles de l'homme. Ces droits sont la liberté, la propriété, la sûreté et la résistance à l'oppression ; que l'article 17 de la même Déclaration proclame également : – La propriété étant un droit inviolable et sacré, nul ne peut en être privé si ce n'est lorsque la nécessité publique, légalement constatée, l'exige évidemment et sous la condition d'une juste et préalable indemnité ;

Considérant que le peuple français, par le référendum du 5 mai 1946, a rejeté un projet de Constitution qui faisait précéder les dispositions relatives aux institutions de la République d'une nouvelle Déclaration des Droits de l'Homme comportant notamment l'énoncé de principes différents de ceux proclamés en 1789 par les articles 2 et 17 précités ;

Considérant qu'au contraire, par les référendums du 13 octobre 1946 et du 28 septembre 1958, le peuple français a approuvé des textes conférant valeur constitutionnelle aux principes et aux droits proclamés en 1789 ; qu'en effet, le Préambule de la Constitution de 1946 « réaffirme solennellement les droits et les libertés de l'homme et du citoyen consacrés par la Déclaration des Droits de 1789 » et tend seulement à compléter ceux-ci par la formulation des « principes politiques, économiques et sociaux particulièrement nécessaires à notre temps » ; que, aux termes du Préambule de la Constitution de 1958, « le peuple français proclame solennellement son attachement aux droits de l'homme et aux principes de la souveraineté nationale tels qu'ils ont été définis par la Déclaration de 1789 confirmée et complétée par le Préambule de la Constitution de 1946 » ;

Considérant que, si postérieurement à 1789 et jusqu'à nos jours, les finalités et les conditions d'exercice du droit de propriété ont subi une évolution caractérisée à la fois par une notable extension de son champ d'application à des domaines individuels nouveaux et par des limitations exigées par l'intérêt général, les principes mêmes énoncés par la Déclaration des Droits de l'Homme ont pleine valeur constitutionnelle tant en ce qui concerne le caractère fondamental du droit de propriété dont la conservation constitue l'un des buts de la société politique et qui est mis au même rang que la liberté, la sûreté et la résistance à l'oppression, qu'en ce qui concerne les garanties données aux titulaires de ce droit et les prérogatives de la puissance publique ; que la liberté qui, aux termes de l'article 4 de la Déclaration, consiste à pouvoir faire tout ce qui ne nuit pas à autrui, ne saurait elle-même être préservée si des restrictions arbitraires ou abusives étaient apportées à la liberté d'entreprendre ;

Considérant que l'alinéa 9 du préambule de la Constitution de 1946 dispose : « Tout bien, toute entreprise dont l'exploitation a ou acquiert le caractère d'un service public national ou d'un monopole de fait doit devenir la propriété de la collectivité » ; que cette disposition n'a ni pour objet ni pour effet de rendre inapplicables aux opérations de nationalisation les principes sus rappelés de la Déclaration de 1789 ;

Considérant que, si l'article 34 de la Constitution place dans le domaine de la loi « les nationalisations d'entreprises et les transferts d'entreprise du secteur public au secteur privé », cette disposition, tout comme celle qui confie à la loi la détermination des principes fondamentaux du régime de la propriété, ne saurait dispenser le législateur, dans l'exercice de sa compétence, du respect des principes et des règles de valeur constitutionnelle qui s'imposent à tous les organes de l'État. Considérant qu'il ressort des travaux préparatoires de la loi soumise à l'examen du Conseil constitutionnel que le législateur a entendu fonder les nationalisations opérées par ladite loi sur le fait que ces nationalisations seraient nécessaires pour donner aux pouvoirs publics les moyens de faire face à la crise économique, de promouvoir la croissance et de combattre le chômage et procéderaient donc de la nécessité publique au sens de l'article 17 de la Déclaration de 1789.

Considérant que l'appréciation portée par le législateur sur la nécessité des nationalisations décidées par la loi soumise à l'examen du Conseil constitutionnel ne saurait, en l'absence d'erreur manifeste, être récusée par celui-ci dès lors qu'il n'est pas établi que les transferts de biens et d'entreprises présentement opérés restreindraient le champ de la propriété privée et de la liberté d'entreprendre au point de méconnaître les dispositions précitées de la Déclaration de 1789.

Structure commentée d'une décision du Conseil constitutionnel

Numéro d'ordre : Millésime du dépôt de la requête et numéro d'enregistrement

Décision n° 2017-747 DC du 16 mars 2017

Décision prononcée à l'issue d'une procédure de saisine parlementaire (art. 61, Const.)

Date de la publication de la décision

Loi relative à l'extension du délit d'entrave à l'interruption volontaire de grossesse

Loi objet de la saisine

Dispositif de la saisine constitutionnelle et liste des signataires

LE CONSEIL CONSTITUTIONNEL A ÉTÉ SAISI, dans les conditions prévues au deuxième alinéa de l'article 61 de la Constitution, de la loi relative à l'extension du délit d'entrave à l'interruption volontaire de grossesse sous le n° 2017-747 DC, le 20 février 2017, par MM. Christian JACOB, Bernard ACCOYER, Yves ALBARELLO, Mme Laurence ARRIBAGÉ, MM. Olivier AUDIBERT-TROIN, Jacques-Alain BÉNISTI, Sylvain BERRIOS, Marcel BONNOT, Mme Valérie BOYER, MM. Xavier BRETON, Philippe BRIAND, Yves CENSI, Guillaume CHEVROLLIER, Jean-Louis CHRIST, Dino CINIERI, Éric CIOTTI, Jean-Louis COSTES, Jean-Michel COUVE, Mme Marie-Christine DALLOZ, MM. Julien DIVE, Jean-Pierre DOOR, Dominique DORD, Mmes Marianne DUBOIS, Virginie DUBY-MULLER, MM. Daniel FASQUELLE, François FILLON, Mme Marie-Louise FORT, MM. Yves FOULON, Marc FRANCINA, Yves FROMION, Sauveur GANDOLFI-SCHEIT, Hervé GAYMARD, Mme Annie GENEVARD, MM. Guy GEOFFROY, Alain GEST, Franck GILARD, Philippe GOSSELIN, Mme Arlette GROSSKOST, MM. Jean-Claude GUIBAL, Jean-Jacques GUILLET, Michel HEINRICH, Michel HERBILLON, Antoine HERTH, Patrick HETZEL, Sébastien HUYGHE, Denis JACQUAT, Christian KERT, Jacques KOSSOWSKI, Mme Valérie LACROUTE, MM. Marc LAFFINEUR, Jean-François LAMOUR, Mmes Laure de LA RAUDIÈRE, Isabelle LE CALLENNEC, MM. Marc LE FUR, Pierre LELLOUCHE, Pierre LEQUILLER, Céleste LETT, Mme Véronique LOUWAGIE, MM. Lionnel LUCA, Gilles LURTON, Thierry MARIANI, Alain MARLEIX, Olivier MARLEIX, Alain MARTY, Jean-Claude MATHIS, François de MAZIÈRES, Gérard MENUEL, Damien MESLOT, Philippe MEUNIER, Jean-Claude MIGNON, Yannick MOREAU, Pierre MOREL-À-L'HUISSIER, Alain MOYNE-BRESSAND, Jacques MYARD, Mme Dominique NACHURY, MM. Patrick OLLIER, Jacques PÉLISSARD, Mme Stéphanie PERNOD-BEAUDON, MM. Bernard PERRUT, Jean-Frédéric POISSON, Mme Josette PONS, MM. Frédéric REISS, Martial SADDIER, François SCELLIER, Mme Claudine SCHMID, MM. André SCHNEIDER, Jean-Marie SERMIER, Fernand SIRÉ, Michel SORDI, Claude STURNI, Alain SUGUENOT, Guy TEISSIER, Michel TERROT, Jean-Marie TÉTART, Pascal THÉVENOT, Dominique TIAN, Mme Catherine VAUTRIN, MM. Patrice VERCHÈRE, Philippe VITEL, Michel VOISIN et Laurent WAUQUIEZ, députés.

Il a également été saisi le 21 février 2017, par MM. Bruno RETAILLEAU, Gérard BAILLY, Philippe BAS, Jérôme BIGNON, François BONHOMME, Gilbert BOUCHET, Christian CAMBON, Jean-Pierre CANTEGRIT, Jean-Noël CARDOUX, Mme Anne CHAIN-LARCHÉ, MM. Pierre CHARON, Daniel CHASSEING, François COMMEINHES, Gérard CORNU, Philippe DALLIER, Mathieu DARNAUD, Mme Isabelle DEBRÉ, MM. Robert DEL PICCHIA, Gérard DÉRIOT, Mmes Catherine DEROCHE, Jacky DEROMEDI, Marie-Hélène DES ESGAULX, Catherine DI FOLCO, Marie-Annick DUCHÊNE, M. Alain DUFAUT, Mme Nicole DURANTON, M. Jean-Paul ÉMORINE, Mme Dominique ESTROSI SASSONE, MM. Alain FOUCHÉ, Bernard FOURNIER, Jacques GENEST, Mme Frédérique GERBAUD, M. Bruno GILLES, Mme Colette GIUDICELLI, MM. Alain GOURNAC, Jean-Pierre GRAND, Daniel GREMILLET, François GROSDIDIER, Mme Pascale GRUNY, MM. Charles GUENÉ, Alain HOUPERT, Benoît HURÉ, Jean-François HUSSON, Mmes Corinne IMBERT, Christiane KAMMERMANN, M. Roger KAROUTCHI, Mme Élisabeth LAMURE, MM. Daniel LAURENT, Jacques LEGENDRE, Dominique de LEGGE, Jean-Pierre LELEUX,

Jean-Claude LENOIR, Gérard LONGUET, Mme Vivette LOPEZ, MM. Michel MAGRAS, Claude MALHURET, Didier MANDELLI, Jean-François MAYET, Mmes Colette MÉLOT, Marie MERCIER, Brigitte MICOULEAU, M. Alain MILON, Mme Patricia MORHET-RICHAUD, MM. Claude NOUGEIN, Philippe PAUL, Jackie PIERRE, François PILLET, Rémy POINTEREAU, Hugues PORTELLI, Mme Sophie PRIMAS, MM. Jean-Pierre RAFFARIN, Henri de RAINCOURT, Jean-François RAPIN, Charles REVET, Bernard SAUGEY, René-Paul SAVARY, Bruno SIDO, Mme Catherine TROENDLÉ, MM. Michel VASPART, Alain VASSELLE et Jean-Pierre VIAL, sénateurs.

Visas de la décision

Au vu des textes suivants :
– la Constitution ;
– l'ordonnance n° 58-1067 du 7 novembre 1958 modifiée portant loi organique sur le Conseil constitutionnel ;
– le code de la santé publique ;
– les observations du Gouvernement, enregistrées le 7 mars 2017 ;

Motifs de la décision

Et après avoir entendu le rapporteur ;

LE CONSEIL CONSTITUTIONNEL S'EST FONDÉ SUR CE QUI SUIT :

1. Les députés et les sénateurs requérants défèrent au Conseil constitutionnel la loi relative à l'extension du délit d'entrave à l'interruption volontaire de grossesse. Ils contestent la conformité à la Constitution de son article unique.

2. Le 1° de l'article unique de la loi déférée donne une nouvelle rédaction à l'article L. 2223-2 du code de la santé publique, qui définit le délit d'entrave à l'interruption volontaire de grossesse. Ces dispositions prévoient qu'est puni de deux ans d'emprisonnement et de 30 000 euros d'amende « le fait d'empêcher ou de tenter d'empêcher de pratiquer ou de s'informer sur une interruption volontaire de grossesse ou les actes préalables prévus par les articles L. 2212-3 à L. 2212-8 par tout moyen, y compris par voie électronique ou en ligne, notamment par la diffusion ou la transmission d'allégations ou d'indications de nature à induire intentionnellement en erreur, dans un but dissuasif, sur les caractéristiques ou les conséquences médicales d'une interruption volontaire de grossesse :

« 1° Soit en perturbant l'accès aux établissements mentionnés à l'article L. 2212-2, la libre circulation des personnes à l'intérieur de ces établissements ou les conditions de travail des personnels médicaux et non médicaux ;

« 2° Soit en exerçant des pressions morales et psychologiques, des menaces ou tout acte d'intimidation à l'encontre des personnes cherchant à s'informer sur une interruption volontaire de grossesse, des personnels médicaux et non médicaux travaillant dans les établissements mentionnés au même article L. 2212-2, des femmes venues recourir à une interruption volontaire de grossesse ou de l'entourage de ces dernières ».

3. Les députés et les sénateurs requérants soutiennent, en premier lieu, que le délit d'entrave à l'interruption volontaire de grossesse, tel que défini par la loi déférée, porte une atteinte disproportionnée à la liberté d'opinion, d'expression et de communication. En deuxième lieu, par sa rédaction floue et confuse, cette loi méconnaîtrait l'objectif de valeur constitutionnelle d'accessibilité et d'intelligibilité de la loi. En dernier lieu, la loi déférée contreviendrait à un double titre aux exigences résultant de l'article 8 de la Déclaration des droits de l'homme et du citoyen de 1789. D'une part, en faisant naître une incertitude sur les éléments constitutifs de l'infraction, elle méconnaîtrait le principe de légalité des délits et des peines. D'autre part, les peines applicables aux nouveaux cas d'entrave seraient disproportionnées.

- Sur les griefs tirés de la méconnaissance du principe de légalité des délits et des peines et de l'objectif de valeur constitutionnelle d'accessibilité et d'intelligibilité de la loi :

4. L'article 8 de la Déclaration de 1789 dispose : « La loi ne doit établir que des peines strictement et évidemment nécessaires, et nul ne peut être puni qu'en vertu d'une loi établie et promulguée antérieurement au délit, et légalement appliquée ». Aux termes de l'article 34 de la Constitution : « La loi fixe les règles concernant... la détermination des crimes et délits ainsi que les peines qui leur sont applicables ». Le législateur tient de l'article 34 de la Constitution, ainsi que du principe de légalité des délits et des peines qui résulte de l'article 8 de la Déclaration de 1789, l'obligation de fixer lui-même le champ d'application de la loi pénale et de définir les crimes et délits en termes suffisamment clairs et précis pour exclure l'arbitraire.

5. L'objectif de valeur constitutionnelle d'accessibilité et d'intelligibilité de la loi, qui découle des articles 4, 5, 6 et 16 de la Déclaration de 1789, impose au législateur d'adopter des dispositions suffisamment précises et des formules non équivoques.

6. Les dispositions contestées répriment le fait d'empêcher ou de tenter d'empêcher de pratiquer ou de s'informer sur une interruption volontaire de grossesse ou les actes préalables à celle-ci par tout moyen. Ce délit d'entrave est constitué dans deux cas : soit lorsque l'accès ou le fonctionnement des établissements pratiquant l'interruption

Motifs de la décision

de volontaire de grossesse est perturbé, soit lorsque des pressions morales et psychologiques, menaces ou actes d'intimidation sont exercés à l'encontre des personnes cherchant à s'informer sur une interruption volontaire de grossesse, des personnels travaillant dans ces établissements, des femmes venues recourir à une interruption volontaire de grossesse ou de leur entourage.

7. Il ressort de la lettre des dispositions contestées comme des travaux parlementaires que « la diffusion ou la transmission d'allégations ou d'indications de nature à induire intentionnellement en erreur, dans un but dissuasif, sur les caractéristiques ou les conséquences médicales d'une interruption volontaire de grossesse » ne constitue qu'un des moyens de commettre le délit d'entrave, l'infraction n'étant constituée, en vertu des 1° et 2° de l'article L. 2223-2 du code de la santé publique, qu'en cas de perturbations dans l'accès ou le fonctionnement des établissements habilités à pratiquer l'interruption volontaire de grossesse ou en cas de pressions, menaces ou actes d'intimidation.

8. Par conséquent, les dispositions contestées sont suffisamment claires et précises pour que soient respectés le principe de légalité des délits et des peines et l'objectif de valeur constitutionnelle d'accessibilité et d'intelligibilité de la loi. Les griefs tirés de leur méconnaissance doivent donc être rejetés.

– Sur le grief tiré de la méconnaissance de la liberté d'expression et de communication :

9. Aux termes de l'article 11 de la Déclaration de 1789 : « La libre communication des pensées et des opinions est un des droits les plus précieux de l'homme : tout citoyen peut donc parler, écrire, imprimer librement, sauf à répondre de l'abus de cette liberté dans les cas déterminés par la loi ». L'article 34 de la Constitution dispose : « La loi fixe les règles concernant... les droits civiques et les garanties fondamentales accordées aux citoyens pour l'exercice des libertés publiques ». Sur ce fondement, il est loisible au législateur d'édicter des règles concernant l'exercice du droit de libre communication et de la liberté de parler, d'écrire et d'imprimer. Il lui est également loisible, à ce titre, d'instituer des incriminations réprimant les abus de l'exercice de la liberté d'expression et de communication qui portent atteinte à l'ordre public et aux droits des tiers. Cependant, la liberté d'expression et de communication est d'autant plus précieuse que son exercice est une condition de la démocratie et l'une des garanties du respect des autres droits et libertés. Il s'ensuit que les atteintes portées à l'exercice de cette liberté doivent être nécessaires, adaptées et proportionnées à l'objectif poursuivi.

10. En adoptant les dispositions contestées, le législateur a entendu prévenir des atteintes susceptibles d'être portées au droit de recourir à une interruption volontaire de grossesse dans les conditions prévues par le livre II de la deuxième partie du code de la santé publique. L'objet des dispositions contestées est ainsi de garantir la liberté de la femme qui découle de l'article 2 de la Déclaration de 1789.

11. En premier lieu, en réprimant les expressions et manifestations perturbant l'accès ou le fonctionnement des établissements pratiquant l'interruption volontaire de grossesse, les dispositions contestées ne portent pas à la liberté d'expression et de communication une atteinte disproportionnée à l'objectif poursuivi.

12. En deuxième lieu, les dispositions contestées répriment également les pressions morales et psychologiques, menaces et actes d'intimidation exercés à l'encontre des personnels des établissements habilités, des femmes venues y recourir à une interruption volontaire de grossesse ou de leur entourage, ainsi que des personnes venues s'y informer. Dans la mesure où elles se limitent à réprimer certains abus de la liberté d'expression et de communication commis dans les établissements pratiquant l'interruption volontaire de grossesse ou à l'encontre de leur personnel, les dispositions contestées ne portent pas à cette liberté une atteinte disproportionnée à l'objectif poursuivi.

13. En dernier lieu, les dispositions contestées répriment les pressions morales et psychologiques, menaces et actes d'intimidation exercés à l'encontre de toute personne cherchant à s'informer sur une interruption volontaire de grossesse, quels que soient l'interlocuteur sollicité, le lieu de délivrance de cette information et son support.

14. Toutefois, d'une part, la seule diffusion d'informations à destination d'un public indéterminé sur tout support, notamment sur un site de communication au public en ligne, ne saurait être regardée comme constitutive de pressions, menaces ou actes d'intimidation au sens des dispositions contestées, sauf à méconnaître la liberté d'expression et de communication. Ces dispositions ne peuvent donc permettre que la répression d'actes ayant pour but d'empêcher ou de tenter d'empêcher une ou plusieurs personnes déterminées de s'informer sur une interruption volontaire de grossesse ou d'y recourir.

15. D'autre part, sauf à méconnaître également la liberté d'expression et de communication, le délit d'entrave, lorsqu'il réprime des pressions morales et psychologiques, des menaces ou tout acte d'intimidation à l'encontre des personnes cherchant à s'informer sur une interruption volontaire de grossesse, ne saurait être constitué qu'à deux conditions : que soit sollicitée une information, et non une opinion ; que cette information porte sur les conditions dans lesquelles une interruption volontaire de grossesse est pratiquée ou sur ses conséquences et qu'elle soit donnée par une personne détenant ou prétendant détenir une compétence en la matière.

16. Sous les deux réserves qui précèdent, les dispositions contestées ne portent pas à la liberté d'expression et de communication une atteinte disproportionnée à l'objectif poursuivi. Le grief tiré de la méconnaissance de cette liberté doit donc être rejeté.

Motifs de la décision

– Sur le grief tiré de la méconnaissance du principe de proportionnalité des peines :

17. Il résulte de l'article 8 de la Déclaration de 1789 que, si la nécessité des peines attachées aux infractions relève du pouvoir d'appréciation du législateur, il incombe au Conseil constitutionnel de s'assurer de l'absence de disproportion manifeste entre l'infraction et la peine encourue.

18. Compte tenu de la nature des comportements réprimés par les dispositions contestées, afin de prévenir l'atteinte susceptible d'être portée à la liberté de la femme, les peines de deux ans d'emprisonnement et de 30 000 euros d'amende retenues par le législateur ne sont pas manifestement disproportionnées. Le grief tiré de la méconnaissance du principe de proportionnalité des peines doit donc être rejeté.

19. Il résulte de tout ce qui précède que, sous les réserves énoncées aux paragraphes 14 et 15, l'article unique de la loi déférée, qui ne méconnaît ni la liberté d'opinion ni aucune autre exigence constitutionnelle, est conforme à la Constitution.

LE CONSEIL CONSTITUTIONNEL DÉCIDE :

Dispositif de la décision présenté par articles

Article 1er. - Sous les réserves énoncées aux paragraphes 14 et 15, la loi relative à l'extension du délit d'entrave à l'interruption volontaire de grossesse est conforme à la Constitution.

Article 2. - Cette décision sera publiée au Journal officiel de la République française.

Membres du Conseil ayant participé

Jugé par le Conseil constitutionnel dans sa séance du 16 mars 2017, où siégeaient : M. Laurent FABIUS, Président, Mmes Claire BAZY MALAURIE, Nicole BELLOUBET, MM. Michel CHARASSE, Valéry GISCARD d'ESTAING, Jean-Jacques HYEST, Lionel JOSPIN, Mmes Corinne LUQUIENS, Nicole MAESTRACCI et M. Michel PINAULT.

JORF n°0068 du 21 mars 2017 texte n° 4

ECLI:FR:CC:2017:2017.747.DC

Biblio

- P. Avril, J. Gicquel, *Le Conseil constitutionnel*, 6e éd., Paris, Montchrestien, coll. « Clefs Politique », 2011.
- S. Benzina, *L'effectivité des décisions QPC du Conseil constitutionnel*, LGDJ, 2017.
- J. Bonnet et P.Y. Gahdoun, *La question prioritaire de constitutionnalité*, PUF, coll. « Que sais-je », 2014.
- J.-P. Camby, *Le Conseil constitutionnel, juge électoral*, 7e éd., Paris, coll. « Thèmes & commentaires », 2017.
- G. Drago, *Contentieux constitutionnel français*, 5e éd., PUF, 2020.
- K. Foucher (dir.), *L'apport de la Q.P.C. à la protection des droits et libertés*, LGDJ, 2020.
- P. Gaïa, R. Ghevontian, F. Mélin-Soucramanien, E. Oliva, A. Roux, *Les grandes décisions du Conseil constitutionnel*, 20e éd., Paris, Dalloz, 2022.
- B. Genevois, *La jurisprudence du Conseil constitutionnel*, principes directeurs, Paris, STH, 1988.
- P. Jan, *Le procès constitutionnel*, 2e éd., LGDJ, 2010.
- *Jus Politicum* 2018, n° 20-21, *La jurisprudence du Conseil Constitutionnel et les différentes branches du droit.*
- X. Magnon, *La question prioritaire de constitutionnalité*, 2e ed., Litec, 2013.
- B. Mathieu, J. P. Machelon, F. Mélin-Soucramanien, D. Rousseau, X. Philippe, *Les grandes délibérations du Conseil constitutionnel (1958-1986)*, 2e éd., Dalloz, 2014.
- *Pouvoirs*, 2003, n° 105, *Le Conseil constitutionnel*, Le Seuil.
- *Pouvoirs*, 2011, n° 137, *La question prioritaire de constitutionnalité*, Le Seuil.
- J. Bonnet, P.-Y. Gahdoun, D. Rousseau, *Droit du contentieux constitutionnel*, 12e éd., Paris, Montchrestien, coll. « Domat Droit public », 2020.
- H. Roussillon, *Le Conseil constitutionnel*, 8e éd., Paris, Dalloz, coll. « Connaissance du droit », 2015.

Quiz

1) Sujets corrigés

A) Test de connaissances

1. Quel document mentionne les « principes fondamentaux reconnus par les lois de la République » ?

2. Quelles sont les compétences du Conseil constitutionnel ?

3. Comment passer outre à une décision du Conseil constitutionnel déclarant une disposition législative inconstitutionnelle ?

Voir le corrigé en fin de rubrique.

B) Commentaires

Énoncé n° 1

Commenter l'extrait de la décision du Conseil constitutionnel sur une question prioritaire de constitutionnalité renvoyée par le Conseil d'État n° 2010-2 du 11 juin 2010 :

« Le Conseil constitutionnel a été saisi le 14 avril 2010 par le Conseil d'État (Décis. du 14 avr. 2010, n° 329290), dans les conditions prévues à l'article 61-1 de la Constitution, d'une question prioritaire de constitutionnalité posée par Mme Viviane L. et portant sur la conformité aux droits et libertés que la Constitution garantit :

– des premier et troisième alinéas de l'article L. 114-5 du code de l'action sociale et des familles,

– du 2 du paragraphe II de l'article 2 de la loi n° 2005-102 du 11 février 2005 pour l'égalité des droits et des chances, la participation et la citoyenneté des personnes handicapées.

LE CONSEIL CONSTITUTIONNEL, [...]

- SUR LE 2 DU PARAGRAPHE II DE L'ARTICLE 2 DE LA LOI DU 11 FEVRIER 2005 SUSVISÉE :

19. Considérant qu'aux termes du 2 du paragraphe II de l'article 2 de la loi du 11 février 2005 susvisée : « Les dispositions de l'article L. 114-5 du code de l'action sociale et des familles tel qu'il résulte du 1 du présent II sont applicables aux instances en cours à la date d'entrée en vigueur de la loi n° 2002-303 du 4 mars 2002 précitée, à l'exception de celles où il a été irrévocablement statué sur le principe de l'indemnisation » ;

20. Considérant que, selon la requérante, l'application immédiate de ce dispositif « aux instances en cours et par voie de conséquence aux faits générateurs antérieurs à son entrée en vigueur » porte atteinte à la sécurité juridique et à la séparation des pouvoirs ;

21. Considérant qu'aux termes de l'article 16 de la Déclaration de 1789 : « Toute société dans laquelle la garantie des droits n'est pas assurée, ni la séparation des pouvoirs déterminée, n'a point de Constitution » ;

22. Considérant en conséquence que, si le législateur peut modifier rétroactivement une règle de droit ou valider un acte administratif ou de droit privé, c'est à la condition de poursuivre un but d'intérêt général suffisant et de respecter tant les décisions de justice ayant force de chose jugée que le principe de non-rétroactivité des peines et des sanctions ; qu'en outre, l'acte modifié ou validé ne doit méconnaître aucune règle, ni aucun principe de valeur constitutionnelle, sauf à ce que le but d'intérêt général visé soit lui-même de valeur constitutionnelle ; qu'enfin, la portée de la modification ou de la validation doit être strictement définie ;

23. Considérant que le paragraphe I de l'article 1er de la loi du 4 mars 2002 susvisée est entré en vigueur le 7 mars 2002 ; que le législateur l'a rendu applicable aux instances non jugées de manière irrévocable à cette date ; que ces dispositions sont relatives au droit d'agir en justice de l'enfant né atteint d'un handicap, aux conditions d'engagement de la responsabilité des professionnels et établissements de santé à l'égard des parents, ainsi qu'aux préjudices indemnisables lorsque cette responsabilité est engagée ; que, si les motifs d'intérêt général précités pouvaient justifier que les nouvelles règles fussent rendues applicables aux instances à venir relatives aux

situations juridiques nées antérieurement, ils ne pouvaient justifier des modifications aussi importantes aux droits des personnes qui avaient, antérieurement à cette date, engagé une procédure en vue d'obtenir la réparation de leur préjudice ; que, dès lors, le 2 du paragraphe II de l'article 2 de la loi du 11 février 2005 susvisée doit être déclaré contraire à la Constitution. »

Voir le corrigé en fin de rubrique.

Énoncé n° 2

Commenter l'extrait suivant de la décision du Conseil constitutionnel du 23 août 1985, Évolution de la Nouvelle-Calédonie :

« La loi n'exprime la volonté générale que dans le respect de la Constitution ».

Voir le corrigé en fin de rubrique.

2) Corrigés

Test de connaissances

1. C'est le Préambule de la Constitution de 1946.

2. Elles sont de trois sortes :

– compétences consultatives : recours à l'article 16 et mesures prises en application de celui-ci ;

– compétences juridictionnelles : contentieux électoral (élections présidentielles, parlementaires, et référendaire), contentieux post-électoral (incompatibilités), contrôle de constitutionnalité des lois *a priori* obligatoire pour les lois organiques et les règlements des assemblées, facultatif pour les lois ordinaires, les traités, la délimitation des domaines de la loi et du règlement ; contrôle de constitutionnalité *a posteriori* dans le cadre d'une procédure juridictionnelle (question de constitutionnalité) ;

– compétences autres : empêchement du président de la République.

3. En révisant la Constitution (ex. : 1993 sur le droit d'asile).

Commentaire n° 1

Introduction : La question prioritaire de constitutionnalité, contrôle *a posteriori* sur requête d'un justiciable qui estime que la disposition législative applicable au litige porte atteinte à un de ses droits fondamentaux garantis par la Constitution, transmise par un tribunal à sa Cour suprême pour renvoi au Conseil constitutionnel. Le cas d'espèce : le Conseil d'État a renvoyé au Conseil constitutionnel une QPC relative à la loi du 4 mars 2002 modifiée par la loi du 11 février 2005 relative aux droits des malades. L'extrait à commenter traite de la possibilité pour le législateur de déclarer la loi applicable immédiatement y compris aux instances en cours. En l'occurrence l'application immédiate prévue par le législateur avait pour conséquence d'interdire aux enfants handicapés et à leurs parents d'obtenir la réparation des charges particulières résultant du handicap.

I. La jurisprudence du Conseil constitutionnel

A. Si le législateur peut toujours modifier ou abroger des lois antérieures, il ne saurait priver de garanties légales des exigences constitutionnelles, en particulier il ne peut porter atteintes aux droits nés de décisions de justice passées en force de chose jugée ou avoir pour objectif principal de les supprimer. Le Conseil s'appuie sur l'article 16 de la Déclaration des droits de 1789 intégrée au bloc de constitutionnalité.

B. Par ailleurs toute législation rétroactive doit être justifiée par un motif d'intérêt général suffisant. Cette jurisprudence a été notamment appliquée aux validations législatives et aux contrats légalement conclus.

II. L'application au cas d'espèce

A. La loi contestée s'applique à toutes les instances en cours exceptées « celles pour lesquelles il a été irrévocablement statué sur le principe de l'indemnisation ». Or la jurisprudence du Conseil interdit qu'il soit porté atteinte aux décisions passées en force de chose jugée, ce qui est plus large qu'une décision irrévocable (pour laquelle tous les recours ont été épuisés). La loi était donc inconstitutionnelle pour ce premier motif.

B. Par ailleurs, la loi s'appliquait aux instances en cours, y compris quand elles avaient été déclenchées avant son entrée en vigueur. L'atteinte aux droits des personnes qui avaient initié une procédure en indemnisation était disproportionnée par rapport au motif d'intérêt général invoqué par le législateur. Ce second motif d'inconstitutionnalité rejoint la jurisprudence de la Cour EDH, qui considère que l'application rétroactive de la loi à des instances en cours porte atteinte au respect des biens garanti par l'article 1er du premier Protocole additionnel à la CEDH (arrêts du 6 oct. 2005, *Draon* et *Maurice*), mais aussi celle de la Cour de cassation qui n'applique pas la loi aux dommages subis antérieurement à l'entrée en vigueur de la loi qu'elle que soit la date de l'introduction de la demande en justice (Civ. 1re, 8 juill. 2008). La jurisprudence administrative a adopté la même attitude, ce qui signifie que la disposition contestée n'était plus appliquée par les tribunaux. Il ne restait plus au Conseil constitutionnel qu'à l'abroger.

Commentaire n° 2

Introduction : Cet attendu de principe a été inséré à l'occasion d'une décision portant sur une loi relative à la Nouvelle-Calédonie et ayant fait l'objet d'une nouvelle délibération. Le Conseil profite de l'occasion pour rappeler la nature des rapports entre loi et Constitution.

I. La nature de la loi

A. La loi – autrement dit la majorité parlementaire – n'exprime la volonté générale que si elle respecte la Constitution.

B. La hiérarchie des normes fixée par la Constitution.

II. La nature du contrôle de constitutionnalité

A. Le juge impose la supériorité de la Constitution sur la loi.

B. Mais le constituant – qui est aussi le législateur – peut modifier la constitution pour la mettre en conformité avec la loi (révisions de 1993 sur le droit d'asile, de 1999 sur la parité).

chapitre 16

Le droit de la vie politique

Plan analytique

section 1

Le droit des partis politiques

§ 1 Le statut

A. Le statut constitutionnel

B. Le statut législatif

§ 2 Le financement

A. Le financement public

B. Le financement privé

C. Le contrôle des comptes des partis

section 2

Le financement et le contrôle des campagnes électorales

§ 1 Le contrôle de la communication politique

§ 2 Le contrôle des recettes

§ 3 Le contrôle des dépenses

§ 4 Les mécanismes juridiques et financiers

section 3

Le statut des élus

section 4

La transparence financière de l'État

Compléments pédagogiques

Le droit de la vie politique

Le droit politique s'est considérablement renforcé tant en ce qui concerne le statut des partis que celui des représentants ou la réglementation des campagnes électorales. 453

Le droit constitutionnel classique ne connaît que les représentants, individus qui représentent la Nation, pour les parlementaires – et depuis 1958 le président de la République –, ou la population d'une circonscription déterminée (collectivité territoriale), pour les élus locaux. Le droit relatif à ces représentants a donc été longtemps cantonné à leur statut (responsabilité et immunités) ainsi qu'au droit électoral *stricto sensu*.

Depuis 1958, le domaine de ce droit s'est considérablement développé sous la pression de deux phénomènes.

D'une part, la reconnaissance du rôle des partis, traditionnellement ignorés par les constitutions républicaines et dont les constituants de 1958 ont affirmé le rôle pour la première fois (Const., art. 4) tout en cantonnant leur fonction à l'expression du suffrage. À partir de 1974, les partis ayant été reconnus en tant que tels dans la composition des gouvernements et les incompatibilités entre fonctions dirigeantes dans les partis et participation au gouvernement ayant été levées, la reconnaissance officielle des partis devenait inévitable. Ce phénomène a conduit au développement d'une législation concernant, particulièrement, l'encadrement de leur financement.

D'autre part, le développement des moyens de communication modernes au service des compétitions électorales et notamment de la plus médiatique d'entre elles, l'élection présidentielle, a considérablement accru le coût financier de la propagande politique et électorale. Les partis et élus ne disposant pas des ressources légales pour financer ces nouvelles techniques de communication, il leur a fallu recourir à des procédés illicites. Devant la multiplication des « affaires » politico-financières, le législateur a réagi, en réglementant progressivement tout le domaine des campagnes électorales jusqu'alors caractérisé par le non-droit. Ce faisant, la loi s'est également attaquée à la réglementation de toute l'activité extérieure des partis, achevant de constituer un véritable droit politique qui englobe désormais le statut des partis et des élus, la réglementation des campagnes électorales et de la communication politique.

Ce droit est mis en œuvre par une série impressionnante d'autorités administratives indépendantes, composées de personnalités issues des mêmes grands corps de l'État, sous le contrôle du juge de l'élection (Conseil constitutionnel ou juge administratif). 454

La *Commission nationale des comptes de campagne et des financements politiques*[Q] (créée par la L. du 15 janv. 1990) examine les comptes de campagne des candidats aux élections et ceux des partis. Elle comprend neuf membres nommés pour 5 ans par décret : trois membres du Conseil d'État, trois membres de la Cour des comptes, trois membres de la Cour de cassation. La *Haute Autorité pour la Transparence de la Vie Publique (HATVP)*[Q] a pris en 2013 la succession de la Commission pour la transparence financière de la vie politique (créée par la L. du 11 mars 1988). Composée d'un président et de huit autres membres (deux membres du Conseil d'État, deux membres de la Cour de cassation, deux membres de la Cour des comptes et deux personnalités désignées par les présidents de l'Assemblée nationale et du Sénat), la HATVP reçoit et contrôle les déclarations de patrimoine mais aussi d'intérêt (afin de prévenir et de mettre fin à d'éventuels *conflits d'intérêts*[Q]) de près de 8 000 personnalités, et notamment des gouvernants et des parlementaires. La *Commission nationale de contrôle de la campagne électorale présidentielle*[Q] (créée par le Décr. du 14 mars 1964), composée de personnalités qualifiées ainsi que de deux membres du Conseil d'État, de la Cour de cassation ou de la Cour des comptes surveille la campagne électorale présidentielle. Le *Conseil supérieur de l'audiovisuel*[Q] (CSA, créé par la L. du 17 janv. 1989), composé de neuf membres, désignés pour un tiers par le président de la République, pour un tiers par le président de l'Assemblée nationale et pour un tiers par le président du Sénat, veille au respect du pluralisme politique et de l'égalité d'audience entre candidats durant les campagnes électorales. La *Commission des sondages*[Q] (créée par la L. du 19 juill. 1977), contrôle la déontologie des enquêtes d'opinion et leur présentation.

section 1

Le droit des partis politiques

455 Dans la mesure où les partis, dont la raison d'être est de conquérir et d'exercer le pouvoir dans l'État, constituent des acteurs collectifs de la vie politique et constitutionnelle et sont apparus en même temps que le mouvement constitutionnel au xixe siècle, leur reconnaissance juridique pouvait sembler logique.

Il a néanmoins fallu attendre l'après Seconde Guerre mondiale pour que les constitutions les reconnaissent : la « Loi fondamentale allemande » de 1949, la Constitution italienne de 1947 ont été les premières, suivies de la Constitution française de 1958 et des Constitutions démocratiques d'Europe du Sud des années 1970.

§ 1 Le statut

456 En France, la loi de 1901 sur la liberté d'association a permis que les partis puissent se constituer librement. La Constitution du 27 octobre 1946 a franchi un nouveau pas en reconnaissant les groupes parlementaires. Enfin, c'est la Constitution du 4 octobre 1958 qui, la première, a consacré l'existence constitutionnelle des partis.

A. Le statut constitutionnel

457 La Constitution de 1958 traite des partis politiques dans son article 4. À l'origine, leur fonction a été définie restrictivement et réduite au seul domaine électoral (« les partis et groupements politiques contribuent à l'expression du suffrage »). Si le même article déclare que les partis « se forment et exercent leur activité librement », il limite cependant ce principe en soulignant qu'« ils doivent respecter les principes de la

souveraineté nationale et de la démocratie ». Cet alinéa, qui faisait l'objet dans sa version initiale au comité consultatif constitutionnel d'une référence implicite au parti communiste et prévoyait un contrôle des ressources des partis par le Conseil constitutionnel, n'a pas cependant fait l'objet d'une législation d'application.

La révision constitutionnelle du 28 juin 1999 a ajouté un nouvel alinéa à l'article 4 de la Constitution en déclarant que « les partis contribuent à la mise en œuvre de la parité » entre hommes et femmes. Cette disposition complète l'alinéa nouveau de l'article 1 qui prévoit que « la loi favorise l'égal accès des hommes et des femmes aux mandats électoraux et fonctions électives » et renvoie à une législation d'application.

La révision du 23 juillet 2008 a ajouté un troisième alinéa à l'article 4 qui déclare que la loi garantit « la participation équitable » des partis et groupements politiques à « la vie démocratique de la nation » ainsi que « les expressions pluralistes des opinions ». Cette revalorisation du rôle des partis, défini en termes positifs qui va au-delà de la simple présentation aux élections, appelle des prolongements législatifs en termes de système électoral ou de participation à la vie parlementaire. La garantie de droits spécifiques attribués aux groupes parlementaires d'opposition ou minoritaires par les règlements des assemblées traduit cette évolution (Const., art. 51-1).

Celle-ci avait été précédée par le Conseil constitutionnel, qui a donné à plusieurs reprises une interprétation de l'article 4 de la Constitution qui précise ses dispositions. La décision la plus importante est celle du 11 janvier 1990 relative à la loi limitant les dépenses électorales... Le Conseil rappelle que le « pluralisme des courants d'idées et d'opinion constitue le fondement de la démocratie » tout comme l'absence de « lien de dépendance des partis politiques vis-à-vis de l'État ». La législation prise en application de l'article 4 ne doit donc pas faire obstacle à ces deux exigences constitutionnelles, qu'il s'agisse de la liberté pour les partis d'exercer leur activité librement ou de la possibilité de créer de nouveaux courants politiques.

Pour autant, ni la Constitution, ni la jurisprudence du Conseil ne proposent une définition juridique des partis politiques.

B. Le statut législatif

Il a fallu attendre les lois de mars 1988 sur le financement de la vie politique pour que 458 ■
le statut des partis soit explicité à l'occasion du financement des campagnes électorales.

Les partis politiques avaient fait l'objet d'une première mention dans le Code électoral à propos de l'accès à l'audiovisuel public lors des campagnes électorales dès 1964 (pour l'élection présidentielle d'abord, les autres élections faisant l'objet d'une réglementation similaire dans les années suivantes).

La loi du 11 mars 1988 sur la « transparence de la vie politique » a fixé le régime juridique des partis en prolongeant les dispositions constitutionnelles de manière très fonctionnelle : après avoir repris l'article 4 de la Constitution (les partis « se forment et exercent leur activité librement), la loi leur reconnaît une série de prérogatives qui leur permet de disposer de la capacité à agir et à recevoir :

– « ils jouissent de la personnalité morale », ce qui règle le cas des partis qui avaient refusé d'adopter le statut d'association de la loi de 1901 et sont considérés comme des associations de fait par le juge administratif ;

– « ils ont le droit d'ester en justice ; ils ont le droit d'acquérir à titre gratuit ou à titre onéreux des biens meubles et immeubles ; ils peuvent effectuer tous les actes conformes à leur mission et notamment créer et administrer des journaux et des instituts de formation conformément aux dispositions des lois en vigueur ».

Ces dispositions se limitent donc à la reconnaissance de la personnalité morale et des droits qui lui sont rattachés. Elles ne proposent pas de définition précise du parti politique. Si la lecture de la loi du 11 mars 1988 permet de le définir comme « une personne morale de droit privé qui s'est assignée un but politique » (définition de la CNCCFP dans son avis relatif aux comptes des partis pour l'année 2012), cette personne morale peut être une association déclarée de la loi de 1901 ou une association de fait (comme ce fut la tradition à gauche). Mais à partir du moment où les partis politiques peuvent bénéficier d'un financement public et sont donc astreints à un contrôle des conditions d'octroi et d'utilisation de ces ressources, le juge administratif et le juge constitutionnel ont introduit des critères de définition qui ont complété et précisé la loi.

§ 2 Le financement

A. Le financement public

459 La même loi de 1988 a introduit, outre le financement public partiel des campagnes électorales, la possibilité d'un financement public des partis dès lors que la loi de finances le prévoit. La subvention est répartie entre les groupes politiques auxquels les parlementaires des deux chambres déclarent se rattacher. Ces dispositions non soumises au contrôle du Conseil constitutionnel ont été adoptées durant la première cohabitation (1986-1988). Elles favorisaient les seuls partis représentés au parlement et incitaient même certains parlementaires à créer des « partis parlementaires » fictifs. Elles ont été révisées par la loi du 15 janvier 1990 qui a divisé la subvention publique aux partis en deux fractions : la première destinée aux partis et groupements en fonction de leurs résultats au premier tour de l'élection à l'Assemblée (dès lors qu'ils ont présenté des candidats dans au moins 50 circonscriptions), la seconde destinée aux partis représentés au parlement (donc dans les deux Chambres). Saisi à propos de cette loi, le Conseil constitutionnel a considéré que le critère de la représentation parlementaire ne devait pas être le critère exclusif de répartition (ce qui laissait entendre qu'il aurait sûrement censuré la loi de 1988). Quant à l'exigence d'un minimum d'audience pour les partis bénéficiant de la fraction calculée sur la base des résultats aux élections, le Conseil a estimé suffisante la nécessité de présenter des candidats dans au moins 50 circonscriptions mais censuré la prise en compte des seuls suffrages égaux ou supérieurs à 5 % dans chaque circonscription, ce seuil empêchant « l'expression de nouveaux courants d'idée ou d'opinion ». Selon la loi modificative du 29 janvier 1993, seuls les partis bénéficiaires de la première fraction peuvent bénéficier de la seconde, ce qui écarte définitivement les « partis parlementaires » fictifs (de quelques membres ou de non-inscrits qui s'étaient constitués après 1988). En 2003, la loi a été à nouveau révisée pour écarter les groupements dont le but n'est pas de participer à la compétition politique mais de bénéficier d'un financement public. La seule présentation de candidats dans 50 circonscriptions différentes de métropole ne suffit pas, encore faut-il qu'ils obtiennent chacun au

moins 1 % des suffrages exprimés (outre-mer une seule circonscription suffit). Par exemple, en 2017, le parti bénéficiaire a reçu 1,60 euro par nombre de voix obtenues (sous réserve de pénalité en cas de non-respect de la parité dans la présentation des candidatures) et par an et 42 228 € par élu qui se réclamait de lui.

La loi du 19 janvier 1995 qui a procédé à une nouvelle révision de la loi de mars 1988 précise que, dans la première liste établie sur la base des résultats électoraux, il n'est pas tenu compte des candidats inéligibles (défaut de compte de campagne, dépassement du plafond de dépenses), visant en fait les groupements créés à seule fin de bénéficier de la manne publique.

Les lois de septembre 2017 dites « pour la confiance dans la vie politique » ont ajouté l'interdiction pour les partis de recourir à des prêts d'origine extra-européenne, à l'encadrement existant. Par ailleurs, un médiateur du crédit aux candidats et aux partis politiques a été créé.

En 2018, l'enveloppe globale de la dotation publique aux partis s'est élevée à 66, 190 millions d'euros (32 millions sur la base de la première tranche, celle des résultats aux législatives de 2017, et 34 millions sur la base de la deuxième tranche, celle du nombre de députés et de sénateurs), dont 22,5 millions pour la République en marche, 6,4 pour le parti socialiste, 5,1 pour le FN, 4,4 pour LFI, 3,8 pour le MoDem et 12,9 pour les républicains (compte tenu de la pénalité de 1,7 million d'euros pour non-respect de la parité).

B. Le financement privé

Le législateur de 1988 avait prévu, parallèlement au financement public, un financement privé (indépendamment des cotisations traditionnelles) qui a été réglementé une première fois par la loi du 15 janvier 1990. Les fonds des partis doivent être recueillis par un mandataire financier (association ou personne physique). L'association de financement qui peut être démultipliée par des associations locales doit être agréée par la Commission nationale des comptes de campagne et des financements politiques. La Commission peut retirer cet agrément si l'association contrevient à la réglementation. Depuis la loi du 19 janvier 1995, tout financement des partis par des personnes morales (c'est-à-dire les entreprises) est interdit, ce qui limite les ressources aux subventions publiques et aux dons et cotisations des personnes physiques. Cette loi prévoyait que les dons des personnes physiques ne devaient pas excéder 7 500 € par an par parti politique. Depuis la loi d'octobre 2013, relative à la transparence de la vie publique, le plafond annuel des dons (7 500 €) vaut par personne, et non plus par parti politique. Cette nouvelle législation vient donc restreindre la possibilité du financement privé puisqu'elle fixe un seuil maximal par personne. 460 ■

C. Le contrôle des comptes des partis

Les comptes des partis sont arrêtés chaque année, certifiés par des commissaires aux comptes et déposés dans le premier semestre de l'année qui suit celle de l'exercice auprès de la Commission nationale des comptes de campagne. Si celle-ci constate un manquement aux règles rappelées, le parti perd le droit au financement public. Les comptes sont publiés par la Commission. 461 ■

C'est donc un dispositif assez contraignant qui a été progressivement mis en place depuis 1988 et qui a fait passer les partis du non-droit à une ébauche de statut, contrepartie inévitable de leur financement public. Désormais les partis disposent de la personnalité morale, et les lois successives ont permis de distinguer les « vrais » partis des « faux » en écartant les « partis parlementaires » et les groupements fictifs de candidats, tout en ménageant la possibilité de constituer des partis dans l'intervalle des élections. Pour autant, les règles relatives à leur financement et à la publicité des comptes sont encore lacunaires.

section 2

Le financement et le contrôle des campagnes électorales

■ 462 Parallèlement à l'introduction d'une réglementation du financement des partis, la législation sur le financement des campagnes électorales s'est progressivement développée depuis 1988. Elle a considérablement développé le droit embryonnaire mis en place auparavant tout en restant fidèle au principe essentiel : le droit des campagnes électorales ne connaît que les candidats (et les élus) et ne vise pas les partis (ou du moins qu'indirectement). La conception française de la représentation n'a donc pas été modifiée par cette évolution.

Cet encadrement du financement des campagnes s'intègre à une réglementation plus vaste qui concerne le contrôle de l'ensemble des moyens de communication en période électorale.

Elle concerne toutes les élections, y compris les élections sénatoriales (qui ne se déroulent pas au suffrage universel *direct* et concernent donc un électorat restreint), restées jusqu'à présent à l'écart de cette réglementation et qui devront s'y conformer à partir de 2014.

§ 1 Le contrôle de la communication politique

■ 463 Le législateur a successivement réglementé la communication écrite, puis audiovisuelle et les sondages.

En ce qui concerne la communication écrite, le contrôle vise les documents de propagande, l'affichage (sauvage et commercial) et la publicité commerciale étant désormais interdits durant les trois mois qui précèdent le scrutin. Le contrôle est effectué par la Commission nationale de contrôle (composée de hauts magistrats) pour l'élection présidentielle.

La communication audiovisuelle est contrôlée par le Conseil supérieur de l'audiovisuel qui veille à l'égalité d'audience entre les candidats (pour l'élection présidentielle) et entre majorité et opposition à l'Assemblée nationale (pour les élections législatives) sur les chaînes du service public et au respect du pluralisme sur les chaînes du secteur privé.

Par ailleurs, depuis la loi du 19 juillet 1977, les sondages d'opinion sont réglementés en période électorale et référendaire.

Une Commission des sondages, autorité administrative, dispose d'un pouvoir général d'investigation et de rectification (par voie audiovisuelle). Quant aux sondages eux-mêmes, ils doivent lors de leur publication comprendre les données techniques qui permettent de vérifier leur fiabilité.

La loi qui interdisait dans la semaine qui précède chaque tour de scrutin ainsi qu'au cours de son déroulement toute publication ou commentaire de sondage a été déclarée contraire à la Convention européenne de sauvegarde des droits de l'homme par la Cour de cassation (Crim. 4 sept. 2001, *Amaury*). La loi du 19 février 2002 en a tiré les conclusions en interdisant la publication de sondages la veille et le jour du scrutin ; les opérations d'estimation des résultats après la fermeture du dernier bureau de vote en métropole sont par ailleurs autorisées.

§ 2 Le contrôle des recettes

Le mécanisme a beaucoup varié depuis 1988. La loi du 11 mars 1988 a reconnu un double financement, public – sous la forme de remboursement par l'État – et privé. 464 ■

Le financement privé prend la forme de dons, qui émanent, depuis la loi du 19 janvier 1995 qui a interdit les dons de personnes morales (c'est-à-dire des entreprises), des personnes physiques et des partis. Les dons des partis ne sont soumis à aucun plafond. Par contre ceux des personnes physiques (qui bénéficient d'une exonération fiscale) sont plafonnés à 4 600 €.

L'État rembourse une partie des frais de campagne. Pour les élections autres que celles se déroulant dans les communes et cantons de moins de 9 000 habitants et l'élection présidentielle, le candidat bénéficie d'un remboursement forfaitaire égal à 50 % du plafond. En sont exclus ceux qui n'ont pas obtenu 5 % des suffrages exprimés, ceux qui ont dépassé le plafond, ceux qui n'ont pas respecté les prescriptions relatives aux comptes de campagne, ceux dont le compte a été rejeté ou qui n'ont pas déposé leur déclaration de situation patrimoniale s'ils y étaient astreints.

Pour l'élection présidentielle, l'État rembourse 4,75 % du plafond aux candidats qui n'ont pas atteint 5 % des suffrages et 47,5 % du plafond aux autres. De surcroît une avance de 153 000 € est versée à tous les candidats lors de la publication de la liste des candidats.

Là encore, le remboursement est subordonné au respect des prescriptions du Code électoral.

À ces dépenses remboursées forfaitairement, il faut ajouter traditionnellement les dépenses prises en charge par l'État (frais d'impression des bulletins de vote et circulaires et frais d'affichage dûment exposés par les candidats).

§ 3 Le contrôle des dépenses

Ce contrôle s'effectue de deux façons : par l'interdiction des dépenses onéreuses et par le plafonnement des dépenses électorales 465 ■

En ce qui concerne l'interdiction des dépenses onéreuses, la loi du 11 mars 1988 a prohibé la publicité politique à la radio et à la télévision, interdiction devenue définitive en 1990. La loi de janvier 1990 a interdit le marketing téléphonique ou télématique gratuit dans les trois mois qui précèdent l'élection ; durant les mêmes délais, l'affichage à des fins de propagande électorale tout comme la publicité commerciale par voie de presse ou de moyen audiovisuel sont interdits.

Quant au plafonnement, il a été abaissé de 1988 à 1995, la loi du 19 janvier 1995 diminuant de 30 % le plafond fixé en 1988, puis à nouveau par la loi organique du 28 février 2012. C'est ainsi que désormais, les dépenses pour l'élection présidentielle sont plafonnées à 16,851 millions d'euros pour tous les candidats et à 22,509 millions d'euros pour ceux qui accèdent au second tour. Pour les élections législatives, le plafond est de 38 000 € par candidat majoré de 0,15 € par habitant de la circonscription. Actualisé tous les trois ans par décret, il ne retient pas les dépenses prises en charge par l'État.

§ 4 Les mécanismes juridiques et financiers

466 Tout candidat à une élection doit désigner un mandataire qui peut être soit une personne physique – le mandataire financier – soit une personne morale – l'association de financement. Le mandataire est chargé de régler toutes les dépenses de campagne à l'exception du cautionnement (déposé lors de l'enregistrement de la candidature) et des dépenses effectuées par un parti pour le compte du candidat. Le mandataire permet de bénéficier des dons des personnes physiques prévues par la loi.

L'association de financement est créée dans les conditions de la loi de 1901. Si le candidat (ou les membres de la liste en cas de scrutin de liste) ne peut en être membre (tout comme l'expert-comptable chargé de présenter les comptes de campagne), les conditions de constitution sont très libérales (deux membres suffisent). L'association ne peut recueillir de fonds que dans l'année qui précède l'élection, doit ouvrir un compte bancaire ou postal qui retracera ses opérations financières, celles-ci étant annexées au compte de campagne du candidat qu'elle soutient. L'association a une durée d'activité limitée : elle n'est valable que pour une seule élection et est dissoute de plein droit au plus tard trois mois après le dépôt du compte de campagne. Si à la dissolution de l'association il demeure un actif net, celui-ci peut être reversé soit à une association de financement d'un parti, soit à des établissements reconnus d'utilité publique.

Au cas où le candidat opte pour un mandataire financier personne physique, les obligations sont les mêmes. En ce qui concerne son statut, le mandataire personne physique ne peut être ni le candidat, ni éventuellement un membre de sa liste ou l'expert-comptable.

Le compte de campagne lui-même doit être présenté par un membre de l'ordre des experts-comptables et comptables et retracer, suivant leur origine, l'ensemble des recettes perçues et dépenses effectuées par le candidat et leurs justificatifs.

Le contrôle est effectué par la Commission nationale des comptes de campagne et des financements politiques et par le juge de l'élection à l'exception de l'élection présidentielle qui relève exclusivement du Conseil constitutionnel.

La Commission dispose d'un délai de six mois à compter du dépôt du compte pour se prononcer. Elle peut l'approuver, le rejeter ou le réformer après procédure contradictoire. Le juge de l'élection est saisi si la Commission n'approuve pas le compte, mais les appréciations de la Commission, autorité administrative, ne lient pas le juge.

Le non-respect des règles peut entraîner trois types de sanctions : pécuniaires (non-remboursement par l'État de la part remboursable et reversement au Trésor Public du dépassement éventuel), pénales (amende de 3 750 € et emprisonnement allant jusqu'à un an) et électorales (inéligibilité d'un an pour le mandat brigué, à l'exception de l'élection présidentielle qui échappe à cette sanction ; le juge de l'élection peut cependant prendre en considération la bonne foi du candidat).

section 3

Le statut des élus

Le *statut d'élu* a longtemps été une zone d'ombre du droit politique en France, ce qui s'explique notamment par des conceptions divergentes des fonctions publiques et de leur exercice, qui ont largement nourri la philosophie politique des XVIIIe et XIXe siècles. Certains estiment que la détention d'un mandat démocratique ne nécessite pas de régulation particulière, ni de rémunération, d'autres pensent que la création d'un statut reviendrait à établir un « métier d'élu », qui serait un risque pour la démocratie, et s'y opposent. 467 ■

Ces débats ont traversé la vie démocratique depuis l'établissement du suffrage (censitaire puis universel) et ses évolutions, de l'entrée des notables en politique à la fin du XIXe siècle, au *cursus honorum* classique jusqu'à son inversion à la fin du XXe et ont conduit à écarter (et à retarder) la création d'un véritable statut de l'élu.

L'encadrement de certaines pratiques politiques des mandats, comme la limitation du cumul des mandats, sont à distinguer de la question du statut de l'élu. Le statut de l'élu ne consiste pas à encadrer des pratiques politiques ; il a pour objectif de donner des droits aux titulaires d'un mandat électif local.

Sans s'éloigner totalement des débats passés qui n'ont pas disparu, le droit de la vie politique a été pensé avec pragmatisme. Le statut de l'élu répond à une réalité et une nécessité. 468 ■

D'abord, parce que les élus exercent des fonctions électives, nécessitant des compétences et un savoir-faire (d'autant plus avec l'inflation normative et la décentralisation). Ensuite, avec l'élargissement de la démocratie électorale, le nombre de mandats politiques locaux a considérablement augmenté avec la décentralisation. Aujourd'hui, la France compte environ 600 000 mandats locaux, en additionnant les mandats de conseiller municipal (la très grande majorité, environ 530 000), de conseiller communautaire ou métropolitain, de conseiller départemental et de conseiller régional. Enfin, plusieurs facteurs combinés, comme le contexte de défiance politique, de transparence et de moralisation de la vie politique et, surtout, de l'essor du droit de la vie politique, expliquent qu'un statut de l'élu ait été progressivement élaboré depuis les années 1980. Ces transformations du mandat politique local impliquaient de donner un statut à son titulaire : l'élu.

Quatre lois dessinent – sans le nommer explicitement – un statut de l'élu. Elles concourent à favoriser l'exercice du mandat en conférant moyens et indemnisation, protection sociale et droit à la formation. 469 ■

La loi du 3 février 1992 « relative aux conditions d'exercice des mandats locaux » a, par exemple, favorisé l'accès des salariés des secteurs public et privé aux mandats locaux et étendu le droit à la retraite des élus. Les lois du 27 février 2002 « relative à la démocratie de proximité » et la loi du 31 mars 2015 (qui a instauré la Charte de l'élu local) ont veillé à mettre en place des principes déontologiques relatifs à l'exercice du mandat. Enfin, la loi « Engagement et proximité » du 27 décembre 2019 a notamment renforcé le droit à la formation des élus.

Ces lois ont donné à la vie démocratique un cadre favorisant l'engagement des citoyens dans la vie publique en permettant, notamment, la conservation d'un emploi par plusieurs dispositions, par exemple en interdisant qu'un salarié titulaire d'un mandat d'élu local ne soit sanctionné ou licencié pour cette raison (C. trav., art. L. 1132-1).

En effet, la réalité de la démocratie locale recouvre de grandes disparités entre les élus locaux. Si le maire de Paris a une indemnité de fonction brute mensuelle de 9 204,27 €, si celle d'un président de Région est de 5 639,63 €, pour l'immense majorité des élus locaux, l'exercice d'un mandat se fait en plus d'un autre emploi. En effet, l'indemnité de fonction brute mensuelle des conseillers municipaux pour les communes de moins 100 000 habitants (soit 99,9 % des communes) est de 233,36 €.

section 4

La transparence financière de l'État

470 Jusqu'à une date récente, la loi de finances a comporté un chapitre opaque consacré aux « fonds spéciaux », dits également « fonds secrets », et dont l'usage était varié. Une grande part était consacrée aux services assurant la sécurité intérieure et extérieure de la France (services secrets) ; le reste servait à compléter les ressources des ministres, à rémunérer des membres de cabinets, voire à financer les partis politiques.

Ces usages ayant donné lieu à polémique, le Premier ministre, alors Lionel Jospin, a confié le 19 octobre 2001 au premier président de la Cour des comptes, un rapport qui a servi de base à la réforme de la loi de finances de 2002. Désormais, les fonds spéciaux ne sont plus affectés qu'à des opérations de sécurité et une commission, composée de deux députés, deux sénateurs et deux membres de la Cour des comptes, est chargée de vérifier que ces crédits sont effectivement affectés à cette mission. Le Conseil constitutionnel a censuré, dans sa décision du 27 décembre 2001 relative à la loi de finances pour 2002, les dispositions qui prévoyaient des investigations plus précises au nom de la séparation des pouvoirs.

Quant à la rémunération des ministres, celle-ci est désormais intégralement effectuée sous forme de traitement calculé par référence à celui des fonctionnaires occupant les emplois supérieurs de l'État et fiscalisé. Ce traitement se prolonge durant les six mois qui suivent la fin de fonction. Dans le même esprit, deux décrets du 5 décembre 2001 ont mis fin à la pratique des rémunérations officieuses par les fonds spéciaux des personnels des cabinets ministériels et présidentiel. Ceux-ci reçoivent désormais une indemnité pour sujétion particulière.

Compléments pédagogiques

Mémo

À l'exemple des autres États européens, le développement du droit des campagnes électorales et de la vie politique (partis, représentants) s'est traduit par la création de nombreuses autorités administratives indépendantes chargées d'en contrôler le fonctionnement. Les *partis*, reconnus pour la première fois par la Constitution de 1958, sont désormais dotés d'un *statut législatif*, contrepartie de leur *financement public* (après un long tâtonnement du législateur). De même, le statut des élus a renforcé le *régime des incompatibilités* (limitation du cumul des fonctions, des activités et des mandats, transparence du patrimoine) tandis que le *régime juridique des campagnes électorales* s'étend à la communication politique et au contrôle étroit de leur financement (nature et gestion), donnant au juge de l'élection un pouvoir de sanction de toute nature allant jusqu'à l'inéligibilité.

Quid

■ Conflit d'intérêts n° **454**

Constitue un conflit d'intérêts toute situation d'interférence entre un intérêt public et des intérêts publics ou privés qui est de nature à influencer ou à paraître influencer l'exercice indépendant, impartial et objectif d'une fonction.

■ Commission des sondages n° **454**

Autorité administrative indépendante chargée de contrôler la déontologie des enquêtes d'opinion et leur publicité.

■ Commission nationale des comptes de campagne et des financements politiques n° **454**

Autorité administrative indépendante instituée par la loi du 15 janvier 1990 et composée de 9 membres (3 du Conseil d'État, 3 de la Cour de cassation, 3 de la Cour des comptes) chargée d'examiner les comptes de campagne des candidats à toutes les élections, de les approuver ou de les rejeter.

■ Commission nationale de contrôle de la campagne électorale présidentielle n° **454**

Autorité administrative indépendante créée par le décret du 14 mars 1964 et constituée des premiers présidents de la Cour des comptes et de la Cour de cassation et du premier vice-président du Conseil d'État et de deux autres membres issus du Conseil d'État, de la Cour de cassation ou de la Cour des comptes, chargée de surveiller la campagne électorale présidentielle.

■ Haute autorité pour la transparence de la vie publique n° 454

Autorité administrative indépendante créée par la loi du 11 octobre 2013 et composée de magistrats de la Cour des comptes, de la Cour de cassation et du Conseil d'État ainsi que de deux personnalités extérieures, chargée d'examiner les déclarations de situation patrimoniale et les déclarations d'intérêt des élus, gouvernants et décideurs publics

■ Conseil supérieur de l'audiovisuel n° 454

Autorité administrative indépendante créée par la loi du 17 janvier 1989 et composée de 9 membres (3 désignés par le président de la République, 3 par le président de l'Assemblée nationale, 3 par le président du Sénat) chargée de veiller au respect de la liberté de communication audiovisuelle et au respect du pluralisme politique et de l'égalité d'audience entre les candidats durant les campagnes électorales.

Document

Loi du 11 mars 1988 (mod. en 1990, 1993 et 1995) relative à la transparence financière de la vie politique (extraits)

Article 7. Les partis et groupements politiques se forment et exercent leur activité librement. Ils jouissent de la personnalité morale.

Ils ont le droit d'ester en justice.

Ils ont le droit d'acquérir à titre gratuit ou à titre onéreux des biens meubles ou immeubles ; ils peuvent effectuer tous les actes conformes à leur mission et notamment créer et administrer des journaux et des instituts de formation conformément aux dispositions des lois en vigueur.

Code électoral, article 52-15 relatif aux compétences de la Commission nationale des comptes de campagne

Article L. 52-15. La Commission nationale des comptes de campagne et des financements politiques approuve et, après procédure contradictoire, rejette ou réforme les comptes de campagne. Elle arrête le montant du remboursement forfaitaire prévu à l'article L. 52-11-1.

Hors le cas prévu à l'article L. 118-2, elle se prononce dans les six mois du dépôt des comptes. Passé ce délai, les comptes sont réputés approuvés.

Lorsque la commission a constaté que le compte de campagne n'a pas été déposé dans le délai prescrit, si le compte a été rejeté ou si, le cas échéant, après réformation, il fait apparaître un dépassement du plafond des dépenses électorales, la commission saisit le juge de l'élection.

Dans le cas où la commission a relevé des irrégularités de nature à contrevenir aux dispositions des articles L. 52-4 à L. 52-13 et L. 52-16, elle transmet le dossier au Parquet.

Le remboursement total ou partiel des dépenses retracées dans le compte de campagne, quand la loi le prévoit, n'est possible qu'après l'approbation du compte de campagne par la commission.

Dans tous les cas où un dépassement du plafond des dépenses électorales a été constaté par une décision définitive, la commission fixe alors une somme égale au montant du dépassement que le candidat est tenu de verser au Trésor public. Cette somme est recouvrée comme les créances de l'État étrangères à l'impôt et au domaine.

Biblio

- P. Blachèr, J.-E. Gicquel, *Les grands textes de la déontologie de la vie publique*, Paris, LGDJ, 2017.
- J. Boelaert, S. Michon, E. Ollion, *Métier : député. Enquête sur la professionnalisation de la politique en France*, Raisons d'agir, 2017.
- E. Buge, *Droit de la vie politique*, PUF, 2018.
- D. Biroste, *Financement et transparence de la vie politique*, LGDJ, 2015.
- Code électoral, Paris, Dalloz, 2023.
- T. Ehrhard, « Penser les politiques électorales », *Gouvernement et action publique*, 2016, n° 1.
- A. François, E. Philippeau, *Le financement de la vie politique*, Armand Colin, 2015.
- C. Guérin-Bargues, *Juger les politiques ? La Cour de justice de la République*, Paris, Dalloz, 2017.
- *Jus Politicum* 2008, n° 1, *Le droit politique*.
- J.F. Kerléo, E. Lemaire, R. Rambaud, *Transparence et déontologie parlementaire : bilan et perspective*, LGDJ, 2019.
- H. Portelli, « La pénalisation de la vie politique », *Pouvoirs*, n° 128, 2008.
- *Pouvoirs* 1992, n° 63, *Campagne électorale*, PUF.
- *Pouvoirs* 1994, n° 70, *L'argent des élections*, Le Seuil.

Quiz

1) Sujets corrigés

A) Test de connaissances

1. Quelles sont les autorités administratives indépendantes compétentes en matière électorale ?

2. Depuis quand les partis peuvent-ils se constituer librement et depuis quand les groupes parlementaires et les partis sont-ils reconnus constitutionnellement en France ?

3. Quel est le plafond des dépenses pour un candidat à une élection législative et pour un candidat à l'élection présidentielle ?

Voir le corrigé en fin de rubrique.

B) Dissertations

Énoncé n° 1

Le contrôle financier des campagnes électorales.

Voir le corrigé en fin de rubrique.

Énoncé n° 2

Le juge de l'élection.

Voir le corrigé en fin de rubrique.

2) Corrigés

Test de connaissances

1. Commission nationale des comptes de campagne et des financements politiques, Haute Autorité pour la transparence de la vie publique, Commission nationale de contrôle de la campagne électorale présidentielle, Conseil supérieur de l'audiovisuel, Commission des sondages.

2. Constitution libre : 1901 (liberté d'association) ; reconnaissance constitutionnelle : 1946 pour les groupes et 1958 pour les partis.

3. Les plafonds des dépenses pour un candidat sont :

– Élection législative : 38 000 € + 0,15 € par habitant de la circonscription ; – Élection présidentielle : 16,851 M€ pour le premier tour et 22,509 M€ pour les deux tours.

Dissertation n° 1

Introduction : Une législation récente (années 1980) due aux scandales politico-financiers.

I. le statut financier du candidat

A. Le mandataire financier obligatoire : personne physique ou morale

B. Les actes financiers : le compte de campagne et sa tenue

II. Les sanctions

A. Le contrôle des autorités administratives indépendantes (CNCCFP, HATVP) et du juge

B. Les sanctions : pécuniaires, pénales et électorales

Dissertation n° 2

Introduction : Définition : juge qui vérifie la régularité des actes et la validité des résultats de l'élection.

I. Le juge compétent

A. Liste électorale : juge judiciaire

B. Opérations électorales

– Conseil constitutionnel pour l'élection présidentielle et les élections parlementaires

– Juge administratif pour les élections municipales et cantonales

– Conseil d'État pour les élections régionales et européennes

C. La procédure de saisine (action d'intérêt public)

II. Les pouvoirs du juge : grande liberté d'appréciation

A. Décision allant de la confirmation à l'annulation

B. La modification des résultats et l'inéligibilité du candidat

C. Non-respect des règles de financement

Conclusion : Le juge de l'élection n'est pas le juge (pénal) de la répression des fraudes électorales.

Sujets terminaux

1) Sujets corrigés

A) Commentaire de textes

Énoncé n° 1

Commenter les extraits des arrêts et de la décision suivants :

Crim. 31 mai 2010, aff. 2010-14/22 QPC (Décision de renvoi)

[...] Attendu qu'il est soutenu que les dispositions des articles 62, 63, 63-1, 63-4, 77 et 706-73 du code de procédure pénale, relatives à la garde à vue, sont contraires aux droits de la défense, au droit à une procédure juste et équitable, au droit à la liberté individuelle, au droit de ne pas faire l'objet d'arrestations d'une rigueur non nécessaire, au droit à l'égalité devant la loi et devant la justice, droits garantis par les principes fondamentaux reconnus par les lois de la République, par les articles 1er, 2, 4, 6, 7, 9 et 16 de la Déclaration des droits de l'homme et du citoyen ainsi que par les articles 1er, 34 et 66 de la Constitution ;

Attendu que les dispositions contestées sont applicables aux procédures en cause ; Qu'elles n'ont pas déjà été déclarées, dans leur intégralité, conformes à la Constitution dans les motifs et le dispositif d'une décision du Conseil constitutionnel ;

Que les questions posées présentent un caractère sérieux en ce qu'elles concernent la garantie de la liberté individuelle et des droits reconnus à la défense ;

D'où il suit qu'il y a lieu de les renvoyer au Conseil constitutionnel ;

PAR CES MOTIFS :

RENVOIE au Conseil constitutionnel les questions prioritaires de constitutionnalité ; Ainsi fait et jugé par la Cour de cassation, et prononcé par le premier président en son audience publique, le trente-et-un mai deux mille dix. [...]

Cons. const. 30 juill. 2010, décis. n° 2010-14/22 QPC, *M. Daniel W. et a.*

[...] – SUR LES ARTICLES 63-4, ALINÉA 7, ET 706-73 DU CODE DE PROCÉDURE PÉNALE :

12. Considérant qu'il résulte des dispositions combinées du troisième alinéa de l'article 23-2 de l'ordonnance du 7 novembre 1958 susvisée et du troisième alinéa de son article 23-5 que le Conseil constitutionnel ne peut être saisi d'une question prioritaire de constitutionnalité relative à une disposition qui a déjà été déclarée conforme à la Constitution dans les motifs et le dispositif d'une décision du Conseil constitutionnel, sauf changement des circonstances ;

13. Considérant que le Conseil constitutionnel a été saisi, en application du deuxième alinéa de l'article 61 de la Constitution, de la loi du 9 mars 2004 susvisée ; que les

requérants contestaient notamment la conformité à la Constitution des dispositions de ses articles 1er et 14 ; que, dans les considérants 2 et suivants de sa décision du 2 mars 2004 susvisée, le Conseil constitutionnel a spécialement examiné l'article 1er qui « insère dans le livre IV du code de procédure pénale un titre XXV intitulé : « De la procédure applicable à la criminalité et à la délinquance organisées « » et comportait l'article 706-73 du code de procédure pénale ; qu'en particulier, dans les considérants 21 et suivants de cette même décision, il a examiné les dispositions relatives à la garde à vue en matière de criminalité et de délinquance organisées et, parmi celles-ci, le paragraphe I de l'article 14 dont résulte le septième alinéa de l'article 63-4 du code de procédure pénale ; que l'article 2 du dispositif de cette décision a déclaré les articles 1er et 14 conformes à la Constitution ; que, par suite, le septième alinéa de l'article 63-4 et l'article 706-73 du code de procédure pénale ont déjà été déclarés conformes à la Constitution dans les motifs et le dispositif d'une décision du Conseil constitutionnel ; qu'en l'absence de changement des circonstances, depuis la décision du 2 mars 2004 susvisée, en matière de lutte contre la délinquance et la criminalité organisées, il n'y a pas lieu, pour le Conseil constitutionnel, de procéder à un nouvel examen de ces dispositions ;

– SUR LES ARTICLES 62, 63, 63-1, 63-4, ALINÉAS 1er À 6, ET 77 DU CODE DE PROCÉDURE PÉNALE :

14. Considérant que, dans sa décision susvisée du 11 août 1993, le Conseil constitutionnel n'a pas spécialement examiné les articles 63, 63 1, 63-4 et 77 du code de procédure pénale ; que, toutefois, il a déclaré conformes à la Constitution les modifications apportées à ces articles par les dispositions alors soumises à son examen ; que ces dispositions étaient relatives aux conditions de placement d'une personne en garde à vue et à la prolongation de cette mesure, au contrôle de celle-ci par le procureur de la République et au droit de la personne gardée à vue d'avoir un entretien de trente minutes avec un avocat ; que, postérieurement à la loi susvisée du 24 août 1993, ces articles du code de procédure pénale ont été modifiés à plusieurs reprises ; que les dispositions contestées assurent, en comparaison de celles qui ont été examinées par le Conseil dans sa décision du 11 août 1993, un encadrement renforcé du recours à la garde à vue et une meilleure protection des droits des personnes qui en font l'objet ;

15. Considérant toutefois que, depuis 1993, certaines modifications des règles de la procédure pénale ainsi que des changements dans les conditions de sa mise en œuvre ont conduit à un recours de plus en plus fréquent à la garde à vue et modifié l'équilibre des pouvoirs et des droits fixés par le code de procédure pénale ;

16. Considérant qu'ainsi la proportion des procédures soumises à l'instruction préparatoire n'a cessé de diminuer et représente moins de 3 % des jugements et ordonnances rendus sur l'action publique en matière correctionnelle ; que, postérieurement à la loi du 24 août 1993, la pratique du traitement dit « en temps réel » des procédures pénales a été généralisée ; que cette pratique conduit à ce que la décision du ministère public sur l'action publique est prise sur le rapport de l'officier de police judiciaire avant qu'il soit mis fin à la garde à vue ; que, si ces nouvelles modalités de mise en œuvre de l'action publique ont permis une réponse pénale plus rapide et plus diversifiée conformément à l'objectif de bonne administration de la justice, il n'en résulte pas moins que, même dans des procédures portant sur des faits complexes ou particulièrement graves, une personne est désormais le plus souvent jugée sur la base des seuls éléments de preuve rassemblés avant l'expiration de sa garde à vue, en

particulier sur les aveux qu'elle a pu faire pendant celle-ci ; que la garde à vue est ainsi souvent devenue la phase principale de constitution du dossier de la procédure en vue du jugement de la personne mise en cause ;

17. Considérant, en outre, que, dans sa rédaction résultant des lois du 28 juillet 1978 et 18 novembre 1985 susvisées, l'article 16 du code de procédure pénale fixait une liste restreinte de personnes ayant la qualité d'officier de police judiciaire, seules habilitées à décider du placement d'une personne en garde à vue ; que cet article a été modifié par l'article 2 de la loi du 1er février 1994, l'article 53 de la loi du 8 février 1995, l'article 20 de la loi du 22 juillet 1996, la loi du 18 novembre 1998, l'article 8 de la loi du 18 mars 2003 et l'article 16 de la loi du 23 janvier 2006 susvisées ; que ces modifications ont conduit à une réduction des exigences conditionnant l'attribution de la qualité d'officier de police judiciaire aux fonctionnaires de la police nationale et aux militaires de la gendarmerie nationale ; que, entre 1993 et 2009, le nombre de ces fonctionnaires civils et militaires ayant la qualité d'officier de police judiciaire est passé de 25 000 à 53 000 ;

18. Considérant que ces évolutions ont contribué à banaliser le recours à la garde à vue, y compris pour des infractions mineures ; qu'elles ont renforcé l'importance de la phase d'enquête policière dans la constitution des éléments sur le fondement desquels une personne mise en cause est jugée ; que plus de 790 000 mesures de garde à vue ont été décidées en 2009 ; que ces modifications des circonstances de droit et de fait justifient un réexamen de la constitutionnalité des dispositions contestées ; [...]

25. Considérant qu'en elles-mêmes, les évolutions rappelées ci-dessus ne méconnaissent aucune exigence constitutionnelle ; que la garde à vue demeure une mesure de contrainte nécessaire à certaines opérations de police judiciaire ; que, toutefois, ces évolutions doivent être accompagnées des garanties appropriées encadrant le recours à la garde à vue ainsi que son déroulement et assurant la protection des droits de la défense ;

26. Considérant que l'autorité judiciaire comprend à la fois les magistrats du siège et du parquet ; que l'intervention d'un magistrat du siège est requise pour la prolongation de la garde à vue au-delà de quarante-huit heures ; qu'avant la fin de cette période, le déroulement de la garde à vue est placé sous le contrôle du procureur de la République qui peut décider, le cas échéant, de sa prolongation de vingt-quatre heures ; qu'il résulte des articles 63 et 77 du code de procédure pénale que le procureur de la République est informé dès le début de la garde à vue ; qu'il peut ordonner à tout moment que la personne gardée à vue soit présentée devant lui ou remise en liberté ; qu'il lui appartient d'apprécier si le maintien de la personne en garde à vue et, le cas échéant, la prolongation de cette mesure sont nécessaires à l'enquête et proportionnés à la gravité des faits que la personne est suspectée d'avoir commis ; que, par suite, le grief tiré de la méconnaissance de l'article 66 de la Constitution doit être écarté ;

27. Considérant cependant, d'une part, qu'en vertu des articles 63 et 77 du code de procédure pénale, toute personne suspectée d'avoir commis une infraction peut être placée en garde à vue par un officier de police judiciaire pendant une durée de vingt-quatre heures quelle que soit la gravité des faits qui motivent une telle mesure ; que toute garde à vue peut faire l'objet d'une prolongation de vingt-quatre heures sans que cette faculté soit réservée à des infractions présentant une certaine gravité ;

28. Considérant, d'autre part, que les dispositions combinées des articles 62 et 63 du même code autorisent l'interrogatoire d'une personne gardée à vue ; que son article 63-4 ne permet pas à la personne ainsi interrogée, alors qu'elle est retenue contre sa volonté, de bénéficier de l'assistance effective d'un avocat ; qu'une telle restriction aux droits de la défense est imposée de façon générale, sans considération des circonstances particulières susceptibles de la justifier, pour rassembler ou conserver les preuves ou assurer la protection des personnes ; qu'au demeurant, la personne gardée à vue ne reçoit pas la notification de son droit de garder le silence ;

29. Considérant que, dans ces conditions, les articles 62, 63, 63-1, 63-4, alinéas 1er à 6, et 77 du code de procédure pénale n'instituent pas les garanties appropriées à l'utilisation qui est faite de la garde à vue compte tenu des évolutions précédemment rappelées ; qu'ainsi, la conciliation entre, d'une part, la prévention des atteintes à l'ordre public et la recherche des auteurs d'infractions et, d'autre part, l'exercice des libertés constitutionnellement garanties ne peut plus être regardée comme équilibrée ; que, par suite, ces dispositions méconnaissent les articles 9 et 16 de la Déclaration de 1789 et doivent être déclarées contraires à la Constitution ;

– SUR LES EFFETS DE LA DÉCLARATION D'INCONSTITUTIONNALITÉ :

30. Considérant, d'une part, que le Conseil constitutionnel ne dispose pas d'un pouvoir général d'appréciation de même nature que celui du Parlement ; qu'il ne lui appartient pas d'indiquer les modifications des règles de procédure pénale qui doivent être choisies pour qu'il soit remédié à l'inconstitutionnalité constatée ; que, d'autre part, si, en principe, une déclaration d'inconstitutionnalité doit bénéficier à la partie qui a présenté la question prioritaire de constitutionnalité, l'abrogation immédiate des dispositions contestées méconnaîtrait les objectifs de prévention des atteintes à l'ordre public et de recherche des auteurs d'infractions et entraînerait des conséquences manifestement excessives ; qu'il y a lieu, dès lors, de reporter au 1er juillet 2011 la date de cette abrogation afin de permettre au législateur de remédier à cette inconstitutionnalité ; que les mesures prises avant cette date en application des dispositions déclarées contraires à la Constitution ne peuvent être contestées sur le fondement de cette inconstitutionnalité [...].

Crim. 19 oct. 2010, n° 10-82.306

[...] Attendu qu'il résulte de l'arrêt attaqué et des pièces de la procédure que M. X., placé en garde à vue pour des faits de complicité de tentative d'assassinat, s'est entretenu confidentiellement avec son avocat, dès le début de la mesure et avant même son interrogatoire par les services de police ; que la garde à vue ayant fait l'objet d'une prolongation, il s'est, une nouvelle fois, entretenu confidentiellement avec son avocat, avant d'être, à nouveau, interrogé par les enquêteurs ;

Attendu que, pour prononcer l'annulation des procès-verbaux de garde à vue et des auditions intervenues pendant celle-ci, les juges énoncent que M. X. a bénéficié de la présence d'un avocat mais non de son assistance dans des conditions lui permettant d'organiser sa défense et de préparer avec lui les interrogatoires auxquels cet avocat n'a pu, en l'état de la législation française, participer ;

Attendu qu'en prononçant ainsi, la chambre de l'instruction a fait l'exacte application de l'article 6 de la Convention européenne des droits de l'homme ;

Attendu que, toutefois, l'arrêt encourt l'annulation dès lors que les règles qu'il énonce ne peuvent s'appliquer immédiatement à une garde à vue conduite dans le respect des dispositions législatives en vigueur lors de sa mise en œuvre, sans porter atteinte au principe de sécurité juridique et à la bonne administration de la justice ;

Que ces règles prendront effet lors de l'entrée en vigueur de la loi devant, conformément à la décision du Conseil constitutionnel du 30 juillet 2010, modifier le régime juridique de la garde à vue, ou, au plus tard, le 1er juillet 2011 [...].

Voir le corrigé en fin de rubrique.

Énoncé n° 2

Commenter la décision suivante :

Cons. const. 28 févr. 2012, décis. n° 2012-647DC, *Loi visant à réprimer la contestation de l'existence des génocides reconnus par la loi*

LE CONSEIL CONSTITUTIONNEL,

Vu la Constitution ;

Vu l'ordonnance n° 58-1067 du 7 novembre 1958 modifiée portant loi organique sur le Conseil constitutionnel ;

Vu la loi du 29 juillet 1881 sur la liberté de la presse ;

Vu le code pénal ;

Vu les observations du Gouvernement, enregistrées le 15 février 2012 ;

Vu les observations en réplique présentées par les députés requérants, enregistrées le 21 février 2012 ;

Le rapporteur ayant été entendu ;

1. Considérant que les députés et sénateurs requérants défèrent au Conseil constitutionnel la loi visant à réprimer la contestation de l'existence des génocides reconnus par la loi ;

2. Considérant que l'article 1er de la loi déférée insère dans la loi du 29 juillet 1881 sur la liberté de la presse un article 24 *ter* ; que cet article punit, à titre principal, d'une peine d'un an d'emprisonnement et de 45 000 € d'amende ceux qui « ont contesté ou minimisé de façon outrancière », quels que soient les moyens d'expression ou de communication publiques employés, « l'existence d'un ou plusieurs crimes de génocide défini à l'article 211-1 du code pénal et reconnus comme tels par la loi française » ; que l'article 2 de la loi déférée modifie l'article 48-2 de la même loi du 29 juillet 1881 ; qu'il étend le droit reconnu à certaines associations de se porter partie civile, en particulier pour tirer les conséquences de la création de cette nouvelle incrimination ;

3. Considérant que, selon les auteurs des saisines, la loi déférée méconnaît la liberté d'expression et de communication proclamée par l'article 11 de la Déclaration des droits de l'homme et du citoyen de 1789, ainsi que le principe de légalité des délits et des peines résultant de l'article 8 de cette Déclaration ; qu'en réprimant seulement, d'une part, les génocides reconnus par la loi française et, d'autre part, les génocides à l'exclusion des autres crimes contre l'humanité, ces dispositions méconnaîtraient également le principe d'égalité ; que les députés requérants font en outre valoir que

le législateur a méconnu sa propre compétence et le principe de la séparation des pouvoirs proclamé par l'article 16 de la Déclaration de 1789 ; que seraient également méconnus le principe de nécessité des peines proclamé à l'article 8 de la Déclaration de 1789, la liberté de la recherche ainsi que le principe résultant de l'article 4 de la Constitution selon lequel les partis exercent leur activité librement ;

4. Considérant que, d'une part, aux termes de l'article 6 de la Déclaration de 1789 : « La loi est l'expression de la volonté générale... » ; qu'il résulte de cet article comme de l'ensemble des autres normes de valeur constitutionnelle relatives à l'objet de la loi que, sous réserve de dispositions particulières prévues par la Constitution, la loi a pour vocation d'énoncer des règles et doit par suite être revêtue d'une portée normative ;
5. Considérant que, d'autre part, aux termes de l'article 11 de la Déclaration de 1789 : « La libre communication des pensées et des opinions est un des droits les plus précieux de l'homme : tout citoyen peut donc parler, écrire, imprimer librement, sauf à répondre de l'abus de cette liberté dans les cas déterminés par la loi » ; que l'article 34 de la Constitution dispose : « La loi fixe les règles concernant... les droits civiques et les garanties fondamentales accordées aux citoyens pour l'exercice des libertés publiques » ; que, sur ce fondement, il est loisible au législateur d'édicter des règles concernant l'exercice du droit de libre communication et de la liberté de parler, d'écrire et d'imprimer ; qu'il lui est également loisible, à ce titre, d'instituer des incriminations réprimant les abus de l'exercice de la liberté d'expression et de communication qui portent atteinte à l'ordre public et aux droits des tiers ; que, toutefois, la liberté d'expression et de communication est d'autant plus précieuse que son exercice est une condition de la démocratie et l'une des garanties du respect des autres droits et libertés ; que les atteintes portées à l'exercice de cette liberté doivent être nécessaires, adaptées et proportionnées à l'objectif poursuivi ;

6. Considérant qu'une disposition législative ayant pour objet de « reconnaître » un crime de génocide ne saurait, en elle-même, être revêtue de la portée normative qui s'attache à la loi ; que, toutefois, l'article 1er de la loi déférée réprime la contestation ou la minimisation de l'existence d'un ou plusieurs crimes de génocide « reconnus comme tels par la loi française » ; qu'en réprimant ainsi la contestation de l'existence et de la qualification juridique de crimes qu'il aurait lui-même reconnus et qualifiés comme tels, le législateur a porté une atteinte inconstitutionnelle à l'exercice de la liberté d'expression et de communication ; que, dès lors, et sans qu'il soit besoin d'examiner les autres griefs, l'article 1er de la loi déférée doit être déclaré contraire à la Constitution ; que son article 2, qui n'en est pas séparable, doit être également déclaré contraire à la Constitution,

D É C I D E :

Article 1er : La loi visant à réprimer la contestation de l'existence des génocides reconnus par la loi est contraire à la Constitution.

Article 2 : La présente décision sera publiée au Journal officiel de la République française.

Délibéré par le Conseil constitutionnel dans sa séance du 28 février 2012, où siégeaient : M. Jean-Louis DEBRÉ, Président, M. Jacques BARROT, Mme Claire BAZY MALAURIE, MM. Guy CANIVET, Michel CHARASSE, Renaud DENOIX de SAINT MARC, Valéry GISCARD d'ESTAING et Pierre STEINMETZ.

Voir le corrigé en fin de rubrique.

Énoncé n° 3

Commenter les extraits des trois décisions suivantes du Conseil constitutionnel :

Cons. const. 13 juin 2013, décis. n° 2013-672 DC, *Loi relative à la sécurisation de l'emploi*

[...] 3. Considérant que le 2° du paragraphe II de l'article 1er a pour objet de compléter l'article L. 912-1 du code de la sécurité sociale par un alinéa ainsi rédigé : « Lorsque les accords professionnels ou interprofessionnels mentionnés à l'article L. 911-1 prévoient une mutualisation des risques en application du premier alinéa du présent article ou lorsqu'ils recommandent, sans valeur contraignante, aux entreprises d'adhérer pour les risques dont ils organisent la couverture à un ou plusieurs organismes, il est procédé à une mise en concurrence préalable des organismes mentionnés à l'article 1er de la loi n° 89-1009 du 31 décembre 1989 renforçant les garanties offertes aux personnes assurées contre certains risques. Cette mise en concurrence est réalisée dans des conditions de transparence, d'impartialité et d'égalité de traitement entre les candidats et selon des modalités prévues par décret. Ce décret fixe notamment les règles destinées à garantir une publicité préalable suffisante, à prévenir les conflits d'intérêts et à déterminer les modalités de suivi du contrat. Cette mise en concurrence est également effectuée lors de chaque réexamen » ;

4. Considérant que, selon les requérants, en permettant, d'une part, qu'un accord de branche désigne un organisme de prévoyance pour l'ensemble des entreprises de la branche et, d'autre part, que cette désignation s'impose aux entreprises de la branche bénéficiant déjà d'une complémentaire santé, les dispositions de l'article L. 912-1 du code de la sécurité sociale, qui est complété par le 2° du paragraphe II de l'article 1er de la loi déférée, méconnaissent la liberté contractuelle découlant de l'article 4 de la Déclaration des droits de l'homme et du citoyen de 1789 ; qu'ils soutiennent que les dispositions du 2° du paragraphe II de l'article 1er, en ce qu'elles posent de nouvelles limites au principe de libre concurrence entre les divers organismes de prévoyance, sont contraires à la liberté d'entreprendre ainsi qu'au principe d'égalité devant la loi ; que les sénateurs mettent également en cause, pour l'ensemble de ces motifs, les dispositions du 2° du A du paragraphe I de l'article 1er ; que les députés font également valoir que les dispositions de l'article L. 912-1 du code de la sécurité sociale méconnaissent les dispositions du huitième alinéa du Préambule de la Constitution de 1946 en ce que le droit des travailleurs de déterminer collectivement leurs conditions de travail doit s'exercer dans l'entreprise et non au niveau de la branche professionnelle ;

5. Considérant qu'aux termes de l'article 34 de la Constitution : « La loi détermine les principes fondamentaux. Des obligations civiles et commerciales » ; qu'il est à tout moment loisible au législateur, statuant dans le domaine de sa compétence, de modifier des textes antérieurs ou d'abroger ceux-ci en leur substituant, le cas échéant, d'autres dispositions ; que, ce faisant, il ne saurait priver de garanties légales des exigences constitutionnelles ;

6. Considérant que, d'une part, il est loisible au législateur d'apporter à la liberté d'entreprendre et à la liberté contractuelle qui découlent de l'article 4 de la Déclaration de 1789, des limitations liées à des exigences constitutionnelles ou justifiées par l'intérêt général, à la condition qu'il n'en résulte pas d'atteintes disproportionnées au regard de l'objectif poursuivi ; que, d'autre part, le législateur ne saurait porter aux

contrats légalement conclus une atteinte qui ne soit justifiée par un motif d'intérêt général suffisant sans méconnaître les exigences résultant des articles 4 et 16 de la Déclaration de 1789 ;

7. Considérant, en premier lieu, que les dispositions du A du paragraphe I de l'article 1er ont pour objet d'imposer aux branches professionnelles d'engager, avant le 1er juin 2013, une négociation pour garantir aux salariés une couverture « en matière de remboursements complémentaires de frais occasionnés par une maladie, une maternité ou un accident » ; que la couverture complémentaire santé ainsi prévue est « collective » et « à adhésion obligatoire » ; qu'elle doit être effective avant le 1er janvier 2016 ; que cette négociation porte notamment sur la définition du contenu et du niveau des garanties, la répartition de la charge des cotisations entre employeurs et salariés, ainsi que « les modalités de choix de l'assureur » ; qu'elle examine en particulier les conditions notamment tarifaires, dans lesquelles les entreprises peuvent retenir le ou les organismes qu'elles ont choisis, « sans méconnaître les objectifs de couverture effective de l'ensemble des salariés des entreprises de la branche et d'accès universel à la santé » ; que ces dispositions, en ce qu'elles se bornent à prévoir l'ouverture d'une négociation portant sur « les modalités de choix de l'assureur » et les conditions dans lesquelles les entreprises peuvent retenir le ou les organismes de prévoyance de leur choix, ne sont contraires à aucun principe ou règle de valeur constitutionnelle ;

8. Considérant, en second lieu, que la conformité à la Constitution d'une loi déjà promulguée peut être appréciée à l'occasion de l'examen des dispositions législatives qui la modifient, la complètent ou affectent son domaine ; que les dispositions contestées du 2° du paragraphe II de l'article 1er de la loi déférée complètent celles de l'article L. 912-1 du code de la sécurité sociale ;

9. Considérant qu'en vertu du premier alinéa de cet article L. 912-1, lorsque les accords professionnels ou interprofessionnels prévoient une « mutualisation des risques » dont ils organisent la couverture auprès d'un ou plusieurs organismes de prévoyance, « auxquels adhèrent alors obligatoirement les entreprises relevant du champ d'application de ces accords, ceux-ci comportent une clause fixant dans quelles conditions et selon quelle périodicité les modalités d'organisation de la mutualisation des risques peuvent être réexaminées. La périodicité du réexamen ne peut excéder cinq ans » ; que, selon le deuxième alinéa du même article, lorsque les accords mentionnés précédemment « s'appliquent à une entreprise qui, antérieurement à leur date d'effet, a adhéré ou souscrit à un contrat auprès d'un organisme différent de celui prévu par les accords pour garantir les mêmes risques à un niveau équivalent », les stipulations de l'accord de niveau supérieur doivent primer, conformément à ce que prévoient les dispositions de l'article L. 2253-2 du code du travail ;

10. Considérant que, par les dispositions de l'article L. 912-1 du code de la sécurité sociale, le législateur a entendu faciliter l'accès de toutes les entreprises d'une même branche à une protection complémentaire et assurer un régime de mutualisation des risques, en renvoyant aux accords professionnels et interprofessionnels le soin d'organiser la couverture de ces risques auprès d'un ou plusieurs organismes de prévoyance ; qu'il a ainsi poursuivi un but d'intérêt général ;

11. Considérant que, toutefois, d'une part, en vertu des dispositions du premier alinéa de l'article L. 912-1 du code de la sécurité sociale, toutes les entreprises qui appartiennent à une même branche professionnelle peuvent se voir imposer non seulement

le prix et les modalités de la protection complémentaire mais également le choix de l'organisme de prévoyance chargé d'assurer cette protection parmi les entreprises régies par le code des assurances, les institutions relevant du titre III du livre IX du code de la sécurité sociale et les mutuelles relevant du code de la mutualité ; que, si le législateur peut porter atteinte à la liberté d'entreprendre et à la liberté contractuelle dans un but de mutualisation des risques, notamment en prévoyant que soit recommandé au niveau de la branche un seul organisme de prévoyance proposant un contrat de référence y compris à un tarif d'assurance donné ou en offrant la possibilité que soient désignés au niveau de la branche plusieurs organismes de prévoyance proposant au moins de tels contrats de référence, il ne saurait porter à ces libertés une atteinte d'une nature telle que l'entreprise soit liée avec un cocontractant déjà désigné par un contrat négocié au niveau de la branche et au contenu totalement prédéfini ; que, par suite, les dispositions de ce premier alinéa méconnaissent la liberté contractuelle et la liberté d'entreprendre ;

12. Considérant que, d'autre part, les dispositions du deuxième alinéa de l'article L. 912-1 permettent d'imposer que, dès l'entrée en vigueur d'un accord de branche, les entreprises de cette branche se trouvent liées avec l'organisme de prévoyance désigné par l'accord, alors même qu'antérieurement à celui-ci elles seraient liées par un contrat conclu avec un autre organisme ; que, pour les mêmes motifs que ceux énoncés au considérant 11 et sans qu'il soit besoin d'examiner le grief tiré de l'atteinte aux conventions légalement conclues, ces dispositions méconnaissent également la liberté contractuelle et la liberté d'entreprendre ; [...]

Cons. const. 18 octobre 2013, décis. n° 2013-349 QPC (*Société Allianz*)

1. Considérant qu'aux termes du troisième alinéa de l'article 62 de la Constitution : « Les décisions du Conseil constitutionnel ne sont susceptibles d'aucun recours. Elles s'imposent aux pouvoirs publics et à toutes les autorités administratives et juridictionnelles » ;

2. Considérant qu'est renvoyée au Conseil constitutionnel la question de la conformité aux droits et libertés que la Constitution garantit de l'article L. 912-1 du code de la sécurité sociale, dans sa rédaction issue de l'ordonnance n° 2006-344 du 23 mars 2006 susvisée ; que, par sa décision susvisée du 13 juin 2013, le Conseil constitutionnel a déclaré cette même disposition contraire à la Constitution ; qu'il a, d'une part, décidé que cette déclaration d'inconstitutionnalité prend effet à compter de la publication de sa décision ; qu'il suit de là qu'à compter de la date de cette publication, soit le 16 juin 2013, l'article L. 912-1 du code de la sécurité sociale ne peut plus être appliqué ; que, d'autre part, déterminant les conditions et limites dans lesquelles les effets que la disposition censurée a produits sont susceptibles d'être remis en cause, le Conseil constitutionnel a décidé que cette déclaration d'inconstitutionnalité n'est toutefois pas applicable aux contrats pris sur le fondement de l'article L. 912-1 dudit code, en cours à la date de cette publication, et liant les entreprises à celles qui sont régies par le code des assurances, aux institutions relevant du titre III du livre 9 du code de la sécurité sociale et aux mutuelles relevant du code de la mutualité ; qu'ainsi lesdits contrats ne sont pas privés de fondement légal ;

3. Considérant que l'autorité qui s'attache aux décisions du Conseil constitutionnel fait obstacle à ce qu'il soit de nouveau saisi afin d'examiner la conformité à la

Constitution des dispositions de l'article L. 912-1 du code de la sécurité sociale dans leur rédaction déclarée contraire à la Constitution ; que, par suite, il n'y a pas lieu, pour le Conseil constitutionnel, de se prononcer sur la question prioritaire de constitutionnalité relative à cet article. [...]

Cons. const. 19 décembre 2013, décis. n° 2013-682 DC, *Loi de financement de la Sécurité sociale pour 2014*

47. Considérant qu'il ressort des dispositions du 3° du paragraphe I de l'article 14 qui complètent l'article L. 137-16 du code de la sécurité sociale que les entreprises couvertes par un accord professionnel ou interprofessionnel comportant une clause de recommandation peuvent choisir de s'assurer, en matière de protection complémentaire maladie, maternité ou accident, auprès d'un assureur autre que le ou l'un des organismes recommandés lesquels sont tenus d'appliquer un tarif unique et d'offrir des garanties identiques pour toutes les entreprises et tous les salariés concernés ; que les entreprises qui choisissent de s'assurer auprès d'un autre assureur que le ou l'un des organismes recommandés sont, de ce seul fait, assujetties, pour les contributions de l'employeur destinées au financement des prestations complémentaires de prévoyance prévues par l'accord, à un taux de forfait social différent de celui auquel sont assujetties les entreprises couvertes par le même accord qui ont souscrit un contrat avec le ou l'un des organismes recommandés, sans que cette différence de taux de forfait social, de 8 % pour les entreprises de moins de dix salariés et de 12 % pour celles qui en comptent dix et plus, soit liée aux prestations garanties par l'organisme assureur ;

48. Considérant qu'il ressort des dispositions du paragraphe II de l'article L. 912-1 que la recommandation doit être précédée d'une procédure de mise en concurrence des institutions ou organismes assureurs « dans des conditions de transparence, d'impartialité et d'égalité de traitement entre les candidats » ; que cette procédure de mise en concurrence doit, sur la base d'un cahier des charges, porter sur des prestations contributives ainsi que sur « des prestations à caractère non directement contributif, pouvant notamment prendre la forme d'une prise en charge partielle ou totale de la cotisation pour certains salariés ou anciens salariés, d'une politique de prévention ou de prestations d'action sociale » ; qu'aucune disposition ne prévoit que le choix de l'organisme recommandé sera fait en fonction du seul montant du tarif de cotisation ;

49. Considérant, d'une part, que, par les dispositions de l'article 14 de la loi déférée, le législateur a entendu faciliter l'accès de toutes les entreprises d'une même branche à une protection complémentaire et assurer un régime de mutualisation des risques par le renvoi aux accords professionnels et interprofessionnels de la faculté d'organiser la couverture de ces risques en recommandant un ou plusieurs organismes de prévoyance ; qu'il a ainsi poursuivi un but d'intérêt général ;

50. Considérant que les dispositions de l'article L. 912-1 permettent qu'un accord professionnel recommande, pour une seule branche, un organisme n'offrant les garanties de protection complémentaire qu'aux salariés des entreprises de cette branche ; que l'incitation des entreprises à adhérer à ce mode de mutualisation par des mesures fiscales ne saurait, au regard de l'égalité devant les charges publiques, justifier une différence de traitement que dans une mesure réduite compte tenu de la limitation du champ de la solidarité ainsi défini ;

51. Considérant, d'autre part, que la majoration du taux de forfait social s'appliquerait à toutes les entreprises faisant le choix de ne pas s'assurer auprès de l'organisme recommandé et notamment à celles qui font déjà bénéficier leurs salariés d'une couverture collective à adhésion obligatoire répondant aux conditions fixées par l'accord, en matière de remboursements complémentaires de frais occasionnés par une maladie, une maternité ou un accident et qui décideraient de conserver cette couverture ;

52. Considérant qu'en outre, les conditions, notamment financières, dans lesquelles les entreprises assurent à leurs salariés des garanties au-delà du niveau prévu par l'accord ou pour d'autres actions de prévoyance que celles prévues par celui-ci ne pourraient également qu'être modifiées ;

53. Considérant qu'enfin, cet accord, dans les cas où il prévoirait une couverture collective à adhésion obligatoire pour d'autres modalités de protection dans le domaine de la prévoyance que les prises en charge complémentaires de frais occasionnés par une maladie, une maternité ou un accident, aurait, en application des dispositions combinées des articles L. 912-1 et L. 137-16 du code de la sécurité sociale, pour effet que les contributions afférentes au financement de la protection complémentaire pour toutes les actions de prévoyance rendues obligatoires par l'accord seraient soumises au même régime de taux différents de forfait social en fonction des seuls choix effectués au niveau de la branche ;

54. Considérant qu'ainsi, les règles retenues par le législateur auraient des conséquences très importantes pour les entreprises ne choisissant pas l'organisme recommandé ;

55. Considérant qu'il résulte de tout ce qui précède qu'au regard tant de l'objectif d'intérêt général qu'il s'est fixé que des conséquences des règles qu'il a retenues, le législateur pouvait, dans une mesure très limitée, assujettir les entreprises à des taux de forfait social différents ; qu'en prévoyant au 3° du paragraphe I de l'article 14 des écarts de taux de 8 % et de 12 %, le législateur a institué des différences de traitement qui entraînent une rupture caractérisée de l'égalité devant les charges publiques ; que les dispositions du 3° du paragraphe I de l'article 14 doivent être déclarées contraires à la Constitution ; que, par coordination, les dispositions du 2° du paragraphe I et la seconde phrase du paragraphe II de l'article 14 doivent également être déclarées contraires à la Constitution ; [...]

Voir le corrigé en fin de rubrique.

Énoncé n° 4

Commenter l'extrait suivant.

Constitution du 14 septembre 1791

TITRE VII - De la révision des décrets constitutionnels

Article 1. - L'Assemblée nationale constituante déclare que la Nation a le droit imprescriptible de changer sa Constitution ; et néanmoins, considérant qu'il est plus conforme à l'intérêt national d'user seulement, par les moyens pris dans la Constitution même, du droit d'en réformer les articles dont l'expérience aurait fait sentir les inconvénients, décrète qu'il y sera procédé par une Assemblée de révision en la forme suivante :

Article 2. - Lorsque trois législatures consécutives auront émis un vœu uniforme pour le changement de quelque article constitutionnel, il y aura lieu à la révision demandée.

Article 3. - La prochaine législature et la suivante ne pourront proposer la réforme d'aucun article constitutionnel.

Article 4. - Des trois législatures qui pourront par la suite proposer quelques changements, les deux premières ne s'occuperont de cet objet que dans les deux derniers mois de leur dernière session, et la troisième à la fin de sa première session annuelle, ou au commencement de la seconde. - Leurs délibérations sur cette matière seront soumises aux mêmes formes que les actes législatifs ; mais les décrets par lesquels elles auront émis leur vœu ne seront pas sujets à la sanction du roi.

Article 5. - La quatrième législature, augmentée de deux cent quarante-neuf membres élus en chaque département, par doublement du nombre ordinaire qu'il fournit pour sa population, formera l'Assemblée de révision. - Ces deux cent quarante-neuf membres seront élus après que la nomination des représentants au Corps législatif aura été terminée, et il en sera fait un procès-verbal séparé. - L'Assemblée de révision ne sera composée que d'une chambre.

Article 6. - Les membres de la troisième législature qui aura demandé le changement, ne pourront être élus à l'Assemblée de révision.

Article 7. - Les membres de l'Assemblée de révision, après avoir prononcé tous ensemble le serment de vivre libres ou mourir, prêteront individuellement celui de se borner à statuer sur les objets qui leur auront été soumis par le vœu uniforme des trois législatures précédentes ; de maintenir, au surplus, de tout leur pouvoir la Constitution du royaume, décrétée par l'Assemblée nationale constituante, aux années 1789, 1790 et 1791, et d'être en tout fidèles à la Nation, à la loi et au roi.

Article 8. - L'Assemblée de révision sera tenue de s'occuper ensuite, et sans délai, des objets qui auront été soumis à son examen : aussitôt que son travail sera terminé, les deux cent quarante-neuf membres nommés en augmentation, se retireront sans pouvoir prendre part, en aucun cas, aux actes législatifs. Les colonies et possessions françaises dans l'Asie, l'Afrique et l'Amérique, quoiqu'elles fassent partie de l'Empire français, ne sont pas comprises dans la présente Constitution.

Aucun des pouvoirs institués par la Constitution n'a le droit de la changer dans son ensemble ni dans ses parties, sauf les réformes qui pourront y être faites par la voie de la révision, conformément aux dispositions du titre VII ci-dessus.

Voir le corrigé en fin de rubrique.

Énoncé n° 5

Commenter l'extrait de la décision suivante :

Cons. const. 6 juillet 2018, décis. n° 2018 717-718 QPC, *Cédric H. et autres*

[...] En ce qui concerne le grief tiré de la méconnaissance du principe de fraternité :

7. Aux termes de l'article 2 de la Constitution : « La devise de la République est "Liberté, Égalité, Fraternité" ». La Constitution se réfère également, dans son préambule et dans son article 72-3, à l'« idéal commun de liberté, d'égalité et de fraternité ». Il en ressort que la fraternité est un principe à valeur constitutionnelle.

8. Il découle du principe de fraternité la liberté d'aider autrui, dans un but humanitaire, sans considération de la régularité de son séjour sur le territoire national.

9. Toutefois, aucun principe non plus qu'aucune règle de valeur constitutionnelle n'assure aux étrangers des droits de caractère général et absolu d'accès et de séjour sur le territoire national. En outre, l'objectif de lutte contre l'immigration irrégulière participe de la sauvegarde de l'ordre public, qui constitue un objectif de valeur constitutionnelle.

10. Dès lors, il appartient au législateur d'assurer la conciliation entre le principe de fraternité et la sauvegarde de l'ordre public.

11. En application du premier alinéa de l'article L. 622-1 du code de l'entrée et du séjour des étrangers et du droit d'asile, le fait d'aider directement ou indirectement un étranger à entrer, circuler ou séjourner irrégulièrement en France est puni de cinq ans d'emprisonnement et de 30 000 € d'amende. Toutefois, l'article L. 622-4 du même code prévoit plusieurs cas d'exemption pénale en faveur des personnes mises en cause sur le fondement du délit d'aide au séjour irrégulier d'un étranger. Les 1° et 2° de cet article excluent toute poursuite pénale de ce chef lorsque l'aide est apportée par la proche famille de l'étranger ou par celle de son conjoint ou de la personne qui vit en situation maritale avec lui. Le 3° de ce même article accorde quant à lui une immunité pénale à toute personne physique ou morale ayant apporté une telle aide à un étranger lorsque cet acte « n'a donné lieu à aucune contrepartie directe ou indirecte et consistait à fournir des conseils juridiques ou des prestations de restauration, d'hébergement ou de soins médicaux destinées à assurer des conditions de vie dignes et décentes à l'étranger, ou bien toute autre aide visant à préserver la dignité ou l'intégrité physique de celui-ci ».

- S'agissant de la limitation à la seule aide au séjour irrégulier de l'exemption pénale prévue au 3° de l'article L. 622-4 du code de l'entrée et du séjour des étrangers et du droit d'asile :

12. Il résulte des dispositions du premier alinéa de l'article L. 622-1, combinées avec les dispositions contestées du premier alinéa de l'article L. 622-4, que toute aide apportée à un étranger afin de faciliter ou de tenter de faciliter son entrée ou sa circulation irrégulières sur le territoire national est sanctionnée pénalement, quelles que soient la nature de cette aide et la finalité poursuivie. Toutefois, l'aide apportée à l'étranger pour sa circulation n'a pas nécessairement pour conséquence, à la différence de celle apportée à son entrée, de faire naître une situation illicite.

13. Dès lors, en réprimant toute aide apportée à la circulation de l'étranger en situation irrégulière, y compris si elle constitue l'accessoire de l'aide au séjour de l'étranger et si elle est motivée par un but humanitaire, le législateur n'a pas assuré une conciliation équilibrée entre le principe de fraternité et l'objectif de valeur constitutionnelle de sauvegarde de l'ordre public. Par conséquent, et sans qu'il soit besoin d'examiner les autres griefs à l'encontre de ces dispositions, les mots « au séjour irrégulier » figurant au premier alinéa de l'article L. 622-4 du code de l'entrée et du séjour des étrangers et du droit d'asile, doivent être déclarés contraires à la Constitution.

- S'agissant de la limitation de l'exemption pénale aux seuls actes de conseils juridiques, de prestations de restauration, d'hébergement ou de soins médicaux destinées à assurer des conditions de vie dignes et décentes et aux actes visant à préserver la dignité ou l'intégrité physique de l'étranger :

14. Il résulte du 3° de l'article L. 622-4 que, lorsqu'il est apporté une aide au séjour à un étranger en situation irrégulière sur le territoire français, sans contrepartie directe ou indirecte, par une personne autre qu'un membre de la famille proche de l'étranger ou de son conjoint ou de la personne vivant maritalement avec celui-ci, seuls les actes de conseils juridiques bénéficient d'une exemption pénale quelle que soit la finalité poursuivie par la personne apportant son aide. Si l'aide apportée est une prestation de restauration, d'hébergement ou de soins médicaux, la personne fournissant cette aide ne bénéficie d'une immunité pénale que si cette prestation est destinée à assurer des conditions de vie dignes et décentes à l'étranger. L'immunité n'existe, pour tout autre acte, que s'il vise à préserver la dignité ou l'intégrité physique de l'étranger. Toutefois, ces dispositions ne sauraient, sans méconnaître le principe de fraternité, être interprétées autrement que comme s'appliquant en outre à tout autre acte d'aide apportée dans un but humanitaire.

15. Il résulte de ce qui précède que, sous la réserve énoncée au paragraphe précédent, le législateur n'a pas opéré une conciliation manifestement déséquilibrée entre le principe de fraternité et l'objectif de valeur constitutionnelle de sauvegarde de l'ordre public. Le grief tiré de la méconnaissance du principe de fraternité par le 3° de l'article L. 622-4 du code de l'entrée et du séjour des étrangers et du droit d'asile doit donc être écarté. [...]

Voir le corrigé en fin de rubrique.

Énoncé n° 6

Commenter l'extrait de la décision suivante :

Décision n° 2023-849 DC du 14 avril 2023, Loi de financement rectificative de la Sécurité sociale pour 2023

Sur la procédure d'adoption de la loi

En ce qui concerne la mise en œuvre de l'article 47-1 de la Constitution :

S'agissant du recours à une loi de financement rectificative de la sécurité sociale :

3. Les députés et sénateurs requérants critiquent le choix du Gouvernement de recourir à une loi de financement rectificative de la sécurité sociale pour procéder à une réforme des retraites.

4. À cet égard, ils soutiennent qu'il ressortirait des travaux préparatoires de la révision constitutionnelle de 1996 instituant les lois de financement de la sécurité sociale, ainsi que des textes organiques pris pour son application, que le recours à une loi de financement rectificative serait réservé à certaines situations d'urgence, à des circonstances exceptionnelles ou à la correction de déséquilibres financiers majeurs. Ils font valoir que ces conditions ne sont pas remplies en l'espèce et soulignent l'impact financier minime des mesures prévues par la loi déférée sur les comptes de la sécurité sociale au titre de l'année 2023.

5. Ainsi, le recours à un projet de loi de financement rectificative de la sécurité sociale aurait constitué selon eux un détournement de procédure dans le seul but de permettre au Gouvernement de bénéficier des conditions d'examen accéléré prévues à l'article 47-1 de la Constitution, alors qu'une réforme de cette nature aurait dû être examinée selon la procédure législative ordinaire.

6. Aux termes du dix-neuvième alinéa de l'article 34 de la Constitution : « Les lois de financement de la sécurité sociale déterminent les conditions générales de son équilibre financier et, compte tenu de leurs prévisions de recettes, fixent ses objectifs de dépenses, dans les conditions et sous les réserves prévues par une loi organique ». Aux termes du premier alinéa de son article 47-1 : « Le Parlement vote les projets de loi de financement de la sécurité sociale dans les conditions prévues par une loi organique ».

7. L'article L.O. 111-3-9 du code de la sécurité sociale prévoit qu'une loi de financement rectificative a pour objet de modifier en cours d'année les dispositions obligatoires de la loi de financement de l'année. Les articles L.O. 111-3-10 et L.O. 111-3-11 du même code déterminent les dispositions qu'une loi de financement rectificative de la sécurité sociale doit obligatoirement comporter. L'article L.O. 111-3-12 fixe, quant à lui, les catégories de dispositions facultatives relatives à l'année en cours qui peuvent figurer dans une telle loi. Ses deux premiers alinéas prévoient à cet égard que peuvent notamment y figurer les dispositions relatives à l'année en cours ayant un effet sur les recettes des régimes obligatoires de base ou des organismes concourant à leur financement et celles relatives à l'assiette, au taux et aux modalités de recouvrement des cotisations et contributions affectées aux régimes obligatoires de base ou aux organismes concourant à leur financement.

8. Il ne ressort ni des termes des dispositions constitutionnelles et organiques précitées, ni au demeurant des travaux préparatoires des dispositions organiques en vigueur, que le recours à un projet de loi de financement rectificative de la sécurité sociale serait subordonné à d'autres conditions que celles résultant de ces dispositions, et notamment à des conditions qui tiendraient à l'urgence, à des circonstances exceptionnelles ou à un déséquilibre majeur des comptes sociaux.

9. Ainsi, lorsque le Conseil constitutionnel est saisi d'une loi de financement rectificative de la sécurité sociale, il lui appartient seulement de s'assurer qu'elle comporte les dispositions relevant du domaine obligatoire et, pour celles de ses dispositions qui ne relèvent pas de ce domaine, de vérifier qu'elles se rattachent à l'une des catégories mentionnées à l'article L.O. 111-3-12 du code de la sécurité sociale.

10. En l'espèce, d'une part, la loi déférée comprend, au titre des dispositions relevant du domaine obligatoire, l'article liminaire ainsi que les deux parties mentionnés à l'article L.O. 111-3-10 du code de la sécurité sociale et procède, en application de l'article L.O. 111-3-11 du même code, aux rectifications nécessaires des prévisions de recettes et des tableaux d'équilibre, des objectifs de dépenses et de leurs sous-objectifs et des objectifs en matière d'amortissement de la dette.

11. D'autre part, si les dispositions relatives à la réforme des retraites, qui ne relèvent pas de ce domaine obligatoire, auraient pu figurer dans une loi ordinaire, le choix qui a été fait à l'origine par le Gouvernement de les faire figurer au sein d'une loi de financement rectificative ne méconnaît, en lui-même, aucune exigence constitutionnelle. Il n'appartient pas au Conseil constitutionnel de substituer son appréciation à celle du législateur à cet égard, mais uniquement de s'assurer que ces dispositions se rattachent à l'une des catégories mentionnées à l'article L.O. 111-3-12 du code de la sécurité sociale.

12. Dès lors, le grief tiré de ce que le législateur aurait irrégulièrement eu recours à une loi de financement rectificative de la sécurité sociale doit être écarté.

S'agissant de la mise en œuvre des règles et délais d'examen prévus à l'article 47-1 de la Constitution :

13. Les sénateurs requérants soutiennent que les délais prévus à l'article 47-1 de la Constitution pour l'examen des projets de loi de financement de la sécurité sociale ne sont pas applicables à la catégorie particulière des lois de financement rectificatives.

14. Rejoints par les députés, ils considèrent que, en tout état de cause, ces délais resserrés ne pouvaient être appliqués pour l'examen du texte déféré, faute d'être justifiés en l'espèce par l'urgence de corriger un risque de déséquilibre des comptes de la sécurité sociale. Les députés auteurs de la troisième saisine et les sénateurs contestent en particulier la transmission, selon eux injustifiée, du projet de loi au Sénat dès l'expiration du délai d'examen de vingt jours imparti à l'Assemblée nationale par le deuxième alinéa de l'article 47-1 de la Constitution.

15. Aux termes de l'article 47-1 de la Constitution : « Le Parlement vote les projets de loi de financement de la sécurité sociale dans les conditions prévues par une loi organique. « Si l'Assemblée nationale ne s'est pas prononcée en première lecture dans le délai de vingt jours après le dépôt d'un projet, le Gouvernement saisit le Sénat qui doit statuer dans un délai de quinze jours. Il est ensuite procédé dans les conditions prévues à l'article 45.

« Si le Parlement ne s'est pas prononcé dans un délai de cinquante jours, les dispositions du projet peuvent être mises en œuvre par ordonnance.

« Les délais prévus au présent article sont suspendus lorsque le Parlement n'est pas en session et, pour chaque assemblée, au cours des semaines où elle a décidé de ne pas tenir séance, conformément au deuxième alinéa de l'article 28 ».

16. L'article L.O. 111-3 du code de la sécurité sociale prévoit : « Ont le caractère de loi de financement de la sécurité sociale : … 2 ° La loi de financement rectificative de la sécurité sociale ».

17. Il résulte du texte même de ces dispositions que les délais d'examen ainsi prévus sont applicables à la loi de financement de l'année comme aux lois de financement rectificatives, qui modifient en cours d'année les dispositions de cette dernière, et que l'urgence ne constitue pas une condition de leur mise en œuvre.

18. Dès lors, en saisissant le Sénat du projet de loi de financement rectificative de la sécurité sociale pour 2023 une fois écoulé le délai de vingt jours imparti à l'Assemblée nationale pour se prononcer en première lecture, le Gouvernement s'est borné à faire application des règles particulières d'examen découlant de l'article 47-1 de la Constitution. Au demeurant, eu égard à l'état d'avancement de l'examen du projet de loi par l'Assemblée nationale à l'issue de ce délai, la prolongation des débats devant cette chambre n'aurait pas permis l'adoption de ce texte.

19. Il résulte de tout ce qui précède qu'aucune exigence constitutionnelle n'a été méconnue lors de la mise en œuvre de la procédure prévue à l'article 47-1 de la Constitution.

En ce qui concerne l'engagement de la responsabilité du Gouvernement :

20. Les députés auteurs de la deuxième saisine soutiennent que la Première ministre ne pouvait, comme elle l'a fait, engager la responsabilité du Gouvernement devant l'Assemblée nationale sur le vote de l'ensemble du projet de loi lors de la lecture des conclusions de la commission mixte paritaire, alors que les dispositions de l'article L.O. 111-7-1 du code de la sécurité sociale imposeraient, selon eux, un vote successif sur ses deux parties.

21. Selon le troisième alinéa de l'article 49 de la Constitution : « Le Premier ministre peut, après délibération du Conseil des ministres, engager la responsabilité du Gouvernement devant l'Assemblée nationale sur le vote d'un projet de loi de finances ou de financement de la sécurité sociale. Dans ce cas, ce projet est considéré comme adopté, sauf si une motion de censure, déposée dans les vingt-quatre heures qui suivent, est votée dans les conditions prévues à l'alinéa précédent. Le Premier ministre peut, en outre, recourir à cette procédure pour un autre projet ou une proposition de loi par session ». L'exercice de la prérogative ainsi conférée au Premier ministre n'est soumis à aucune autre condition que celles posées par ces dispositions. La révision constitutionnelle du 23 juillet 2008 n'a pas modifié les conditions dans lesquelles la responsabilité du Gouvernement peut être engagée sur le vote d'une loi de finances ou d'une loi de financement de la sécurité sociale.

22. S'il résulte du paragraphe II de l'article L.O. 111-7-1 du code de la sécurité sociale que la partie du projet de loi de financement rectificative relative aux dépenses ne peut être mise en discussion avant l'adoption de la partie relative aux recettes et à l'équilibre général, le troisième alinéa de l'article 45 de la Constitution prévoit : « Le texte élaboré par la commission mixte peut être soumis par le Gouvernement pour approbation aux deux Assemblées. Aucun amendement n'est recevable sauf accord du Gouvernement ».

23. Dès lors, la Première ministre pouvait, au stade de la lecture des conclusions de la commission mixte paritaire, engager la responsabilité du Gouvernement sur le vote de l'ensemble du projet de loi.

24. Il résulte de ce qui précède qu'aucune exigence constitutionnelle n'a été méconnue lors de la mise en œuvre de la procédure prévue par le troisième alinéa de l'article 49 de la Constitution.

En ce qui concerne les griefs tirés de la méconnaissance des exigences de clarté et de sincérité du débat parlementaire et du droit d'amendement :

25. Aux termes de l'article 6 de la Déclaration de 1789 : « La loi est l'expression de la volonté générale ». Aux termes du premier alinéa de l'article 3 de la Constitution : « La souveraineté nationale appartient au peuple qui l'exerce par ses représentants ». Ces dispositions imposent le respect des exigences de clarté et de sincérité du débat parlementaire.

26. Selon le premier alinéa de l'article 44 de la Constitution : « Les membres du Parlement et le Gouvernement ont le droit d'amendement. Ce droit s'exerce en séance ou en commission selon les conditions fixées par les règlements des assemblées, dans le cadre déterminé par une loi organique ».

27. Les règlements des assemblées parlementaires n'ayant pas en eux-mêmes valeur constitutionnelle, la seule méconnaissance des dispositions réglementaires invoquées ne saurait avoir pour effet de rendre la procédure législative contraire à la Constitution. [...]

S'agissant de l'opposition du Gouvernement à l'examen de certains sous-amendements non soumis à la commission saisie au fond :

32. Les sénateurs requérants reprochent au Gouvernement de s'être opposé à l'examen d'amendements qui n'avaient pas été préalablement soumis à la commission saisie au fond, alors que cette circonstance aurait résulté du refus de la présidente de cette commission de tenir une réunion à cette fin. Il en résulterait, selon eux, une atteinte au droit d'amendement des parlementaires.

33. Aux termes du deuxième alinéa de l'article 44 de la Constitution : « Après l'ouverture du débat, le Gouvernement peut s'opposer à l'examen de tout amendement qui n'a pas été antérieurement soumis à la commission ».

34. En application du deuxième alinéa de l'article 44 de la Constitution, le Gouvernement s'est opposé, après l'ouverture des débats, à l'examen de certains sous-amendements qui n'avaient pas été préalablement soumis à la commission saisie au fond. Ces sous-amendements avaient été déposés plusieurs jours après le dépôt des amendements sur lesquels ils portaient et peu de temps avant leur discussion, alors que la commission s'était réunie dans l'intervalle.

35. Dès lors, la circonstance que ces sous-amendements n'aient pas pu être défendus par leurs auteurs est insusceptible d'avoir porté, en l'espèce, une atteinte substantielle au droit d'amendement des parlementaires.

S'agissant du recours au vote bloqué :

36. Les sénateurs requérants reprochent au Gouvernement d'avoir fait application de la procédure du vote bloqué. Il en résulterait une atteinte aux exigences de clarté et de sincérité du débat parlementaire.

37. Aux termes du troisième alinéa de l'article 44 de la Constitution : « Si le Gouvernement le demande, l'assemblée saisie se prononce par un seul vote sur tout ou partie du texte en discussion en ne retenant que les amendements proposés ou acceptés par le Gouvernement ».

38. En l'espèce, le recours par le Gouvernement à la procédure du vote bloqué n'a pas eu pour effet de faire obstacle à la discussion de chacune des dispositions du texte sur lequel il était demandé au Sénat de se prononcer par un seul vote.

39. Dès lors, le recours à cette procédure n'a pas porté atteinte aux exigences de clarté et de sincérité du débat parlementaire.

S'agissant de la procédure de clôture des débats :

40. Les sénateurs requérants font valoir que le recours répété à la procédure de clôture des débats prévue par l'article 38 du règlement du Sénat aurait porté atteinte aux exigences de clarté et de sincérité du débat parlementaire.

41. Aux termes du premier alinéa de l'article 38 du règlement du Sénat : « Lorsqu'au moins deux orateurs d'avis contraire sont intervenus dans la discussion générale d'un texte, sauf application de l'article 29 ter, sur l'ensemble d'un article ou dans les explications de vote portant sur un amendement, un article ou l'ensemble du texte en discussion, le président, un président de groupe ou le président de la commission saisie au fond peut proposer la clôture de ladite discussion ».

42. En l'espèce, il a été fait droit à six demandes de clôture au cours de la séance publique. Chacune de ces demandes a fait l'objet d'un débat dans des conditions ne méconnaissant pas les exigences de clarté et de sincérité des débats.

43. Ainsi, au demeurant, la première de ces demandes, qui portait sur les explications de vote sur les amendements de suppression de l'article 7 du projet de loi, n'a été formulée qu'au sixième jour des débats en séance publique et faisait suite à soixante-quatre prises de parole sur cet article, ainsi qu'à la défense de cinquante-cinq amendements de suppression.

44. Dès lors, le grief tiré de ce que les clôtures des débats auraient méconnu les exigences de clarté et de sincérité du débat parlementaire doit être écarté.

S'agissant de l'examen en priorité de certains amendements :

45. Les sénateurs requérants font valoir que les demandes de priorité qui ont été formulées au cours de l'examen en séance publique du projet de loi avaient pour seul objet d'empêcher l'examen de nombreux amendements, en méconnaissance des exigences de clarté et de sincérité du débat parlementaire.

46. Conformément au sixième alinéa de l'article 44 du règlement du Sénat, les demandes de priorité ou de réserve ont pour effet, en cas d'adoption, de modifier l'ordre de discussion des articles d'un texte ou des amendements. Lorsqu'elle est demandée par la commission saisie au fond, la priorité ou la réserve est de droit, sauf opposition du Gouvernement.

47. Il ne peut être recouru à la priorité de discussion si celle-ci prive d'effet les exigences de clarté et de sincérité du débat parlementaire.

48. Lors des débats en séance publique, il a été fait droit à plusieurs demandes de la commission saisie au fond d'examen en priorité d'amendements modifiant notamment la rédaction de l'article 7 du projet de loi.

49. En premier lieu, contrairement aux affirmations des sénateurs requérants, les dispositions de l'article 44 du règlement du Sénat permettent de déroger à l'ordre d'examen des amendements prévu par l'article 46 bis du même règlement selon lequel sont d'abord mis aux voix les amendements de suppression puis les autres amendements en commençant par ceux qui s'écartent le plus du texte proposé.
50. En second lieu, si l'application de ces dispositions a conduit à ce que mille trois cents amendements n'aient pas pu être présentés par leurs auteurs du fait de l'adoption des amendements appelés en priorité avec lesquels ils étaient incompatibles ou qui les ont rendus sans objet, cette circonstance n'a pas eu pour effet de porter une atteinte substantielle aux exigences de clarté et de sincérité du débat parlementaire, eu égard au contenu des amendements, au stade de la procédure auquel la demande de priorité est intervenue et aux conditions générales du débat marqué par le dépôt d'un nombre exceptionnellement élevé d'amendements.
51. Dès lors, le grief tiré de ce que l'examen en priorité de certains amendements aurait méconnu les exigences de clarté et de sincérité du débat parlementaire doit être écarté.

S'agissant de l'examen de la recevabilité des amendements :

52. Les sénateurs requérants font valoir que plusieurs milliers de leurs sous-amendements déposés sur l'article 7 du projet de loi auraient été déclarés irrecevables à tort ou sans examen approfondi par la commission saisie au fond, en méconnaissance du droit d'amendement et des exigences de clarté et de sincérité du débat parlementaire.
53. Aux termes du quatrième alinéa de l'article 44 bis du règlement du Sénat : « Sauf dispositions spécifiques les concernant, les sous-amendements sont soumis aux mêmes règles de recevabilité et de discussion que les amendements. En outre, ils ne sont recevables que s'ils n'ont pas pour effet de contredire le sens des amendements auxquels ils s'appliquent ». Aux termes du neuvième alinéa du même article : « La commission saisie au fond, tout sénateur ou le Gouvernement peut soulever à tout moment de la discussion en séance publique, à l'encontre d'un ou plusieurs amendements, une exception d'irrecevabilité fondée sur le présent article. L'irrecevabilité est admise de droit et sans débat lorsqu'elle est affirmée par la commission au fond ».
54. Il résulte de l'instruction que les décisions d'irrecevabilité opposées à certains sous-amendements ont été prononcées soit parce qu'ils contredisaient l'amendement auquel ils se rapportaient ou qu'ils ne s'appliquaient pas au texte visé, soit parce que leurs dispositions étaient contraires au principe d'égalité devant la loi.
55. En tout état de cause, les sénateurs requérants ne précisent ni le nombre ni l'objet des sous-amendements qui auraient été déclarés irrecevables à tort dans des conditions susceptibles de porter une atteinte substantielle à la clarté et à la sincérité du débat parlementaire, eu égard au contenu de ces amendements, au stade de la procédure auquel leur a été opposée l'irrecevabilité et aux conditions générales du débat.
56. Par conséquent, les griefs tirés de ce que l'examen de la recevabilité des amendements aurait méconnu le droit d'amendement et les exigences de clarté et de sincérité du débat parlementaire doivent être écartés.
57. Il résulte de tout ce qui précède que les griefs tirés de la méconnaissance du droit d'amendement et des exigences de clarté et de sincérité du débat parlementaire doivent être écartés.

En ce qui concerne l'application cumulative de plusieurs procédures prévues par la Constitution et les règlements des assemblées :

66. Les députés auteurs de la deuxième saisine soutiennent que la mise en œuvre cumulative des dispositions de l'article 47-1 et du troisième alinéa de l'article 49 de la Constitution aurait constitué une entrave au bon déroulement du débat démocratique, et ce d'autant plus que les délais prévus à l'article 47-1 auraient incité certains députés à déposer un grand nombre d'amendements pour faire obstruction à la poursuite des débats et ainsi empêcher l'Assemblée nationale de se prononcer sur l'ensemble des dispositions du projet de loi.

67. Les députés auteurs de la troisième saisine, rejoints par les sénateurs requérants, font valoir que, si l'utilisation de chacune des procédures mises en œuvre en l'espèce afin d'accélérer l'adoption de la loi déférée pourrait être regardée comme conforme à la Constitution, leur usage cumulatif aurait eu pour effet de faire obstacle à ce que le droit d'amendement des parlementaires puisse s'exercer pleinement, en méconnaissance des exigences de clarté et de sincérité du débat parlementaire.

68. D'une part, il résulte des termes mêmes de la première phrase du troisième alinéa de l'article 49 de la Constitution que le constituant a entendu permettre au Premier ministre d'engager la responsabilité du Gouvernement devant l'Assemblée nationale sur le vote d'un projet de loi de financement de la sécurité sociale examiné dans les conditions prévues par son article 47-1. Il n'a, en outre, pas limité l'usage de cette faculté à un seul projet de loi de financement par session, comme il l'a fait pour d'autres projets ou propositions de loi.

69. D'autre part, la circonstance que plusieurs procédures prévues par la Constitution et par les règlements des assemblées aient été utilisées cumulativement pour accélérer l'examen de la loi déférée, n'est pas à elle seule de nature à rendre inconstitutionnel l'ensemble de la procédure législative ayant conduit à l'adoption de cette loi.

70. En l'espèce, si l'utilisation combinée des procédures mises en œuvre a revêtu un caractère inhabituel, en réponse aux conditions des débats, elle n'a pas eu pour effet de rendre la procédure législative contraire à la Constitution. Par conséquent, la loi déférée a été adoptée selon une procédure conforme à la Constitution. [...]

Voir le corrigé en fin de rubrique.

B) Dissertation

Énoncé

Le bicamérisme.

Voir le corrigé en fin de rubrique.

2) Corrigés

Commentaire de décision n° 1

La décision du Conseil constitutionnel et les deux arrêts de la Cour de cassation sont l'illustration des effets de la double procédure juridictionnelle de contrôle de constitutionnalité et de contrôle de conventionnalité des lois. La première consiste dans la vérification par le juge constitutionnel de la conformité d'une disposition législative aux principes et aux règles constitutionnels. Cette procédure a connu depuis mars 2010 un développement considérable avec la mise en application de la question prioritaire de constitutionnalité, contrôle *a posteriori* de la loi effectué sur requête du justiciable à l'occasion d'un procès et transmise par l'intermédiaire des cours suprêmes des deux ordres de juridiction au Conseil constitutionnel. La seconde consiste dans le contrôle par le juge à l'occasion d'un litige de la conformité d'une loi à un traité ou au droit dérivé de celui-ci au nom de la supériorité du droit international (ou européen)

La disposition déclarée inconstitutionnelle n'a été ni censurée (ce que prévoit l'article 61 Const. pour les lois votées mais non promulguée), ni abrogée (ce que prévoit l'article 61-1 Const. pour les lois promulguées) mais « neutralisée » : la disposition demeure dans le corpus des lois promulguées mais n'a plus de force normative. Si le Conseil peut formellement être saisi par une QPC (puisque les critères de recevabilité sont remplis : lien avec le litige, absence de décision antérieure de conformité du Conseil constitutionnel, caractère nouveau ou sérieux de la question), il ne peut rejuger cette question qu'il a tranchée auparavant. Toutefois, le Conseil ayant différé les effets de cette déclaration d'inconstitutionnalité, le requérant ne pourra en bénéficier aussi longtemps que durera le report dans le temps. C'est le cas dans cette affaire puisque l'arrêté d'extension de l'accord de branche avait été pris avant la décision du Conseil.

B. La nouvelle censure face au contournement législatif des décisions du Conseil par le gouvernement

Face à cette réaffirmation de l'autorité de chose jugée des décisions du Conseil, y compris dans le cadre hybride de la jurisprudence néocalédonienne, le gouvernement, peu enclin à renoncer à sa politique des « accords de désignation » et des « accords de migration » en matière de complémentaire santé, a donc tenté de contourner la jurisprudence du Conseil constitutionnel en remplaçant le choix autoritaire par l'incitation assortie de pénalités financières pour le récalcitrant, en insérant un nouveau dispositif (art. 14) dans le cadre de la loi de financement de la Sécurité sociale pour 2014. La clause de désignation est donc devenue clause de recommandation, l'entreprise décidant de souscrire un contrat auprès d'un autre assureur se voyant infliger une contribution (« forfait social ») de 20 % pour les entreprises de 10 salariés ou plus et de 8 % pour celles de moins de 10 salariés. Saisi une nouvelle fois dans le cadre de l'article 61 Const., le Conseil a censuré ce dispositif, non pas sur la base de la liberté d'entreprendre et de la liberté contractuelle, qui étaient formellement préservées cette fois-ci, mais du principe d'égalité devant les charges publiques (DDHC, art. 13).

Il aura donc fallu trois décisions successives du Conseil constitutionnel pour venir à bout de la résistance du gouvernement et faire respecter l'autorité de la chose jugée de ses décisions.

Commentaire de texte n° 4

Le Titre VII de la Constitution de 1791 consacré à la révision de celle-ci met en place une procédure de révision complexe, caractérisée par la volonté du constituant de préserver l'intégrité de la première constitution française et de rendre sa révision quasi-impossible (I)

Cette rigidité sera fatale à la Constitution : le Corps législatif, moins d'un an après l'entrée en vigueur de la Constitution, préfère la supprimer par un véritable coup d'État plutôt que d'accepter d'appliquer une procédure de révision qui renverrait la résolution du conflit politique à plusieurs années (II).

I. Une révision complexe

A. Une élaboration difficile

La rédaction de la Constitution de 1791 a duré plus de deux ans. Alors que la Déclaration des droits de l'homme et du citoyen a été élaborée en moins de deux mois (commencée en juillet 1789, elle sera achevée le 26 août 1789 et intégrée à la Constitution), le texte proprement dit de la Constitution prendra deux ans pour être rédigé, du fait des changements de majorité au sein de l'assemblée (les modérés qui rédigent la Déclaration des droits sont évincés pour la rédaction de la Constitution), des conflits qui ont marqué la vie politique (le dernier et plus important étant la fuite manquée du roi en juin 1791) mais aussi de la volonté des constituants de refonder tout le droit public (de l'organisation territoriale de l'État à la constitution civile du clergé) parallèlement à la rédaction de la constitution.

B. Une procédure de révision à obstacles

Le titre VII est contradictoire : il commence par affirmer que « la Nation a le droit imprescriptible de changer sa constitution » mais poursuit en déclarant qu'il faudra limiter la révision aux « articles dont l'expérience aurait fait sentir les inconvénients ».

Et, conformément à cette approche réservée, le titre VII commence par interdire toute révision durant les deux premières législatures (art. 3). Ce n'est donc qu'après quatre ans (chaque législature durant deux ans), que les législatures suivantes pourront s'atteler à la révision. Il faudra pour cela que trois législatures successives se prononcent en ce sens. Au terme de ces six ans, la quatrième législature procédera à la révision. Celle-ci devra être limitée à « quelques changements ». L'Assemblée de révision sera constituée du nouveau Corps législatif (mais où ne pourront être élus les membres de l'assemblée sortante qui avait voté en faveur de la révision) augmentée de 249 membres supplémentaires élus pour cette seule révision.

Enfin, la révision ne pourra porter que sur les dispositions retenues par les assemblées antérieures. La première révision de la Constitution ne pourra donc se produire que dix ans après l'entrée en vigueur de celle-ci, ce qui présuppose que le climat politique soit suffisamment apaisé pour que le texte constitutionnel ne soit pas contesté.

II. Une révision impossible

A. Le conflit Corps législatif-roi

Le système de séparation des pouvoirs inventé en 1791 avait institué un partage du pouvoir législatif entre l'assemblée et le roi, la première détentrice d'un pouvoir positif (initiative et vote de la loi) et le second d'un pouvoir négatif (le droit de veto). Le pouvoir positif de l'assemblée était aussi absolu que le pouvoir négatif du roi (veto de deux législatures de deux ans chacune, surmonté lors de la troisième), ce qui rendait tout conflit éventuel radical. Les autres pouvoirs étant inexistants (pouvoir exécutif du roi et pouvoir judiciaire sans autonomie), le débat politique était concentré au sein du pouvoir législatif.

B. Le coup d'État inévitable

Les députés à la constituante – qui étaient en fait les délégués des États généraux de 1789 – ne pouvaient pas être élus à la première législature. Les députés élus en septembre 1791 étaient donc nouveaux et ne se considéraient pas engagés par leurs prédécesseurs. Et c'est cette nouvelle assemblée qui est chargée d'appliquer la

Constitution. Très vite, le conflit éclate avec le roi, qui utilise son veto contre deux décrets votés par l'Assemblée (relatifs aux émigrés et aux prêtres réfractaires) en novembre 1791. De nouveaux décrets étant votés par l'Assemblée en mai 1792 qui reprennent et alourdissent les dispositions que le roi avait rejetées, le veto est à nouveau opposé à ces décrets, entraînant une insurrection et un coup d'État de l'Assemblée, qui décide le 10 août de suspendre le roi, de renvoyer les ministres au profit d'un Conseil exécutif dont les membres sont nommés par l'Assemblée (alors que les ministres étaient nommés par le roi). L'Assemblée se dissout et renvoie à de nouvelles élections, à la fois législatives et constituantes, qui permettront à l'assemblée élue, une « Convention », d'élaborer une nouvelle constitution, républicaine cette fois.

Faute d'avoir pu faire fonctionner les institutions – paralysées par le conflit interne au pouvoir législatif entre assemblée et roi et surtout par une procédure de règlement des conflits trop compliquée – et faute de pouvoir être révisée là encore du fait d'une procédure inapplicable (dix ans d'attente), la Constitution est abandonnée : son élaboration aura duré deux fois plus longtemps que son existence.

Commentaire de décision n° 5

La décision du 8 juillet 2018 Cédric H et autres fait suite à une QPC de deux requérants poursuivis pour aide à l'entrée à la circulation et au séjour irréguliers d'étrangers en France. Ces requérants, condamnés en première instance et en appel au motif que leur action d'hébergement avait pour motivation une démarche « militante » dans le but de « soustraire des étrangers au contrôle mis en œuvre par les autorités pour appliquer les dispositions légales relatives à l'immigration », se pourvoient en cassation et accompagnent leur pourvoi d'une QPC contre les articles L. 622-1 et L. 622-4 du Code de l'entrée et de séjour des étrangers et du droit d'asile (CESEDA). Parmi les moyens soulevés par les requérants pour demander l'abrogation de ces dispositions figurait l'atteinte au principe de fraternité. Ce principe n'étant pas à ce jour reconnu par la jurisprudence constitutionnelle ni par celle des juridictions administratives ou judiciaires, le Conseil devait donc se prononcer sur son existence et ses effets.

I. La reconnaissance du principe

A. Le Conseil a d'abord constaté que la fraternité est mentionnée à trois reprises dans la constitution : elle est partie intégrante de la devise de la République : Liberté, Égalité, Fraternité (Const., art. 2). Elle est mentionnée dans le Préambule qui la définit, au même titre que la liberté et l'égalité comme un « idéal commun » à la République française et aux territoires d'outre-mer qui adhèrent aux institutions nouvelles créées en 1958 (en l'occurrence l'ex-Communauté), et à l'article 72-3, ajouté en 2008, qui dispose que la République française reconnaît, au sein du peuple français, les populations d'outre-mer dans un idéal commun de liberté, d'égalité et de fraternité ».

B. Bien que la fraternité ne soit, jusqu' à cette décision, jamais sortie de son statut d'« idéal », alors que l'égalité et la liberté ont été très vite érigées en principes et reconnus comme tels par le Conseil constitutionnel dès 1959, le Conseil a franchi le pas cette fois en considérant que les trois mentions dans la Constitution suffisaient.

Jusqu'alors en effet, le Conseil utilisait le principe de respect de la dignité de la personne humaine, auquel il a eu recours à propos d'autres textes législatifs relatifs à l'immigration.

Le Conseil tire de la reconnaissance de ce principe celle de « la liberté d'aider autrui, dans un but humanitaire, sans considération de la régularité de son séjour sur le territoire national ». Autrement dit les actes d'entraide envers des étrangers en situation irrégulière sont désormais protégés constitutionnellement.

II. Les limites du principe

A. Dans son balancement traditionnel, le Conseil fixe une limite à la reconnaissance du principe de fraternité. Tout d'abord, il rappelle qu'aucune disposition ou principe constitutionnel n'accorde aux étrangers « des droits de caractère général et absolu d'accès et de séjour sur le territoire national ». D'autre part, il corrige sa reconnaissance par la nécessité de *sauvegarder l'ordre public*, notamment en luttant contre l'immigration irrégulière, qui constitue un *objectif de valeur constitutionnelle*. C'est au législateur qu'il incombe d'assurer la conciliation entre le principe de fraternité d'une part et l'objectif de sauvegarde de l'ordre public de l'autre.

Pour ce qui est de la QPC, le Conseil conclut que si la répression de l'aide à l'entrée irrégulière sur le territoire français est constitutionnelle, celle de l'aide au séjour d'un étranger entré de façon irrégulière ne l'est pas car la conciliation entre le principe de fraternité et l'objectif de sauvegarde de l'ordre public n'est pas équilibrée.

B. La reconnaissance du principe de fraternité ouvre au Conseil un champ d'intervention très large dans le domaine du droit humanitaire. On peut cependant s'interroger sur la hiérarchie entre principes et objectifs forgée par le Conseil. La sauvegarde de l'ordre public sert de fondement à une législation constante et très dense dans un des domaines normatifs constitutifs de l'État. On peut donc s'étonner qu'il ne s'agisse que d'un objectif et non d'un principe, alors que sa réalisation n'est pas simplement souhaitable. A l'inverse, en transformant l'idéal de fraternité en principe, le Conseil ne bouleversera pas le droit positif, fondé sur le principe de réalité, mais se donnera le droit d'intervenir et de se doter d'un pouvoir d'appréciation qui dépasse le champ du droit pour rejoindre celui de l'éthique.

Commentaire de décision n° 6

La décision du 14 avril 2023 du Conseil constitutionnel relative à la loi de financement rectificative de la Sécurité sociale a fait l'objet d'un vif débat car elle clôturait une longue phase d'affrontements sociaux et politiques sur un sujet controversé, la réforme des retraites – et surtout parce que dans une situation institutionnelle compliquée (l'absence de majorité absolue soutenant le gouvernement à l'Assemblée nationale), elle est apparue comme un soutien clair à l'exécutif. Comme de surcroît cette décision était la première de trois décisions concomitantes sur le même sujet (elle sera suivie de deux décisions invalidant des projets de referendums d'initiative partagée visant à abroger la réforme des retraites), elle a relancé une polémique qui semblait éteinte sur la nature et le rôle du Conseil constitutionnel.

I. Rappel des faits et de la procédure

A. Les saisines du Conseil constitutionnel

La décision du 14 avril 2023 du Conseil constitutionnel relative à la loi de financement rectificative de la Sécurité sociale portant à 64 ans l'âge légal du départ à la retraite est consécutive à une saisine du Premier ministre et à trois saisines parlementaires, deux émanant de députés et une de sénateurs.

Elle abordait trois questions soulevées dans les saisines : le non-respect des règles de procédure parlementaire, la présence dans le texte adopté de dispositions ne devant pas figurer dans une loi de financement (« cavaliers sociaux ») et la conformité aux droits sociaux fondamentaux reconnus par la Constitution (en l'occurrence le Préambule de la Constitution de 1946) des principales dispositions de la loi.

Le Conseil constitutionnel a censuré les dispositions introduites par le Parlement qu'il a considéré comme des « cavaliers sociaux » mais a rejeté les critiques portant tant sur la procédure suivie pour l'adoption de la loi que sur la conformité du texte aux droits sociaux fondamentaux.

L'extrait examiné ici porte sur la première partie de la décision, relative au respect des règles constitutionnelles de procédure parlementaire.

B. Rappel des faits

Le projet de modification de l'âge légal du départ à la retraite a fait l'objet d'une vive opposition, notamment du mouvement syndical, mais aussi des partis politiques, faisant craindre au gouvernement une adoption difficile au Parlement, et surtout à l'Assemblée nationale, faute de majorité le soutenant. Aussi a-t-il opté pour l'introduction de cette loi dans une loi de financement rectificative de la Sécurité sociale, afin de bénéficier d'un double avantage : d'une part un délai réduit de débat parlementaire, l'article 47-1 Const. prévoyant 20 jours pour l'examen en 1re lecture à l'Assemblée et 15 jours au Sénat, d'autre part la possibilité d'un recours sans limite à l'article 49, al. 3 Const. et donc à l'engagement de responsabilité sur le texte, permettant une adoption sans vote à l'Assemblée sauf motion de censure.

C'est ce qui s'est produit : après trois semaines d'obstruction par les députés d'extrême-gauche, le texte a été transmis au Sénat sans avoir été intégralement examiné ni voté. Après une première adoption par le Sénat, la commission mixte paritaire a rendu ses travaux, et après une seconde adoption par le Sénat, la Première ministre a engagé la responsabilité de son gouvernement sur le texte au titre de l'article 49, al. 3 de la Constitution. Le 17 mars, deux motions de censure ont été déposées pour censurer le gouvernement et rejeter le texte. Elles ont été rejetées et le projet de loi a été considéré comme définitivement adopté.

C'est sur ces conditions inusitées d'usage de la procédure parlementaire que le Conseil constitutionnel a eu à se prononcer.

II. Les griefs des parlementaires et la réponse du Conseil

A. Sur la procédure suivie pour l'adoption de la loi

- Les députés et sénateurs requérants critiquaient en particulier le recours à une loi de financement rectificative de la Sécurité sociale pour procéder à une réforme des retraites. Ce choix du gouvernement aurait constitué selon eux un détournement de procédure, dans le seul but de lui permettre de bénéficier des conditions d'examen accéléré prévues à l'article 47-1 de la Constitution, alors qu'une réforme de cette nature aurait dû être examinée selon la procédure législative ordinaire, puisque, selon eux, le recours à l'article 47 est subordonné à l'urgence, à des circonstances exceptionnelles ou à un déséquilibre grave des comptes sociaux.

Le Conseil constitutionnel a estimé que rien dans la Constitution ne subordonnait le recours à une loi de financement rectificative à une situation exceptionnelle.

Le Conseil constitutionnel, lorsqu'il est saisi d'une loi de financement rectificative de la sécurité sociale, doit uniquement « contrôler qu'elle comporte les dispositions relevant du « domaine obligatoire » (article liminaire, présentation en deux partie recettes/dépenses, rectification des prévisions, des équilibres et des objectifs), et vérifier que les autres dispositions ne sont pas des « cavaliers sociaux » mais se rattachent bien à l'une des catégories du « domaine facultatif ».

Dès lors, le Conseil constitutionnel a estimé que, « si les dispositions relatives à la réforme des retraites, qui ne relèvent pas du domaine obligatoire des lois de financement de la Sécurité sociale, auraient pu figurer dans une loi ordinaire », le choix qui a été fait à l'origine par le gouvernement de les faire figurer au sein d'une loi de financement rectificative ne méconnaît, en lui-même, aucune exigence constitutionnelle. Suivant la formule traditionnelle, le Conseil constitutionnel a rappelé qu'il ne lui appartenait pas de substituer son appréciation à celle du législateur, mais uniquement de s'assurer que ces dispositions se rattachent à l'une des catégories mentionnées à l'article L.O. 111-3-12 du Code de la sécurité sociale.

Le Conseil a donc écarté le grief tiré de ce que le législateur aurait irrégulièrement eu recours à une loi de financement rectificative de la Sécurité sociale.

- Les trois saisines parlementaires soutenaient par ailleurs que les délais d'examen très réduits prévus à l'article 47-1 de la Constitution (20 jours devant l'Assemblée nationale puis 15 jours devant le Sénat, en première lecture, et 50 jours au total) ne pouvaient pas être appliqués à cette loi de financement rectificative.

Le Conseil constitutionnel a relevé que ces délais s'appliquent à toutes les lois de financement (de l'année ou rectificatives) et que le gouvernement s'était borné à appliquer la Constitution.

- Un autre aspect du débat concernant la procédure d'adoption de la loi avait trait à la clarté et à la sincérité des débats parlementaires et notamment si l'application cumulative de plusieurs procédures prévues par la Constitution et par les règlements des assemblées avait entaché d'irrégularité ou non la procédure suivie.

Le Conseil constitutionnel a jugé que « si l'utilisation combinée des procédures mises en œuvre a revêtu un caractère *inhabituel*, en réponse aux conditions du débat, elle n'a pas eu pour effet de rendre la procédure législative contraire à la Constitution ».

B. Sur le caractère habituel de la jurisprudence du Conseil constitutionnel en matière de procédure législative

1. La méfiance envers les initiatives législatives d'origine parlementaire

Qu'il s'agisse des amendements traditionnels ou des articles additionnels à des projets de loi (les cavaliers législatifs), le Conseil constitutionnel est traditionnellement méfiant : tout d'abord parce que ces textes n'ont pas été soumis au contrôle de constitutionnalité préalable du Conseil d'État comme c'est le cas pour les projets de loi ; d'autre part parce qu'au nom de la clarté de la loi, celle-ci ne doit pas s'encombrer de dispositions étrangères à l'objet du texte. Cela explique que dans le cas de la loi rectificative relative à la réforme des retraites, le Conseil ait écarté les dispositions rajoutées dans le débat parlementaire qualifiées de « cavaliers sociaux » même s'il n'a pas considéré que le fait pour le gouvernement d'utiliser l'article 47 Const. pour faire passer son projet de loi pouvait être considéré comme un « cavalier social » de taille. De même la mise à l'écart de la plupart des amendements (dont il est vrai bon nombre d'amendements d'obstruction) par tout l'arsenal de procédures à la disposition du gouvernement, des parlementaires... ou des fonctionnaires des assemblées qui conseillent les présidents de commission, lui est apparu tout à fait évident.

2. Du bon usage des règlements des assemblées

Le Conseil constitutionnel a toujours rappelé que les règlements des assemblées n'ont pas de valeur constitutionnelle et doivent respecter strictement la Constitution, comme on l'a vu par exemple pour l'application de l'article 40 Const. Cela explique pourquoi le non-respect éventuel du règlement des assemblées pour l'examen des amendements ne l'a pas choqué : « Les règlements des assemblées parlementaires n'ayant pas en eux-mêmes valeur constitutionnelle, la seule méconnaissance des dispositions réglementaires invoquées ne saurait avoir pour effet de rendre la procédure législative contraire à la Constitution » (al. 27 de la décision). Cela n'empêche pas le Conseil de s'appuyer sur le règlement du Sénat pour considérer que la mise à l'écart de la moitié des amendements déposés par les commissions des finances et des affaires sociales de la deuxième Chambre avait été irréprochable.

3. La défense des prérogatives du gouvernement

En matière d'interprétation des prérogatives gouvernementales, la ligne de conduite du Conseil est simple : tout ce qui n'est pas interdit est permis : ainsi du cumul des procédures du parlementarisme ultra-rationalisé : procédure dérogatoire des lois financières, engagement de responsabilité sur un texte, vote bloqué, irrecevabilité des amendements, ce qui permet *in fine* l'adoption d'un texte sans majorité et sans vote.

Il en va de même du choix du « véhicule législatif » : s'il est vrai que le projet de loi aurait pu être un projet de loi ordinaire, le choix de la loi de financement rectificative étant possible, rien n'interdisait au gouvernement d'y recourir.

* *

*

On pourrait ajouter que l'utilisation du référendum d'initiative partagée pour abroger la loi n'étant possible qu'une fois la loi promulguée, et la promulgation de celle-ci n'étant possible qu'une fois sa validation par le Conseil constitutionnel obtenue, on comprend que par deux décisions rendues le même jour (décis. n° 2023-4 RIP 14 avr. 2023 sur la proposition de loi référendaire et décis. n° 2023-849 DC commentée ici), le Conseil constitutionnel ait enterré *en même temps* les deux tentatives parlementaires : la saisine contre la réforme des retraites et le référendum pour l'abroger.

Dissertation

Définition du sujet : Le bicamérisme est un mode d'organisation du Parlement dans lequel celui-ci est composé de deux assemblées, dont le mode de désignation et les pouvoirs sont très variables. En fait, si tous les parlements bicaméraux comprennent une assemblée représentant le peuple (Chambre basse), la seconde chambre varie considérablement dans sa nature et ses fonctions d'un État à l'autre.

Le bicamérisme apparaît presque dès l'origine du parlementarisme, en Angleterre, où le parlement se divise entre Chambre des lords et Chambre des communes dès le XIVe siècle (1332).

Le bicamérisme concerne aujourd'hui la majorité des États européens (17) et notamment les plus importants d'entre eux : Russie, Royaume-Uni, Allemagne, France, Italie, Espagne. Il est également pratiqué dans une cinquantaine d'États hors d'Europe, le plus célèbre étant les États-Unis, où le Congrès se divise entre la Chambre des représentants et le Sénat.

Pour autant, un certain nombre d'États ignore le bicamérisme, soit à la suite de la suppression de la seconde chambre (Europe du Nord notamment, mais aussi Grèce, Portugal) soit par inexistence dès l'origine (en particulier dans les États de petite taille).

Annonce du plan : Le bicamérisme a connu deux formes (et légitimités) successives : la première liée aux représentations sociales et la seconde à celle des territoires (I) mais il peut être soit égalitaire, soit inégalitaire (II).

I. D'un bicamérisme à l'autre

A. Le bicamérisme originaire

Le bicamérisme originaire est un bicamérisme social, qui sépare la représentation populaire et celle des élites, sur le modèle anglais.

La séparation entre Chambres aristocratiques et Chambres populaires s'impose dès le Moyen-Âge en Angleterre : la division entre la Chambre des communes et celle des lords se répandra dans toute l'Europe. En France, après une tentative de bicamérisme fonctionnel fondée sur la division du travail parlementaire et sur l'âge (Cinq-Cents et Anciens dans la Constitution de l'An III, Tribunat et Corps législatif de l'an VIII), le modèle anglais est repris sous la Restauration (Chambre des pairs) et le Second Empire (Sénat impérial).

Le déclin des Chambres aristocratiques est lié aux progrès de la démocratie et du suffrage universel : il survit au Royaume-Uni, où la Chambre des lords est composée majoritairement – réforme de 1999 – des proches des Premiers ministres successifs, nommés à sa demande par le monarque, au détriment des résidus de l'aristocratie, mais a disparu partout ailleurs.

B. Le bicamérisme territorial

Le bicamérisme territorial a pris le relais sous l'influence du fédéralisme, dont les États-Unis ont fourni le modèle, pour s'étendre aux États où l'autonomie des collectivités territoriales a conduit à leur représentation au parlement.

Le modèle fédéral repose sur l'équilibre entre la représentation du peuple et celle des États qui composent la fédération. Le bicamérisme est égalitaire aux États-Unis ou en Suisse (où les deux Chambres se partagent le pouvoir législatif) mais aussi, dans une large mesure en Allemagne (Bundesrat). Mais cette égalité n'est pas générale : certains États fédéraux connaissent un bicamérisme inégalitaire au détriment de la seconde Chambre comme au Canada, en Belgique ou en Autriche.

Par ailleurs, le mode de représentation des États membres varie : certains ont gardé un modèle de type diplomatique, les États étant représentés par les délégués de leur gouvernement (Allemagne) ; d'autres sont représentés par des délégués de leur parlement local (Autriche) ou sont issus du suffrage direct (Sénat américain). Certains connaissent une égalité de représentation entre les États membres quelle que soit leur taille (deux sénateurs par État aux États-Unis) ou une représentation proportionnelle à leur importance (Allemagne).

Le modèle régional a souvent pour but, à l'origine, de permettre la représentation des minorités (comme en Espagne ou en Italie) avant de devenir (par extension du statut des régions à statut dérogatoire aux autres régions) une forme d'État composé où la décentralisation se rapproche du modèle fédéral. Ce modèle ne se caractérise pas par un type de bicamérisme spécifique ; en Italie, le Sénat ne représente qu'indirectement les régions (par le biais des circonscriptions électorales) et en Espagne, ce sont les élus des provinces qui sont dominants au Sénat au détriment des élus des communautés autonomes.

Le modèle communal, propre à la France depuis 1875, donne aux collectivités locales le contrôle de la Chambre basse via l'élection des sénateurs par les élus des conseils municipaux (qui forment les 4/5e du corps électoral). Il était aussi celui de la Belgique avant sa fédéralisation.

II. Les rapports entre les Chambres

Dans la très grande majorité des cas, le bicamérisme n'est pas caractérisé par une égalité de pouvoirs entre les deux Chambres. Celle qui représente le peuple est généralement dominante. La seconde Chambre ne détient des prérogatives identiques que lorsque sa légitimité est la même.

A. Le bicamérisme égalitaire

Les cas d'égalité parfaite (mêmes pouvoirs, mêmes fonctions) sont rares et le plus souvent dus à une légitimité identique : le Sénat italien est élu comme la Chambre des députés au suffrage universel direct, ses pouvoirs constitutionnels sont identiques (y compris l'engagement de responsabilité du gouvernement) et cette identité a été à l'origine de la tentative de Silvio Berlusconi de réduire ses pouvoirs dans le cadre d'un projet de révision constitutionnel accroissant le pouvoir des régions et qui a été rejeté par référendum en 2006. Le Sénat américain dispose de prérogatives constitutionnelles qui font partie du pacte fédéral de 1787 et qui sont mêmes supérieures à celles de la Chambre des représentants (en matière de nominations) ; depuis l'élection des sénateurs au suffrage universel, sa légitimité démocratique a renforcé ses pouvoirs. Quant au Sénat de la IIIe République, ses pouvoirs constitutionnels étaient la conséquence du compromis de 1875 entre républicains et monarchistes et il a survécu à la victoire des républicains du fait de sa place dans l'hégémonie du parti dominant, les radicaux.

L'égalité peut aussi être fonctionnelle dans le cadre d'une répartition des fonctions : le bicamérisme allemand donne au Bundesrat un droit de *veto* sur toutes les questions qui concernent le fédéralisme et les compétences des Länder et la révision constitutionnelle de 2006 n'a pas remis en cause cette fonction de défendeur constitutionnel des prérogatives des États membres.

B. Le bicamérisme inégalitaire

La suprématie de la Chambre représentant le peuple est le cas le plus fréquent, y compris lorsque la seconde Chambre est l'émanation du suffrage universel direct comme en Espagne. Dans de nombreux États, les collectivités régionales préfèrent exercer directement leurs compétences, négocier directement avec le gouvernement central, et se défient de la seconde Chambre : c'est le cas en Belgique, où le Sénat joue un rôle effacé, ou en Espagne.

Dans les États où la seconde Chambre ne peut s'appuyer sur une légitimité démocratique totale, la Chambre basse a le dernier mot dans la plupart des cas : c'est le cas du Sénat canadien, du Bundesrat autrichien et du Sénat français qui, malgré ses prérogatives constitutionnelles (égales à celles de l'Assemblée nationale) et législative (l'Assemblée tranchant si le gouvernement le décide), pâtit de son mode d'élection indirecte.

Conclusion : Menacée de disparition à l'aube du XXe siècle, la seconde Chambre a survécu et même trouvé un nouveau souffle en devenant l'assemblée des territoires dans un système étatique qui se décentralise. Le style de travail parlementaire qui est le sien – et qui en fait une Chambre de réflexion moins sujette aux passions de la Chambre basse – a fait le reste.

Annexe 1

CONSTITUTION DU 4 OCTOBRE 1958

Texte résultant, en dernier lieu, de la révision du 23 juillet 2008.

PRÉAMBULE

Le peuple français proclame solennellement son attachement aux Droits de l'Homme et aux principes de la souveraineté nationale tels qu'ils ont été définis par la Déclaration de 1789, confirmée et complétée par le préambule de la Constitution de 1946 ainsi qu'aux droits et aux devoirs définis dans la Charte de l'environnement de 2004. En vertu de ces principes et de celui de la libre détermination des peuples, la République offre aux territoires d'Outre-mer qui manifestent la volonté d'y adhérer, des institutions nouvelles fondées sur l'idéal commun de liberté, d'égalité et de fraternité et conçues en vue de leur évolution démocratique.

Article premier

La France est une République indivisible, laïque, démocratique et sociale. Elle assure l'égalité devant la loi de tous les citoyens sans distinction d'origine, de race ou de religion. Elle respecte toutes les croyances. Son organisation est décentralisée.
La loi favorise l'égal accès des femmes et des hommes aux mandats électoraux et fonctions électives ainsi qu'aux responsabilités professionnelles.

TITRE PREMIER

DE LA SOUVERAINETÉ

Article 2

La langue de la République est le français.
L'emblème national est le drapeau tricolore, bleu, blanc, rouge.
L'hymne national est la « Marseillaise ».
La devise de la République est « Liberté, Égalité, Fraternité ».
Son principe est : gouvernement du peuple, par le peuple et pour le peuple.

Article 3

La souveraineté nationale appartient au peuple qui l'exerce par ses représentants et par la voie du référendum.

Aucune section du peuple ni aucun individu ne peut s'en attribuer l'exercice.
Le suffrage peut être direct ou indirect dans les conditions prévues par la Constitution. Il est toujours universel, égal et secret.
Sont électeurs, dans les conditions déterminées par la loi, tous les nationaux français majeurs des deux sexes, jouissant de leurs droits civils et politiques.

Article 4

Les partis et groupements politiques concourent à l'expression du suffrage. Ils se forment et exercent leur activité librement. Ils doivent respecter les principes de la souveraineté nationale et de la démocratie. Ils contribuent à la mise en œuvre du principe énoncé au second alinéa de l'article 1er dans les conditions déterminées par la loi.
La loi garantit les expressions pluralistes des opinions et la participation équitable des partis et groupements politiques à la vie démocratique de la Nation.

TITRE II

LE PRÉSIDENT DE LA RÉPUBLIQUE

Article 5

Le Président de la République veille au respect de la Constitution. Il assure, par son arbitrage, le fonctionnement régulier des pouvoirs publics ainsi que la continuité de l'État.
Il est le garant de l'indépendance nationale, de l'intégrité du territoire et du respect des traités.

Article 6

Le Président de la République est élu pour cinq ans au suffrage universel direct.
Nul ne peut exercer plus de deux mandats consécutifs.
Les modalités d'application du présent article sont fixées par une loi organique.

Article 7

Le Président de la République est élu à la majorité absolue des suffrages exprimés.
Si celle-ci n'est pas obtenue au premier tour de scrutin, il est procédé, le quatorzième jour suivant, à un second tour. Seuls peuvent s'y présenter les deux candidats qui, le cas échéant après retrait de candidats plus favorisés, se trouvent avoir recueilli le plus grand nombre de suffrages au premier tour.
Le scrutin est ouvert sur convocation du Gouvernement.
L'élection du nouveau Président a lieu vingt jours au moins et trente-cinq jours au plus avant l'expiration des pouvoirs du Président en exercice.
En cas de vacance de la Présidence de la République pour quelque cause que ce soit, ou d'empêchement constaté par le Conseil constitutionnel saisi par le Gouvernement et statuant à la majorité absolue de ses membres, les fonctions du Président de la République, à l'exception de celles prévues aux articles 11 et 12 ci-dessous, sont provisoirement exercées par le Président du Sénat et, celui-ci est à son tour empêché d'exercer ces fonctions, par le Gouvernement.
En cas de vacance ou lorsque l'empêchement est déclaré définitif par le Conseil constitutionnel, le scrutin pour l'élection du nouveau Président a lieu, sauf cas de

force majeure constaté par le Conseil constitutionnel, vingt jours au moins et trente-cinq jours au plus après l'ouverture de la vacance ou la déclaration du caractère définitif de l'empêchement.
Si, dans les sept jours précédant la date limite du dépôt des présentations de candidatures, une des personnes ayant, moins de trente jours avant cette date, annoncé publiquement sa décision d'être candidate décède ou se trouve empêchée, le Conseil constitutionnel peut décider de reporter l'élection. Si, avant le premier tour, un des candidats décède ou se trouve empêché, le Conseil constitutionnel prononce le report de l'élection. En cas de décès ou d'empêchement de l'un des deux candidats les plus favorisés au premier tour avant les retraits éventuels, le Conseil constitutionnel déclare qu'il doit être procédé de nouveau à l'ensemble des opérations électorales ; il en est de même en cas de décès ou d'empêchement de l'un des deux candidats restés en présence en vue du second tour.
Dans tous les cas, le Conseil constitutionnel est saisi dans les conditions fixées au deuxième alinéa de l'article 61 ci-dessous ou dans celles déterminées pour la présentation d'un candidat par la loi organique prévue à l'article 6 ci-dessus.
Le Conseil constitutionnel peut proroger les délais prévus aux troisième et cinquième alinéas sans que le scrutin puisse avoir lieu plus de trente-cinq jours après la date de la décision du Conseil constitutionnel. Si l'application des dispositions du présent alinéa a eu pour effet de reporter l'élection à une date postérieure à l'expiration des pouvoirs du Président en exercice, celui-ci demeure en fonction jusqu'à la proclamation de son successeur.
Il ne peut être fait application ni des articles 49 et 50 ni de l'article 89 de la Constitution durant la vacance de la Présidence de la République ou durant la période qui s'écoule entre la déclaration du caractère définitif de l'empêchement du Président de la République et l'élection de son successeur.

Article 8

Le Président de la République nomme le Premier ministre. Il met fin à ses fonctions sur la présentation par celui-ci de la démission du Gouvernement.
Sur la proposition du Premier ministre, il nomme les autres membres du Gouvernement et met fin à leurs fonctions.

Article 9

Le Président de la République préside le Conseil des ministres.

Article 10

Le Président de la République promulgue les lois dans les quinze jours qui suivent la transmission au Gouvernement de la loi définitivement adoptée.
Il peut, avant l'expiration de ce délai, demander au Parlement une nouvelle délibération de la loi ou de certains de ses articles. Cette nouvelle délibération ne peut être refusée.

Article 11

Le Président de la République, sur proposition du Gouvernement pendant la durée des sessions ou sur proposition conjointe des deux assemblées, publiées au Journal officiel, peut soumettre au référendum tout projet de loi portant sur l'organisation des pouvoirs publics, sur des réformes relatives à la politique économique, sociale ou environnementale de la Nation et aux services publics qui y concourent, ou tendant à autoriser la ratification d'un traité qui, sans être contraire à la Constitution, aurait des incidences sur le fonctionnement des institutions. Lorsque le référendum est organisé sur proposition du Gouvernement, celui-ci fait, devant chaque assemblée, une déclaration qui est suivie d'un débat.

Un référendum portant sur un objet mentionné au premier alinéa peut être organisé à l'initiative d'un cinquième des membres du Parlement, soutenue par un dixième des électeurs inscrits sur les listes électorales. Cette initiative prend la forme d'une proposition de loi et ne peut avoir pour objet l'abrogation d'une disposition législative promulguée depuis moins d'un an.

Les conditions de sa présentation et celles dans lesquelles le Conseil constitutionnel contrôle le respect des dispositions de l'alinéa précédent sont déterminées par une loi organique.

Si la proposition de loi n'a pas été examinée par les deux assemblées dans un délai fixé par la loi organique, le président de la République la soumet au référendum.

Lorsque la proposition de loi n'est pas adoptée par le peuple français, aucune nouvelle proposition de référendum portant sur le même sujet ne peut être présentée avant l'expiration d'un délai de deux ans suivant la date du scrutin.

Lorsque le référendum a conclu à l'adoption du projet ou de la proposition de loi, le Président de la République promulgue la loi dans les quinze jours qui suivent la proclamation des résultats de la consultation.

Article 12

Le Président de la République peut, après consultation du Premier ministre et des Présidents des assemblées, prononcer la dissolution de l'Assemblée nationale.

Les élections générales ont lieu vingt jours au moins et quarante jours au plus après la dissolution.

L'Assemblée nationale se réunit de plein droit le deuxième jeudi qui suit son élection. Si cette réunion a lieu en dehors de la période prévue pour la session ordinaire, une session est ouverte de droit pour une durée de quinze jours.

Il ne peut être procédé à une nouvelle dissolution dans l'année qui suit ces élections.

Article 13

Le Président de la République signe les ordonnances et les décrets délibérés en Conseil des ministres.

Il nomme aux emplois civils et militaires de l'État.

Les conseillers d'État, le grand chancelier de la Légion d'honneur, les ambassadeurs et envoyés extraordinaires, les conseillers maîtres à la Cour des comptes, les préfets, les représentants de l'État dans les collectivités d'outre-mer régies par l'article 74 et en Nouvelle-Calédonie, les officiers généraux, les recteurs des académies, les directeurs des administrations centrales sont nommés en Conseil des ministres.

Une loi organique détermine les autres emplois auxquels il est pourvu en Conseil des ministres, ainsi que les conditions dans lesquelles le pouvoir de nomination du Président de la République peut être par lui délégué pour être exercé en son nom.

Une loi organique détermine les emplois ou fonctions, autres que ceux mentionnés au troisième alinéa, pour lesquels, en raison de leur importance pour la garantie des droits et libertés ou la vie économique et sociale de la Nation, le pouvoir de nomination du Président de la République s'exerce après avis public de la commission permanente compétente de chaque assemblée. Le président de la République ne peut procéder à une nomination lorsque l'addition des votes négatifs dans chaque commission représente au moins trois cinquièmes des suffrages exprimés au sein des deux commissions. La loi détermine les commissions permanentes compétentes selon les emplois ou fonctions concernés.

Article 14

Le Président de la République accrédite les ambassadeurs et les envoyés extraordinaires auprès des puissances étrangères ; les ambassadeurs et les envoyés extraordinaires étrangers sont accrédités auprès de lui.

Article 15

Le Président de la République est chef des armées. Il préside les conseils et comités supérieurs de la Défense nationale.

Article 16

Lorsque les institutions de la République, l'indépendance de la Nation, l'intégrité de son territoire ou l'exécution de ses engagements internationaux sont menacés d'une manière grave et immédiate et que le fonctionnement régulier des pouvoirs publics constitutionnels est interrompu, le Président de la République prend les mesures exigées par ces circonstances, après consultation officielle du Premier ministre, des Présidents des assemblées ainsi que du Conseil constitutionnel.
Il en informe la Nation par un message.
Ces mesures doivent être inspirées par la volonté d'assurer aux pouvoirs publics constitutionnels, dans les moindres délais, les moyens d'accomplir leur mission. Le Conseil constitutionnel est consulté à leur sujet.
Le parlement se réunit de plein droit. L'Assemblée nationale ne peut être dissoute pendant l'exercice des pouvoirs exceptionnels.
Après trente jours d'exercice des pouvoirs exceptionnels, le Conseil constitutionnel peut être saisi par le président de l'Assemblée nationale, le président du Sénat, soixante députés ou soixante sénateurs, aux fins d'examiner si les conditions énoncées au premier alinéa demeurent réunies. Il se prononce dans les délais les plus brefs par un avis public. Il procède de plein droit à cet examen et se prononce dans les mêmes conditions au terme de soixante jours d'exercice des pouvoirs exceptionnels et à tout moment au-delà de cette durée.

Article 17

Le Président de la République a le droit de faire grâce à titre individuel.

Article 18

Le Président de la République communique avec les deux assemblées du Parlement par des messages qu'il fait lire et qui ne donnent lieu à aucun débat.
Il peut prendre la parole devant le parlement réuni à cet effet en Congrès. Sa déclaration peut donner lieu, hors sa présence, à un débat qui ne fait l'objet d'aucun vote.
Hors session, les assemblées parlementaires sont réunies spécialement à cet effet.

Article 19

Les actes du Président de la République autres que ceux prévus aux articles 8 (premier alinéa), 11, 12, 16, 18, 54, 56 et 61 sont contresignés par le Premier ministre et, le cas échéant, par les ministres responsables.

TITRE III

LE GOUVERNEMENT

Article 20

Le Gouvernement détermine et conduit la politique de la Nation.
Il dispose de l'administration et de la force armée.
Il est responsable devant le Parlement dans les conditions et suivant les procédures prévues aux articles 49 et 50.

Article 21

Le Premier ministre dirige l'action du Gouvernement. Il est responsable de la Défense nationale. Il assure l'exécution des lois. Sous réserve des dispositions de l'article 13, il exerce le pouvoir réglementaire et nomme aux emplois civils et militaires.
Il peut déléguer certains de ses pouvoirs aux ministres.
Il supplée, le cas échéant, le Président de la République dans la présidence des conseils et comités prévus à l'article 15.
Il peut, à titre exceptionnel, le suppléer pour la présidence d'un Conseil des ministres en vertu d'une délégation expresse et pour un ordre du jour déterminé.

Article 22

Les actes du Premier ministre sont contresignés, le cas échéant, par les ministres chargés de leur exécution.

Article 23

Les fonctions de membre du Gouvernement sont incompatibles avec l'exercice de tout mandat parlementaire, de toute fonction de représentation professionnelle à caractère national et de tout emploi public ou de toute activité professionnelle.
Une loi organique fixe les conditions dans lesquelles il est pourvu au remplacement des titulaires de tels mandats, fonctions ou emplois.
Le remplacement des membres du Parlement a lieu conformément aux dispositions de l'article 25.

TITRE IV

LE PARLEMENT

Article 24

Le Parlement vote la loi. Il contrôle l'action du Gouvernement. Il évalue les politiques publiques.
Il comprend l'Assemblée nationale et le Sénat.
Les députés à l'Assemblée nationale, dont le nombre ne peut excéder cinq cent soixante-dix-sept, sont élus au suffrage direct.
Le Sénat, dont le nombre de membres ne peut excéder trois cent quarante-huit, est élu au suffrage indirect. Il assure la représentation des collectivités territoriales de la République.
Les Français établis hors de France sont représentés à l'Assemblée nationale et au Sénat.

Article 25

Une loi organique fixe la durée des pouvoirs de chaque assemblée, le nombre de ses membres, leur indemnité, les conditions d'éligibilité, le régime des inéligibilités et des incompatibilités.
Elle fixe également les conditions dans lesquelles sont élues les personnes appelées à assurer, en cas de vacance du siège, le remplacement des députés ou des sénateurs jusqu'au renouvellement général ou partiel de l'assemblée à laquelle ils appartenaient.

Article 26

Aucun membre du Parlement ne peut être poursuivi, recherché, arrêté, détenu ou jugé à l'occasion des opinions ou votes émis par lui dans l'exercice de ses fonctions.
Aucun membre du Parlement ne peut faire l'objet, en matière criminelle ou correctionnelle, d'une arrestation ou de toute autre mesure privative ou restrictive de liberté qu'avec l'autorisation du Bureau de l'assemblée dont il fait partie. Cette autorisation n'est pas requise en cas de crime ou délit flagrant ou de condamnation définitive. La détention, les mesures privatives ou restrictives de liberté ou la poursuite d'un membre du Parlement sont suspendues pour la durée de la session si l'assemblée dont il fait partie le requiert. L'assemblée intéressée est réunie de plein droit pour des séances supplémentaires pour permettre, le cas échéant, l'application de l'alinéa ci-dessus.

Article 27

Tout mandat impératif est nul.
Le droit de vote des membres du Parlement est personnel.
La loi organique peut autoriser exceptionnellement la délégation de vote. Dans ce cas, nul ne peut recevoir délégation de plus d'un mandat.

Article 28

Le Parlement se réunit de plein droit en une session ordinaire qui commence le premier jour ouvrable d'octobre et prend fin le dernier jour ouvrable de juin.
Le nombre de jours de séance que chaque assemblée peut tenir au cours de la session ordinaire ne peut excéder cent vingt. Les semaines de séance sont fixées par chaque assemblée.
Le Premier ministre, après consultation du Président de l'assemblée concernée, ou la majorité des membres de chaque assemblée peut décider la tenue de jours supplémentaires de séance.
Les jours et les horaires des séances sont déterminés par le règlement de chaque assemblée.

Article 29

Le Parlement est réuni en session extraordinaire à la demande du Premier ministre ou de la majorité des membres composant l'Assemblée nationale, sur un ordre du jour déterminé.
Lorsque la session extraordinaire est tenue à la demande des membres de l'Assemblée nationale, le décret de clôture intervient dès que le Parlement a épuisé l'ordre du jour pour lequel il a été convoqué et au plus tard douze jours à compter de sa réunion.
Le Premier ministre peut seul demander une nouvelle session avant l'expiration du mois qui suit le décret de clôture.

Article 30

Hors les cas dans lesquels le Parlement se réunit de plein droit, les sessions extraordinaires sont ouvertes et closes par décret du Président de la République.

Article 31

Les membres du Gouvernement ont accès aux deux assemblées. Ils sont entendus quand ils le demandent. Ils peuvent se faire assister par des commissaires du Gouvernement.

Article 32

Le Président de l'Assemblée nationale est élu pour la durée de la législature. Le Président du Sénat est élu après chaque renouvellement partiel.

Article 33

Les séances des deux assemblées sont publiques. Le compte rendu intégral des débats est publié au Journal officiel.
Chaque assemblée peut siéger en comité secret à la demande du Premier ministre ou d'un dixième de ses membres.

TITRE V

DES RAPPORTS ENTRE LE PARLEMENT ET LE GOUVERNEMENT

Article 34

La loi fixe les règles concernant :
– les droits civiques et les garanties fondamentales accordées aux citoyens pour l'exercice des libertés publiques ;
– la liberté, le pluralisme et l'indépendance des médias ;
– les sujétions imposées par la Défense nationale aux citoyens en leur personne et en leurs biens ;
– la nationalité, l'état et la capacité des personnes, les régimes matrimoniaux, les successions et libéralités ;
– la détermination des crimes et délits ainsi que les peines qui leur sont applicables ; la procédure pénale ; l'amnistie ;
– la création de nouveaux ordres de juridiction et le statut des magistrats ;
– l'assiette, le taux et les modalités de recouvrement des impositions de toutes natures ; le régime d'émission de la monnaie.
La loi fixe également les règles concernant :
– le régime électoral des assemblées parlementaires, des assemblées locales et des instances représentatives des Français établis hors de France ainsi que les conditions d'exercice des mandats locaux et des fonctions électives des membres des assemblées délibérantes des collectivités territoriales ;
– la création de catégories d'établissements publics ;
– les garanties fondamentales accordées aux fonctionnaires civils et militaires de l'État ;
– les nationalisations d'entreprises et les transferts de propriété d'entreprises du secteur public au secteur privé.
La loi détermine les principes fondamentaux :
– de l'organisation générale de la Défense nationale ;

– de la libre administration des collectivités territoriales, de leurs compétences et de leurs ressources ;
– de l'enseignement ;
– du régime de la propriété, des droits réels et des obligations civiles et commerciales ;
– du droit du travail, du droit syndical et de la Sécurité sociale.
Les lois de finances déterminent les ressources et les charges de l'État dans les conditions et sous les réserves prévues par une loi organique.
Les lois de financement de la Sécurité sociale déterminent les conditions générales de son équilibre financier et, compte tenu de leurs prévisions de recettes, fixent ses objectifs de dépenses, dans les conditions et sous les réserves prévues par une loi organique.
Des lois de programme déterminent les objectifs de l'action économique et sociale de l'État.
Les dispositions du présent article pourront être précisées et complétées par une loi organique.

Article 34-1

Les assemblées peuvent voter des résolutions dans les conditions fixées par la loi organique.
Sont irrecevables et ne peuvent être inscrites à l'ordre du jour les propositions de résolution dont le Gouvernement estime que leur adoption ou leur rejet serait de nature à mettre en cause sa responsabilité ou qu'elles contiennent des injonctions à son égard.

Article 35

La déclaration de guerre est autorisée par le Parlement.
Le Gouvernement informe le Parlement de sa décision de faire intervenir les forces armées à l'étranger, au plus tard trois jours après le début de l'intervention. Il précise les objectifs poursuivis. Cette information peut donner lieu à un débat qui n'est suivi d'aucun vote.
Lorsque la durée de l'intervention excède quatre mois, le Gouvernement soumet sa prolongation à l'autorisation du Parlement. Il peut demander à l'Assemblée nationale de décider en dernier ressort.
Si le Parlement n'est pas en session à l'expiration du délai de quatre mois, il se prononce à l'ouverture de la session suivante.

Article 36

L'état de siège est décrété en Conseil des ministres.
Sa prorogation au-delà de douze jours ne peut être autorisée que par le Parlement.

Article 37

Les matières autres que celles qui sont du domaine de la loi ont un caractère réglementaire.
Les textes de forme législative intervenus en ces matières peuvent être modifiés par décrets pris après avis du Conseil d'État. Ceux de ces textes qui interviendraient après l'entrée en vigueur de la présente Constitution ne pourront être modifiés par décret que si le Conseil constitutionnel a déclaré qu'ils ont un caractère réglementaire en vertu de l'alinéa précédent.

Article 37-1

La loi et le règlement peuvent comporter, pour un objet et une durée limitée, des dispositions à caractère expérimental.

Article 38

Le Gouvernement peut, pour l'exécution de son programme, demander au Parlement l'autorisation de prendre par ordonnances, pendant un délai limité, des mesures qui sont normalement du domaine de la loi.

Les ordonnances sont prises en Conseil des ministres après avis du Conseil d'État. Elles entrent en vigueur dès leur publication mais deviennent caduques si le projet de loi de ratification n'est pas déposé devant le Parlement avant la date fixée par la loi d'habilitation. Elles ne peuvent être ratifiées que de manière expresse.

À l'expiration du délai mentionné au premier alinéa du présent article, les ordonnances ne peuvent plus être modifiées que par la loi dans les matières qui sont du domaine législatif.

Article 39

L'initiative des lois appartient concurremment au Premier ministre et aux membres du Parlement.

Les projets de loi sont délibérés en Conseil des ministres après avis du Conseil d'État et déposés sur le bureau de l'une des deux assemblées. Les projets de loi de finances et de loi de financement de la Sécurité sociale sont soumis en premier lieu à l'Assemblée nationale.

Sans préjudice du premier alinéa de l'article 44, les projets de loi ayant pour principal objet l'organisation des collectivités territoriales sont soumis en premier lieu au Sénat.

La présentation des projets de loi déposés devant l'Assemblée nationale ou le Sénat répond aux conditions fixées par une loi organique.

Les projets de loi ne peuvent être inscrits à l'ordre du jour si la conférence des présidents de la première assemblée saisie constate que les règles fixées par la loi organique sont méconnues. En cas de désaccord entre la conférence des présidents et le Gouvernement, le président de l'assemblée intéressée ou le Premier ministre peut saisir le Conseil constitutionnel qui statue dans un délai de huit jours.

Dans les conditions prévues par la loi, le président d'une assemblée peut soumettre pour avis au Conseil d'État, avant son examen en commission, une proposition de loi déposée par l'un des membres de cette assemblée, sauf si ce dernier s'y oppose.

Article 40

Les propositions et amendements formulés par les membres du Parlement ne sont pas recevables lorsque leur adoption aurait pour conséquence soit une diminution des ressources publiques, soit la création ou l'aggravation d'une charge publique.

Article 41

S'il apparaît au cours de la procédure législative qu'une proposition ou un amendement n'est pas du domaine de la loi ou est contraire à une délégation accordée en vertu de l'article 38, le Gouvernement ou le président de l'assemblée saisie peut opposer l'irrecevabilité.

En cas de désaccord entre le Gouvernement et le Président de l'assemblée intéressée, le Conseil constitutionnel, à la demande de l'un ou de l'autre, statue dans un délai de huit jours.

Article 42

La discussion des projets et des propositions de loi porte, en séance, sur le texte adopté par la commission saisie en application de l'article 43 ou, à défaut, sur le texte dont l'assemblée a été saisie.

Toutefois, la discussion en séance des projets de révision constitutionnelle, des projets de loi de finances et des projets de loi de financement de la sécurité sociale porte, en première lecture devant la première assemblée saisie, sur le texte présenté par le Gouvernement et, pour les autres lectures, sur le texte transmis par l'autre assemblée.

La discussion en séance, en première lecture, d'un projet ou d'une proposition de loi ne peut intervenir, devant la première assemblée saisie, qu'à l'expiration d'un délai de six semaines après son dépôt. Elle ne peut intervenir, devant la seconde assemblée saisie, qu'à l'expiration d'un délai de quatre semaines à compter de sa transmission.

L'alinéa précédent ne s'applique pas si la procédure accélérée a été engagée dans les conditions prévues à l'article 45. Il ne s'applique pas non plus aux projets de loi de finances, aux projets de loi de financement de la sécurité sociale et aux projets relatifs aux états de crise.

Article 43

Les projets et propositions de loi sont envoyés pour examen à l'une des commissions permanentes dont le nombre est limité à huit dans chaque assemblée.

À la demande du Gouvernement ou de l'assemblée qui en est saisie, les projets ou propositions de loi sont envoyés pour examen à une commission spécialement désignée à cet effet.

Article 44

Les membres du Parlement et le Gouvernement ont le droit d'amendement. Ce droit s'exerce en séance ou en commission selon les conditions fixées par les règlements des assemblées, dans le cadre déterminé par une loi organique.

Après l'ouverture du débat, le Gouvernement peut s'opposer à l'examen de tout amendement qui n'a pas été antérieurement soumis à la commission.

Si le Gouvernement le demande, l'assemblée saisie se prononce par un seul vote sur tout ou partie du texte en discussion en ne retenant que les amendements proposés ou acceptés par le Gouvernement.

Article 45

Tout projet ou proposition de loi est examiné successivement dans les deux assemblées du Parlement en vue de l'adoption d'un texte identique. Sans préjudice de l'application des articles 40 et 41, tout amendement est recevable en première lecture dès lors qu'il présente un lien, même indirect, avec le texte déposé ou transmis.

Lorsque, par suite d'un désaccord entre les deux assemblées, un projet ou une proposition de loi n'a pu être adopté après deux lectures par chaque assemblée ou, si le Gouvernement a décidé d'engager la procédure accélérée sans que les conférences des présidents s'y soient conjointement opposées, après une seule lecture par chacune d'entre elles, le Premier ministre ou, pour une proposition de loi, les présidents des deux assemblées agissant conjointement, ont la faculté de provoquer la réunion d'une commission mixte paritaire chargée de proposer un texte sur les dispositions restant en discussion.

Le texte élaboré par la commission mixte peut être soumis par le Gouvernement pour approbation aux deux assemblées. Aucun amendement n'est recevable sauf accord du Gouvernement.
Si la commission mixte ne parvient pas à l'adoption d'un texte commun ou si ce texte n'est pas adopté dans les conditions prévues à l'alinéa précédent, le Gouvernement peut, après une nouvelle lecture par l'Assemblée nationale et par le Sénat, demander à l'Assemblée nationale de statuer définitivement. En ce cas, l'Assemblée nationale peut reprendre soit le texte élaboré par la commission mixte, soit le dernier texte voté par elle, modifié le cas échéant par un ou plusieurs des amendements adoptés par le Sénat.

Article 46

Les lois auxquelles la Constitution confère le caractère de lois organiques sont votées et modifiées dans les conditions suivantes.
Le projet ou la proposition ne peut, en première lecture, être soumis à la délibération et au vote des assemblées qu'à l'expiration des délais fixés au troisième alinéa de l'article 42. Toutefois, si la procédure accélérée a été engagée dans les conditions prévues à l'article 45, le projet ou la proposition ne peut être soumis à la délibération de la première assemblée saisie avant l'expiration d'un délai de quinze jours après son dépôt.
La procédure de l'article 45 est applicable. Toutefois, faute d'accord entre les deux assemblées, le texte ne peut être adopté par l'Assemblée nationale en dernière lecture qu'à la majorité absolue de ses membres.
Les lois organiques relatives au Sénat doivent être votées dans les mêmes termes par les deux assemblées.
Les lois organiques ne peuvent être promulguées qu'après déclaration par le Conseil constitutionnel de leur conformité à la Constitution.

Article 47

Le Parlement vote les projets de loi de finances dans les conditions prévues par une loi organique.
Si l'Assemblée nationale ne s'est pas prononcée en première lecture dans le délai de quarante jours après le dépôt d'un projet, le Gouvernement saisit le Sénat qui doit statuer dans un délai de quinze jours. Il est ensuite procédé dans les conditions prévues à l'article 45.
Si le Parlement ne s'est pas prononcé dans un délai de soixante-dix jours, les dispositions du projet peuvent être mises en vigueur par ordonnance.
Si la loi de finances fixant les ressources et les charges d'un exercice n'a pas été déposée en temps utile pour être promulguée avant le début de cet exercice, le Gouvernement demande d'urgence au Parlement l'autorisation de percevoir les impôts et ouvre par décret les crédits se rapportant aux services votés.
Les délais prévus au présent article sont suspendus lorsque le Parlement n'est pas en session. La Cour des comptes assiste le Parlement et le Gouvernement dans le contrôle de l'exécution des lois de finances.

Article 47-1

Le Parlement vote les projets de loi de financement de la sécurité sociale dans les conditions prévues par une loi organique.

Si l'Assemblée nationale ne s'est pas prononcée en première lecture dans le délai de vingt jours après le dépôt d'un projet, le Gouvernement saisit le Sénat qui doit statuer dans un délai de quinze jours. Il est ensuite procédé dans les conditions prévues à l'article 45.
Si le Parlement ne s'est pas prononcé dans un délai de cinquante jours, les dispositions du projet peuvent être mises en œuvre par ordonnance.
Les délais prévus au présent article sont suspendus lorsque le Parlement n'est pas en session et, pour chaque assemblée, au cours des semaines où elle a décidé de ne pas tenir séance, conformément au deuxième alinéa de l'article 28.
La Cour des comptes assiste le Parlement et le Gouvernement dans le contrôle de l'application des lois de financement de la Sécurité sociale.

Article 47-2

La Cour des comptes assiste le Parlement dans le contrôle de l'action du Gouvernement. Elle assiste le Parlement et le Gouvernement dans le contrôle de l'exécution des lois de finances et de l'application des lois de financement de la sécurité sociale ainsi que dans l'évaluation des politiques publiques. Par ses rapports publics, elle contribue à l'information des citoyens.
Les comptes des administrations publiques sont réguliers et sincères. Ils donnent une image fidèle du résultat de leur gestion, de leur patrimoine et de leur situation financière.

Article 48

Sans préjudice de l'application des trois derniers alinéas de l'article 28, l'ordre du jour est fixé par chaque assemblée.
Deux semaines de séance sur quatre sont réservées par priorité, et dans l'ordre que le Gouvernement a fixé, à l'examen des textes et aux débats dont il demande l'inscription à l'ordre du jour.
En outre, l'examen des projets de loi de finances, des projets de loi de financement de la sécurité sociale et, sous réserve des dispositions de l'alinéa suivant, des textes transmis par l'autre assemblée depuis six semaines au moins, des projets relatifs aux états de crise et des demandes d'autorisation visées à l'article 35 est, à la demande du Gouvernement, inscrit à l'ordre du jour par priorité.
Une semaine de séance sur quatre est réservée par priorité et dans l'ordre fixé par chaque assemblée au contrôle de l'action du Gouvernement et à l'évaluation des politiques publiques.
Un jour de séance par mois est réservé à un ordre du jour arrêté par chaque assemblée à l'initiative des groupes d'opposition de l'assemblée intéressée ainsi qu'à celle des groupes minoritaires.
Une séance par semaine au moins, y compris pendant les sessions extraordinaires prévues à l'article 29, est réservée par priorité aux questions des membres du Parlement et aux réponses du Gouvernement.

Article 49

Le Premier ministre, après délibération du Conseil des ministres, engage devant l'Assemblée nationale la responsabilité du Gouvernement sur son programme, ou éventuellement sur une déclaration de politique générale.
L'Assemblée nationale met en cause la responsabilité du Gouvernement par le vote d'une motion de censure. Une telle motion n'est recevable que si elle est signée par un

dixième au moins des membres de l'Assemblée nationale. Le vote ne peut avoir lieu que quarante-huit heures après son dépôt. Seuls sont recensés les votes favorables à la motion de censure qui ne peut être adoptée qu'à la majorité des membres composant l'Assemblée. Sauf dans le cas prévu à l'alinéa ci-dessous, un député ne peut être signataire de plus de trois motions de censure au cours d'une même session ordinaire et de plus d'une au cours d'une même session extraordinaire.
Le Premier ministre peut, après délibération du Conseil des ministres, engager la responsabilité du Gouvernement devant l'Assemblée nationale sur le vote d'un projet de loi de finances ou de financement de la sécurité sociale. Dans ce cas, ce projet est considéré comme adopté, sauf si une motion de censure, déposée dans les vingt-quatre heures qui suivent, est votée dans les conditions prévues à l'alinéa précédent.
Le Premier ministre peut, en outre, recourir à cette procédure pour un autre projet ou une proposition de loi par session.
Le Premier ministre a la faculté de demander au Sénat l'approbation d'une déclaration de politique générale.

Article 50

Lorsque l'Assemblée nationale adopte une motion de censure ou lorsqu'elle désapprouve le programme ou une déclaration de politique générale du Gouvernement, le Premier ministre doit remettre au Président de la République la démission du Gouvernement.

Article 50-1

Devant l'une ou l'autre des assemblées, le Gouvernement peut, de sa propre initiative ou à la demande d'un groupe parlementaire au sens de l'article 51-1, faire, sur un sujet déterminé, une déclaration qui donne lieu à débat et peut, s'il le décide, faire l'objet d'un vote sans engager sa responsabilité.

Article 51

La clôture de la session ordinaire ou des sessions extraordinaires est de droit retardée pour permettre, le cas échéant, l'application des dispositions de l'article 49. À cette même fin, des séances supplémentaires sont de droit.

Article 51-1

Le règlement de chaque assemblée détermine les droits des groupes parlementaires constitués en son sein. Il reconnaît des droits spécifiques aux groupes d'opposition de l'assemblée intéressée ainsi qu'aux groupes minoritaires.

Article 51-2

Pour l'exercice des missions de contrôle et d'évaluation définies au premier alinéa de l'article 24, des commissions d'enquête peuvent être créées au sein de chaque assemblée pour recueillir, dans les conditions prévues par la loi, des éléments d'information.
La loi détermine leurs règles d'organisation et de fonctionnement. Leurs conditions de création sont fixées par le règlement de chaque assemblée.

TITRE VI

DES TRAITÉS ET ACCORDS INTERNATIONAUX

Article 52

Le Président de la République négocie et ratifie les traités.
Il est informé de toute négociation tendant à la conclusion d'un accord international non soumis à ratification.

Article 53

Les traités de paix, les traités de commerce, les traités ou accords relatifs à l'organisation internationale, ceux qui engagent les finances de l'État, ceux qui modifient des dispositions de nature législative, ceux qui sont relatifs à l'état des personnes, ceux qui comportent cession, échange ou adjonction de territoire, ne peuvent être ratifiés ou approuvés qu'en vertu d'une loi.
Ils ne prennent effet qu'après avoir été ratifiés ou approuvés.
Nulle cession, nul échange, nulle adjonction de territoire n'est valable sans le consentement des populations intéressées.

Article 53-1

La République peut conclure avec les États européens qui sont liés par des engagements identiques aux siens en matière d'asile et de protection des Droits de l'Homme et des libertés fondamentales, des accords déterminant leurs compétences respectives pour l'examen des demandes d'asile qui leur sont présentées. Toutefois, même si la demande n'entre pas dans leur compétence en vertu de ces accords, les autorités de la République ont toujours le droit de donner asile à tout étranger persécuté en raison de son action en faveur de la liberté ou qui sollicite la protection de la France pour un autre motif.

Article 53-2

La République peut reconnaître la juridiction de la Cour pénale internationale dans les conditions prévues par le traité signé le 18 juillet 1998.

Article 54

Si le Conseil constitutionnel, saisi par le Président de la République, par le Premier ministre, par le Président de l'une ou l'autre assemblée ou par soixante députés ou soixante sénateurs, a déclaré qu'un engagement international comporte une clause contraire à la Constitution, l'autorisation de ratifier ou d'approuver l'engagement international en cause ne peut intervenir qu'après la révision de la Constitution.

Article 55

Les traités ou accords régulièrement ratifiés ou approuvés ont, dès leur publication, une autorité supérieure à celle des lois, sous réserve, pour chaque accord ou traité, de son application par l'autre partie.

TITRE VII

LE CONSEIL CONSTITUTIONNEL

Article 56

Le Conseil constitutionnel comprend neuf membres, dont le mandat dure neuf ans et n'est pas renouvelable. Le Conseil constitutionnel se renouvelle par tiers tous les trois

ans. Trois des membres sont nommés par le Président de la République, trois par le Président de l'Assemblée nationale, trois par le Président du Sénat. La procédure prévue au dernier alinéa de l'article 13 est applicable à ces nominations. Les nominations effectuées par le président de chaque assemblée sont soumises au seul avis de la commission permanente compétente de l'assemblée concernée.
En sus des neuf membres prévus ci-dessus, font de droit partie à vie du Conseil constitutionnel les anciens Présidents de la République.
Le Président est nommé par le Président de la République. Il a voix prépondérante en cas de partage.

Article 57

Les fonctions de membre du Conseil constitutionnel sont incompatibles avec celles de ministre ou de membre du parlement. Les autres incompatibilités sont fixées par une loi organique.

Article 58

Le Conseil constitutionnel veille à la régularité de l'élection du Président de la République.
Il examine les réclamations et proclame les résultats du scrutin.

Article 59

Le Conseil constitutionnel statue, en cas de contestation, sur la régularité de l'élection des députés et des sénateurs.

Article 60

Le Conseil constitutionnel veille à la régularité des opérations de référendum prévues aux articles 11 et 89 et en proclame les résultats.

Article 61

Les lois organiques, avant leur promulgation, les propositions de lois mentionnées à l'article 11 avant qu'elles ne soient soumises au référendum, et les règlements des assemblées parlementaires, avant leur mise en application, doivent être soumis au Conseil constitutionnel qui se prononce sur leur conformité à la Constitution.
Aux mêmes fins, les lois peuvent être déférées au Conseil constitutionnel, avant leur promulgation, par le Président de la République, le Premier ministre, le Président de l'Assemblée nationale, le Président du Sénat ou soixante députés ou soixante sénateurs.
Dans les cas prévus aux deux alinéas précédents, le Conseil constitutionnel doit statuer dans le délai d'un mois.
Toutefois, à la demande du Gouvernement, s'il y a urgence, ce délai est ramené à huit jours.
Dans ces mêmes cas, la saisine du Conseil constitutionnel suspend le délai de promulgation.

Article 61-1

Lorsque, à l'occasion d'une instance en cours devant une juridiction, il est soutenu qu'une disposition législative porte atteinte aux droits et libertés que la Constitution garantit, le Conseil constitutionnel peut être saisi de cette question sur renvoi du Conseil d'État ou de la Cour de cassation qui se prononce dans un délai déterminé.
Une loi organique détermine les conditions d'application du présent article.

Article 62

Une disposition déclarée inconstitutionnelle sur le fondement de l'article 61 ne peut être promulguée ni mise en application.
Une disposition déclarée inconstitutionnelle sur le fondement de l'article 61-1 est abrogée à compter de la publication de la décision du Conseil constitutionnel ou d'une date ultérieure fixée par cette décision. Le Conseil constitutionnel détermine les conditions et limites dans lesquelles les effets que la disposition a produits sont susceptibles d'être remis en cause.
Les décisions du Conseil constitutionnel ne sont susceptibles d'aucun recours. Elles s'imposent aux pouvoirs publics et à toutes les autorités administratives et juridictionnelles.

Article 63

Une loi organique détermine les règles d'organisation et de fonctionnement du Conseil constitutionnel, la procédure qui est suivie devant lui et notamment les délais ouverts pour le saisir de contestations.

TITRE VIII

DE L'AUTORITÉ JUDICIAIRE

Article 64

Le Président de la République est garant de l'indépendance de l'autorité judiciaire.
Il est assisté par le Conseil supérieur de la magistrature.
Une loi organique porte statut des magistrats.
Les magistrats du siège sont inamovibles.

Article 65

Le Conseil supérieur de la magistrature comprend une formation compétente à l'égard des magistrats du siège et une formation compétente à l'égard des magistrats du parquet.
La formation compétente à l'égard des magistrats du siège est présidée par le premier président de la Cour de cassation. Elle comprend, en outre, cinq magistrats du siège et un magistrat du parquet, un conseiller d'État désigné par le Conseil d'État, un avocat ainsi que six personnalités qualifiées qui n'appartiennent ni au Parlement, ni à l'ordre judiciaire, ni à l'ordre administratif. Le président de la République, le président de l'Assemblée nationale et le président du Sénat désignent chacun deux personnalités qualifiées. La procédure prévue au dernier alinéa de l'article 13 est applicable aux nominations des personnalités qualifiées. Les nominations effectuées par le président de chaque assemblée du Parlement sont soumises au seul avis de la commission permanente compétente de l'assemblée intéressée.
La formation compétente à l'égard des magistrats du parquet est présidée par le procureur général près la Cour de cassation. Elle comprend, en outre, cinq magistrats du parquet et un magistrat du siège, ainsi que le conseiller d'État, l'avocat et les six personnalités qualifiées mentionnés au deuxième alinéa.
La formation du Conseil supérieur de la magistrature compétente à l'égard des magistrats du siège fait des propositions pour les nominations des magistrats du

siège à la Cour de cassation, pour celles de premier président de cour d'appel et pour celles de président de tribunal de grande instance. Les autres magistrats du siège sont nommés sur son avis conforme.
La formation du Conseil supérieur de la magistrature compétente à l'égard des magistrats du parquet donne son avis sur les nominations qui concernent les magistrats du parquet.
La formation du Conseil supérieur de la magistrature compétente à l'égard des magistrats du siège statue comme conseil de discipline des magistrats du siège. Elle comprend alors, outre les membres visés au deuxième alinéa, le magistrat du siège appartenant à la formation compétente à l'égard des magistrats du parquet.
La formation du Conseil supérieur de la magistrature compétente à l'égard des magistrats du parquet donne son avis sur les sanctions disciplinaires qui les concernent. Elle comprend alors, outre les membres visés au troisième alinéa, le magistrat du parquet appartenant à la formation compétente à l'égard des magistrats du siège.
Le Conseil supérieur de la magistrature se réunit en formation plénière pour répondre aux demandes d'avis formulées par le président de la République au titre de l'article 64. Il se prononce, dans la même formation, sur les questions relatives à la déontologie des magistrats ainsi que sur toute question relative au fonctionnement de la justice dont le saisit le ministre de la Justice. La formation plénière comprend trois des cinq magistrats du siège mentionnés au deuxième alinéa, trois des cinq magistrats du parquet mentionnés au troisième alinéa, ainsi que le conseiller d'État, l'avocat et les six personnalités qualifiées mentionnés au deuxième alinéa. Elle est présidée par le premier président de la Cour de cassation, que peut suppléer le procureur général près cette cour.
Sauf en matière disciplinaire, le ministre de la Justice peut participer aux séances des formations du Conseil supérieur de la magistrature.
Le Conseil supérieur de la magistrature peut être saisi par un justiciable dans les conditions fixées par une loi organique.
La loi organique détermine les conditions d'application du présent article.

Article 66

Nul ne peut être arbitrairement détenu.
L'autorité judiciaire, gardienne de la liberté individuelle, assure le respect de ce principe dans les conditions prévues par la loi.

Article 66-1

Nul ne peut être condamné à la peine de mort.

TITRE IX

LA HAUTE COUR

Article 67

Le Président de la République n'est pas responsable des actes accomplis en cette qualité, sous réserve des dispositions des articles 53-2 et 68.

Il ne peut, durant son mandat et devant aucune juridiction ou autorité administrative française, être requis de témoigner non plus que faire l'objet d'une action, d'un acte d'information, d'instruction ou de poursuite. Tout délai de prescription ou de forclusion est suspendu.
Les instances et procédures auxquelles il est ainsi fait obstacle peuvent être reprises ou engagées contre lui à l'expiration d'un délai d'un mois suivant la cessation des fonctions.

Article 68

Le Président de la République ne peut être destitué qu'en cas de manquement à ses devoirs manifestement incompatible avec l'exercice de son mandat. La destitution est prononcée par le Parlement constitué en Haute Cour.
La proposition de réunion de la Haute Cour adoptée par une des assemblées du Parlement est aussitôt transmise à l'autre qui se prononce dans les quinze jours.
La Haute Cour est présidée par le président de l'Assemblée nationale. Elle statue dans un délai d'un mois, à bulletins secrets, sur la destitution. Sa décision est d'effet immédiat.
Les décisions prises en application du présent article le sont à la majorité des deux tiers des membres composant l'assemblée concernée ou la Haute Cour. Toute délégation de vote est interdite. Seuls sont recensés les votes favorables à la proposition de réunion de la Haute Cour ou à la destitution.
Une loi organique fixe les conditions d'application du présent article.

TITRE X

DE LA RESPONSABILITÉ PÉNALE DES MEMBRES DU GOUVERNEMENT

Article 68-1

Les membres du gouvernement sont pénalement responsables des actes accomplis dans l'exercice de leurs fonctions et qualifiés crimes ou délits au moment où ils ont été commis.
Ils sont jugés par la Cour de justice de la République.
La Cour de justice de la République est liée par la définition des crimes et délits ainsi que par la détermination des peines telles qu'elles résultent de la loi.

Article 68-2

La Cour de justice de la République comprend quinze juges : douze parlementaires élus, en leur sein et en nombre égal, par l'Assemblée nationale et par le Sénat après chaque renouvellement général ou partiel de ces assemblées et trois magistrats du siège à la Cour de cassation, dont l'un préside la Cour de justice de la République.
Toute personne qui se prétend lésée par un crime ou un délit commis par un membre du gouvernement dans l'exercice de ses fonctions peut porter plainte auprès d'une commission des requêtes. Cette commission ordonne soit le classement de la procédure, soit sa transmission au Procureur général près la Cour de cassation aux fins de saisine de la Cour de justice de la République.
Le Procureur général près la Cour de cassation peut aussi saisir d'office la Cour de justice de la République sur avis conforme de la commission des requêtes.
Une loi organique détermine les conditions d'application du présent article.

Article 68-3

Les dispositions du présent titre sont applicables aux faits commis avant son entrée en vigueur.

TITRE XI

LE CONSEIL ÉCONOMIQUE, SOCIAL ET ENVIRONNEMENTAL

Article 69

Le Conseil économique, social et environnemental, saisi par le gouvernement, donne son avis sur les projets de loi, d'ordonnance ou de décret ainsi que sur les propositions de loi qui lui sont soumis. Un membre du Conseil économique et social peut être désigné par celui-ci pour exposer devant les assemblées parlementaires l'avis du Conseil sur les projets ou propositions qui lui ont été soumis.
Le Conseil économique, social et environnemental peut être saisi par voie de pétition dans les conditions fixées par une loi organique. Après examen de la pétition, il fait connaître au Gouvernement et au Parlement les suites qu'il propose d'y donner.

Article 70

Le Conseil économique, social et environnemental peut être consulté par le Gouvernement et le Parlement sur tout problème de caractère économique, social ou environnemental. Le Gouvernement peut également le consulter sur les projets de loi de programmation définissant les orientations pluriannuelles des finances publiques. Tout plan ou tout projet de loi de programmation à caractère économique, social ou environnemental lui est soumis pour avis.

Article 71

La composition du Conseil économique, social et environnemental, dont le nombre de membres ne peut excéder deux cent trente-trois, et ses règles de fonctionnement sont fixées par une loi organique.

TITRE XI *BIS*

LE DÉFENSEUR DES DROITS

Article 71-1

Le Défenseur des droits veille au respect des droits et libertés par les administrations de l'État, les collectivités territoriales, les établissements publics, ainsi que par tout organisme investi d'une mission de service public, ou à l'égard duquel la loi organique lui attribue des compétences.
Il peut être saisi, dans les conditions prévues par la loi organique, par toute personne s'estimant lésée par le fonctionnement d'un service public ou d'un organisme visé au premier alinéa. Il peut se saisir d'office.
La loi organique définit les attributions et les modalités d'intervention du Défenseur des droits. Elle détermine les conditions dans lesquelles il peut être assisté par un collège pour l'exercice de certaines de ses attributions.
Le Défenseur des droits est nommé par le Président de la République pour un mandat de six ans non renouvelable, après application de la procédure prévue au dernier

alinéa de l'article 13. Ses fonctions sont incompatibles avec celles de membre du Gouvernement et de membre du Parlement. Les autres incompatibilités sont fixées par la loi organique.
Le Défenseur des droits rend compte de son activité au président de la République et au Parlement.

TITRE XII

DES COLLECTIVITÉS TERRITORIALES

Article 72

Les collectivités territoriales de la République sont les communes, les départements, les régions, les collectivités à statut particulier et les collectivités d'outre-mer régies par l'article 74. Toute autre collectivité territoriale est créée par la loi, le cas échéant en lieu et place d'une ou de plusieurs collectivités mentionnées au présent alinéa.
Les collectivités territoriales ont vocation à prendre les décisions pour l'ensemble des compétences qui peuvent le mieux être mises en œuvre à leur échelon.
Dans les conditions prévues par la loi, ces collectivités s'administrent librement par des conseils élus et disposent d'un pouvoir réglementaire pour l'exercice de leurs compétences.
Dans les conditions prévues par la loi organique, et sauf lorsque sont en cause les conditions essentielles d'exercice d'une liberté publique ou d'un droit constitutionnellement garanti, les collectivités territoriales ou leurs groupements peuvent, lorsque, selon le cas, la loi ou le règlement l'a prévu, déroger à titre expérimental et pour un objet et une durée limités, aux dispositions législatives ou réglementaires qui régissent l'exercice de leurs compétences.
Aucune collectivité territoriale ne peut exercer une tutelle sur une autre. Cependant, lorsque l'exercice d'une compétence nécessite le concours de plusieurs collectivités territoriales, la loi peut autoriser l'une d'elles ou un de leurs groupements à organiser les modalités de leur action commune.
Dans les collectivités territoriales de la République, le représentant de l'État, représentant de chacun des membres du gouvernement, à la charge des intérêts nationaux, du contrôle administratif et du respect des lois.

Article 72-1

La loi fixe les conditions dans lesquelles les électeurs de chaque collectivité territoriale peuvent, par l'exercice du droit de pétition, demander l'inscription à l'ordre du jour de l'assemblée délibérante de cette collectivité d'une question relevant de sa compétence.
Dans les conditions prévues par la loi organique, les projets de délibération ou d'acte relevant de la compétence d'une collectivité territoriale peuvent, à son initiative, être soumis, par la voie du référendum, à la décision des électeurs de cette collectivité.
Lorsqu'il est envisagé de créer une collectivité territoriale dotée d'un statut particulier ou de modifier son organisation, il peut être décidé par la loi de consulter les électeurs inscrits dans les collectivités intéressées. La modification des limites des collectivités territoriales peut également donner lieu à la consultation des électeurs dans les conditions prévues par la loi.

Article 72-2

Les collectivités territoriales bénéficient de ressources dont elles peuvent disposer librement dans les conditions fixées par la loi.

Elles peuvent recevoir tout ou partie du produit des impositions de toutes natures. La loi peut les autoriser à en fixer l'assiette et le taux dans les limites qu'elle détermine.

Les recettes fiscales et les autres ressources propres des collectivités territoriales représentent, pour chaque catégorie de collectivités, une part déterminante de l'ensemble de leurs ressources. La loi organique fixe les conditions dans lesquelles cette règle est mise en œuvre.

Tout transfert de compétences entre l'État et les collectivités territoriales s'accompagne de l'attribution de ressources équivalentes à celles qui étaient consacrées à leur exercice. Toute création ou extension de compétences ayant pour conséquence d'augmenter les dépenses des collectivités territoriales est accompagnée de ressources déterminées par la loi.

La loi prévoit des dispositifs de péréquation destinés à favoriser l'égalité entre les collectivités territoriales.

Article 72-3

La République reconnaît, au sein du peuple français, les populations d'outre-mer, dans un idéal commun de liberté, d'égalité et de fraternité.

La Guadeloupe, la Guyane, la Martinique, la Réunion, Mayotte, Saint-Barthélemy, Saint-Martin, Saint-Pierre-et-Miquelon, les îles Wallis et Futuna et la Polynésie française sont régis par l'article 73 pour les départements et les régions d'outre-mer, et pour les collectivités territoriales créées en application du dernier alinéa de l'article 73, et par l'article 74 pour les autres collectivités.

Le statut de la Nouvelle-Calédonie est régi par le titre XIII.

La loi détermine le régime législatif et l'organisation particulière des Terres australes et antarctiques françaises et de Clipperton.

Article 72-4

Aucun changement, pour tout ou partie de l'une des collectivités mentionnées au deuxième alinéa de l'article 72-3, de l'un vers l'autre des régimes prévus par les articles 73 et 74, ne peut intervenir sans que le consentement des électeurs de la collectivité ou de la partie de la collectivité intéressée ait été préalablement recueilli dans les conditions prévues à l'alinéa suivant. Ce changement de régime est décidé par une loi organique.

Le Président de la République, sur proposition du Gouvernement pendant la durée des sessions ou sur proposition conjointe des deux assemblées, publiées au Journal Officiel, peut décider de consulter les électeurs d'une collectivité territoriale située outre-mer sur une question relative à son organisation, à ses compétences ou à son régime législatif. Lorsque la consultation porte sur un changement prévu à l'alinéa précédent et est organisée sur proposition du gouvernement, celui-ci fait, devant chaque assemblée, une déclaration qui est suivie d'un débat.

Article 73

Dans les départements et les régions d'outre-mer, les lois et règlements sont applicables de plein droit. Ils peuvent faire l'objet d'adaptations tenant aux caractéristiques et contraintes particulières de ces collectivités.

Ces adaptations peuvent être décidées par ces collectivités dans les matières où s'exercent leurs compétences et si elles y ont été habilitées, selon le cas, par la loi ou par le règlement.
Par dérogation au premier alinéa et pour tenir compte de leurs spécificités, les collectivités régies par le présent article peuvent être habilitées, selon le cas, par la loi ou par le règlement, à fixer elles-mêmes les règles applicables sur leur territoire, dans un nombre limité de matières pouvant relever du domaine de la loi ou du règlement.
Ces règles ne peuvent porter sur la nationalité, les droits civiques, les garanties des libertés publiques, l'état et la capacité des personnes, l'organisation de la justice, le droit pénal, la procédure pénale, la politique étrangère, la défense, la sécurité et l'ordre publics, la monnaie, le crédit et les changes, ainsi que le droit électoral. Cette énumération pourra être précisée et complétée par une loi organique.
La disposition prévue aux deux précédents alinéas n'est pas applicable au département et à la région de la Réunion.
Les habilitations prévues au deuxième et troisième alinéas sont décidées, à la demande de la collectivité concernée, dans les conditions et sous les réserves prévues par une loi organique. Elles ne peuvent intervenir lorsque sont en cause les conditions essentielles d'exercice d'une liberté publique ou d'un droit constitutionnellement garanti.
La création par la loi d'une collectivité se substituant à un département et une région d'outre-mer ou l'institution d'une assemblée délibérante unique pour ces deux collectivités ne peut intervenir sans qu'ait été recueilli, selon les formes prévues au second alinéa de l'article 72-4, le consentement des électeurs inscrits dans le ressort de ces collectivités.

Article 74

Les collectivités d'outre-mer régies par le présent article ont un statut qui tient compte des intérêts propres de chacune d'elles au sein de la République.
Ce statut est défini par une loi organique, adoptée après avis de l'assemblée délibérante, qui fixe :
– les conditions dans lesquelles les lois et règlements y sont applicables ;
– les compétences de cette collectivité ; sous réserve de celles déjà exercées par elle, le transfert de compétences de l'État ne peut porter sur les matières énumérées au quatrième alinéa de l'article 73, précisées et complétées, le cas échéant, par la loi organique ;
– les règles d'organisation et de fonctionnement des institutions de la collectivité et le régime électoral de son assemblée délibérante ;
– les conditions dans lesquelles ses institutions sont consultées sur les projets et propositions de loi et les projets d'ordonnance ou de décret comportant des dispositions particulières à la collectivité, ainsi que sur la ratification ou l'approbation d'engagements internationaux conclus dans les matières relevant de sa compétence.
– La loi organique peut également déterminer, pour celles de ces collectivités qui sont dotées de l'autonomie, les conditions dans lesquelles :
– le Conseil d'État exerce un contrôle juridictionnel spécifique sur certaines catégories d'actes de l'assemblée délibérante intervenant au titre des compétences qu'elle exerce dans le domaine de la loi ;

– l'assemblée délibérante peut modifier une loi promulguée postérieurement à l'entrée en vigueur du statut de la collectivité, lorsque le Conseil constitutionnel, saisi notamment par les autorités de la collectivité, a constaté que la loi était intervenue dans le domaine de compétence de cette collectivité ;
– des mesures justifiées par les nécessités locales peuvent être prises par la collectivité en faveur de sa population, en matière d'accès à l'emploi, de droit d'établissement pour l'exercice d'une activité professionnelle ou de protection du patrimoine foncier ;
– la collectivité peut participer, sous le contrôle de l'État, à l'exercice des compétences qu'il conserve, dans le respect des garanties accordées sur l'ensemble du territoire national pour l'exercice des libertés publiques ;
Les autres modalités de l'organisation particulière des collectivités relevant du présent article sont définies et modifiées par la loi après consultation de leur assemblée délibérante.

Article 74-1

Dans les collectivités d'outre-mer visées à l'article 74 et en Nouvelle-Calédonie, le Gouvernement peut, par ordonnances, dans les matières qui demeurent de la compétence de l'État, étendre, avec les adaptations nécessaires, les dispositions de nature législative en vigueur en métropole ou adapter les dispositions de nature législative en vigueur à l'organisation particulière de la collectivité concernée, sous réserve que la loi n'ait pas expressément exclu, pour les dispositions en cause, le recours à cette procédure.
Les ordonnances sont prises en Conseil des ministres après avis des assemblées délibérantes intéressées et du Conseil d'État. Elles entrent en vigueur dès leur publication. Elles deviennent caduques en l'absence de ratification par le Parlement dans le délai de dix-huit mois suivant cette publication.

Article 75

Les citoyens de la République qui n'ont pas le statut civil de droit commun, seul visé à l'article 34, conservent leur statut personnel tant qu'ils n'y ont pas renoncé.

Article 75-1

Les langues régionales appartiennent au patrimoine de la France.

TITRE XIII

DISPOSITIONS TRANSITOIRES RELATIVES À LA NOUVELLE-CALÉDONIE

Article 76

Les populations de la Nouvelle-Calédonie sont appelées à se prononcer avant le 31 décembre 1998 sur les dispositions de l'accord signé à Nouméa le 5 mai 1998 et publié le 27 mai 1998 au Journal officiel de la République française.
Sont admises à participer au scrutin les personnes remplissant les conditions fixées à l'article 2 de la loi n° 88-1028 du 9 novembre 1988.
Les mesures nécessaires à l'organisation du scrutin sont prises par décret en Conseil d'État délibéré en Conseil des ministres.

Article 77

Après approbation de l'accord lors de la consultation prévue à l'article 76, la loi organique, prise après avis de l'assemblée délibérante de la Nouvelle-Calédonie,

détermine, pour assurer l'évolution de la Nouvelle-Calédonie dans le respect des orientations définies par cet accord et selon les modalités nécessaires à sa mise en œuvre :
– les compétences de l'État qui seront transférées, de façon définitive, aux institutions de la Nouvelle-Calédonie, l'échelonnement et les modalités de ces transferts, ainsi que la répartition des charges résultant de ceux-ci ;
– les règles d'organisation et de fonctionnement des institutions de la Nouvelle-Calédonie et notamment les conditions dans lesquelles certaines catégories d'actes de l'assemblée délibérante pourront être soumises avant publication au contrôle du Conseil constitutionnel ;
– les règles relatives à la citoyenneté, au régime électoral, à l'emploi et au statut civil coutumier ;
– les conditions et les délais dans lesquels les populations intéressées de la Nouvelle-Calédonie seront amenées à se prononcer sur l'accession à la pleine souveraineté.
Les autres mesures nécessaires à la mise en œuvre de l'accord mentionné à l'article 76 sont définies par la loi.
Pour la définition du corps électoral appelé à élire les membres des assemblées délibérantes de la Nouvelle-Calédonie et des provinces, le tableau auquel se réfèrent l'accord mentionné à l'article 76 et les articles 188 et 189 de la loi organique n° 99-209 du 19 mars 1999 relative à la Nouvelle-Calédonie est le tableau dressé à l'occasion du scrutin prévu audit article 76 et comprenant les personnes non admises à y participer.

Articles 78 à 86 (abrogés)

TITRE XIV

DE LA FRANCOPHONIE ET DES ACCORDS D'ASSOCIATION

Article 87

La République participe au développement de la solidarité et de la coopération entre les États et les peuples ayant le français en partage.

Article 88

La République peut conclure des accords avec des États qui désirent s'associer à elle pour développer leurs civilisations.

TITRE XV

DE L'UNION EUROPÉENNE

Article 88-1

La République participe à l'Union européenne, constituée d'États qui ont choisi librement d'exercer en commun certaines de leurs compétences en vertu du traité sur l'Union européenne et du traité sur le fonctionnement de l'Union européenne, tels qu'ils résultent du traité signé à Lisbonne le 13 décembre 2007.

Article 88-2

La loi fixe les règles relatives au mandat d'arrêt européen en application des actes pris par les institutions de l'Union européenne.

Annexe 2

DÉCLARATION DES DROITS DE L'HOMME ET DU CITOYEN DU 26 AOÛT 1789

Les Représentants du Peuple français, constitués en Assemblée nationale, considérant que l'ignorance, l'oubli ou le mépris des Droits de l'Homme sont les seules causes des malheurs publics et de la corruption des gouvernements, ont résolu d'exposer, dans une Déclaration solennelle, les droits naturels, inaliénables et sacrés de l'Homme, afin que cette Déclaration, constamment présente à tous les membres du corps social, leur rappelle sans cesse leurs droits et leurs devoirs ; afin que les actes du pouvoir législatif, et ceux du pouvoir exécutif pouvant être à chaque instant comparés avec le but de toute institution politique, en soient plus respectés ; afin que les réclamations des Citoyens, fondées désormais sur des principes simples et incontestables, tournent toujours au maintien de la Constitution, et au bonheur de tous.
En conséquence, l'Assemblée nationale reconnaît et déclare, en présence et sous les auspices de l'Être Suprême, les droits suivants de l'Homme et du Citoyen.

Article premier

Les hommes naissent et demeurent libres et égaux en droits. Les distinctions sociales ne peuvent être fondées que sur l'utilité commune.

Article II

Le but de toute association politique est la conservation des droits naturels et imprescriptibles de l'Homme. Ces droits sont la liberté, la propriété, la sûreté et la résistance à l'oppression.

Article III

Le principe de toute Souveraineté réside essentiellement dans la Nation. Nul corps, nul individu ne peut exercer d'autorité qui n'en émane expressément.

Article IV

La liberté consiste à pouvoir faire tout ce qui ne nuit pas à autrui : ainsi l'exercice des droits naturels de chaque homme n'a de bornes que celles qui assurent aux autres membres de la société, la jouissance de ces mêmes droits. Ces bornes ne peuvent être déterminées que par la loi.

Article V

La loi n'a le droit de défendre que les actions nuisibles à la société. Tout ce qui n'est pas défendu par la loi ne peut être empêché, et nul ne peut être contraint à faire ce qu'elle n'ordonne pas.

Article VI

La loi est l'expression de la volonté générale. Tous les citoyens ont droit de concourir personnellement, ou par leurs représentants, à sa formation. Elle doit être la même pour tous, soit qu'elle protège, soit qu'elle punisse. Tous les citoyens étant égaux à ses yeux, sont également admissibles à toutes dignités, places et emplois publics, selon leur capacité, et sans autre distinction que celle de leurs vertus et de leurs talents.

Article VII

Nul homme ne peut être accusé, arrêté, ni détenu que dans les cas déterminés par la loi, et selon les formes qu'elles ont prescrites. Ceux qui sollicitent, expédient, exécutent ou font exécuter des ordres arbitraires, doivent être punis ; mais tout citoyen appelé ou saisi en vertu de la loi doit obéir à l'instant : il se rend coupable par la résistance.

Article VIII

La loi ne doit établir que des peines strictement et évidemment nécessaires, et nul ne peut être puni qu'en vertu d'une loi établie et promulguée antérieurement au délit, et légalement appliquée.

Article IX

Tout homme étant présumé innocent jusqu'à ce qu'il ait été déclaré coupable, s'il est jugé indispensable de l'arrêter, toute rigueur qui ne serait pas nécessaire pour s'assurer de sa personne, doit être sévèrement réprimée par la loi.

Article X

Nul ne doit être inquiété pour ses opinions, même religieuses, pourvu que leur manifestation ne trouble pas l'ordre public établi par la loi.

Article XI

La libre communication des pensées et des opinions est un des droits les plus précieux de l'Homme : tout citoyen peut donc parler, écrire, imprimer librement, sauf à répondre de l'abus de cette liberté, dans les cas déterminés par la loi.

Article XII

La garantie des droits de l'Homme et du Citoyen nécessite une force publique : cette force est donc instituée pour l'avantage de tous, et non pour l'utilité particulière de ceux auxquels elle est confiée.

Article XIII

Pour l'entretien de la force publique, et pour les dépenses d'administration, une contribution commune est indispensable. Elle doit être également répartie entre tous les Citoyens, en raison de leurs facultés.

Article XIV

Tous les Citoyens ont le droit de constater, par eux-mêmes ou par leurs Représentants, la nécessité de la contribution publique, de la consentir librement, d'en suivre l'emploi et d'en déterminer la quotité, l'assiette, le recouvrement et la durée.

Article XV

La Société a le droit de demander compte à tout Agent public de son administration.

Article XVI

Toute Société dans laquelle la garantie des Droits n'est pas assurée, ni la séparation des Pouvoirs déterminée, n'a point de Constitution.

Article XVII

La propriété étant un droit inviolable et sacré, nul ne peut en être privé, si ce n'est lorsque la nécessité publique, légalement constatée, l'exige évidemment, et sous la condition d'une juste et préalable indemnité.

Annexe 3

PRÉAMBULE DE LA CONSTITUTION DU 27 OCTOBRE 1946

Au lendemain de la victoire remportée par les peuples libres sur les régimes qui ont tenté d'asservir et de dégrader la personne humaine, le peuple français proclame à nouveau que tout être humain, sans distinction de race, de religion ni de croyance, possède des droits inaliénables et sacrés. Il réaffirme solennellement les droits et les libertés de l'homme et du citoyen consacrés par la Déclaration des Droits de 1789 et les principes fondamentaux reconnus par les lois de la République.

Il proclame, en outre, comme particulièrement nécessaires à notre temps, les principes politiques, économiques et sociaux ci-après :

La loi garantit à la femme, dans tous les domaines, des droits égaux à ceux de l'homme.

Tout homme persécuté en raison de son action en faveur de la liberté a droit d'asile sur les territoires de la République.

Chacun a le devoir de travailler et le droit d'obtenir un emploi. Nul ne peut être lésé, dans son travail ou son emploi, en raison de ses origines, de ses opinions ou de ses croyances.

Tout homme peut défendre ses droits et ses intérêts par l'action syndicale et adhérer au syndicat de son choix.

Le droit de grève s'exerce dans le cadre des lois qui le réglementent.

Tout travailleur participe, par l'intermédiaire de ses délégués, à la détermination collective des conditions de travail ainsi qu'à la gestion des entreprises.

Tout bien, toute entreprise, dont l'exploitation a ou acquiert les caractères d'un service public national ou d'un monopole de fait, doit devenir la propriété de la collectivité.

La Nation assure à l'individu et à la famille les conditions nécessaires à leur développement.

Elle garantit à tous, notamment à l'enfant, à la mère et aux vieux travailleurs, la protection de la santé, la sécurité matérielle, le repos et les loisirs. Tout être humain qui, en raison de son âge, de son état physique ou mental, de la situation économique, se trouve dans l'incapacité de travailler a le droit d'obtenir de la collectivité des moyens convenables d'existence.

La Nation proclame la solidarité et l'égalité de tous les Français devant les charges qui résultent des calamités nationales.

La Nation garantit l'égal accès de l'enfant et de l'adulte à l'instruction, à la formation professionnelle et à la culture. L'organisation de l'enseignement public gratuit et laïque à tous les degrés est un devoir de l'État.
La République française, fidèle à ses traditions, se conforme aux règles du droit public international. Elle n'entreprendra aucune guerre dans des vues de conquête et n'emploiera jamais ses forces contre la liberté d'aucun peuple.
Sous réserve de réciprocité, la France consent aux limitations de souveraineté nécessaires à l'organisation et à la défense de la paix.
La France forme avec les peuples d'outre-mer une Union fondée sur l'égalité des droits et des devoirs, sans distinction de race ni de religion.
L'Union française est composée de nations et de peuples qui mettent en commun ou coordonnent leurs ressources et leurs efforts pour développer leurs civilisations respectives, accroître leur bien-être et assurer leur sécurité.
Fidèle à sa mission traditionnelle, la France entend conduire les peuples dont elle a pris la charge à la liberté de s'administrer eux-mêmes et de gérer démocratiquement leurs propres affaires ; écartant tout système de colonisation fondé sur l'arbitraire, elle garantit à tous l'égal accès aux fonctions publiques et l'exercice individuel ou collectif des droits et libertés proclamés ou confirmés ci-dessus.

Annexe 4

CHARTE DE L'ENVIRONNEMENT DE 2004

Le peuple français,

Considérant :

Que les ressources et les équilibres naturels ont conditionné l'émergence de l'humanité ;

Que l'avenir et l'existence même de l'humanité sont indissociables de son milieu naturel ;

Que l'environnement est le patrimoine commun des êtres humains ;

Que l'homme exerce une influence croissante sur les conditions de la vie et sur sa propre évolution ;

Que la diversité biologique, l'épanouissement de la personne et le progrès des sociétés humaines sont affectés par certains modes de consommation ou de production et par l'exploitation excessive des ressources naturelles ;

Que la préservation de l'environnement doit être recherchée au même titre que les autres intérêts fondamentaux de la Nation ;

Qu'afin d'assurer un développement durable, les choix destinés à répondre aux besoins du présent ne doivent pas compromettre la capacité des générations futures et des autres peuples à satisfaire leurs propres besoins,

Proclame :

Article 1er

– Chacun a le droit de vivre dans un environnement équilibré et respectueux de la santé.

Article 2

– Toute personne a le devoir de prendre part à la préservation et à l'amélioration de l'environnement.

Article 3

– Toute personne doit, dans les conditions définies par la loi, prévenir les atteintes qu'elle est susceptible de porter à l'environnement ou, à défaut, en limiter les conséquences.

Article 4

– Toute personne doit contribuer à la réparation des dommages qu'elle cause à l'environnement, dans les conditions définies par la loi.

Article 5

– Lorsque la réalisation d'un dommage, bien qu'incertaine en l'état des connaissances scientifiques, pourrait affecter de manière grave et irréversible l'environnement, les autorités publiques veillent, par application du principe de précaution et dans leurs domaines d'attributions, à la mise en œuvre de procédures d'évaluation des risques et à l'adoption de mesures provisoires et proportionnées afin de parer à la réalisation du dommage.

Article 6

– Les politiques publiques doivent promouvoir un développement durable. À cet effet, elles concilient la protection et la mise en valeur de l'environnement, le développement économique et le progrès social.

Article 7

– Toute personne a le droit, dans les conditions et les limites définies par la loi, d'accéder aux informations relatives à l'environnement détenues par les autorités publiques et de participer à l'élaboration des décisions publiques ayant une incidence sur l'environnement.

Article 8

– L'éducation et la formation à l'environnement doivent contribuer à l'exercice des droits et devoirs définis par la présente Charte.

Article 9

– La recherche et l'innovation doivent apporter leur concours à la préservation et à la mise en valeur de l'environnement.

Article 10

– La présente Charte inspire l'action européenne et internationale de la France.

Annexe 5

PRINCIPAUX SITES INSTITUTIONNELS INTERNET

France

– La présidence de la République : www.elysee.fr
– Le Premier ministre : www.premier-ministre.gouv.fr
– L'Assemblée nationale : www.assemblee-nationale.fr
– Le Sénat : www.senat.fr
– Ministère de l'Intérieur : www.interieur.gouv.fr
– Ministère de la Justice : www.justice.gouv.fr
– Le Conseil constitutionnel : www.conseil-constitutionnel.fr
– La Cour de cassation : www.courdecassation.fr
– Le Conseil d'État : www.conseil-etat.fr
– Les grands textes juridiques français : Legifrance : www.legifrance.gouv.fr
– L'ensemble des sites institutionnels et administratifs : www.service-public.fr

États-Unis

– United States Information Agency : www.usia.gov
– Présidence : www.whitehouse.gov
– Congrès : www.congress.org

Royaume-Uni

www.parliament.uk

Allemagne fédérale

www.bundesregierung.de

Union européenne

europa.eu.int

Conseil de l'Europe

www.coe.fr

Cour européenne des droits de l'homme

www.echr.coe.int

Annexe 6

DROIT CONSTITUTIONNEL ET FICTION AUDIOVISUELLE

Sélection de films ou séries TV traitant du fonctionnement des institutions :
À consulter : le numéro spécial de la *Revue française de droit constitutionnel* (n° 214, 2020), sur les institutions dans les séries TV.

Films

Young Mr Lincoln (Vers sa destinée), John Ford (réalisateur), 1939 (sur la carrière d'Abraham Lincoln).

Mr Smith goes to Washington (Monsieur Smith au Sénat), Frank Capra (réalisateur), 1940 (sur le fonctionnement du Congrès des États-Unis).

Le président, Henri Verneuil (réalisateur), 1960 (sur la IVe République).

Advise and consent (Tempête à Washington), Otto Preminger (réalisateur), 1962 (les rapports entre le Sénat américain et la présidence).

Il porta borsa (le porteur de serviette), Danielle Luchetti, 1991 (sur le système de partis italien à la veille de son effondrement).

Le Caïman, Nanni Moretti (réalisateur), 2001 (sur le gouvernement Berlusconi).

Une partie de campagne, 1974, Raymond Depardon (réalisateur), 2004 (sur la campagne présidentielle de V. Giscard d'Estaing).

The King's speech, 2010, Tom Hooper (réalisateur) (sur les pouvoirs constitutionnels du roi au Royaume-Uni).

Séries

The West Wing (À la Maison Blanche), 1999-2006 (sur le fonctionnement de la présidence des États-Unis).

Designated survivor (Survivant désigné), 2016-2017 (sur le fonctionnement de la présidence des États-Unis).

The Crown (La Couronne), 4 saisons, 2016 – en cours, (sur la monarchie britannique et la reine Elisabeth II en particulier).

Borgen (Une femme au pouvoir), 3 saisons, 2010-2013, (sur le régime parlementaire du Danemark, l'accession à la fonction de Premier ministre et la pratique du pouvoir).

House of Cards (version originale UK), 4 épisodes, 1990, (sur le régime parlementaire du Royaume-Uni, sur l'accession au pouvoir d'un député du parti conservateur).

House of Cards (version USA) (Le Château de cartes), 6 saisons, 2013-2018, (sur le régime présidentiel des États-Unis et les enjeux de pouvoirs autour du personnage de Frank Underwood).
Baron Noir, 3 saisons, 2016-2020, (sur la vie politique française autour du personnage principal, un député-maire).
Veep (Vice-presidente), 7 saisons, 2012-2019, (comédie sur la présidence des États-Unis, les institutions et la politique).

Bibliographie générale

1) Ouvrages classiques

- G. Burdeau, *Écrits de droit constitutionnel et de science politique*, Paris, Ed. Panthéon-Assas, 2011 (réed).
- R. Carré de Malberg, *Contribution à la théorie générale de l'Etat*, Paris, Sirey, 1920-22, « Bibliothèque Dalloz » 2003 (rééd.).
– L. Duguit, *Traité de droit constitutionnel*, Paris, Fontemoing, 1921-1929, 1972 (rééd.).
– A. Esmein, *Éléments de droit constitutionnel*, Paris, Sirey, 1927.
– G. Vedel, *Manuel élémentaire de droit constitutionnel*, Paris, Sirey, 1949 (rééd.).

2) Manuels

– Ph. Ardant, B. Mathieu, *Droit constitutionnel*, 34e éd., LGDJ, coll. « Manuels », 2022.
– F. Blachèr, *Droit constitutionnel*, 9è éd., Hachette, 2023.
– B. Chantebout, *Droit constitutionnel*, 33e éd., Armand Colin, 2017.
– M.-A. Cohendet, *Droit constitutionnel*, 6e éd., Montchrestien, 2023.
– L. Favoreu, P. Gaïa, R. Ghevontian, J.-L. Mestre, A. Roux, O. Pfersmann et G. Scoffoni, *Droit constitutionnel*, 24e éd., Dalloz, coll. « Précis », 2022.
– J. Gicquel, J.-E. Gicquel, *Droit constitutionnel et institutions politiques*, 36e éd., Montchrestien, 2023.
– O. Gohin, *Droit constitutionnel*, 5e éd., Litec, coll. « Manuel », 2022.
– J.-P. Jacqué, *Droit constitutionnel et institutions politiques*, 14e éd., Dalloz, coll. « Mémento », 2022.
– F. Hamon, M. Troper, *Droit constitutionnel*, 43e éd., LGDJ, 2023.
– Ph. Lauvaux, A. Le Divellec, *Les grandes démocraties contemporaines*, 4e éd., Paris, PUF, 2015.
– P. Pactet, F. Mélin-Soucramanien, *Droit constitutionnel*, 41e éd., Armand Colin, 2023.
– É. Zoller, *Droit constitutionnel*, 2e éd., PUF, 2006.

3) Dictionnaires et lexiques

– P. Avril et J. Gicquel, *Lexique de droit constitutionnel*, 5e éd., PUF, coll. « Que sais-je ? », 2016.
– J. Benetti, O. Duhamel, *La Constitution et ses grands articles commentés*, Paris, Dalloz, 2017.
– G. Carcassonne, M. Guillaume, *La Constitution*, 16e éd., Le Seuil, 2022.
– O. Duhamel et Y. Meny (dir.), *Dictionnaire constitutionnel*, PUF, 1992.
– M. de Villiers et A. Le Divellec, *Dictionnaire de droit constitutionnel*, 13e éd., Sirey, 2022.
Code constitutionnel des droits fondamentaux, Ch. De Gaudemont, Aurelien Baudu, M. Lascombe, Emeric Potteau 12e éd., Dalloz, 2022.

4) Revues principales

– *Constitutions*, Dalloz.

- *Jus Politicum, revue de droit politique*, (en ligne et Dalloz)
- *Pouvoirs*, PUF puis Le Seuil.
- *Revue du droit public et de la science politique en France et à l'étranger*, LGDJ.
- *Revue française de droit constitutionnel*, PUF.
- *Revue de droit public*, LGDJ.

Index alphabétique

Les chiffres sans crochets renvoient aux numéros de paragraphe du cours. Les chiffres entre crochets renvoient aux définitions des mots dans la rubrique Quid.

A

B

C

D

E

N

O

P

Q

R

S

T

U

V

Table des matières

chapitre 11

Certifié PEFC

Ce produit est issu de forêts gérées durablement, de sources recyclées et contrôlées

PEFC

PEFC/18-31-280

www.pefc-france.org

Cet ouvrage a été composé
par IGS-CP à L'Isle-d'Espagnac (16)

722345 (I) CSB – G 80 – IGS – (HCH)
Achevé d'imprimer en août 2023
Dépôt légal : septembre 2023
Imprimé en Italie par LEGO S.p.A.